U0882533

心理学入门

WEGE IN DIE PSYCHOLOGIE

〔德〕格尔德·米策尔（Gerd Mietzel）著
张凤凤 金 建 译 蒋仁祥 审校

全国百佳出版社
中央编译出版社
CCTP Central Compilation & Translation Press

目　录

前 言

(7)

《心理学入门》第一版是在二十多年前，即1979年出版的。借出版本版之机，我要向一直喜欢和支持本书的朋友们表示感谢。在德语国家、以及荷兰、波兰和西班牙对本书的积极反响激励我对这个第十二版作全新修订。其中扩充了对发展心理学知识的叙述，使之更加详细：对人从受孕到死亡的整个一生的变化都进行了叙述和解释。

在各章节文字安排方面，像以前的各个版本一样，我主要遵循以下原则：

1. 科学联系，包括较复杂的联系，用大多数读者所熟悉的语言进行描述。常用的专业术语虽然也作介绍和解释，但是总的说来使用的时候慎之又慎。

2. 任何科学研究工作都面临一个要必须解释清楚的问题。要让感兴趣的人了解某些知识，就不能略过最基础的问题，否则就会增加读者理解的难度，甚至无法理解。因此，在下面的文字安排方面始终注意告诉读者，本书介绍的研究成果解决了哪些难题，回答了哪些问题。

3. 科学心理学之所以吸引人，就是因为其研究对象是人。在我们介绍这门科学的知识时，就要始终着眼于这种与人的直接关系。因此，一方面，在本书中将反复介绍作用于单个人、影响其思想、感觉和行为的条件和结果。相应的信息主要放在信息框里，读者在每一个章节中都能看到；另一方面，心理学不是在实验室中研究无名无姓的人的科学，更确切地说，心理学这个专业是力求描述和解释每一位读者在自己身上、在朋友或熟人身上都能够观察得到的过程。通过反复提出的“启动自我体验”，以提醒读者：他正在看到与自己息息相关的知识。

(8) 4.《心理学入门》这本书向读者介绍的是现实的理论，其中列举大量例子反复说明心理学与日常生活的关系以及如何运用心理学的问题。

我要感谢安雅·沙佩（杜伊斯堡）在本书收尾工作中给予的大力支持，她用批判的眼光阅读了一二清样并提出了许多有益于改善本书的意见。我还要衷心感谢乌苏拉·马娅女士，她不厌其烦地为我开启通往巴伐利亚州立图书馆丰富资源的大门。此外她还帮我消除了清样中的大量不足之处。此外，我还要特别感谢我的妻子汉内洛蕾·米策尔以及安妮·拜恩女士和沃尔夫冈·拜恩先生，他们完整、认真和仔细地阅读了我的最终定稿。

最后，我衷心感谢所有给本书以前各个版本提出建议和修改意见的读者，同时也希望本版的读者不吝赐教，以便我在以后出版新版的时候给予注意和改善。

格尔德·米策尔

2004 年冬于杜伊斯堡

1 心理学的宗旨、观点和应用

日常生活中在心理学上具有重大意义的问题。人在与环境的斗争中会反复遇到一些无法轻易解决的问题。有些问题应当给予回答，比如，孩子为什么不愿意做作业？有些人为什么觉得解数学题很困难，而有些人则毫无困难？许多人本想记住的东西却很快就忘记了，原因何在？有些人为什么总是很容易跟人发生争吵，而有些人却能待人亲热，跟人产生亲密友好的感情？有些人在急需他人帮助的时候却孤立无援，如何解释？ (9)

插图1.1　不愿给人提供帮助，用现代化的大都市的人的“麻木不仁”和“漠不关心”就能解释吗？

运用常识回答问题。其实，这样的问题数不胜数。在日常生活中，即使没有心理学的帮助，人们也大多会用“健全的理智”来回答这些问题。

比如，有的孩子不肯上学，就说他“懒”；有的孩子解答数学题有困难，
(10) 就认为他“没有数学天赋”；有的孩子忘性强，就认为他“记忆力不好”；有人说，争吵都是由那些“有攻击性”的人引起的；有些人有时不愿意提供帮助，就被说成是“麻木不仁”和“漠不关心”；有人可能还会补充解释说，这种情形多数发生在“现代化的大都市的人群”当中。

从专业心理学的角度看这些问题的产生和表述。心理学家根据自己的观察，抓住在公众中——比如在媒体或私人闲聊中——激烈争论的问题，作为自己研究的对象，是非常正常的。但是，他们通常会对这些问题作出另一番表述：人们在特定条件下会比其他条件下更愿意向需要帮助的人提供帮助吗？那些可以期待人们提供帮助的条件有什么特征？人们一般说来有愿意不愿意提供帮助的区分吗？

不管在表达这些问题还是在探索这些问题的答案过程中，心理学家都要遵循一系列形式上的规则。他们总是期待通过自己的科学研究做到能够比“常识心理学家”更好地回答关于人的行为的问题。他们还希望，通过自己的研究能够有助于解决现有的“常识”问题，以便使人生活得更有意义。

本章一览。本章将尝试详细说明心理学家的工作领域，阐明心理学的一般宗旨。虽然所有的学科代表都在努力改善对人的行为进行描述、解释、控制，甚至预测和改变的前提，但他们有时区分各不相同的视角。下面将概括介绍在心理学年轻的历史上具有特殊意义的几种观点。接着介绍心理学家经常从事的研究领域。

1.1 研究人的行为和经历是心理学的任务

科学心理学的开端。世界上第一个心理学研究所是在 1879 年由威廉·冯特（1832－1920）在莱比锡正式成立的（其实之前，也就是从 1872 年他被聘为教授时起，他就已经在使用这个地方了）。这个以前部分用作餐厅的地方条件很差。冯特向大学管理部门提出申请，为他提供好一些的实验场所，但是他的申请被拒绝了。他们不愿支持一门要求学生研究自己的思想内容的科学。冯特的几个同事担心，这样做可能会使年轻人“头脑错乱”（Hilgard，1987）；还有一些人担心，他这样要求学生自我观察无疑

会使他们得精神病（Horthersall，2004）。尽管条件不利，但是冯特的研究所很快名声鹊起。比如，来参观这家研究机构的人可能会看到，一个主持实验的人是怎样提供简单的感官刺激并要求自己的测试对象描述“感受”的。他们花几个小时去听节拍器的节拍，而这个节拍器时而被调得很快，(11)
时而被调得很慢。

内省法。测试对象在被问到对乐器的声响有何感受时，他们解释说，节拍的快节奏使他们兴奋，而慢节拍的节奏可以使人放松。测试对象还说，在每个节拍响起以前他们有些紧张的感觉，而节拍一响起就立即有轻松的感觉。人们称在这里初次系统使用的观察自我的方法为内省法。冯特希望用这种方法能够研究人的思想、感觉、情感等。

行为主义者对内省法的批判。冯特也经常使用实验的方法来研究许多其他的心理学问题，从而奠定了实验心理学的基石。然而，经常应用的内省法在几十年后频频遭到批评。美国人约翰·华生认为这种方法是不科学的，它只会引起对所谓可观察的东西的肆意推测。（Watson，1913）华生（1878－1958）非常固执地坚持自己的立场，他在《从一个行为主义者的立场看心理学》一书的导言中称：“读者找不到任何关于意识的讨论，得不到任何关于感知、感觉、注意力、观念、意志等概念的解答。这些词语听起来很响亮，但我肯定不会使用它们。……坦诚地说，我不知道它们是什么意思，我也不相信有人能够始终如一地使用这些概念。”（Watson，1919）

尽管如此，连早期的、激进的行为主义者（英语为 behavior）通常也没有否认诸如饥饿或恐惧这样的个人体验的存在。当然，他们根据获取知识的科学要求不会承认，像饥饿、口渴、愤怒或者恐惧这样的体验能够改 (12)
变行为。（Moore，1995）如果说饥饿是由于之前有机体没有吃饭，饥饿使有机体狼吞虎咽或细嚼慢咽，那么人们就可以避免饥饿这种个体事件的发生，因为人们马上就能断定：如果没有吃饭，那迟早会吃饭。激进行为主义者问，为什么一定要在这一连串事件中加进饥饿这这种体验呢？这样做能说明什么问题呢？

插图 1.2　这张历史照片展现的是第一个心理学研究所及其创立者威廉·冯特（中）。

观察是认识的基础。至于华生是怎样获取知识的问题，他是这样解释的："我们要以那些可以观察到的事物为依据。……那么，什么是我们可以观察的事物呢？我们可以观察行为，即有机体的言和行。"（Watson，1925）但是归根结底，冯特在他的研究中不是也仅仅依据测试对象告诉他的事情吗？对华生来说，关键的问题恰恰在于：在心理学上，人们应当以许多独立的观察者都能接触的研究对象为依据。思考问题期间的感情、情绪或过程只有人自己能观察到。他所说的局外人是无法验证的。因此，用华生的话说，借助内省法不能获得任何符合科学要求的知识。华生的功劳是，在心理学史上较早地反对使用那些给主观的、从而无法控制的影响留有余地的方法。

虽然冯特和华生的观点非常不同，但是他们有一个共同点：对他们两人来说，观察测试对象的言行是他们获得认识的基础。冯特和华生还一致认为，观察的目标还有行为发生时的条件。当然，哪些心理学事实（比如感情、注意力、意志）可以成为科学研究的对象，心理学家在多大程度上能相信别人所说的话，在这些问题上，他们的观点截然不同。对冯特的方法的批判在其他章节还要作详细介绍。

心理学的研究对象。今天所理解的心理学的研究对象是人的行为、体验及其条件，同时必须夹叙不同观点的代表，按照他们的观点，哪些条件是可以实现的。大多数当代心理学家也许不会认可华生那种极端的限制；他们解释说，他们观察人的行为，致力于揭示内在的行为（比如观念、感情、体验方式）和外在的条件（比如身体特征、社会特征及其他特征）之间的联系。然而，只要仔细观察一下就能发觉，这种对心理学科学的定义就像人们给小汽车的定义差不多，用卡罗勒·瓦德和卡罗尔·塔夫里斯的话（Wade & Tavris，1993）说，就是“一种把人从一个地方送到另一个地方的交通工具”。这种定义虽然准确，但是人们从中无法得知，小汽车是什么样子的，比如说它与公共汽车和火车有什么不同，或者它的内燃机汽化器是怎么工作的。

显然，上述定义想要努力给人一个关于心理学的清晰画面，只是没有能够做到。只有仔细观察心理学家的工作，才能接近这一目标：他们提出 (13)
了什么样的问题，他们试图怎样回答这些问题，他们是怎样解释自己的结论的，他们用自己的知识准备做什么。本书即有这方面的信息。首先要举例说明，哪些事件可以成为研究工作的动因，在揭示内在联系之前怎样给概念下定义。

1.2 心理学是研究领域

与常识心理学的界线。所有人都在或多或少有意识地运用他们的经验。他们收集能够帮助自己的知识，以适应周围的环境。在遇到问题时便会使用以这种方式积累的“常识”，就像在本章开头列举的那样。现有的答案在“健全理智”的暗示下很可能又得到认同；它们看起来是可信的，因此人们大多也认为是贴切的。当有人描述他们的个人特征，说的话虽然好听，但非常一般，几乎没有说服力的时候，他们的反应是相似的。在这样的情况下，即使是随意杜撰的东西他们也宁肯信其有。为此，信息框1.1中举了一个例子。

信息框1.1

一个人在什么情况下最愿意把对他的性格特征描述看作是贴切的？在许多杂志和画刊中，首先是为了满足读者的娱乐需求，经常会有些专栏描述某些星座的人的人格特征。作者们首先会考虑下面所描述的规则：首先注意说一些读者听着顺耳的、而且是关于他们自身的话。这条建议的有效性可以通过一个实验得到证明：请大学生做一次性格测试，然后把"测试的结果"——适用于所有参加者的性格特征通知他们，可以完全不考虑每个人对测试题的答案。"您非常希望别人喜爱和称赞您。您有巨大的、尚未充分发挥优势的潜能。您有时虽然也暴露出一些性格方面的弱点，但您总能找到弥补的办法。在性生活方面，您有一个适应的过程。您看上去自律和克制，内心却有点焦虑不安。您有时会真的怀疑，您是否作出了正确的决定或者您做得是否正确。您首先想要有一些调剂和花样，您一旦感受到约束和限制，就会感到不满。您感到做一个独立的思想家很自豪，如果别人的意见没有得到充分证明，您就不愿意接受。您似乎不愿把自己的私事坦率地告诉别人。您有时是外向的、讨人喜欢的，而在另一种场合又可能是内向的、谨慎的，甚至是拘谨的。您的有些愿望似乎非常不现实。"（Ulrich et al.，1963）

这些大学生们看到这些对他们性格的描述后会作出怎样的反应呢？79 名测试对象中只有五人认为对他们的性格特征描述与事实不符。其余的人为什么愿意承认这是符合事实的呢？当人们得到正面的评价（"您能克制"，"您有巨大的潜能"，"您是一个独立自主的思想家"）时，大多数人都很愿意接受。此外，上面提到的那些特征很普通，几乎对每个人来说都是贴切的（"您有时会真的怀疑，您是否作出了正确的决定"）。总而言之，绝不能把测试对象愿意认为一种所谓只对他个人的性格特征所作的描述是正确的这一点，看作普遍有效的证明。

1.2.1　科学研究的目的

心理学家是经验科学家（经验主义者）。即使是自认为科学家的心理学家，在认识方面也是依靠经验。当然，他们在研究过程中遵循的目标，只有一部分与人们在日常经验的积累过程中遵循的目标相一致。科学家大多把研究目标分为四类：叙述、解释、预测和监控。下面将举例说明这些目标。 (14)

叙述。叙述是观察的结果，观察的目标是人们根据自己的指示所产生的思想和感觉，或者他们对现状的反应。例子（见第15页①）中是对一个悲剧事件的叙述。虽然新闻记者和心理学家都没有看到这次袭击事件及其发生的条件（目击者是这个条件的一部分），但是通过仔细询问目击者，就可以事后弄清那晚发生的事情：一位年轻妇女遇到了袭击，没有得到他人的帮助，虽然周围住家的许多居民看到了这次袭击事件。叙述是解释的基础。

解释。解释是尝试回答一个"为什么"的问题：基蒂·吉诺维斯遇袭无疑是一件非常让人痛心的事情；但是，人们在紧急情况下得不到他人帮助的事情，在一个大城市中决不是第一次发生。因此，当时就这个问题展开了激烈的讨论，当时目击这种犯罪事件的居民为什么不理会这个年轻妇女的求救。人们为什么会这么做？于是，新闻记者试图用评论的方式作出解释。他们把这一悲剧事件的发生归因于大城市的居民。这里，他们当时的出发点是下面非常普遍的内在联系："大城市的人在看到发生紧急情况时，不愿意提供帮助，因为这些人的特点就是'麻木不仁'和'漠不关心'。"

---

① 本书见第多少页，均指德文原版页码。——编注

例 子

1964 年 3 月 13 日凌晨 3 点左右，纽约一位年轻妇女基蒂·吉诺维斯下班回家，在走下自己的小车到自家门口的路上，遭到一名男子的袭击，袭击过程长达半个多小时，这名妇女身中数十刀，最终因伤势过重而身亡。当时至少有 38 个居民透过窗户目睹了这次袭击事件，但是没有人出来帮助这位遇难者，甚至连警察也难以理解！难道不能像好心的撒马利亚人所做的那样（《新约路加福音》第 10 章第 30－37 节）——用油和酒倒在一个遭到强盗袭击的受害者的伤口上，替他包扎，并把他送到一家客栈吗？难道关心邻居不是每一个事件目击者的义务吗？

插图 1.3　遭到强盗袭击的受害者得到了一个好心的撒马利亚人的紧急救助并被送到了客栈。

因为新闻记者回答了一个“为什么”的问题，无可争辩，他们的回答
(15) 就是一种解释。在许多人看来这种解释是明白的和可信的。但是，前面已经说过（见第 13 页及其下 1 页），对一个科学家来说，绝不能满足于一种解释的可信度。此外，一种解释还必须经得住检验，也就是说：这种解释所根据的内在联系必须可以构成正确的预测。

预测。根据以因果关系为内容的内在联系，可以推导出未来的发展或将要发生的事情。比如，如果说大城市的居民“麻木不仁”和“漠不关心”并且因此而不愿提供帮助这种内在联系是正确的，那么就可以作出下面的预测：大城市的人碰到遇难的人的求助，也不会伸出援手。可以对这种预测加以检验，悄悄地跟踪大城市的人的日常生活。这样就可以看到他们在能够帮助别人的情况下会作出什么反应。比如可以记录，他们在明显迷路的游客向他们问路时，是否袖手旁观；即使前面有一位老人在人行道上绊了一下，摔倒了而且明显很难站起来的时候，他们也置之不理吗？超市收银员眼看着有人晕倒，也无动于衷吗？看到一位明显有残疾的人的背包破了，里面的苹果掉在地上，他们也不愿意给予帮助吗？即使看到大城市的人仅仅是在类似上述几种情况下愿意伸出援手，也不能认为说他们看到急需救助的情况还无动于衷的观点有充分的理由。

心理学家的目标是，通过研究揭示内在的联系，准确地表达这些内在 (16)
联系，使人们能够从中推导出正确的预测。上面已经以研究结果为例，说明了这种内在联系，信息框 1.1 就这个研究成果说：如果把一些人们一听就喜欢的性格特征赋予人们并告诉人们，那他们就会增加信心，认为这种性格特征是贴切的，虽然这些特征只是随意选择的。

揭示内在的联系，不管是在日常经验的框架内，还是作为科学研究的成果，都不是目的本身，因为认识可以用来监控发生的事件。

监控。世故的售货员知道，如果对顾客说一些恭维的话——但是仅限于某种程度——会对顾客作出购买决定产生积极影响。售货员只要了解和使用这种内在联系，就能比较顺利地把自己的商品卖给自己所招徕的顾客，人们也把这些情况称为欲擒故纵。善于欲擒故纵的人都会设法利用巧妙的手法影响他人的决定和行为方式，从中获利。而一个被忽悠的顾客可能会立即购买，但这种购买方式并不是对他有利的，而售货员却可以用来追逐利润。乔治·奥威尔在《1984》这本书中提醒大家注意这样的危险，政府可以利用科学知识发挥自己的优势，从而监控公民的思想和行为方式。(Orwell，1950)

研究人员也积累了一些可能为他人所滥用的知识，如果说心理学家尝试监控人的思想和观念，那么，他们最为关切的事情始终是：提高人们的自制能力或者向他们指出，他们能够通过行动改善自己的生活及生活条件，比如，从事治疗的心理学家可以帮助他人更好地克服恐惧。从事儿童和青少年教育的心理学家可以用自己的知识，帮助家长们积极地发挥孩子们的智力和社会能力，最后，教育的目的还在于，帮助儿童和青少年越来越好地支配自己的智力和社会技能，以便使他们能够尽可能适应相应的环境。在心理学的其他专业领域，比如社会心理学领域，也有类似的愿望。

震惊是一系列研究的起因。约翰·达莱和比布·拉塔内两位心理学家就是这样，他们作为大学教员和纽约这个大城市的居民，在听说基蒂·吉诺维斯凶杀案时，用他们自己的话说，也像许多人一样感到震惊。但是他们也很快认识到，指责居民"'麻木不仁"和"漠不关心"并不能减少大城市中袭击事件的发生。（Darley & Latané，1968）因此达莱和拉塔内决定深入研究致使基蒂·吉诺维斯必然死去的条件。这两位研究人员希望掌握一些知识，从正面去影响大城市居民的相处方式，但不是通过灌输，而是通过与成年人讨论，是否或者怎样能够把他们的知识付诸实践。

(17) **改善大城市居民的生活质量是研究的目的。**两位研究人员不久就认识到，媒体所断言的那种内在联系实际上是没有任何说服力的。大城市居民不乐于帮助他人，就说他们的人格有问题，这丝毫无助于改善他们的生活。因此，达莱和拉塔内从周围的环境入手，试图作出解释。他们怀疑，那些目击基蒂·吉诺维斯遇袭案的、看起来麻木不仁的人难道在紧急情况下真的不愿意提供基本的帮助吗？是否可以设想，他们不愿意提供帮助是不是另有原因呢？达莱和拉塔内希望通过研究能够解决这样的问题，并建议人们（也包括大城市的居民）增强在紧急时提供帮助的意愿。

达莱和拉塔内探求新的知识，以便能够更好地解释、预测、监控如今在大城市中频繁出现的那些悲剧事件。那么，他们为了获得这样的知识，是怎么做的呢？

1.2.2 科学调查的若干特征

批判地分析已有的解释。达莱和拉塔内之所以怀疑那种认为大城市的所有居民都是"'麻木不仁"和"漠不关心"的观点的正确性，就是因为他们熟悉纽约的生活条件。这种观点有悖于他们的体验。当然，两位心理学家认为，有些情况可能会对人们（包括大城市的居民）的帮助意愿产生促进作用，而有些情况则可能会产生阻碍作用。于是，他们作出了自己的解释，与某些记者截然相反的解释，不过，这种解释暂时还有推测的成分。

假设是科学研究的出发点。达莱和拉塔内提出许多假设，以便往后能在多个实验中进行验证。其中一个假设是“如果—那么”的解释。这种解释是对一个事件的一种可能的但绝不是肯定的解释。因此达莱和拉塔内不由得想起这样一个问题：在基蒂·吉诺维斯遇袭时没有人愿意提供帮助是否与那么多居民成为目击者有内在联系，后来他们把这个问题改为一个假设：“一个紧急事件的直接目击者越多，单个愿意提供帮助的人就越少。”两个概念，即“危急状况”和“帮助意愿”是这个假设的组成部分。

概念性定义与操作性定义的区别。概念是子概念或者具体事物所归属的等级或范畴（见第309页）。为了能够对一个事件或一个客体进行分类，必须有定义。定义基本上可以分为两种不同的形式：概念性定义和操作性定义。

概念性定义。人们可以通过引用其他概念来定义概念。如果人们认定，所谓紧急状况就是至少有一个人需要帮助，那么人们在这时使用的就是一个概念性的定义。（所谓紧急状况可以作如下特征描述：一是至少涉 (18)
及一个人，二是这个人必须可以认定是需要帮助的。下面的论断可以归结为另一个概念性定义：凡是能帮助一个人减少困难的行为，就是为人提供帮助的行为。这样就马上暴露出概念性定义的一个弱点：这个弱点本身要追溯到那些需要定义的概念：一种状况在什么时候表现为紧急状况？

操作性定义。为了避免误解，从事经验研究的心理学家经常借助其他概念来定义自己所使用的概念。他们附加提出的要求是，使用操作性定义，使概念具有可操作性；使用这种操作性定义，将抽象的概念（比如紧急状况）转化为可观察、可衡量的东西。为了调查在紧急状况下的救助行为，可以设置比如这样的情景：超市一个女顾客的手提袋突然破裂。这时，研究人员安排的这一状况的观察者必须尽可能地清楚，他人——也就是这件事的目击者——的哪些行为、哪些反应可以认定为“提供了帮助”。由于具备可操作性，所以可以认定，事件的目击者只要捡起了掉在地上的部分商品并立即归还给物主，那就是提供了帮助。

每次选择的操作性定义往往都是从大量理论上可能的定义中挑选出来

的，可以设想大量紧急状况：一位老人明显有心脏病发作的迹象，他正在犹豫要不要过交通繁忙的马路时，他头上的帽子被风吹走了；一个小孩站在人行道上哭泣，他的鼻子在流血，因为另一个孩子抢走了他的玩具。在所有这些情况下，问题都在于紧急状况这个概念的可操作性。在一项关于在紧急状况下提供帮助的科学研究中，人们必须选择一种或几种状况，研究人员在选择时所遵循的原则是，在无数“可操作的方案”中哪个最易操作，当然只能设计测试对象能做到的紧急状况。像基蒂·吉诺维斯遇袭这样的事件，在科学研究中是无法模拟的。由于这种“道德上的顾虑”，有责任心的研究人员为自己规定了限度，因而他们的观察结果仅仅是部分有效。

检验监控条件下所推测的内在联系

在实验中模拟紧急状况。有人在研究中多次决定，在实验中检验是否真的存在所推测的内在联系。实验可以在很大程度上提供检验研究条件的可能性。因此产生了这样的问题：在实验中怎样设计“紧急状况”。由于上述道德方面的原因，不可能导演基蒂·吉诺维斯的悲剧事件。但达莱和拉塔内仍然希望了解人们提供帮助的意愿以及激励或妨碍他们提供帮助的条件，虽然他们在实验中仅限于设计测试对象能作出反应的紧急状况。

(19) 在所有能设想的紧急状况中，达莱和拉塔内作出了如下的选择：实验者向59个名测试对象（男女大学生）打过招呼后，立即请他们讨论个人在适应大学生活过程中的问题。（Darley & Latané，1968）为了不让测试对象知道他人的姓名，他们每人被带到一个单间。在那里，他们各自通过话筒和耳机与别人进行思想交流，所有的人看样子同样单独坐在相邻的类似的房间里。这时发生了紧急状况：测试对象在开始思想交流后不久突然听到“谈话伙伴”说，他感觉不舒服。测试对象还听说，这个成员患有严重的癫痫病，这次可能马上就要发作了。不一会儿声音变大了，谈话只是断断续续的，后来由于窒息而中断了。从这些只言片语中明显能听出求救的意思。达莱和拉塔内认为，这种安排是“紧急状况”的可操作性刺激定义。然而，实验者并不关心谁是急着救助遇难者的人，谁不是。更确切地说，达莱和拉塔内的出发点是，发生状况的哪些条件能够激励或者妨碍人们提供帮助。一个人是一种紧急状况的唯一目击者还是还有其他目击者，这有决定性的意义吗？于是达莱和拉塔内开始调查这个问题，他们首先给几个测试对象传达这样的信号：他们是唯一目击有人发作癫痫的人（条件一）。在下面的实验中又告诉他们，还有另外一个（条件二）或者两个（条件三）目击者。

自变量和因变量。达莱和拉塔内设计的紧急状况描述了可以影响测试对象的条件；这些条件由实验者控制。实验心理学中也称此为“影响值”、“自变特征”或“自变量”。需要说明的是，测试对象（在条件一、二和三下）是否对实验者设计的各种条件作出反应，如果有反应，是什么反应。达莱和拉塔内作了记录，测试对象在六分钟内（第一次得知有人癫痫发作之后）是否走出房间，走出房间以后，看到假扮的癫痫病人发作后作出反应有多快。实验者以这种方式操作了“提供帮助”这个概念。对于实验心理学家来说，这也是“目标值”、“因变特征”或“因变量”。那么，目标值（测试对象的行为）取决于影响值（在条件一、二和三下告知紧急状况）吗？下面的表格概括了观察的结果。

表格1.1：紧急状况中所谓的现场目击者的人数与他们作出帮助反应的比例和速度

目击者人数	帮助意愿比例（%）	平均作出帮助反应所需时间（秒）
1	85	52
2	62	93
3	31	100

揭示内在联系。如果测试对象认为自己是紧急事件的唯一目击者，那么，提供帮助的可能性特别高（85%），他作出反应也比较快（平均为52秒）。如果测试对象发现还有一个人知道有人求救，那么他提供帮助的可能性就下降到62%，而且测试对象即使作出反应，也要平均犹豫93秒，然后才觉得自己应当做些什么。当测试对象发现还有两个目击者时，他提供帮助的可能性最低，只有31%。他也会采取行动，但平均需要在100秒以后。 (20)

这个研究结果证实了达莱和拉塔内推测的内在联系：一个紧急状况的目击者越多，愿意提供帮助的人就越少，而且考虑是否提供帮助的时间也越长。提供帮助的责任分给了多个现场目击者，因此落在每个人身上的分量就减轻了；人们称之为“责任扩散”（责任分解）。

但是，这一实验的结果能够套用到其他紧急状况吗？在其他紧急状况中，人们提供帮助的意愿也取决于现场目击者的数量吗？所揭示的内在联系必须经得住考验，因为人们根据这种内在联系作出预测，而且预测的准确性是要验证的。比如，人们根据上述内在联系作出预测：行人对路边真的或假的处于困境的人的帮助意愿取决于在场的目击者的数量。因此，在繁华的商业大街上比在僻静的小巷的行人更少，而且更不愿意去关心无助的人。如果这种预测再次被证实，而且可以此为出发点（Latané & Nida，1981），那么实验者及其所揭示的内在联系的可信度就提高了。

行为是许多条件和影响的结果

不同成功概率的预测。如果拿起一块石头，接着把它扔出去，那么可以有十分把握地预言，石头会再次落到地上。在心理学上不存在可以据此得出这么肯定和普遍的预测的内在联系。耶稣也曾用好心的撒马利亚人的比喻表达了这种观点：有一个人在从耶路撒冷到耶利哥的路上遭到强盗的袭击。目击这次袭击事件的有三个人：一个牧师、一个利未人——牧师的助手和一个撒马利亚人，也就是一个不信教的人。如果问问大家，上述三个人中谁会提供帮助，大多数人可能首先会说祭司，然后会说利未人。然而，这两个经常与祈祷、援引圣经和教堂庆典打交道的人，可能被宗教思想占用了太多的注意力，以致他们不太注意亟需帮助的人的困难。这两个教会人士作为公众生活中受尊敬的人物，可能要履行很多责任，也非常匆忙，担心错过事先的约定。（Darley & Batson，1973）

根据现场和人身上的特征进行预测。耶稣的比喻还说明，行为预测不
(21) 能只根据相对稳固的性格特征，还要考虑人身上（比如由于自己的思想分散了注意力）和现场（比如情况决定的匆忙赴约）的附加条件。

激励帮助意愿的其他条件。一个以经验为依据的心理学家如果看到这件在从耶路撒冷到耶利哥的路上某处发生的事情，他可能会得出这样的结

论：提供帮助的可能性为33%（三个被观察者中有一个人帮了忙）。两千多年以后，一个心理学家作了这样的记录，有多少行人帮助一个腿上缠着渗血的绷带并在他们面前晕倒的人。从那时起，人们不再关心有多少人帮了忙，更确切地说，关心提供帮助的意愿取决于哪些条件。提供帮助的意愿显然也与紧急事件发生的住宅区的大小有关。在人口少于1 000人的村镇约有42%的路人愿意提供帮助，在居住人口为5 000－20 000人的地方，愿意提供帮助的人的比率下降到37%，而在百万人以上的城市，这个比例只有17%。(Amato，1983）在解释这种不同比例的时候，不应该简单地把提供帮助的意愿与“麻木不仁”和“漠不关心”的不同程度联系在一起。比如可以看到，农村人走路的速度比城里人慢。城市越大，在其中生活的人们走路的速度越快（Freedman et al.，1978）。在比较大的城市里，人们明显比较匆忙，因此他们没有工夫留意身边发生的事情。在大城市里，噪音也比较厉害，这似乎也影响个人提供帮助的意愿。比如，可以看一下，行人对一个胳膊打着石膏、面前撒了一摞书的人会作出什么反应。如果这种事情发生在一个僻静的地方，就会有80%的行人愿意提供帮助，相反，如果发生在割草机制造很大噪音的地方，那么只有15%的行人愿意提供帮助。(Mathews & Canon，1975)

插图1.4　对大城市的行人走路的速度比较快的考察与对他们很少愿意提供帮助亟需帮助的人的考察有关吗?

人的特征和现场特征的相互影响。有意思的是，在一个非常小的镇子上也只有40－100人帮助一个亟需帮助的人。他们的行为取决于什么呢?近几十年来，心理学家撰写了1 000多篇著述和文章，试图回答这个问题。

(Dowd, 1984) 他们试图寻找能够区分愿意助人者和不愿意助人者的性格特征，但得到的结果大多令人失望。(Darley et al. , 1991) 不过，事实也表明，可能的或事实上的助人者的性格特征与受害者的特征和发生紧急状况的条件之间有相互影响。可见，问题的关键不仅在于愿意提供帮助的人，而且还在于另一方即需要帮助并接受帮助的人。

情绪的影响。当一个人突然面对紧急状况，他所作出的反应还与他当
(22) 时的情绪有关。一个人心情的好坏是愿否提供帮助的前提 (Berkowitz, 1987)，而一个悲伤的人可能很长时间也不会去关心亟需帮助的人，对他来说似乎做什么好事也不能使自己摆脱恶劣的情绪。(Cunningham et al. , 1979)

对紧急状况的适当反应。当人们不清楚是否能真正帮上忙的时候，提供帮助的意愿会大大受阻；帮不上忙可能会当众出丑，因此人们也说需要克服“评价恐惧”。(Huston & Karte, 1976) 比如，一个病人如果明确说 (请喂我一粒红色药片，它放在我外套右边口袋的白色盒子里)，那他获救的机会就会大大提高。相反，如果一个人在别人看来是由于他自己的过错 (比如由于饮酒过度而不能自控，由于“不道德”行为而染上艾滋病) 而陷入困境，那么旁人轻易就会不管不问。(Piliavin et al. , 1969) 相反，如果旁人认为一个求助者不是因自己的过错而陷入了困境 (比如在输血后感染上了艾滋病)，那么很可能得到同情和帮助。(Weiner, 1993) 此外，如果紧急状况的目击者与受害者相互认识，那就是提供帮助的一个非常有利的条件。(Rutkowski et al. , 1983)

大概率和小概率的预测。心理学家能够为只看到 40% 的行人愿意帮助受害者这一现象作出许多解释。在基本相同的条件下所作的反复研究过程中，虽然说不清附近的行人谁会提供帮助，但可以说约有 40% 的人会帮助受害者。这揭示了心理学的一个重要的条件、同时也是一个具有决定意义的界限。因为行为——如上所述——取决于许多条件，而人们在特定的时间内不可能了解所有的条件，所以人们只能在心理学的范围内作出大概率或小概率的预测。可见，人们不能说谁会提供帮助，但可以说十个人中大约有四个人会提供帮助。

知识是提出建议的根据。在相关调查中发现的内在联系虽然只能进行概率预测，但是仍然为心理学家们提供了提出建议的根据。比方说，可以

建议病人在突然犯病的时候，明确对偶然在场的人说明，自己需要怎样帮助。人们在急救培训中对日常生活中典型事故正确处理的练习越多，就越愿意帮助事故受害者。如果说私人关系能提高在紧急状况下提供帮助的意愿，那么可以建议较大社区的居民不要与社会隔离，而是要千方百计地加强与邻居的接触。这个一揽子建议还可以不断补充。在以后的章节中还要举许多例子说明，心理学家正在利用自己的知识，为改善人们的生活条件作出贡献。

通过理论归纳不同的内在联系 (23)

通过对紧急状况的观察发现大量内在联系。约翰·达莱、比布·拉塔内和其他许多心理学家通过实验揭示了特定条件下和事后的行为方式之间的许多内在联系。他们发现，有些人由于匆忙奔向一个目标因而注意力受到限制，根本注意不到紧急状况。他们指出，听到呼救不会自动产生反应。如果同时有许多目击者在场，那么，个人的责任感、从而提供帮助的意愿都可能被忽视。

理论的特征。通过关于人们对紧急状况的反应的研究，揭示了许多内在联系，需要加以归纳并总结为一种关于提供帮助的理论。一种理论应当总括已知的内在联系及其分门别类的相互关系。目前还不存在普遍规定的规则体系。如果两个心理学家谈论人们对紧急状况的反应，那他们都会注重许多共同点。但是，每个人往往会根据自己独特的、也就是一次性的经验，制定自己的规则。因此两个人在各自了解的、用来解释提供帮助的内在联系以及各自制定的规则方面不可能完全一致。

理论的临时性质。此外，理论往往具有临时的性质。如果人们发现有的东西与现有的规则不符，那么原则上有两种可能：要么根本不在意这种偏差，继续坚持目前的规则（俗语说得好：有规则，就有例外）；要么修改规则，使其再次符合所有观察到的情况。一个思想传统的人可能始终认为他在30年前所获得的关于男女角色的知识是正确的，并且拒不承认这期间所发生的性别角色的改变。但是他也可能知道，以前正确的内在联系与当前男女的行为不再一致。因此，他就会改变对男女行为的认识并且相应地接受新的规则。结果他获得了一种关于男人和女人的“新理论”。

1.3 关于人类行为的观点

取决于人物形象的观点。大多数心理学家都以提高关于人的行为及其产生条件的知识为己任。但是，实现这一目标有各种条件。也就是说，心理学家像其他科学家一样，也是各不相同的，比如，他们从人的天性出发表现什么形象、他们具有怎样的人物形象。他们在理解科学方面完全不一
(24) 致，他们在研究中偏好采用不同的方法。有些心理学家深信，在研究过程中应该限于那些可观察到的人的行为，因为他们认为不可能客观地把握感觉和思维等主观体验和"内心的"过程。有些心理学家主要关注生理过程，也就是说他们研究神经系统、腺体的功能和感觉器官的功能。而另外一些心理学家则把研究知觉、思维和感觉等视为最重要的任务。

人们的理论决定观点。显然，把特定环境中的人的行为当作心理学研究的对象有各种各样的可能性。许多观点是以不同的知识兴趣，从而以各自形成的某种理论为基础的。而这些观点反过来又使一些方法显得比另一些方法更适用。就像人们看了一张漫游图、旅游图、经济图或者气候图就能了解一个地区的地理一样，各种观点在研究人的过程中增进了——总括地说——全面理解人及其行为的知识。下面介绍心理学的几种重要观点：

1.3.1 科学心理学的开端

一个心理物理学家的早期激励。最早按照科学要求从事人的研究的心理学家关注的是人产生思维和感觉的内在条件（结构主义者），但同时也关注人适应环境的能力（功能主义者）。他们想弄清楚，头脑是怎样构建（"构造"）的或者是怎样"发挥功能"的。这些先驱者中的许多人都是由一本书启发了自己的工作，这本书就是古斯塔夫·泰奥多尔·费希纳（1801－1887）于1860年出版的《心理物理学纲要》。他在书中揭示了物理事件（如光线或者声音）与心理学上的感觉和知觉之间的联系，而且还揭示了衡量这些事件的作用的方法。人们可以认为心理学史就是从这本书的出版开始的。但是，大多数历史学家认定，1879年第一家心理学研究所

的建立（参看第10页）是心理学诞生之日。

结构主义：问“这是什么?”19世纪，许多自然科学领域都取得了巨大进步，因为人们揭示了复杂的联系是怎样构成的。比如，化学家把分子分解为单个的元素（原子）。他们指出，一个水分子可以分解为氢原子和氧原子。这些认识给心理学家留下了深刻的印象。因此他们怀疑，比如说人的大脑是否同样可以归因于这类元素。比如，威廉·冯特在研究中就以下面的问题为出发点：“什么东西构成了能使人进行思维的大脑?”冯特的美国学生爱德华·铁钦纳（1867－1927）在回国后把构造主义介绍给了新大陆。他也像冯特一样希望能够找到人的大脑的组成部分或者内容，从而以这种方式揭示其构造原理。然而，在美国，有许多批评家反对他，他们关注的是查理·达尔文（1809－1882）提出的他们认为是非常重要的问题。

功能主义：问“人在做什么和为什么这样做?”达尔文在他关于物种 (25)
起源的学说中认为，所有生物屈服于不断适应环境的压力，只有最适合的人（“状态最好的人”）才能成功地承受这种压力，即只有适者才能生存，才能繁殖后代。关于适应能力是生物生死存亡的问题这种想法也决定了威廉·詹姆斯（1842－1910）的思想。他并不热衷于寻找意识的元素，作为功能主义的奠基人，他认为更重要的似乎是澄清这样的问题，即个体是怎样适应自己的环境的。他得出结论说，意识之所以能够发展，就是因为它在驾驭个体行为的过程中达到了某种目的。

詹姆斯把意识理解为影像和感觉的一种连续不断的流动，而不是一套无生命的基本粒子。对于功能主义者来说，典型的一个问题是：“人们在做什么，为什么这样做?”为了探索生物是怎样适应自己周围的环境的，功能主义者主张观察个体的现实行为。

解释生物是怎样适应环境的这一问题，成了行为主义者的最大心愿，但在他们的观点中也注入了结构主义者的观念，比如，他们相信，复杂的体验可以分解为元素。

1.3.2 近代的理论观点

接近人的不同的理论途径。关于构造主义者和功能主义者的概述已经表明，把人类的行为作为心理学研究的对象具有各种各样的可能性。各种观点是以不同的认识兴趣以及各自形成的关于人的理论为基础的。而这些观点反过来又使一些方法显得比另一些方法更适用。下面介绍几种近代的（即影响深远的）心理学观点：

生物学观点

历史根源。生物学观点的历史源远流长。比如，生于约公元前460年的希腊医生希波克拉底提出了类型学，根据这种类型学，人的不同的气质源于四种体液（血液，黏液，黄胆汁和黑胆汁）的混合比例。与现代“生物心理学家们”的研究极为相似的是，医生们在19世纪中叶发现，一定的行为方式明显受大脑的某个部分所控制。

历史回顾。1861年4月11日，法国神经外科医生保罗·布洛卡见到一位来自精神病院的病人。这位病人的左腿严重感染。然而，这个人已经在精神病院度过了21年，这件事情引起了布洛卡的注意。这个病人的声带虽然完全正常，但他不能说话。布洛卡未能找到机会帮助这位病人，因为他在他们第一次见面六天以后就去世了。接着，这位医生比较详细地检查了这个病人的大脑。他在一打开头盖骨就有了一项重大发现：大脑左边靠近额头的地方有许多疤痕非常引人注目。这些疤痕要么源于以前的某次创
(26) 伤，要么源于某种疾病。布洛卡通过研究得出结论说，一个健康人说话很可能由大脑某个区域所控制，也就是受他的已死去的病人受伤的那些区域所控制。

还有一项与此相关的重要发现是德国医生古斯塔夫·弗里奇作出的。他在战争期间不得不反复治疗那些在战斗中头部受伤的士兵。有时，伤员的大脑是裸露的，因为头盖骨被打碎了。弗里奇断定，偶然触碰大脑各个区域的表皮，病人相应部位的肌肉就会抽搐。难道身体的运动是由大脑直接引起的？弗里奇想进一步弄清这个问题。战争结束以后，这位医生终于有了研究这个问题的机会。1870年，他在柏林与同事一起决定深入研究大脑的机能。据报道，一项决定性的实验由于没有地方只能在家里的五屉柜上进行：在打开一条狗的头盖骨以后，用电线电击大脑的各个区域。这时就能观察到，刺激大脑的某个区域，腿部肌肉就会抽动，而刺激另一区域

时，头部肌肉就会有反映。(Price et al.，1982)

通过“历史回顾”中所说的研究，人们在19世纪就已经发现，在大脑的某些区域与生物的可观察到的反应之间存在密切的联系。

寻找行为、情感、学习和思考的生物学根源。在几十年的时间里，许多以生物学研究为方向的心理学家开始研究这样一个问题：人的行为以及诸如情感、学习和思考等内部过程是否是或者通过什么方式由大脑的生物学因素或者神经系统的其他部位共同决定的？许多心理生物学家都对大脑作了研究。在研究过程中，他们主要试图解释以下问题：在学习的过程中，大脑中会产生怎样的化学变化？化学物质是怎样作用于大脑的？行为异常有生化基础吗？另外一些以生物学研究为方向的心理学家则致力于揭示遗传基因与行为之间的联系。涵盖各个专业方向的行为遗传学的代表人物则尝试解释，某些行为方式以及以它们为基础的性格特征有些是否是由于特定的基因而产生的？

大脑的“命令”向其他部位的传达。大脑是身体的最高“指挥中心”。但是，大脑的命令是怎样传达到身体的其他部位的呢？怎样使心脏快些或慢些跳动的？双手是怎样知道该抓起某个东西的？一个年轻人的身体怎么知道到了一定的时候就不再长高了？大脑一方面通过神经系统传达它的信息（在这一过程中，神经系统负责高速传递层次极为分明的信号），另一方面是利用腺，也就是所谓的内分泌系统传达它的信息。荷尔蒙在这里充当使者，通过循环系统——血液循环系统——到达目的地。

由于众所皆知的原因，在研究大脑和其他神经系统的时候，只拿动物作研究。因此，将这些研究成果应用与人类应当慎而又慎。关键的是，这 (27)
些研究应当由临床经验来补充。(见信息框1.2)

信息框1.2

由于医学上的原因必须切断大脑两个半球之间的联系时，人会作出怎样的反应？1908年，一位妇女由于她奇怪的行为方式引起了医生们的注意。这位病人的左手明显完全失控。她向四周扔枕头、毁坏医院的物品，甚至试图掐死自己。她努力用右手把左手从喉咙上拉开。有一位神经病学家怀疑，这位病人两个脑半球之间的联系可能被破坏了。这位妇女死后，人们打开了她的头盖骨，证实了这位医生的猜测。（Miller，1983）用今天的眼光看，这位病人的行为异常该怎样解释呢？

大脑直接位于头盖骨下面。大脑由一个分开的两个半球组成，许多神经纤维（所谓的胼胝体）把这两半球连接在一起。从插图1.5可以看出，比如，左半球的视觉神经将感觉数据传递到左边的视网膜（眼睛的感觉细胞），从左侧视野到达两个视网膜的右边的感觉信息由右半球传递。图中标明了连接大脑两个半球的“胼胝体”。

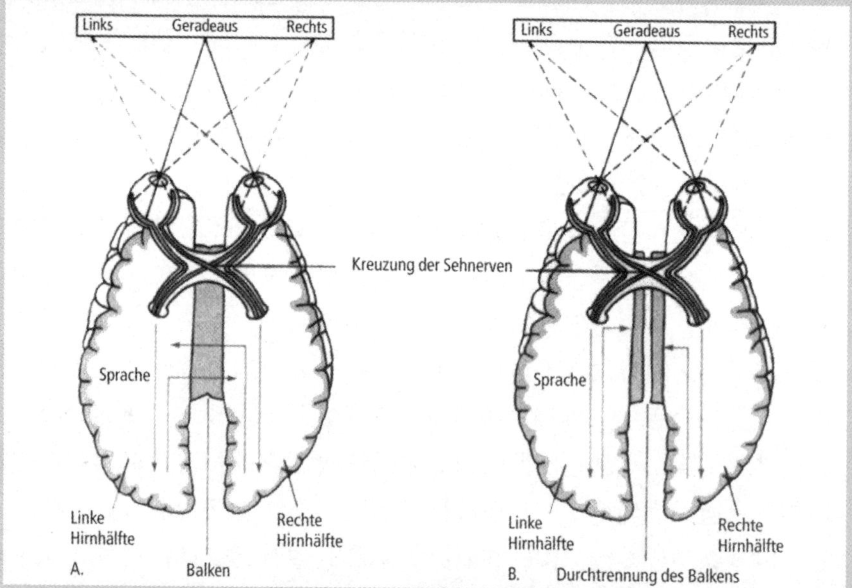

插图1.5　左边和右边的视网膜与大脑相连。视觉神经在通往大脑的路径上相交。大脑左右两半球由神经束，即所谓的胼胝体连接在一起。

两个脑半球通常会交换信息，也就是说它们相互交流反映在两个
(28) 视网膜上的信息。但是，如果切断两个脑半球之间的神经联系将会发生什么呢？实验心理学创始人之一、医生和哲学家古斯塔夫·泰奥多尔·费希纳早已提出过这个问题。他认为，两个脑半球相互反映对方的影像。（Fechner，1860）如果将两个脑半球分开，人的意识将会发生怎样的变化呢？费希纳认为，这样做的结果可能会形成两种各不相

同的意识体验。他当时不会想到，大约在一百年后，即1961年出现的一种情况会验证他的猜测。当时，两位脑外科医生决定对一个癫痫病人采取最后措施，切断他的大脑连接路径，予以救助（Sperry, 1982）：在成功地切断大脑连接路径后，会对病人产生怎样的影响呢？令人吃惊的是，不仅病人的状态有了非常显著的改善，而且挺过了这次手术，没有明显的后遗症。不过，大脑中几百万个神经连接点可能不出一点问题吗？加利福尼亚技术研究所的罗杰·斯佩里也提出了这个问题。1981年斯佩里因其在这一领域的研究获得了诺贝尔奖。(Sperry 1964、1982)

为了进行研究，斯佩里制造了一种特殊的设备，这种设备的主要特征如插图1.6所示。在病人目光对准视野中心标记的某一点时，这一设备能够在非常短暂（十分之一秒或者更短）的时间内通过幻灯显示出来。这样就可以做到，影像的一半只能到达眼睛视网膜的左侧，而另一半只能到达右侧。

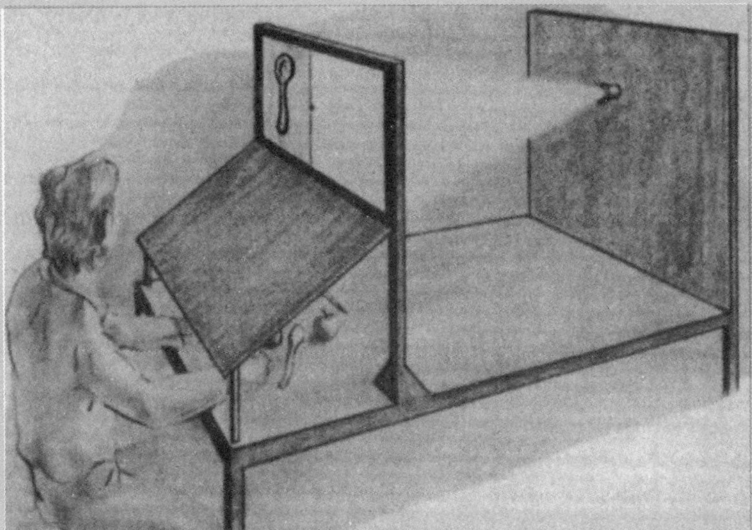

插图1.6 斯佩里研究脑半球分裂的病人所用的设备

比如，当斯佩里在病人视野的右侧展示一把勺子，病人就能说出他看到了什么。相反，当在病人视野的左侧显示同一个东西时，病人则沉默、一筹莫展。在第一种情况下，勺子的影像投射到两个视网膜 (29)

的左侧，然后传递到左脑，语言中心通常就位于左脑。大脑的这一部分能够接收和加工语言信息。在第二种情况下，右脑只知道是勺子，但是由于之前做了手术，它无法将这一信息传递到“精通语言”的左侧。在这种情况下，病人虽然不能用语言表达他看到了什么，但是他能够在隔板后面触摸所“感知到的”物体并在多种不同的物体中挑选出勺子。然而，病人在这一过程中必须使用左手，因为左手是由右脑支配的，而右脑同样也接收到身体左侧的触摸体验。

在另一次实验中，让脑半球分裂的病人看一张由两个半张脸拼接的图片。给病人看这张图片的时候，只能让左脑接收到图片右半边的信息，而右脑只知道图片左半边的内容。然后让病人看四张完整的照片，其中也包括那张由两个半张脸拼成的图片。病人能够根据这四张正常的照片说出他们之前看到的是哪一张吗？这取决于让他们怎样回答问题。如果让他们用语言回答，那么，他们就会从四张照片中挑出那张由左脑“看到”的照片。相反，如果让他们用手势来回答，那么，他们就会指出那张由右脑接收到的照片。(Levy，1972)

插图 1.7　脑半球分裂的病人在回答辨认中提出的问题时，取决于让他们用语言还是手势回答。

脑半球分裂的病人在特定的条件下会找到特殊的方法，以克服
(30) 某种困难。在一次实验中，让右脑看一张红色或绿色的卡片。要他

说出所看到的卡片的颜色，这时左脑只能靠猜测，一旦错误地说出“绿色”，右脑听到后就会动用其支配头部肌肉的能力，“命令”摇头。左脑接收到这一信息后，在第二次回答时，就会回答是“红色”而不是“绿色”。(Nebes，1974 年)

当然，在日常生活中，这样的病人自理并不困难。比如，摇头就可以让信息传递到眼睛的两个视网膜；双手很容易触摸到物体。借助于上述方法可以了解两个脑半球的分工。左脑的许多功能都优于右脑。左脑不仅支配语言能力，而且在解数学题和逻辑推理方面也占优势。而右脑只支配很低的语言能力；它更具有感觉能力、艺术能力以及空间想象能力。

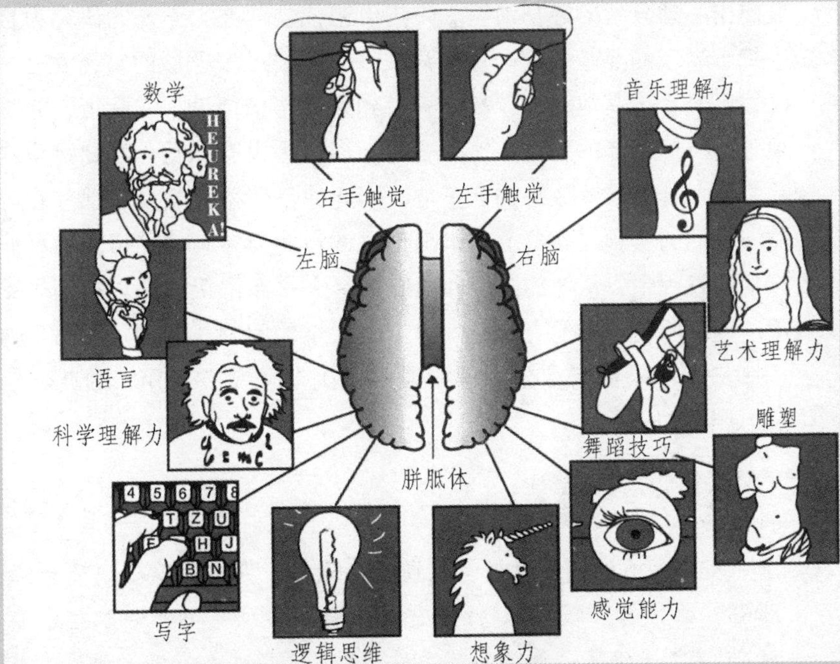

插图 1.8 人的大脑的分工

西格蒙德·弗洛伊德基本上也赞同生物学的观点，因为他认为人的思维和行为是由天生的、强大的本能决定的。当然，他并不关心这些动力可能与大脑的哪些区域有关。 (31)

心理分析的观点

神经系统是行为怪异的肇因吗？ 在大学里做研究是功能主义者的代表人物的特征。相反，年轻的神经科医生西格蒙德·弗洛伊德开辟的却完全是另一个经验领域。在他的医学生涯初期，他赞同生物学的观点，同他的医学院老师一样，首先认为，应当在神经系统中寻找产生正常和怪异行为的根源。事实上，他在医科专业毕业后，最感兴趣的是神经系统的功能，他最想把对神经系统的继续研究作为他职业生涯的目标。然而，经历了一系列挫折后，弗洛伊德似乎感到，在研究机构谋一个终身的职位几乎没有希望。因为他需要钱，特别是因为他的结婚计划，弗洛伊德决定在维也纳开一家诊所。

提出心理分析的最初动因。 弗洛伊德依靠他在大学外的研究为自己奠定了一个崭新的经验基础。他的病人——主要是中上层的富裕女性——之前往往已经看过其他医生，却没有得到所期望的帮助。实际上，弗洛伊德必须分析一些奇怪的病症。他的病人大多双手没有知觉、双腿瘫痪或者失聪和失明。神经系统似乎完全正常。因此弗洛伊德开始观察那些在冯特和他的学生们的实验对象身上从未出现过的行为异常。他在努力解释病人行为异常的过程中，从他的同事和朋友约瑟夫·布洛伊尔那里得到了重要的启示。这位朋友告诉他有个病人由于一大堆的问题找他治疗。由于这位病人——安娜·欧在精神分析学的发展史上起了重要作用，因此在信息框1.3中予以详述。

(32) **信息框1.3**

安娜·欧的病例是如何激励西格蒙德·弗洛伊德提出精神分析学的？ 1880年，很有声望的维也纳医生约瑟夫·布洛伊尔接诊了一位21岁的女病人，她的病例在科学界先是用假名安娜·欧加以描述的。她忘我地照顾生命垂危的父亲，最后导致精神崩溃。她向医生描述了许多症状，布洛伊尔起初试图用催眠术加以治疗。

在几乎每一天的治疗过程中，这个病人开始改变之前比较生疏的谈话内容。她越来越频繁地谈及她的私人想法。接着便发生了一件意想不到的事情：安娜·欧的情绪明显总体好转。与此同时，她以前说过的一些症状消失了。比如，病人在一个炎热的盛夏虽然异常口渴却拒绝喝水。布洛伊尔因此对她施行催眠术，并让她描述与她的那些症状相关的经历。只要让她说出这些经历并且再让她强烈地体验一次，这些症状就会有望消失。安娜·欧拒绝喝水，是因为她有一次偶然间看到一条狗从她的杯子中喝水。在安娜·欧带着明显的情绪参与回忆这一经历以后，她要了一杯水并毫不犹豫地把它喝干了。她从催眠中清醒过来时，杯子还放在嘴边。医生报告中称，她的症状消失了，而且再也没有复发过。

此外，这个病人还患有右胳膊麻痹症。她在催眠状态下回忆起，她守在父亲的病榻前时有过一次可怕的经历。她在幻觉中突然看到一条蛇袭击他生病的父亲。然而，安娜·欧发现她无法施救，因为她无法挪动她靠在椅背上的那条胳膊。实际上，它只是暂时麻痹了。病人在医生的帮助下将所有病症都归因于那些明显是病症始作俑者的经历，成功地摆脱了这些病症。安娜·欧自己也把这种治疗的成功归因于谈话疗法。 (33)

然而，布洛伊尔的谈话治疗还起到了另外一种作用。由于经常见面和其间进行的坦诚的交谈，治疗的第二年医生和病人之间产生了一种爱慕的关系。布洛伊尔与他的病人在一起度过的时间越来越多，并且在家中也越来越频繁地谈及他治疗方法的成功。如果没有妻子的帮助，布洛伊尔可能最终也不会想到，他已经爱上了他的年轻病人。因此，布洛伊尔立即结束治疗，与自己的妻子踏上了旅途。起初，布洛伊尔只是与比他小15岁的同行西格蒙德·弗洛伊德谈过自己治疗安娜·欧的体会，弗洛伊德最终也兑现了承诺，于1895年他们两人一起完成了这一病例的报告。后来，弗洛伊德反复把这位年长的同行称为精神分析学的创始人，而布洛伊尔又把这一荣誉让给了他的病人安娜·欧。(Breuer & Freud，1895)

后来，弗洛伊德认为，他是通过布洛伊尔的病例注意到内心净化法的（这种方法是使人在强烈的情感参与下再体验一次以前不以为意的经历）。历史学家当时指出，布洛伊尔可能并没有治愈他的病人。有些事情表明，安娜·欧在照料她的病危父亲时患上了结核性脑膜炎。现在，人们知道，安娜·欧就是贝塔·帕彭海姆，她热心公益事业并为保护妇女权利写了大量的著作。比如，她曾当了12年的孤儿院院长并建立了一家未婚妇女疗养院。据称，她不允许得到她照料的人接受精神分析。（Erdeyi，1985；Zimmer，1986；Sulloway，1979）

插图1.10 安娜·欧（贝塔·帕彭海姆），摄于1882年

在潜意识中寻找临床病根。弗洛伊德从他的同行的报告和自己治疗病人的经验中得出结论说，必须在“潜意识”中寻找病根。弗洛伊德深信，人的行为在很大程度上受潜意识思想、冲动和愿望的影响。他首先希望通过催眠术进入病人的潜意识。但是不久他就发现了这种方法的缺点：不是所有病人对催眠术都能满意，而且在清醒后不少在催眠时能得到的记忆会再次消失。因此弗洛伊德提出了“自由联想”的方法。采用这种方法的时候，让病人放松，随意或者就某一刺激词语说出他能想到的所有事情；还要让他坦率说出看似可笑和令人不安的想法。弗洛伊德在这里采用的是一种在古希腊就已经应用的方法。比如，在阿里斯托芬（约公元前445 –

385）的喜剧《云》中，苏格拉底引导一个人自由联想（“任思想驰骋”），以便这个人自己得到关于启示自己的情况。

本我、自我与超我的区别。根据弗洛伊德的基本设想，人生来就具有 (34)
难以控制的无意识的欲望，这种欲望寓于“本我”之中。人一出生，他的本能就追求某种形式的满足。然而，几岁的孩子都知道，这些——弗洛伊德所说的性的和攻击的——欲望追用逐着那些周围的人不以为然、现实生活中也没有地位的人。父母禁止并惩罚孩子那些想要满足欲望的行为。同时，父亲和母亲在孩子六岁以前就以他们的某种反应对孩子的性格形成产生重要影响。孩子在上学前就已形成道德规范（“超我”）。因为本我的要求与超我的要求是不一致的，所以，在人的发展过程中很早就已形成一种能够在两种规范之间进行调解的规范，也就是“自我”。比如，自我设法将“恶的”欲望导向现实生活中人们能够接受并符合自身道德要求的目标。但是，这种调和行为可能很难获得成功，所以欲望要求进入意识，从而引起害怕和恐惧，在任何时候都是可能的。大多数人多少能够满意地与这些对抗力量实行妥协。然而，弗洛伊德深信，他的病人都没有成功地采取这种平衡行为。他们的症状表明，要么过于强大的欲望摆脱了“自我”的控制，而现实生活又不可能让他们得到满足，要么他们的道德要求太高。

弗洛伊德得到公认的功绩。虽然存在各种有理有据的批评，但是不能忽视弗洛伊德的伟大功绩。他提高了这样的认识，身体上的病象或者异常的行为方式不仅是由生理决定的，并且需要进行相应的治疗，更确切地说，他把这些病象与在他的病人或正常人身上出现的纯粹的心理过程相联系。他认为，有“心理疾病的人”和“健康人”没有根本的区别，没有明显的界限。弗洛伊德强调童年早期对于今后发育的重要意义，这一点与现代儿童心理学的认识相一致，当然，儿童心理学涉及的是另一种理论背景。最后应当说明，弗洛伊德的研究与只研究意识过程的冯特的研究相比，明显拓展了心理学的研究领域。现代的心理学家虽然不是都愿意承认弗洛伊德的潜意识概念，但是他们可能都赞同这样的说法：一个人决不能始终并完全记得所有的心理过程。

心理分析的方法论上的缺陷。方法论者对精神分析提出了尖锐的批评。他们指责其概念的定义不完善——太一般化和“含糊不清”，而且无法进行评估。他们指出，对于在什么条件下会出现设想的过程（比如压抑）没有作出任何解释。总的说来，有人批评说，精神分析虽然能够在事后解释各种观察到的事件，但是没有对未来的发展作出预测。这些批评者中的许多人来自当时一个很有影响力的心理学家圈子，他们自称行为主义者。

(35) **行为主义的观点**

自然科学是科学研究的典范。心理学创始人首先具备从生物学角度研究人的各种条件。他们几乎无一例外地接受过医学或生理学的教育。自然科学对他们来说大多也是科学工作的典范。毫无疑问，促使华生拒绝内省法（见第12页）的正是自然科学的这种典范。如果心理学要提出承认心理学是一个科学的研究领域，那么，它的观察就只能仅限于那些每个人基本都看得到的东西：行为（behavior）及其条件。行为主义的代表人物无疑为心理学发展成自然科学的一门学科而没有成为哲学的一个分支作出了贡献。(Richelle，1995)

巴甫洛夫的实验是华生观点的蓝本。华生的观点受到了俄国生理学家伊万·巴甫洛夫的强烈影响，关于巴甫洛夫的研究将在第五章（见第215页）中作详细介绍。巴甫洛夫偶然发现，狗能学会通过流涎对声音刺激作出反应。他为够说创造了条件，在这些条件下起初的中性刺激获得引起某种反应的功能。华生心想，如果说人的所有行为都可以归因于天生的反应和条件反射，那么，内省法实际上是多余的，因为激发性刺激与人们随后作出的反应一样是可观察到和可测量的。冯特所感兴趣的心理学体验可以直截了当地说永远是一个谜。它们本来就像华生的学生所说，发生在一个黑盒子里，一个容器里，里面一片黑暗，什么也看不清。为了解释巴甫洛夫实验中的狗的行为，人们不必知道，动物在作出反应以前所发生的过程，甚至无需知道它可能有过什么想法。巴甫洛夫不需要使用任何模糊的概念去解释条件反射，只需详细描述，每个人都可观察到的刺激（铃声刺激——食物）是怎样依次引起可测量的反应（流涎的量）的。生理学家巴甫洛夫指出了一种客观描述、预测和控制人的行为的方法。

插图 1.11 约翰·华生（1878 – 1958）

过分强调学习对于发育的影响。华生作为心理学家不愿意对生物体内可能的过程去冥思苦想，所以他不用内在条件去解释人的心理发育是合乎逻辑的。那么发育是由什么决定呢？英国哲学家约翰·洛克（1632 – (36)
1704）说过，人来到这个世界上时如“一张白纸”（tabula rasa），这张白纸要被日后的经验所书写。因此，人们需要研究经验如何改变人的行为。因此华生和他的学生们几十年如一日，主要研究人的学习及其条件。他早已兴奋地认识到，有朝一日总能打开学习心理学领域的知识大门。他写道：“给我几个孩子和一个我可以教育他们的环境，我保证把他们成为我想要他们成为的人：医生、律师、艺术家、企业家或者乞丐和小偷”。（Watson，1925 年）

动物和人的生物体是被动的生物体。严格的行为主义者认为，人和动物是被动的生物，他（它）们的行为完全受环境的支配。行为主义者布尔斯·斯金纳毕生研究的就是这样一个问题：怎样支配人和动物的行为，并使之有相应的改变。斯金纳成了行为主义观点的坚定的捍卫者。在他看来，动物和人的机能就像机器一样；他（它）们对某种刺激自动作出反应。根据他的观点，思想、感情或者态度不能作为心理学研究的对象。

华生是刺激—反应（S－R）心理学的催生者。华生向只研究可普遍可观察到的事物的心理学提出了挑战，并且断定，环境肯定能够无限影响发育过程，因此他对20世纪上半叶的心理学研究方向起了决定性的作用。他是所谓的S－R（S代表Stimulus即刺激，R代表Response即反应）心理学诞生的催生者；S－R心理学研究产生、保持并改变行为的可观察到的刺激。行为主义思想的巨大影响无疑仍在影响着现代心理学。

第一台电脑是“认知转变”的形成条件。霍华德·加德纳（Gardner，1985）报道了1956年的心理学家大会，在这次大会上，同一天所作的报告为与会者指出了一条崭新的研究之路。众所周知，计算机也分为输入（输入数据）和输出（在打印机上输出）。但是，人们输入计算机的数据要怎样处理、计算过程的结果要怎样输出，都是由程序（软件）控制的。如果计算机根据相应的程序能够加工信息和存储数据，需要时可以重新从存储器中提取数据，那么人们想必就会研究，相应的过程在人身上是怎样进行的。人不也是通过感觉器官获取数据，从中选择出一些进行加工并存储在记忆中，需要时可以再次提取吗？这些心理学家认为，如果人们可以控制并改变计算机中输入和输出之间的加工步骤，那么人们一定也可以研究发现人的身体在刺激和反应之间发生的过程。比如，乔治·米勒在这次大
(37) 会上报告说，人的短时记忆能够存储七个（也许多两个或少两个）信息单元。（见第268页）赫伯特·西蒙和艾伦·纽厄尔向感兴趣的听众介绍说，借助计算机程序模拟人解决问题的情况，第一次获得成功。

倾向信息理论的心理学家发现了一条解密黑盒子中的过程，并把它作为研究对象的可行之路。从此人们致力于研究认知过程能否使人适应环境这一问题。这些心理学家也可认为是行为主义者（新行为主义），因为他们归根结底把人比作机器，等待“外部”的命令并且对于输入的数据不会做任何逃避外部控制的事情。这样，认知心理学就产生了，它的诞生时间被定为1956年，也就是上述关于信息理论的大会在波士顿召开的时间。（Gardner，1985年）根据心理学杂志上的文章或者最近出版的论文来衡量，传统的行为主义观点的影响不断减弱。（Robins et al.，1999）尽管如此，行为主义流派直到现在仍然坚持同时认可和研究认知过程。

传授存在于学生之外的知识。由于输入计算机的数据在现实中早已存

在，所以行为主义者认为，应当向学生传授不依赖他们而独立存在的知识。认为知识存在于学生之外，而且不依赖学生而独立存在的观点被称为客观主义。知识只能传授给学生，就像“注入”一个容器一样。如果传授顺利而且完全成功，那么，学生所记住的知识与环境中存在的知识就非常一致，如果传授非常理想，则完全一致。

但是，人真的“天生”是被动的，从而原则上可以比作一台机器吗？把人看作是主动的、至少在某种程度上是自主的，是不是更为合理？在以“建构主义”观点为导向的心理学家那里，这个问题得到的答案是一个清楚的“肯定”。

建构主义的观点

从冯特的元素主义到格式塔心理学。对于冯特和他的学生而言，有三个重要问题：一、哪些元素是经验的基础？二、这些元素是怎样相互联系的？三、是什么东西使这些元素相互之间建立联系的？冯特认为把“元素”拼凑成经验的创造力归功于人的头脑。这种观点遭到了格式塔心理学家的否定。

格式塔心理学家解释说，意识不能简单地分解为单个元素，接着再还原为意识。格式塔心理学家想要表达什么意思，插图 1.12 所示的刺激模型可以作出回答。

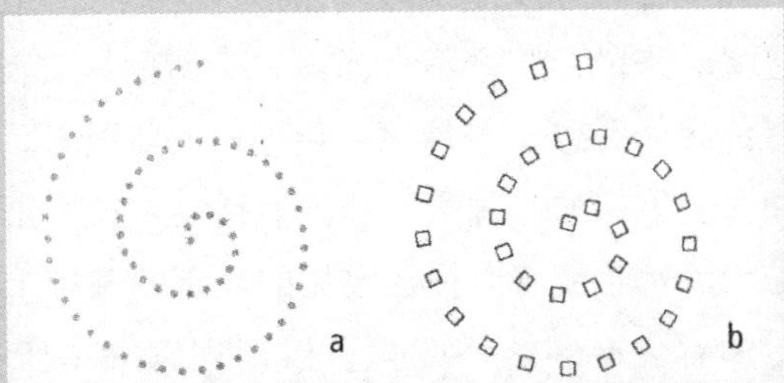

插图 1.12　可以证明感觉过程中的顺序趋势的刺激模型

插图所示的单个刺激在感觉者看来呈螺线状。但是，如果他逐一观察每一个点，那么，他得到的螺线状印象就会消失。必须把这些点看作一个整体，才能看到一个螺线状。 (38)

主动的人的观点。格式塔心理学家还批判地分析了具有传统特色的行为主义者。传统特色的行为主义者认为，环境刺激对行为有直接的影响。相反，格式塔心理学家则认为，行为更多地取决于感觉者如何解释刺激。与行为主义的观点不同，他们将人看作主动的生物。这种生物整理感觉器官接收到的信息并给它们一个“形状”（“格式塔”）；这种生物给感官印象一种感觉，赋予它们某种意义。“主动”这一特征与外部运动过程的强度无关，更确切地说，是说明一个生物体的活动绝大部分是可以支配的、甚至完全是由它自己支配的。但是，当一个人试图解释先前存在的东西，并给它某种感觉的时候，他根据的是什么？格式塔心理学家对这一问题的答案照样非常模糊。

通过内在的主观建构形成知识。建构主义者——瑞士心理学家让·皮亚杰（关于他的观点，详见 Mietzel，2003 年）就是其中之一——强调已知事物的意义，以便能赋予新的信息以重要性。早在 18 世纪，出生在那不勒斯的哲学家詹巴蒂斯塔·维科（1668 - 1744）就已使用过建构主义这个概念。（Gruender，1996）建构主义者与行为主义者的区别在于，他们解释说，应当通过感觉者去赋予重要性，不依赖于感觉者就没有任何意义。只要详细考察行为主义者和建构主义者各自对以下问题的回答，他们之间的区别就能一目了然：一个正在潜心研读本书的读者怎样获取新的知识？

行为主义者可能会在他们的回答中指出，本书中所描述的知识在读者拿到它之前早就存在了。但行为主义者相信，一个读者阅读本书的时间越长越认真，传递到记忆中并存储起来的知识与书中所描述的知识就越一致。对行为主义者来说，结论不言而喻，长时间认真阅读《心理学入门》的两个读者最终在作者想要“传递”给他们的知识方面高度一致。

以建构主义为取向的心理学家会激烈地反对这个结论。他们会在论证中指出，每位读者都会带着以往在罕见的经历的基础上形成的知识去阅读书中的描述。读者会追溯这些知识，以便理解书中所描述的事件。所以说，如果两个读者阅读同一本书，试图凭借他们迥然不同的原有知识分析和理解这本书，那么，他们在读完这本书以后绝不可能构建出一个完全相同的理解。

建构主义者与行为主义者不同，他们关注的不是环境，而是首先观察
(39) 人。在这一点上与人本主义的观点有非常重要的共同点。建构主义者和人

本主义者认为，个人的或主观的经历是心理学最重要的事件。

人本主义的观点

反对不自觉的和悲观主义的世界观。弗洛伊德在自己的诊所认识的病人，有时深受疾病折磨；因此他们不是生活快乐的人。弗洛伊德的理论反映了这种单方面的经历，因为在他的著作中充斥着怀有敌意的感情、妒忌、恐惧、压抑等，但没有快乐、乐观、热情或自信。弗洛伊德说的都是社会必须控制的“恶的”欲望。在弗洛伊德看来，人是不自由的，是受着在潜意识中发挥作用的力量支配的。在行为主义者看来，自由也是不存在的，因为对于行为主义传统的代表人物来说，生物体的行为完全取决于环境的条件。生物体——如弗洛伊德所说——其实就是“牺牲品”。

人本主义心理学是“第三种力量”。20 世纪 40 年代有些循规蹈矩的心理学家无法接受这些观点。他们控诉说，特别是行为主义及其 S－R 心理学把人完全“遗忘”了，而精神分析学则侧重研究人的消极方面，以致是到了重新考虑引入行为主义和精神分析学之外的第三种力量的时候了。“人本主义心理学”就是在这种不满声中诞生的，卡尔·罗杰斯（1902－1987）和亚伯拉罕·马斯洛（1908－1987）对这个学派的“降生”作出了重要贡献。这两位心理学家所得到的重要启迪不像弗洛伊德那样来自病人，而是基于他们与大学生和在咨询机构寻求帮助的人的接触。马斯洛希望，应当通过对健康人的人格的研究提出人格理论，因为“研究畸形的、缺少活力的、不成熟的和不健康的人只能导致畸形的心理学和畸形的哲学”。(Maslow，1954)

按照人本主义心理学家设计的蓝图，人可以非常随意地作出自己的决 (40)
定，并对自己的生活承担责任。与弗洛伊德的悲观主义的观点不同，他们认为，人有一种不能低估的自身发展的潜力，因此人的目标是自我实现。(Maslow 1970、1971）一个给其成员施加压力、不能保证他们的自由的社会，只能把“好”人变成被动的、惊恐的、不满的或好战的生物。

插图1.13　卡尔·罗杰斯（左）和亚伯拉罕·马斯洛堪称人本主义心理学的创始人。

人本主义心理学家的功劳是，打破了行为主义者提出的只限于研究客观上可观察的事物这个框框。他们宣称，如果不了解一个人的诸如自我形象、自我设计或自我价值观等主观因素，那么对他的理解就只能是非常肤浅的。以人本主义为取向的心理学家强调，必须研究人诸如对爱、乐于助人、或社会归属感的需求。他们解释说，一个孩子如果被剥夺了人性的爱，那就会像其他没有足够食物和水的孩子一样，很可能死亡。此外，以人本主义为取向的心理学家还建议研究乐观的生活态度对于健康的重要性。（见第127页）

但是，人本主义心理学家与那些非常实证的、激励研究的文章相比也有缺陷，尤其是在方法论方面。比如，他们使用了许多没有充分定义的概念。怎样判定一个人达到了自我实现的目的，对这个问题，他们就没有明确的回答。比如，如果人们想从亚伯拉罕·马斯洛那里了解到，哪些人具有达到自我实现这个目的的前提，那么得到的回答将是非常矛盾的，请看信息框1.4。

毫无疑问，以人本主义为取向的心理学家为心理学能取得对人性的广泛理解作出了贡献。人本主义心理学首先得到了许多对精神分析学和行为主义观点表示不满的临床心理学家的支持。人本主义心理学家主要表达了一种人生哲学。批评者指出，所谓人天生是善的这种论断造成了不符合科学原则的价值设定。再者，如果一味地满足人们追求自我实现的要求，那么损害他人利益就是一种必然的结果。因此年轻人很清楚，不得以牺牲他人利益为代价去追求个人的自我实现，人们为此早已制定了一个全球通用的、能协同决定公共学校中所有高中课程内容的学习目标：自我实现要兼顾社会责任。

信息框1.4 (41)

根据亚伯拉罕·马斯洛的观点，哪些人能够达到自我实现这个目的?

亚伯拉罕·马斯洛在他的著作中描述说，许多人根据他的判断能达到自我实现；这些人处于某种状态，“依靠这种状态他们发挥了完全的、真正的潜能”。（Maslow，1954；1962）用马斯洛的话说，这些人心理上是健康的。他们能够在本质上接受自己，不管是他们的优点还是缺点。他们对自己的工作负责、有很强的自主需求、对人有很好的移情能力；他们极富创造力、不拘束而且有很丰富的感情生活。马斯洛所所说的自我实现者的例子首先是阿尔伯特·爱因斯坦、爱莉诺·罗斯福和阿尔伯特·施韦泽。一个人必须具备哪些前提条件才能达到自我实现这个目的？亚伯拉罕·马斯洛对这个问题作了回答（Maslow，1954），但是，他的回答根据安德鲁·内尔的一项批判性研究（1991 年），始终存在争议。首先，马斯洛没有回答下面的问题：他们通过人生履历中的哪些经验达到了自我实现这个目的。如果他能回答——通过他的理论论证——，基本需求的普遍高度满足是否就是人的发展良好的前提及其高度的自我实现，那就太好了。然而他没有回答这个问题。因为他的指导思想是，某些人格特征，他认为可以视为心理健康的前提条件，所以他仅能证明，寻找具有这些独特特征的人——正如他所做的——是可以成功的。(Neher，1991)

马斯洛在一篇非常著名的文章（1954）中描述了各种动机的等

级，其中生理上的动机（饥饿、口渴、性等等）列在最下面，列在上面的是对安全、联系、信任的需求，最后是自我实现。马斯洛断言，满足低级需求是成功达到自我实现的前提。如果父母希望他们的孩子成为全面的自我实现者，他们必须根据马斯洛的建议，努力满足孩子的基本需求，只要孩子提出来。事实上，安德鲁·内尔（Neher，1991）引证米隆的研究时就已经发现，这种教育行为教育出来的人往往“自我陶醉、利用他人、没有自制力、缺乏基本素质”。（Millon，1969）

马斯洛不得不承认，自己的观点是站不住脚的，因为他解释说：“我觉得我现在更加明白，满足基本需求不是达到自我实现的充分理由。”（Maslow，1971）事实上，被马斯洛称为自我实现者榜样的许多人，在生活中也经历了许多磨难。这与马斯洛的说法是一致的，他说：“一个人要做到坚强，必须能承受挫折”。（Maslow，1962）但是，人们一定会急着问，如果尽可能不让一个人经历磨难，他能够学会承受挫折吗？面对这种矛盾的说法，马斯洛最终也没有回答什么是达到高度自我实现的条件这个问题。

不同观点的比较。每一种观点都以最终无法验证的假设为基础。因此对于观点“正确”或“错误”的问题无法作答。幸亏没有任何理由要决定支持某种观点。许多心理学家都认为，既然人们从不同的立场看问题，那么，最好把心理学的事实真相摆出来。行为主义者现在突然提出一个不同
(42) 于建构主义或人本主义心理学家的问题。在解释比如为什么有些人要酗酒时，生物学心理学家就会提出（也许有某种遗传吗?）与行为主义者（环境中有这方面的诱惑吗?）、心理分析学家（是想通过饮酒克服恐惧吗?）或建构主义心理学家（在“拿起酒瓶”前有什么想法，喝酒的时候有什么想法?）不同的问题。在心理学的幼年时期，各种观点的代表人物就时而发生激烈的争论。人们觉得自己受某个思想流派的束缚，而且相信，这样能更好地达到理解人及其行为。现在的大多数心理学家承认，每种观点都有其优缺点。下面一章的研究将表明，每种观点都能为拓展心理学知识作出贡献。

1.4 应用心理学的若干工作领域

经过至少八个学期的学习，获得心理学硕士学位或者再经过几年的学习，获得博士学位的学生，只有少数留在教学和研究的学术领域。大多数心理学家都在大学以外的应用领域工作。

1.4.1 教育心理学

只有教育心理学的代表人物是个例外，他们主要在培养教育学家、尤其是教师的大学及研究机构从事教学和研究。他们在科研工作中通常研究学习和记忆的过程。他们提出（并检验）怎样促进公共学校以及继续教育机构的教学和授课的建议。这一专业领域的许多代表人物是专业的启发式心理学家。作为启发式心理学家，他们研究怎样改善教学（启发）。他们关注的不仅是“正常的”学生，而且还关注那些有学习障碍的学生。有些教育心理学家还把尽可能好地帮助那些有超常天赋的学生这个问题当作专门的研究课题。

1.4.2 健康心理学

健康心理学是一个非常新的应用领域。（Haisch & Zeither，1991；Schwarzer，1997；Stroebe & Stroebe，1998）健康心理学的代表人物感兴趣的是某种生活方式（比如，不喜欢走动、吸烟和饮酒）与健康的关系。此外，健康心理学家还研究紧张状态和与此相关的风险——死于包括癌症在内的各种疾病——之间的联系。（见第 140、149 页）他们还阐明社会帮助对于病人康复的作用。

1.4.3 环境心理学

环境心理学作为一个新的领域近年来得到了越来越多的关注。环境心

理学研究人与环境的关系。每个生物都是通过自己的存在改变环境，但同
(43) 时，环境也对每一个个体产生决定性的影响。因此，环境心理学家感兴趣的主要是人们对大城市的生活条件的反应。比如，噪音、相对密集的人口以及越来越大的危害风险对大城市居民有什么影响？环境心理学家还与建筑学家在住宅区、房屋和办公室等的设计方面进行合作。此外，环境心理学家还研究怎样提高人们的环境意识这一问题。

插图 1.14　环境心理学家想方设法提高居民的环境意识，以遏制地球上生活条件的日益恶化。

1.4.4　犯罪和司法心理学

那些缺少社会责任感、触犯国家法律的人必将受到法律的指控。在这一方面心理学家也大有可为。他们研究的就是犯罪和司法心理学（拉丁文 forensis，指古罗马城市设在公共广场的论坛，那里进也行法庭审判）。司法心理学家协助解决在法庭审判之前和期间可能出现的心理问题。他们还承担这样的职责：对在押犯及其重返社会（比如，审查是否适合提前释

放）作出评价。判决的出发点是，只有在被告对自己的行为“负责”的场合，指控才能成立。可见，被告必须能够区别善与恶。司法心理学家可能受法庭委托鉴定被告的责任能力。当然，在事后鉴定一个人犯罪当时的内心精神状态或者对“屡犯”的问题表态是异常困难的。心理学家和精神病科医生在评判同一个案犯时往往作出不同的鉴定。（Hans，1989）另外，心理学家还参与证人证词的鉴定。（关于这个问题可参看第287页及本页的图表）

1.4.5 临床心理学

临床心理学是心理学的一个专业领域

关于一个学习和动机心理学家的经验。许多人认为，所有心理学家都是从事临床工作的。彼得·格雷所说的经历很典型：“每当我参加一个聚会并被介绍是心理学家时，人们的反应要么是尴尬和沉默，要么是开始向我诉说他们的问题。我已经学会直接告诉他们，我不是那样的心理学家，不是给人治疗的临床心理学家，而是一个研究学习和动机的某些基础的学者和研究者。”（Gray，1999）公众认为所有心理学家都是从事临床工作的这种偏见，虽然作过无数次的解释，但似乎仍然根深蒂固地存在于广大居民的脑海。 (44)

临床心理学家的工作领域。许多人把“临床”这个词与收治病人的医疗机构相联系，也确实有心理学家在医院工作。然而，临床心理学家的工作范围远远超出“临床”，如下面以德国1991－1995年的一项调查结果为依据所作的统计表所示。（Schorr，1991，1995a，1995b）

自由职业的个人或集体诊所	32.0%
咨询业（父母、孩子、伴侣、吸毒者）	22.8%
康复诊所（其中包括康复和精神病院）*	24.8%
疗养院	5.3%

研究、教学、培训	3.2%
学校心理学服务	0.9%
企业咨询	0.1%

*新联邦州与老联邦州相比，大多心理学家在诊所和精神病院工作，很少有自由职业者。

从这个统计表中可以看出，临床心理学家不是像人们根据字面理解的那样，仅仅从事临床工作。这个专业领域的代表人物也从事教育和职业咨询的工作，他们不仅研究行为异常，而且参与关于学校、职业和教育生涯的咨询，还有一些从事婚姻、家庭和生活咨询的非常专业化的机构，从事诸如有关酗酒、吸毒和性（AIDS）的咨询。此外，有的临床心理学家还在为智障、自闭症儿童或有行为障碍的人所设的疗养院工作。

乍一看，临床心理学家的工作领域似乎非常广泛，多种多样。但我们仍能发现他们工作的一些共有的重点。他们采用诊断学中公认的心理学工作程序，并在提供咨询或采取治疗措施时以诊断结果为依据。（诊断和治疗往往是不能明确区分的，比如，弗洛伊德的心理分析，就是将治疗过程中的进步与当事人起初隐瞒的恐惧心理和矛盾的发现和鉴定相提并论。）临床心理学家首要的一项任务就是所谓的预防，在预防的过程中，临床心理学家努力阐明并创造条件，尽可能地不让人发生异常的或偏离正常的行为。近年来，预防越来越受到重视（佩雷斯，Perrez 1998），虽然德国和其他许多国家的卫生系统为预防措施提供的资金还远远没有达到要求。

(45) 洛塔尔·施密特说，大多数从事临床工作的心理学家接触的都是“各种紊乱和通过行为和/或体验以及身体的失调表现出来的疾病。”（Schmidt, 2001）但是，“紊乱”是指什么呢？是指那些偏离正常也就是一般的、可以认为是“不正常的”行为方式吗？紊乱什么时候是正常的，什么时候是不正常的？

界定正常与不正常的行为的困难

例子：考试恐惧症。在参加考试前，大多数人都有过他们认为对自己的生活总的来说不具典型意义的体验方式和行为方式：他们都说，恐惧感加剧、食欲减退、失眠，也许还有抽烟越来越多，等等。这种考试恐惧症可以认为是紊乱吗？可以看作不正常的行为或体验吗？什么是正常的或不正常的的行为或体验这个问题一下子是说不清楚的。因此，罗纳德·科默断定："人们所作的解释什么是精神紊乱这个问题的尝试，通常与需要回答的问题一样多"。(Comer，1991)

"紊乱"是有额外痛苦压力的偏离正常的行为。科默指出，"紊乱"这个概念取决于一个社会的规范和价值。比如，由于性取向观念的改变，在几十年前还被看作"不正常"或者"紊乱"的现象，现在已被广大居民阶层所接受。目前，大多数临床心理学家不再把不正常现象，即一种统计上很少出现的行为当作一种"紊乱"的必要标志。只有当一个人同时有明显不适，感到不舒服、非常痛苦、可能无法履行日常职责时，他们才称之为"紊乱"行为。如果一个人的考试恐惧症非常严重，以致无法再正常地作考试准备，而且在这种心理影响下感到痛苦，那么这时就会产生紊乱，可能需要"治疗"，即需要采取心理治疗措施。可见，在出现"紊乱"的情况下，体验和行为都会受到明显影响。(Bastine，1998)

没有痛苦压力的"紊乱"？当然，对于临床心理学家所认为的"紊乱"，目前还没有一种全面的解释。格奥尔格·容尼奇（Jungnitsch，1999）指出，有一些"缺少疾病观念"的人，虽然被有的医生称为精神紊乱，但是没有遇到痛苦压力。一个大量抽烟、饮酒、吸食毒品的青年，由于这些行为在医生眼里可能就是"异常的"，因为他们担心这样会有损健康。但是，这个青年本人绝不会将自己的行为看得很严重，而是会认为，这是得到同龄人认可的前提条件。

临床心理学家在解释一个人是否有精神紊乱的问题时，会采用他们认为各不相同的诊断方法。

通过诊断术把握心理特征

当事人是积极合作者。不管是在咨询还是在治疗过程中，临床心理学家在参与解决心理问题之前，必须获得关于他们的参与者的一些信息。心理学家往往喜欢用"参与者"这一称呼，以表示他们期望得到他的积极合

(46) 作；希望他不要像传统意义上的病人那样，仅仅被动地接受对自己的治疗措施。临床心理学家想要借助每次提问，通过观察获得关于当事人的智力、精力集中能力、情绪稳固性等等特征的信息。当然，区别在于，这种观察是在自然条件下，在询问、交谈的框架内还是在“规范的”测验条件下进行的。

在日常生活中的观察。在日常生活中观察一个人，肯定能更好地对他进行了解。比如，老师可能会向教育心理学家请教这样的问题，他对待一个根据他的观察上课时经常捣乱的学生应该怎么办。心理学家通过在课堂上的观察也许会得到富有教益的启示。这种观察到的捣乱与教师的某些行为有关系吗？这种“捣乱”行为在其他教师的课堂上也出现吗？走进教室可能有助于解释这样的问题。当然，需要注意的是，人们一旦发现有人在观察他们，他们就会改变自己的行为。因此，心理学家在观察时应当尽可能不引起人们的注意。

当然，在自然状态下进行观察需要花费很多时间，因此临床心理学家通常在咨询室中进行这些必要的观察。但是，他们必须考虑到，要观察的行为——比如说“捣乱”——在咨询室中与在比如教室这样的自然环境中，表现是不一样的。在这种人为设置的环境中，临床心理学家要观察他的参与者在谈话过程中的表现，而且要尽可能利用测验结果，从而得到另外的启发。

诊断性谈话。临床心理学家乔治·凯利曾经给他的同行提出一条简单的建议：“如果你们想知道一个人的思想世界，那就直接去问他，他会回答你们的。”（Kelly，1958）诊断性谈话是临床心理学最古老的方法之一。西格蒙德·弗洛伊德的知识绝部分来自他与病人的非常深入的谈话。进行这种谈话的好处在于，可以个别地迎合求助者的问题和需求。但是批评者们担心，问题的选择过于主观，单独与参与者谈话的心理学家可能对同一个参与者作出完全不同的评价。临床心理学家的不同理论流派更是如此。对于精神分析学家来说，参与者闭口不谈的东西与他所说的东西同样重要。与此相反，以行为主义为取向的心理学家只对实际发生的行为感兴趣。而以人本主义为取向的临床心理学家很可能主要关注参与者的主观看法，很少在意这种看法是否与事实相符。因此，要努力使谈话过程“规范化”；应当保证几个心理学家能独立地得出尽可能统一的结果。

规范化测试。临床心理学发明了至少类似于诊断性调查规范化的各种测试方法。一种方法，如果详细地规定了怎样实施、利用和解释，就是规范化的。通过这些规定，无疑提高了“客观性”，也就是提高了多个观察者（还有测试环境）取得一致的程度。心理学测试由一系列以书面或口头形式向参与者提出的问题组成。所有这些测试的共同点是，借助一系列问题对各种行为方式进行抽样调查（Anastasi，1990），以便能够从中得出符合测试对象的普遍性结论。（London & Bray，1980）根据各自确定的目标，决定观察哪些行为方式。心理学家设计了据说可以推论出各种能力、技巧、兴趣、观念、价值取向和性格特征为结果的测试方法。每一种心理测试的设计都受到设计者的某些假设的影响。测试者要始终牢记这些假设，以便能够正确分析结果。第七章（见第336页）将详述传统智力测试的几种假设。 (47)

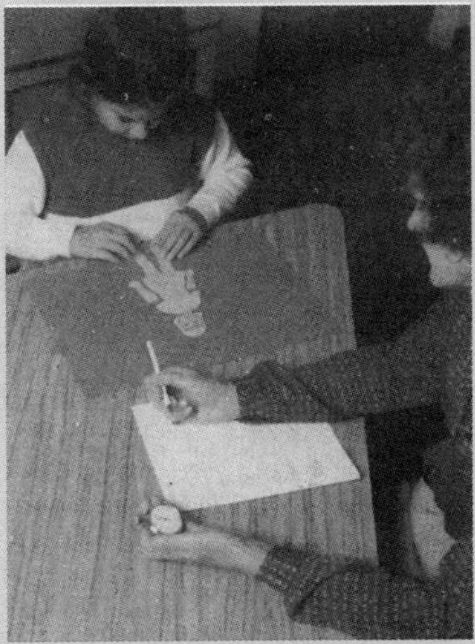

插图1.15　心理测试是诊断学框架内应用的最重要的心理学方法之一，心理测试的内容包括测试对象需要回答的问题。从一个人的回答中可以推断出他的特征。

影响求助者和参与者的方法

咨询和治疗的区别。一个人去向从事临床工作的心理学家寻求帮助，可能有各种各样的原因。心理学家只要经过附加培训就可以进行治疗。举几个例子就能说明，那些行为明显异常的人（比如严重和持续的沮丧、酗酒等）和那些明显或有些难以适应某种生活环境的人是可以治疗的。首先，上面提到的去看临床心理医生的原因，往往就是不容易区分治疗和咨询。比如，在某种生活环境下，在决策方面需要帮助时，就可能寻求指导。在指导过程中，经常在考虑诊断结果的同时，首先向寻求帮助的人传递能够改善他们的决策基础的信息。比如可以提出这样的问题，考虑到孩子的独特天赋，应该让他就读什么样的进修学校，或者哪种职业选择更适合临床心理学家诊断出的能力和兴趣。

相反，有些看上去能够治疗的病症却不是简单地给人一些信息就能治
(48) 疗的。大多数人想通过治疗（但是往往也不能明确划定与咨询的界限）引起自身的改变，包括情感方面的改变。比如有些人向治疗医生寻求帮助，以克服乘坐飞机或当众演讲的恐惧。有些人也许不能独自处理近亲（生活伴侣、父母亲）的丧事。有些治疗医生擅长帮助人们解决夫妻共同生活中的问题。参与者去治疗，仅仅是因为他们对生活不满意，并没有什么特殊的原因。最后，还有一些人去找治疗医生，是为了在医生的帮助下更多地了解自己并且更好地充分利用自身的机会。

信息框 1.5 以几个历史上的例子证明，采取治疗措施绝不是近代的发明。当然，以前几代人对于下面的问题有完全不同看法：哪些行为需要“治疗”、它产生的根源是什么、是否可以治愈和怎样治愈等。

信息框1.5

行为方式“紊乱”和异常的人过去是怎样“治疗”的？治疗“紊乱的”或异常的行为不是近代的发明。相信魔鬼钻进了人类的身体，受害者便会表现出奇怪的、不可理喻的行为方式，这种信念可以追溯到几千年以前。（Coleman et al.，1984）插图 1.16 展示的是石器时代的头盖骨，上面明显有凿孔，以便让魔鬼有机会重新离开人的身体。几个头盖骨都有骨愈合的痕迹，从中可以推断，被治疗者一定在手术后还活了几年。在古埃及（约公元前 1500 年）、中国和希腊都流传着类似的看法。在那里，人们希望能够驱逐这种想象中的妖魔鬼怪，设法使它们永世不得翻身。“着魔的人”要服用一种主要用壁虎血、鳄鱼粪和苍蝇屎混合制成的毒剂。

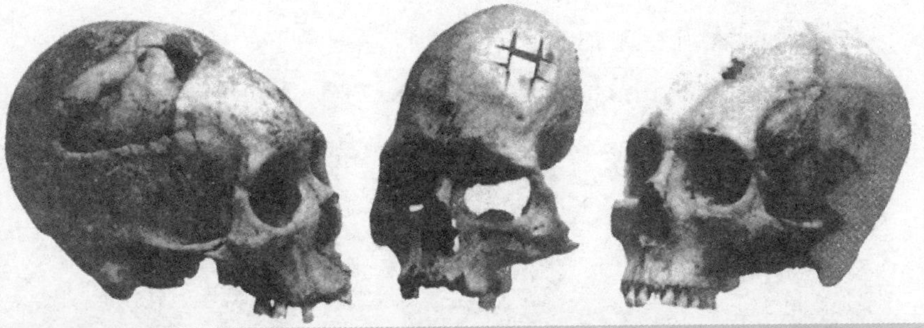

插图 1.16　可以证明史前时期的治疗方法的石器时代的头盖骨。据说只要在行为可能异常的人的头盖骨上凿孔，就可以驱除妖魔鬼怪。

认为异常的行为方式是妖魔鬼怪的杰作这种观念，在中世纪也广为流传。在 15 世纪，教士承担了治疗的任务，他们先是用祷告和圣水驱赶妖魔鬼怪，如果遇到它们的“顽强抵抗”，就设法采用比较残酷的方法进行驱赶。从马丁·路德 1540 年的祝酒辞可以看出，他把“可怜的痴呆”儿童称作“怪婴”或魔鬼的孩子，并且要求溺死他们，因为一个这样的孩子只是“一具没有灵魂的肉体”。妇女可能被当作女巫而受到迫害。在 1478 年出版的一部巨著《女巫之锤》中，两位教士非常详细列举了女巫的特征。他们还描述了能够使这些受害者招认的方式。在这部著作中，列数了各种极为残忍的拷问方法。 (49)

从 16 世纪初起，认为人被妖魔鬼怪附体的看法逐渐失去影响力，而对精神疾病并没有一种继续得到公认的解释取而代之。行为异常的人越来越多地被安置到特殊的、不能享受人的尊严的疯人院里。最古老的疯人院可能是伦敦的圣马丽亚疯人院，从 1547 年起“傻子”和“疯子”就被送到这里。送到这里的人都要遭受折磨、鞭笞，而且伙食很差，以致许多人在进来后不久就被饿死。“不良的血液”被认为是抑郁或神志不清的根源。因此，静脉被定期切开，让血液流进早已准备好的皮口袋中。（见插图 1.17 右图）看守者把病人们提供给公众参观和取乐，因为他们可以通过这种方式改善自己的收入。（见插图 1.17 左图）圣马丽亚疯人院不是一个例外，类似的收容所直到18世纪和19世纪在欧洲还广为流行。

插图1.17　疯人院收容的人被定期放“坏血”，坏血被看作是他们行为紊乱的根源。（右图）18世纪，看“疯子”是一种娱乐，图示的两位女观众就是如此。（左图）

18－19世纪，科学的进步使人逐渐形成了一种对异常行为的新的
(50) 理解。归根结底，这是源于古希腊医生希波克拉底（约公元前450－377）表达的思想，但是这些思想没有能够得到贯彻，而且被遗忘了十几个世纪。1793年4月25日（法国大革命时期），医生菲利普·皮内尔（1745—1826）成为巴黎一所主要安置“精神病人”的疯人院院长，这对一些病人而言是一种幸运的安排。这位院长上任（1793年9月2日）后不久，他的提案便得到了批准，大约50位病人摆脱了禁锢，从此以后，他们可以在整个疯人院自由活动。这位医生把这些病人当作人，待他们以友好和尊重。这种治疗卓有成效。可惜，起初模仿皮内尔的人很少。尽管如此，这也是把精神紊乱和行为异常的人看作病人的一个重要开端。冯特的学生、德国精神病科医生埃米尔·克雷佩林（1856－1926）在教科书中写道，心理和精神疾病是大脑病变的结果，这是一个巨大的突破，从而他提出了把行为异常归结为内在根源的器官性异常。

但是，所有的行为紊乱都是器官性的吗？富有争议的奥地利医生弗兰茨·安东·麦斯默的研究后来据说启发了另外一种观点。当时在

巴黎行医的麦斯默认为，看不见的磁流失去平衡的时候，疾病就会产生。通过触摸病人的身体部位，麦斯默往往能成功地使病人摆脱长年的瘫痪及其他病症。他的成功很快就传开了，并最终传到了学术界。显然，麦斯默使病人进入催眠状态并能够通过感应作用治愈他们的疾病，然而，由于他的“理论”和怪异的举止，没有得到承认。直到巴黎精神病学家让－马丁·沙可（1825－1893）继续麦斯默的工作、进行系统研究并应用之后，提出了另一种关于异常行为方式的观点。沙可指出，歇斯底里（其症状主要是突发的无力、瘫痪、听力或视力障碍，找不到器官上的解释）可以用催眠术治疗。沙可的研究对西格蒙德·弗洛伊德产生了巨大的影响。但是，沙可和弗洛伊德认为，这些症状的根源在于病人本身。（见第 33 页及其下 1 页）如果想让病人摆脱病症，就必须对他进行相应的治疗。病人必须梳理自己尚未克服的事件并解决其中的矛盾。于是就形成了这样的医学观点：行为异常的根源在于病人本身。

还有一种观点是行为主义者提出的。行为主义的代表人物将行为归因于环境的某些条件。（见第 11 页及下 1 页和第 35 页）对于学习心理学家而言，产生“紊乱”行为的方式原则上与正常行为相同。可见，人们只须改变行为的后果，就能解决行为紊乱。现在，大多数心理学家倾向于这样一种观点，认为行为紊乱是相互作用的结果。也就是说，他们承认内在的（可能还有遗传的）原因，但他 (51)
们同时也考虑到，这些生物学的前提往往可以归因于（可能是不利的、“致病的”）环境条件。因此，鉴于各种紊乱，治疗学的目标是影响身体过程、适应环境或同时改变这两种因素。

各种各样的治疗方案。20 世纪形成的治疗方法数目非常庞大。有些治疗方法仅限于一个疗程，而有些治疗方法则需要延续几年时间；有些治疗方法主要针对参与者的认识，而有些治疗方法则是针对情感或行为的改变；有些治疗方法主要是采取谈话的方式，而有些治疗方法还包括身体练习。治疗医生将有些方法只用于某个参与者，而将有些方法运用于许多人。有些研究人员认为，他们至少能列出 250 种不同的心理学治疗方法（Corsini，2001），而有些研究人员能列出 400 种之多。（Karasu，1986）形成如此繁多的治疗方法，主要是由于不断发明新的治疗方法，而原有的方法绝不会以无效为由而撤消。（Parloff，1993）尽管如此，如果只选择那些证明至今仍然有效的方法，那么就屈指可数了，其中包括行为疗法和谈话疗法。（Grawe，1992）心理分析在一片反对声中是否仍能坚持下去，还很成问题。有些人认为，弗洛伊德的方法充其量能帮助受过良好教育的健康人更好地了解自我。（Michels，1990）不管怎么说，如果说有些当事人得到了这种方法的成功治疗，那么，这种成功也许都被归功于治疗医生积极的情感引导，而几乎不会被归功于心理分析学的解释和心理分析（Wallerstein，1989）。

1.4.6 劳动心理学、企业和组织心理学

以前的研究

弗里德里克·泰勒与经济人。19 世纪末 20 世纪初，美国工程师弗雷德里克·泰勒在参观一家钢铁厂时，特别留意了一组工人，他们正在把 40 公斤重的生铁板搬到几米远的一个仓库，最后从那儿装上火车车厢。泰勒在仔细观察了这些工人的活动流程后就相信，只要对流程作一些改变就可以把生产力提高四倍。泰勒也许是正确的，劝说工人们认可了泰勒制定的流程以后，他们的效率就像预期的那样提高了。接着，工资增加了 60%。
(52) 从那以后，泰勒更多地被视为劳动和组织心理学之父。他对这一专业领域后来的研究明显产生了影响。根据他的观点，企业领导者的任务是找到合适的工人并对他们加以培训。

不过，泰勒认为，“一般的”工人天生就是懒惰的，但是通过金钱的激励能够使每个人完成单调的、累人的工作（流水线旁的劳动!）。因此，人被看作“经济人”，主要通过金钱激励来激发积极性（见第 315 页及其下 1 页）。泰勒甚至相信，雇主和雇员有着相同的利益。因此，他的结论是，“同时满足工人的最高愿望——高工资——和雇主的要求——商品的低生产成本”——一定是“可能的”。（Taylor，1911）然而，这种简单的“激励理论”被证明是错误的。多种发展趋势促使人们不讲劳动道德，因而劳动成果的质量也随之下降。难道人的动机还可能由金钱奖励之外的其

他因素决定吗？难道劳动生产率还取决于其他条件吗？埃尔顿·梅奥（Mayo，1933）与几个同仁也对这些问题产生了兴趣（Roethlisberger & Dicjson，1939）。

霍桑效应。梅奥和他的小组在芝加哥附近的一家大型电气公司的霍桑工厂对生产某些电话元件的女工们进行了观察。这些研究人员在得到第一印象后，就改变了工作场所的许多条件（比如照明设备和休息时间），并且断定，采取每一项措施都能提高生产效率。但是研究人员吃惊地发现，在他们一步一步地恢复原状时，生产效率也提高了（所谓的霍桑效应）。很明显，女工们作为一项科学研究的参与者得到了重视和尊重，这种感觉比物理环境重要得多。事实还表明，女工们在组装电话机时提高了自己的技术，从而乐此不疲，不再感到单调乏味。定期进行的调查实际上表明，所采取的措施使人减少了疲惫感。由于女工们在工作岗位上获得了更多的自由，所以她们也就承担了更多的责任。

早期认识：对劳动的满意度提高生产效率。尽管梅奥的研究和结论当时遭到了激烈的批评和质疑（Ricem，1982；Walter-Busch，1989），但他的认识对劳动和组织心理学产生了巨大影响。从此，许多心理学家日益关心的是，提高劳动满意度，而劳动满意度显然取决于工人的社会关系。现在，人们试图通过改善个人与同事和上司的关系来提高生产效率。心理学家继续致力于改善条件——这里指的是社会条件，以便使企业员工取得更大成效。直到在人本主义心理学家的影响下，劳动和组织心理学家才重新确定了自己的任务。

人本主义心理学家的影响：自我实现的愿望。埃伯哈德·乌里希认
为，20世纪50年代末60年代初“对自我实现和心理成长的需要受到了关 (53)
注”。现在，劳动和组织心理学家尝试在企业里创造一些条件，在这些条件下能够让雇员把劳动当作自己的事情。泰勒详细规定了个人的工作，从而剥夺了工人所有的决定权，而现在，在人本主义心理学家的影响下则要求工人参与决策。工人有机会合理运用并拓展自己的能力。鼓励企业承认人们对于自我实现、自我负责和自我克制的追求。乌里希解释说：“对于上司的自我认识来说，他们的任务不再是施加影响和加以控制，而是给以鼓励、支持和帮助。”（Ulich，2001）

承认并兼顾个体间的差异。泰勒相信，人有劳动的动机，是因为他们

想通过劳动获得尽可能高的收入。梅奥和他的同事们则勾画了一个在工作岗位上主要受他的社会需要支配的人的形象。以人本主义为取向的心理学家建议企业要考虑雇员自我实现的愿望，同时介绍了关于人的观点，默许从中可以充分看出每一个员工的特点。但事实上这是不可能的。除此之外，还应该承认，人们的需求各有差异，而且只有当人们提供给他们适合个人特点的工作条件时，才能兼顾这种差异。

在过去几年中，劳动和组织心理学家有时非常专业，以致在这一框架下无法恰当地描述他们的工作领域。（Hoyos & Frey，1999）为了对他们的工作至少有一个管窥，这里列举他们的几种任务和目标：人与工作条件的相互适应，促进工作满意度的提升。

心理学方法在人员选拔中的发展和应用。

有人认为，在为选择适合的求职者而采取各种措施的时候，心理学家有义不容辞的责任。然而这是不正确的，阿尔弗雷德·格伯特确信：“心理学家参与的资格审查不到10%。”（Gebert，1989）在大多数情况下，都是非专业人员根据求职者的态度决定的。在决定录用哪些求职者之前，必须弄清楚，他们所具备的条件，是否能满足应聘岗位的要求。只需对工作加以分析，就可了解这些要求。

工作分析。在人员选拔开始之前必须进行工作分析。进行工作分析以后，详细描述某个工作岗位或某项工作所要求的能力、知识和行为方式。人们通过询问那些能出色地满足工作岗位要求的人、了解直接上司的要求或者认真观察某个工作岗位的工作，获得必要的信息。最有启发性的是一
(54) 个人在紧急状况下的行为，比如发生了采用通常的习惯做法无法解决、要求自发地做出正确反应的事件。

在了解胜任某个工作岗位或者某项职业活动需要哪些能力之后，就可以开始选择适合的求职者了。

面试。通过面试，可以了解求职者的性格特征和特殊资质，因而面试的过程和结果，对于聘用求职者通常起到决定性作用。许多研究人员独立地调查了在面试基础上作出的聘用决策的成果。实际上，通过这种方式真的能成功挑选到合格的员工吗？还说不定，因为社会心理学家列举了许多

使人产生错觉的错误。（见第457页及其下几页）那些以面试时留下的印象为依据的决策也是如此。面试者通常过于看重一个人的某些特征，而这些特征与将来能否顺利工作毫无关系。（Zedeck & Cascio，1984）考官当时的心情也可能影响人事决策。（Baron，1987）因此，毫不奇怪，在认真分析了相关的调查结果后可以综合认定，面试对于希望将来能顺利就职的人来说不是最好的方法。（Dorfman，1989）劳动和组织心理学家长期以来就试图弥补面试程序的缺陷。采用标准化的面试可能要好一些。（Hough & Oswald，2000）最好给所有应聘者提出相同的问题，这样就能获得良好的可比性。（Campion et al. 1998）

心理测试。测试方法也可以帮助我们在选择候选人时少犯错误。（Staufenbiel & Rösler，1999）可以采用的测试方法有：智力测试——根据测试结果能够很好地预测一个应试者能否在多个工作领域顺利就职（Schmidt & Hunter，1998）——和性格测试以及职业兴趣测试。（Hough & Oswald，2000）

当然，围绕测试方法的运用或者至少对测试结果的乐观评价一直争议不断。（Drenth，1989）争议大多以这样的假设为依据：一些合适的特征在以后的发展中不会再改变。但是，在这样的条件下，有些应聘者经择优录取法被淘汰，而通过培训他们也能很好地完成所要求的任务，那么淘汰他们不是很可惜吗？改变企业分配的任务不是也能轻松克服那些吹毛求疵的缺点吗？

评价中心。采用测试的方法在下述情况中也许是特别有理由的：要获得工作岗位，必须掌握某种娴熟的技能，或者必须取得明确规定的成绩。这种测试方法可能不适合用于领导岗位干部的选拔。劳动和组织心理学家为此发明了其他的方法。下面仅以所谓的“评价中心”为例（Gebert，1989；Krause et al.，2001），采用这种方法可以同时对6－12位候选人作出评价。不对候选人进行面试，而是为他们提出不同的问题：书面测试、角色扮演和他们所竞聘的岗位的典型工作。多位观察者对候选人的反应进 (55)
行评价。这种方法较之其他方法成功率比较高。（Gaugler et al.，1987）

因人设岗。我们不能总想着去寻找那些在资质及性格特点都非常适合某个工作岗位的员工。我们同样也要努力创造让工作岗位适应人的条件。现在的许多岗位需要与复杂的机器打交道，操作失误可能给自身带来严重的后果。20 世纪 40 年代以前，工作岗位上运转的机器基本上是一览无余的，充分重视可能出现的操作失误。在制造机器时只考虑技术方面。人必须适应机器，容忍可能的危险、无法忍受的工作环境和频繁的操作失误。人们充其量就是千方百计地通过相应的选择程序找到最能满足要求的工人。第二次世界大战中应用的大量设备（雷达、飞机、潜艇）才要求人们在完全“非自然的”环境中作出复杂的、快速的反应，而且频繁出现操作失误，这时人们才认识到，必须将机器设计得更加方便使用。（Schultz & Schultz，1990）

这样形成了一个新的领域，人们称之为“人机系统心理学”或工程心理学。在这个到处是技术设备的世界中，人们已经离不开工程心理学的服务。核电站的例子尤其让人难忘地证明了这一点。三里岛差点发生灾难，主要原因在于监控仪器和预警荧屏之间的距离太大。当监控人员在查看监控仪器时发现危险即将发生时，他们已经来不及赶到另外一个地方，以阻挡这一灾难性过程的发生（Kantowitz & Sorkin，1983；Dörner，2003）。在日常用品中，人们往往会忽视工程心理学家在形状设计方面的一份作用。洗衣机、照相机或者录相机生产出来了，而生产者事先并不知道，使用者怎样才能够最好地加以使用。（Norman，2002）比如说，如果一部机器上的不同功能的开关和按钮在外观上（颜色、样式等）有明显区别，那么操作就方便了。

改善劳动条件，提高工作满意度。

提高对工作岗位的满意度，现在已经是理所当然的预期了，这种预期是在人本主义心理学家的影响下产生的（见第 39 页及其下 1 页）。然而，为实现这一目标而工作的劳动和组织心理学家面临的是异常艰巨的任务。与泰勒的观点（见第 51 页及其下 1 页）不同，满意度不仅取决于报酬的高低，而且还取决于个人的预期、工作岗位的物理条件、同事关系好坏、
(56) 上司的公正对待以及其他许多情况。能够简单预测工作满意度的实际影响吗？

工作满意度的影响。有人希望满意度的提高能够直接导致生产力的提高，这一点没有得到证实。满意度不一定能对劳动态度产生影响。（Oskamp & Schultz，1998）尽管如此，是否存在这样一些条件，在这些条件下不仅员工的工作满意度很高，同时生产力也能提高？以前，主张参与决策的人断言，参与决策的引入能够增强劳动道德、降低旷工时间、减少辞职人数和提高生产力。（Marrow et al.，1967）有人反复检验了这种论断后不得不得出结论说，这方面的内在联系绝对不是这么简单。（Locke & Schweiger，1979）劳动和组织心理学家面对这种矛盾的结果，明确表述了他们的问题（Vroom & Jago，1988）：在哪些条件下，哪种参与决策证明是正确的？难道让员工直接参与或者通过选举出的代表参与决策过程吗？所有事务还是仅仅某些事务可以参与决策？上司对下属的决策参与该作出怎样的反应呢？他们是否会把下属的决策参与看成是对其领导角色的挑战，从而予以反对呢？事先如何防止他们作出这样的反应呢？有些研究成果可以回答这些问题的。这些研究无论过去还是现在都试图回答怎样提高或者至少保持员工的工作积极性这个问题。（Brandstätter，1999）

工作积极性是内部和外部条件的结果。对于许多员工来说，最主要的动机激励是能在工作中证明自己，因为这样他们就能在工作中得到承认并建立满意的社会关系。企业领导也可以做一些事，比如，制定假设员工能提高工作积极性的计划，方便他们设定自己也高度评价而且可以实现的目标。在许多企业中，通过这种“目标设定计划”减少了请病假和偷窃的人数；降低了成本，并且提高了员工的满意度。（Locke & Latham，2002）

对于劳动和组织心理学家来说，这些问题和其他许多问题为他们开辟了一个广阔的研究领域。在工业企业中是否能创造条件，使员工愿意并有能力生产出在日益激烈的竞争条件下打开国际市场的产品，也取决于这些问题的答案。

1.5 后续章节展望

艺术家和哲学家多次说过，人有充分的理由自豪地把自己看作“创造之王”；还有莎士比亚，他借哈姆雷特嘴这样说道：“人是多么了不起的一件作品！理性是多么高贵，力量是多么无穷！仪表和举止是多么端正，多
么出色！论行动，多么像天使！论了解，多么像天神！宇宙的精华，万物 (57)

的灵长!”（《哈姆雷特》第2幕第2场）——人们可能一看就会说，人学（现在心理学也已纳入其中）的目标看起来是多么狂妄，他们竟然想通过努力成功地揭露这件“作品”的某些秘密！好奇是人类天性的一个特征，不过现在是对人类自己的好奇。

一个多世纪以来，心理学作为一门独立的科学始终致力于解开人的行为这个谜，即人的行为在各种条件下的多样性。因此，认真阅读以后各章的读者在阅读过程中一定能拓展他关于自身及其同胞的知识。在这方面，发展心理学（第二、三章)、感觉心理学（第四章)、学习心理学（第五章)、记忆心理学（第六章)、问题解决行为和智力心理学（第七章)、动机心理学（第八章)、感情心理学（第九章）及最后的社会心理学（第十章）的现实认识将对他们有所裨益。虽然许多问题还有待解决，但是希望读者在阅读本书后能够凭借自己获得的心理学知识赞同莎士比亚的观点：“人是多么了不起的一件作品!”，同时充满好奇地乐于参与心理学的研究探险，并为进一步破解“人”这个谜作出贡献。

(58)

2 人类的发展心理学：基础和开端

威廉·莎士比亚在话剧《皆大欢喜》（第二幕第七场）中假借他笔下一个英雄的口说："全世界是一个舞台，所有的男男女女不过是一些演员；他们都有下场的时候，也都有上场的时候。一个人的一生中扮演着好几个角色。"莎士比亚描述了人"变换的历史"，从孩童开始，以"孩提时代的再现……全然的遗忘"为终结，此时人"没有眼睛，没有牙齿，没有味觉，没有一切"，只等待着帷幕最终落下。莎士比亚的这种观点在一定程度上完全可以说是现代的，因为他不像早期发展心理学的代表人物那样，认为人的"变换的历史"以达到青壮年为结束，而明显认为以逝世为结束。人生的"戏剧"——为了沿用这个比喻——实际上有许多"场"，大多数人都已经经历和将要经历：人生开始于一个男性的和一个女性的性细胞在母腹中的结合。大约九个月后，一个重约三公斤的"演员"就登台演出第二幕情景，这些情景都遵循一定的模式：孩子在12个月大的时候可能会说出第一句有意思的话；六岁时开始上小学；青少年时站在镜子前为外表费尽心思，并在交友过程中积累最初的恋爱经验；年轻力壮的时候努力成就事业，也可能已经人为父母；大约在50岁的时候会第一次发现身体衰老的明显迹象，最终作为"退休人员"面临重新安排生活日程的任务；在某一天这个不断发展的人可能会经历生活伴侣的去世，并经常回忆和反思自己的一生。

在人的一生中肯定会发现许多共同之处，但是不同之处更让人印象深刻。在人生之初，人有机会选择不同的人生道路，但是在去世的时候他却只有一种选择。(Barash, 1979) 因此，人的发展绝不像舞台剧的情节发展那样可以预先规定。可见，发展心理学不能局限于描述"普通的"人生，因为根本不存在这样的人生，更确切地说，发展心理学应当揭示，人在自身发展的各个阶段应当在何时、怎样和通过什么方式改变自己。男人和女人由于可能存在各种不同的人生道路而选择了一条自己的道路，可以归因于哪些条件和事件？

(59) 2.1 发展心理学的目的

发展心理学研究的宗旨，只需寥寥数语就能说明。发展心理学的代表人物观察各种变化，是为了进行描述。但是，他们觉得进行描述还不够，还想作出预测，并且他们想尽可能明确地解释所观察到的事物，他们想做得尽善尽美。具体地说，就是以当时经典的发展心理学研究为依据进行解释。

发展心理学的经典研究。几十年前，玛丽·雪莉就作了一项关于婴儿早期运动机能发育的研究。(Shirley，1933) 她抽样调查了25个婴儿，从他们出生到15个月，定期对他们进行观察。她关注的是这些年幼的测试对象的运动机能在上述的年龄段内的变化。插图2.1展示了她的观察结果。

(60) **各个年龄段的变化及其顺序的描述。**雪莉不仅观察和记录了她所观察的婴儿的运动姿态先后变化的顺序，还顺便记录了运动姿态出现进步的时段。比如她指出，婴儿在出生7个月后能够独立坐着，9个月大时能够扶着家具站立，11个月大时，牵着他的手就会行走；15个月大时能够独立行走。

雪莉所做的事情对于所有发展心理学家而言是很典型的：他们关注的是研究人的变化，然后按年龄整理他们的观察数据。在雪莉进行这项研究时，大多数发展心理学家还局限于研究从婴儿出生到成为青年这个年龄段。当时，发展心理学家扩展了他们的研究所关注的时间段，因为他们现在研究的是从受孕（单个生命实际形成的时刻）到一个人死亡的过程中所发生的变化，也就是说，他们研究人的整个一生。

探索发育的共性和特殊性。雪莉在研究中关注的是这样一个问题，婴儿的运动机能在头15个月中是怎样发育的；她记录了一个婴儿在发育过程中所发生的各种变化（个体之间的差异）。她将所有的测试对象进行比较，试图找出共同点。雪莉遵循的是成长理论，这种理论认为，变化在很大程度上取决于内在的、受遗传支配的影响。如果只是试图揭示发育的一般过程，那么，也是指一般的研究。这种研究大多仅限于作出描述。

插图 2.1　婴儿出生后头 15 个月的运动机能的发育

如果所有婴儿的运动机能都是按雪莉描述的方式发育的，那么，就没有理由不进行描述。然而，变化绝不是以同样的方式发生的。现在的孩子总体上说发育比较快；他们达到雪莉所描述的运动状态的时间比 30 年代所观察的婴儿要提前 2 – 4 个月。这种差别对于那种所谓超越纯粹描述的解释是一个挑战。为什么现在大多数孩子在 12 个月大时就能独立行走？为什么存在差别？如果一个发展心理学家只是试图通过研究，解释单个儿童身上的哪些因素引起了发育过程的特殊性，那么，也是指表意性研究。人与人

（个体）之间在发育过程中出现差异有很多原因，可能由于遗传，也可能由于环境。

2.2 发展心理学的基本问题

至少有两个问题从一开始就引起了发展心理学的关注，结果引起了深入的、甚至激烈的讨论。其中一个问题是，一个人的发育是连续的，也就是说顺利的，还是分阶段或分时期的。此外，发展心理学家几乎从这个学
(61) 科诞生之日起就试图解释，环境和个体的遗传对于发育产生了什么影响，或者说应该怎样看待这二者的共同作用。

2.2.1 发育的连续性或者间歇性

在大多数情况下，可以通过不断（连续）上升的道路或者通过台阶（间歇性）达到某个高度。受这个比喻的启发，发展心理学家很早就开始讨论，应当把发育过程中的进步想象成像一条向上的路那样连续的、还是像台阶那样间歇性的。

发育是连续的过程。如果间隔较长时间观察一个婴儿，那么，看到的主要是量的变化。比如说，女孩和男孩的身高都是逐渐增加的，走路一年比一年快。同样，我们还可以看到他们的词汇量不断扩大，也许不是以相同的速度扩大，但是不间断地扩大。

首先，以行为主义为取向的心理学家把发育看作一个连续变化的过程，他们把这种变化解释为学习过程的结果，而学习过程是受环境支配的。（见第 11 页及其下 1 页）通过体验，个体逐步地获得新的信息元素，学习者把这些元素拼在一起，就形成了比较复杂的学习前提。起源于行为主义观点的信息理论家认为，发育过程中的进步是随着注意力、记忆力和解决问题能力的逐步的，也是连续的提高而形成的。他们同时还相信，环境也能够对发育产生决定性影响。如果说“一般的”（也就是说大多数）儿童在六岁时才学习读书和写字，那么，行为主义者就把这看作是相应的

环境刺激的结果，但环境是可以改变的。如果有目的地训练这些孩子，那么，他们也许在三岁甚至更小的时候就能掌握这些能力。

发育是间歇性的过程。仔细观察过自己孩子的父母都知道，孩子在某个时间段几乎没有什么变化。这一点在身体方面表现得很明显，有几年儿童的身高增长很慢，过了一段时间突然蹿高（量的变化），而且身体的比例也会发生变化（质的变化）。在动物身上也能明显看到这种质的变化，比如，一只蝌蚪长成一只青蛙。

让·皮亚杰（见88页及其下几页）提出了一种思维发育的理论，支持质的变化。这一理论认为，大一些的孩子能够理解自然科学的事实，而小一些的孩子则不能。比如，给学龄前儿童一些不同长度的木棍儿，并要求他们按照长度排列，会发现他们的做法毫无章法，更确切地说，他们表现的是尝试—错误行为，因为他们还不懂“排序”。而大一些的孩子则懂得按照所提的问题将木棍儿排序，因此他们认真地对比每一根木棍儿。这 (62)
种充分理解的做法与学龄前儿童的做法有着根本的区别。

“既……又……”答案。过去，许多发展心理学家对于发育是一个连续的还是间歇的过程这个问题，都是支持这种或那种回答。现在，在心理学领域，有人更主张克服片面的观点。所以，现代发展心理学家大多认同这样的观点：将有些发育过程描述为连续性的比较好，而有些发育过程描述成间歇性的比较合适。（Rutter，1987）至于遗传—环境问题，也可以用一个“既……又……”这个答案来回答。

2.2.2 遗传—环境问题

遗传（遗传基因）和环境怎样影响发育，围绕这一问题，哲学家、医生和教育家几个世纪以来一直争论不休，始终没有达成一致意见。在描述目前对这个问题的观点以前，先介绍若干生物学基础。

若干生物学基础

受精卵是人类生命的开始。人类生命之初是一个还没有针头大的单体细胞。这个细胞是男性的精子和女性的卵子结合而成的。这个受精卵已经包含它要长成的生命体的整个蓝图。

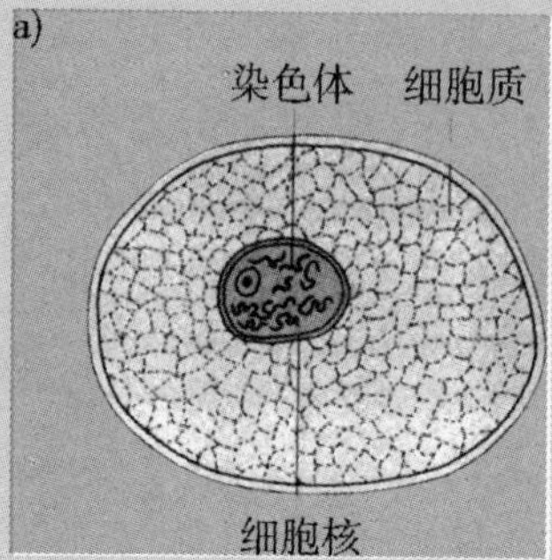

插图 2.2a 一个细胞的图示，染色体位于细胞核。

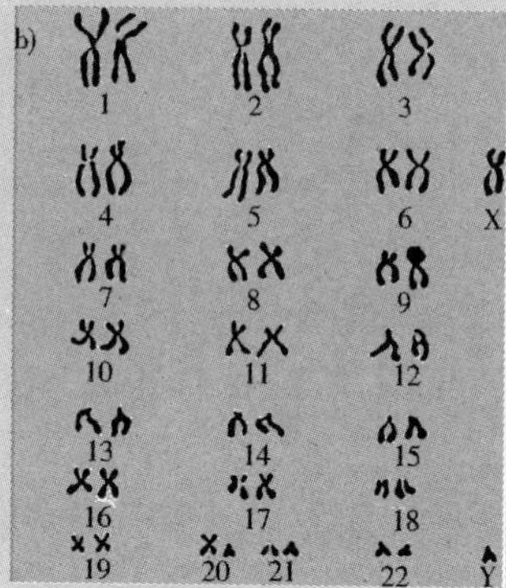

插图 2.2b 人类的 46 个染色体

染色体是遗传物质的载体。借助现代电子显微镜，可以看到染色体，它们存在于每一个身体细胞中（见插图 2.2a）。每个人类的性细胞有 23 个染色体，而每个身体细胞中的染色体增加一倍，即 46 个。这些染色体可以按照大小排列并作相应编码，从图 2.2b 可以看出，每个编码代表两个相同
(63) 形状的染色体，其中一个来自母亲、另一个来自父亲。

X 和 Y 染色体决定性别。从插图 2.2b 中还可以看出，一个编码代表的两个染色体用字母 X 和 Y 表示。这些染色体的任务是决定性别，也就是说，它们决定能发育成一个男孩还是女孩，X 染色体只在女性身体细胞中成对（XX）存在，而男性身体细胞中有一个 X 和一个 Y 染色体，细胞中的一个 X 染色体来自母亲，而一个男性的精子则提供另外一个 X 染色体或一个 Y 染色体。

染色体是基因的载体。染色体中包含被称为基因的某些部分，它们支配着决定个体发育的化学过程。基因由一个缩写为 DNS（脱氧核糖核酸）的大分子组成。早在几十年前，一些科学家就已成功地从一个低级生物体的染色体中分隔出一个基因，并拍了照片。2 000 万个基因放在一起大约只有一厘米长。

基因组工程。人们把一个生物体的基因总和称为基因组。（Ridley,

2000）1988 年，医学家和生物学家启动了基因组工程——德国也参与其中，其目的是，系统地研究人类基因的结构、功能和调节机制，尤其是基因在医学上的意义。这项研究得到重视，是因为这项研究为人们了解遗传因素在身体和精神疾病产生过程中所起的作用提供了可能，遗传性慢性舞蹈病（亨廷顿舞蹈病）就是一个例子。

例　子

亨廷顿舞蹈病是中枢神经系统的一种遗传性疾病，结果导致重要区域的脑细胞不断衰竭。这种紊乱呈无法控制的跳跃式的运动。在出现运动机能的紊乱之前，通常会出现精神和神经方面的变化。如果一个病人患上亨廷顿舞蹈病，病症会越来越严重。这种相对少见的疾病，现在还无法治愈。（Pinel，1993）不幸的是，大多人在 40 岁之后才会得这种病，这时大多已经人为父母，不再面临是否组建家庭的问题。当然，根据目前的知识水平，在丈夫和妻子身上最初出现这种病症以前就能查明，他们是否带有这种疾病的基因。（Giodani et al.，1995）因此，现在的夫妻能及时知道这种遗传的风险。

关于基因的作用。父母遗传给孩子的不是固定的行为方式，而仅仅是在某些反应方面的能力。由基因决定的能力究竟会怎样发展，由一个人所处的环境条件决定。比如，儿子或女儿从他们父母那里遗传了在跳高这一体育项目中取得好成绩的前提条件。基因决定了在这一体育项目中有较强 (64)
能力所需的身材和肌肉的发育，但是，如果这个孩子在一个不崇尚和支持跳高的环境中长大，那么，他/她纵然有这些遗传条件（遗传型）也绝不可能发展成一个优秀的运动员（表现型）。

插图 2.3　基因创造能力。怎样发挥这些能力，取决于环境条件。

人类遗传性评估

关于遗传与环境共同作用的问题。大多数人的特征是在多种基因的共同作用下形成的，比如身高和智力就是这样。人们试图通过智力测试来了解的许多能力，都取决于大量的相互联系的基因；基因的不同组合决定各种能力的突出程度。（Luciano et al.，2001）在日常的讨论中经常有人提出这样的问题，究竟哪一种因素更为重要，是遗传还是环境？这个问题无法回答，因为每一个特征既取决于环境又取决于遗传。然而，只要表达得略有不同（Kalat，1995），这个问题就变得很重要：一个观察者在观察行为中（比如，在需要智力的情景下）的差异时，更多地取决于遗传的差异，还是环境的差异？在遗传研究中人们使用的遗传指数用 0% －100% 表示。一个接近 0% 的数值表示，在一个人身上观察到的差异只在很低的程度上能归因于遗传因素，而一个接近 100% 的数值则表示，所有的差异都是遗传的。比如，智力的遗传指数在 50% －70% 之间（Plomin，1999），虽然不能把“遗传指数”普遍有效地与人的某些特征相联系，也就是说，这一指数在很大程度上取决于所调查的人群，取决于人所处的环境，取决于调查时所用的测试手段。

童年时期越来越多的自决环境。影响一个人发育的环境的差异不仅存在于成长发育的过程或具有文化特色的其他国家，环境的变化也会造成差异，因为孩子们在成长过程中会越来越多地参与决定他们集体所处的环境条件。桑德拉·斯卡根据自己的调查结果认为，一个人的基因对环境的选 (65)
择产生影响，因为他喜欢选择，并在选择中积累经验。不过，在发育的过程中，基因和环境会改变自己共同作用的方式。（Scarr & McCartney，1983；Scarr，1988）

众所周知，孩子小的时侯在哪些特殊环境下成长，主要由父母决定。孩子小的时侯在哪些特殊环境下成长不完全取决于他们自身的遗传基因，而是由父母给他们做样子。比如，母亲或者父亲喜欢读书，他们就会给孩子提供一种有许多书籍和杂志的家庭环境。在这种氛围下读书的情景经常出现，所以可以唤起孩子对文学的兴趣；喜欢音乐的父母可能会使孩子早早地学会一种乐器并经常演奏乐曲。

孩子大一些，就应当允许他们积累一些在自己家里难以积累的经验。在发育的这个进步阶段，孩子会主动寻找适合他的遗传基因的环境。斯卡与麦卡特尼认为，随着孩子年龄的增长，应当允许他们越来越多地选择小生境的自由，也就是说，让他们在周围寻找那些他们能够积累经验、符合他们兴趣的小生境。如果一个孩子在他亲生父母身边长大，他所选择的环境可能也是他的父母所喜欢的——因为生物学的血缘关系。相反，如果一个孩子是被收养的，他就有与其养父母不同的基因，由于孩子们现在在选择环境方面享有越来越多的自由，特别是被收养的孩子，可能会选择自己的家庭所不支持的环境。比如，具有音乐天赋的孩子，可能会争取成为学校乐团的一员，用不着强迫他去演奏某种乐器。好奇的孩子经常会自愿前往当地的图书馆，为课余时间借阅额外的辅导材料。

斯卡与麦卡特尼认为，环境在一个人发育的各个阶段具有相同的意义；但是他们认为，遗传与环境的共同作用是在环境条件下产生的，而基因参与了环境条件的选择。

2.3 出生前的发育

胚胎阶段。受精卵在受精后游向子宫，大约在12－14天后到达。在它的目的地——在此期间已发生了无数次的细胞分裂——这个细胞体在内膜里扎下根。某些细胞使得子宫内膜部分融解，从而建立母体的营养供给系统。这样，生命的第一阶段——细胞阶段就结束了，接下来是胚胎阶段。在接下来的几周中，这个生物体的发育速度之快是后来任何一个时间段都不能比拟的。怀孕第三周，胚胎已经发育得比最初的卵细胞大一万倍了。在胚胎阶段结束时，眼睛、鼻子和嘴巴已经成型；而且已经有了胳膊和腿的雏形。此外，即将发育成一个非常简单的大脑；神经系统在怀孕第一个
(66) 月发育非常迅速，每一分钟产生25万个新的脑细胞，到出生时，脑细胞数量将超过1 000亿个。

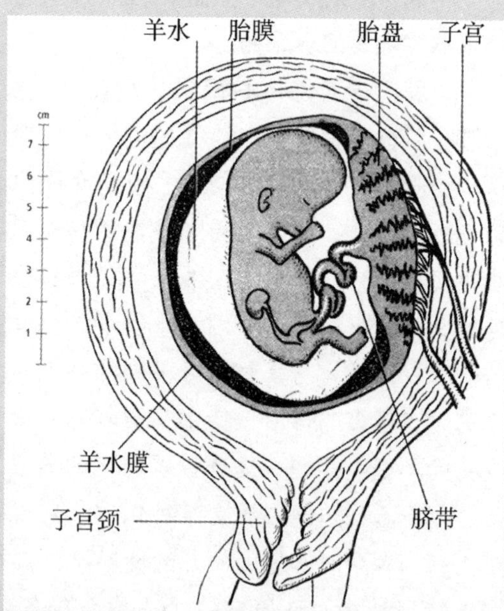

插图2.4　未出生的12妊娠周的孩子

例 子

(67)

准妈妈少量喝酒不会伤害胎儿，这种一直占统治地位的观点直到几十年前才被推翻。现在人们知道，孕妇在妊娠期不管喝多少酒都会对胎儿的发育产生影响。遗憾的是，女人在妊娠期对酒精没有天然的抵触。（Löser & Bierstedt，1998）如果一个孕妇喝了大量的酒，那她必须要估计到，她的孩子在出生时就可能患有“胎儿酒精综合症”。如果孩子患有“胎儿酒精综合症”，他的成长就会延缓，脸部也会变形（眼距大，鼻子小而翘，上唇薄）。由于大脑没有充分发育，所以产生的后果就是智力明显低下，在学龄前就会出现注意力不集中的现象和多动症，一看就知道是行为异常。我们会看到，这样的孩子很难与其他孩子发展正常的社会关系；他们的行为可能会严重异常（Fischer et al.，1999；Morlang & Sieber，2000），最后可能对学校学习、职业活动与社会发展造成巨大障碍。（Löser & Bierstedt，1998）

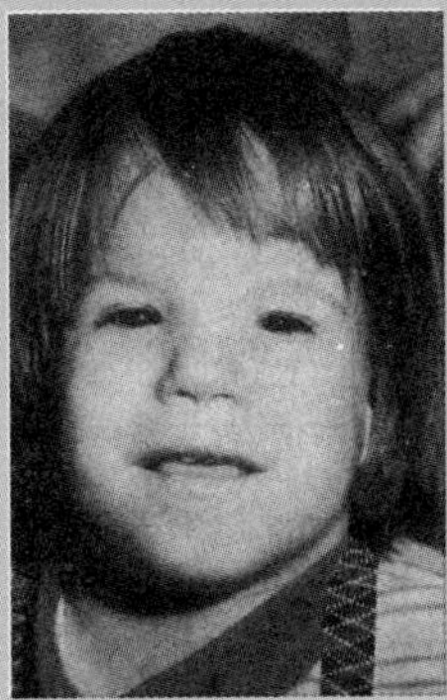

胎儿阶段。在大约八至九周后，第一个骨细胞生成，从此开始胎儿阶段，一直到出生；我们称这个未出生的生命为胎儿。插图2.4 介绍了一个12妊娠周的胎儿的身体发育状况，从插图中能清楚地看到，漂浮在羊水中的胎儿通过脐带与母亲的身体相连。三个月大的胎儿身长为7.5厘米，平均重量为28克。在胚胎阶段就已基本成型的器官，现在已经清晰可见。头部的额头、眼睑、嘴巴和下颚已经形成。骨骼内部的强度不久将越来越强。在此期间，肌肉发 (68)

育的快慢，就看胳膊和腿在将近三个月大的时候怎么运动。虽然在受孕五个月后生成的大脑细胞就已经达到1 000亿个，但是直到出生时，这些细胞之间的大约14万亿个连接点还没有建立完成。

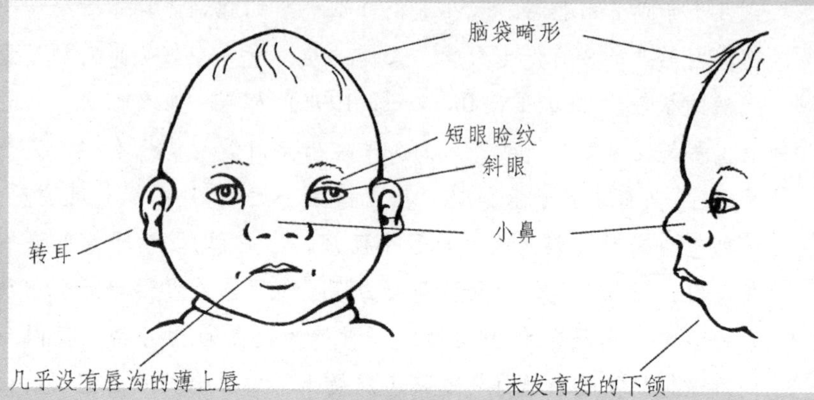

插图2.5　出生时患有胎儿酒精综合症的孩子；异常之处是上唇薄、鼻子小和眼距大，胎儿酒精综合症一目了然。

畸形发生对胎儿的伤害。妊娠期的变化主要遵循一个大体固定的时间表，这不仅指顺序而且指发生的时间。这种出生前的发育过程在多大程度上取决于某些环境的影响，只有在出现明显的紊乱时才表现出来，紊乱是畸形发生的结果（畸形发生，源自希腊语，大意是“长成怪物的东西”）。环境对处在出生前的发育阶段的婴儿产生的有害影响，人们称之为畸形发生。（Steinhausen，1995，2000）比如，母体的病毒感染，尤其是风疹，就可能导致畸形发生。（见第69页）毒品也能突破胎盘的防护，影响胚胎或胎儿。（Fried & Watkinson，1990）妇女在妊娠期喝酒或吸烟，也会造成对胎儿的伤害。

畸形发生在什么时候会造成伤害？畸形发生已经得到证明，但还不能有把握地得出它对母腹中的胎儿产生伤害的结论，从这一点可以看出，遗传与环境在出生前的发育中的共同作用是多么复杂。胎儿的健康是否受损，不仅取决于他的遗传条件，而且还取决于外部影响的强弱。尤为重要的是，畸形发生是在发育的哪个时间段影响弱小的生物体的。未出生的胎儿在出生前的发育过程中要经历一系列艰难的阶段。艰难的阶段是指身体发育的一个或短或长的时间段，在身体发育的过程中，环境影响可能对生物体产生重大的正面或负面的影响。如果胚胎或胎儿的器官发育得很快，那么，畸形发生造成伤害的危险就比较大。插图 2.6 以表格的形式说明了各个重要的身体器官在哪一个发育阶段要经历的艰难阶段。

胎儿的受损危险取决于年龄。插图 2.6 的表格说明，在处于萌芽状态的生命在子宫膜中着床之前，畸形发生实际上还不起作用。当然，如果环境条件十分恶劣，也会对还很低级的整个细胞群产生不利影响，甚至意味着死亡。随着胚胎阶段的开始，在这个小生命直接从母体中吸收养分之后，有害物质侵入生物体就有了决定性的条件（此时，女人可能还不知道自己已经怀孕）。

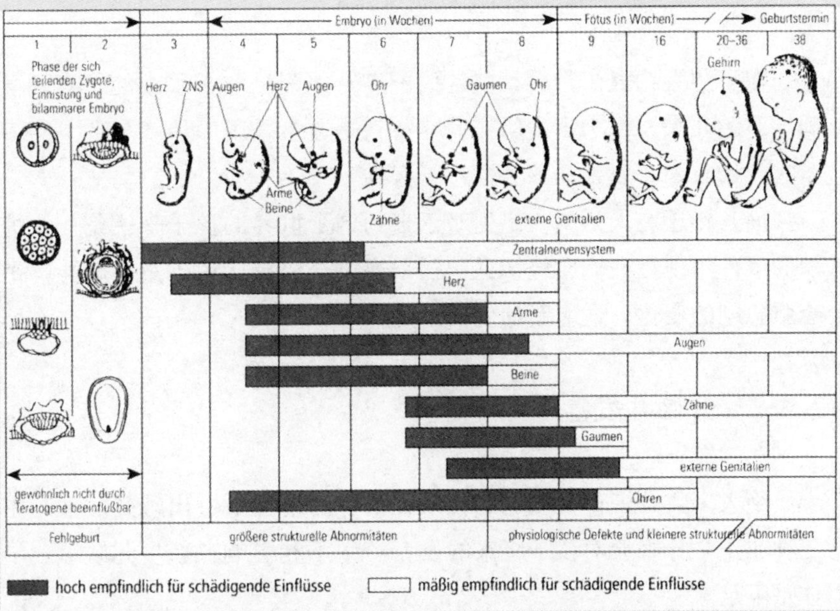

插图 2.6　出生前发育的艰难阶段 (69)

由于胎儿的器官在第二至八妊娠周开始发育，所以受到畸形发生伤害的风险特别大，当然，不像风疹感染的例子所表明的那样，定期发生在这个时间段。如果准妈妈在受孕后三四周感染风疹，那么孩子在出生时有 50% 的可能是瞎、聋、智障或者有心脏病。如果母亲得病的时间晚一些，在胎儿的眼睛、耳朵、大脑和心脏已经发育之后，那么，新生儿受到伤害的风险就会明显降低。（Enders，1998）

出生前阶段是最好的发育阶段。如果我们列举出生前所有可能妨碍胎儿发育的影响，那么可能会得到这样一种印象，认为出生前的阶段简直是一个有生命危险的阶段，其实不然，因为95%的新生儿是完全健康的，而且剩下的5%的孩子中也只有小小不言的、暂时性的异常，很容易治疗。(Gosden et al.，1994)

(70) ## 2.4 出生

2.4.1 出生的正常过程

在受孕大约九个月后，就是孩子离开此刻已非常狭小的子宫环境的时间。对胎儿来说，为出生所作的准备就是通常采用一种“头朝下的体位”。子宫开始收缩，以帮助孩子穿过子宫颈。

前几年还有人认为，出生对于来到这个世界的孩子来说是一个惊心动魄的事件。现在我们已经知道，孩子通过分泌抗压荷尔蒙一般能够平安地克服急剧的变化、适应新的生活条件。

2.4.2 分娩并发症

绝大多数分娩都是顺利的，只在很少的情况下会出现并发症。主要有三种非正常分娩会对孩子将来的发育产生不利影响：新生儿缺氧、早产和体重不足。

缺氧

缺氧的原因。新生儿约有百分之一会出现暂时的缺氧现象（Anoxia），虽然他们这时能忍受的时间比以后任何一个年龄段都要长，但是，如果在这一危及生命的事件中这种情况持续三四分钟以上，那么，就会导致脑损
(71) 伤。(Nelson，1995) 如果脐带在分娩过程中受到严重缠绕，以致中断通过脐带进行的气体交换，那么就会出现婴儿身体供氧不足。此外，要是胎盘

(Plazenta) 过早脱落，也要估计到对供氧的妨碍。缺氧的第三种原因主要发生在过去，那时只知道给正在分娩的母亲服用止疼药，而没有考虑到，这种药物也会很快被胎儿体吸收，导致新生儿呼吸困难。

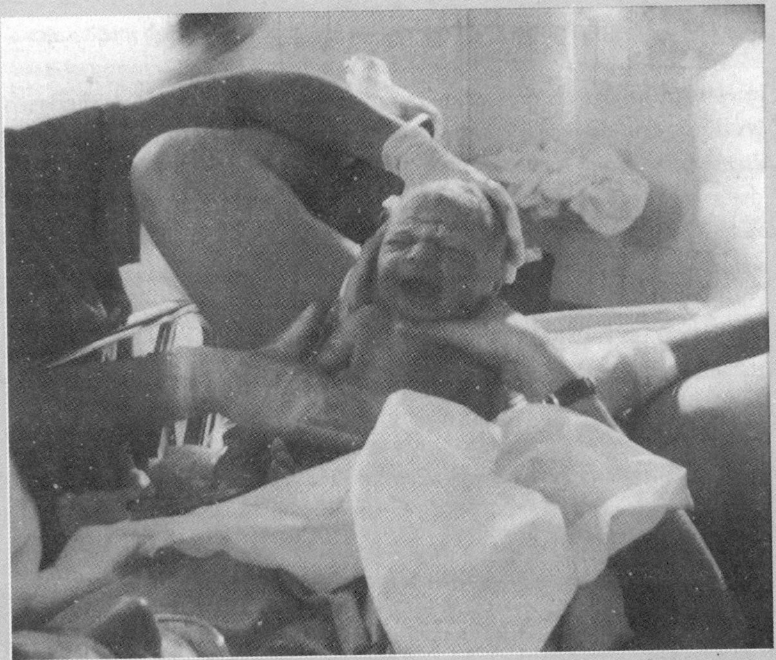

插图 2.7 出生是人生中的一个扣人心弦的事件，但是大多数婴儿都能安全度过。

长时间缺氧的后果。如果供氧确实中断四分钟以上，大脑就很可能受损。大脑受损的孩子至少在三岁以前表现出运动技能发育迟缓，此外，孩子的智力也可能受到损害。(Sameroff & Chandler，1975)

早产

35 周或者更早的生产。在正常情况下，受孕后 40 周，孩子出生。35 周或者更早就终止妊娠，人们称之为早产。因为胎儿的体重主要在出生前的短时间内显著增加，因此早产儿体重较轻。这种体重不足对于双胞胎，尤其是多胞胎来说是正常的。妊娠期提前结束首先是因为子宫的空间不够了。如果妊娠时间不少于七个月，估计很少有长期的伤害。（Greenberg & Crnic，1988）如果新生儿的体重特别轻，那么，估计新生儿在认知和社会情感方面以及行为方面会出现异常。（Wolke，1998）

体重不足是发育不全的条件。健康的婴儿在出生后的净重平均为 3 500 克，所谓体重不足是指只有 2 500 克或者更轻的新生儿。如果体重不足，那么，估计在今后的发育中可能会出现异常。这样的孩子存活的机会也比较小。他们即使能存活，也往往会被诊断为脑损伤，将来他们的智力明显低下。（Tomaselli，1999）运动机能的发育也会受到影响。出现这些异常不仅是因为出生时体重不足，而且还因为出生时体重比较轻是由其他不良影响造成的；比如母亲的健康受到了损害，也可能她在妊娠期内抽烟、饮酒（见第 67 页及其下 1 页）或者吸毒。不管是早产儿还是正常的婴儿，每天都需要给以温柔的按摩，帮助他们健康发育并使他们的体重快速恢复正常。（Wheeden et al.，1993）如果每天，也就是说定期按摩早产儿，根据蒂法尼·菲尔德的估计，可能会节省上百万元的费用。（Field，2001）

(72) **信息框2.1**

良好的环境条件能够在出生后消除畸形发生所造成的伤害吗?

1955 年，埃米·沃纳和露丝·史密斯开始追踪研究 670 名同一年出生在夏威夷考艾岛上的新生儿的发育。（Werner et al.，1971；Werner & Smith，1977）对抽样调查的所有这些新生儿的医学研究表明，16% 有中度到严重的并发症，31% 有轻度并发症。在他们两岁时，另外一项研究结果表明，出生时发现的严重并发症与在此期间所达到的发育水平之间存在明显的联系：孩子在婴儿时受到不利影响越严重，他们两岁后的社会发育和智力发育就越迟缓（Laucht et al.，1992；Laucht et al.，1998）。当然，在第一次复查时就已经发现了家庭环境的影响。如果出生时有严重并发症的孩子在父母身边成长，而父母与自己的女儿或儿子之间有非常良好的感情关系，为他们提供许多有助于康复的刺激，那么，这些孩子在社会发育和智力发育的测试中取得的成绩只是略微低于平均水平。相反，如果出生时有严重并发症的孩子在父母身边成长，而父母很少给孩子感情方面的帮助和有助于康复的刺激，那么这些孩子的测试得分就远远低于平均值。曼弗雷德·劳赫特与他的同事们认为，不利的环境条件会造成下列心理社会学的风险因素：单身母亲、早育父母、意外怀孕、狭小的居住条件与缺乏克服压力的能力。“其实这是一个心理社会学的风险群，他们生活状况的特点是：贫困、失业、恶劣的居住条件以及不稳固的伴侣关系。”（Laucht et al.，1992）

沃纳与史密斯在这些孩子满 10 岁和 18 岁时再次进行调查以后，他们又有了一个重要发现：孩子出生时受损越严重，其影响在青少年时期就越明显，即使他们在一个很有利的环境中成长。（Werner & Smith，2001）但是，如果试图解释 10 岁或者 18 岁的孩子出现异常的原因，那么，根据沃纳与史密斯的看法，源于环境缺陷的可能性要比源于出生时发现的脑损伤的可能性大十倍。在对孩子的发育能产生积极影响的父母家庭中，孩子往往已经克服了并发症，而且在社会情感和智力发育方面也都很正常。

沃纳与史密斯的研究表明了什么？这项研究表明，胎儿在母体中受到的损伤——尤其是严重受损——可能造成终生的影响。但是沃纳和史密斯的研究成果中也有鼓舞人心的信息：在条件良好的父母家中，孩子在童年时期也许就克服许多在出生时发现的异常。（Werner & Smith，1992）

2.5 童年早期

直到上个世纪 60 年代仍然有人认为，婴儿的天性是消极的，他们需要大量的时间用于睡眠。我们无法想象，新生儿在清醒的短时间内——他们平均每天至少睡 16 个小时——还能抓住机会了解这个世界。现在发展心理学家在特别富于想象力的研究中得以证明，当时人们是多么小看了新生儿。艾利森·戈普尼克和他的同事们在《襁褓中的探索精神》一书中声称，婴儿和幼儿对这个世界的学习和认识超乎我们的想象。该书作者称这些小生命为“普天下最有效率的学习机器”。（Gopnik，et al.，1999）这些 (73)

地球小公民从童年早期开始以前（从出生到两岁的发育阶段）就已取得了显著的成绩。

2.5.1 身体运功机能的发育

身高和体重的显著增加。在第一年里身高会有显著增加。在这一年结束的时候，孩子的体重增加两倍，身高增加到 71 – 74 厘米。此后，身高的增加缓慢：之后，女孩和男孩的体重每年只增加 2 000 – 4 000 千克，身高增加 5 – 10 厘米。

与生俱来的条件反射。新生儿有一些条件反射，他们可以对某些刺激经常作出相同的反应。这些条件反射的正常表现在孩子一出生就能检查出来。只要检查结果是肯定的，就可以得出神经系统完好的结论。

新生儿的条件反射具有适应性的特点。两种条件反射的例子特别能说明这一点：如果轻轻触摸婴儿的脸颊，他就会把脑袋转向被触摸的方向。比如，婴儿用这种方式找到母亲的乳头。只要触碰他的嘴唇，就会引起他吮吸的反射。这种条件反射负责在孩子吮吸、吞咽奶水的同时调整呼吸，避免奶水流入气管。上述两种以及其他条件反射都是由遗传密码编制的行为流程。

大脑的发育。神经元之间的连接点的数目在出生后迅速增加；在前三年里，大脑的重量能增加三倍。（Dipietro，2001）

新生儿已经具备他们应当具备的所有神经细胞，即所谓的神经元。不过，这么小的孩子神经还没有像今后那样具有传导能力。它们还要被一个脂肪层，也就是所谓的髓脂质所包裹，在这层髓脂质形成后，神经纤维的传导能力就能明显加快。高级大脑部分的髓脂质化在出生后不久就开始了；这一过程在接近青春期时才结束，追加形成单个神经元之间的连接，这取决于环境对于学习的刺激。

运动系统的发育。新生儿的运动能力还非常有限。但是，这在今后的
(74) 几个月中就会迅速改变。从 59 页上的插图 2.1 中可以看出，婴儿在第一年里就已经能够很好地控制自己的运动系统。在 5 – 10 个月的时间段里，孩子会坐、抓东西、会爬。少数孩子在 11 个月大时、多数在 14 个月大时能够独立行走，而且，他们只要不被监护人阻止，能很容易到达他们想去的地方。

2.5.2 视力的发育

髓脂质化的过程首先开始于那些连接大脑与感觉器官的神经元。因此，孩子在第一年中就能具备明显的感觉能力，会看——视觉系统这个例子就可以证明这一点。

近视对视野的限制。新生儿视力的最大的局限是近视。比如，只有当妈妈在新生儿前面18－38厘米远的地方，他们才能看清楚。但是，在第一年中调焦的能力会显著改善，12个月大的孩子就已经能够像成人一样清楚地看到不同距离的东西。(Aslin & Smith，1988)

喜欢复杂的东西。罗伯特·范茨在当时堪称经典的研究中研究了婴儿对不同刺激图案作出的反应。（Fantz，1963）他发现，出生几天的婴儿注视一张标准的脸形图或者黑白圆圈的排列的时间要比注视单一色彩的画面的时间长。后来的研究为这种偏好提供了解释：研究表明，新生儿喜欢看黑白对比鲜明的、有曲线的刺激图案。（Banks & Ginsburg，1985）新生儿注视一张标准的脸形图的时间（见插图2.8A）和一张扭曲的脸形图（见插图2.8B）的时间一样长，因为他们的复杂性、黑白对比度以及曲线的数量是相同的。相反，一幅只有黑白对比的脸形图（见插图2.8C）明显不能吸引年幼的观察者。

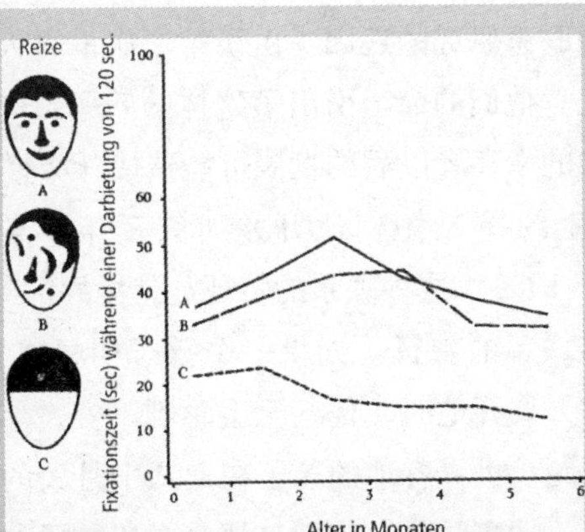

插图2.8 不同画法脸形。哪种脸形更能吸引新生儿？（Fantz，1961）

区分妈妈和生人的脸。婴儿一出生，就为人的脸所吸引，因为刚刚来到这个世界10分钟的新生儿就已经能转动头部，目不转睛地注视着在他们
(75) 眼前晃动的脸的画面，根本不看其他的图画。(Johnson et al., 1991) 甚至有这样的表示，出生几天的新生儿已经能够分别妈妈的脸与生人的脸(Pascalis et al., 1995)，当然，只能看到头发和部分额头。如果用围巾遮住脸的上半部分，新生儿就不能区分妈妈和生人。从中可以推论，孩子在生命之初不能看到一张脸的内在特征，而只注意外在特征。到三个月大时，孩子才能从照片上认出妈妈。(Barrera & Maurer, 1981) 为什么范茨的小测试对象不喜欢长时间地看标准的脸形图，而喜欢看扭曲的脸形图，喜欢长时间看妈妈的脸，而不喜欢看生人的脸呢?

利用不同的信息和神经病学的过程。可以猜测，新生儿利用的信息不同于三个月或者更大的婴儿。如果记录下他们注视一张脸的哪部分，就能发现，一个月大的婴儿主要看一张脸的（上部的）外缘，而一个月以后会更喜欢看内在的部分，尤其是眼睛。(Maurer & Salapatek, 1976) 有人认为，新生儿能够认识妈妈的脸，不像三个月大的孩子那样，是经过大脑皮层认识成人脸形。(Johnson, 1997) 能够辨认和认出一个人的脸，特别是看护人的脸，是婴儿的社会—情感联系的发育的一个重要前提。

2.5.3 社会—情感联系的发育

战事后果是联系研究的起因。由于第二次世界大战的战事，欧洲的许多孩子成了孤儿。他们的命运引出了这样的问题：失去父母，尤其是失去母亲，对于年幼的幸存者以后的发展可能造成什么样的后果。1950年，英国精神病科医生约翰·鲍尔比开始研究童年早期的社会—情感联系。(Bowlby, 1958; 1982) 这种联系的特征是怎样的?

社会—情感联系的特征。如果一个孩子明显喜欢接近他的主要看护人，当主要看护人离开他时，他甚至会感到不安，那么，这里就存在社会—情感联系的问题。世界各地的孩子在七八个月大的时候与他亲近的人之间都有这种社会—情感联系，甚至与那些虐待孩子的母亲都有这种社会—情感联系。(Schneider-Rosen et al., 1985) 许多孩子和一个与其有社会—情感联系的人在一起，在很大程度上就会觉得安全。有一个关键阶段，孩

子应该与他的主要看护人建立这种联系，以便为以后的发育创造有利的条件。笼统地说，这个阶段就是一岁的时候。

以前高估了主要看护人喂养作用的意义。在联系研究开始之前，心理学家曾经认为，婴儿之所以与他的妈妈之间有社会—情感联系，是因为母亲给他喂奶，满足孩子营养需求。用猴子进行的一项经典研究表明，母亲与孩子之间有社会—情感联系，至少不完全是由喂养作用决定的。（76）

哈里·哈洛在猕猴出生后不久就把它们同母亲分开，并用两只不同的猴子替代它的母亲。（Harlow，1959；Harlow and Harlow，1962）这两个“母亲”是不会活动的，貌似有躯干、脖子和脑袋。另外，几个人工制作的“母亲”是用铁丝网做成的，其他的用一种天鹅绒般的、柔软的面料包装，也很温暖。（见插图 2.9）这些小家伙最喜欢与哪个“妈妈”在一起呢？它们遇到危险时，会奔向哪个“妈妈”呢？

插图 2.9　人工制作的猴子“妈妈”，一个用铁丝做成，一个还额外用柔软的材料包装。即便只有铁丝“妈妈”提供食物，在危险的时候，小猴子还是奔向有温暖而柔软的“妈妈”。

把哪个“妈妈”设定为喂食者并不重要；小猴子往往奔向那个温暖而柔软的“妈妈”，并紧紧拥抱它。用皮毛做的“妈妈”明显能给小家伙安全感，即便从来没有给它喂过食物。

社会—情感联系确立的三个阶段。约翰·鲍尔比的同事玛丽·安斯沃思对世界上许多地方的婴儿作了研究，并断定，各个地方的社会—情感联系的发育十分相似。

情感联系确立前的阶段。对于新生儿来说，谁在喂养和照顾他，显然并不重要。在第一个月里，他对每个接近自己的人的反应基本相同。即使陌生人也能让一个八周大的孩子微笑，也能顺利地安抚他。在通常情况下，三个月大的婴儿还处于情感联系确立前的阶段，即使他从未见过的人抱他，他可能也不会哭闹。

确立情感联系的准备阶段。直到三个月后，情况才会发生变化，才开始确立情感联系的准备阶段。在这个阶段，母亲（或者主要看护人）会逐渐获得一定程度的优先地位：与陌生人相比，她更受欢迎，而且这个地球小公民会当着她的面发出明显是表达满意的声音。没有人能像他的主要看护人那样让一个哭闹的孩子马上安静下来。

确立明显情感联系的阶段。在六七个月后，确立明显情感联系的阶段
(77) 就开始了。在这个阶段，婴儿会明显确立与某些人的社会—情感联系。联系的对象首先是主要看护人，通常是母亲。不久，他还会与周围其他人确立多重关系：父亲、哥哥、姐姐、祖父母或者保姆；（Weinraub et al.，1977）也就是说孩子可以确立多重联系。（Field，1996）与母亲的关系通常在一段时间里会特别亲密，甚至在那些父亲分担很多看护工作的家庭里也是这样。（Frodi et al.，1983）

社会—情感联系的质的区别

孩子与母亲短暂分隔后的反应。玛丽·安斯沃思根据最初的观察得出结论说，孩子与母亲之间的联系区别与其说在于程度，不如说在于质量。（Ainsworth & Wittig，1969）为了揭开质量这个谜，安斯沃思首先研究了婴儿在陌生环境下，母亲离开一段时间再回来时对母亲的反应。安斯沃思通过这些观察，可以区分情感联系的多种质量。

稳固的情感联系。孩子每次与母亲只要进入一个陌生的环境——实验室，多数小测试对象很快就会去玩那里的玩具，当然，他们会不时地看看，母亲是否还在。只要母亲仍在附近，即使有陌生的女人进来，他们也不会感到不安。可是，小家伙们一旦发现母亲已经离开房间，只剩下他和陌生人在一起，马上就会变得不安。在这种情况下，几乎所有的孩子都会丢下手中的玩具，有些甚至开始哭闹。母亲回来后，他们会显得很高兴，许多孩子会扑向母亲，要母亲抱着。安斯沃思认为，上述行为方式表明，母亲与孩子之间已经确立了稳固的情感联系。

不稳固的情感联系。但是，安斯沃思在其他孩子身上也发现了在这种特殊情景下的其他反应。有些孩子即使母亲在身边也不愿意玩那里的玩具；有些孩子则显然不在意母亲在不在身边，把他们单独留在那里，也没有什么不安。安斯沃思认为，这种行为方式表明，孩子对母亲的情感联系不稳固。母亲离开一段时间再回来时，这些情感联系不稳固的孩子会产生非常怪异的行为。他们不是友好地迎接母亲，往往对母亲重新回到房间，毫不在意；有些孩子会紧紧抱住母亲，同时生气地叫喊；可能还有这样的情况，母亲安慰他们时，他们会推开母亲。

对情感联系的不同质量的解释

感性反应。有这样一个问题，为什么孩子确立的情感联系会有不同的质量。在寻找答案的过程中，人们首先关注的是主要看护人，同时注意到，母亲对孩子发出的信号作出的反应感性上是不一样的。如果情感联系非常稳固，那么母亲会对孩子的叫喊很快作出反应，而且在抱起孩子时会 (78)
很温柔。她们在决定是激动地还是平静地对待孩子之前也会考虑孩子的兴奋程度。（Stern，1977）如果母亲在家里对孩子的需要反应很敏感，那么，孩子很可能会在“陌生场合”表现出稳固的情感联系。（Posada et al.，2002）一个不太敏感的母亲在孩子注视她或喃喃地企求帮助时可能会不予理会。

孩子的不同性格。其他发展心理学家把不同的情感联系的质量也归因于孩子的性格。他们考虑到，在父母看来，有些孩子“很单纯”，而有些孩子则“很难缠”。（Thomas & Chess，1977，1984）。与“单纯的”孩子很容易相处。他们的睡眠时间是可以预见的；他们只有在吃饭的时候表示自己的需要；他们几乎给什么吃什么。相反，“难缠的”孩子很难适应新环境。他们经常闹脾气，睡眠时间也不固定。那些让周围人觉得“很容易”相处的孩子的性格也可能使他们确立稳固的情感联系，而使人感到“难缠的”孩子的性格会导致情感联系的更不稳固。(Kagan，1984)

情感联系的不同质量与以后的发展。童年早期所经历的与周围人的社会关系，会对个人的自我认识和今后对他人的态度产生明显影响。埃弗雷特·沃特斯及其同事反复调查了那些在12－18个月大的孩子，首次将他们的情感联系分为“稳固的”或“不稳固的”。（Waters et al.，1979）这些调查的小对象三岁半时，就有机会在幼儿园里看到自己的行为。

情感联系稳固的孩子社会能力较强。对母亲的情感联系稳固的孩子在社会交往中大多比较主动：他们经常一起做游戏，能够体谅伙伴的感受和愿望，得到大家的喜爱。他们一旦开始某项活动，通常会非常耐心地做下去。根据观察者的印象，这些孩子比那些早期的情感联系不稳固的孩子更加好奇，更加好学。情感联系稳固的学龄前儿童表现得比较成熟，能够更好地体谅别人（他们“比较有同情心”），总的来说，比那些情感联系不稳固的孩子更有社会能力。(Collins & Gunnar，1990；Suess et al.，1992)

情感联系不稳固的孩子社会能力较差。相反，15个月大的情感联系不稳固的孩子在幼儿园做事往往虎头蛇尾，很多这样的孩子在社会场合非常害羞。他们几乎没有玩游戏的激情。因此，他们三岁半时在同龄孩子中特别不受欢迎。

回访11－12岁的孩子。在这些孩子11－12岁时对他们再次进行了观
(79) 察，并发现，之前被归为情感联系比较稳定的孩子与那些在童年早期同母亲的情感联系不稳定的孩子相比，为人处世的能力比较强，社会交往比较令人满意，而且朋友关系也往往比较友好。（Elicker et al.，1992）因此，孩子最初的社会情感联系对以后的发展影响深远，尤其在社会方面。

安斯沃恩在研究中发现，对母亲的情感联系稳固的孩子愿意离开母亲，去玩有吸引力的玩具。也就是说，孩子有把握脱离主要看护人，说明他们越来越想在周围环境中积累独立的经验，从而得以基本了解周围的环境。

2.5.4　认知功能的发育

不久前，甚至连发展心理学家也认为新生儿是未成熟的人，他们活着只是由于大量天生的条件反射的作用，当时，人们极大地低估了只有几个月大的孩子的知识和能力。甚至连以观察细致入微而闻名的让·皮亚杰所作的年龄统计在复查时也大大提前了。皮亚杰没有想到，很小的孩子就已懂得很多，只不过他们不会表达而已。

例子：物体的恒存性

皮亚杰关于物体恒存性的观察。皮亚杰所作的一次典型调查是这样的：他在一个约六个月大的孩子能够得着的地方放一个好玩的玩具，比如一个布娃娃。有意思的是：孩子马上就伸手去拿。过一会儿再重复这个实验，这次用毛巾盖住玩具的一部分，小测试对象再次伸手去拿。但是，当皮亚杰在孩子眼前完全盖住布娃娃时，孩子马上就没有兴趣了。为什么孩子这次不再去拿那个看不见的布娃娃呢？皮亚杰解释说，六个月大的孩子之所以拘谨，是因为他还不理解物体的恒存性；他还不知道，物体虽然看不见，但仍然存在。八个月大的孩子，反应就完全不一样了：八个月大的孩子会寻找从他视线里消失的玩具。皮亚杰解释说：这说明孩子在某种程度上已经知道物体的恒存性。

批评者们并没有立即接受皮亚杰的解释。他们认为，六个月大的孩子很可能已经知道，物体虽然看不见，但还是存在的。他们的结论是：皮亚杰也许未能找到了解这么小的孩子的途径。事实上，皮亚杰还没有运用习惯方法。

习惯方法是了解婴儿的最佳途径。众所周知，反复使用同一个刺激物，孩子对它的兴趣会逐渐减弱。稍有动静或声响，孩子就会竖起耳朵听，这显然引起了孩子的兴趣。但只要重复几次，孩子的兴趣也会逐渐减弱。孩子习惯了这种声音就会转向其他新的刺激物。如果拿一只玩具鸭子 (80)
在他眼前来回走动，他的眼光会跟着它。但他过一会儿就对这个玩具没有兴趣了，因为他已经习惯了。这些观察的结果是形成了所谓的习惯方法。这个方法就是人们反复使用同一种刺激物后，孩子的兴趣会减弱这一事实的结果。勒奈·巴亚尔容反复使用这种习惯方法，以检验皮亚杰关于物体恒存性的观点。

婴儿对“不可能的事情”作何反应。勒奈·巴亚尔容让三个半月大的婴儿看一个胡萝卜状的人形玩具，将它在从一边移动到另一边，中间有一块挡板。（见插图 2.10）

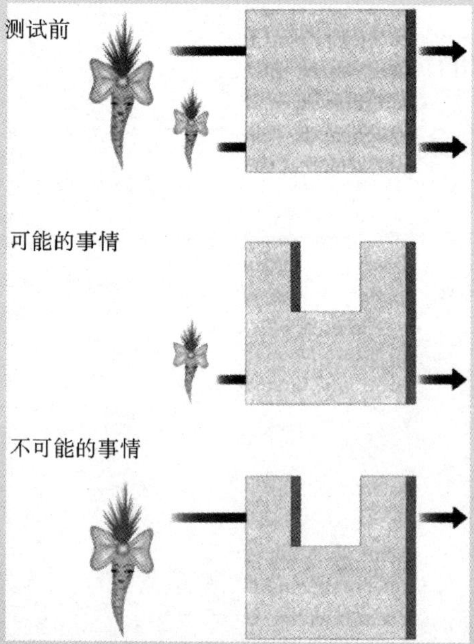

插图 2.10　勒奈·巴亚尔容为了检验三个半月大的婴儿对物体恒存性认识所做的实验。

在习惯阶段，巴亚尔容首先频繁给她的测试对象看一大一小两个胡萝卜小人，直到小家伙们失去兴趣为止。她发现，不同大小的两个胡萝卜小人引起孩子们同样大的兴趣，因为他们盯着看的时间一样长。（Baillargeon & de Vos，1991）

在实验的下一个阶段，巴亚尔容使用了一个有开口的挡板，给孩子看的或者是一个可能的事情，或者是一个不可能的事情。可能的事情是，小胡萝卜人在挡板后面从一边移到另一边时是看不到的。大胡萝卜人移到挡板后面时，本应能在开口处看到。那么，婴儿对不可能的事情——大胡萝卜小人在挡板后面移动，在另一边出现，并没有在开口处让人看到——作何反应呢？巴亚尔容发现，小测试对象注视不可能的事情比注视可能的事情的时间长得多。从这一结果可以看出，婴儿在等待，大胡萝卜人一定还在挡板后面。没有在开口处看到大胡萝卜人，孩子们显然很意外。因此，三个半月大的孩子一定已经知道，有些东西虽然看不到，比如暂时被盖住了，但它一定还在。这一结论说明，孩子认识物体恒存性要比皮亚杰设想的早得多。皮亚杰从开头几个月的孩子还非常有限的表达能力中得出恰当的结论，显然是非常困难的。再看一下儿童早期语言能力的发育，就更容易理解这种困难了。

例子：识数

让·皮亚杰认为，一两岁的孩子对数字完全无法理解。这种观 (81)
点在很长一段时间里都没有引起争议。皮亚杰在这一方面也低估了他的小测试对象吗？几个月大的孩子就可能为以后的数学课打下基础了吗？

七八个月大的孩子对量的简单比较。普伦蒂斯·斯塔基和同事们为了测试七八个月大的孩子能否辨别两个量之间存在的差别，同样使用了习惯方法。（Starkey et al.，1983）他们让测试对象看一些图片，上面画的都是三个物体。当孩子们明显表现出已经习惯时，试验者就更换图片，让孩子们看或者只有两个物体，或者只有三个物体的图片。习惯的影响很明显，因为孩子们现在注视只有两个物体的图片的时间明显要长，也就是说，他们不注意给他们看的是什么，而是注意所有图片共有的抽象的特征：物体的数量。因此，孩子们这时肯定有了“三”这个量词的概念。

在另一次实验中，普伦蒂斯·斯塔基及其同事们再次给六个月大的孩子看画有两个或三个物体的图片，这些图片是并排放在一起的。同时用扩音器播放有两个节奏或三个节奏的击鼓声，如果响两声击鼓声（砰砰），婴儿们的目光就会转向画有两个物体的图片；如果响三声（砰砰砰），小测试对象的目光则移向画有三个物体的图片。（Starkey et al.，1983）

对数量的最初的，当然是基本的理解，是理解加减法的前提。婴儿们难道已经会加减法了吗?

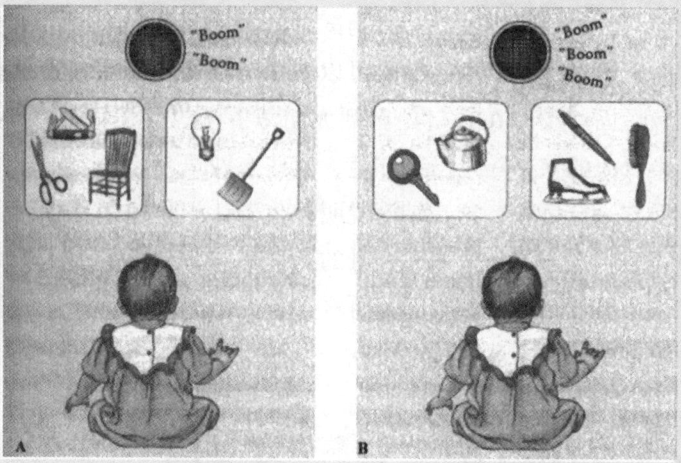

插图 2.11　让六个月大的孩子看并排放在一起的画有两个或三个物体的图片，同时播放两个或三个节奏的击鼓声。在“砰砰”响两声时，婴儿们看着画有两个物体的图片，在“砰砰砰”响三声时，他们会看着画有三个物体的图片。

对简单加减法的基本理解。凯伦·温恩的研究结果表明，五个月大的
(82) 孩子明显已经能够辨认数量上的细小变化。（Wynn，1992）她在一个小桌子上给测试对象看一只玩具老鼠。看过以后，他在桌子上放了一块挡板，然后伸出一只手，拿着第二只老鼠躲在挡板后面，再伸出手时已经是空的（1+1）。接着，在孩子眼前撤掉挡板，这时让人看到一只或两只老鼠。如果小测试对象只看见一只老鼠，他们就会长时间地盯着桌子。人可以这样认为，他们长时间地盯着桌子，说明他们很吃惊，因为他们期待的是看到两只老鼠。如果我们以两只老鼠开始做游戏，从挡板后面伸手拿走其中的一只（2-1），孩子的表情也是这样的。他们的目光也是长时间地盯这个不可能的事情（结果：2）。温恩再次以一只老鼠开始她的“计算题”，并假装把另一只老鼠也放在挡板后面（1+1），小测试对象会作出相同的表情。撤掉挡板以后，孩子们看到桌子上有或者两只，或者三只玩具老鼠。

在这一道测试题中，孩子们的目光长时间地盯着三只老鼠的画面。可见，他们等待的不是随便的一种改变，而是数量上的某些改变。温恩因此认定，婴儿注视一个出乎意料的、即“错误的”结果的时间比注视正确结果的时间长。于是，可以得出结论说，五个月大的孩子不仅已经具备做加减的能力——虽然还相当薄弱——，而且还能区别是“二个”还是“三个”东西。(Wynn，1996)

所以，孩子在很小的时候就已经具备非常简单的、为以后积累经验的数字理解能力。在五个月大时，这种理解力还很有限，因为他们只能理解和比较“三”以下的数量。但是值得注意的是，孩子早在五六个月大时就能够依靠这种理解能力取得一些皮亚杰认为在两岁前不可能取得的成绩。此外，皮亚杰还低估了这一年龄段的孩子的语言能力。

2.5.5 语言能力的发育

人类在生命伊始所取得的成绩令人印象深刻：在几年的时间内几乎毫不费力地学会了母语。他再也不可能把另一种语言——即使下大力气——掌握到如此熟练的程度。对于这种令人印象深刻的发展的前提条件，我们知道什么？下面介绍几点认识：

出生前的影响。人们可能认为，在羊水中游动的未出生的婴儿，在很大程度上不受——不完全地受——母体外的声音刺激的影响。但是，这是不正确的，因为与其他女人的声音相比，婴儿明显更喜欢母亲的声音。(DeCasper & Fifer，1980）如果母亲在妊娠期反复朗读一个故事，那么就会给孩子留下印象，他以后会更喜欢听这个故事，而不喜欢听母亲以前没有读过的其他故事。（DeCasper & Spence，1987）我们可以从这项研究中得出结论，语言能力的发育早在出生前就开始了。

啼哭、咕哝与喃喃自语。新生儿用啼哭来传达最初的需求。两三个月 (83)
大的婴儿开始发出咕哝声，其中包含一些在世界上所有的语言中都可能出现的语音。借助习惯方法（见第79页）可以证明，这么小的孩子就能够区分他周围的环境中根本没出现过的语音，比如日本孩子能够区分 l 和 r（比如 Land 和 Rand)，他们在接下来的几个月里会丧失这种能力，因为在日语里这种区别没有意义。(Eimas，1985）在七八个月大时，总是能听到孩子喃喃自语，像“咕咕咕咕”或者“嗒嗒嗒嗒”，而且随着时间的推移，他们会更经常地发出在周围环境的语言中确实存在的语音。

单音节阶段。孩子大约在一周岁时能说出第一个有意义的词；比如他称木棍为“杆”，称小狗为“汪汪”。语言心理学家怀疑，孩子们这种表达是否也可能表示一个完整的句子。比如，他们可能想用“杆”来表达“这是一根木棍”，当然也可能是“我想要这跟木棍!”的意思。孩子们用一个单词真正想表达什么意思，取决于当时的语境。如果他指着一杯装有白色液体的杯子说“Mili”时（德语 Milch 意为牛奶，与“Mili”发音相近——译者)，他可能只是想说出他所看见的东西的名称。如果他在别的孩子那里看到牛奶，说出同一个词“Mili”时，那就可能表示“我也想喝牛奶”。

一开始，孩子可能非常狭隘地把某个概念用到某种物体上。比如，孩子听说邻居家的动物是一条“狗”。很快，小东西就会把学到的名称用到其他类似的例子上，比如用到在电视上、书本上或大街上看到的四条腿的动物身上。这时，孩子们往往会犯两类错误：概念的乱用和不敢使用。

乱用概念。孩子往往不顾含义，试图把新学到的概念到处使用，他们不仅把那种有四条腿、会吠叫、有一条尾巴的动物叫作“狗”，而且把这一概念用于其他生物，比如用于猫、松鼠或家兔。孩子在接下来的时间里一定会学会注意重要的特征，也就是说，他们一定会注意那些只有狗才具有的特征。

不敢使用概念。只要观察儿童早期的语言行为，就能发现，孩子们使用概念的局限性小于成年人。一开始，孩子只把邻居家的猎獾狗叫作“狗”，他们必须靠掌握语言的成年人的帮助下才能知道，牧羊犬和长卷毛狗也是“狗”。当然，提供语言帮助的质量还取决于环境中的其他许多因素。

最初的词语组合

从单词表达向短句表达的过渡阶段。孩子大约在 18－24 个月大时，开始会把两个单词组合在一起。这种组合还不成句子，因为这明显可以表达两层意思。比如，洛伊丝·布鲁姆的女儿在爸爸开车离开时说：“爸爸、车”。(Bloom，1973）在后来的一个相似的场合她说“车、爸爸”。显然，这些单词的顺序对于女儿来说毫不重要。她在说两个单词时作了短暂的停顿，这在说话时是不常见的。听的人会产生这样的印象：孩子想表达两种不同的意思（“爸爸在开车”、“爸爸在车里”）。布鲁姆的女儿也许已经说明她处于从单词向两词句子的过渡阶段。 (84)

电报语言。布鲁姆女儿的例子已经表明，许多表述与电报文体有类似之处。因为孩子省略了那些对于理解不一定需要的词语，比如“这个”、“那个”、“一个”等。鹦鹉学舌似的小东西关注的只是确定物体的位置、述说事件和动作。

在这个阶段说出来的句子，语序上已经有一定的规则（句法），下面的例子就可以说明（Grimm，1995）：

“开门”（行为者——物体）

“爸爸帽子”（所有者——所有物）

“爸爸睡觉”（行动者——行为）

这种天真的话语可以表达多重关系。说话连贯，没有停顿就表明，孩子在这期间已经基本了解语言的基础规则。语言发展方面的这种进步也是周围的人帮忙的结果。

对今后语言发育的展望。孩子在接下来的发育过程中进步会很快，不久就会说两个或两个以上单词的短句。原来也许只会说“爸爸车”，今后很快就会说“这是爸爸的新车”或者“爸爸开车走了”。接着就会说比较复杂的句子，而且会出现诸如“和”、“或者”这样的词以及定冠词和不定冠词。

语言发育理论。孩子在短短几年里就能取得显著的成绩：他学习母语的速度非常快，至少表面上看起来非常轻松，轻松得让学习语言的青少年和成年人感到嫉妒。孩子在开头几年这么短的时间里怎么能取得这么显著成绩？人们对这个问题的回答与遗传—环境问题的答案有些相似。

学习理论方面的解释。行为主义者伯勒斯·斯金纳用条件反射理论来解释孩子的语言发育。（Skinner，1957）如果孩子在喃喃自语中发出一些父母听来似乎有意义的声音，那么父母应当以赞许（“强调”）的口气来回应。如果稍大一些的孩子说“妈妈、卡迪、奶”，那么妈妈也许可以这样的问题来回应，“卡特林想让妈妈喂奶吗?”孩子听了就会笑，并且喝到了奶。如此反复几次，孩子不知在什么时候就学会了选择合适的词语作出更好的表达。

从经典的学习理论——或者更确切些说，从艾伯特·班杜拉的社会认知学习理论（见第252页及其下1页）可以得出这样的结论，父母是榜样(样板)。因为孩子至少部分地是通过观察和模仿学习语言的。孩子无疑通过这种方式学会了许多名词和动词。

(85) 当然，学习心理学的解释也有某种局限性。小孩子的许多语言表达我们可能在周围的人中从未听说过。他们一开始也不模仿听到的句子，更多的是把句子压缩成他们的电报文体。如果妈妈说，爸爸又去买东西了，孩子可能只重复听到的部分内容“爸爸买东西”。学习心理学根据观察作出的解释还有一个问题是，父母大多只在孩子的语言表达出现内容上的错误时才予以纠正，而不会去纠正他们的语法错误。比如，当孩子说：“昨天我们走了奶奶家”，妈妈可能会马上纠正：“不，昨天我们根本不是在奶奶家，而是在彼得叔叔家!”而母亲并不会去纠正用错的动词。另外，这种错误（走了，应用“去了”）也表明，孩子在努力应用规则而不是简单地模仿他在大人那里听到的。

学习语言的天生的前提条件。1959年，语言学家诺姆·乔姆斯基就斯金纳的著作作了批判性的评论。他说，孩子早已会说出很多句子，而且不可想象的是，他们所说的每一个句子都有一个榜样。乔姆斯基解释说，如果一个人按照斯金纳的规则学习语言，那么他得学习一辈子，而且到最后甚至连最简单的基本知识都掌握不了。他说，语言的独特之处在于，孩子把单词连在一起，组成他们周围的人以前没有说过的句子。一个人能组成的新句子的数量实际上是无限的。

语言研究者相信，从生物学的角度看，学习语言在有些重要的方面是天生的，他们指出：

——世界上的所有孩子，不管他们生活在多么不同的语言环境中，语言发育的顺序都是相同的，而且学习的进度也非常接近。这甚至适用于有自己的手势语言的聋哑儿童。（Goldin-Meadow，2000）所有的孩子在一岁时都能说几个单词，然后，在大约两岁的时候都能说两个或两个以上的单词组成的句子；三岁的孩子越来越能够按照语法组织句子；最终，在四岁的时候说出的话在很大程度上与大人说的一样。虽然鼓励说话的行为在各种文化中完全不同，但天生的语言知识似乎是语言发育遵循这一顺序的条件。

——乔姆斯基认为，孩子能学会这么复杂的语言（Chomsky，1980，1991a，b），是因为他们具备一种天生的学习语言的机理；因此他认为，大脑的某些部分是专门用于学习语言的。从表面结构上看，世界上的语言有很大的不同，但是，所有的语言共有一种“通用的语法”。这种语法包含一系列规则，掌握母语的人利用这些规则把意思变成句子。（Pinker，1994）这并不是说，某种语言是先天的，而是说，前提是“天生愿意”使用某种语言；孩子生来就有认识规则的能力，而且随着神经系统的日益成熟，这种能力为孩子掌握周围独特的语言及其规则创造了条件。（Marcus， (86)
1999）

——每一个想学会一种语言的人都知道，大脑在学会一门语言过程中所起的重要作用。年轻人的大脑与老年人相比，具有学习语言的更优越的条件。艾利克·勒纳伯格解释说，产生这种内在联系，是因为大脑在从出生到青春期的这段时间里，更多的是发挥语言功能。（Lenneberg，1967）比如，如果一个孩子由于疾病或车祸造成语言障碍（失语症），往往不治疗就能恢复说话的功能。而这种事情如果发生在成年人身上，那么即使进行积极的治疗，也只能恢复部分功能。勒纳伯格根据这种临床观察认为，年幼的人的大脑功能尚未完全专业化，因而右脑可以承担受损的（就是主管语言功能的）左脑的任务。相反，已经过了青春期的人的大脑已高度专业化，大脑的一半不能承担受损的另一半的任务。在学习第二种语言的过程中也存在可比的联系：如果一个人在三至七岁之间学习第二种语言，那么他很有希望在长大后能熟练地使用这种语言。但是，如果过了青春期才开始学习第二种语言，那么，在通常情况下，成年以后很难熟练使用这种语言。（Johnson & Newport，1989）

遗传与环境在学习语言过程中的共同作用。斯金纳和乔姆斯基在试图解释语言学习时都采取了非常极端的立场。同样，在一般的关于遗传和环境的讨论中，也把遗传和环境“怎样”共同作用这个问题列为解释语言发育的重点。斯蒂文·平克用下面的话很好地表达了现在的状况：“因为所有正常的人都会说话，而家里的宠物和植物都不会说话，虽然他们也深受宠爱，所以遗传因素一定在学习说话的过程中起着重要的作用。然而，如果一个孩子在日本长大，说日语，而他如果在加利福尼亚长大，说英语，那么，环境同样起着决定性的作用。因此，遗传或环境对于学习说话是否重要，或二者哪个'更重要'，根本不是问题。相反，我们最大的愿望（也许）在于，弄清楚二者是怎样共同作用的。”（Pinker，1994）

可见，应当承认，孩子只有在一个与他说话的环境中才能学会说话。学龄前儿童、青少年或者成年人的语言表达能力怎么样，儿时的语言环境质量起着决定性的作用。因此有人就提出了这样一个问题，如何促进预期的语言发育。

促进语言发育

不同的语言环境。在正常的条件下，小生命在出生前的发育阶段（见第82页）就已经能听得到周围的人的说话。但与此同时，孩子成长所处
(87) 的语言环境不管在量上还是在质上都有很大差别。单从量上就能看出，在文化水平较高的家庭中成长的孩子，在最初的两年半时间里平均每小时能听到2 100个单词，相反，来自工人家庭的孩子只能听到1 200多个单词，而来自社会底层家庭的孩子每小时平均只能听到600个词。（Hart & Risley，1989）这些差别很重要，因为语言也是通过模仿来学习的。孩子听着他人在特定情境中说的话，并表现出愿意模仿这样说话。父母与婴儿和幼儿说话的方式不同于对大孩子或成人，以便帮助他们学习说话。

妈妈语。世界各地的人们在跟婴儿说话时都会提高声调。他们说得很慢，同时还会特别加重某些语气。这些就是所谓的妈妈语的语言特征，反复问孩子同一个问题（“小鼻子在哪里?”、“让我看看你的小鸡鸡!”），也是妈妈语的特征。这些话会多次重复。跟婴儿说话不同于跟成年人说话，必须注意方式，否则他们不会用心听，虽然他们一开始并不理解所听到的话（Fernald & Simon，1984）。毫无疑问，妈妈语是婴儿在各自环境中学习所说语言的有利条件。这种帮助的结果是，在随后的几年里、在学龄前，孩子的语言能力会显著提高：他们在随后的时间里不仅会大大增加词汇量，而且日益掌握复杂的语法规则。

2.5.6 符号功能

在语言发育的早期阶段就已出现过的一个重要特征，皮亚杰称之为“符号功能”。他指的是用一个事物替代另一个事物的能力，比如，一个孩子把那个他认为是父亲的人用“Papa”一词来称呼。符号也可以代表不一样的事物或行为方式。一个孩子拿扫帚当马骑的时候，他是把扫帚当作马来看待的。

象征性地解决问题。皮亚杰在观察18－24月大的孩子时经常发现，他们会在思想层面上进行实验。他对儿子劳伦特在一岁四五个月大时的观察就是一个例证（Piaget，1973）：

例　子

“一岁四五个月大的劳伦特坐在桌旁，我把一片面包放到他面前，但是他够不着。此外，我在孩子的右手放了一根长约25厘米长的小木棍。…… 劳伦特重新看着面包，没有伸手，然后看了一眼小木棍，突然他拿起小木棍，伸向面包。但是他抓住的是木棍的中间，而不是顶端，这样木棍就太短了，够不着面包。…… 但是过了一会儿，他重新拿起木棍，但这次他抓的是顶端，（是巧合还是有意的?）并用它把面包扒拉了过来。”

也就是说，劳伦特没有经历尝试到错误的过程。他很可能在想象的层 (88)
面上作过了“试验”。他心里明白，把木棍作为延长的手臂来使用，借助它得到想要的面包片。

通过社会接触促进社会交流。象征性思维在随后几年里会越来越重要。当一个两岁的孩子说“Mili”（“牛奶”）时，细心的父母就知道，孩子想要喝白色的、可能是凉的、可饮用的液体。此外，孩子在天真地扮演角色过程中也有这种思维，孩子会假装他们现在是“爸爸”、“妈妈”或者“警察”，掌握越来越多的符号系统语言，不仅能使孩子向他人转达一些东西，同样还能使他们从别人那里知道一些东西，从他们的知识中受益。这对学龄前儿童来说非常有用。

2.6 学龄前儿童

学龄前的发育应当注意两个方面：一方面象征性思维能让孩子“在头脑中”通过思考找到解决许多问题的方法。但同时他们会出错，主要在逻辑上出错。接着，他们会越来越注意同龄人，这种大多在幼儿园实现的社会接触，可以让孩子积累社会经验，而这些经验是他们在今后的生活中与他人建立稳固关系的又一个条件。

2.6.1 认知发育

让·皮亚杰在研究儿童的思维方面，取得了开拓性的成果。不过，他也揭示了涉及学龄前这个年龄段儿童的思维能力方面的缺陷，当有人问他，为什么学龄前的儿童作出的答案是错误的，他只能作出模糊的回答。以信息理论为取向的发展心理学家为人们作出了很多富有启发的解释，而皮亚杰与他们进行了几十年的激烈争论。

前运算思维

理解“恒定性”的困难。在一个典型的实验中，皮亚杰让学龄前儿童看两个装满液体的小口径玻璃杯。然后，当着小观察者的面将液体从小口径杯倒入旁边的大口径的玻璃杯，然后问观察者：“现在，哪个杯子里的液体多?”两到六七岁的孩子的回答通常是错误的，他们认为杯子里水位高就是水多。

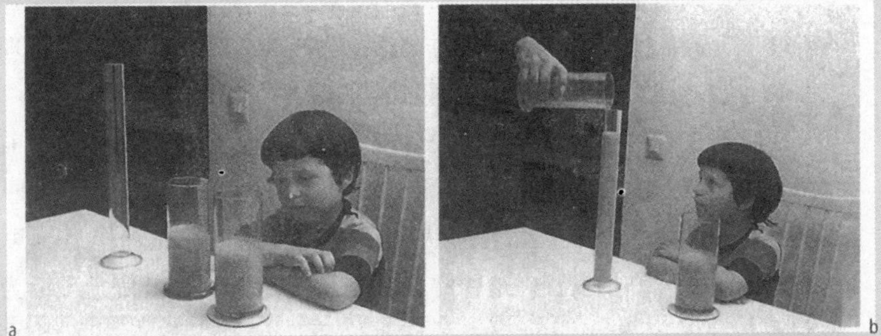

插图 2.12 皮亚杰研究理解恒定性的实验。在实验的 A 部分，学龄前儿童说，两个杯子中的水一样多。但是，如果把大口径杯子中的水倒入小口径杯子里，那么孩子就会说，水位高的杯子里水多。

不能用逻辑方法纠正错误的感觉。皮亚杰解释说，孩子们作出这种错误的回答，是因为前运算思维在很大程度上还受感觉印象的支配，外观的改变对孩子做出判断的影响大于守恒定律，如果不增加也不减少某个量，那么这个量保持不变（恒定）。皮亚杰因此得出结论说，学龄前儿童还不能作运算思维。皮亚杰认为，运算也是一种活动，也是思想的活动：人们 (89)
有效地影响世界，是为了了解世界。只要孩子还是处在前运算思维阶段，他的逻辑思维能力就依然有局限，因而不能用讲道理的方法纠正他们的错误的感觉印象。

专注。在调换玻璃杯这个问题中，学龄前儿童之所以会回答错误，皮亚杰解释说，因为他们还不能同时注意杯中水位的高度和宽度，也不知道水位的高度和宽度可以互相弥补。学龄前儿童注意的只是特征；皮亚杰认为，这是专注，也是前运算思维阶段的缺陷。

对皮亚杰观点的批判

高估孩子的语言理解能力。批评者反驳皮亚杰说，他在提出问题时对小测试对象的要求往往过高。有些问题表明，学龄前儿童经常误解他的问题。孩子难道不会想，皮亚杰不过是想知道，凭他们的主观印象杯子里有多少水吗？难道他们仅仅是不懂皮亚杰所说的“多”这个概念吗？在以后的研究中，我们只要恰当地表达对同龄孩子提出的问题，哪怕也是理解恒定性的问题，他们都可能作出正确的回答。

在听到错误回答时不要随口说认知不足。有人问皮亚杰，学龄前儿童为什么对他提出的问题——比如测试对恒定性的理解问题——会回答错误，他大多会说认知不成熟。他认为，学龄前儿童在能够作运算思维以前，大脑还得进一步发育。这种解释几乎还是老一套。以信息理论为取向的发展心理学家在此期间发表了许多文章，填补了皮亚杰留下的解释空白。

(90) **从信息理论观点看认知过程。**本书第一章已经指出（见第 36 页及其下 1 页），以信息理论为取向的心理学家是研究人们加工信息的方式的。因此他们想知道，人们怎样关注并选择某些重要的信息，怎样凭记忆的内容对信息进行加工、存储，并在需要的时候提取。

回答问题错误是因为注意力不集中。皮亚杰实验中的学龄前儿童之所以不能正确回答问题，是因为他们还没能充分熟悉回答问题所需的成功战略。埃利亚纳·维尔皮洛特的一个经典实验为这种不足提供了例证。(Vurpillot，1968) 维尔皮洛特让学龄前儿童看两张房子的草图（见插图 2.13），要求他们说出，两张草图是否一样或者有哪几个地方不一样。

与上学的孩子相比，学龄前儿童在回答这类问题时往往出错，因为他们还不会进行系统的比较，因而确实会忽略画中的差别。稍大的孩子行动就比较小心，他们反复看多次，似乎在确认，是否有还没有注意到的东西，总之，他们不会仓促作出回答。

处理系统的其他缺陷。从信息理论的观点看，所谓学龄前儿童认知系统的许多缺陷是令人怀疑的，因为皮亚杰向学龄前儿童提出的问题都没有得到正确的回答。他的问题也许设计得细节太多，以致他的小测试对象由于一下子记不住而不能同时处理所有信息；孩子可能由于记不住重要的信息而无法回答问题；学龄前儿童也可能还不理解解决典型的皮亚杰问题所必需的所有规则，比如调换杯子的问题（见第 88 页及其下 1 页），在这个问题中必须知道，杯子调换以后，口径大小的改变是可以相互抵消的。

插图 2.13　两所并排的房子有区别吗？学龄前儿童往往回答错误，因为他们还不会进行系统的比较。

以信息理论为取向的发展心理学家罗伯特·西格勒认为，学龄前儿童在回答典型的皮亚杰问题时出现错误的原因在于，他们还不会利用那些他 (91)
们在几年后才用得着的规则。（Siegler & Robinson，1982）在调换杯子这个问题上，回答错误的孩子显然使用的是这样的规则："高杯子里的水肯定多"。相反，九岁的孩子使用的规则是："量只有在减少或增加时才发生变化"。只有理解并运用这一规则，找到对这一问题（杯子调换以后，哪个杯子里的水多）的正确答案才能成为"轻而易举的事"。"最成熟的规则"始终是这样一些规则，它们兼顾的是人们对某个问题的逻辑必要性的理解。

可见，信息理论家列举的出错可能性比皮亚杰多得多，而皮亚杰把他的测试对象的错误仅仅归因于这一年龄段孩子的认知结构的缺陷。

2.6.2　社会发展

在镜子中认出自己。迈克尔·刘易斯和珍妮·布鲁克斯－冈恩观察到了孩子们在镜子中看到自己的鼻子上有一个红斑时所作出的反应。(Lewis & Brooks-Gunn, 1979) 他们知道红斑是在自己的鼻子上吗? 他们知道镜子中的孩子不是另外一个同龄的孩子, 而是他自己吗? 孩子是什么时候认出镜子中的自己的呢?

孩子在一岁以前还不知道, 他们在镜中看到的是自己; 更确切地说, 他们看到镜中的自己, 还以为是另外一个孩子。直到 15－17 个月, 甚至在 18 个月以后, 孩子在镜中发现红斑时才会触摸自己的鼻子。(Asendorpf et al., 1996)

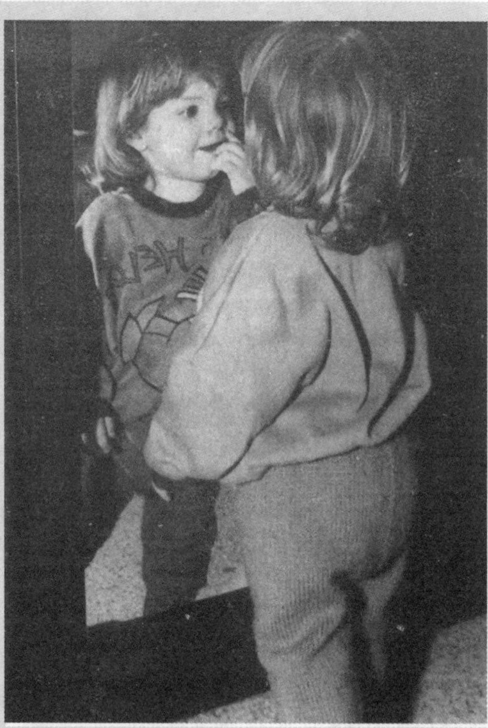

插图 2.14　在镜像中认出自己是自我发育过程中的重要一步。

孩子认出自己, 是迈出了发育中的十分重要的一步, 因为认识了自己也就知道区别分类, 比较早地知道自己的年龄和性别: 两岁大的孩子已经能告诉你, 他们"已经长大了, 不再是小孩了", 甚至更多, 他们"已经是小伙子了"。当然, 他们虽然说自己是"小伙子", 但是还没有确切知道自己的性别。

熟悉自己的性别角色。斐迪南·梅尔兹认为，“我们是男人还是女人，是由大自然决定的，而男人或女人意味着什么，是由文化决定的。” (92)
(Merz，1979）对于父母和亲人来说，生一个男孩还是女孩意味着什么？性别对于大多数来说是一个极其重要的标志。父母在告知亲朋好友孩子的出生时，他们很有可能需要马上回答这样的问题：“是男孩还是女孩？”只有在回答了性别问题以后，人们才会询问母子的健康。（Intons-Peterson & Reddel，1984）婴儿也会很快发现，自己的周围有两种性别。他们在一周岁以前就能够区别男人和女人。（Fagot & Leinbach，1993）因此应当估计到，孩子在生活中很早就能学会注意自己的性别，以便随后能够作出相应的行为。随着自己性别角色的形成，他们至少要面临下面三个发育问题（Shephard-Look，1982）：

性别确认。首先形成的是对自我性别确认的信念；这里的问题是，自己属于什么性别。孩子在两三岁时大多数都知道自己是男孩还是女孩。

性别决定的偏好。接着，孩子会形成由性别决定的与性别确认不一致的偏好。三四岁的孩子已经非常清楚地知道，男孩和女孩通常玩什么玩具，哪些行为方式对他们是适合的、哪些是不合适的。（Ruble & Martin，1998）如果给两岁半到三岁半的孩子看一个男孩布娃娃（迈克）和一个女孩布娃娃（丽莎），那么，所有孩子几乎都知道，两个布娃娃中的哪一个喜欢做饭、缝纫、玩布娃娃，玩汽车和火车，打架或爬树。（Kuhn et al.，1978）几年过去，他们上学以后，大多数男孩和女孩都会说，他们对自己的性别感到满意，而且是因为他们喜欢做某些与他们的性别相关的事情。比如，男孩对自己的性别感到自豪，因为他们喜欢踢足球；而女孩会说：“我喜欢做女孩，因为女孩跳舞很美。”（Biskup & Pfister，1999）

性别不变性。此外重要的是，性别确定的观念是什么时候产生的，也就是说，学龄前儿童什么时候明确地知道，生物学决定的性别在今后的生活中不会发生变化。什么时候男孩和女孩知道，男孩会长成男人、女孩会长成女人？当在孩子们见过两种性别的裸体以后，18－24个月大的孩子中有一半已经懂得，性别不会由于穿上异性的衣服就能改变。（Bem，1998）在上学前的这段时间里，对性别确定性的认识得到巩固，为形成自己的性别角色创造条件。对自己性别角色的形成该作怎样的解释？

关于自己性别角色的形成的理论。孩子怎样成功地形成自己的性别角

(93) 色，对这个问题的回答主要有三种理论；这些理论要么强调学习的重要性，要么指出人类信息加工的独特性。生物学的解释——至少根据目前的认识水平——可以忽略，因为汉斯·马丁·特劳特纳总结说：在生物学因素之间和男孩女孩的行为差别之间，没有密切的关系；总之，他补充说，这种结论是矛盾的。（Trautner，1993）

学习心理学的解释。毫不奇怪，以行为主义为取向的心理学家在解释女孩形成女性角色、男孩形成男性角色时，首先强调环境的影响。父母在孩子还没有确认自己的性别时，就已督促儿子和女儿，行为要符合自己的性别。在20－24个月大时，女孩在模仿典型的女性行为时，就会得到父母的认同，而男孩的行为像一个“真正的”小伙子时也会得到肯定。母亲有可能纵容女儿或儿子偏离预期，而父亲大多非常注意孩子的角色预期，容不得儿子的行为像“女孩”，比如玩布娃娃。（Langlois & Downs，1980）

孩子在观察和模仿其他同性孩子的过程中还会知道典型的性别特征。（Bandura，1989）比如，女孩会观察母亲、姐姐、小朋友和电视上的女英雄的行为，她们可以起着榜样的作用。男孩也是这样。

评论。如果说下面的观点是正确的：性别角色的形成是学习的结果，那么可以假定，如果向孩子介绍相应的体会，他们已经采取的典型性别行为、态度等都可以再次发生变化。信息框2.2表明，这根本是不可能的。生物学的影响似乎参与决定了自己性别角色的形成。

信息框2.2

起初被误作男孩的女孩日后还能形成女性角色吗？妊娠期的许多并发症之一是子宫过早地排斥胎儿。几年前医生曾尝试用一种药物来治疗这种病症，该药物中含有黄体酮，而身体会把黄体酮转化成男性荷尔蒙睾丸激素。这种治疗对于男性胎儿没有副作用。但是，女性胎儿在经过这种治疗后往往会在出生时带有类似男性的外生殖器。由于这个原因，这样的女孩往往被父母当作男孩来养育，直到发现错误为止。外科手术可以解决许多这样的女孩的错误发育问题。这样的女孩现在发育得怎么样呢？她们起初被当作男孩，直到改变了她们的外生殖器后，由于别人改变了看法，她们被当作女孩来看待。

约翰·蒙尼和安克·埃尔哈德对几个已做过这种外科手术的女孩的发育情况作了几年的跟踪调查。(Money & Ehrhard, 1972) 蒙尼证明，如果在这些女孩18个月大之前进行外科手术，那么她们在形成女性角色时不会有任何问题。但是，如果这种手术在两岁半或三岁以后进行，那么对这些女孩来说，她们接受“新的”性别角色就比较困难。许多这样的女孩与她们正常的姐妹和同龄的女孩相比，比较男孩子气；她们往往更喜欢与男孩子玩，更喜欢玩男孩子的玩具。(Berenbaum & Snider, 1995) 晚做手术的女孩难以完全消除她们可能确实是男孩这种疑虑。(Ruble & Martin, 1998) (94)

性别基模理论。桑德拉·贝姆在她的性别基模理论中承认，通过学习和观察，孩子们的发育过程会按照他人对他们作为女孩或男孩的要求和必须循规蹈矩的看法进行。(Bem, 1995) 所谓性别基模，就是对做一个女孩或男孩意味着什么这个问题的经过整理的知识、信念和偏见。这种基模的发展越是向前，人们就越能从中看出，作为男孩和女孩，男人或女人应该怎么穿着，应该玩什么、跟谁玩。学龄前儿童从同龄人那里得到的体会非常有助于了解性别基模中包含的信息。

转向同龄儿童。孩子快满一周岁时，同龄儿童就对他们显得非常重要。成年人根本不能替代同龄的男孩和女孩介绍的体会。

与同龄人确立社会关系的重要性。心领神会的成年人对孩子的要求不同于同龄儿童。孩子把自己画的画拿给别人看，要求他们评价时，就能体会到这种区别：父亲和母亲对这个“艺术作品”作出的反应可能是认可，甚至赞叹，而幼儿园的小女孩和小男孩则会毫无顾忌地说，这幅画很“无聊”，他们根本不知道“画的是什么”。当孩子想跟别人要一样喜欢的东西时，也会有类似的体会。父母在听到女儿或儿子的相应要求时可能会立即递给他们铅笔和纸张，而一个同龄的小女孩则会断然拒绝这类无理要求并让他们自己解决。一个找到了玩伴的孩子可能学会，“如果我不交换、不把我的东西跟她分享，她就不再跟我玩了”。一个小男孩有过这样的经历，“我推了他一下，他就打我”，一群玩伴可能会对新来的伙伴说：“你不要再一起玩了，因为你耍赖！”这类教训在学龄前就已激励孩子学会设身处地地体谅别人，理解并认可别人跟自己不同的立场。这些体会对于今后的为人处世非常重要。没有与同龄人的接触，将来就不能树立对公平和社会

(95) 正义的观念。如果孩子只能拿自己的能力与大一些的男孩和女孩、甚至与成人相比，那么，他们可能始终只看到自己的短处，认为自己没有能力，也就是缺乏自信，将是必然的后果。

通过角色游戏获得社会经验。对学龄前儿童的社会发展非常必要的一项活动就是角色游戏，男孩和女孩可以扮演妈妈、爸爸、医生、警察或者老师的角色。这个游戏可以使孩子观察别人做事、更好地理解别人，同时也可以表达自己的愿望和担心。

在两人，有时多人的角色游戏中，孩子可以学会依次扮演不同的角色（比如医生—病人；妈妈—孩子）。如果在游戏伙伴之间发生矛盾，那么这就是他建设性地解决问题的很好的锻炼机会。往往可以看到，玩这种角色游戏的孩子的社会理解力提高得快，因为他们与那些从来或很少玩角色游戏的孩子相比，会更好地体谅别人，更好地理解别人的感觉和想法。（Youngblade & Dunn，1995）这些社会体验最迟在孩子入学时很重要，因为从这时起孩子几乎天天与班上的同龄人在一起。

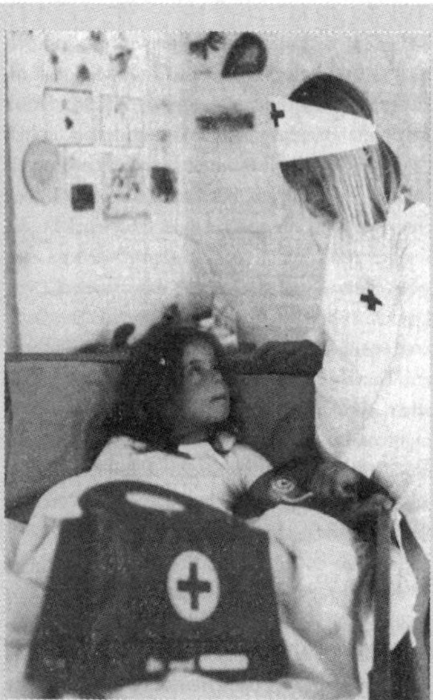

插图 2.15　角色游戏可以使孩子观察别人做事、更好地理解别人，同时也可以表达自己的愿望和担心。

2.7 入学儿童

孩子差不多在六岁时上学肯定不是没有道理的，因为到了这个年龄，不管是在认知方面，还是在社会情感方面已经完成了这样的发育，以致小男孩和小女孩有能力与他人一起接受上课的要求。根据让·皮亚杰的观察，孩子在上学后不久就能毫无困难地回答那些他们在上学前无法回答的问题；他们已经具备具体运算的思维。在道德判断方面也有了进步。以前只根据结果来判断“坏事”的小男孩或小女孩，在小学阶段长会变成参与 (96)
评价外部状况的孩子。最后，在社会交往方面也会有进步，因为大一些的小学生说到友谊时，他们指的是这样一种关系，这种关系与青年人或成人特有的关系已经非常相似。

2.7.1 认知发育

皮亚杰坚信，认知发育在七岁时会有决定性的进步。他断言，会从前运算思维发育成具体运算思维。今天，人们不再把认知能力的改变，包括学龄前儿童到小学生的过渡阶段的改变，看成断续的过程，而是看成有规律的过程，这首先应当归功于以信息理论为取向的发展心理学家的研究。小学生遇到的许多问题，学龄前儿童早已遇到过。

具体运算思维

通过逻辑思维纠正错误的感觉印象。如果用寥寥数语来说明小学生的认知能力的独特之处，那么可以断言，小男孩和小女孩比学龄前儿童更具逻辑思维。但是，不能把这种特征理解为学龄前儿童没有判断力，缺乏逻辑性。四五岁的孩子在特定情况下可以明确证明自己的逻辑思维，但是在其他情况下，他们思考问题是跳跃性的，不会寻根究底，容易受感觉印象的影响。学龄前儿童在调换杯子的问题上的典型反应（见第 88 页及其下 1 页）就是例证：因为细高杯子里的水位高，于是给他们一个印象：细高杯子里的水比粗矮杯子里多，所以他们的回答大多是不合逻辑的。他们的头脑中还没有形成同时思考多个问题的全面的逻辑体系，正在思考具体运算的小家伙也许会屈服于可比的假象，但是，他们知道，如果不拿走或加入什么东西，一个数量是不变的。小学生掌握了这一知识，就能纠正错误的感觉印象。

将认知运算应用于具体事物和事件。小学生与学龄前儿童相比，逻辑地思考问题要系统得多，难道能跟成人一样思考问题吗？皮亚杰否定了这个问题，因为根据他的观察，小学生只能把运算运用于具体的事物和事件。比如，一个七八岁的孩子面对这样的题目：“彼得比索尔斯顿大，但比马克小，请问他们当中谁最大?”。只要提到的男孩真的站在他面前，至少让他清楚地看到他们的外表，那么他很可能找到答案。但是，人们把用字母 A、B、C 代替名字，并作这样的表述：“$A > B$，但 $A < C$；请问 A、B、C 中谁最大?”，正在思考具体运算的小家伙就很可能失败，因为他没有直观的基础。

可逆性、补偿性和同一性运算。尽管一个正在思考具体运算的小家伙
(97) 的思维在很大程度上还受到物的对象世界的约束，但是皮亚杰仍把孩子能够进行多则运算看作认知发育过程中的一个显著进步。根据小学生在正确回答了调换杯子这个问题后作出的解释可以看出这些运算的过程。他们是这样解释的：

——“如果我把水再次倒回第一个杯子中，那么它又会跟以前一样多”；（可逆性运算）

——“第一个杯子里的水要高一些，但是杯子没有这么粗”；（补偿性运算）

——“把水倒入另一个杯子的时候，没有增加也没有减少”。（同一性运算）

小学生借助可逆性运算，可以在想象中反向思考他所观察到的某个事件的顺序。补偿性运算可以使孩子认识到，较高的水位被杯子较小的直径所平衡。最后，孩子通过同一性运算知道，如果不增加，也不减少，那么水的量是不变的。所有这些运算能使小学生纠正似乎发生了改变的错误的

感觉印象。掌握这些运算使小学生感到奇怪，人们怎么会问调换杯子是否改变了水的量这样的问题。

记忆的改变

记忆的结构。孩子在入学后，必须越来越多地应付这样的要求：接收、加工、存储语言表述的各种信息，以便在需要时再次提取。在这方面所必需的存储器后面会详细地加以描述（见第263页及其下几页）。现在只作一个简单介绍，各种信息首先进入感觉中枢的寄存器，这个寄存器具有较高的捕捉能力，但只能非常短暂（最多1.5秒）地存储内容。通过也包括注意力在内的“控制程序”，选择一些似乎具有显示意义的内容，转交给存储量非常有限的短期记忆。短期记忆也被称为“工作记忆”，因为相关的信息必须在这里进行加工，除非不需要转交给能比较长时间“保存”的长期记忆。首先是短期记忆在小学阶段怎样改变这个问题，激发了人们的研究兴趣。

年龄越大记忆力越好的解释。父母和老师都知道，孩子越大记忆力越强。但是，怎样解释这方面的内在联系呢？一个八九岁的孩子与一个学龄前儿童不同，他是怎样做到长时间地记住更多的信息，并在需要的时候再从记忆中提取的呢？现在对这个问题有非常详细的回答，其中对“信息加工的速度”、“加工策略的利用”、“元记忆的改善”以及“知识的基础”都有深入的研究。

信息加工的速度。几乎所有相关结论都一致认为，稍大的孩子与小一些的孩子相比，能够更快、更有效地加工信息。（Schneider & Bjorklund，
1998）这种进步一方面可以归因于神经系统在同期的成熟度的提高；另一 (98)
方面，小学生的优势还在于，在学校学会了方法（策略），借助这些方法能够很好地加工学习内容，从而相对较快、较长久地存储在长期记忆里。

利用策略过程中的变化。人们把一个人用来改善自身记忆能力的方法称为记忆策略。孩子首先在小学阶段学会了提高记忆力的许多策略。（Schneider & Bjorklund，1998）小学生首先通常使用的记忆策略是“在头脑中”复习学习材料。

在一项很久以前的研究中，约翰·弗拉维尔及其同事让五岁、七岁和十岁的孩子好好记住每张图片上所画的东西（其中有一把梳子、一个苹果和一只猫头鹰）。(Flavell et al.，1966）结果他们明显发现了这样一种内在联系：孩子越大，他们能从记忆中提取的单词越多。该怎样解释这种记忆力的提高呢？在展示图片以后和进行记忆测试以前，专业人员非常仔细地观察孩子的嘴巴，看他们是否在轻声念叨，也就是说“在头脑中”复习要记住的内容。大一些的孩子比小一些的孩子明显更愿意或多或少地轻声背诵学习材料；五岁的孩子中只有10%在重复要学习的内容，七岁的孩子中有60%，而十岁的孩子中有85%。这种复习与记忆力的差别有因果关系吗？弗拉维尔及其同事也研究了这个问题。(Keeney et al.，1967）他们鼓励五岁的孩子在记忆测试前轻声念叨应该记住的学习材料。由于五岁的孩子许多不会主动去重复，因此他们鼓励这些孩子轻声背诵要记住的东西直到进行记忆力测试。事实上，这些孩子能够复述更多的单词；复习明显改善了他们的记忆能力。但是，与大孩子主动去复习不同，许多小孩子只有在对他们提出明确要求以后才会使用这种策略。许多小孩子为什么不想办法简化学习呢？他们对自己记忆力的认识可能还不够。

元记忆的改善。孩子随着年龄的增长而提高的使用策略的意愿，只是部分地说明，大孩子与小孩子相比，为什么记忆力更好。此外，男孩和女孩在发育过程中也越来越认识自身的记忆力及其作用方式。人们把这种“对自身记忆力的认识”称为元记忆。一方面，它包括一些一般的信息，比如，记住许多单词比记住几个单词要难。另一方面，它也能判断，是否把必须学会的文章看很长时间，才能牢牢记住。

许多学龄前儿童在遇到记忆问题时为什么不主动想办法，对于这个悬而未决的问题，只要了解了他们对自身记忆力的认识以后就能得到解释。
(99) 如果问五岁的孩子，他们是否经常忘事，他们中的许多人会回答“不会”。(Kreutzer et al.，1975）他们能够记住实验者给他们看的所有十样东西吗？即使问到这样的问题，他们中的许多人似乎也毫不怀疑他们能够记住所有东西。(Flavell et al.，1970）这样看来，学龄前儿童喜欢高估自己的记忆能力。孩子一旦发现——他们大多在学校里积累了为此所需的经验——自己根本没有很好的记忆力，他们就会知道，想办法提高记忆力是值得的，而且知道，其中有些办法比其他办法更有用。（Schneider & Bjorklund, 1998；Schneider & Pressley, 1997）当然，孩子在发育过程中不仅能够学会，他们的记忆力是怎样发挥作用的，比如想办法提高记忆力，有些甚至能够成为某个领域的著名专家。

知识基础。有些孩子在小学时期就已开始对某些知识领域特别感兴趣。比如，他们努力去了解关于恐龙的一切；（Chi & Koeske, 1983）他们收集并创作卡通画（Lindberg, 1980）或者他们成了真正的足球专家。（Schneider et al., 1989）米切林·石明确指出，在地区冠军杯赛中夺冠的十岁的孩子在下棋时拥有多么惊人的记忆力。（Micheline Chi, 1978）石让这些年轻的冠军看插图 2.16 所示的棋子摆放，只让他们看几秒钟。

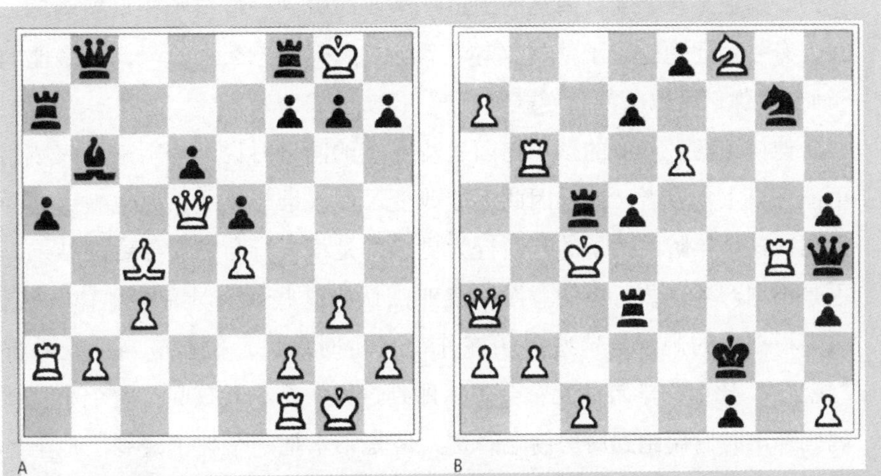

插图 2.16　棋盘上的棋子摆放是有序的（A）和无序的（B）。出色的棋手能够记住图一的棋子摆放，而记不住图二的棋子摆放。

可以肯定的是，这些十岁的象棋专家能够非常轻松地记住棋子的摆放，只要棋子摆放是有序的，是在下棋中真的可能出现的。难道这些小棋手具有非常出色的记忆力吗？

专家们良好的知识安排。很明显，这些小专家在已经积累了很多经验 (100)
的领域里能够很好地安排自己的知识，出色地理清自己的专业知识，从而得以具备超常的记忆力。孩子或者少年的年龄越大，他们在一个或多个专业领域就越能显示出超常的记忆力。由于他们在某个领域中安排知识的水平很高，所以他们能够非常迅速地加工那些在这一知识或经验背景下对他们有意义的各种新的信息；由于他们能够毫不费力地加工新的信息，所以他们始终有认知储备，而这些储备可以使他们去从事其他的活动，比如发挥记忆策略，这些策略又使他们在学习上有了额外的优势。

2.7.2 道德判断力的发育

皮亚杰关于道德判断力发育的观点。让·皮亚杰在研究儿童的思维发育时就怀疑，孩子对规则的理解随着时间的推移，是否会改变，是怎样改变的。皮亚杰在家乡日内瓦的街道上散步时看到一群孩子在玩玻璃球，这时，有一个问题引起了他的兴趣："游戏规则是怎么来的?"，于是他问孩子们，"你们可以随便改变规则吗?"（Piaget，1932）

他律道德。五岁的孩子在回答皮亚杰的问题时说，规则来自权威，也可能来自上帝或者父亲，因此不能改变。如果谁想改变，那他一定会受到惩罚。这个年龄的孩子的判断行为更多的是根据行为将要导致的结果，而不是根据产生这些行为的意图。皮亚杰认为这些孩子具有"他律"道德，因为根据他的观察，这些孩子在作出评价时确信，他们应当接受外部的"规定"。比如，学龄前儿童会怎么评判这样一个小女孩呢？这个小女孩在妈妈外出时偷偷跑到厨房偷吃蜂蜜，但是不幸把一个杯子碰到了地上，打破了。而这些孩子会怎样评判一个小男孩呢？这个小男孩在开门时，不小心碰倒了一个装有15个杯子的托盘，玻璃碎片撒了一地。他们的评判是非常一致的：打碎15个杯子的人比打碎一个杯子的人更"不听话"。这个年龄的孩子还不会考虑造成损失时的情况。

自律道德。孩子稍大一些，大约到十岁时，才会认识到，规则是公众约定的结果。他们这样说，为了能够判断某种行为是正确的还是错误的，必须同时考虑外部情况。皮亚杰认为，这就是自律道德阶段的开始：他们已经会区分行为的动机和结果了。

在年幼的测试对象看来，不小心打碎15个杯子的孩子与一个在擅自行动（偷吃蜂蜜）时不小心打碎了一个杯子的孩子相比，应该受到更为严厉的处罚。而在许多成年人看来，这是非常不公正的评判。我们可以期望他们在今后的发育中能改善对公平的理解吗？这个问题是劳伦斯·科尔贝格提出的，他与皮亚杰一样，是研究儿童和青少年道德发育的著名学者 (101) 之一。

科尔贝格关于道德判断发育的观点。劳伦斯·科尔贝格，像皮亚杰一样，给测试对象讲述人们经常处于道德冲突之中的故事。（Kohlberg，1985；1987）下面是一个最有名的故事：

例 子

海因茨的困境。在欧洲有一位妇女，罹患无法治愈的癌症，生命垂危。根据医生的诊断，只有一种药物可以帮助她。一位当地的药剂师不久前发现了这种药物包含的高效物质。生产这种药物本来成本就很高，但是这位药剂师想要高于生产成本十倍的价钱。病人的丈夫海因茨费尽心机筹措所需要的钱，但是只筹到一半。在这种紧急情况下，海因茨恳求药剂师贱卖药物或者先给他药，余款以后再还，以救他妻子一命。但是，药剂师拒绝了，并且说："我研发了这种药物，现在我就是想靠它挣钱！"海因茨在走投无路的情况下决定铤而走险，为他妻子偷取这种救命的药物。该怎样评价海因茨在这种特殊情况下采取的行为呢？

道德发育的六个阶段：

科尔贝格给不同年龄的孩子讲完这个故事后，他不想要他们回答，海因茨的行为是对的还是错的，也就是说，赞成和反对偷药的测试对象可能不相上下。科尔贝格感兴趣的是这样的问题，他们怎样为各自做出的决定进行辩护。最后，科尔贝格检查了他们的回答并发现，他们根据的是三种不同的道德水平，每种道德水平又可以分为两个阶段。

前常规层面。在这一层面上作出道德判断的时候，肯定他人（通常是权威）宣布的规则。这一层面在很大程度上符合皮亚杰的他律道德（见第100页）。在这个层面的第一阶段，测试对象明显希望避免惩罚。比如，他们认定，海因茨不该偷药，因为这可能会让他坐牢。在第二阶段作出的判断就会暴露自私自利的愿望，其实是希望，做好事有好报。比如他们可能会作出这样的判断，海因茨应该偷药，因为他的妻子在成功治愈后会表示感激的。

常规层面。在这个阶段，由于之前与他人的接触，现有规则或法律会引起孩子们内心的思考。在第三阶段，男孩和女孩明显努力地博得他人的肯定，努力做一个“听话的男孩”或“可爱的女孩”。科尔贝格认为，孩子们在第四阶段作出的判断是一种“遵纪守法和循规蹈矩”的行为。他们
（102）可能会为偷药的行为辩解，因为否则就违背了不惜任何代价都要保护生命的戒律。但是偷盗也是不可取的，因为偷盗明显是触犯法律的行为。

后常规层面。在这个层面上，孩子们不会像从前那样不加批判地接受现有的规则。达到这个层面的人以一般的内在道德价值为取向，而内在的道德价值的有效性不取决于他人的认同。在这个层面上，人们可以根据抽象的原则判断对或错。在第五阶段，人们在作出判断时虽然也认为现有法律成问题，但为了社会的利益还必须尊重。比如，在海因茨的问题上，他们可能会说，他不应当偷药；虽然药剂师的决定应该受到谴责，但是他的财产是不可侵犯的；这是对他人权利的普遍尊重。在第六阶段作出的判断表达的完全是可能违背现行法律的个人标准：“海因茨应该偷药，因为人的生命比世俗的法律更重要。”在科尔贝格看来，最后这个阶段是一种理想状态。科尔贝格在去世前不久从他的阶段顺序中删除了最后这个阶段。

卡罗尔·吉利根对科尔贝格的批判

男人的道德和女人的道德。索福克勒斯在他的悲剧《安提戈涅》中描写了安提戈涅与国王克瑞翁——她的叔叔之间的冲突的典型事例。安提戈涅强烈要求安葬她死去的兄长波吕尼克斯，而克瑞翁下令，谁去安葬就要被判处死刑：波吕尼克斯应该曝尸荒野。安提戈涅的愿望显然是为家庭尽责，而克瑞翁则遵循国家的利益和他的法令。

插图 2.17 女人和男人拥有不同的道德观念，这种说法古今有之。克瑞翁在作决定时觉得要对国家和他的法令负责，而安提戈涅要为家庭的利益说话。

在现代心理学中，是否在道德上区分男孩和女孩，或者男人和女人的讨论仍然非常活跃。卡罗尔·吉利根再次提出了男人的道德和女人的道德的问题。（Gilligan，1982；Gilligan & Attanucci，1994）吉利根解释说，男人喜欢在作出道德判断时以“男人的”价值观（公平和正义）为取向，而女人强调的是“女性的”价值观（同情，社会责任与关心）。因此，安提戈涅努力隐含着一种女人的道德，相反，克瑞翁的决定隐含着一种男人的道德。吉利根指责科尔贝格说，他在评价男人和女人对于冲突的回答，比如他们怎么看待海因茨的问题时，低估了女性的道德。女孩们在表达对他人的社会责任时，她们的道德发育是处在第三阶段，而男孩以平等和公平等抽象价值为取向，说明已经达到第五个阶段。然而，吉利根的指责经得 (103)
起严格的检验吗？

在个人遇到恐慌时关心是主要的。总的说来，多次验证都没有证明科尔贝格低估了女性对道德冲突的反应。人，不管男人还是女人，在作出评判时都是以公平和同胞的责任价值为取向的。（Oser & Althof，1997）母亲和父亲在他们的关心和公平的取向上也没有根本的区别，双方都喜欢关心自己的孩子。（Clopton & Sorell，1997）关心取向取决于个人遇到的恐慌，而不是取决于性别（Nunner-Winkler，1995）；可见，男人和女人并不是生活在不同的道德世界。

2.7.3 友情关系的发展

在入学以后，对于许多孩子来说，同龄人对自己的观念和喜欢的活动（尤其在业余时间）以及外表（穿着、发型）的影响显著增强，而父母家庭的监管逐渐减少；个体往往喜欢与同龄人在一起这个事实就能说明同龄人对于个体的重要影响。

对人的感觉的变化。发展友谊的一个前提在于小学时期正在变化的对人的感觉。有人曾经要求不到七岁的男孩或女孩描述他们很熟悉的人，要求他们在描述时注重他们的外表或者显著的行为方式。（Damon & Hart，1988）一年级的孩子的典型回答是："我们经常一起上学"，"她戴眼镜、长头发"或者"如果我不照他说的做，他就打我"。而稍大一些的小学生在描述别人的时候通常描述性格特征，因为我们经常听人说某某很"可爱"，招人喜欢，或者认为他或她算术很好。

产生相互信任。在上学前，男孩或女孩可能会认为另外一个孩子是他的朋友；但这不是说在他/她需要帮助的时候，他/她真的信任这个人，或者当他/她受到攻击时，这个人就会帮助他/她。对一个亲密的朋友，应当倾吐个人的想法，在他需要帮助或关心的时候能够照顾他。洛塔尔·卡普曼解释说："朋友之间应当能相互分享那些不能与别人分享的东西"，他接着说："朋友期待从朋友那里得到帮助和认可。"（Krappmann，1993）"在许多（绝不是所有）青少年中间存在真正的"友谊，但是，在小学将要毕业的时候，同性别的两人之间的关系才具备重要特征，其中，相互倾吐个人想法、愿望和观点是非常重要的一环。（Sullivan，1953）但是，在这一时期不仅产生友谊，也会产生分裂。

（104） **性别分隔。**几乎在整个小学阶段都能看到，孩子们往往避免与异性接触。一个男孩可以追逐一个同龄的女孩，一个女孩可以撞一下男孩的腰部，但是不会在一起活动。如果一个男孩——比如在校园里——要跟一群女孩站在一起，那他一定会立刻遭到拒绝，同时遭到其他男孩的取笑。有人把这种导致性别分隔的规矩称为"划界"，因为男孩和女孩都想方设法维持这个存在于两种性别之间的界限。（Thorne，1986）这种性别分隔在下一个发展阶段——青春期早期才会结束，到了12岁以后，这种分隔才会逐渐消失。关于青春期和成年后的两性之间的关系，将在下一章中细谈。

(105)

3 青春期和成年后的发育

在临近小学毕业的时候，孩子的外表开始出现急剧变化——有些孩子要比其他孩子早一些：一个十分稚气的小学生经过几年的发育，已经成长为年轻人，无论身材还是外貌都已经像成年人。但是，这个年轻人还不必立即承担成年人的所有责任，因为年轻人还有机会，他们可以慢慢准备接受社会今后将对他们提出的要求。

他们在成年之前，他们需要作出许多抉择，这些抉择是在一个或长或短——取决于个人——的过程中形成的结果。这一过程显然是年轻人努力寻找问题答案的过程：他是什么人，他想成为什么人？什么样的职业活动今后会使他满意？他想追求什么样的社会生活方式？他究竟偏爱哪一种生活方式？年轻人需要作出一系列抉择，比如，婚姻对他来说是不是问题，他想从事什么职业，他想在哪里生活和怎样生活。人到中年，回首往事时，感到活得很满意还是很失望，这都取决于他在年轻时作出的抉择。

现在，对老年人生活质量的评价比几十年前更乐观，因为医学的进步大大提高了生活质量，许多老年人的智力还很活跃，总体上说更富有活力，因而在整个行为方式方面看比他们父辈和祖父辈在这个年龄时显得“年轻”。

本章将作一次穿越成人期的“旅行”，并揭示哪些“人生关键事件”会使人放弃原有的生活习惯，提出新的要求。这是一个有了人生伴侣和事业升迁、年富力强的成年人应该思考的问题：还能提出什么样的个人目标，以便重新评价自己。对于一个年届不惑的人来说，“生命已过去了一半，只剩下另一半”；他通过自我评价，还可以作一次抉择，彻底改变自我。这一代的许多人即使年龄再大一些也应当遵循作家乔治·艾略特描绘的指导性目标：“想做本来能做的事情永远不会太晚。”

3.1 青春期

不管在世界上的哪一种文化背景下，人们对何时和怎样结束儿童时期、进入或被要求进入成年期，都有自己的观念。在以西方价值为取向的社会里，在达到成年状态之前还规定一个较长的过渡时期，人们把这一时期称为青年时期或青春期。青年时期从身体的发育成熟开始，但是年轻人在结束青年时期时仍然不能独立，因为“越来越多的年轻人因为就业准备需要更多时间而延长了青年阶段”。（Kracke & Silbereisen，1994） (106)

青年人虽然不再被视为孩子，但是他们同时也不能承担成年人的全部权利和义务。青春期何时开始，何时结束？在这一过渡时期会发生哪些变化？青年人应当满足哪些要求，以便迟早能被视为成年人？信息框3.1中所表达的批判性的声音认为，少年、青年和成年人之间的区别正在逐渐消失。

信息框3.1

童年、青年和成年人之间的区别正在消失吗？

历史变迁中儿童和成年人之间的分离。媒体批评家尼尔·波兹曼把童年的形成与古罗马联系在一起，因为在古罗马第一次产生这样的观念：保护孩子不受成年人秘密的影响，因为人们羞于在孩子面前说某些话和做某些事。波兹曼解释说：“没有养成羞耻感，就不存在童年。”（Postman，1982）但是这些观念在中世纪首先消失了。直到15世纪中叶，由于约翰奈斯·谷登堡的发明才再次出现了转机，因为根据波兹曼的看法，印刷机使人对成年人产生了新的定义：这个定义是以阅读能力为基础的。与此相应也形成了对儿童的新看法，而形成这种看法的基础是没有阅读能力。然而又过了大约200年，这种看法才得以实现，因为直到18世纪人们才逐渐相信，孩子有自己的身份。因此孩子和成年人日益产生分离，明显的羞耻感再次形成。成年人再次保护孩子不受诸如金钱、性、暴力、疾病和死亡等“秘密”的影响。

电视时代的“童年”。首先根据波兹曼的看法，电视自上世纪中叶以来引领了一场革命，直接导致了童年的消失。年少和年长的观众坐在一起看电视。波兹曼认为，电视的下述特征助长了童年的消失：

——电视里的所有节目都是影像故事，儿童和成年人之间的理
(107) 解差异消失了。

——电视播出以前只属于私人空间的内容，脱口秀和连续剧打破了所有禁忌。

——儿童直接面对充斥着淫荡、暴力和残忍的内容。

——由于电视，有羞耻感的观念遭到蔑视，暴力、性和羞耻感像日常事务一样被渲染。

——无秘密可言，因为儿童和成年人一样可以收看这些节目。

必须注意界定对儿童的信息加工。波兹曼断言，现代媒体能够同时面向儿童、青年和成年人，甚至模糊了年龄之间的界限，这无疑是正确的。但是由此——错误也在于此——不一定能得出这样的结论：大家，比如所有的教育者真的会否定年龄之间的界限。现代媒体是社会的一部分，在这个社会里，知道“照顾性空间”，了解其对儿童和青少年发育的意义是一种文化成就。媒体时代的家长和老师非常清楚，儿童和青少年对含有暴力和性的节目内容的理解不同于成年人，因为未成年人还没有形成自己的价值观，此外，他们还没有多少经验。媒体时代的成年人知道这一点，因此努力帮助孩子消化经验。儿童和青少年不得不放弃年长者的引导和帮助，这才是问题，因为父母要忙于工作或者其他家庭之外的日常事务，他们的孩子别无选择，只能自己照顾自己。(Elkind，1981)

童年“消失”过程中的畸形发育的危险。如果年轻人在孩童时就积累了成年人才应该有的经验，那么，就可能出现到青春期才会表现出来的畸形发育。艾尔金德认为，对性、毒品、香烟和酒精的尝试或者对过分的冒险行为的偏好，是对环境的反应，因为环境使年轻人心理上还未作好充分准备时就接触了大人的经验和问题。但是，应当帮助那些行为古怪，甚至已经犯罪的青少年，他们生活在一个“童年正在消失”的社会，因而应当“善待”未满21周岁的青少年。

3.1.1 入学儿童和成年人之间的发育阶段 (108)

青春期年龄段。青春期开始的时候具有一定的生理特征。从性尚不成熟的孩子成为有生殖能力的人这个身体发育过程的最初征兆一旦出现，早期青春期就开始了。青春期开始以后的一个阶段，即10－14岁的时候，才谈得上身体的快速成长。(Markefka，1999）在这一时期，年轻人与父母和同龄人的社会关系也会发生变化。14－18岁的这一年龄段也被称为后期青春期，因为孩子们在这几年里越来越不依赖家庭。达到法定年龄，即年满18周岁，就可以认为青年期行将结束，因为到那个时候父母的权力行将中止，而年轻人已经具有完全的行为能力。

成年初显期。许多青年在达到法定年龄时还没有心理准备，还不能张口闭口自称成年人，因为确切地说，年轻人要拥有成年人的身份，还需要满足以下条件：他们认为必须满足下列条件（Arnett，1997，1998)，按照阿奈特的看法，成年人必须

——完成学业；
——有一份工作，经济上完全独立；
——通过婚姻或同居接受一个伴侣的约束，而且/或者
——承担父母的责任。

杰弗瑞·阿奈特建议，把从十八九岁开始的这段时间称为成年初显期。(Arnett，2000）初显期什么时候结束，什么时候开始成年期不能一概而论，必须视个人而定。阿奈特还指出，他发现，18－25岁的人大多数还在为了职业而接受持续不断的培训和学习，“而30多岁的人大多数已有稳定的职业；18－25岁的人大多数还没有结婚，而30多岁的人大多数已经结婚；18－25岁的人大多数没有孩子，而30多岁的人大多数至少有一个孩子。这样的比较还有很多。成年初显期和早期应该被视为各个不同的发育阶段”，但是对它们的开始和结束却不能一概而论。(Arnett，2000)

3.1.2 身体上的变化

身体加速发育后的比例变化。女孩在9岁半－14岁半时（大多是在10

岁时)，男孩一般要晚一些，也就是说在10岁半-16岁时，身体会显著增高，这预示着即将到来的性成熟期。女孩在这一时期身体每年会增高大约9厘米，男孩平均增高大约10厘米。(Remschmidt，1992) 在身体快速增
(109) 高以后，男性在身高上会超过女性。年轻男性的特征是肩宽腰窄，双腿与躯干相比显得略长；年轻的女性在身体快速增高以后，显得肩窄臀丰，双腿与躯干相比显得略短。

性成熟期。性成熟期可以理解为年轻人在身体上获得生殖能力的发育阶段。在这一阶段，女孩的女性荷尔蒙的分泌显著增加。这种荷尔蒙促进胸部的发育和第一次月经的出现（初潮）；男孩的男性荷尔蒙会急剧增加，从而增进肌肉的发育、体毛的增多和声带的变化。个别女孩在八岁时就出现初潮，有的则到16岁时才会出现；欧洲的大多数女孩经历这一决定性的事情是在9-13岁，平均年龄为11岁。(Mazur，1999) 大多数女孩在这一时期是不可能受孕的，因为有受精能力的卵子大多在12-18个月以后才会产生。(Tanner，1978) 许多女孩在出现第一次月经时是喜悦和自豪的，因为这证明她们现在不再是孩子了，而是正走在成为女人的道路上。然而，几乎所有女孩对之后出现的月经都感觉很讨厌，因为随之会出现一些身体上和心理上的伴发症状；因此姑娘们觉得“讨厌”、“麻烦”和“累赘”。

男孩性成熟期的开始要比女孩晚两年。(Mazur，1999) 男孩第一次出现遗精的现象，没有多少统计资料可资证明。大多数男孩在14岁半-15岁时就具备了生育孩子的能力。(Tanner，1990)

插图3.1展示了不同性别的同龄人的身体差异。图中分别展示三个同龄的、身材比例各异的男孩和女孩。

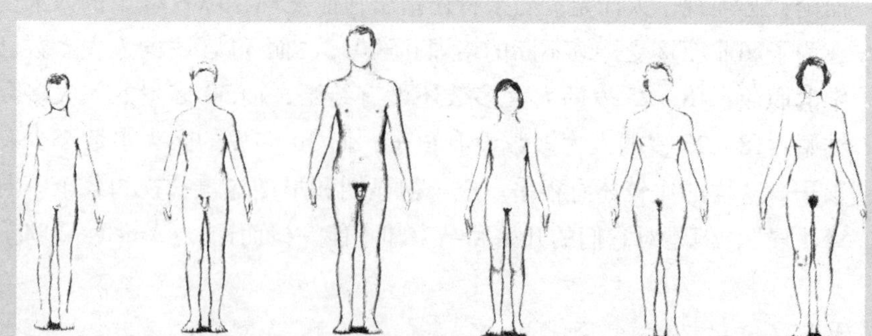

插图3.1　同龄的男孩和女孩以发育为条件的身体差异。

早发育和晚发育。青年人在青春期开始时积累了什么样的社会经验，塑造了什么样的自我形象，基本取决于他们身体发育成熟的早晚。毫无疑问，对于男孩和女孩来说，最好的事情是身体发育正常，也就是说与大多数同龄人的发育保持同步。但是，如果成熟的速度出现偏差，那么，早熟的男孩与晚熟的男孩相比，在有些方面就占有有利的条件。发育早的男孩更有力量，因此在体育比赛中总是占优。他们大多很自信，比较喜欢被人推崇，往往被推选担当领导任务（Petersen，1987；Tobin-Richards et al.，1983），虽然男孩的性早熟也会带来跟女孩一样的麻烦。（Mazur，1999）如果男孩的身高增长明显比同龄人缓慢，那么，他们往往会对自己身体感到非常不满。（Kracke & Silbereisen，1994） (110)

如果早熟的女孩对自己的外表不满意，比如她们认为自己的体重超标，那么她们就会塑造不好的自我形象，因为她们没有理想中的苗条身材。（Richards et al.，1990；Kracke & Silbereisen，1994）此外，还可能在社会环境中产生汤姆·马左所说的冲突，“过早进入性成熟期的女孩在同龄人中卓尔不群，因为她们身材比较高、显得年龄比较大，而且具备了第二性征（胸部发育等）。因此人们对她们的行为的预期会超出她们的实际年龄，她们往往会因自己最初的性征而遭到取笑，她们面临被社会孤立的危险，可能陷于同父母的冲突。”（Mazur，1999）当然，对于她们来说，她们由于早熟的外表更可能较早地与大一些的男孩交往，他们会带她们吸烟、喝酒和建立性关系。（Silbereisen et al.，1992）早熟的女孩学习不好和不负责任是屡见不鲜的事情。（Aro & Taipale，1987；Simmons et al.，1987）要命的是，她们对于自己面对的要求毫无心理准备。反正，在咨询机构积累了与青少年打交道的经验的心理学家担心，现在许多青少年不得不提前履行某些要求，积累父辈们长时间准备积累的经验。信息框 3.1（见第 106 页及其下 1 页）介绍了孩子们可能面临的危险，除非他们有足够的机会享受童年，少年有更多机会成为青年。

随着青春期的到来，体型的变化虽然非常引人瞩目，但大脑也会发生以成熟为条件的变化，这些变化在经历了青春期、很可能在进入成年期后才会结束。（Tanner，1999）这些变化很可能是决定性的，因为青春期的男孩和女孩往往会表现出一种新的思维质量。

3.1.3 认知发育

形式运算思维

偏好自然科学问题。让·皮亚杰优先向测试对象提出自然科学方面的
(111) 问题，即物理或化学方面的问题。钟摆问题是证明这种偏好的一个例子。(Inhelder & Piaget，1955)

例 子

皮亚杰把测试对象带到一个房间，房间的天花板上吊着两根不同长度的绳子，此外，还有不同重量的钟摆，可以系在绳子的末端。要求测试对象回答，钟摆运动的频率取决于什么。如果加长绳子或者给钟摆一个有力的推动，摆动的频率会提高吗？如果从不同的高度开始摆动，钟摆运动的速度会更快吗？难道上述几种方法都起作用？(Inhelder & Piaget，1955)

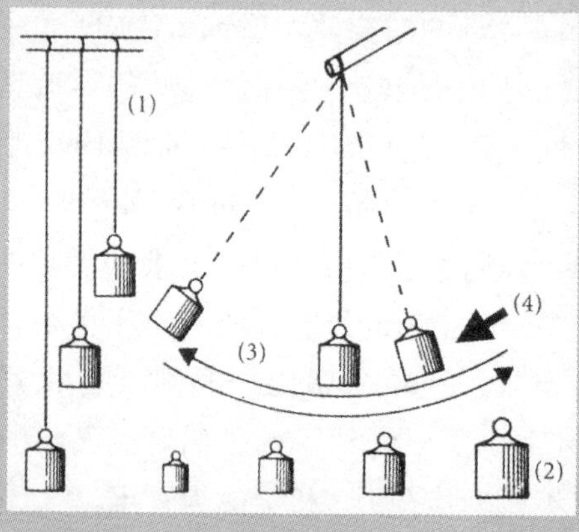

插图 3.2　皮亚杰提出的钟摆问题

具体运算思维者对钟摆问题的回答。十来岁的孩子考虑这个问题，完全从那些可能给他们指出解决途径的疑问着手。九岁的小男生猜测“钟摆来回摆动可能取决于钟摆的大小”，一个同龄的小女生可能会认为取决于钟摆的“重量”。但是，如果让这些具体运算思维者开始验证他们的猜测，

那么，他们的做法就会很没有条理。他们在检验的时候可能会系上不同重量的钟摆，同时改变绳子的长度。比如，如果他们发现，用长绳子系轻钟摆要比用短绳子系重钟摆来回摆动得快，那么，他们可能得出错误的结论，钟摆摆动的频率既取决于绳子的长度又取决于钟摆的重量。当这些孩子几年后达到皮亚杰所说的思维的最高阶段时，他们的解答方式就会有多方面的区别。

形式运算思维者对钟摆问题的回答。回答钟摆问题不可或缺的前提是，找出可能决定钟摆摆动的四个因素。找出这些因素之后，可以进行如下假设：钟摆摆动取决于

——绳子的长度；
——钟摆的重量；
——开始摆动的高度；
——对钟摆的推力。

事先不能排除多种因素共同作用于钟摆摆动的可能性。

当然，提出假设不等于已经回答了问题，接着还要逐一验证四个假
设，因为在系统改变一个因素时，其他因素要保持不变。比如，验证假设 (112)
时的步骤是由下面的想法决定的：“如果绳子的长度起作用的话，那么，我只要改变绳子的长度，钟摆摆动就会发生变化，而系在上面的是同一个钟摆，其他因素同样保持不变。”形式运算思维者用上述方法系统地验证了所有假设，最终会发现，“重量假设”是不正确的；而且他们会发现，钟摆摆动的频率只取决于一个因素：绳子的长度。

总结。处于形式运算思维阶段的青少年，就像在验证假设时所表现的那样，能够充分考虑可能发生的事情。具体运算思维还仅仅局限于可感知的具体事物，而形式思维者却能突破这个局限，能考虑到抽象的层面。但是，形式思维者不限于设想可能发生的事情，更确切地说，他们还具有一种逻辑系统，所以能够验证自己的假设并从观察中得出有说服力的结论。

对皮亚杰观点的批判。皮亚杰描述了一个认知发育过程，他认为，只要达到形式运算思维的阶段，这一发展过程就顺利告终。他用来检验思维能力的题目选自自然科学的课本；这些题目（在学校里也大多如此）脱离

了各种自然联系（“没有前因后果”），而且绝不会像皮亚杰和英海尔德所希望的那样，使人有兴趣回答。此外，认为一个借助形式运算能力能够回答某些问题的人，平时——在日常生活中——也愿意运用这种能力的观点，可以说是完全错误的。

皮亚杰对抽象思维的高度评价表明了他成长所处的文化背景的特征。人们至今仍普遍认为，只有发生在非常抽象的层面上的思维才可以说是科学的。难道从中可以得出只有这样才能获得新知识的结论吗？那些被普遍视为“抽象”科学的杰出代表的思维过程是怎样的呢？比如，阿尔伯特·爱因斯坦这样的人会支持上述论点吗？假定他也在非常抽象的层面上进行思考，其中包含非常复杂的数学符号。爱因斯坦本人也否认他的知识源自这种思维过程。（Einstein，1945）更确切地说，他也是使用直观的想象，用物体和事件的影象进行思考并“发现”，在一定的条件下从中会产生什么样的结果。在他第一次发现相对论的时候，他想象怎样追逐一束光，怎样适应它的速度，然后便看到了由这种情景构成的画面。这种自我表白绝不是彻底贬低抽象思维，而是提出了这样一个问题：皮亚杰和许多科学学科推崇备至的没有前因后果的抽象思维，是否也可能妨碍认识过程。

(113) **非常熟悉的问题中的形式运算思维。**一个人长期潜心研究某个问题，他对这个问题就会非常熟悉，他在这个问题上就会采用形式运算思维。比如，一个人是物理学专家，他就能借助自己的形式运算思维解决这个学科的新问题，而不能也不愿意用这种思维解决其他领域的问题。可见，是否采用形式运算思维，主要取决于本专业的学习前提。因此，英海尔德和皮亚杰提出的钟摆问题最好由物理系的学生来解答，而英语系的学生一定能出色地完成分析文学风格的任务；这种在各自专业领域内所使用的思维能力不能成功地运用于陌生的领域。（De List & Staudt，1980）

成年人对日常生活中的问题，特别是人际关系方面的问题日益熟悉，所以青春期过后，也更加愿意按照逻辑观点解决冲突和问题。有些发展心理学家甚至认为，必须承认思维发育的另一个阶段；他们指的是后形式思维。

后形式思维。皮亚杰认为，达到了形式思维阶段，就是实现了认知发育这个目标。对皮亚杰的测试对象在分析了自然科学方面的问题后作出的回答，只能作出两种评价：它们要么是正确的，要么是错误的。然而，在日常生活中，特别是在社会关系方面，许多问题不是极其复杂，附带情感因素的吗？

例 子

吉塞拉·拉勃维维夫和同事向不同年龄组的人提出了下面的问题：杰恩是出了名的酒鬼，尤其是在聚会的时候。杰恩的妻子玛利亚警告他说，如果他再醉酒回家，她就带着孩子离开他。（Adams & Albouvie-Vief，1987）就在当天晚上，他参加了生意伙伴的一个聚会，在外待了很长时间。回家时又是浑身酒气。——玛利亚会离开他吗？

年龄小一些的调查对象作出的回答明显是从陈规推导出来的。玛利亚一定会离开她的丈夫，因为他符合她之前所说的离婚原因。年龄大一些的调查对象附加考虑了自己日常生活中的经验，他们的答案“比较成熟”，因为他们相信，解决问题有很多种可能性。他们认为玛利亚的警告不是最后通牒，并且承认，她的行为最终要取决于杰恩是否道歉，是否会对她动粗，玛利亚带着孩子是否能找到住处，等等。

成年人在回答怎样解决日常生活中的问题时，往往使用这样的论断：“这是问题的关键。”现实生活中出现的问题往往不像皮亚杰的问题，有正确划一的答案，即使找到了答案，也只能是暂时的。（Steven-Long，1990）
他们的思维是由逻辑和情感共同决定的，而不是按照纯粹的逻辑进行思 (114)
维。（Edelstein & Noam，1982；Rybash et al.，1986）

形式运算思维的高度的文化依赖性。在非工业化国家，比如在第三世界国家，学校体制不太完善，不是所有的孩子都能上学，如果向在这些国家成长的青少年提出典型的皮亚杰式的问题，那么，人们几乎只能得到错误的回答。（Hutchins，1980；Rogoff & Lave，1984）据此能够得出这些国家的年轻居民思维能力有限、欠发达这样的结论吗？这种说法必然被视为西方人自负的表现，因为人们只要仔细想想，南太平洋的居民不需现代化的导航设备，仅靠观察星象的位置、潮水、风向和地理条件就能够驾驶他们简陋的船只从一个岛屿驶向另一个岛屿，就一定会说他们具备很完善的形式思维能力。

思维集中于自身：自我中心主义。青少年能够达到的思维发育的高水平，同时是由一种强烈的倾向决定的，社会各界根据夸张的自我中心论可以感觉到这一点。让·皮亚杰早就指出，青少年不能完全区分他们自己的观点和现实生活的客观感觉，他们很容易混淆这二者。特别是在青春期早期，许多青少年相信，他们会受到同胞的高度关注。此外，他们往往相信，他们的思想和感受是独一无二的，成年人是完全无法理解的。大卫·艾尔金德描述了青春期自我中心主义的几种典型的表现形式。（Elkind，1967）

幻想观众。因为这一时期的青少年能够很好地体谅他人的想法，所以不禁产生这样的问题：他人怎样看待自己。他主观上相信，他周围的人都在关注他青春期的身体变化。女孩会以为，因为自己胖，所以所有的人看她；而男孩觉得，自己修长的双腿总是吸引人们的眼球。在一项研究中，把穿着印有巴瑞·曼尼洛肖像的T恤的大学生送到一个有其他大学生的房间，大多数穿着T恤的学生觉得这样出现在别人面前很尴尬；他们认为房间里至少有一半的人会立即发现这一点。其实只有23%的人注意到了这一点。（Gilovich et al.，2000，2002）奇异的发型和装束所引起的他人关注要比自己想象的少得多，这要归因于“聚光灯效应”。青少年担心可能给别人留下不好的印象，这很可能使他们尽可能离群索居，躲避他人的目光。年轻的女孩经常长时间对着镜子观察自己的脸，用化妆品认真地遮盖粉刺，因为她们无疑认为，那个心仪的男孩会立即发现这个“可恶的瑕疵”，可能因此而不再喜欢她。与许多成年人一样，青少年也容易产生“被人看
(115) 透的幻觉”：他们确信，他们个人的思想和感情不知怎么让外人知道了；当然，在这个时候他们高估了自己的同胞，他们当然不具备这种X光的透视能力。（Gilovich et al.，1998）

相信独特性和不可伤害。一个女孩对母亲说，母亲无法想象，自己恋爱的时候会是什么感觉。（Elkind，1978）这个女孩确信自己的经历是独一无二的；她坚定地认为，别人、尤其是成年人从未有过这些经历。恋爱中的女孩可能也不愿意与母亲谈论自己的感觉，因为她们主观上认为，母亲不懂这些，可能永远也不会理解女儿的心事。

然而，如果一个人私下认为自然规律不适用于自己，那么，相信自身

的唯一性和独特性也可能是非常危险的。青少年会因此而认为自己是不可伤害的。他们的所作所为，似乎是不受任何负面影响的。比如，他躲过了危险，没有成为交通事故的牺牲品，因此他敢于在公路上高速行驶和疯狂飙车。同样，年轻的女孩可能会低估怀孕和染上性病的可能性，因此不采取任何保护措施就轻率地进行性交。(BzgA，1998)

评论。艾尔金德认为，青春期早期的男孩和女孩的自我中心论最初随着形式运算思维的形成而增强，然后，随着年轻人进入成人的角色，开始考虑同胞的观点。但是，我们确实不能犯错误，认为青少年比较无知。如果他们心甘情愿地抽烟或吸毒，那么我们就不能说他无知了。在有些方面，比如在性的问题上，他们知道的甚至比他们的父母更多。（Beyth-Marom et al.，1993；Jacobs & Ganzel，1993）事实上，青少年之所以喜欢冒险的经历，就是因为这些经历对他们具有特别的吸引力（Arnett & Balle-Jensen，1993），他们做出危险的动作，是因为想向同龄人展现勇气。(Stender，1994)

反正同龄人对进入青春期后的青少年具有特殊的作用。男孩和女孩面向同龄人，试图适应他们的程度取决于他们与家庭的关系。家庭的教育方式在这方面具有特殊的作用。

3.1.4 父母的教育方式

教育方式可以说明，父母怎样设法影响自己的儿女，控制他们的行为，儿女与父母的关系具有哪些情感特点。父母的教育方式大致具有两个不同的特征（“尺度”），这两个特征可以有不同的表现程度。比如，父母可以按“控制”的尺度加以区分，也就是说，按照他们设法控制孩子行为的尺度加以区分。另一个尺度是“情感支持”的程度；这里的关键是父母
怎么安排才能对孩子起到促进作用。在很大程度上提供情感支持的父亲和 (116)
母亲，会专注地倾听孩子的心声，对他们的愿望作出反应，表现出关心，理解孩子的苦恼并激发他们的兴趣。运用这两个尺度可以分为四种教育方式，如下表所示：

表一：父母教育方式的分类

父母的支持		父母的控制	
		高	低
	高	权威型行为	放任型行为
	低	独裁型行为	疏忽型行为

在德国，首先由莱因哈德和安妮玛丽·陶施开了教育方式研究的先河。（Reinhard & Tausch，1998）这里使用的术语源自狄安娜·鲍姆林德的研究。（Baumrind，1991）如上表所示，四种教育方式各有不同。

独裁型教育行为。独裁型的父母对孩子的愿望和想法非常不敏感，他们按照一成不变的规则控制儿女的行为；儿女必须绝对服从。父母对各种命令不作任何解释，即使解释也极不充分；因此他们在儿女们的眼中是专制的。比如，孩子问为什么要做这或做那，母亲仅仅回答说："因为我让你做!"命令和戒律默默地靠自身的权威和由此产生的权力来维护。孩子如果蔑视父母的命令，就一定会受到处罚，甚至可能再得不到父母的爱。

权威型父母。权威型父母也会明确规定孩子们的行为必须遵守的规范，而且他们也十分关注这些规范的遵守情况。在这一点上，他们同样是控制型的，但是与独裁型父母不同，如果孩子遵守了规则，权威型父母会用温暖的感情和亲切的关爱"奖励"孩子。权威型的父母对子女虽然期望很高，但同时他们也以孩子为中心，他们努力去了解并照顾孩子的思想和感情。孩子在权利方面可以对父母的命令（比如"带上围巾!"、"最晚十点钟回家!"、"先做完作业再去打网球!"）提出质疑。与权威型的父母（他们把这种反问看成对他们权威的威胁）相反，独裁型的父母表示理解，因而愿意解释自己的要求，与子女们讨论这些要求的必要性，不会满足孩子可能提出的收回成命的要求。权威型的父母由于以孩子为中心，所以对孩子实际心情十分了解，不会对孩子提出过分的要求，也不会降低对孩子的标准。因此，这类父母能使自己的要求适应子女的能力，同时努力按照所取得的进步让他们逐步自立。

(117) **放任型教育方式的父母**。放任型教育方式的特点是，父母很少对孩子提出要求或者对孩子的行为进行监督性的干预。放任型风格的父母在一定程度上不愿意多管孩子，孩子可以凭感觉和愿望想怎么样就怎么样。父母允许孩子做任何事情，只要不会危及健康和生命。因此人们也称之为放任型（允许和容忍一切）的教育风格，其中包括不规定明确的界限，也不提出任何符合孩子当时的能力的行为要求。英国的萨默希尔学校一直采用放任型教育风格，其宗旨是最大限度地用自由挑战当时尚占主导地位的权威型教育风格。(Neill，1960）根据“自由学校这个革命性的榜样”的批评者的说法，学生有时会向老师提这样的问题：“今天我们还能做我们想做的事情吗?”

疏忽型父母。如果父母对待孩子的态度几近冷漠、毫无感情色彩，而且几乎不对子女提出任何要求或者凭心情提出要求，那么这就可以称为放任-冷漠型的教育风格。疏忽型父母要么断然拒绝孩子的要求，要么被日常的职业活动和私人生活的重担压得喘不过气来，以致没有时间和精力用来负责任地教育孩子。(Maccoby & Martin，1983)

教育风格对成长的影响。一般说来，教育方式对青少年的成长的影响最为持久。孩子在青春期之前耽误的东西，进入青春期后必须有巨大的付出才能得到有限的弥补。那么，教育行为属于上述某种风格的父母在他们的子女身上留下了哪些“痕迹”呢?

自信。权威型父母在教育方式方面以明确的规则为指导。因此往往知道孩子的愿望。他们就像司机一样，遵守明确的交通规则，因而时刻知道，在什么时候必须让他人先行，最高时速能开多少或者在什么地方可以超车。所有司机都必须遵守的明确的交通规则，是安全行驶的重要前提。如果司机们必须时刻估计其他司机在下一刻将怎么开，那么他们将会遇到怎样的危险呢?权威型父母给孩子以安全感，对孩子表示热心和支持；他们的孩子与疏忽型和权威型父母的子女相比，更愿意满足父母的期望。(Baumrind，1991；Franz et al.，1991)

自制。权威型父母虽然有明确的要求，但同时也会听取孩子的看法。因为这类父母关注孩子的特性，他们知道，他们必须要求孩子，尤其在青春期，日益增强自制力。年少的孩子在家庭中必须达到某些要求，但是权 (118)
威型父母还会进行这方面的努力，他们认为这不是专制的，而是必要的和有意义的，因而他们更加愿意给孩子以温暖和支持，哪怕是在出现代际冲突的时候。(Steinberg，1999) 以孩子为中心的父母在孩子上小学后仍在很大程度上加以控制，孩子进入青春期后，他们更懂得增强孩子的自制力。(Maccoby，1980) 父母努力理解孩子，由此形成的明确规则在通常情况下会使孩子下决心将这些规则视为自身的行为准则。

社会技巧。如上所述，权威型父母给孩子以温暖和尊重。这种父母和子女的关系的质量可能会使孩子很容易用同样的方式去对待同龄人，这在小学阶段就会表现出来，在青春期和成年后更为明显。(Baumrind，1991；Franz et al.，1991) 总之，这类父母的孩子往往深受喜爱，他们能够走近别人，往往能担当领导的任务。(Baumrind，1991) 相反，独裁型和疏忽型父母的孩子往往会养成某些不利于建立稳定社会关系的特性；他们很难控制自己的冲动，因为他们缺乏自制力，他们具有较强的攻击性并且情绪化，动辄就拳脚相加，因此往往被人看成是再不愿意看到的人。(Baumrind，1991)

古怪的行为方式。那些被父母忽视的孩子早在三岁时就往往表现出攻击性和对抗性，而且往往秉性难移，甚至到青春期时也不能做到自我克制。(Loeb et al.，1980) 这些孩子在青少年时期不愿意上学，同时往往会采取愤世嫉俗的行为方式。他们在学校和社会中的经历可能又使他们难以自己确立远大的目标。这种背景很可能成为他们滥用毒品的温床，他们往往不去上学或者不参加工作，由此可能成为触犯法律的人。(Lamborn et al.，1991；Kurdeck & Fine，1994) 青少年在家里感到不自在，他们就会较早地与那些往往会对他们的成长产生不良影响的同龄人拉帮结伙。

3.1.5 重新调整父母与子女的关系

权威型父母之所以首先对孩子的成长施加鼓励性影响，是因为他们以孩子为中心，只向孩子提那些他们有能力达到的要求。这类父母支持年轻人解决在青春期要面对的最重要的成长问题。青少年必须解决哪些成长问题才能在某种程度上脱离父母家庭？家里的哪些事情可以表明对自主的强烈追求？怎样鼓励这种对独立的追求？

(119) **独立的组成部分**。肯尼思与安娜·沙利文发现，“青春期的目的就在于一个近乎矛盾的问题：要提高自身对父母的独立性，同时又要维持与他们的感情联系与交流。”(Sullivan & Sullivan，1980) 青少年为了独立要实现与父母心理上的分离，就必须解决以下四个问题（Moore，1984，1987；Hoffman，1984）：

——功能上的独立：一个青年人实现了功能上的独立，他就应当能够解决自己的事情以及在父母的些微支持下，履行一个公民的其他责任；

——观点上的独立：一个青年人达到了观点上的独立，他就应当认识到，自己代表的是独立于父母的自己的观点和价值；

——情感上的独立：青年男女争取好成绩在很大程度上不再像小孩子那样是为了博得父母的赞许、认可和情感上的肯定，就说明他们已经获得情感上的独立；父母不再需要适时地提醒他们履行自己的责任，用不着再用赞许和认可的目光来回应子女的成功，因为青年人这时已经能独立地感受他们的成绩所带来的情感上的结果（喜悦、自豪或满足）。同时父母，尤其是母亲，和孩子，尤其是儿子，在取得功能上的独立后，能比较坦率地表达他们相互之间的情感爱好。（Sullivan & Sullivan，1980）女孩与男孩相比，在某种程度上比较容易接受父母的情感（Moore，1987）；

——内心矛盾的独立：让青年人做一些他们认为父母不会同意的事情，这时他们就会出现内心矛盾的独立，除非他们在这种情况下产生过度的恐惧或负罪感。

但是，如果儿女，尤其是在青春期早期，开始为自己要求更多的独立性，那么，家里实际会发生什么事情呢？会发生太多的矛盾和冲突。

父母和子女的冲突。在进入青春期早期后，子女将面临的成长问题是，从童年时期或多或少监护他们的人那里获得更多的独立。因此毫不奇怪，尤其在 12－15 岁的时候（Fend，1998），青少年与父母之间，特别是与母亲之间（Pinquart & Srugies，1999），发生冲突的频率会提高。青少年与父母之间的冲突每周平均至少发生一次。（Seiffge-Krenke & Shulman，1993）即使家庭冲突不是十分激烈（Hurrelmann，1990），冲突双方也需要保持足够的耐心，否则，特别是父母一方会降低对孩子的满意度，他们大多会觉得已经尽力了。（Collins，1997）玛娅·施托尔希也强调指出，父母需要为处于青春期早期的孩子作出巨大贡献，而作出这种贡献是尝试增强父母的承受能力，理由是，父母仅仅是“为了孩子的人格发育提供一面实验的镜子”。此外， (120)

父母应当考虑到，“这种实验通常总会有结束的时候”。(Storch, 1994)

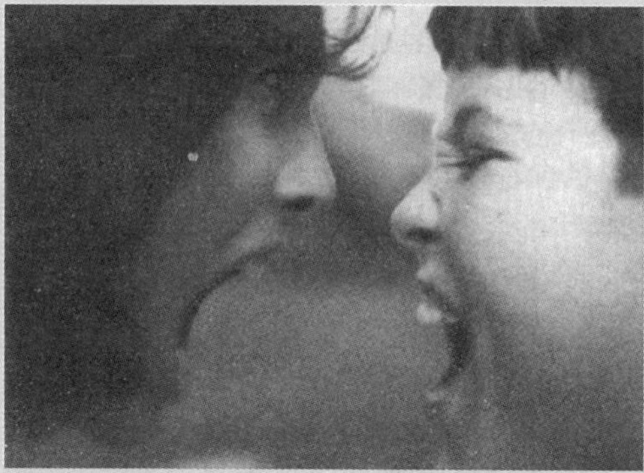

插图 3.3　特别是在孩子进入青春期早期的时候，父母和子女之间经常会因琐碎的事情而发生冲突。

实际上，家庭与青春期早期的子女发生的冲突既不会很严重，也不会持续很久。(Fend, 1998; Storch, 1994) 争吵都是为了一些比较琐碎的事情，比如青少年的外貌、择友、房间凌乱、适度承担家务的意愿；相反，在价值观和内心深处的信念问题上，很少发生争吵；几十年来家庭争吵的话题几乎没有发生变化。(Shellstudie, 1985)

父母和孩子的不同看法。尤蒂特·斯梅塔娜深入研究了父母和孩子在发生冲突时所说的话，并发现，他们之间的看法往往大相径庭。父母通常用道德的或者社会常规的眼光看待冲突，他们的信念是，他们有义务纠正孩子的举止和行为；因此他们努力不让孩子违反常规。而强烈追求独立的青少年认为，在父母试图伤害他的个人权利、试图影响他的决定时，必须捍卫自己的权利，反抗“经常”挑刺的父母。(Smetana, 1995; Yau & Smetana, 1996)

但是，十几岁的孩子会继续坚持他们的独立性。父母会逐步承认，他们原来低估了青春期孩子的认知能力。(Collins, 1997) 接着，父母不会再去尝试影响子女的个人事务。如果就 11 - 16 岁的青少年与父母可能发生争论的问题，比如晚上很晚回家，进行讨论，就可以看出，这一年龄段的权力对比发生了多么大的变化。儿子越大，他们对讨论产生的影响就越大，比如他们总是打断父母的话，与父亲或母亲相比有越来越多的话语权，同时也可以看出，父母与儿子的观点也越来越接近。（Jacob，1974）直到青春期后期，家庭中的权力斗争才会恢复正常。（Storch，1994；Furman & Buhrmester，1992）

许多父母肯定把经常与子女发生的、有时很激烈的争吵当成负担。然而，父母应该知道，这些冲突是家庭成员关系重组的一个正常过程。如果 (121)
孩子在进入青春期早期后从来不与父母产生意见分歧，那才是值得忧虑的呢，因为这可能意味着寻求身份的过程根本没有发生，或者过早地结束了。

3.1.6 寻找自我身份

依赖文化环境的身份危机

身份危机。争取独立仅仅是青少年的一个成长问题。另外，他们还要面对一个身份的问题："我是谁，我希望是谁？"青少年在找到一个对他有约束力的回答之前，就在经历埃利克·埃里克森所说的"身份危机"。（Erikson，1963）使用"危机"一词是为了提醒人们：青少年处于一种情感混乱、非常激动的状态；当然，这一年龄段的人遇到这样的情感非常状态是很少的。事实上，埃里克森也只是想用这一概念说明，青少年在无法回答自己所面临的当前和未来生活中的角色问题，并感到这是一种挑战时，心理上是不踏实、不舒服的。

在各种不同文化背景下寻求身份。生活在一个非常僵化、一成不变的社会中的人可以毫无困难地、清楚地、明确地回答关于他当前和未来生活的问题。比如，在一个传统的社会中，人们能够明确地回答一个孩子什么时候成人这个问题。而在许多原始民族里，青年人必须经历持续六至八周的所谓成人式，才能知道自己在部落里将要扮演的角色（Van Gennep，1986），同时熟悉部落的习俗和秘密。年轻人什么时候结婚、跟谁结婚，他将来要为部落的生活作什么贡献以及其他许多事情早就由部落的长者替他决定了。

插图 3.4　成人式为年轻人明确规定，什么时候他们该放弃孩子的角色、被部落看作成年人。他们的其他社会关系、他们要为部落的生活作什么贡献都由长者决定（例如科萨人）。

如果一个在欧洲国家生活的年轻人问别人，“我什么时候是成人?”那
(122) 么，他就会得到各种不同的回答；从父母那里得到的回答可能不同于老师，而老师的回答可能又不同于医生或同龄的朋友。就连青少年本身对于诸如什么时候结婚、应不应该结婚、该从事什么职业或者应该与父母同住多长时间这类问题的回答也是五花八门。（Coleman，1995）在一个非常传统的部落里能够清楚地回答的问题，在西方工业国家里可能会给年轻人造成很大的困惑。如果一个青少年分别问他的医生、老师、父母和社会工作者，他什么时候成人，那么，他一定会得到迥然不同的答案。（Coleman，1995）

启动自我体验

您心中考虑的更多的是个人的问题还是集体的问题？请看下面的选择题，请选择对还是错（Sigelis et al.，1995）：	对	错
1. 如果一个小组严重妨碍进步，那么最好离开它、独自工作。		

2. 我很看重我的私人空间。		
3. 当我陷入困境的时候，我相信我的亲人会帮助我。		
4. 如果让我做某件事，最好让我一个人去做。		
5. 对于一个儿子来说，子承父业是明智的。		
6. 长远来看，最可信赖的人是自己。		
7. 我想每天与邻居见面并与他们聊天。		
8. 我喜欢住在朋友家的附近。		
9. 一个家庭越大，麻烦就越多。		
10. 一个班级的成员组成讨论和学习小组，一定很好。		
11. 同事比我优秀，我内心会紧张并恼火。		
12. 在作出重要决定以前，与朋友讨论并听取他们的意见是有益的。		

第 1、2、4、6、9 和 11 个问题说明主要考虑个人；第 3、5、7、8、10 和 12 个问题主要考虑集体。您赞同哪几个问题，就可以判断您的基本立场是个人主义的，还是集体主义的。

一个青年人如果不是在德国，而是在一个亚洲国家，向年长者提出今 (123)
后的人生规划这个问题，那么，他势必又会得到不同的回答。欧洲的大多数文化，包括德国文化的特征是个人主义的，也就是说，欧洲人相信，成年人应以自己的能力和兴趣为取向，最终由自己决定自己的未来。相反，在以集体主义为取向的亚洲文化背景下，人们期望个人在与他人的关系中确定自己的身份（Kitayama & Markus，1995），因为个人利益必须服从集体利益：集体的幸福比个人的权利和义务更重要。因此亚洲人比较喜欢自我批评，而不太需要培养太强的自尊心。（S. H. Heine et al，1999）

在这两种文化背景下人们使用的格言就明确地表达了这种差异。比如，在以个人主义为取向的德国，人们遵循“先来后到”的原则，而在传统的、以集体主义为取向的文化背景下的日本，人们恪守“出头的椽子先烂”这个箴言。（Markus & Kitayama，1991）

因此，德国的青年人与亚洲或日本的青年人不同，他们必须经历很多的磨难，在很大程度上必须自己努力去回答关于自己的存在和命运的问题。在青春期晚期，特别是在准成人期的年轻人就应当最终独立决定：他还需要为今后的学习投入多少时间和精力，打算从事什么职业，在什么地方居住，是否寻找生活伴侣，是否打算结婚，如果打算结婚，那么什么时候结婚，与谁结婚；倾向什么样的政治和宗教观点，在性行为方面认为应当遵循哪些准则，等等。因此，在以个人主义为取向的文化背景下，青年人有非常多的选择可能性。对他们来说，必须澄清各种形形色色的问题，作出有约束力的决策，并将此当作挑战来应对，但是害怕或拖延决策也很可能使人更加困惑。

根据詹姆斯·玛西亚的观点在确定身份时加以区别。詹姆斯·玛西亚制作了一份调查问卷，能把青年人分为四种不同的类型（他把每种类型称为身份）。（Marcia，1980）他作出这种区别的依据是，一方面，看一个人能否积极地体验和了解各种不同状况下的自己，另一方面看他能否为自己和将来的人生道路作出有约束力的决策。下表能说明四种类型按照一种模式所作的整理：

表二：玛西亚所提出的四种类型取决于个人完成的调查和作出的有约束力的决策

	已进行调查	未进行调查
已作出决策	争取的身份延缓期	延缓期
未作出决策	承接的身份	不明确的身份

(124) **不明确的身份。**身份不明确的年轻人在外人看来是麻木不仁、无动于衷和漠不关心的。不管他们是否经历了危机，总之，他们显然没有想方设法去努力规划今后的人生道路，没有作出有朝一日从事或希望从事什么职业或个人信仰什么宗教的决策。

延缓期。处于这一时期的人正在经历身份危机，但是他们努力去创造各种条件，以便在某个时候能够作出决定。处于这个时期的青年人怀疑他们在儿童时期学到的许多东西：信仰、家庭的政治观点，等等，但苦于没有自己的观点和信念来取而代之。比如，人们这次见到他们时，他们狂热地拥护某种宗教和政治信仰，但下一次见到他们时，他们可能又会令人吃惊地说，他们再次批判自己的观点，并认定他们不可能再回到这些观点。

承接的身份。以承接的身份为特色的年轻人作出了有约束力的决策，事先不会经历身份危机或者相应的严重冲突，不加批判地接受了他人的，特别是父母的信念和观点。如果问承接身份的人的政治看法，他们也许会回答说，他们从未考虑过这个问题；如果问他们，为什么信仰天主教，他们可能会回答说，他们的父母信奉这一宗教，他们是在这种宗教生活中长大成人的。承接身份的人不愿意走确定自己身份的、无疑比较艰辛的道路。

争取的身份。已经取得身份的人站在一条道路的终点，而在它的起点曾经遇到危机。青年人为了克服这一危机大多作出了长期的努力，所以他们曾一度面对许多问题，他们虽然暂时找到了答案，但是不少人又会反复怀疑自己。他们之所以能够最终克服危机，是因为他们终于给自己下了一个明确的定义。凡是能够找到这种“成熟”身份的人，都是分析了别人的价值观、观点和信念，无疑由此而得到鼓励，但是最后不是不加批判地照单全收，而是找到了自己的、独立的答案。

身份与年龄。埃利克·埃里克森认为，身份危机发生在青春期早期，会在大多数青年人的青春期晚期结束。但是这种观点在验证中没有得到证实。菲利普·梅尔曼（Meilman，1979）研究了 12 – 24 岁的年轻人的身份后发现，身份的形成有一个清楚的顺序。大多数青年人在 12 – 18 岁时身份还不明确，要不就是承接了某种身份。大多数被调查的青年人在准成人期开始以前，通常不会早于 21 岁，都会进入延缓期或者争取到了身份。

但是绝不能因此而认为，寻求身份阶段在步入成人期后就结束了。一 (125)
生中每一个重大事件，不管是私人方面的（亲属的去世、离异），还是工作方面的（失业），都可能导致再次提出自我身份的问题（Waterman & Archer，1990）：我是谁？我出了什么事情？我应当成为什么样的人才能成功地重新塑造我本人？

3.2 成人期

说明从少年期到青春期的过渡比较容易，但谁也说不清楚步入成人期时具有哪些特征。芭芭拉·汉森·勒默认为，“成年期并不是以某个年龄开始的，这是在经济等方面相对独立于父母的一个阶段。”（Lemme，2001）这时，青年人还有许多事情要做：一个愿意为自己行为的后果负全责，已经找到自己的信念和价值观，并能把父母当作平等的成人对待的人才是一个成年人。（Arnett，1995）当然，还存在这样的可能性：一个16岁的人就已经满足了这些条件，但同样也存在这样的可能性：一个30岁的人还做不到这一点。然而，决定是否把一个青年人看作成年人，绝不能只依据客观存在的特征，而且还要取决于他是否感觉到自己是成年人。那么，应该怎样把握和理解青年人进入成人期后的发展？

3.2.1 成年期发展的若干基础

成人期的发展阶段。50年前或者更早以前，翻开一本书名中使用了“发展心理学”这一概念的教科书，只能了解到少年期和青春期的变化。“发展”这一概念在之前很长一段时间里被阐释为增长和成长。那时人们认为，在人生的前二十年，人的发展所追求的目标在青春期结束时就已经达到。之后，成年人停留——当然只是很短的时间——在这种很高的发展水平上，之后就开始衰老。人们是在衰减和损耗的意义上使用“衰老”这一概念的。法国前总统夏尔·戴高乐曾经说过，高龄的人“是一艘破败的船”。这种说法反映了过分强调老年人不断衰竭的一种时代精神。因此，以前进行老年人变化的研究，抽样调查的对象主要是患病的老年人，几乎没有“正常”的老年人。我们发现，将患病、残疾和陷入困境的比较年长的人普遍称为老年人（Butler，1988），没有区分年龄和疾病。

然而，撇开这种方法论的错误不谈，不能忽视的还有，在西方的文化中，轻视高龄老人是渊源流长的。因此直到今天询问一个成年人的年龄是
(126) 不礼貌的。而在亚洲，人们有完全不同的看法。比如，日本的老年人——虽然媒体报道大多比较夸张——总的来说比欧美许多国家的老年人更受重视。(Takada，1993）这个远东国家的人在庆祝60大寿时会穿上一件红马甲，象征年逾花甲，获得新生（Kimmel，1988）。

发展是增益和损益之比。今天，大多数心理学家都认为，发展是一个不仅涵盖成长和增益，而且涵盖损益的过程。(Baltes，1987；Baltes & Baltes，1998）当然，这两个方面对发展的影响在一生中不是同等强度的。插图 3.5 按照保罗·巴尔特斯的说法为人们设想增益和损益之比的变化提供了可能。

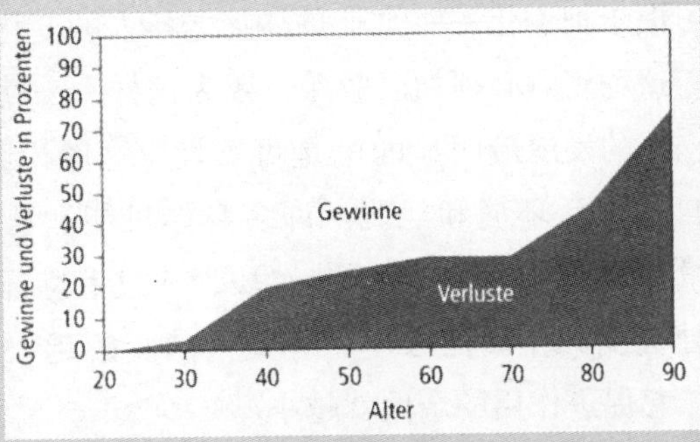

插图 3.5　在人的整个一生中的增益和损益之比：年龄越大，损益也越大，而增益越少。

从插图中可以看出，在人生早期，比如少年期和青春期也不是只有增益，比如说，胎儿大脑里的细胞就比在以后的人生中所使用的多。因此，在人生很早的时候就已经出现了大脑的损耗，一些没有与其他细胞建立联系的神经细胞会死亡。（Cowan，1979）同时，到了年龄比较大的时候仍会发生增益，这是常年累积经验或获得智慧的结果。

发展心理学家长期研究的一个问题是，增益或损益过程中发生的变化，可能的话，说明哪些变化是在生理的严格控制之下的，因而是不可避免的。

主要的和次要的衰老。将衰老这个概念区分为“重要的”和“次要的”衰老，应当归功于埃瓦尔德·布塞。（Busse，1969；1987）衰老的这两个性状是遗传—环境问题的另一种表达。（见第 62 页）主要的衰老是由遗传因素决定的、在年龄较大时发生的变化，这种变化由一个类似成熟过程的控制。相反，所谓次要的衰老是指整个环境对衰老过程产生的影响——取决于个人的生活习惯。实际上，这个过程只能理解为理论上的量，因为没有环境的影响就不能发展。当然，怎样提高高龄老人的生活质量这个问题，由于布塞的区分得到了许多有益的推动。比如，如果人们想知道，骨密度在年龄较大的时候是怎么变化的，我们在许多人的体检中发现，骨密度是逐渐降低的，而且这种现象在女性身上出现的时间早于男性。(见第 146 页及其下 1 页) 当然，骨密度的降低是遗传因素和环境因素共同作用的结果。因此解答下面这个问题就很有意思，即一个人通过改变营养方式或某种方式和强度的体育运动，是否能够减缓骨骼强度的降
(127) 低。(见第 147 页)

外行人习惯于把变化——尤其是高龄老年人的变化——完全归因于生物学的影响。这种观点必须加以驳斥，因为这样一来就擅自抹杀了环境的影响。相反，人的发展最明显的就是可塑性，这就说明，人是会变化的，这取决于各自的生活环境和经验。许多身体机能和认知能力，比如记忆力、肌肉力量、耐力，不管在哪个年龄段，通过锻炼都可以得到改善，尽管锻炼的好处会受到年龄的限制；一个人的年龄越大，在生物学上设定的、对变化能起促进作用的余地就越小。

成功地颐养天年。人类发展的可塑性原则上为提出成功地解决颐养天年这个问题提供了可能。问题的关键不仅涉及对目前生活的满足，而且涉及对未来的展望。如果一个人不再认为未来有人生价值，那么他就不可能设想成功地颐养天年。成功颐养天年的人会“一如既往地成长和学习，一如既往地利用以前积累的经验，顺利地应对眼前，并为未来的发展设定目标”。(Fisher，1993) 一项对几十年人生的纵向研究表明，那些最健康、最满意和最幸福的老人具有下列特征：

——乐观主义：他们兴趣盎然、满怀信心地面对未来；

——感激和宽容：他们专注于生活中的大事；

——移情能力（移情）：他们体谅别人的感受，设身处地地为别人着想；

——与他人的社会交往：他们寻求与他人的联系，能够给予和获得社会支持。(Vaillant，2002)

运用某些策略也是成功地颐养天年所不可或缺的。

互通有无，达到优化选择。衰老完全是一个持续衰退的过程，这种从前非常一致的看法在今天已经几乎没有拥护者，因为损益同时会得到增益的平衡。保尔·巴尔特斯把成功地适应认知衰老描述为成功地颐养天年。(Baltes，1987) 这是一个尽可能少地付出认知努力的过程，而同时养成平

衡（补偿）的能力，以平衡产生的损益。老年人努力专注于那些他们在生活中已经成为行家的领域。

例 子

1903 年生于乌克兰的钢琴家弗拉基米尔·霍洛维茨在 1989 年时——他去世前几个月——极为完美地演奏了海顿、李斯特、肖邦等人的作品，以致两年后他的音乐会录音还获得了众人渴求的格莱美奖。他在最后一张唱片录制完成后四天去世，离他早已签约的在德国举办的两场音乐会还有一个月。（Schonberg，1992）一位 85 岁的老人怎么还能取得这么杰出的成就？身体日益衰减的霍洛维茨成功地为他日益衰减的精细运动技巧找到了补偿，因为他只挑选那些在技术方面要求较低的曲目。他总是弹奏得缓慢一些，而且越来越重视对乐曲的阐释。 (128)

插图 3.6　钢琴家弗拉基米尔·霍洛维茨在他去世前几天还能极其完美地完成钢琴演奏，音乐会门票销售一空。为了弥补日益衰退的精细运动技巧，他运用了一些策略。

古典音乐作曲家去世前不久也会发生某些变化。他们在暮年创作的作品相对短小而且克制，结构也比以前的作品简单，但是由于其特殊的美，这些最后的创作往往成为音乐史上经典的保留曲目。(Simonton，1989) 迪恩·基思·西蒙顿解释说：“人生的最后阶段可以成为而且往往就是创造力惊人的阶段。”(Simonton，1991)

减缓认知衰退过程的策略。提摩西·萨尔特豪斯也提出了类似的观点。(Salthouse，1991) 他描述了老年人的三种不同策略，借助这些策略他们多少可以阻挡认知能力的衰退。

——调节。老年人不要从事那些要求他们达到认知能力或体能极限的活动，而从事那些可以发挥他们的丰富经验的活动，萨尔特豪斯称这种做法为调节。比如，年老的运动员可以做年轻运动员的教练。其他在经济生活中曾身居高位的人，可以充当顾问，继续发挥余热。在这里，值得一提的是所谓的祖父母看护项目。人们要求已经七八十岁的老人去照顾那些特别需要关照的孩子。对已经年迈的看护妈妈或看护爸爸的调查显示，他们在认知能力，尤其在记忆力方面胜过那些没有承担照顾任务的人。那些承担过照顾任务的老年人认为，重要的是，由此积累的经验可以影响需要帮
(129) 助的孩子的人生，让他们保持积极性，同时还能以这种方式体验自身的价值：“感觉还是有人需要的。”(Fischer，1995) 老年人愿意而且能够承担责任重大的任务的时间越长，总的来说就越有可能改善他们的生活质量，他们认知能力衰退的几率就越小。(Hultsch et al.，1999) 老年人应该尽可能多做那些他们认为有意义的工作；相反，如果他们只做一些“消磨时光”的事情，那么他们就会越来越不满意，结果健康也会受到损害。(Everard，1999)

——补偿。老年人之所以能够将自己的能力保持在较高水平上，是因为他们完成了补偿。比如，经验丰富的中年秘书为了弥补越来越慢的反应速度，设法比年轻同事阅读更长的需要抄录的文字。这样他们就有更多的时间用来敲击键盘。(Salthouse，1984) 人们只要经常使用诸如便条等外在的记事和提醒手段，就能弥补由于年龄增长而日益衰退的记忆力。

——干预。干预就是尝试通过专门的训练使认知能力恢复到以前某个时期的水平。做法类似于在那些由于大脑受伤而说话困难、必须重新学习

像从前那样说话的病人身上使用的治疗措施。老年人即使明显不能恢复以前的能力，通过附加的训练总会有所裨益。

应该注意的是，老年人不要过早地依赖他人，而是要坚持尽可能地自己决定自己的生活方式。这一点算是对上述萨尔特豪斯的策略的补充。

——保持一种具有高度控制能力的主观印象。埃伦·兰格和朱迪思·罗丁早在几十年前就已经发现，如果委托养老院的老人做一些小事情，让他们自己负责，并让他们自己决定怎么做，那么他们的精神会更兴奋，感觉更幸福，与他人的接触更多。比如，让他们有机会根据自己的喜好摆放房间里的家具，照料盆栽花卉或者自己选择看电影的时间。（Langer & Rodin，1976）这样，老年人就会感到应当对日常生活保持某种控制。当然，选择的可能性也不能太多，否则就会出现巴里·施瓦茨所说的“自由的暴君”（Schwartz，2000）：如果一个人必须从30种可能性中选择一种，那么他对自己的选择就不会感到满意，相反，只让他从三种可能性中选择一种，他反而会感到满意。（Iyengar & Lepper，1999；2000）

如果人们主观上认为，由于生活状况的改变失去了对自己生活的控制，那么可能会出现可怕的后果。首先，老年人如果突然遇到经济困难，那么他们将会对生活越来越不满意，甚至会意志消沉。（N. Krause et al.，1991）

因此，一个人的行为举止，特别是到了晚年会发生多大变化，完全取 (130)
决于个人及其生活方式。凡是保持积极心态并继续接受新的挑战的人，虽然不能完全抵御能力的衰退，但是至少能延缓功能逐渐衰退的进程或者得到补偿。因此，对待成年人不能像对待年轻人那样，根据年龄划一地区分各种变化。

历史、文化和社会背景下的发展。如果研究孩子在人生头几个月的发育，比如运动机能的发育（见第59页），那么，可以很好地按时间区分各种变化。一个人年龄越大，他的发展情况就越取决于他的特殊的环境和特殊的生活方式。由于这种原因，成年期的许多变化不能像年轻时那样简单地按照年龄来区分。这种看法首先得到了讲究背景的心理学家的赞同；他们指出，一个人所处的环境（“背景”）在很大程度上决定着他的发展，甚至使他越来越有别于其他同时出生的人。保尔·巴尔特斯在1979年区分了对人一生发展的三种影响：标准与年龄相关的影响、标准与历史相关的影

响和非标准的影响。(Baltes et al. , 1980)

标准与年龄相关的影响。标准与年龄相关的影响一方面是指那些普遍的变化，也就是说几乎在同龄人身上都能观察到的变化，因为这些变化在很大程度上显然受遗传因素的支配。比如，九岁的女孩或十一岁的男孩大多会出现性成熟的迹象；所有女性在五十岁前后几乎都会停经（源自两个希腊词汇，意为月和止），也就是今后再没有月经了。但是，前面（见第64页）已经说过，遗传对发育从来不产生直接的影响，而是与环境一起对发育产生影响。只有这样才能解释，在过去一百年中，为什么性成熟的年龄越来越早。1840年，女孩子的初潮到17岁时才出现，而现在的女孩在14周岁生日时，也就是说在12－13岁时大多就会出现初潮。（Kluge，1998；Malina，1979）人类皮肤的发育是另一个例子，可以说明遗传和环境的共同影响。

例　子

18－50岁的人，皮肤的“年轻化”大多是有一定的时间顺序的，旧的皮肤细胞大约在20天后脱落，被新的细胞所替代。到了50岁后这一过程就会日益缓慢，旧的细胞在25天后才能为新的细胞所替代；60岁以后，这一代谢过程要持续31天，70岁以后甚至要达到37天。尽管这一标准值是通过大量调查得出的，但是不能一概而论地从年龄推断皮肤的特性，因为衰老的生物学过程在一定条
(131) 件下会加速。也就是说，太阳的紫外线会影响在细胞核中进行的、调节细胞代谢的过程。一个人如果经常不加保护地在太阳下暴晒，皮肤就可能在比较年轻的时候就出现皱纹，显得干燥和枯黄。由于有些人比其他人更注意保护和护理皮肤，所以他们的皮肤特性明显有别于同龄人（遗传方面的差别可能只起很小的作用）是毫不奇怪的。在一项研究中发现，一位最老的测试对象的皮肤代谢的速度非常快，几乎像大多数二三十岁的人一样。在同一项研究中，有这样一个人，他只有20岁，他的皮肤却像通常50岁的人。(Kligman et al. , 1995)

插图 3.7 一个人如果经常不加保护地在太阳下暴晒，皮肤就可能在比较年轻的时候就出现皱纹，显得干燥和枯黄。（图为格蕾丝·凯利和加里·格兰特在阿尔弗雷德·希区柯克导演的电影《在尼斯的屋顶上》中沐日光浴的情景，美国 1955 年版）

另一方面，标准与年龄相关的影响可能是社会标准化的结果；它们是社会协议的结果。大约在一百年前，社会规定的标准年龄在一个成人的生活中还起着相当大的作用。尤其是妇女，她们最晚在什么年龄结束教育，什么时候必须结婚，什么时候生第一个孩子，从社会的角度看，在很大程度上都有规定。那么，这些年龄标准在今天仍然起作用吗？研究社会学的专家指出，工业国家的居民近来越来越明显地倾向于自己决定举行人生大事的时间，一般说来他们都能自己支配。（Neugarten，1980）男人和女人可以在成年早期结婚，同样也可以在成年中期或晚期结婚。女人可以在 18 岁，同样也可以在 30 岁或 40 岁时生第一个孩子。许多人想在 18 - 23 岁之间开始到大学学习，但是越来越多的“老年人”选择在离开忙碌的职业生涯后再进行深造。这样，像结婚、为人父母、离婚、退休等事件正在成为非标准的事件（见下文）。由于这个原因，同龄的成年人在一生中的差别越来越大。人与人之间不断扩大的差别也可以按照其他分类来解释，这一点下面再谈。

标准与历史相关的影响。所谓标准与历史相关的影响是指在特定的历史时期特有的事件或生活状况。比如，在某个特定的时期内发生了饥荒、 (132)

时疫和战争，经济萧条时期与经济繁荣的历史阶段交替出现。技术的进步，比如，汽车和电视的广泛普及也可能改变人们的生活方式。在特定生活条件下成长的人可能与晚一些或早一些出生、经历了取决于历史的事件的人不一样。我们把这种现象称为群体效应。社会科学家把群体理解为所有在一个短时期内出生的、因而共同体验过某些人生大事和生活条件的人。有些人，尤其在青年时期见证过战争和贫穷的人，在价值观、看法和能力方面可能有别于那些在福利社会成长的人。

非标准的影响。每个人在生活中都会积累很大程度上由自己的唯一性和个体性决定的经验。这种影响与年龄只有很少的关系，甚至没有关系，而且也不是所有人都会遇到的。它们可能伴随着正面的经历（出乎意料的升职、获得重要的嘉奖或者中彩票头奖），也可能伴随着负面的经历（比如患重病）。这些都是“重大的”人生事件，往往会引起一个人生活状况的变化（Horlacher，2000；Weber，2000），从而要求一个人重新适应变化了的条件。在一场严重的事故中截瘫的人就会面临一个“重大”问题，即在身体严重受损后完全重新安排自己的生活。

适时的和不适时的人生大事。如果说非标准的事件或重大的人生事件是不能预测的，那么，就可以推测，发展心理学家根本就不会关心这些事件发生的时间。然而这种说法是不正确的，因为这些事件发生频率上绝不是均等地分布于人生的各个阶段。比如，生病和死亡事件在成年期很少发生，更多的是发生在人生的晚年。离婚和结婚的事情也是如此，主要出现在成年期，到了六七十岁就很少出现。如果一件人生大事在一个时间段频繁发生，比如离婚事件都发生在成年期前半段，伯尼斯·纽加顿就称之为“适时的事件”。（Neugarten，1979）如果一对夫妻在老年时期还长期分居，那就是“不适时的”事件，因为离婚在老年时期是比较鲜见的。

一件事是适时地还是不适时地发生，纽加顿认为很重要，因为根据观察，处理的可能性是不同的。不适时地发生的事情很难处理，因为它们很少发生，因而给人一种猝不及防的感觉。相反，如果一件人生大事适时地发生，那么，同龄的朋友或熟人可能已经经历过这种事，他们更可以为当事人提供帮助和支持，可以帮助处理这件事，并且为顺利适应改变后的生活状况提供良好的前提。

(133) 虽然在人的一生中有些事情的发生是不可预测的，虽然（特别是）成年人越来越独立地决定他们人生中的大事，但是心理学家仍在寻找共相，即那些与环境条件不相关的变化。下面几节将介绍这方面的事情。

3.2.2 所选择的领域的发展

许多人记得，有人曾问过他们这样的问题：将来想做什么，将来不想做什么？这个问题令人困扰，因为它似乎是矛盾的。事实上，一个人活着都希望不要早逝，而希望长寿。但是同时，人们又给老年人的生活打上非常负面的标记，相关的调查往往都得出这样的结论：老年人遭受疾病的折磨，有时必须忍受感觉器官的明显退化，智力上远远落后于年轻人，而且记忆力也大不如以前。这些特征对于大多数老年人来说真的是贴切的吗？一个六七十的人的前景真的这么暗淡，以致他们的生活质量差得不值一提吗？

早期研究对老年人衰退的夸张。有人认为，老年人的生活与智力和身体上的衰退密切相关，这种看法不仅广泛存在于民间，而且过去也曾得到相关研究的证实。比如，1933 年一项关于青年人和成年人智力的研究就得出了这样的结果。（Jones & Conrad，1933）当时人们发现，20 岁的人得到的测试分值最高。因此人们以为智力是缓慢地、但不断地下降的。绝大多数研究的对象主要是那些在某个方面不太方便，从而需要帮助的老年人。然而，只要集中研究那些一开始就有残障的人就会发现，老年人大多被描述为虚弱的、贫苦的、不幸的和无能的人。（Sherman，1993）

强调长处和增益的可能性。有些研究对琼斯和康拉德的研究成果作了批判性的检验，证实智力发育并非很早就能达到顶点，更确切地说他们指出，有些人甚至在高龄的时候仍然具有很强的智力。（Schaie，1974；1995）如果给 65 – 95 岁之间的人提供解决相应问题的策略，那么，他们的空间和逻辑思维能力仍然能够提高。（Saczynski et al.，2002）在身体发育方面也表明，成年人的保持绩效能力的时间比原来设想的更长。由于这种原因，许多心理学家在此期间不再探寻成年期会发生哪些衰退过程，更确切地说，他们试图证明，成年人在他的生活中能保持许多长处，甚至一如既往的具有增益的可能性。（Cohen，1993）下面介绍他们在智力和身体方面的研究成果。

(134) **智力能力的发育**。人的智力具有哪些特征，将在其他地方作详细介绍，所以这里首先只谈结论：智力一方面能使人适应环境，另一方面能使环境满足人的需要。许多人直到老年时期仍能利用智力的这种适应功能。当然，正如已经指出的那样，如果把智力区分为雷蒙德·卡特尔称为一般智力的次要因素的“流体”智力和“晶体”智力（Cattell，1971），那么，不仅存在增益，也存在损益。

流体智力及其发育。所谓流体智力就是处理信息的基本能力。一个人是否能够迅速而抽象地思维，怎样解答逻辑问题，都取决于流体智力；流体智力完全是由工作记忆的过程决定的。（见第 270 页）在典型的智力测试中是通过类比题（比如医生对病人，律师对什么人?）或者完成数字序列（如 2 –5 –12 –27 –?）来测试的。插图 3.8 展示的是一个人在一生中的流体智力的变化。

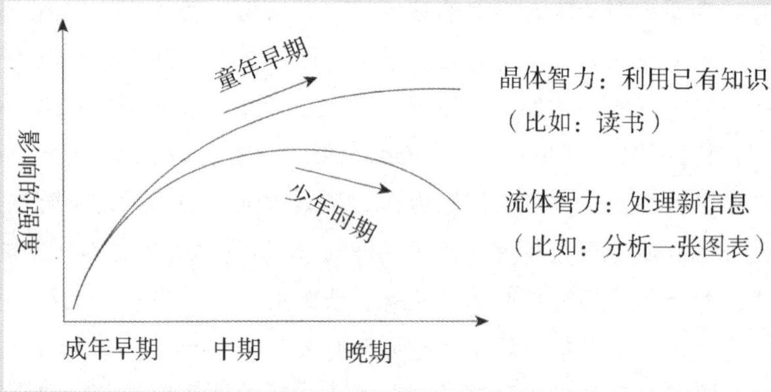

插图 3.8　流体智力和晶体智力在一生中的变化。流体智力在中年之初就开始减弱，而晶体智力直到老年还在增强。

如插图 3.8 所示，流体智力在成年早期结束后就已经达到最高值。（Horn & Cattell，1967）流体智力从此是否会减弱，还有争议。克里斯托弗·赫尔佐格和沃纳·夏埃的一项研究结果表明，流体智力在一段时间内可以保持不变，比如 50 多岁 – 70 多岁，这完全取决于个人的特质。（Herzog & Schaie，1988）流体智力在晚年的减弱因为特殊脑细胞的减少。

(Cockburn & Smith，1991）借助专业方法（即 PET 扫描）可以研究大脑各部分的活动。这样就可以发现，老年人前额大脑各部分的活动明显减少，而大脑皮层的其他部分继续保持不变。(Grady et al.，1995；West，1996)活动减少的那部分大脑负责工作记忆（见第 270 页）和解答某些智力题，从这部分大脑可以判断流体智力。其他智力直到晚年几乎不受影响。

晶体智力及其发育。晶体智力以知识为基础，这些知识来自经验并在 (135)
很大程度上反映一个人的受教育程度。在智力测试中，通过解答以一般性知识和词汇理解为内容的问题可以测试这种能力。借助于晶体智力可以回答日常生活中的许多问题，比如支配每月的收入，在超市中找到需要的商品，在收款处交钱和使用公共交通工具。在流体智力通常已经减弱时，晶体智力的能力仍能保持很长时间（McArdle et al.，2002)，甚至在整个成年期还有所增强。(Schaie，1993；Sinnott，1994)

智力的一个重要组成部分——特别是晶体智力——是记忆。如果没有早已存储的，遇到问题可以迅速而安全地使用的知识，那么，一个人就不可能处乱不惊。晶体智力在成年期多少也有细微的衰退，这似乎与老年人经常挂在嘴边的抱怨——记忆力越来越成问题——相矛盾。如果真的像这些人所说的，记忆力衰退了，那么，他们在中年时处理日常问题的能力不早就受到严重影响了吗?

记忆力的培养。人在记忆中保存那些目前已经获得的关于自己、他人和环境的知识。如果没有这种能够记住之前学到的东西的能力，一个成年人就等同于一个无助的新生儿。一个人失去记忆也会失去自己的身份。(见第 121 页）因此，人们非常担心晚年记忆力会严重下降，甚至出现病态的下降。这种对晚年会失去记忆的恐惧广泛流传。威廉·莎士比亚在喜剧《皆大欢喜》中也借用贵族雅克的口谈及了人生的最后阶段："以这段古怪的多事的历史而告终的最后一幕，是童年的再现，全然遗忘……"大多数人在到达成年晚期时记忆力一定会明显衰退吗？他们随着年龄的增长真的越来越难以记住新事物、不能再次想起以前经历过的事情吗?

处理、存储和提取的区分。当人们想从记忆中提取一些他们之前从未记忆过的内容时，也会经常抱怨记忆力不好。要更好地理解记忆力，就必须区分三个基本过程。这三个过程可以用一个比喻加以说明。如果在办公室里想把一份档案归档，那就必须首先决定将它放入哪一个文件夹。"书面意向书”不能与“账单”放入同一个文件夹。因此，在归档之前首先要作出决定，将一份文件放入哪个文件夹。这个过程叫作“处理”。将文件贴上特定的标签归档之后，就具备了把文件夹放回书架的前提，此后这份文件将与其他文件一起被保存或“存储”在这里。以后再需要这个文件
(136) 时，就可以在相应的文件夹里寻找；记忆心理学中将最后一个步骤称为“提取”。如果没有将一份书面凭证归档或放“错”了文件夹（放入了存储其他文件的文件夹），或者虽然归档正确，但是在翻阅文件夹里的所有文件时粗心大意，那么，这份书面凭证就找不到了，或花了很大力气才找到或提取。人们徒劳地搜肠刮肚，或费了很大劲才能想起某件事，他们的这种困难同样可以用处理、存储或提取信息过程中的错误来解释。（Zacks et al.，2000）

老年人在处理、存储和提取信息过程中的困难。为新的信息贴上一个合适的“标签”，对于老年人来说要比年轻人困难得多。他们在本能上不愿意比如按字母顺序整理学习材料或创建“备忘记号”。（Craik & Jennings，1992）如果让老年人回答一个比较复杂的问题，那么，与年轻人相比，尤其处于劣势。

比如，如果给老年人提出这样一个问题，即复述的一组数字（2－8－4－6－3－9－7－5），那么，他们在复述时并不会比年轻人出更多的错。但是，如果另外要求他们倒着复述这组数字，那么，他们就会明显落后（Craik & Jennings，1992），他们也许不具有年轻人那样的处理能力。（Zacks et al.，2000）

在存储过程中很可能记忆内容非常模糊，以致再也找不到。（Giambra & Arenberg，1993）在提取信息的过程中，高龄老人自发回答常识方面的问题（比如，爱尔兰的首都叫什么？谁是第一位联邦德国总统）比较困难。但是，给他们提示几个选择答案，让他们选择一个正确答案时，他们的记忆力可以与年轻人一决高低。（Lovelace，1990）那么，他们真的感觉到或主观想象到时间的压力时，他们会作出什么反应呢？

在真的感觉到或主观想象到时间压力时的记忆能力。年轻人大多能毫不费劲地比较迅速地想起记忆的内容。在智力测试中通常都有时间规定，必须在规定的时间内完成答题。成年人岁数越大，他的记忆力在答题是受时间压力的影响就越大。相反，如果让老年人有机会“平静地”

答题，那么，他们的记忆能力又会与年轻人不相上下。当然，即使有充足的时间，年轻人的记忆力还是优于老年人。（Arenberg & Robertson-Tchabo，1977）

但是，时间限制并不一定是由外部设定的。如果老年人参加相对轻松的聊天并且发现，他们不能迅速地，而是要花好长时间才能想起要找的概念，那么，他们就会激动，这又会额外增加他们从记忆中提取内容的困难。如果给老年人一片镇静剂，（137）缓解他们内心的激动，同时减轻他们的恐惧，那么，他们的记忆力会明显改善。（Eisdorfer et al.，1970）

没有动力学习看似没有意义的内容。在学习班上经常会介绍一些学员不会很快觉得有意义的内容。记住这些内容需要额外的努力。参加这种班的年轻人也许能记住这些没有意义的内容，但是老年人大多没有动力去记忆这些内容。他们不愿意为那些他们认为没有用处的内容耗费精力。他们像阿尔伯特·爱因斯坦一样，在回答一英里等于多少英尺的问题时说，“我不知道。我两分钟内就能在任意一本工具书中查到答案，为什么要浪费精力来记这些东西？”（Papalia et al.，2002）

认知变化的生物学基础

老年人大脑重量的减少和脑细胞的损失。如果人们相信，衰老在很大程度上与认知能力的衰退有关（见第125页），那么，就会专注从人的大脑中发现相应的变化。在确定了老人死去后的大脑重量以后，人们以为已经发现：这个器官在70岁时已失去总重量的5%，80岁时，损失已达10%，十年后甚至会达到20%。（Wisniewski & Terry，1976）脑细胞（神经元）的损失，尤其是大脑皮层的，即负责高级认知过程的那部分大脑的损失，似乎可以令人信服地说明老年人能力的衰退。（Ivy et al.，1992）

细胞死亡可能有生理学上的原因，因为可以预计，老年人的大脑供血（血液为细胞提供氧气、营养和其他极其重要的物质）越来越差。（Ivy et al.，1992）然而，人与人之间有很大的差别；有些人活到80岁，甚至90岁，而脑细胞没有多大的损失。怎样解释这样的差别呢？格温·艾维和他的同事认为，一个人脑细胞损失的量还取决于他的精神状态。（Ivy et al.，

1992）如果他在选择职业时总是毫无要求，那么，就可能引起脑细胞活力的衰退，而脑细胞活力的衰退又会导致血液流入减少，因为没有活力的细胞不需要太多的营养和氧气等。至于怎样增强老年人的大脑活力，下面再谈（见第139页及其下1页），这里首先介绍另外几种基本联系。

高龄老人的脑细胞虽然会死亡，但也不一定出现能力的衰退。必须仔细观察大脑的组成部分及其细胞，才能更好地理解生物学和认知变化之间的联系。

神经元是神经系统的基石。神经系统的基石是细胞，也叫神经元，在人体中有数以亿计的细胞（仅在大脑中就有1 000亿个）。（Williams & Herrup，1988）一个神经元就是一个专业化的细胞，它与其他神经元交换
(138) 信息，最终把命令传递给肌肉和腺体。一个神经元由三部分组成，如插图3.9所示。

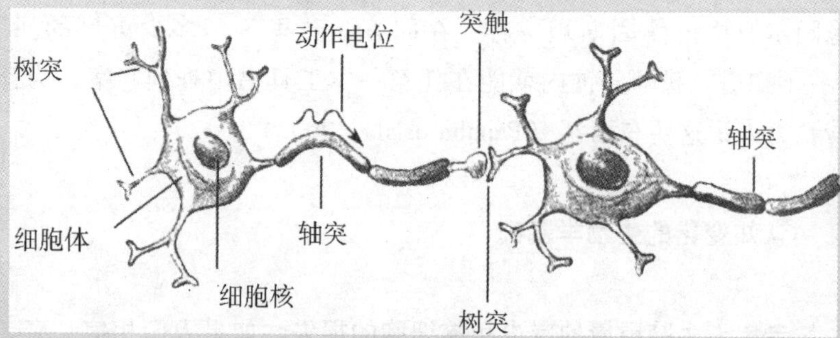

插图3.9　通过突触连接在一起的两个神经元示意图。

每个细胞都有一个细胞核，它以化学形式包含每个个体的结构。树突（源于希腊语dentron，意为“树”）是一些分叉的突起，它们从其他神经元接收信息并传达给细胞。一个神经元的信息通过一条细长的神经纤维来传递到另一个神经元，人们称之为主突或轴突；这些神经纤维在末端分叉并且有小块的末梢结。当信息——可能是作为动作电位，通过轴突传导并最终到达末梢结时，必须随之向另一个神经元传递。这个由一个充满液体的缝隙组成的传递点叫作突触。也就是说，一个神经元的信息由轴突传到树突或者直接传到另一个神经元的细胞体。突触是一把钥匙，可以帮助人们理解人在认知过程，归根结底在行为方面的巨大区别。神经系统拥有的

突触越多，交换信息或处理信息的能力就越强。突触的数量又取决于用于信息交换的轴突和树突的数量。

人的大脑的可塑性。每个人在一生中都会损失脑细胞，不仅在高龄时期，而且在生命之初就会损失。（见第 126 页）但是，这种损失肯定不会影响认知功能，因为当大脑失去几个神经元时，之前这些死去的细胞所执行的功能一般会由其他神经元来接管。如果神经细胞死亡，周边存活的细胞大多能长出新的树突和轴突，以重新弥补生成的空缺。（Coleman & Flood，1986）这样，现有的突触和与其他神经元的连接的数目就会增加。（Selkoe，1992）而且能生成新的细胞。乌尔里希·伯格丹和他的研究小组让年轻人学习直观的运动项目：杂要球。（Draganski et al.，2004）事实证明，大脑皮层的两个细胞区域由于这种训练而得到明显拓展，这种训练结束三个月后可以发现，这种物质的量又变小了，不过，没有缩回到训练之前的量。传统观点认为，脑细胞在成年期不再增加，这种观点可能与这一 (139)
研究的成果明显相悖。大脑弥补损失和适应新要求的能力叫作可塑性。大脑只有遇到严重损伤，比如创伤或重击，才可能造成认知方面的亏空，这种亏空只有花大力气才能弥补，甚至再也无法弥补。

保持大脑尽可能高的可塑性。如果老年人保持良好心态，也就是说总能为自己创造在认知方面有所要求的环境，那么脑细胞的供血可能因为较高的需求而比较充足，可以防止神经元的死亡。甚至视频游戏也能帮助七八十岁的老人保持认知方面的能力。（Goldstein et al.，1997）几项动物实验的重要研究也证明，脑细胞的死亡还取决于刺激的程度。那些在实验室里虽然吃得很好，但很无聊的老鼠脑细胞死亡很多，因为它们的一生是在缺乏刺激的笼子里度过的。（Black et al.，1987）

人们首先不能低估定期的有氧锻炼对于保持健康的大脑和快速信息处理的意义。（Woodruff-Pak，1993）如果老年人定期活动身体，那他们的反应速度不会差于年轻的大学生。定期进行体育锻炼，至少能减缓常见的老年人处理信息变慢的速度。（Bashore & Goddard，1993）信息框 3.2 建议养成良好的生活方式，为健康而善始而终创造机会。

信息框3.2

为了健康长寿，需要怎么做？众所周知，一个人的寿命取决于遗传因素，但与此同时，一个人能活多久，他在晚年能享有怎样的健康，在一定程度上也取决于他的生活方式和信念。按照生物学的规定，每个人一帆风顺地度过晚年，这是绝对不正确的。有些人90多岁了，还比其他晚出生20年的人更健康和活跃。（Baltes & Mayer，2001）有些老年学研究人员估计，高龄时期的衰退只有30%是基因造成的，剩下的70%是由个人的生活方式以及心理因素造成的。（Rowe & Kahn，1998）

只要重视下面的联系，就能为老年人的健康和长寿创造一个良好的前提：

——不要久坐不起，而要定期进行体育运动。定期进行体育活动不仅能促进心脏的血液循环，而且能强健骨骼和肌肉，减少身体的脂肪含量；

(140) ——健康的饮食优先。膳食应低热量，高营养。因此建议多吃新鲜蔬菜和水果。餐桌上应定期摆上牛奶和奶制品以及全麦产品。膳食中应尽量少含动物性脂肪。（Arens-Azevedo & Behr-Völzer，2002；Volkert，2002）

——不要有压力。只有很少人能够在一个没有压力的环境中成长，但是我们可以想方设法减少日常生活中的压力。压力会影响免疫系统。（见第147页及其下几页）压力重重的人往往成为传染的牺牲品。（Cohen，1996）

——彻底戒烟。吸烟与呼吸系统疾病（肺癌）的关系已经得到证实。在所有癌症中，肺癌是致人死亡最多的祸首。（Stamatiadis-Smidt & Zur Hausen，1998）

——坦诚面对信仰问题。首先在最近一段时间有许多证据证明，有宗教信仰的人（不管信仰哪一种宗教）与没有宗教信仰的人相比，总的来说更幸福、更健康，也更长寿。信仰显然给他们希望，给他们指明了人生的意义。信仰显然对免疫系统产生影响，反过来又对健康产生促进作用。（见第 149 页及其下 1 页）这样也就有了对抗疾病，甚至对抗艾滋病和癌症的盾牌。（Harrer，2001；Plante，2001；Koenig & Harvey，2002）

许多人大约在进入中年时才注意到，认知能力会下降，生病是可能的，死亡是可预见的、具体的结果。下面将详细探讨尤其是在这一年龄段的许多人所考虑的问题。

3.2.3 人到中年

年轻人在青年时期就知道——因为他的家人经常告诉他——，他“前面的路还很长”。从统计学的观点看，青年人确实有很好的人生预期。相反，罗伯特·巴特勒描述说，年纪大一些的人们都喜欢“回顾人生”（Butler 1963；1968），是为了赋予自己的人生一种全新的、以一个人的身份为基础的意义。（Ernst，2002）问题在于，从乐观展望到回顾这种时间观的转折发生在发展过程中的那个时间段。

一个人不仅能乐观地展望看似美好的未来，而且能回顾性地总结到目前为止的人生作为，需要哪些条件？时机不是以年龄来衡量的，因为人与人之间有很大的差别；但是，作为人到中年所遇到的时机促使许多人作出某种人生总结。从中会像很多人断言的那样产生所谓的中年危机吗？

例 子 (141)

人到了一定的年纪就会回顾从出生以来所度过的时光，而到了中年的某个时候就只会看到生命结束前还剩下的时间。伯尼斯·纽加顿采访了许多中年人。有些受访者还主动谈到他们改变了的时间观，他们说：“在 35 岁之前，我轻松地面对未来。由于还有足够的时间去做各种事情，欣赏各种东西，完成各种计划…… 而现在我经常问自己，我还有足够的时间去完成我喜欢做的事情吗？”（Neugarten，1979）

人到中年：人生的高潮还是终点的开端。中年期大约从 40 岁开始，60

岁或65岁结束，虽然很难说明这一人生阶段的明确界限。一个女人在42岁时生下一个孩子，她会把自己看作中年人吗？一个男人在56岁时由于健康的原因不得不提前告别忙碌的职业活动，他还算是中年人吗？这一人生阶段是人生的高潮，还是牢骚满腹、问题成堆的一段时间，对于这个问题没有普遍有效的答案，因为它取决于个人的命运。毫无疑问，人到中年，许多人感觉自己在私人生活和职业活动中都达到了人生的目标。大多已为人父母，抚养孩子的任务已经完成，他们可以再一次感到独立自主，除非他们需要照顾自己的父母。如果调查在政治界、管理层和经济活动中的领导人的年龄，就能发现，他们大多是在40岁和60岁之间。人生中再也没有一个年龄段适合担任这么高的领导职位。当然，还可以从另外一方面来评价这一人生阶段。许多人认为，他们属于年轻人的时间不长了，即使他们可能还感觉自己“年轻”。然而，他们的身体已经告诉他们，衰老的过程开始虽然很慢，但已是不可遏止。难道终点就要来临了吗？

身体对人生终点的明确暗示。人到了四五十岁，首先会从身体上接收到衰退过程已经开始的明确信号。原来拥有的肌肉力量以及青年人和成年人看似用之不竭的能量已经不复存在。此外经常会痛苦地发现，看书需要戴眼镜了。皮肤的弹性越来越差，皱纹初显，女人到了五十岁就会停经（绝经），因而当事人紧张地意识到，生育年龄已经过去。当然，如信息框3.3所说，女人在不同的文化背景下会对绝经作出不同的反应，也就是说，她们对这种事有不同的评价。

(142) **信息框3.3**

对更年期的消极反应是生物学决定的吗？女人们报告称在更年期经常出现诸如潮热、出汗或心悸等病痛。潮热往往造成睡眠障碍，而睡眠不足又导致注意力不集中、情绪烦躁和疲倦乏力，最终影响工作效力。这些反应可以解释为，卵巢只分泌少量的雌激素和黄体酮——这两者是最主要的女性荷尔蒙。更年期女性的病痛完全是或者主要是生物学决定的吗？有人指出，女人对更年期身体变化作出什么反应，还取决于文化背景。人类学家马扎·弗林特就认为，她所调查的普遍处于更年期的印度妇女都说没有任何症状。（Flint，

1982）被调查的印度妇女在育龄时期的社会交往仅限于自己的亲属，而她们在绝经后可以在许多社会场合与男人和女人相处。弗林特认为，她们在某种意义上感谢到达绝经期。

对日本妇女也作过类似的研究。她们不像西方社会的妇女，这一年龄段的人很少说到暴汗的事。在传统的日本，绝经被视为正常的事情，绝对不像美国和欧洲那样把绝经当作了不起的事情。在日本，不论男人和女人，也是到高龄时才摆脱日常义务；他们在接下来的人生阶段中才有机会做他们想做的事情。日本的老年人不仅由于其智慧受到尊敬，也获得了更多的自由，绝经后的女人也是这样。（Lock，1995）

男人睾丸激素的分泌逐渐减少。男人在四十岁时前列腺就开始增大，排尿不畅。但是许多人仍有生育能力，有些人甚至年纪很大仍有生育能力。睾丸激素分泌减少可能会使有些男人产生失落、恐惧、易怒和失眠。（Sternbach，1998）

社会方面的改变。进入中年，许多人在中年期还在积累有关重新适应的经验。五十岁左右的人在某个时期会达到职业生涯的顶峰，他们不再指望进一步的升迁。他们的孩子已进入青春期，越来越追求独立。最小的孩子也会迟早离开他们，最后剩下一个“空巢”。自己父母的去世使他们意识到，从此以后他们夫妻关系可能也已经经受时间的考验，因而已经习惯成自然。长期以来，这些和其他许多事情都使人提出这样的问题：它们是否说明，中年危机的发生并不是不可避免的。

中年危机：人到中年的危机？中年危机这一概念是心理分析学家艾略 (143)
特·雅克早在60年代创造的。（Jacques，1965；1969）雅克断言，这种危机的产生，是因为人知道自己是会死的。他们进入中年就知道，他们可能已经没有足够的时间和机会去实现青少年时期的梦想了。设法摆脱这种失望，从而再次为了自己扭转命运的人，必然会有这样的感觉：从头做起的时间已经不多了。大众媒体在70年代紧紧抓住中年危机这一话题推波助澜，并且设计了一个40岁男人的形象：“遗弃妻儿，在城里有公寓，戴着金项链，开着红色跑车”。（Lemme，2001）正如雷纳特·丘泽维茨－哈夫纳和彼得·丘泽维茨（Chotjewitz-Haefner，R. & Chotjewitz，P. O.，1977）所断言的，中年危机难道主要是追名逐利、推销自己的评论家的发明，而不是发展心理学至今未发现的一种现象？总之，在研究了名人的传记之后不能忽视的是，生活突然发生巨大转折的男人是存在的。（Von Hollander，1958）这种突然变化至少在特殊的情况下难道不是中年危机的基础吗？画家保罗·高更（1848－1903）就是一个例子。他起初作为银行家和成功的证券经纪人过着普通市民的生活。他35岁时，其老板陷于经济困境以后，这一切都改变了。1885年，他离开妻子和五个孩子，结束了其普通市民的生活，此后作为艺术家靠微薄的收入维持生计。隐居加勒比海的马提尼克岛，极不喜欢西方文明；因此，在短短五年的时间里，他的身份发生了戏剧性的变化。

插图3.10　画家保罗·高更在35岁时发生了彻底变化——这难道是中年危机的一个例证？（《手拿调色板的自画像》，1893年左右）

有些男人肯定会这样评价中年时期的经历：“有些希望落空了，有些机会永远失去了”。（Clausen，1986）成年人这个人生阶段也肯定有极不愉快的冲突、失望和忧虑，这些也许可以认为是一场危机，但是其他年龄段的人也不会没有这样的经历。（Wethington，2000）关键问题是，这些经历是否真的引起了使他们以后的生活发生巨大变化的反应。目前对这一问题的研究所得出的答案很不统一，有些研究似乎证实了中年危机的发生，而另一些研究者更喜欢称之为“中年转变”。 (144)

人到中年，对经验的激烈反应。丹尼尔·列文森的一项研究供证明了中年危机的发生，在研究中，据说在少数40－45岁的美国白种男人身上验证了雅克的论断。列文森发现，危机的各种症状在他抽样调查中占很高的比例：这些人意志消沉、情绪起伏不定并且牢骚满腹。（Levinson，1978；1980；1986）被调查者有不少说自己浑身没劲、难以入眠、甚至失眠、普遍感觉疲惫乏力；在社会情感方面有孤独感、恐惧感或挫折感。列文森在后来的研究中发现，他对男人的认识也适用于女人。（Levinson & Levinson，1996）

现在，说到列文森挑选的这些人也许会认为，他们是在战后时期的特定条件下长大的，这可能促进中年危机的发生。由此能得出中年危机在一般情况下根本不会发生的结论吗？许多证据都不能证明，在人生中年会频繁发生这种戏剧性的事件。比如，保尔·科斯塔和罗伯特·麦克雷进行了问卷调查，以了解中年危机。问卷内容包括可能出现的内心迷茫的感觉、力不从心的感觉、对伴侣或职业的满意度。他们将问卷发放给35－70岁的男人，发现在这一年龄跨度内没有一个年龄段出现过上述症状，在这个年龄段至少没有一个被调查者经历过危机。（MacCrae & Costa，2003）麦克雷和科斯塔的研究绝对没有排除人们在中年某个时期经历危机的可能性，但是，危机在什么时候发生则取决于每个人所处的环境。伊姆加德·拉斯曼－施蓬瑟尔和鲁道夫·施蓬瑟尔在查阅有关中年危机的文献后也发现：“近代研究基本表明，人到中年会普遍发生危机的问题是被明确否定的。”（Rathsmann-Sponsel & Sponsel,R.，2002）乌苏拉·勒尔和尤塔·策尔纳在查阅1978年的统计年鉴后发现，二三十岁的人甚至比五六十岁的人更容易发生危机。（Lehr & Zerner，1979）

事实上，在18－34岁这个年龄段里，有消极情绪的人所占的比例最高，随后人数会加速减少，直到大约65岁，之后不会再有什么大的变化；当然，在晚年时期，由于疾病和丧事引起的反应，有消极情绪的人数会有所增加。（Carstensen et al.，2000；Charles et al.，2001）人们在成年后期

显然会逐渐学会控制自己的消极情绪，专注于积极向上。（Mroczek & Kolarz，1998）

(145) 3.2.4 身体变化：成功养生的其他例子

许多65－75岁的人自己说，他们还不属于“老人”，他们把自己归为“中年人”。（Neugarten，1977）他们并不比任何一个年龄段的人更不满意。（Mroczek & Kolarz，1998）从中不能得出结论说六七十岁的人没有痛苦。但是在身体方面，许多退休人员有能力而且愿意从事之前由于职业和家庭责任不得不放弃的新的兴趣和活动，如果七八十岁的人仍能从事可以体验自身价值的活动，如果他们表现出满意并充分积极地听从医生的健康建议，那么他们就具备了很好的条件，总体来说能够比其他早已退出积极的生活、对生活主要表现出不满的人享有更好的健康。

如果满足了一定的条件，人体的大多数器官直至高龄时期仍能执行它所分担的生物学功能。以几个器官或器官系统为例可以说明，要达到长寿绝对不能完全回避人施加的影响。

心脏血液循环系统的变化

心脏血液循环系统疾病是第一死因。在德国，估计每两个联邦公民中就有一个人死于心脏血液循环系统疾病，因为这是第一死因。这一系统有心脏和血管组成，职责是为身体输送所有重要的营养和氧气并清除组织的垃圾。

随着年龄的增长，生命危险越来越大，因为血管壁增厚并逐渐失去弹性（动脉硬化症）。每个正在衰老的人在某种程度上都有这种变化。当血管变窄，以致无法再为重要器官保障足够的供血时，就会生病。沉积物首先附在心脏供血的血管上（即“心脏冠状血管”）；这种疾病就是冠心病，这些血管如果完全堵塞，就会发生心机梗塞。

定期参加体育活动，延年益寿。定期参加体育运动，是促进健康、延年益寿的非常有效的措施。（Baumann，1992；Meusel，1999）体育活动能改善血液的流动性，降低血压，减少产生血栓的风险。身体活动还能刺激形成并行循环（侧枝），可以改善血管变窄后的血液流通。运动后每分钟

的心跳应该暂时达到的数值为180减去年龄，也就是说，60岁的人应该是 (146)
每分钟120次（180-60）。当然，建议人们，特别是老年人，要根据彻底的健康检查测定个人的承受能力，锻炼要适应各自的能力。（Wollring，2002）定期的体育锻炼还可以在某种程度上抵消饮食不当所带来的后果。

动脉硬化是胆固醇超标的后果。人体中的胆固醇有三分之一是食物输送的，约有三分之二是人体自己制造的。胆固醇只存在于动物性食物，植物性食物中是没有的。人们不仅需要胆固醇来建造细胞壁，而且要用它来制造雌性激素、孕激素和雄性激素等性荷尔蒙。水溶性差的胆固醇必须与蛋白质结合，才能在血液里更好地输送。胆固醇分为“好”胆固醇（HDL）和“坏”胆固醇（LDL）。如果血液里有太多的“坏”胆固醇，就有在血管壁上形成上述阻碍血液流通的沉积物的危险。“好”胆固醇能够吸收血管壁上沉积的“坏”胆固醇，并输送到肝脏，在肝脏转化成胆汁酸，然后输送到肠子并排出体外。

胆固醇超标的原因之一是严重的脂肪代谢紊乱，当然也可能是由另一种疾病造成的。饮食对胆固醇超标也起一定的（虽然是次要的）作用。因此，低脂饮食能够降低心脏血液循环系统受损的风险。所以，爱吃肥猪肉或牛肉并且经常吃鸡蛋和奶油的人，其血液循环系统受损的风险就比较高，而那些爱吃家禽（鹅等高脂肪的动物除外）、鱼、植物油以及全麦面包和全麦面条等粗粮制品的人，这种风险就比较低。（Schmiedel，1996）

支撑系统和运动系统的变化。老年人的一个特别显著的特征是运动系统的衰退。在对老年人的观察中，经常一眼就能看到弯曲的体态、明显缓慢的动作、肌肉力量的减弱。鉴于这些变化还产生这样一个问题：这是重要的衰老的不可逆转的后果（见第126页）还是一种久坐、不活动的生活方式的结果。

骨密度的变化。骨骼是一个不断进行合成和分解过程的细胞系统。大约在25-30岁之间，合成过程不再能跟上分解过程的步伐。骨消融不断增加，骨密度相应降低。90岁时，女性在最差的情况下甚至能丧失90%的骨质，而男性则丧失10-25%（Kiebzak，1991）。可见这里存在明显的性别差异。

如果正常的骨质分解加重，就会出现代谢疾病，骨骼因此而日益失去
坚固性（骨质疏松）。后果是令人痛苦的骨折。特别是女性在进入绝经期 (147)
后更要防止出现骨质疏松。雌性激素在这方面能起重要作用，因为这种荷

尔蒙能使女性血液里的钙含量保持稳定，还支持骨生成。如果在绝经后雌性激素的分泌下降，那么，骨骼中的钙含量也会下减少。（Stoppard，1999）相反，男性很少会有这种情况。

预防骨消融的措施。人体必须持续供给钙质，这要通过健康的饮食来实现。如果日常的膳食不再能够满足身体对钙的需求，那么，人体就会动用存储在骨骼中的储备钙。如果人体的钙供给长期不足，那么就会增加骨质疏松的风险。女性进入绝经期后每天对钙的需求是 1 000 毫克。人体需要维生素 D，以便能够加工钙。

航天积累的经验表明，即使年轻的宇航员在长时间处于失重状态之后，钙损失也特别大。这同样适用于不得不长期卧床的人。（Whitbourne，2001）改变久坐的生活方式，在日常生活中每天运动（跑步、瑜伽、骑车等）或者定期参加体育锻炼，可以缓减骨质疏松。此外必须有充足的钙补给（每天约 1 200 - 1 500 毫克，通过吃奶制品以及花椰菜和卷心菜等蔬菜，否则就要服用相应的药剂）。因为骨消融在四十多岁就已经开始了（Mundy，1994），尤其是女性，应该及时采取有效的措施。

肌肉的变化。如果让一个人去完成他青壮年时期曾经完成过的挑战肌肉力量的任务，那么就会发现，在成年早期——二三十岁时——肌肉力量的值最高（Spirduso，1995），之后——尤其是在 50 岁以后逐渐降低。（Fiatarone & Evans，1993）问题是：肌肉力量随着年龄的增长而减弱是否是重要的衰老的结果。而大量研究成果又表明，对这个问题的回答是否定的。肌肉不使用，就会萎缩。如果心脏血液循环系统或衰弱的肺功能不能再为肌肉提供足够的氧气，肌肉就会丧失功能。（Botwinick，1984）不管是哪个年龄段的人，通过体育锻炼都能增强肌肉的力量。比如，在一项研究中，鼓励 37 位 87 岁的老人参加适合他们年龄的活动，结果他们的肌肉力量平均提高了 113%。（Fiatarone et al.，1994）可见，每个年龄段的人只要适当参加锻炼，肌肉的力量都能得到明显提高。

免疫系统的变化

免疫系统的任务。在人的周围总是存在微生物；其中主要是细菌、病毒和真菌，它们一旦侵入身体，就可能生病，严重时可能导致死亡。但是，人类也不会毫无保护地听任这些“侵略者”的摆布，因为免疫系统不仅能保护人免受这些微生物的侵害，还能保护自身体内产生的反常的、突变的细胞（癌细胞）的伤害。免疫系统的保护措施是识别和消灭细菌、病毒和真菌。 (148)

免疫系统和晚年。免疫系统保护人体不受病原菌伤害的可能性，尤其在老年时期减少了。免疫系统识别突变细胞的能力在晚年也下降了。成年晚期的人癌症频发可能也与免疫系统不断衰弱有关。有些科学家甚至想得更多，他们检验了这样的可能性：在生命最后人体是否丧失了区分自身和外来细胞的能力。（Miller，1995；Weksler，1981）结果是人体攻击自身的重要细胞。（Spence，1995）因此，由于晚年免疫系统的变化，人体保护自身抵御微生物入侵的能力减弱了，而且还主动地摧毁自己。（Spirduso，1995）当然，这种说法不具有普遍性。一个人的免疫系统作出什么反应，不仅是年龄的问题，而且还取决于个人的特点和所处的环境。一个新兴的跨学科领域的认识可以证明这一点。

心理神经免疫学（PNI）。心理神经免疫学（PNI）是最近形成的一个跨学科的研究领域，在这一领域，心理学家、神经学家和生理学家共同合作，研究心理过程（因此是心理学科）、神经系统及腺系统（因此是神经学科）和免疫系统（因此是免疫学科）之间的相互作用。（Hennig，1998；Schedlowski & Tewes，1996）从前，这些学科是相互完全独立的；人们以为，免疫系统完全不依赖于神经系统和腺系统而行使自己的功能。今天，占统治地位的观点认为，它们之间存在密切的相互作用。人们只要对心理神经免疫学进行深入的研究，就能够得到许多证据，可以证明，人能够通过自己的态度、感情和行为对自身身体产生生物化学的或生理学的影响。因此，一个人可能增强或削弱自己的免疫系统。

对免疫系统的有害影响。接触同一传染源的两个人或几个人可能并不会因此而必然生病，这是日常的生活经验。事实上只有那些处于高度紧张状态或正好情绪比较消极和低落的人，在感冒盛行时被传染的危险最大。（Cohen，1996；Cohen et al.，1998；Schüssler & Schubert，2001）

例 子

在谢尔登·科恩的一项不无道德问题的研究中，400 名志愿的测试对象接受了鼻孔喷雾，雾剂中或者含有五种已知的感冒病毒中的一种，或者——在对照组中——仅仅含有盐水。此外，参与者还
(149) 就过去一年中遇到的应急事件、他们个人对能否应对日常要求的评估以及诸如愤怒和挫折等负面情感宣泄的频率等接受了调查。基于这些数据把参与者按照压力指数分类，压力指数从 3（最小压力）到 12（最大压力）。每天依次进行的调查结果表明，大多数可能被病毒传染的测试对象都有被感染的迹象，但是只有三分之一的人患上感冒。总的说来，被感染甚至患病的可能性与参与者日常的压力水平成正比。

所谓压力，就是指一个人处于某种环境，而他对环境给他提出的要求不能作出适当反应，也就是说他觉得这是对他的苛求，从而产生负面情绪。考试是一种典型的压力状态。事实已证明，许多学生的免疫系统在考试期间比本学年其他时间弱。（Jemmott et al. , 1985；Glaser et al. , 1986、1993）生活中的突发事件也会给人造成压力。（见第 132 页）比如，遇到婚姻问题或离婚问题，工作丢了或不得不处理近亲的丧事（Herbert & Cohen，1993；Justice，1991），这时免疫系统一定很脆弱。因此，比如人们对那些妻子死于乳腺癌的男人作了长期调查结果证明，这些鳏夫的免疫能力在丧妻后的悲痛的一个月内显著下降，有些人甚至在一年后还停留在很低的水平上。（Schleifer，1983）免疫系统的这些变化是生活中的突发事件造成的必然结果吗？或者说，亲属或看护人能否鉴于当事人的压力体验增强他的免疫系统呢？

增强免疫系统的可能性。有句谚语说得好："笑是最好的药"。关于笑和幽默的疗效的说法在人类历史的许多时期都能得到证明。比如，圣经中说："喜乐如良药使人健康，忧愁如恶疾致人死亡"（《旧约·箴言》第 17 章第 2 2 节）。法国外科医生昂利·德·蒙蒂维尔（约 1260－1320）强调，必须改变病人的整个生活方式，使他高兴和快乐，亲人和朋友应该逗他开

心，给他讲笑话。(Walsh，1928) 马克·吐温也非常清楚幽默的作用，他说："幽默出现的时刻，我们的铁石心肠顿时软化，我们的怨恨怒气一扫而光；恶劣情绪烟消云散，心情显得阳光灿烂。"(Twain，1897；1996)

幽默使人发笑，而笑又能对生活意愿产生直接影响，从生活意愿方面又能促进病人的康复过程。佩蒂·伍顿说："笑是一种愉快的经历…… 它使我们感觉到力量和克制；在笑的时候我们感到无忧无愁、浑身轻松、充满希望。"(Wooten，1993) 此外，还可以证明，开怀大笑具有直接刺激免疫系统的作用。(Berk，L. 1989) 但是，这些作用真的是笑本身的结果吗? (150)
洛特·马丁 (Martin，2001) 解释说，还有一种可能性，即幽默可以使人从另一个角度感受和解释充满压力的状况。有突出幽默感的人总是笑脸常开，他们不把充满压力的状况看成威胁，而是看成挑战。那么，笑本身难道一点不起作用吗?

罗纳德·伯克在总结他 30 年相关研究的结果时说："幽默能促进身体的心理和生理反应，这相当于有氧锻炼的健身效果。" 治疗医生米夏埃尔·蒂策指出，在笑的过程中，肺部会得到大量的氧气，这样，他解释说，就对血液中的物质起到了"净化"作用。(Titze，2001) 与此同时，加强的呼吸频率又会引起心率的变化，而最终会降低血压。蒂策还介绍了把笑这个动作系统地运用于治疗儿童疾病的方法。

例　子

贝亚·阿米登搜集了一些有趣滑稽的书籍和录音带，把它们放在小推车（在德国的儿童诊所中大多被称为"玩具车"）上，在各个病房中穿梭。她给小病人们朗读小车上装载的书中的故事，和他们一起听录音带。"她这样做，经常能使有些患重病的孩子发笑。"(Titze & Eschenröder，1998) 由于经常这样使人发笑，所以使人养成了一种乐观的心情，这种乐观的心情不仅能缓减医务人员的压力，而且证明具有一定的疗效。

当然，对于老年人的医务人员和看护人员来说，如果他们的病人状态很不好，那么他们想保持一种好心情就不是一件容易的事情。大家知道，医生喜欢痛苦的幽默，否则他们就根本无法承受个别病人的痛苦；他们也是用这种幽默来抵抗压力。

当然，我们不仅要给人们（尤其是老年人）模仿其他人大笑的样子，或者给他们讲笑话，而且还要达到许多其他条件，以便能够发挥笑的疗效。首先，对老年人的话作出幽默反应时要明白，他们对此会怎么理解。米夏埃尔·蒂策和克里斯托夫·埃申勒德提醒说，“老年病人害怕得不到别人的尊重，可能会把治疗医生的幽默当成侮辱。”（Titze & Eschenröder, 1998）但是，不管男人还是女人，如果他们已经有一种乐观的基本态度，
(151) 如果让他们保持练习克制的感觉（见第 129 页），如果他们能感到生活对他们还有意义，比如通过承担责任重大的任务（见第 126 页），如果他们与朋友或他人关系良好，在困难的时候能得到他们的帮助，那么就具备了健康长寿和个人幸福的前提。（Salovey et al. , 2000；Taylor et al. , 2000）

插图 3.11　笑会增强免疫系统。为老年人创造一个快乐的环境，就是为他们的健康作出了贡献。

3.3　人生的终点

理查德·卡利什试图用比较的形式（本书稍改动）直观地描述以西方价值观为取向的工业国家的人对待亲属“死亡”这一人生大事的态度。

（Craig & Baucum，2001）客人应邀参加一个高雅的晚宴，他走进餐厅，吃惊地发现一条棕色的大狗安静地蹲在桌边。客人看了看晚宴的其他来宾，在他们的神色中看到了震惊和迷惑。但是，为了不让主人尴尬，谁也不愿意说出心里的不痛快。这顿晚餐用了很长时间，且悄无声息，偶尔会插入几句不咸不淡、不关痛痒的话。卡利什问道，一个人行将就木，没有一个人跟他谈他的现状，也不许这个将死之人对自己面临的死亡发表看法，这样的情形难道少见吗？现在，许多人生活在一个死一样沉寂的社会。西格蒙德·弗洛伊德也解释说，“归根结底，没有人以为自己会死，换句话说，我们每一个人在潜意识中都深信自己不会死。”这是一百年来的社会发展的结果。今天对待死亡的观念无疑已经成为普遍害怕死亡的条件。

3.3.1 近期历史上关于死亡的观念的改变

几百年前的死亡。几百年前，人们面对死亡的几率要比现在高得多。事实上，人的生命在人生的各个阶段都可能终结。婴儿的死亡率很高，许多孩子不到十岁就被埋葬了，因为典型的儿童疾病在医学上无法治愈。19世纪以前，40% -50% 的人不满十岁就死了。（van Dülmen，1999）流行病使各个年龄段的人得了不治之症。因此，死亡被看作一件平常的事情，甚至被当作一种解脱——从巨大痛苦中解脱——而广受欢迎。

当时，死亡的时间比较短，因为癌症、心脏和其他内脏的疾病一经发现，已到晚期，已经没有治愈的机会。一旦通知病人死期在即——他们大多由于受伤或传染病——只会拖延几个小时，最多几天，其死期就会来临。（Lynn，1991）

临终的人通常在家人或朋友的陪伴下度过最后的时光。（Schmitz - Scherzer，2001）人们在很小的时候就已学会了这种照料义务。（Mischke，1996）葬礼的准备工作在家中进行。葬礼在自家的墓地或公共墓地举行。（152）
当然，根据玛丽安妮·米施克的论断，从12世纪开始，人们对死亡的观念就发生了变化。（Mischke，1996）在随后几个世纪中，死亡越来越个性化。当时，认为死亡是进入另一个世界的人越来越少，因此，把死亡看作生命终结的人越来越多，由此而产生了现代社会的信念：人应当“尽可能积极地、尽可能长久地享受生活”，因为“生命只有一次”。

现代工业社会中的死亡。现在，许多人的寿命很长，一些危及生命的疾病能够提前作出诊断，因此人们在死亡之前很早就知道自己的命运。医生竭尽全力——也是对司法强制作出的反应——借助科技手段尽可能推迟死亡，尽管病人本人或其亲属主张早点结束生命，也就是说要求有尊严地、自然地死去。因此，与过去相比，人们在死亡阶段通常要遭受更多的痛苦、比以前的几代人更为虚弱、更需要他人的照顾。尽管如此，过去几十年中还是为怎样避免过早死亡的研究投入了大量的金钱；相反，几乎没有为以减轻临终者的痛苦为目的的研究提供公共资金。利益集团致力于老年人的健康，支持避免残障和改善诊断的研究，但是他们的目的并不是为了改善对生活日益不便的人士的照顾。安乐死运动以后，临终者的命运才得到逐步改善。(Lynn，1991)

死亡的可能性越集中于高龄人群，广大公众就越觉得死亡是“模糊的和抽象的”。(Fulton & Owen，1987 - 1988) 照顾和护理临终者已经成为专家的任务。现在，约有 70% - 80% 的人是在医院、疗养院或类似的机构去世的。(Schmitz-Scherzer，2001) 很多临终者肯定都知道，亲属不愿意与他们接触；看望他们的人不敢跟他们谈起死亡。尸首由看护人员和殡葬公司的工作人员处理，为他们送行“最后一段路程”。临终者往往孤独无援，不得不放弃临终时有人陪伴的要求，而根据莱因哈德·施米茨 - 舍尔策的观点，临终陪伴也应考虑以下需要：

——让临终者感到身体舒服；
——让他觉得没有被遗弃；
——让他觉得自己得到了认可和尊重；
——让他觉得自己得到了周围人的关注和重视。

确认死亡的生物学定义。在最简单的情况下，一个人只要没有呼吸，没有心跳，大脑不再出现反应，就可以宣布他已经死亡。当然，随着大量维持生命过程的技术设备的引入和应用，在个别情况下，死亡的认定非常
(153) 困难，也就是说，生物学上的死亡不是一个单独的事件，更确切地说，是

一个过程。（Medina，1996）人体的所有器官不是同时死亡的。如果进行人工呼吸，那么，没有呼吸，没有心跳的人可能仍保持大脑功能；借助心肺机可以维持血液循环。对于昏迷的病人来说，他的大脑可能已经停止工作，而机器可以延续他的身体过程。是否关闭仪器，有时必须经专家鉴定后由法庭来裁决。在个别情况下是否可以，在多大程度上可以不惜代价地推迟死亡，最近在许多社会团体的参与下，就这个问题进行了非常激烈和针锋相对的讨论。

3.3.2 对死亡的恐惧

世界观预防死亡恐惧。兰道夫·奥克斯曼认为："人绝对有把握的就是知道自己会死：他的存在的消失和毁灭。"成年人原则上都知道，自己的生命随时都会突然地结束。奥克斯曼形象地解释说："一个人如果不能否认自己的生存环境，那么这种始终存在的危险一定会战胜他，这种恐惧一定会把他吓呆。"（Ochsmann，1993）恐怖处理理论的代表人物认为，对死亡的恐惧是人类所有恐惧的根源。（Greenberg et al.，1995）为了能够防止产生这种可怕的想法，担心自己的生命随时可能结束的"恐怖"，人们利用自己越来越高的认知能力创立不仅使持久性，而且使"秩序、可预见性和意义进入这个宇宙的世界观。"（Ochsmann，1993）有了秩序和预见性，就可以避免突然的、令人讨厌的意外，甚至有可能控制不幸事件的发生。

防止死亡恐惧的不同条件。如果有意识地想想，人不会长生不老，那么，往往就不会去考虑那些真正与死亡联系在一起的可怕事情，而会考虑自己和别人夸张地描述自己的健康和抵抗力。他们自以为成为意外事故或疾病的牺牲者的可能性很小。他们可能还下决心戒烟、开始减肥或者加强体育锻炼。此外，大多数人还可能以某种方式整天忙碌，以便不去想自己会不会死的问题。（Pyszczynski et al.，2000）文化提供另外的保护，因为文化会向人们传达"世界是公正的"这种观念。（Lerner，1965；Lerner & Miller，1978）形成这种观念是因为人们相信，这个世界是公正的，每个人所得到的是他该得的，而每个人该得到的都会得到：好人会有好报，恶人会有恶报。（见第 473 页及其下 1 页）接受了这种观念，死亡的来临及其后果是个人无法控制的事情。宗教给信徒灌输类似的观念，向他们保证，他们的生活方式能决定他们死后会遭遇的命运，是下“地狱”还是升“天
(154) 堂”。许多人还试图给人们制造他们“不死”的印象，他们把能够比个人的存在更长久的东西，比如思想和贡献，留给社会，或者生孩子，从而使自己的许多影子还可以在自己死后继续活着。（Pyszczynski et al.，2000）其实，许多成年人是不太怕死的，因为他们在生活中达到了他们认为重要的目标。这也同样适用于另一些人，他们认为，通过自己的活动使他人受益，是一种享受。（Neimeyer & Chapman，1980 – 1981）

与死亡过程和死亡事件相矛盾的经历。在许多以西方观念为取向的社会里，20 – 25 岁的人在现实生活中见过死人的只占 4%。（Hahn，1968）他们是在一个似乎否认死亡的社会里长大的，因为死亡通告一般都说：某个人“走了”或者“安静地睡着了”；人们“安葬了离去者”，离去者“终于找到了安宁”。人们对死亡讳莫如深、不愿意回想悲伤的事情，这种情结与恐怖管理理论是一致的，是克服自身对死亡的恐惧的一种策略。（Pyszczynski et al.，1998；2000）当然，很明显，人们一方面害怕使用诸如“死亡”或者“去世”这样的字眼，另一方面又喜欢观看那些描写死亡和谋杀的非常恐怖，甚至血腥场面的电影。电视中关于死亡的的叙述和报道太多，以致一个 21 岁的人可能在电视上已看过成百上千次的死亡事件。（DeSpelder & Strickland，2004）在荧屏中看到死亡场面的人也许以为，这种恐怖的事情只会在假想的世界中，而不会在现实世界中发生。

怕死与年龄。对死亡的恐惧有意无意地可以说出迥然不同的理由，最主要的可能有：担心在去世前经受肉体的痛苦、临终时孤立无援、不再存在、不能再继续在世时养成的兴趣和爱好。人们可能会想到自己的死对未亡人造成的后果，并担心自己的过错会受到惩罚。（Schulz & Salthouse，1999）

人们可能认为，一个人的年龄越大，对死亡的恐惧就越强烈，这与高龄人死亡的可能性大有关。然而，这是不正确的。大量调查结果证明，人们对死亡的恐惧在中年时期最为强烈，老年时期最弱，青年时期居中。（Gesser et al.，1987 – 1988；Thorson & Powell，1990）事实上，人到中年，

在自己的身体初现衰老迹象以后，需要积极面对的一个重要问题是，人的死亡是不可避免的。了解这个发展问题并不是说要人们从此不再谈论死亡。老年人比年轻人甚至更频繁地想到死亡，只不过他们不像中年人那样害怕死亡。

3.3.3　面临死亡时的情感反应 (155)

伊丽莎白·库伯勒-罗斯的开拓性研究。伊丽莎白·库伯勒-罗斯为了与病人闲聊他们的命运，在他们的病床前度过了成百上千个小时。(Kübler-Rose，1969；1974）在这一过程中库伯勒-罗斯关注的是，这些大多为50岁左右的人，对自己的悲惨命运会作出什么样的反应。她得出的结论是，她的病人有以下五种反应：

1. **否认。**库伯勒-罗斯调查的许多病人作出的第一个反应是，简单否认无法治愈这种诊断（“这一定是搞错了”）。

2. **发怒。**当病情的发展无法再否认时，癌症病人就开始发怒（“为什么偏偏让我赶上了?”）；他们甚至可能对其他健康的人表现出嫉妒。

3. **交涉。**病人试图通过交涉推迟面临的死亡。他们向上帝承诺，做好事，以求延长生命（“让我多活几天，我也会作出回报的。”）。

4. **沮丧。**病人越是接近生命的终点，越是真正认识到死亡是不可避免的，就越会产生沮丧的情绪，因为他们知道，将要和自己的朋友、亲爱的同胞和所有家庭事务告别了。

5. **认命。**只要死亡没有在诊断后迅速来临，病人就能够接受他的明显不再能扭转的命运。他们既不高兴也不悲伤，更确切地说，是甘心认命。

插图 3.12 伊丽莎白·库伯勒－罗斯为了与行将就木的人交谈，在他们的病床前度过了成百上千个小时，同时发现了他们面临死亡时的情感反应。

对库伯勒－罗斯认识的批判声音。每个癌症病人真的都会经历库伯勒－罗斯所描述的情感反应的顺序吗？有人对这个问题进行了反复的研究。总的说来，整个研究的结果表明，死亡过程没有一个可以总结的顺序。（Kastenbaum，1998；Howe，1992）库伯勒－罗斯没有充分考虑到，人们得知自己患有致命的疾病后会作出截然不同的反应。病人的年龄和疾病的种类都起一定的作用。库伯勒－罗斯所调查的病人大多是六十岁左右；这个相对年轻的年龄段的人还不愿意相信为他们作出的灾难性诊断；他们愤怒的是，这么早就被判定要死。另外一些研究死亡的学者发现，没有希望治愈的病人不断在否认和认同之间徘徊。他们在整个死亡过程中的表现非
(156) 常不同，情感反应也变化无常，比如愤怒、冷漠、害怕、希望、怀疑、震惊等等，出现的顺序是很难预测的。今天他们可能还乐观地谈论康复，憧憬着很快能够出院，第二天可能就心灰意冷，以为死期马上就会到来。（Shneidman，1973；1980）死亡是不可避免的，年龄大的人要比年轻的人更容易接受这一点。人们在得到死期不远的消息后会作出什么样反应，宗教信念也起一定的作用。

通过宗教暗示减轻死亡的痛苦。1974 年，著作家厄内斯特·贝克尔被送入医院，当时他已处于癌症晚期。贝克尔一生中撰写了许多著作，探讨了人们与面临的死亡进行的抗争，比如《克服对死亡的恐惧：死亡的动力》。在他去世前不久的一次采访中，他说，只要对世间的事情作出宗教

暗示，就会减轻死亡的痛苦："能减轻死亡痛苦的，就是知道在我们身边发生的事情的背后，存在着宇宙的巨大创造力，它只需要我们完成一个我们所不知道的使命"。(Keen，1974)

临终者会说出自己直到去世前不久的整个经历。在大脑丧失功能后，是否还有体验，不得而知。目前仅有的报告来自那些濒临死亡、但是通过急救措施"重新捡回生命"的人。信息框 3.4 介绍有关濒临死亡的人的体验的报告。

信息框3.3

濒临死亡的人能体验到什么?

雷蒙·穆迪设计的濒死体验。目前有许多关于几乎被淹死、从而濒临死亡的人的报告。有人心跳骤停；手术室里偶尔也会发生这样的事情：病人"眼看着"就要死了。雷蒙·穆迪在成功地研究了许多这样的案例后，记下这类体验。从许多当事人的惊人相似的报告中，穆迪设计了典型的"濒死体验"：在一个独特的场合，病人听到了医生对他的死亡宣告。"他突然听到一种难听的响声，这种声音非常刺耳；与此同时，他有一种感觉，似乎是在非常迅速地穿过一个长长的、黑暗的隧道。然后，他突然觉得自己的身体飘然而去，然而周围的一切依然照旧；他似乎成了一个旁观者，隔着一段距离看着自己的身体。他的感情受到深深的震动，自己仿佛从这个孤独的观察位置参与复活的尝试。"(Moody，1975)

濒死体验的心理学上的重要结果。人们通过濒死体验记得的这种感觉可能是大脑的发明，大脑某些部位的供血不足会导致产生这样的幻想。(Persinger，1999；Persinger & Richards，1995) 此外，濒死体验引人注目的还有，许多当事人随后说，他们因此而在为人 (157)
方面发生了巨大变化。他们面对生死有一种全新的评价，不同的信念和态度。(Grayson，1993) 许多有过濒死体验的人说，他们不再拼命挣钱，不再看重任何竞争，也不再追求物质上的富足，而是比从前更关心别人的幸福 (Groth-Marnath & Summers，1998；Kinnier et al.，2001)；他们还说，濒死体验使他们相信上帝的存在，从此以后他们在生活中将把宗教价值置于首位。（Schröter-Kunhardt, 1993）最后，还应当注意地是，这些濒临死亡的人没有提到任何他们感到害怕和痛苦的体验。精神病学曾经利用了这种反应。比如，斯坦尼斯拉夫·葛罗夫让患不治的癌症病人服某种药（所谓的致幻药），这种药一般能使人产生幻觉和错觉，也能使人获得濒死体验。他通过这种方式增强病人的宗教信心，打消他们对死亡的恐惧；许多病人都说，他们的情绪好多了。(Grof & Halifax，1977)

寻找形成濒死体验的原因。在寻求对濒死体验的解释时，人们反复研究了这样的问题：当事人的大脑出了什么事。米夏埃尔·施罗特－昆哈特非常彻底地研究了这个现象，他总结说："这种体验产生不能归因于大脑缺氧和二氧化碳过剩，因为在氧气含量正常的情况下这种现象也会出现。身体自身的鸦片剂对这种体验的产生似乎也起了某种作用。"（Schröter-Kunhardt，1993）施罗特－昆哈特坚持这样的信念："我认为，濒死体验是明显地间接暗示了人死后的生活。"

4 感觉心理学

海伦·凯勒早在幼年早期就由于一场重病而丧失了体验听觉和视觉世界的能力。由于耳不聪眼不明，她只能用剩下的感觉器官来感觉周围的环 (158)
境。后来她在自传中写道："有时，孤独的感觉像一场冰冷的雾向我袭来，我孤苦伶仃，一个人坐在关闭了的生活大门之前等待，里面是亮光和音乐以及欢乐的人群；但是我被禁止入内。命运无声又无情地封锁了我的道路……无尽的沉默笼罩着我的灵魂"。（Keller，1917）海伦·凯勒的命运极富戏剧性，因为她无法再支配那些感觉器官，而人们通常主要依靠这些感觉器官来熟悉环境。海伦·凯勒经常问自己，其他"正常的"人在说到亮光和音乐时，会说些什么。当耳不聪眼不明的人提出这个问题时，他们首先想知道的，不是物理事件，更确切地说，他们感兴趣的是其他人用正常的感觉器官所获得的体验。而这样的体验终究是无法言述的。因此伊萨克·阿西莫夫对此解释说："我们每个人就像自己感觉器官的囚犯。我们可能会知道苹果对别人而言看起来怎样、摸起来怎样、吃起来怎样吗？绝对不能，就像我们不能进入别人的大脑一样。"（Asimov，1979）海伦·凯勒的问题就是如此，她不能进入其他能看、能听者的"大脑"。

健康人虽然知道自己通过感觉器官获得的体验，他们可以进入颜色和 (159)
声音的世界，但是，他们所看到和听到的东西真的与感觉器官物理地感觉到的东西相一致吗？记录的刺激必须转换成神经系统的语言，这样才能传输到大脑。来自感觉器官的数据在大脑里加工以后就被称为知觉。本章将探讨的内容是，至少看起来混乱的物理事件最终是怎样形成有条不紊的感觉的。在这之前要介绍感觉器官的几个普遍特征。以视觉器官为例，说明物理事件是怎样翻译成神经系统的语言的。大脑整理相关信息并试图查明，它们"意味着"什么。在这一过程中大脑也会出错。

插图 4.1　海伦·凯勒在 17 个月大时，由于传染病而丧失了视力和听力。

4.1　感觉系统

一个人从外界获悉了什么，完全取决于他的感觉器官的结构和效率。如果他被突然剥夺了这些了解环境的能力，他就没有任何活下去的机会。一个走在荒野中的人必须能区分温驯的狗和危险的狼，否则他就无法采取措施，毫不迟疑地应对可能出现的危险。毫无疑问，一个功能良好的大脑有助于及时发现危险并选择合适的防御措施。然而，如果感觉器官不能给大脑传达任何信息，那么大脑这个中枢，这个极其重要的器官也就是多余的了。因此首要的问题是，来自一个人所处环境的信息在最终到达大脑之前经历了怎样的过程。此外还将介绍，刺激阈对体验的获得能起怎样的作用。在心理物理学的框架下就这些问题进行的经典研究已经发现，是否能越过刺激阈，是由许多因素共同决定的。近期在信号发觉论的框架下所进行的研究中，人们才得以证明，一个人是否认识某种刺激的意义，还取决于他的预期和他的实际动机。

4.1.1　感觉器官的一般功能

我们还可以将感觉器官称为接收环境刺激的大门。这个大门不仅接收刺激，而且从一开始就负责防止所有随时接触身体的东西都“进来”。感觉器官还负责把接收到的刺激进行转换，以便它们能够继续传递给感觉神经系统。

对接收到的刺激进行选择。实际上，每个人每时每刻都在真正承受物理和化学刺激的轰炸。对一个人来说，绝对的安静简直一刻也难以忍受。如果人为地创造完全屏蔽外界的任何刺激的条件，那么，大脑不久就会开始自己制造十分近似于幻想的刺激。（Bexton et al.，1954）当然，刺激作
用过于强大和过于复杂，人们也不能承受。因此，在感觉器官层面上需要 （160）
进行选择。比如，那些看不见和听不见的X射线、无线电波和电视波、紫外线和低频红外线每时每刻都会接触身体。

接收器是感觉器官的重要组成部分。每一种感觉，诸如鲜花的香味、婴儿的开怀大笑或者在一个凉爽的夏夜皮肤所感觉到的湿度，都开始于接收器（感觉细胞），这些接收器是各个专门的感觉器官的重要组成部分，受着某种能量的刺激。这些能量可以分为电能、机械能和化学能。例如，眼睛的接收器（视杆细胞和视锥细胞，见第173页）能够对一部分电磁能量作出反应。

启动自我体验

人们可以通过一个小实验来亲身体验在下一节中将要讨论的信息转换。（戴隐形眼镜和眼睛异常的读者不宜做这样的实验！）请您将指尖紧紧地按在眼睑上，必须稍微压住眼睛。30秒之后，人们通常会“看见”星星或者其他的黑白形状。之所以会产生这种感觉，是因为接收器多少也会对压力作出反应，而视网膜上的感觉细胞会将这种压力转化成光体验。

能量向神经系统的语言的转换。感觉器官的所有接收器的任务是，转换电能、机械能或化学能，以便使其中包含的信息转换成神经系统的语言。我们把这个转换过程称为能量转换或者编码。在电视摄像机中也会进行这种能量转换，即将光学信息转换成电子信号。

通过神经纤维传递刺激。对1938年发现的墨鱼大神经纤维的研究首次证明了神经细胞传递刺激的方式，同时发现，神经细胞（也称神经元）中的刺激传递是一个电化学过程。接收器能够激活神经元中的这个过程。博动在神经轨道上的产生和传递大体类似于导火线。人们可以在导火线的近处点起一堆火，可能首先就会发现，导火线虽然被烤热了，但不会点燃。因为必须达到一个严格的热值，导火线才能被点燃。如果慢慢地缩短火堆和导火线之间的距离，温度就会逐渐升高，只要一超过阈限值，导火线就会被点燃。接着，火花就以一定的速度点燃导火线。如果一开始就用大火点燃导火线，火花的大小和运动速度能改变吗？回答是否定的，因为导火线是按照非此即彼的原则工作的。这就是说，起初的热值要么足以点燃导火线，要么点不着。只要一达到阈限值，即使扩大起初所使用的火堆，也
(161) 不能使火花的大小和移动的速度发生变化。神经元原则上也是以这种方式运作的：必须达到神经元的阈限值，博动才能按照非此即彼的原则进行传递。一根导火线燃烧完以后就再不能产生火花，而神经导体在短暂停顿（所谓的不应期）后能够传导另一个博动。在这方面类似于手枪，手枪只有再次上膛才能再次“射击”。

处理刺激强度的区别。只有了解了神经细胞的刺激传递，才能解释神经系统处理刺激强度的区别的方式。当接收器记录到特别强烈的刺激（非常明亮的光、嘈杂的声音等）时，就不让神经细胞继续传递更强的博动。由于各个神经细胞具有不同的最高阈限值（见第162页），所以刺激传导给多少神经元，将取决于感官刺激的强度。因此，注视烛光激活的神经细胞少于注视明亮的聚光灯，单位时间内传递的博动也更少。

感觉器官的适应。阅读本书首先刺激的是视网膜上的接收器。当然，读者的感觉器官很可能还会受到其他刺激，因为街道上的噪音、隔壁房间的收音机或者书桌上花束的香味也会刺激他的感觉器官。这些刺激为什么始终没有引起人们的重视呢？答案是，很可能是适应了（习以为常）。

所谓适应，就是指某种刺激的强度一成不变地对感觉器官产生影响，

但人们在习惯一段时间后就越来越不重视。人们在洗澡的时候就会有这种感觉，皮肤在第一次接触水时会感到很凉，可是在泡入水中不久后就会觉得很舒服。适应性往往发生在感觉细胞的层面上，当然在其他情况下，也可由传递和处理接收器信息的神经系统来完成，而且小实验也可以证明这一点。(Matlin & Foley，1996)

启动自我体验

您做这个小实验需要一种有淡淡气味的液体（比如香水或者醋）。您先用棉团堵住一个鼻孔，然后把装有这种液体的小瓶子放到鼻子下面；估计在大约五六分钟以后您就适应了，也就是说，经过这么几分钟，您再闻这种液体就不会感觉到像一开始那么刺激了。然后，如果您迅速地将棉团从一个鼻孔塞到另一个鼻孔并再闻一下，那您就会发现，您还需要一个适应过程，尽管现在受到刺激的是鼻子另一边的细胞。显然，至少大脑的某些部分已经适应这种气味，而这些部分就是嗅觉细胞发出的信号的接收器。

4.1.2　心理物理学

显而易见，心理学领域最初的研究目标是澄清（物理）刺激如何产生的这个问题，以便引起个体的关注。刺激必须发生多大的变化才能被视为有别于原来的刺激？研究这个问题的心理学研究领域，至今仍以心理物理 (162)
学这个名称而为人所知。这个领域的代表人物的研究课题是，物理刺激的质量（例如光刺激或声音）与由它们所引起的反应之间存在什么关系。这些反应通常是这样查明的：请测试对象对刺激作出评价，比如，他们是否感觉到了刺激，这个刺激是否不同于前一刺激，或者是否与前一刺激具有相同的质量。心理物理学家在描述他们的研究成果时会使用诸如绝对阈限和差别阈限这样的概念。

差别阈限。在一个典型的心理物理学实验中让测试对象蒙上眼睛，然后在他们每只手上放一些东西。这样反复做几轮，每次从他们的手上拿走一些东西，然后再原封不动地放回去（标准刺激）。有些东西的重量保持不变，有些则用一种较轻的或较重的东西进行替换（比较刺激）。在每一轮中都要请测试对象比较两个东西的重量。这两个东西是一样重吗，还是至少有一个东西的重量发生了变化？测试结果通常是测试对象不会发现微小的重量差别。然而，只要扩大重量差别，测试对象就很可能说比较刺激太轻或太重。实验者的目的在于，调查人们能感觉到的最小的重量差别。我们把这种由同一个感觉器官感觉到的两个刺激之间的最小的差别称为差别阈限，并用缩写“jnd”（源自英语 just noticeable difference）表示。这个阈限可以适用于整个感觉区域。有些人在某个感觉区域的差别阈限高于另一些人，而且会随着所处的情况而发生变化。因此，心理学家把差别阈限定义为一个人在50%的情况下能感觉到的可能最小的刺激变化。确定差别阈限很重要，比如在汽车工业中座位的设计就会提出这样的问题，要使乘坐者感觉不到汽车的震动，坐位应有怎样的柔软度。（Mansfield & Griffin, 2000）

韦伯定律。德国心理学家恩斯特·韦伯（1795－1878）是系统研究差别阈限的第一人。他在寻找一个强度刚好能使人感觉到的刺激的数值时，起初看到了一个混乱的情景。在几次实验中，他增加了重量，而且比以往的实验增加很多，以便让测试对象认识差别。然而他最终发现，刚好可以认定的差别取决于标准刺激的强度。他发现的定律证明，标准刺激越强，刚好能感觉到的刺激的强度就越大。可见，起初微弱的刺激不需增强太多就能使人感觉到。

根据韦伯的发现，一个刺激要改变多少才能使人感觉到差别，取决于各个感觉区域。人在音量的高低方面要比在味觉方面更敏感。音量只要改变0.33%，大多数人就能感觉到其中的差别，而味觉刺激的浓度必须改变
(163) 20%才能使人感觉到变化。重量必须增加或减少2%，人们才能感觉到差别。我们自己做一个实验就会相信，如果我们增加一种很轻的或比较重的东西的重量，即使是增加同样的重量，我们也会作出不同的反应。

启动自我体验

为了做个小实验，需要两个信封和三枚等值的硬币。(Coren et al., 1999) 在其中一个信封中放入一个一欧元的硬币，在另一个信封里放入两个一欧元硬币。当您分别拎起两个信封的一角，你会明显感觉到重量不一样。现在您用一双鞋来重复这一试验：您把其中一个信封放进左脚鞋，另外一个放入右脚鞋。您举起两只鞋子时还能感觉到重量不一样吗？实际的重量差别仍与原来一样为一枚一欧元硬币的重量。

绝对阈限。心理物理学家感兴趣的另一个阈限值是绝对阈限。它所表示的是一个在50%的情况下足以让人感觉到的刺激的强度，也就是从感觉不到到感觉到的过程。如果要确定光的绝对阈限，那就必须确定，多亮的光才能让观察者在50%的情况下说他能看到，在50%的情况下说他看不到。实际上，这不是一个绝对的、即不可改变的极限值，因为一个人在某些条件下（比如疲倦、注意力不集中）会认为这个极限值太高，而在另一些条件下又会认为太低。然而，大多数人会估计不足，这个阈限对他们健康的感觉器官来说在最有利的条件下是多么低。心理学家尤金·加兰特用下述例子令人印象深刻地说明了人类最重要的感官的高度敏感性（Galanter，1962）：

——在一个晴朗的黑夜，从50公里的远处仍能看到烛光；
——在非常安静的情况下，距离六米远仍能听到钟表的滴答声；
——把一勺糖溶入在7.5升水中，仍能感觉到甜味；
——把一滴香水撒在三居室的住房里，仍能触动嗅觉器官；
——蜜蜂的翅膀距离人的脸颊一厘米，触觉器官就会作出反应。

当然，这类微弱的刺激只有在全神贯注时才能感觉到（见第199页及其下几页）。希望各个感觉器官还有更高的敏感度当然是不现实的。比如，听觉的绝对阈限是20赫兹，如果这个阈限值再低一些，那么人们每动一下就会听到自己肌肉的响声。在醒着的时候总能听到自己身体的声音难道是好事吗？

如果我们了解心理物理学家的认识，那么就很容易获得这样的印象：在研究中完全忽视了测试对象是人这个事实。迄今为止，人的感觉都是被
(164) 这样描述的，仿佛只需要某种越过特定阈限的刺激，就能被大脑接收和加工。这种印象必须消除，因为一个刺激是否被记录，还取决于心理上的影响。人的感觉不仅仅是被动的记录。

4.2 感觉数据的解析

到目前为止所描述的中枢神经系统的机械过程在大脑接管接收到的感觉数据的瞬间就被打破了，也就是说，这些数据会根据熟悉的内容和现有的期望得到解析，而这个过程往往说明，处理这些数据的个体会添加一些自己的内容。感觉始终是一个个体的过程。人们感觉到的东西与感觉器官向他传达的东西绝对不一致。信息框 4.1 讲述了一个例子，这个例子说明，对视觉数据的（错误）分析会引起灾难性的后果。

4.2.1 感受和感觉之间的区别

在观看插图 4.2 时，第一眼可能只看到一个毫无意义的黑白图案。在得到这个模糊的第一印象后，人们会立即在画面中努力寻找有意义的和熟悉的内容。

插图4.2 如果这个画面在观察者的印象中只是一个没有任何内容的黑白图案，那么说明人们的感受至少是非常接近的。但是，只要将这个画面安排得让人觉得是一个非常有意义的整体，人们就会说这是感觉。

信息框4.1 (165)

对视觉数据的错误分析会导致飞机坠毁吗?

在1965年8月到1966年2月的这段时间里，航空飞行每隔一段时间就遭遇一次严重的灾难。在六个月的时间里有四架飞机在着陆时坠毁。(Kraft，1978）这些灾难总共夺去了264人的生命。在地面上坠毁的总是同一型号的飞机：波音727。这在这种喷气式飞机的制造公司引起了深深的不安。因为波音727刚刚投放市场，所以人们很容易联想到技术问题。在深入调查没有得到任何能够支持这一怀疑的结果之后，就产生了这样的问题：人的失误是否也能起到一定作用呢。事后人们精确模拟了事故的现场及其条件后终于发现，事故总是发生在与毗邻大片空旷区域的大城市或被大片空旷区域，比如湖泊（芝加哥、盐湖城)、海湾（东京）或者无人区（辛辛那提)，包围的城市。每次着陆事故虽然都发生在夜里，但是当时的能见度却显得非常好。

在飞机制造公司的一位心理学家康拉德·克拉夫特的领导下，首先精确模拟了每次事故发生的现场。调查结果更加使人怀疑是“人的失误”起了作用。但是错误在哪儿呢？经过进一步的检测终于得到了答案。在白天，飞行员能很好地认出城市和跑道和及其周围的空旷区域，并计算出自己飞行的区域。而在夜里，他们只能看到城市和机场的灯光。飞行员草率马虎，没有看高度表。克拉夫特估计，他们可能把灯火通明的城市看成了平坦的跑道，从他们的角度看不会感觉到它的高度，而事实上这一地方是一块高地，也就是说，飞行员低估了自己的飞行高度。他们降低被他们误以为过高的高度，从而使飞机过早接触地面，最终造成坠机。

这些错误不能归因于飞行员的感觉器官传递给他们的刺激感觉。飞行员只有在对视觉信息进行处理以后才能对自己所处的、可能发生灾难的环境作出判断。这个例子可以说明，心理学家为什么要研究视觉感觉。

克拉夫特是感觉心理学领域的专家。他建议航空管理当局以后禁止飞行员在夜间着陆时只凭感觉行事。他们必须更多地注意各种仪表上的数据。

根据这一定规则，来自感觉器官的信息是可以处理的，这种处理能力是生物为了提高自己的适应能力而在几百万年的时间里形成的。而对人类来说，只是在近代制造飞机后才有了加工利用感觉器官从高空获得的数据的必要性；因此，飞行员成为感觉错误的牺牲品是毫不奇怪的，因为他们所处是一个还没有进化到万事俱备的时代。

(166) **感觉数据的选择、整理和分析。**大多数人需要花点时间才能在插图4.2的画面中认出是一条狗，一条黑白斑点狗，画面中表现的似乎是这条狗正在用鼻子嗅地面。只要有这种发现，就说明有某种感觉。所谓感觉就是一系列认知过程的结果，在这些过程中，感觉数据（这也经常被称为信息）得到选择、整理和分析。但是，产生感觉的基础是什么呢？

区分感受和感觉的可疑作用。观察者感觉到一条狗，无疑是以来自眼睛的感觉细胞并通过神经连接传递到大脑的信息为基础的。信息框4.2将探讨的是，如果没有已感觉细胞的参与，人类是否也能产生感觉。

对于感觉数据经过神经传递到达大脑这种正常情况来说，有理由认为在看到的瞬间就有“感受”吗？事实上，有些著作家实际上就是持这样的观点，因为他们早已把“对基本的刺激事实的第一反映”称为感受。（Zimbardo & Gerrig，1996）然而不能忽视，早在对刺激事实产生“第一反映”之前，以感觉器官的消息为基础的整理过程就已经开始了。没有经过大脑的提前整理和任何分析，在短暂的瞬间也能知道和描述“感受”（即来自感觉器官的信息还没有被大脑作过任何形式加工的）“感受”，难道可能吗？许多感觉心理学家对这个问题都持否定态度。布鲁斯·戈德斯坦认为，虽然推测感觉和感受之间可能存在的区别很有意思，但是这种区分完全没有用处。（Goldstein，2001）与其这样，倒不如专注于研究来自环境的信息，怎样选择、整理和分析感觉过程中的这些被感觉器官记录的信息。有助于这项研究取得成果的还有在信号发现理论的发展过程中起了决定性作用的研究。

信息框4.2

存在超感觉的感觉吗？

几个世纪以来以及在现实的所有已知的文化中，人们一直在探讨这样一个问题：单个的人不以任何化学或物理上可测量的感官刺激为基础是否就能产生感觉。（Shells，1978）

超感觉的感觉的各种不同种类

这种超感觉的感觉包括：

——灵觉：没有任何感觉器官的参与就能对事件或物体产生感觉；

——心电感应（源自希腊语。Tele = 远；pathos = 感觉）或者一个人到另一个人的思想转递（可能相距很远）；

——未来想象或对未来发生的事情的预言；

——与亡灵接触；

——在自己身体以外的经验：有些濒死者在成功复苏后说，他们离开过自己的身体并作为一个旁观者看到了自己的身体。（见第156页及下1页）

(167) 所有这些现象都是通灵学的研究领域，此外通灵学还研究心灵致动，这种观点认为，思想过程可以影响物理事实。

研究超感觉的感觉的经典实验。对超感觉的感觉进行科学研究，是20世纪30年代初开始的。在一项典型的实验中，一位测试对象（“发送者”）拿到一堆混在一起的卡片，其中五种图形分别出现五次。(Rhine, 1934)“发送者”依次拿起卡片并专注于卡片的内容，并且很明确地想将内容告诉隔壁的一个人（“接收者”）。如果接收者的回答完全是随机的，那么，在总共25张卡片中应有五张能答对。

插图4.3 用于实验超感觉的感觉的、画有不同图形的卡片。

心理学对超感觉持特别谨慎的态度的理由。虽然在这类实验中答对的数目总是超过所谓的偶然预期值，但是现代心理学对于已证明的感觉外感觉的所有观点都表示怀疑，因为这些早期实验所取得的大量结果现在不用超感觉力量也能得到解释。(Alcock, 1990) 同样，弗赖堡心理学边缘学科研究所所长埃伯哈德·鲍尔也说：“经过整整一个世纪的研究可以稍有把握地确认，类似‘超感觉的感觉’或‘心灵致动’这样的传统的、以经典物理学为取向的概念是站不住脚的。”(Huber, 2000) 这种观点绝不是断然否定感觉外感觉的研究，理由如下：

——经过科学的验证，对超感觉的感觉的某些具体例子来说，揭露了谎言，至少揭露了巧妙的蒙骗，而且可以作出物理学的解释；(Hoppe, 1998)

——所验证的每一个例子都未能明确排除偶然性这种解释；(Alcock, 1990; Milton & Wiseman, 1999)

——随着科学研究方法的细化，在超感觉的感觉方面的研究结果虽然越来越少，但还有不少，数量仍然超过人们对偶然性的期待；

——所公布的观察到的例子似乎没有规则可循。因此它们不可能发展为一种理论，对观察到的东西作出令人满意的解释。

1964 年以来，著名的魔术师和超感觉现象的怀疑者詹姆斯·兰迪一直在口袋里装着一张面值为 10 000 美元的现金支票；只要在科学监控下能够明确证明自己的超感觉的感觉的人，就可以得到这张支票。(Randi, 1982; 1987) 然而这张钞票始终在兰迪的口袋里。 (168)

相信超感觉的可能理由。为什么还有那么多民众相信，至少是有一些人能够产生超感觉的感觉？他们明显希望生活得更有意义，并且对人在死后还有生命的说法感觉深信不疑。

4.2.2 信号发现理论

在同时发生的背景噪音下接受刺激。人们力求在经典心理物理学的范围内确定阈限值时认为，人只能对实际提供的刺激的存在或不存在作出反应。但是，难道真的存在只有一种刺激到达感觉器官的情况吗？除了实验者提供的刺激外，很可能还有其他来源的声音进入测试对象的耳朵。比如，我们可能同时会听到马路上的噪音或者小鸟的叫声；可能还听到隔壁房间的声响。自己的身体也会产生听觉刺激（呼吸、心跳或者“神经性的嗡嗡声”)。可见，这一点表明，“绝对阈限值”这个概念有误导性，因为不管所提供的刺激是否被觉察到，不仅取决于这种刺激的绝对强度和感觉器官的敏感度，而且还取决于它是否明显强于其他的“干扰”刺激，何况心理因素也能对判断产生影响。(Irtel, 1996)

心理因素对决策产生影响。必须始终考虑到这样的可能性：心理因素，比如判断者的动机或特定的预期等，会对决策产生影响。当孩子晚上第一次独处一室时，由于感觉害怕，他们经常会听到一些往常不理会的可疑声响；而在对老年人作听力测试时不能排除这样的可能性：他们不愿在别人面前暴露真正的听力困难。在这种情况下，他们往往会像比较年轻的人那样错误地坚持认为，他们听到了提供的听力刺激。(Gordon-Salant, 1986) 在一项研究中，人们给一些妈妈播放婴儿的哭声录音（Donovan et al., 1997)，其中一半的母亲误以为这种情绪宣泄来自“难缠的”孩子， (169)

而另一半母亲以为是来自“单纯的”孩子。（见第78页）事实上所有人听到的是同一个录音。误以为这种哭声来自“难缠的”孩子的人，听力阈限值低于以为来自“单纯的”孩子的人。

借助信号发现理论的方法，可用数学方式计算出错误因素，比如背景声音、注意力的改变、偏见等等影响判断的程度。用这种方式可以相当准确地计算一个感觉器官的能力。此外，还可以说存在最不可能作出某些错误判断的条件。

提高命中率，同时也提高出错的可能性。在许多情况下必须达到一个尽可能高的命中率：医生绝不能忽视X光片上的癌瘤的最初症象；空中军事侦察必须及时发现敌方飞行物的入侵；机场的安全检查部门必须透视检查行李箱，查检可疑物品。众所周知，在恐怖活动甚嚣尘上的时期，这种检查还要更加仔细；在这种情况下，危险信号即使再弱或者再没有把握，也必须认真查验，以求达到最高的命中率。当然，可以证明，只有错误犯得越多，侦查成果才可能越大；信号发现理论称这种情况为“错误的警报”。下面的例子表明，一次“错误的警报”在国际关系紧张的时期能够决定许多人的生死。

例子

1983年9月26日斯坦尼斯拉夫·彼得罗夫坐在莫斯科附近的一处秘密地下室，前苏联在这里始终监视着卫星发回的关于美国发射导弹的数据。就在几周前，苏联的飞行员击落了一架韩国航空公司的客机。午夜刚过，彼得罗夫突然发现一个红色警示灯亮了。一台电脑计算出了上述卫星发回的信号：美国发射了一枚导弹。此后不久，又接连四次出现其他飞行器起飞的信号。然而，在得到第一次警报后不到五分钟的时间里，彼得罗夫判定这一定是一次错误的警报。教官反复对他说过，敌方使用核武器将是猛烈的，将是一次这样的进攻，企图一下子就使苏联丧失防御能力。但是萤屏上显示只有五枚导弹，因此彼得罗夫心想：“如果他们要发动一场战争，那么，他们绝不可能只使用五枚导弹。”

彼得罗夫的决策值得注意，因为人们原则上都喜欢期望获得能证实现有猜测的信息，而不会去寻找可能驳倒现有猜测的暗示；我们把这种倾向称为“确认偏差”。（见第 329 页及其下 1 页）斯坦尼斯拉夫·彼得罗夫能够克服这种人性爱好，没有成为错误爱好的牺牲品。他的判断是正确的：这一定是一次错误的警报。他因此而可能避免了一场核灾难。人们在这次事件后很快排除了计算机程序的故障；斯坦尼斯拉夫·彼得罗夫至今还在等待他的幸运判断得到认可。（Hoffmann，1999） (170)

机场“安全检查窗口”可能也会出现错误警报：对乘客和他们的行李检查得越严格，就有越多的人必须打开自己的箱包，却没有发现可疑物品。

插图4.4　随着机场对乘客和行李检查级别的提高，出现错误警报的频率无疑也随之提高。越来越多的乘客必须打开自己的箱包，接受检查，尽管他们没有携带危险物品。

下章概览。到目前为止，我们所关注的过程没有限于某个感觉领域。在看、听、嗅等方面都可以研究阈限值和适应性。所有感觉器官都接收刺激，并经过选择后把它们转化成神经搏动，以便酌情通知大脑。但是，各个感觉器官是怎样工作和发挥作用的呢？这个问题将以视觉器官和视觉系统为例作出回答，视觉器官给人们传递关于周围环境的极其重要的知识。

4.3 视觉器官的结构和作用方式

为了了解周围发生的事情，人们首先使用自己的视觉器官。视觉器官的重要作用在日常用语中就能体现出来。比如，人们把特别聪明的人称为“聪明的”脑袋，而且可能断定他们拥有“辉煌的”思想；如果在困难的情况下找不到出路，人们会说“在黑暗中摸索”；如果最终突然想到一种有成功希望的办法，人们就会说“恍然大悟”。鉴于视觉器官对人类的突出作用，所以选择它，并以它为例来揭示眼睛接收到的物理能量最终变成视觉的、涉及“看”这种功能的感觉印象的过程。

4.3.1 电磁波是视觉感觉印象的基础

光波是电磁波谱中的一小段。人的视网膜上的接收器能以特殊形式辨
(171) 别电磁能量的方位，我们将这种能量称为光，它是视觉的、与“看”有关的感觉的基础。除此之外，如插图 4.5 表明的，还存在其他电磁波，比如电磁波方面还有 X 射线波、雷达波和无线电波，当然，在人类没有接收这些方面的电磁波的器官。对于物理学家而言，光是在波长和强度方面不同的电磁波。

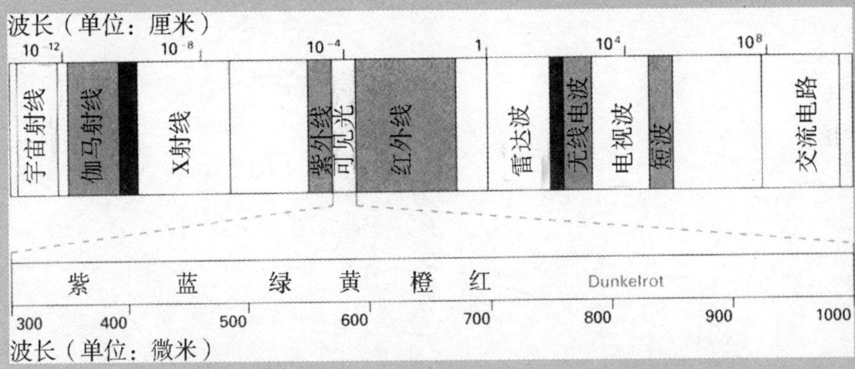

插图 4.5　可见光是电磁波谱中的一小段

光的两个物理特征：强度和波长。观察看到的光的亮度，取决于光的强度。与聚光灯相比，烛光的强度微乎其微。人类可看见的光的波长是 380 – 760 纳米（一纳米等于一米的十亿分之一）。英国物理学家伊萨克·牛顿（1643 – 1727）1704 年在剑桥大学的研究中发现，照进他房间的阳光可以用棱镜进行分解，阳光穿过棱镜后形成一个色谱，这个色谱宛如人工的彩虹。而每一种可感觉到的颜色都与特定的波长相吻合（人们往往喜欢用波长，而不是频率这个概念，二者之间有着固定的关系：频率越高波长越短）。380 纳米的波长在观察者看来是蓝色的，而 700 纳米的波长他就会感觉是红色的。眼睛经常看到的大多数颜色是由多种波长组成的。纯粹的红色或蓝色具有很高的饱和度。如果一种颜色由多种波长组成，那么它的饱和度就很低。

4.3.2　接受物理能量并转化为神经搏动

眼睛具有与照相机类似的结构。照相机的结构在很多方面都很像人的眼睛，当然二者之间也有区别，因为人进入“视觉世界”毕竟是通过一个器官实现的。眼睛自身的感觉器官（接收器）位于视网膜（Retina）上。(172)
在光线到达接收器之前，要经过多个“组件”，它们为保护眼睛内部的敏感部位，控制光线射入的强度，并负责在视网膜上形成清晰的图像。从插图 4.6 可以看到光束反射的路径：它先像一个向上的箭头反射，然后到达眼睛。

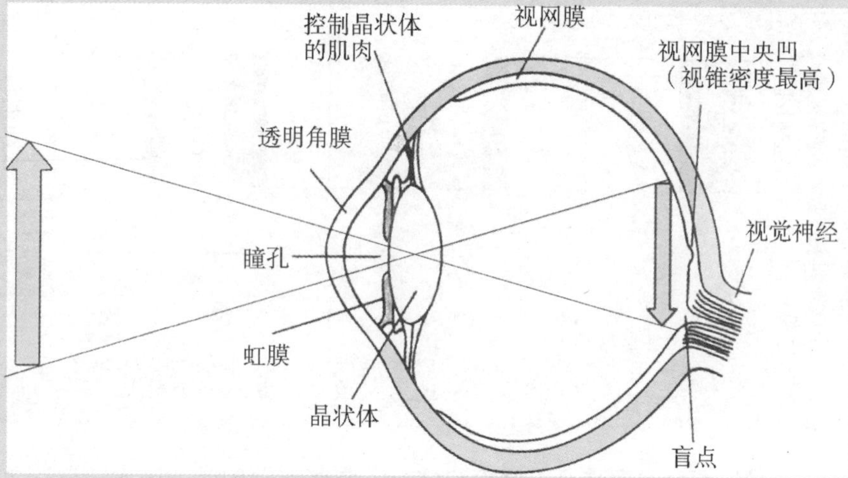

插图 4.6　人的眼睛的横截面

光线最先到达眼睛的透明角膜（Cornea）。角膜要完成两个任务：一是要保护位于角膜后面的易受伤的部位，二是要第一次折射光束线，以便在视网膜上形成一个清晰的图像。在眨眼时反射性地分散在眼睛上的泪液可以改善角膜的光学特性。角膜后面紧挨着的是虹膜（Iris），它把颜色告诉眼睛（通常是蓝色或褐色）。虹膜是不透明的。到达眼睛内部的光束必须经过一个口子，即瞳孔，它借助肌肉的力量可以放大或缩小，以便调节光线的强度。眼睛的这一部位可以完成类似于照相机光圈的任务。接着开始工作的是晶状体，它也很像照相机中的某个元件，但是它不必到处移动，而是可以在肌肉的影响下放大或缩小自己的直径，以便能够在眼睛的后壁（视网膜）上投射清晰的缩小的映像。

接收器位于视网膜上，它将电磁能量转化成神经系统的语言。需要注意的是，光线经过晶状体是头足倒置的。不过，这种 180 度的倒转不会使人感觉到困难，因为人们对此早已习惯了。就像尝试带反射镜的人一样，持续使用最多一周以后，感觉映像就会重新颠倒过来，佩戴者会因此
(173) 而——至少在某种程度上——找回空间的方位感。（Stratton，1897）上个世纪 20 年代中期，在因斯布鲁克，行人看到一些骑摩托的人也许很吃惊：他们戴着奇怪的眼镜骑着摩托车招摇过市。他们戴的是反光镜！显然，他

们已经习惯了这个“颠倒的世界”，以致能够在繁忙的道路上有惊无险地穿行。(Kohler, 1956)

两种接收器：视锥细胞和视杆细胞。视网膜上有两种接收器：视锥细胞和和视杆细胞。视锥细胞大约有600万个，主要集中在视网膜中心，所谓的视网膜中央凹（Fovea centralis），负责辨色。视杆细胞约有1.2亿个，主要位于视网膜的边缘，不在视网膜中央凹。如果在一个黑夜里看向星空，就能感觉到这两种接收器的不同位置。因为只有当头部稍为偏离不太亮的星星的时候，才能看到它。当人们直接看它时，也就是说，它的映像投射在视网膜的中心，即中央凹时，它就从感觉中消失了。视锥细胞是专门对付强光的，微弱的光线不足以刺激它。只要做一个小试验（如下），我们就会相信，外缘——因为没有视锥细胞——是不能辫色的。

因为视杆细胞不能辫色，而视锥细胞只能对强光作出反应，所以人们在一个黑暗的房间里——除了黑色——仅能看见不同层次的灰色。但是，因为视杆细胞在30分钟或者更长的时间后就会完全适应黑暗，所以在光线不足的环境里要过一段时间才能辨明方向。

启动自我体验

为了通过小实验证明视网膜外边缘是不能辨色的，您需要几支不同颜色的铅笔，但是要一样粗细、一样长短。请您闭着眼睛抽取一支铅笔，先把铅笔放在脑后。然后睁开眼睛，缓慢地把铅笔从脑后转到眼前。当您第一次，也就是还很模糊地看到它时，您几乎很难分辨它的颜色。

4.3.3 中枢神经系统处理和传递视觉信息

加工视网膜上的视觉刺激。我们可以认为，每个接收器是与大脑直接相连的。然而，这是不正确的，因为视神经大约只有100万个轴突，即通往大脑的通道。因此，远不是每个视锥细胞和每个视杆细胞都有“直接的接口”的。插图4.7以极其简化的方式表明，视网膜的哪些组成部分和横向联接负责加工来自接收器的光学信息（这些信息起初质量很差），最终将这些信息传递给能力相对较低的视神经。

光线绝不是首先到达接收器，更确切地说，它必须先穿过多个细胞层（也必须给它们供血），才能到达视锥细胞和视杆细胞。光线在接收器内引起化学过程，从而产生搏动，而博动首先被传递到两极细胞（神经细胞有
(174) 两个极：一个轴突和一个树突），然后传递到神经节细胞，神经节细胞再用它们长长的神经轴突把信息传递给大脑。其他的细胞（比如所谓的水平细胞）在视网膜的中间层负责不同两极细胞间的信息交流。这个复杂的网络可以进行非常简单的加工处理。

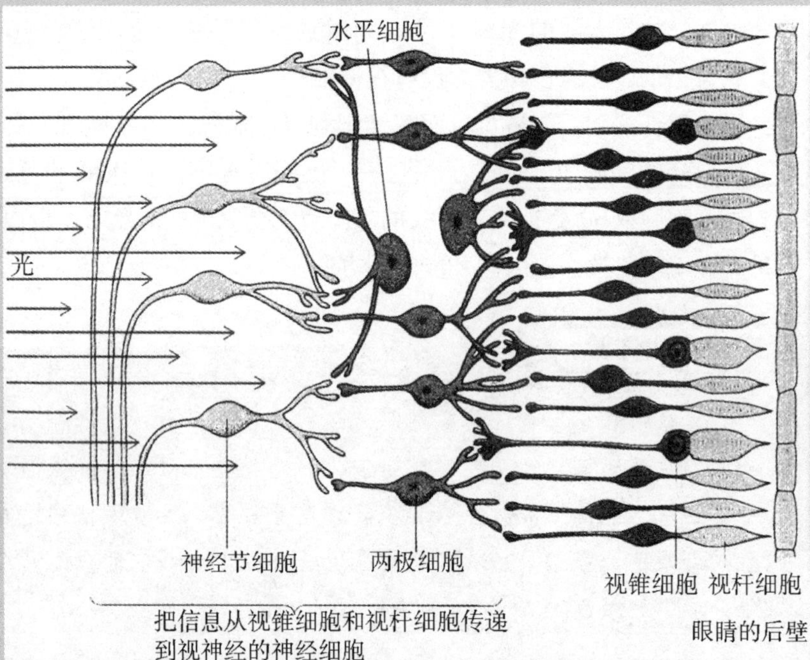

插图 4.7　眼睛视网膜的横截面

大多数两极细胞从多个接收器接收信息。这是通过被称为聚合（会
(175) 聚）的过程实现的。聚合主要发生在视网膜的边缘部位，那里有许多视杆细胞，而很少发生在视锥细胞集中的中央凹。在许多接受器只与少量两极细胞对接的地方一定会丢失必要的信息。因此，视网膜中央的视敏度要比边缘部位高得多。

插图4.8 不同亮度对比图。图中的哪个正方形最暗，哪个最亮？

在观看插图4.8中各种灰色正方形时所产生的感觉印象，也要归因于已在视网膜中进行的加工过程。图中哪个正方形最暗，哪个最亮？

在评价一个正方形的亮度时还可能受到环境的影响。环境越暗，正方形看起来就越亮。根据感觉印象灰色正方形的亮度从左到右越来越暗。但是，如果用一张纸剪出四个大小合适的洞，透过小洞只露出内部的正方形，那么人们就会看到，所有正方形都是一样亮的。这种错觉的产生可能是水平细胞在起作用。水平细胞会强化差别。两个接收器接收的往往是不一样多的光线。当二者之间出现差别时，这种差别在连接细胞的帮助下会扩大，因为源自受到弱刺激的接收器的搏动会额外受到阻碍。因此，大脑会以夸张的方式接收到关于接收器的不同强度的刺激的信息。这种夸张对于一个想要熟悉房间环境的人来说非常有好处。物体的棱角和边缘对观察者来说显得很突出，因为它们分别投射出了各个从明到暗的过渡。通过视网膜中的上述过程，棱角显得更加对比鲜明，因而更容易辨别。

视网膜上的盲点。神经节细胞的轴突集合成为视神经，视神经把在某种程度上已经加工的视觉信息从视网膜内部传导出来。因为在视神经的出口没有感受器，所以就形成一个盲点，参照插图4.9很容易证明这个盲点。人们只需闭上右眼，然后用左眼距离约30厘米看那颗星花。左边的文字是模糊的，因为是在视野的边缘看到它们的。只要慢慢往前缩小观看的距离，这些文字一旦进入盲点上，就看不见了。在日常生活中，人们不会意识到这个盲点，因为感觉系统合理地弥补了视野中缺失的这一部分。(Rolls & Deco，2002)

Dises

Schrift

verschwindet   *

插图 4.9　自我尝试证明盲点图示左边的文字不见了

视神经交叉（Chiasma opticum）。神经节细胞的轴突不是直接通往大脑的。两个视网膜的视神经相遇并通过视觉交叉（Chiasma opticum）相互连
(176) 接在一起。视神经的鼻子部分（源自两个视网膜的各一半，位于鼻子附近）相交以后，通往两个脑半球的只是相应的视网膜面。（见第 27 页插图 1.5）如果没有这样的分隔，就不可能观察脑半球分裂的病人。（参看信息框 1.2）至于视觉刺激经过的其他的站点，这里不再叙述。还要说明的是，来自视网膜接收器的信息被投射到大脑皮层后侧的两个部位（视觉皮层）上，在那里进行深度加工。这种加工的结果——在下面的章节中叙述——最终形成感觉印象。

4.4　解释色觉的理论

色觉是大脑的结构。视锥细胞是色觉的基础这一发现还有待解决一个重要的问题：色觉是怎样产生的？辨色能力正常的人至少能够区分大约 700 万种颜色的细小差别或色值。（Birbaumer & Schmidt，2003）物理学上早已众所周知，波长到达一个物体时会发生什么事情。有些波长被“吸收”了，有些波长则被反射了。色觉取决于物体反射哪种波长。一个橙子不是橙色的，只在观察者看来是“橙色”的，因为它反射了较长的波长（电磁波谱中的低频）和一些中等长度的波长，而把其他波长“吸收了”。所感觉的颜色总是大脑结构的产物。有一些物体反射所有波长，不进行任何选择。“黑色”物体反射所有波长中的 5%，而“白色”物体则反射约 80%。所以，“黑的”或“白的”这种色感取决于反射光的量。那么，大脑和感觉器官是怎样从波长中产生色觉的呢？19 世纪就已提出的两种理论对此作了解释。

扬和亥姆霍兹的三色理论。英国物理学家托马斯·扬（1773－1829）把不同的颜色投射到墙上，使它们部分重叠。他在这个“光色”试验中发现，使用三种基本颜色“红”、“绿”和“蓝”能够制造出可见光谱中的所有颜色（颜料盒的颜色是所谓的“表面色”，它们的基本色是“红”、“绿”和“蓝”）。当他把这三种颜色同时投射到同一位置时，根本不会产生任何色觉；在这种情况下，扬只看到了“白色”光。作了这种观察以后发现了这样的问题：这三种基本色是否可能与三种感受器相对应。大约50年后，这种可能性使生理学家海尔曼·冯·亥姆霍兹着了迷（1821－1894）。他进一步研究了扬提出的三色理论。（Helmholtz，1856）为了纪念这两位科学家作出的贡献，人们至今仍称三色理论为扬—亥姆霍兹理论。

就像诺贝尔奖得主乔治·沃尔德通过实验令人信服地证明的那样，在人类眼睛的视网膜中确实有三种视锥细胞，它们分别对某些波长特别敏
感：430纳米、530纳米和560纳米。因此，将这些视锥细胞称作“蓝”、 (177)
“绿”和“红”是不太确切的（之所以不太确切，是因为涉及波长，准确的名称应该是“紫”、“蓝绿”和“黄绿”，如果只刺激一种视锥细胞，那么，只能看见“紫”、“绿”和“黄红”。（Hubel，1988）。每个视锥细胞系统对某些波长的反应非常强烈，对于相邻的波长虽然也有反应，但是比较弱。视锥细胞不能单独传递有关感觉到的颜色的消息，更确切地说，多个视锥细胞系统共同合作，才能传递一种色觉。比如，当波长为550纳米的光到达视网膜时，人们就感觉到“绿黄色”。对物理的光刺激，“红色”视锥细胞的反应比“绿色”的要强一些，“蓝色”视锥细胞反应最弱。

扬—亥姆霍兹理论原则上虽然至今没有引起怀疑，但是，有些现象根据这种理论还不能作出解释。比如，有些人不能辨别某些颜色。人们称之为色盲。完全没有色觉的人很少。我们经常遇到不能辨别某些颜色的人，约有2%的男人和1%的女人不能辨别红色和绿色。黄蓝色盲很少见。色盲为什么通常都不能辨别某几对颜色呢？扬—亥姆霍兹理论对某些后象也没有作出令人满意的解释。比如，当人们注视一个蓝色图案约30秒钟后，接着把目光移到一个白色平面上时，看到的是所谓的互补色——黄色。另一位生理学家埃瓦尔德·黑林（1834－1918）认为，这些现象是对科学提出的挑战。

黑林的余色理论。黑林与自己的同行亥姆霍兹一致认为，人类的眼睛

肯定有三种不同的接收器系统。色盲这种现象与后象（这是人们在注视一个有色图案后想象的一种颜色现象），黑林据此猜想，在接收器中会发生相互排斥的过程。（Hering，1905）他在“余色理论”中认为，在眼睛、大脑或者两者中，存在三种相互排斥的过程——一种是红—绿色觉，一种是黄—蓝色觉，还有一种是不同于其他两种的黑—白色觉。每一对颜色只有一种颜色在某个时刻起作用。第三对颜色，即黑—白颜色的反应方式可以相互混合，所以能形成灰色。辨色的过程可以设想如下：每一对颜色都有一种特殊的化学物质（所谓的辨色素），这种物质遇到光就会分解，随后又会重组。这种分解和重组以相互对立的作用方式产生两种可能的色觉中的一种。比如，如果较长的波长激发了一对红—绿颜色中的红成分，那么，就会抑制绿色成分；如果中等波长激发了绿色的成份，就会抑制红色成分。如果激发一对黑—白颜色的成份，那么，只会产生一种颜色的明或暗，而不是颜色本身。如果一对颜色中的两个成份同时被激发，那么，结
(178) 果就会是相互抑制。可见，如果一束光含有同样多的蓝色和黄色，那么人们看到的只是灰色。如果两种波长，一种较短的（蓝色）和一种较长的（红色）同时到达视网膜时会怎么样呢？根据黑林的理论，光中较短的波长会激发蓝—黄配对的颜色中的蓝色成份，接着会抑制其中的黄色成分。较长的波长会激发红色的成份，反过来又会抑制绿色的成份。因此，感觉者就会看到紫色，因为这是蓝色和红色的一种混合。

黑林能够用自己的理论解释色盲的人难以辨别红色和绿色或蓝色和黄色的原因，因为在这两种颜色中，显然是某个接收器系统失灵，这时取得后象的经验也可以理解了。如果我们注视一个黄色的画面 30 秒钟，那么，蓝—黄这对颜色的平衡就会被打破：黄色成份逐渐“疲惫”，因此这种平衡就会向蓝色倾斜；在长时间注视一个绿色画面时，绿色成份逐渐变弱，因而红色就突显现出来。

色觉是信息加工各个阶段的顺序。这两种理论究竟是哪一种更出色，生理学家已经争论了将近 100 年。事实最终表明，色觉是如此复杂，以致这两种理论都需要作出一个令人满意的回答。扬—亥姆霍兹理论能够更好地解释视网膜的作用过程，认为视网膜中确实有三种视锥细胞。在信息加工的后期阶段，视网膜和大脑中的细胞明显遵循黑林在他的理论中所描述的原则，也就是说，视网膜二者兼具，视网膜既是接收器，同时又是大脑

的外延部分（大脑和视网膜的分离在胎儿发育早期就已开始），视网膜通过一束粗大的神经——视神经与大脑相连。生理学家找到了由红色印象激发（启动）、绿色印象抑制（关闭）的神经细胞；有的神经由蓝色印象激发、黄色印象抑制。只有系统研究视网膜中各个视锥细胞系统的共同作用和大脑中某些神经元的启动与关闭，才能解释色觉的基础。（Gegenfurtner & Sharpe，2001）

4.5 形状感觉

如果我们看一眼周围，那么我们通常看到的许多物体都是通过形状相互区分的。人类身上发生了那些加工过程才会对这些形状产生感觉呢？这是所谓的探测器和感觉者在记忆里已经存储的内容的一种复杂的共同作用。

4.5.1 加工视觉信息的等级结构

休伯尔和威塞尔发现的特征探测器。如上所述，视网膜的接收器接收的由视觉神经传递的信息最终到达视交叉处。大脑这一部位的细胞对信号作出什么反应，长期以来一直是一个悬而未决的问题，人们在研究中始终没有作出令人满意的回答。人们把小线圈（微电极）植入动物的视交叉处 (179)
并记录各个细胞作出的反应，以求回答这个问题。两位神经生理学家戴维·休伯尔和托斯登·威塞尔用光点刺激实验动物，他们期待，脑细胞会以某种方式对此作出反应。插图 4.10 是他们实验安排的示意图。这两位研究人员一定很困惑，因为他们在研究开始时一再看到，本应是接收来自视网膜上的信号的视交叉处的细胞没有表现出任何反应。有一天，这个谜底被意外地揭开了。（Hubel & Wiesel，1962；1963）休伯尔和威塞尔使用的一张幻灯片的玻璃框出现了一道裂缝。这张幻灯片提供的刺激没有引起皮层细胞的任何反应。但是，从幻灯机中取出这张幻灯片时，被观察的细胞开始用电子信号对裂缝处活动的阴影作出剧烈反应。休伯尔和威塞尔对他们这个偶然发现作了详细研究，并很快发现，这种特殊的细胞对单一的光点几乎没有反应，更确切地说，只按程序对斜线有所反应。另一些细胞只对图片中心的垂直线有反应。有的细胞对位于刺激源别处的水平线有反应，或者只在直线相交形成一个直角的情况下才“启动”。休伯尔和威塞尔在1981年凭借这一发现获得了诺贝尔奖。现在我们知道，还有一些探测器细胞专门对复杂的刺激作出反应；比如，颞叶中的有些细胞主要负责对人脸有反应。（Kanwisher，2000）这类细胞的存在可以说明婴儿喜欢注视人的脸部的原因。这类细胞的发育可能是进化的结果，而这样的进化使远古时代的人类轻易就能区分敌友。

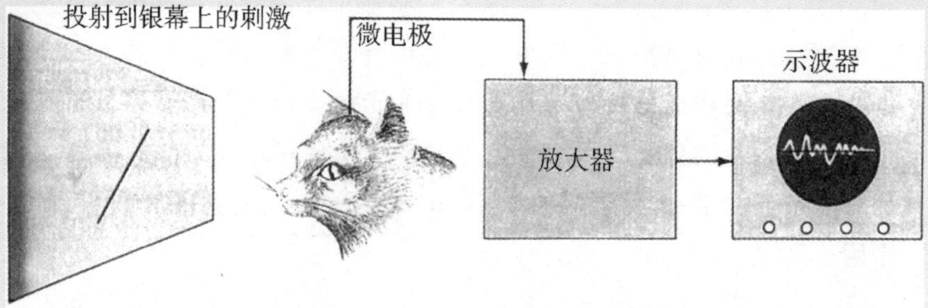

插图4.10　休伯尔和威塞尔为了研究视交叉处的细胞所设计的实验图，这些细胞对个别的刺激特征（线、角等）的反应尤为敏感。将微电极导出的脉冲放大并通过一个示波器显示出来。

特征分析：组合成形状。有些心理学家认为，认识形状和样式是特征分析的结果。（Lindsay & Norman，1977；Maguire et al.，1990）根据这种观点，认识过程是以诸如直线、折线和角这样的简单形状开始的，它们经
(180) 过加工后被感觉成综合的形状，比如感觉是三角，是正方形或者是自行车。插图4.11说明了根据这种理论感觉字母R的方式。

根据插图4.11所举的例子，让观察者看字母R（第一阶段），多个探测器记录了这一比较复杂的刺激的各个特征，比如直线和角（第二阶段），高级组织的神经元将特征探测器所传递的信息与视觉记忆中的内容相比较，以便确定，哪个已存储的字母具有所看到的部分或全部特征。某个字母（或某个物体）具有合适的特征越多，对这类神经元的刺激就越大（第三阶段）。最终判断所接受的刺激最有可能是哪个字母。通过各种元素的

组合感觉字母 R 是一个“自下而上”的过程。这一过程从刺激接收器开始，然后从那里一直到达更高级的脑细胞。

读者之所以能阅读本页，因为读者的视觉系统能够看到每个字母的组成部分的各个特征。人们需要 12 个特征（水平线、垂直线、斜线，开放和闭合的线条、点等等）来充分描述字母表中 26 个字母的特征。（181）

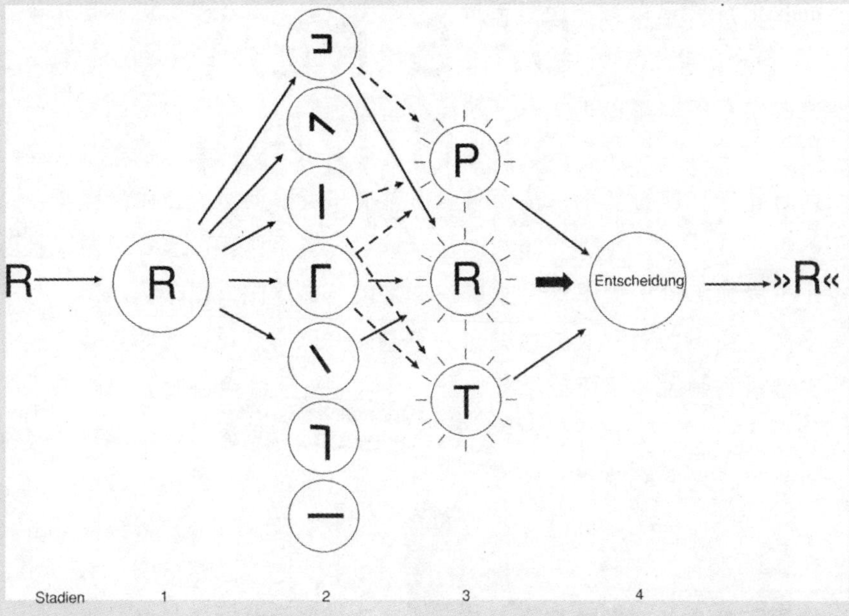

插图 4.11 感觉字母 R 的特征分析过程。在特征探测器记录某些刺激特征后，高级组织的神经元开始工作，特征分析就是通过它们完成的。由这些神经元组合成的形状与已存储在记忆里的形状相比较。其他的神经元对特征分析结果进行评价并作出判断，所接受的刺激可能是字母表中的哪个字母。

特征探测器在解释人的感觉方面的局限。毫无争议的是，上面所说的神经元在感觉过程的早期阶段起一定作用。但是，特征探测器单独并不能说明意识到的各种各样的视觉经验。（He et al.，1996）它们在感觉过程的早期阶段可能起某种作用，但是它们还要经过大脑的大部分都参与的其他非常复杂的过程。感觉不仅是一个自下而上的过程，而且也是一个自上而下的过程。

考虑上下文。如果我们明确看到感觉形状和样式的方式，那么就会发现，高级的大脑中心可以“命令”低级加工水平的中心，应当向上发送哪些信息。比如，这样一种从上到下的过程，这样一种从上到下的加工是由考虑上下文的期待引起的。插图 4.12 举了这方面的两个例子。

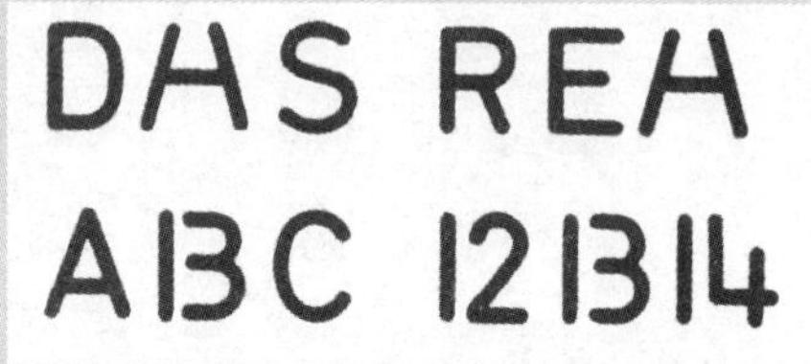

插图 4.12　自上而下过程的例子，这些过程可能改变刺激的含义。

插图 4.13　这个建筑物有几根柱子？

如果书写不清楚，人们仅凭一项特征就无法判定，一个刺激物应该读作“H”还是读作“A”。但是，如果像插图 4.12 那样设计一种上下文的关系，那读者就有望读懂。因此，同一个的刺激物/ - \ 有时可读作“A”，有时可读作“H”。同样，I3 要么意味着“B”，要么意味着“13”。这种感觉的产生仅仅通过自下而上的过程是无法解释的。大脑明显能够考虑到不清楚的符号所处的上下文联系。在一种情况下，这个模棱两可的符号一定是“A”，因为它处在刺激物“DAS”的中间是有意义的；在第二种情况下，我们可以把这个符号读作“H”，因为与“REA”不同，“REH”似乎是有意义的。同样，我们从周围环境可以推断，I3 是一个数字还是一个字母。认知引导的过程还能够使人读懂一段很难辨认的文字：（M n k nn uch (182)
in ei em S tz vi e Zei hen w gfall n la sen. “一个句子可以抽掉很多字母”），这句话并不难懂，因为大脑通常都知道，哪些字母在德语中是经常搭配在一起的。可以用这种知识来填补缺失的字母。

当然，在看插图 4.13 所示的建筑物时，在自下而上和自上而下这两种过程间就出现了大脑无法解决的矛盾。因此，观察者无法没有矛盾地解释这个复杂的刺激物。

4.5.2 形状感觉中的格式塔原则

“整体大于各部分的总和”。当我们把视线投向我们面前的书桌时，便使无数的接收器把物理能量转化为神经搏动。但是，尽管如此，观察者还是看不到视锥细胞和视杆细胞所记录的各个刺激。毫无疑问，即使我们首先把感觉场中的大量线条、圆形和角完全有意识地组合成有意义的整体，我们也会产生巨大的困惑。在接收器把所记录的刺激通知大脑之后，大脑就立即开始进行组织，也就是说，把接收到的信息组合成有意义的整体。

比如，当我们注视放在面前桌上的一支铅笔时，我们把这个有用的书写工具看作一个整体或者一种形态。之前必须完成的过程，即接收器记录这种刺激物，分析和组合所看到的特征，在有意识的感觉之前就已经完成。对于观察者来说，感觉整个客体显然比看到并说出各个特征的名字更容易。从看书桌这一小小的自我实验中可以得出这样的结论：有意识的感觉是对整体而言的。

在第一章中就已介绍了与结构主义者针锋相对的格式塔心理学家的观点。结构主义者研究感官体验的基本要素，因为他们相信，感觉是在组合这些要素之后产生的。格式塔心理学家反对这种要素论观点，他们认为，整体大于各部分的总和。他们描述了许多原则，人们正是根据这些原则把感官数据组织成为感觉。插图 4.14 可以说明他们的观点。

结构主义者在研究中具体关注的也许是要素，即八个圆圈。但是，他们同时可能会忽略观察者只有把目光投向整个画面时才会感觉到的一些东西，也就是说，那些白色线条会组合成为三维的立方体（所谓的内克尔立方体）。感觉者甚至可能在那些事实上不存在物理刺激的地方看到立方体的棱，因此，在这样的情况下我们称之为“错觉轮廓”（Bradley & Petry, 1977），“任何认为感觉是由各种感官感受组成的理论都不能解释这种现象”，
(183) （Goldstein，2001）只有在注视整个图解画面时才能使大脑设计那些在注视要素时无法看到的错觉轮廓。在这一点上，整体确实大于各部分的总和。

插图 4.14　由圆圈组成的八要素图，每个圆圈中有三条线组成。观察者真的只看到各个要素，还是感觉可以看出一个有意义的整体，即一个立方体的整个布局吗？

关于图形与背景的原则。当我们把目光投向物理环境时，我们可能看到的是挂在墙上的一幅画、放在桌上的一本书和悬挂在天花板上的一盏灯。这样的观察结果可以表明，知觉场具有基本的秩序：一种物体（画、书和灯）——人们大多称之为图形——通常从一个背景中凸显出来。实际上，视交叉处的细胞对图形的反应比对背景的反应更活跃。（Lamme，1995）这种图形—背景的关系在其他感觉领域也存在。比如，我们在音乐

厅把歌声感觉为前景，我们毫无困难就把歌声看作从背景——乐团的音乐中凸显出来的一个有意义的整体。

格式塔心理学家早就认为，图形—背景的区别是感觉的一种基本的秩序效果。这种理论的代表人物认为，这种区别效果与一个人的学习经验无关。事实表明，在眼科手术后平生第一次能看见东西的人，很快就能够在图形和背景之间作出区别。(von Senden，1960)

在大多数情况下都不难看出一幅画的图形和背景。图形是一个具有明确界限的整体；而背景似乎是可以无形扩展的。图形与背景的界限越不清楚，就越不能看清图形，比如看大雾中的雪人。艺术家创作了一些提示刺激安排得很巧妙的刺激图，以致观察者不能立即区分图形和背景；这就是可逆图。插图4.15举了这方面的两个例子。

大多数人在看A图时，首先会把一个从黑暗的背景中凸显出来的花瓶看作图形，然后，他们才会把黑色的背景也看作一个图形：会看到两张相对的面孔。莫里茨·埃舍尔的木刻是另一个例子，人们在这张木刻画中看到的图形要么是天使，要么是魔鬼。对所展示的图片作重新安排可以使人按照意愿看出这个或那个整体，这也取决于观察者的经验，如下例所示：

格式塔心理学家还提出了其他一些格式塔定理；要素怎样组合成更高级的形状，都取决于这些定理。插图4.16各用一个例子表现了感觉安排的著名定理。

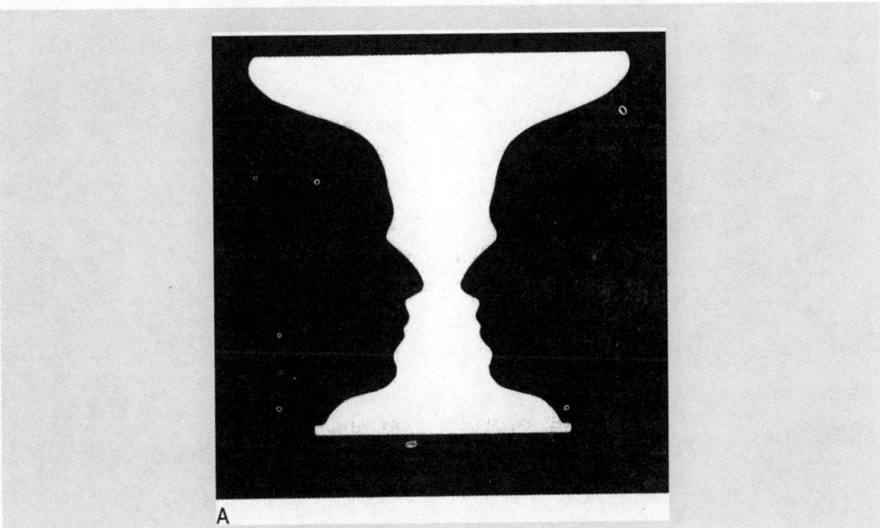

(184) 插图 4.15 可逆图，在这种图中可以将图形看作背景，将背景看作图形：

A：鲁宾的面孔/花瓶幻觉

B：莫里茨·埃舍尔的木刻画

例 子

第二次世界大战爆发前的经济大萧条时期，家禽养殖场场主主要想出售公鸡，而不想卖母鸡，因为母鸡下蛋是一项重要的经济收入。当然，区分小鸡仔的性别是极其困难的。要能区分小鸡仔的性别需要多年的深入实践。两位实验心理学家埃尔文·比德曼与马格丽特·悉福拉对这个问题很感兴趣，他们解剖了小鸡仔，最终得以告诉鉴别小鸡仔性别的生手，应该注意的是，性别鉴定员必须学会观察小鸡仔屁股的一个特定部位，区别这个部位是凸的（往外拱）还是凹的（往里拱）。（Biederman & Shiffrar，1987）但是，学员在经过严格的培训后，仍不能达到经验丰富的专家那样的准确率，尽管他们清楚地知道问题的关键在那里。专家们鉴别一个小鸡仔性别的速度非常快，大约只需要半秒钟。只有广泛而长期地积累经验以后，人的视觉系统才能应用自如，观察者才能驾轻就熟地辨认和区别两幅可能的刺激画面中的一幅。（Cris t et al.，2001）

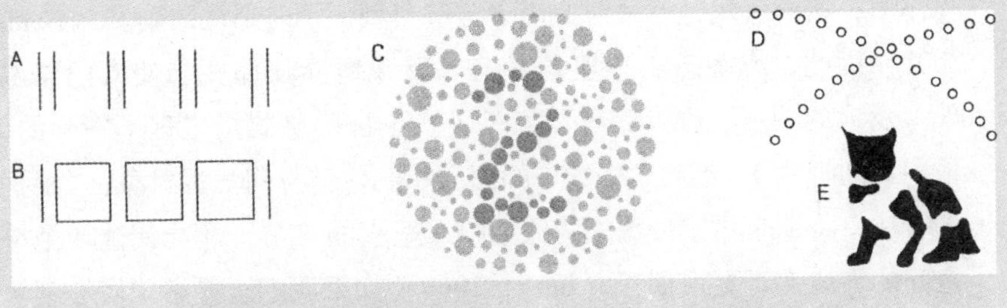

插图 4.16 格式塔定理的例子，据说能解释人们安排自己对形状的感觉。 (185)

就近定理。插图中 A 部分说明就近定理。靠近的两条线让人感觉是一组。如果一个人在房间里，这个房间有两个窗户——可能仅被一道窄墙隔开，那么他就会以日常生活中的例子描述就近定理。在这个房间里还有其他例子吗?

完整性定理。现在，如果像插图 B 部分那样加上几道横线，这个整体就被“破坏”，并创造出新的图形：完整性定理决定整体印象。房间的窗户为这个定理提供了一个例子，因为它们让人感觉为一个整体。在一个房间里还能找出那些例子呢?

近似性定理。插图 C 部分表现的是许多黑点，观察者能够拼成阿拉伯数字 2；之所以会形成一个“2”，是因为形成“2”的点是相似的。相似的点被看作一个整体，规则曲线定理无疑也起了一定的作用。

规则曲线定理。插图 D 部分是规则曲线定理的一个例子。这个定理为就近定理作了补充，因为根据这个定理，一幅画可能被感觉为两个画面。人们可以设想有一条垂直线贯穿画面的中心点，以致这个中心点的左右两边各是一个整体，然而，这个中心点只有认真看才看得到。而根据规则曲线定理很容易就能感觉到两条相交于中心的小弧度曲线。

规则形状定理。最后要说的是规则形状定理或简洁定理。只要一个刺激画面有些不够完整，我们就喜欢给以补充，以便看到一个“规则的”形状。“规则”这一概念在这里表示有规则、对称或者完整的意思。插图 4.16 的 E 部分有这样一些黑色斑点，看起来就像一只猫。

对格式塔定理的批判性评价。布鲁斯 · 哥尔德施泰因批判性地评价说，“感觉的格式塔定理显然只有在运用于为它们专门设计的例子时才发挥作用；它的作用绝不可能像用于这些典型例子时那样明确。”（Goldstein，2001）因此，有些感觉心理学家千方百计地寻找那些会使人们作出“意
(186) 外”反应的图形。雅可布·贝克举了一个证明格式塔定理不精确的例子：他用下列符号 T、T 和┘构成一幅图。然后他转身问测试对象：“根据你们的看法，将那个用字母填充的区域归入垂直的 T 群，才能使这两个符号群之间的界线变得更模糊？”（Beck，1966）如果我们遵循格式塔心理学的定理，那么，我们一定会根据近似性定理将垂直的 T 群和倾斜的 T 群归为一组。贝克的许多（遗憾不是全部！）测试对象回答说，他们也许会轻易把 T 群和┘群看作一个整体，而把倾斜的 T 群看作单独的一组。

格式塔定理不能令人满意地解释，为什么不同的人对自己在同一幅画面中看到的整体会千差万别。尽管如此，他们能感觉到整体，这一点是无可争辩的。他们所有人都根据简洁定理（“规则形状定理”）对刺激特征进行了整理（这是格式塔心理学家的功劳，因为他们说明了这一点）。这一定理说明，“人们总是喜欢组成最简单、最理想和最稳定的总体形状”。（Müsseler，2002）约亨·米塞勒认为，这个原则是一个抽象的自上而下安排的原则，这就是上述格式塔定理的源头。今天还有许多感觉心理学家表示，他们的研究是受了格式塔心理学家的观念的启发。

麦克斯·韦特海默（1880－1943）的一项实验为格式塔心理学的诞生作出了重要贡献。当时他对似动现象很感兴趣，所谓似动现象就是观察者在一个黑暗的房间里交替出现两个不同光点时所感觉到的一种现象。

4.6 对运动的感觉

韦特海默为研究似动现象而做的实验。麦克斯·韦特海默在一个黑暗的房间里相隔一段距离放置两盏灯，并短暂地交替关闭其中的一盏，他从中得到了重要的发现。观察者告诉他，他们的印象是，光点在两盏灯之间来回移动；也就是说，他们在客观上没有光源的地方也看到了光。他们描述了一种似动现象。今天，人们把韦特海默创造的这种效应称为“频闪运动”。

创造频闪运动后发现了行星冥王星。此外，一次类似的实验最终导致

发现了行星冥王星。20世纪30年代，克莱德·汤博在天空中搜寻新的行星。因此，他每隔几天就拍摄夜晚星空中的同一区域。但是，这位天文学 (187)
家遇到的巨大困难是，要在两张照片的同一位置始终出现的大量的星星中辨认一个运动的点（与恒星不同，行星是运动的）。为了解决这个问题，他把同属一组的两张照片放进一个投射仪，交替把这两张照片投射到荧幕上。在其中一组中，他发现了一个来回运动的光点；这就是那颗现在以冥王星的名字闻名天下的行星（Tombaugh & Moore，1980）。

通过缩小和放大客体感觉物体的运动。经常看电影的人可能知道，在投射到屏幕上的物体迅速变大时会有一种感觉印象：似乎有一种突然迫近的错觉，往往使观众为了抵御臆想的危险而迅速往后避让。人的大脑在构建运动印象时有时按照这样的规则：物体变小时，观察者会感觉遥远，而物体变大时观察者则有迫近的感觉。但是，客体的变大或变小以及它们在视网膜上的位置不是解释为运动的唯一的刺激特征。通过头部和眼睛的运动，视网膜上的投影也不断变动，但是不会产生这样的印象：周围环境也在相应地运动。也就是说，大脑在不断利用头部和眼睛在运动中得到的信息。当人们把视线从左至右地扫过书桌时，虽然视网膜上的图像也同时改变，但是人们知道桌子是静止不动的。只有当一个物体在自己眼前从一侧挪到另一侧而眼睛和头部保持不动时，观察者才知道物体在移动。在通常情况下，这种知识是不言而喻的；只有大脑出现紊乱才会对运动的感觉受产生影响，只有这时当事人才会觉得找不着东南西北。信息框4.3介绍了这种大脑紊乱以及由此在日常生活中造成的困难。

信息框4.3

患有运动视觉障碍的人怎样度过每一天？约瑟夫·齐尔介绍了一位患有严重运动视觉障碍的女患者的情况。（Zihl，1998；Zihl et al.，1983；1991）比如，她几乎不能把茶或咖啡倒入杯子，因为液体在她看来就像凝固的钢块。她倒茶或咖啡总是收不住手，因为她感觉不到杯子里液体平面的变化。此外，她在就诊时也很困难，因为她不理解医生的运动，尤其是嘴唇的运动。当这位病人在一个有多人的房间里时，她感到特别没有安全感，因为“这些人突然在这儿又突然在那儿，但是我没有看到他们挪动。”过马路对于这位女士来说有生命危险，因为她不能准确判断汽车的速度。及时发现汽车对她来说没有问题，但她却不能感觉它在靠近：“我刚看见汽车时，感觉它还很远。但我想过马路时，却发现它已经到了身边。”
(188) 当然，这位女患者在经过训练后学会了根据越来越大的汽车响声来判断汽车的距离。(Zihl et al.，1983) 也就是说，其他感官对运动的感觉是正常的，比如，她可以感觉到拐杖可以延长自己的胳膊，哪怕穿过房间的噪声源也能感觉到。但是，由感官造成的对运动的感觉与一个重要器官的障碍，比如眼睛的障碍是不能相提并论的。

对其他生物的运动的感觉。齐尔的一个女病人说，她由于自身的毛病尤其对他人的运动感到不知所措。在物种的进化过程中，及时发现其他生物的运动的条件可能很早就形成了。极想捉住一只令人讨厌的苍蝇的人，也许就有这样的体会：这种昆虫的运动感竟然这么出色。但是，人类在这方面也有很强的能力，瑞典心理学家冈纳·约翰森在研究中发现，人在这方面同样具备超凡的能力。(Johansson，1975；1994) 他将 10 - 12 个小光源固定在人体上（见插图 4.18），然后，在一个黑暗的房间里，将这个如此装备的人拍摄下来，而他——按照实验者的指令——先是静止不动地站着，然后做各种不同的动作。最后，约翰森把这个影片放给测试对象看，并请他们解释所看到的东西。

测试对象在影片第一部分中看到静止的人体上的光点时，他们说，他们感觉这些光点仅仅是一个偶然构成的图案。但是，当影片中的人一开始运动，大多数测试对象就很快（也就是十分之一秒）看出这是一个正在行走的人。他们在解释时不是依据单个的光点，而是注视这些光点的整体排列。观看这些光点的人甚至能够根据感觉到的运动说出，这是一个女人还是一个男人。(Cutting et al.，1978；Runseon & Frykholm，1986)

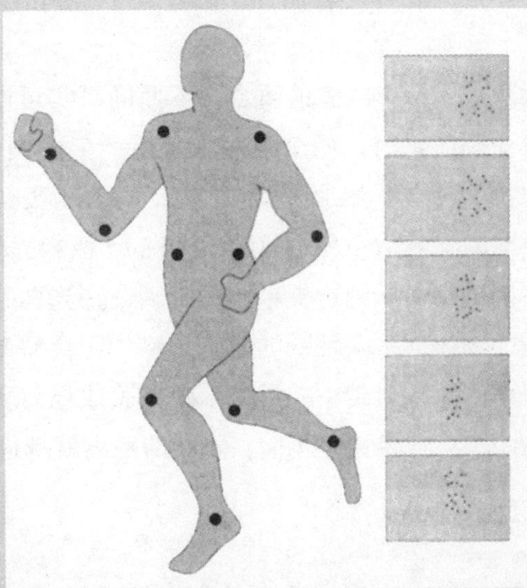

插图 4.18 布置在人体上的光点，拍成影片后放给测试对象看。测试对象只能看见光点，他们会怎样解释这些静止的和运动的光点？

对于一个人来说，及时发现一个正在逼近自己的攻击者可能是生命攸关的；此外，他必须判断这个可能的敌人实际距离自己还有多远，因为根据这两种信息可以及时考虑在敌人面前采取哪些安全措施。

4.7 用单眼或双眼观看时的距离感觉 (189)

一种生物如果具备很强的判断距离的能力，就能提高生存的机会，而人类具备多种条件，可以快速而准确地捕捉到相应的信息。其中有些条件与双眼的功能密切相关。当然，还可以利用视野的暗示刺激，通过视野的暗示刺激，甚至只有一只眼睛的人，也能作出距离判断。

观察距离的暗示刺激

眼部肌肉的暗示刺激。在双眼都有视力时利用的暗示刺激，是双眼在

注视一个不断靠近的物体时转向鼻子的过程中得到的。（见下面的**启动自我体验**）

两个视网膜成像或多或少的重合。下面的事实可以形成另一种暗示刺激：在注视一个刺激物时，两个视网膜上所产生的图像不是完全重合的；两个眼球轴根据大小毕竟相距约六厘米。人们自己也可以简单地加以验证：先用一只眼睛、然后用另一只眼睛注视 15 厘米远处的一支铅笔，每只眼睛都是从不同的视角看到这支铅笔的，因此，当两只眼睛交替看一个物体时，所看到的物体似乎是跳跃的。一个物体距离眼睛越远，对视网膜成像的影响就越小，跳跃也越小。可见，视网膜成像差别的大小可以说明一个物体所在的距离：成像越是不同，物体的距离就越近。

启动自我体验

您只要从最远的距离看您的食指，然后慢慢拉近距离，那您就会发现，您的两只眼睛是向内侧转动的。您的大脑会记录这种聚合，因为它会从相关肌肉的接收器那里得到相应的信息。您如果把食指贴近眼睛，您会感觉到相关肌肉的紧张，最后甚至会有点疼痛。您的大脑在收到来自肌肉接收器的信息后得出结论：您的双眼向内侧转得越多，物体与您身体的距离就越近。只有当所看到的物体与眼睛的距离不超过 120 厘米时，才能通过聚合来判断距离。

单眼观看时的暗示刺激。有些人只有一只眼睛有视力，但也能熟悉周围的环境。如果斜视得不到及时的纠正，也会严重损坏一只眼睛的视力。只有一只眼睛有视力的人也能判断距离吗？一项相关研究表明，他们在判断距离时不会犯太大的错误。当然，这种“成绩”是以学习过程为前提的；人们只要在日常的活动中，比如骑自行车时，短暂地遮上一只眼睛，
(190) 那么，就很容易验证这一点。突然不能判断距离，人们很可能会感到害怕，而一个斜视的骑车人却早就克服了这一点。只有一只眼睛有视力的人会利用许多暗示刺激，这些暗示刺激是一只眼睛独立于另一只记录的。插图 4.19 举了几个例子。

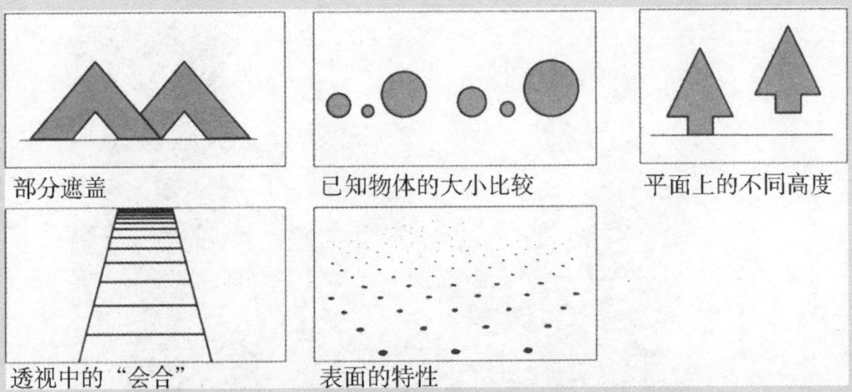

插图 4.19 在用一只眼睛判断一个物体的距离时对暗示刺激的选择

在看两个或两个以上物体时，人们也许可以发现，其中一个物体有些遮挡另一个物体。根据这种"遮挡"可以认为，这个不能完全看到的物体位于另一个物体的后面。只要感觉者知道这两个物体大小相同，那么几乎可以认为，相比之下，显得较小的物体距离自己远一些；在这方面可以利用"大小恒常性"原则。在看远处时，人们通常会发现，物体与观察者的距离越大，它们就越显得挤在一起。比如，如果眼前是一条直线延伸的街道，那么就会产生这样的"透视"印象，似乎街道的两边在远处交汇了。比如，人们在有些波浪的海面上判断距离时也会感觉到这种暗示刺激。此外，表面往往是这样一种结构：距离越远，基本特点就越模糊，它们显得挤在一起。插图 4.19 还描述了另一种暗示刺激：在看一个宽阔的画面时，人们会根据一个物体的相对较远的背景认为：它比其他物体距离自己更近。

荒谬的画面。有些艺术家运用了所谓距离感觉的暗示刺激，结果形成了荒谬的画面。插图 4.20 再现了英国艺术家威廉·霍加斯 1754 年所创作的一幅铜版画，并冠名为"错误的表现法"：画中的有些景物看起来与其他细节不协调。

插图 4.20　威廉·霍加斯的铜版画，由于使用了富有想象力的暗示刺激，使观察者觉得与自己的距离感觉有很大的差距。

大脑的校正：感觉的恒常性

(191) **大小恒常性**。一个人在看另一个人时，与这个人的距离越远，这个人在他的视网膜上出现的映像就越小。但是，在看的人的感觉中，他所看到的这个人并不小。不管这个人站在什么地方，他给人的感觉是一样大的。大小恒常性是校正过程的结果。大脑了解人类的平均大小，首先根据映像的大小判断距离，然后再进行校正。

形状恒常性。大脑进行比较“计算”，以便在从不同视角观看一个物体时，使它保持相同的形状。人们只要用拇指和食指垂直捏住一枚硬币，就可以亲自演示这种“形状恒常性”。这枚硬币在视网膜上投下一个圆形的映像。旋转硬币，圆形就会变成逐渐扁平的椭圆形。视网膜尽管记录了这种形状变化，但是硬币在人们的感觉中始终是圆形的。

颜色恒常性。在色觉中也有类似的恒常性：如果在太阳光下、在晨曦中或者在人工照明下看一个红色物体，它的颜色看起来始终是一样的。颜色恒常性因此也表明，感觉印象是主动过程的结果。

视觉错觉。由于大脑所作的校正，一个物体的特征（即大小、形状和颜色）在各种不同的条件下都是“相对的”，因此，熟悉的物体的大小、颜色和形状在看的人的感觉者中是恒常的。熟悉这个世界因此也变得很容 (192)
易。当然，在特定条件下，由于这个“校正”过程也会产生视觉错觉，插图 4.21 举了这方面的几个例子。信息框 4.4 则介绍了一些比较文化方面的研究，这些研究证明，许多视觉错觉都是缺乏学习的结果。

A 图中的水平线在看的人的感觉中略有弯曲，虽然用一根尺子就能证明，它们是水平的。插图 4.21 中间是米勒－莱尔错觉：两条垂直线被错误地感觉为长度不同。C 图所表现的庞佐错觉使感觉者产生错误的印象：两条水平线不一样长。此外，不仅视觉会产生这样的错觉；也就是说，只要蒙上测试对象的眼睛，让他们触摸一个三维立体的刺激物，他们就会作出相同的判断。(Millar & Al-Attar，2002）这些错觉是怎样产生的呢？

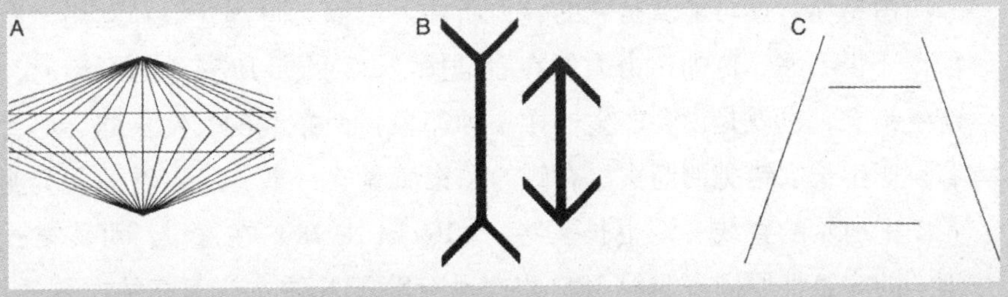

插图 4.21　视觉错觉的例子

A：两条水平线是平行的吗？

B：两条垂直线不一样长吗？

C：两条水平线不一样长吗？

解释视觉错觉。阿曼德·梯叶里早在 1896 年就认为，大多数错觉之所以会发生，是因为感觉过程是这样对待感觉器官所记录的刺激的，仿佛这是来自三维世界的真实物体。插图4.21所选择的例子可以证明这种观点是正确的。

如果人们认为，插图4.21的A中的两条水平线位于两个底部相接的椎体上，那么，它们就会在视网膜上形成略微弯曲的线条，但是在感觉中——在校正过程的影响下——似乎是平行的。米勒－莱尔错觉与庞佐错觉一样，大多被解释（尽管不一致）为负责形成大小恒常性的过程的结果。插图4.22表明，哪些环境事实可以使人相应地产生这两种错觉。

米勒－莱尔错觉可以用大多数人在观看三维空间的各种建筑物的墙角和棱角的体会来解释。插图4.22的A中的两张照片确实有明显同样长的直线，所以左边照片中的直线看起来远一些，这是因为上述大脑为保持大
(193) 小恒常性所作的校正过程被放大了。如果把这两条直线与它们各自所属的上下墙角一起剥离建筑背景，那么，剩下的图案就会构成插图4.21的B，这时同样的校正过程就会导致产生错觉。插图4.21的C中的两条从上至下倾斜的线条，与铁路的枕木相似（见插图4.22的B）：上面的水平线与下面的相比距离观察者远一些。因为两条线反映在视网膜上的映像是一样大的，所以人们就会感觉上面的线更长一些，这与大小恒常性原则相一致。

解释感觉错觉的局限性。毫无疑问，现有对上述错觉所作的解释看起来明白易懂，这可能就是它的魅力所在。然而，将这些解释运用于所有现象，还很不够。比如，当人们在看插图4.22的C所安排的刺激时，就会产生错觉，也就是说会产生这样一种印象：两条线的长度不同，尽管没有容易产生长度错觉的箭头。右侧的图案感觉大一些，所以看的人会明显感觉图中所示的直线一定也长一些。（Rock，1978）在这里，可能格式塔心理学的完整性原则（见第185页）也有助于低估左侧而高估右侧的图案。像米勒－莱尔或庞佐这样的视觉错觉显然是受了许多影响的结果。人的感觉是在许多组织原则共同作用下产生的，所以可以估计，这些组织原则也会导致产生视觉错觉。

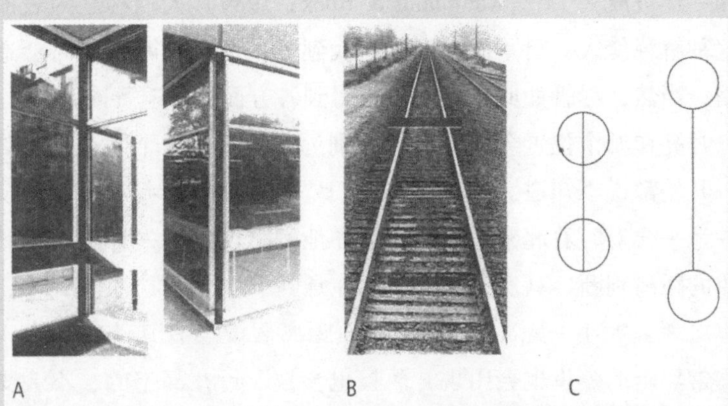

插图 4.22 图解米勒－莱尔错觉（A）和庞佐错觉（B）。C 图示的刺激安排表明，没有距离暗示也会产生错觉。

月亮错觉

月亮的不同大小——自古以来就存在的一种令人困惑的现象。上述所有的错觉都是由人为安排的刺激造成的，这种形式的刺激在自然界中是不会出现的。相反，有一种错觉在现实中就能观察到，这种错觉——月亮错觉自古以来就困扰着人们。当月亮在地平线上升起时看起来非常大，但是，当它从地平线上升以后并最终升到空中时似乎变小了。这个天体离开地平线向天空移动时，为什么在观察者的眼里会变小了呢？

我们只要设法将地平线上的月亮和天空的月亮分别拍摄下来，就会发现，这两张照片中的月亮是一样大的。我们还可以用报纸卷成筒来观察月 (194)
亮，用这种方法能够发现地平线上的月亮变小了。阿拉伯天文学家伊本·阿尔－海塔姆（阿尔哈增）生活在 11 世纪，他是第一位认识到必须将月亮错觉完全归因于主观原因的科学家。（Ross & Plug，2002）但是该如何解释这种错觉呢？

解释月亮错觉。关于月亮错觉最著名的解释认为，在观察者和地平线之间的地面使人觉得距离非常遥远，因为在他眼前有大树、灌木、房子或者大片的农田。相反，当月亮高高挂在天上时，就不没有任何距离的刺激。因此大脑可能得出结论：地平线上的月亮比较远，而且像所有远处的物体一样被放大了。(Kaufmann & Rock, 1989) 人们称之为表面距离假设的这种解释使人一目了然，因为它找到了人们在判断距离时会造成错觉的原因，当然，尽管如此，它也没有得到各方面的普遍赞同。

月亮在哪个位置会使人觉得特别远，我们就这个问题问了许多人，他们一开始都说不知道。但是，当我们要求他们作出判断时，许多人说，月亮在地平线上时看起来近一些；这样他们就说出了一种与表面距离假设相矛盾的距离判断。其实，有人早已注意到了这个矛盾。(Boring, 1943) 人们称之为“大小－距离悖论”。表面距离假设还有其他的缺点：月亮错觉在非常黑暗的夜里也会出现，而且也会被飞行在高空的、不会受到任何距离刺激的飞行员看见。相反，对于许多人来说，只要他们背对着地平线上的月亮，弯腰从双腿间看月亮，就不会产生这种错觉。

关于月亮错觉的另一种理论认为，不应当考虑人们感觉的与月亮的距离，而应当考虑视角，即与观看周围物体可比的视角。(Baird et al., 1990) 根据这种理论，如果观察者周围比较大的物体，月亮就会显得比较小；挂在天空的月亮周围是一片广阔无垠的天体，所以月亮在观察者看来就比较小。

月亮错觉是一种现象，为了解释这种现象，人们已经提出了各种理论（参看：Hershenson, 1989），当然，这些理论至今没有一种能够“脱颖而出”。(Ross & Plug, 2002) 世界的“外部”并不是像人们感觉的那样的，月亮错觉为此又提供了一个证明。

4.8 文化对感觉的影响

到目前为止的叙述也许已经给读者留下了这样的印象：感觉是根据普遍适用于世界上每一个人的规律产生的。然而，对各种不同文化的研究表明，每个人经历过的视觉错觉具有决定性的作用。信息框 4.4 中所叙述的
(195) 一位文化人类学家的经历直观地证明，只有在感觉者有地方体验观察远距离的物体时，他的大脑才能校正远处物体的大小。比如，生活在第三世界的贫穷国家的许多孩子几乎没有机会接触书本。因此毫不奇怪，他们没有经验，所以很难确认图画中描绘的距离暗示刺激。比如，如果让生活在非

洲农村地区的孩子看描绘距离刺激的画面，那他们也许会说，一棵树长在房顶上，其实这棵树表示距离观察者远一些，是长在房子的后面。（Liddell，1997）

信息框4.4

童年和青少年时期的某些经历会在多大程度上影响成人的视觉？人类学家科林·特恩布尔考察并长期研究了刚果境内茂密的雨林地区的一个小部落，许多俾格米人之前从未离开过自己生活的地方。（Turnbull，1962）特恩布尔带着一个名为肯格的俾格米人作了一次旅行，在这次旅行中，肯格是第一次看到山外有山。当他突然在几公里远的地方看到几只水牛在悠闲地吃草时，他问道："这是什么虫子?"特恩布尔一开始根本不知道他在问什么。他很快明白了，肯格之前完全生活在茂密的森林中，根本没有机会体验远距离的感觉。此外，他也没见过这么大的水牛。因此，他是在根据已有的经验（在这种情况下是很不够的）解释自己所看到的东西。当特恩布尔告诉肯格，这些虫子是水牛时，他哈哈大笑，说不要用这么愚蠢的谎言来骗他。他想知道"什么是水牛，为什么这么小"。特恩布尔告诉他，这种水牛比他在森林中见过的那种水牛可能要大一倍。肯格一下子显得兴趣索然。他显然不想再听这种天方夜谭了。

他们二人继续开车前行，直到距离这群水牛大约 1.5 公里的地方。距离这群水牛越近，肯格一定觉得这些"虫子"越来越大。特恩布尔后来谈到他的研究时说："我始终不明白，他（肯格）心里究竟想的是什么——他是在想这些虫子变成了水牛，还是想这是小水牛在他们靠近时迅速长大了。特恩布尔只听他说，这不是真正的水牛。"

理解米勒－莱尔错觉的必要经验。穆勒－莱尔错觉作为一种现象在欧洲人和美洲人中间比较常见，而在非洲一些部落的居民中间则比较少见。（Segall et al.，1966）我们在解释这种区别时必须考虑到美洲人和欧洲人的生活环境，在他们的环境中，房屋、房间、街道和其他大量的日常用品都是以角和线为特征的。相反，在一些非洲部落中，他们的周围很少能感觉到角和边，只能感觉到许多圆形。（见插图 4.23）这些非洲部落的居民

(196) 一定会把米勒－莱尔错觉中的两条垂直线看作一样长。

插图 4.23　祖鲁村一览，这个村的居民的周围有许多圆形。

缺乏与距离刺激打交道的经验。如果人们听到生活在茂密的热带雨林中的居民在运用大小恒常性方面明显没有经过充分的训练，那也许会感到惊讶。然而，如果环境在一个人的幼年时期没有给他熟悉距离暗示刺激的机会，那么他在解释只以学者的知识为前提的画面时同样也会让人忍俊不禁。插图 4.24 举了这方面的一个例子。(Deregowski，1973)

插图 4.24　矛头瞄准的是哪个动物呢？有些非洲部落的居民不熟悉图画中是通过改变大小来表示距离的，因此他们的回答会与西方文化背景下的大多数人大相径庭。

对于欧洲人来说，这个猎人的矛头瞄准的是前面的羚羊，同时他们也看到了背景中的大象，大象在画面中显得比较小。它站在一个山丘上，在它的前面还有一个山丘。而非洲某些偏僻地区的居民会说，图中大象与猎人的距离比较近（没有考虑距离暗示），所以矛头瞄准的应该是大象。(Hudson，1960)

解释黑白照片的前提。解释普通的照片明显也是有条件的，而这些条件在世界各地不是都具备的。如果成年人在出生以来还没有见过照片，那么他们充其量在别人的帮助下才能理解画面的内容。在照相还没有在世界各地普及的时候，可以进行具有启发意义的观察。当时给尼亚萨兰（今非 (197)
洲东南部马拉维共和国境内）的居民看一条狗的黑白照片，他们就说不出照片中的内容，即使告诉他们所拍摄动物的名字，他们也会显得满脸不相信。人们必须告诉这个地方的人这种动物各个身体部位（“这是尾巴，这是耳朵”），直到他们最终能看懂这个黑白画面。经过认真进行研究，传教士的这些观察现在已经得到证实。(Deregowski，1980)

4.9 人的意识

前面已经指出，大量刺激确实随时能够到达人的肌体，只有部分感觉器官负责记录这些刺激。（见第159页及其下1页）人的感觉器官只有在一定的频率范围内才能感觉到电磁和声音的刺激，而且这些刺激必须超过绝对阈限。（见第163页及其下1页）此外，大脑不能整体加工各个接收器记录的每一个刺激。因此，人的意识必须承担保护加工系统免遭刺激泛滥的任务；这一点之所以能够做到，是因为在这方面作了选择，而负责选择的是注意力的集中过程。下面先就意识的特征作一个简短的说明，然后再详细介绍注意力的问题。

4.9.1 意识的特征

历史变迁中对意识研究的兴趣。心理学的先驱之一威廉·冯特对意识潜心进行了研究；行为主义的创始人约翰·华生在很大程度上终止了冯特及其学生的早期研究，因为他认为所有不能直接观察到的过程都是不科学的。（见第 11 页及其下 1 页）直到发生认知转变后——大约在 20 世纪 60 年代初——才重新焕发了人们对刺激和“有机体”的反应之间发生的所有过程的兴趣。最近，意识研究甚至得到了额外的推动，因为现在许多学科的科学家，特别是哲学家、生物学家、医学家和心理学家，都参与了这一研究。马库斯·基佛综述了他们的研究成果后发现：“意识”这个概念有各种各样的特征。（Kiefer，2002）在这方面特别有意义的是：清醒状态、内部和外界刺激的体验质量以及控制过程。

清醒状态的不同程度。每个人根据自我观察都能知道，清醒状态不是一成不变的。过一段时间就会觉得疲劳，通常在这个时候就会想到睡觉。正在睡觉的人并没有完全屏蔽外界的刺激，但是这些刺激通常不会进入他的意识，尤其是在熟睡阶段。一个人只有在完全无意识的状态（昏迷）下才不能被外界刺激唤醒。但是，即使在清醒状态下也不能保证感觉到内在
（198）和外界的刺激，因为清醒的程度各不相同。一个人在打盹的时候，虽然还没进入睡眠状态，但是，外界的刺激必须达到某种强度才能把他惊醒。一个人在最清醒的状态下，反应相对较高，这种状态被称为警觉。比如，那些坐在电子设备前、要即时记录突发的变化并能作出相应反应的人估计就是这种状态。如果将做梦暂时撇开不谈，那么，一个人只有在或多或少清醒的状态下才有感觉体验。

个人对视觉感觉和思想的体验。一个人不可能以同样的方式注意到所有内在和外界的刺激物，因为这大大超过了他的认知加工能力。意识在某一时刻只能认真加工很少的几种刺激物，而许多其他刺激物都会被忽略。比如，读者正专注于阅读一段文字的时候，他可能就无暇顾及周围的其他刺激物了；他可能很长时间不会注意到它们，它们似乎是不变的。只有当原本从远处听来比较微弱的冰箱声响突然变大的时候，才有可能迟早引起他的注意。

阅读和理解一本教科书的文章时精力必须高度集中，这会让人疲倦，并且只能坚持有限的时间。为了恢复疲劳，许多人会在意识比较清醒的时候做一些活动，以便恢复疲劳，体验一下放松的感觉。比如，在公园里“悠闲地”散步，就可以让“自己的思想自由驰骋”，人们可能会想各种各样的东西，比如想到昨天晚上的约会，想到将来的项目，甚至会想到今天

还要为晚饭买些什么东西等问题。当人们任“自己的思想漫游”时，人们会体会到，意识的内容是如何不断变化的，而人们却没有体会到自己的变化。因此，威廉·詹姆斯将意识比作“河流”。（James，1902）这个比喻很直观，因为意识就是这样，河流始终是那条河流，虽然内容（水——思想）在不断发生变化。

控制行为和思想。一个人由于有意识，所以不仅能感受内在和外界的刺激物，还能控制自己的思想、感情和行为。他有自由成为最终自己说了算的人，此刻要想些什么、体验什么感情以及想要开始或结束哪些活动。一个人在努力解决一个难题、回答一个问题或者决定比如是去打网球还是为准备不久以后的考试而继续进行学习的时候，说明他的意识是健全的。他的意识设定的前提是，他之所以可以作出去打网球的决定，是因为他被下面的话成功地打动了：暂时的调剂只会有助于今后的学习。

控制自我选择过程的界限。不管是体验内在或外界的刺激还是控制行为和思想，都必须作出选择。没有人能够同时注意到瞬间可体验到的所有 (199)
内在和外界的刺激，他必须减少刺激的数量。这也适用于瞬间进入他的意识的思想和感情。有意识地作出这种选择也许是不容易的，首先是不可能毫无困难地简单“切断”那些让人觉得难堪的或不舒服的思想或回忆；这些思想或回忆非但不可能被成功地赶走，反而总是萦绕在脑海。因此，必须设定界限，控制自己的注意力：“不能一味地想自己心中回想的那些事情。”（Wegner，1992）这就提出了一个问题：究竟是哪个“指挥部”负责指挥注意力。一个人在什么时候能够支配自己的注意力，在什么时候比如刺激太多而“分散”注意力，而且难以集中注意力？当然，只有在确定了注意力的某些特征之后，才能解释这些问题。

4.9.2 意识和注意力

在日常生活中人们都知道，他们不可能注意到周围发生的所有事情，在做需要全神贯注的事情时，尤其不可能。注意力有时有助于将瞬间接收到的数据的数量减少到可处理的程度。但是，这样的选择也会犯错误，在有些情况下只会使人感到尴尬，在有些情况可能造成灾难。

被朋友孤立。很多人可能都遇到过这样的事情：在大型活动场所期望得到一个坐位，在长时间的寻找之后终于找到一个空座位，就毫不犹豫地走过去坐下来。第二天，朋友们问他，为什么把他们丢在一边。朋友们说，他们想方设法用夸张的手势引起他的注意，而且他似乎看到了他们，但是没有作出反应。他只能向朋友们“道歉”说，他真的没有看见他们。

忽视多次警报酿成悲惨的事故。1972 年 6 月 14 日，东方航空公司的一架飞往迈阿密（弗罗里达州）国际机场的客机开始降落时，驾驶舱的飞行员发现有一盏灯显示起落架发生故障。飞行员随即启动自动飞行系统，使飞机保持在同一飞行高度。驾驶舱里的飞行员集中注意力，想弄清警报灯为什么会亮这个问题。由于事后无法查清的原因，自动飞行系统显示飞机的控制器正在缓慢降低飞行高度。驾驶舱里的音响和视觉信号显示，情况非常危急。然而，飞行员正忙于处理已显示的故障，他们因把注意力过于集中于某一个方面而忽视了其他所有的警报。当他们发现更严重的问题时，灾难已经不可避免。（Wiener，1977）这一悲惨的着陆过程非常惨痛地证明，在必须同时完成多项任务的压力下，注意力的集中必须有限度。我们发现，当面对不能自动解决或按老办法解决的情况时，注意力是多么重要。

(200) 上述在观众席和驾驶舱中所发生的事情令人印象深刻地表明，在有些情况下，应该注意的信息偏偏没有进入人们的意识。当别人事后提醒他们多加注意的时候，他们对自己的“疏忽”的反应甚至非常难以令人理解。尽管如此，他们的体验还可以说是“正常的”。他们是“因注意不集中而失去判断力”（英语：inattentional blindness）的受害者。（Mack & Rock，1998）如果人们看不到明显就“在眼皮底下”的东西，那么，注意力就极有可能专注于另一个刺激物。（Mack，2002）因此，受害者大多也是很差的证人：他们只关注侵犯他们的人使用的凶器，很少或者根本不注意攻击者的外表，比如他的衣着、体型、头发的颜色或者其他特征，而这些特征也许有助于查明他的身份。（Steblay，1992）

有限的注意力。人们坚信，他们能发现并记住周围存在和发生的所有事情。如果哪一次没注意到个别细节，那他们会说，这一定是例外。（Simons & Chabris，1999）这是他们的一种错觉，事实上他们没注意到的事情非常多，他们几个月、甚至几年来每天都会多次看自己手腕上的表，以便知道时间，然而，他们看了这么久，“凭记忆”能立即说出，表盘上的“12”是什么样子或者在12的位置上有什么图案吗？如果给他们看十张一枚流通中的硬币的图片，其中九张各有一处小错误，那么，他们中许多人的回答也是不确定的。上面的头像是谁？他的目光朝向哪？硬币上方绘的是什么？只有很少的人能说出这枚硬币的正确图案，虽然人们在这几年已经无数次看过这枚硬币。（Nickerson & Adams，1979）他们做不到的原因很可能不像人们猜测的那样，是由于记忆力不好，而是由于注意力的容量有限。

注意力是挑选的过程

所谓注意力，其实是一个过程，即认知系统决定选择哪些信息需要进一步加工的过程。上述失事飞机的飞行员由于注意力不集中造成了许多乘客的悲剧，因为驾驶舱的负责人没有发现那些救人性命的信息。注意力集中的过程可以说是受命首先传递还是拒绝感觉器官得到的印象，但是这二者不是同时发生的。（Posner & Petersen，1990）人们给测试对象的两只耳朵播放不同的信息并研究他们有选择地听的能力，从而研究注意力的选择特性。

有选择地听。人们给测试对象带上耳机，通过一部仪器的两个声道向他们的两只耳朵播放不同的语言信息，从而研究他们有选择地听的能力。这种实验安排也称双耳分听（希腊语：dichotomein）。实验时，测试对象的 (201)
任务是，比如把注意力集中在右耳上并复述听到的内容。而另一只耳朵即左耳朵听到的、应当忽略的信息会怎么样呢？第一次“用单耳或双耳辨别语言的实验”得到的结果是，如果让测试对象把全部注意力集中于第一声道的内容，那么，他们在很大程度上就不会注意另一个声道的信息。（Cherry，1953）他们最多注意到让他们忽略的第二声道上说话人的性别或者音调的突兀改变，但是没有注意到所说的内容，同样，也没有发现说话人从一种语言转换到另一种语言。（Cherry & Taylor，1954）。

插图 4.25　贝克伦与瑟沃尼把篮球队员的两段录像重叠地投放在同一个荧幕上。要求测试对象注意穿黑色球衣的球员。他们当中多数人没有看到那个打着雨伞的女人。

有选择地看。人们也许认为，有选择地看要比有选择地听更容易，因为人们用眼睛毕竟比用耳朵更容易选择想看的东西。然而，研究结果表明，在让测试对象忽略的视觉信息中只发现一些表面的特征；他们并没有理解实际含义。(Rock & Gutman，1981）罗伯特·贝克伦与丹尼尔·瑟沃尼尤其令人印象深刻地指出，注意力具有非常强烈的选择性和忽视性。(Becklen & Cervone，1983）这两位研究人员给几个在相互传球的人拍摄了两段录像。在其中一段录像中这些人穿黑色球衣，在另一段中穿白色球衣。然后他们通过电子特技把两段录象同时重叠地投放在一个显示器上。这样就给人留下了这样的印象：打球的似乎有六个人，有一个球员有时甚至穿过另一个球员。要求测试对象在看录像时始终只注意穿黑色上衣的球员，并且看到其中一个球员投篮时就按一下按钮。测试对象很好地完成了这项任务。这段大约一分钟长的录像放到一半时出现了一个画面，而且每一个临时的（没有专门安排的）观众都看到了这个画面：一个打着黑色雨
(202) 伞的女人溜达着走过球场，画面约有 5.5 秒钟；她直接穿过了几个球员，也穿过了刚被抛出的蓝球。(见插图 4.25)

在录像放映结束后立即询问85位测试对象，其中只有九位看到了这个女人。大多数测试对象由于高度专注于球员而根本没有看见那个奇怪的散步女人。而没有特别安排任务的观众却几乎都看到了那个女人。(Neisser，1979) 这种盲视显然是高度专注于所安排的任务的结果，而不是记忆力失灵的结果，因为甚至在那个女人出现后立即停止播放，测试对象仍然说没看到她。(Simons & Chabris，1999)

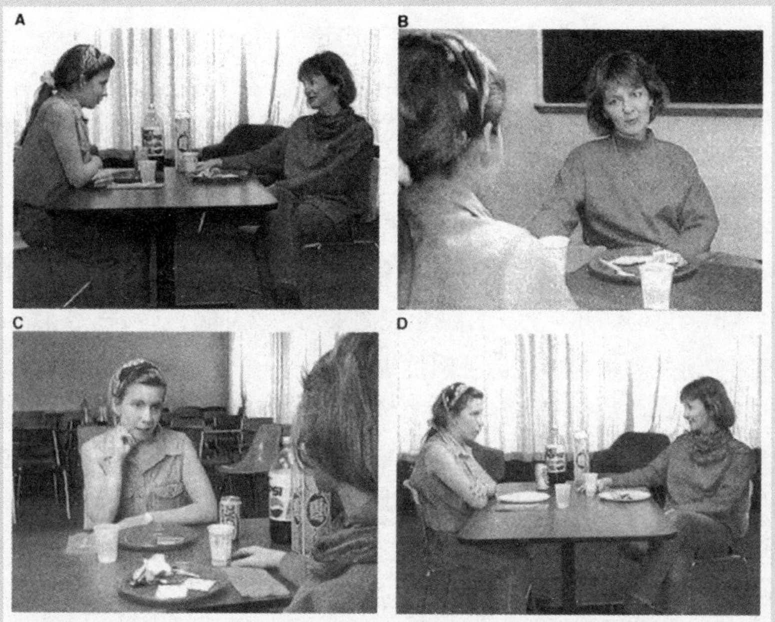

插图 4.26 丹尼尔·西蒙斯和丹尼尔·列文拍摄的影片中的例子，画面是两个女人在谈话。在镜头每次切换后场景中的细节都会发生变化。比如，其中一个女人经常系着一条围巾，而在影片的一个短暂的场景中却没有系。

变化的盲视。上面描述了这样的情景，人们只要专注于某个问题，就会对现场的其他事物“视而不见”。问题是：人们用眼睛盯着一个画面，这个画面的许多细节却没有进入他们的注意力的焦点，这时他们是一种什么样的感觉。丹尼尔·列文与丹尼尔·西蒙斯就这个问题回答说：“如果我们对丰富多彩的视觉世界加以观察，那么我们就不会感到奇怪，我们为什么不能（认知地）描述每个事物的每个视觉细节，相反，我们只能专注于某些重要的事物。”（Levin & Simons，1997）列文和西蒙斯所做的几项实验证明，很多细节是不会引起观察者的重视的。他们给测试对象播放了几段录像，内容是两个女人在相互交谈。她们的聊天过程用不断交替的摄像位置来表现。在每次切换时场景中都有一个小细节发生变化。比如，一个女人经常系着一条围巾，但是有一个镜头中没有系。女人面前的餐具在一个镜头中从红色变成了白色，而且明显在这个盘子里的食物也突然换到
(203) 了另一个盘子里。插图 4.26 叙述了影片中的两个例子。影片的观众发现了这些毫无缘由的变化了吗？调查结果表明，在十个观众中只有一个说，发现了一个变化，而实际上有九个变化。即使明确要求测试对象注意这些不一致的地方，他们平均也只能发现九个变化中的两个。

西蒙斯和列文对这个相当重要的研究结论还感觉不是很满意。人们在日常生活中也很少关注这样的变化吗？在进一步的实验中，一个陌生人在大学校园里询问几个行人，去学校图书馆怎么走。（Simons & Levin，1998；这两个研究的录像可在以下网址中找到：http：//viscog. beckman. uiuc. edu/djs-lab/demos. html）在短暂的交谈中，实验者安排的两个人抬着一扇大门穿过问路者和行人，挡住了问路者的目光，使他看不到对面的行人，这时其中一个“搬门人”站到他的位置上。这个悄悄替换了的人继续与行人谈话，仿佛这期间什么都没发生。全部参与实验的行人中只有大约一半吃惊地发现，他们现在是在与另外一个人说话。显然在搬门这个小插曲之前，他们高度专注向他们提出的问题或展开的地图，以致无暇顾及问路者的外貌。

奇怪的是，主要是年纪稍大的人没有发现谈话对象替换了。西蒙斯和列文认为，年纪稍大的行人把原先跟他说话的那个人简单看作“一个大学生”。由于他的“替身”看起来也像“大学生”，所以年纪稍大的行人就可能默认这个人还是原来的那个人。人们对于在日常生活中看到的许多东西只作表面的加工（Schacter，1999），而且这些仅作了表面加工的东西也会很快被遗忘；（见第 275 页及其下 1 页）因次，许多行人不会注意谈话对象的改变。

列文和西蒙斯把上述测试对象的行为视为变化的盲视（英语：change blindness）的例子。这个概念的意思是说，如果不注意相应的细节，那么，

即使发生很大的变化，也不会发现。（Kiefer，2002；Rensink et al.，1997）值得注意的是，事先明确提醒测试对象要特别注意可能发生的变化，可他们往往还是发现不了变化，因为在日常生活中，人们在有些情况下完全可以同时注意两个信息源，但是在其他情况下就不行了。

有意和无意的关注。人们怎样控制自己的注意力呢？原则上说，人在很大程度上应当可以控制自己的注意力，如果有意地全神贯注于为完成某项任务所必需的信息，那么，这种关注就是有意的。意愿、期望或愿望是明确有意识地控制注意力的后盾。一个学生应该注意什么，并不取决于他以前积累的经验。一个第一次进入某个专业领域的人，会把注意力集中于
人们告诉他的许多细节。而在学习过程中领先的人都知道，有些信息重 （204）
要，有些信息不太重要；因此，他有意把注意力集中于那些他认为重要的内容。但是，失事飞机上飞行员的反应和在座无虚席的活动场所对朋友的漠视证明，有意的关注会使当事人忽略一些从客观角度看很重要的事情。因此由此造成的疏忽或错误很难让人理解，因为人们通常认为，只要控制（有意的）注意力就能发现所有重要的信息。

当然，周围环境的其他特征也会引起无意的**关注**。“大”是吸引注意力的刺激特征之一。读者翻开这一页可能第一眼就已经看到这个用黑体印刷的单词，因为它明显大于其他单词。在所有国家，警车和救护车的鸣笛声也被认为是一个响亮的、几乎无法忽视的信号。此外，“运动”也易于吸引人们的眼球；认真看过现代广告方式的人都能为此举出许多例子。当然，只有当注意力不集中的时候，才会对“大”和“运动”这类特征自动作出反应，如果一个人正在全神贯注于某个事情，那么，他甚至连警笛也会听不到。

解释有选择的注意力。一个人对于自己没有十分注意的消息只能复述很少的内容，这是怎么回事，长期以来人们试图通过研究来解释这个问题。一种关于有选择的注意力的比较陈旧的理论认为，只让少数重要的信息进入意识，这是过滤器的责任。但是，这样一种过滤器在哪里呢？是在信息离开感觉器官以后还是晚一些，也就是说，处于一个较高的水平，即至少是在作了某种程度的加工之后吗？其他的解释认为，过滤器更多的是以减弱信号的方式工作的。最后，还有一种注意力资源理论也参加了讨论。经过几十年的努力，现在能够解释人们为什么可以比较合理地安

排自己的注意力了吗？对这些理论进行批判分析，应该有助于澄清这个问题。

过滤器理论。人类的信息加工系统的功效无疑是惊人的，哪怕房间里的其他声音再大，人们也能听懂直接谈话对象的话。人们怎么能继续谈话而忽略其他的声音呢？唐纳德·布罗德本特认为，那些经过感觉器官进入的、没有引起注意的信息暂时存放在一个过渡性存储器里（这种存储器很大程度上类似于感觉中枢登记处，见第 264 页及其下 1 页），然后就删除了。（Broadbent，1958）因此，这种拒绝接收的感觉数据根本没有到达人的大脑。但是，布罗德本特在解释鸡尾酒会效应时陷入了困境。（见第 206 页）在双耳分听实验中，一些重要信息，比如自己的名字等，还是受到了人们的关注，尽管人们专注于另一个声道的信息，布罗德本特的过滤器理论也不能令人信服地解释这一现象。

(205) 人们不同意布罗德本特的理论，但并没有要完全放弃关于有效的过滤器的设想，而是建议把过滤器“安装”到人类信息加工过程中的更高的层面上；信息在全部经过检验、确认了内容的重要性以后才会被过滤出去。（Norman，1968）所以，在酒会上，一个正在与客人聊天的人，可能把全部注意力都给了客人；而同时也在意识层面上检验其他人的谈话，看看是否含有重要的信息；如果没有，过滤器就绝不会让它们进入意识。

注意力的资源论。被忽略的信息是否迟早会进入信息加工的过程，对这个问题的回答通常难以令人信服地解释眼前的观察。因此越来越多的人否认在加工过程中存在过滤器的观点，更确切地说，注意力的资源是有限的，这一事实越来越受到重视。

人们把注意力的分配比作瓶颈，来自感觉器官的信息流受它的限制。如果一个信息已经进入瓶颈，另一个信息就很难通过，甚至根本无法通过。人们越是专注于一件事情，他就越是不可能关注其他事情。开车的人都知道，如果交通状况需要他全神贯注，他就不得不忽略广播中的语言节目。当然，不要以为注意力在任何情况下都是固定不变的。

熟练的骑车人或汽车驾驶员很清楚，在骑车或开车时听音乐或语言节目对他们没有什么大碍。但是，这些人却无法做到在阅读一篇文章的同时与他人交谈。如果同时做两件需要目不转睛的事情，那么，他们很可能会感到非常困难，为什么人们在有些条件下能同时做两件事情，而在其他情况下则显得无能为力？只要联想到开车人或骑车人，就不难回答这个问题：当人们在做一件自动化程度很高的事情时，不需要太多的注意力，因此还有足够的注意力去做其他的事情。但是，即使两件事情都需要集中注意力，也完全可以做到，除非它们需要的是同一种注意力。（Wickens et al.，1992）也就是说，在有些情况下需要集中注意力去加工接收到的信息，而在另一些情况下则需要集中注意力去完成特定的动作。娴熟的钢琴家能够运用两种不同的注意力，即使在他第一次弹奏一首新曲子时也能一边看乐谱架上的乐谱，也就是集中注意力加工接收到的信息，一边集中注意力完成手上的动作，即弹奏应当弹奏的琴键。（Wickens，1989）然而，当人们集中注意力同时进行两项需要同一感官通道（比如“需要用眼睛”）的工作时，注意力的资源就会达到临界。（Kastner et al.，1998）相反，同 (206)
时进行两项需要不同感觉领域的注意力的工作是完全可能的（后面谈到人类的工作记忆时还要作详细叙述，见第270页及其下1页）。比如，学生们坚持认为，他们能够一边听音乐，一边还有足够的注意力完成家庭作业中的课文阅读，这时家长们不要对他们的说法嗤之以鼻。而当他们专心收听广播中的语言节目时，他们就没有足够的注意力资源用于背诵课文了，因为在这种情况下会发生加工内容的重叠（在这两种情况下关注的都是语言内容）。

无意识的感觉。1956年，一家美国广告公司的发言人詹姆斯·维卡里声称，他发明了一种新的广告方法，用这种方法可以完全改变消费者的购买行为。信息框4.5将详细介绍这种方法。

运用双耳分听研究无意识的感觉。彻里在一开始研究双耳分听时就已经发现，信息在被测试对象忽略时也能得到加工。对双耳分听的进一步研究可以首先证明彻里在前几年说过的话：如果通过单独的声道对测试对象说一些互不关联的词语，那么，测试对象事后一个词语都记不住。他甚至没有注意到一个重复了35次的概念。当然，在这种情况下人们也作了一种与目前已知的观察不完全一致的观察：当人们通过单独的声道告诉测试对象他自己的名字时，他注意到的概率是三分之一。（Moray，1959）许多人可能在聚会上都有过类似的经历。

例　子

经常参加聚会的人可能还记得经历过下面这种情景：当他们与一位客人交谈时，会忽略其他人的谈话，除非听到有人提起自己的名字。在听到自己的名字以后，他们会立即设法从这一明显谈论自己的交谈中多听到点内容。把注意力转向原本他人在私下进行的、毫不引人注意的交谈的某些内容，人们称之为“鸡尾酒会效应”。显然，有些事情虽然在人们注意力的焦点之外，但人们至少在某种程度上也会关注它们的重要性。

在意识层面下对感觉者的认知过程产生影响的信息，绝对不是感觉者认为重要的信息。这一点可以通过实验得到证明，在实验时同样使用双耳分听的方法。(MacKay，1973)

请测试对象把注意力集中于一只耳朵（比如右耳）所听到的信息，不过，通过这个声道播放的句子的意思是多义的。比如这样一个句子：“昨天他们向银行/长椅（德语单词“Bank”兼有“银行”和“长椅”。——译者）投掷石块”。这里的问题是，投掷石块的目标是一家银行还是一把椅子？在另一个单独的耳机中，有个声音提到一些对这个句子具有解释作用的概念，在这个例子中就是“钱”或者是“坐”。插图4.27将概述这一部分的实验程序。

信息框4.5

(207) **通过播放意识阈限之下的信息能够影响人们的购买行为吗？**

非常短暂地播放刺激对电影观众的所谓影响。詹姆斯·维卡里几十年前在一场新闻发布会上声称，他能有效地改变消费者的购买行为，他的方法没有人能提出反对意见；他已经在新泽西州的一家电影院里成功地验证了他的做法；来看电影的观众甚至没有发现是他的方法产生了影响。他的这番话使他名噪一时。那么，维卡里说做了什么了呢？

他说，在电影放映过程中，他每隔五秒钟就非常短暂地向观众插播“喝可口可乐”和“吃爆米花”的广告语。他说在进行这种阈限下的插播尝试后销售量明显有了提高。当然，在此期间有人对维卡里的结论的可靠性提出了很大质疑（Pratkanis，1992）：“维卡里所说的销量大增是谎言，他从未在荧幕上投放任何内容。这整个事件只是他为了拯救举步维艰的广告公司而设的一场骗局。”（Strahan et al.，2002）

在潜意识中影响人的可能性很有限。维卡里所描述的方法就是短暂地插播刺激，观众不能有意识地去感觉这种刺激。检验广告中这类刺激的有效性的相关研究得出结论的是，不能证明可以有目的地影响消费者的购买决策。（Trappey，1996）

可以影响对人的看法。如果在一部电影中不偏不倚地表现一个人，并且非常短暂地向观众插播令人愉快的（如可爱的小猫）或令人恶心的（如骷髅）刺激，那么，这种意识层面下的插播可以影响观众对这个人的评价。（Krosnick et al.，1992）

根据目前的知识水平，能否通过下意识的感觉影响人，可以作出下列判断（Bar & Biederman，1998；Ott，1998）：

——这种影响的效果一般很小，只能在可控的实验条件下得到证明；

——大多数研究表明，意识层面下的信息对人的影响只能持续很短的时间，也就是说，几分钟后就不能证明了（Greenwald et al.，1996）；

——如果人们本来就想采取措施，达到一个目标，那么，一个下意识的广告语还能加强这种不达目的誓不罢休的行为：一个口渴的人，短暂地看到一个与口渴相关的广告语，他就比没有看到这个广告语、但同样口渴的人喝水要多一些。（Strahan et al.，2002）

测试对象事后凭记忆不能复述“钱”或“坐”的概念；他们可能也忽略了“钱”或“坐”这两单词。尽管如此，通过第二个声道播放的概念在某种程度上也得到了加工，当询问测试对象听到了哪句话时，他们都说出 (208)

了那句与同时播放的概念相一致的话。可见，如果告诉测试对象“钱”这个概念，过一会儿他们就会认定，他们已经听过一句与意思相近的话（他们向储蓄所投掷石块）。但只要无意中告诉他们“坐”这个概念，那么他们往往就会以为，他们那只耳朵听到的是“他们向长椅投掷石块”这句话。

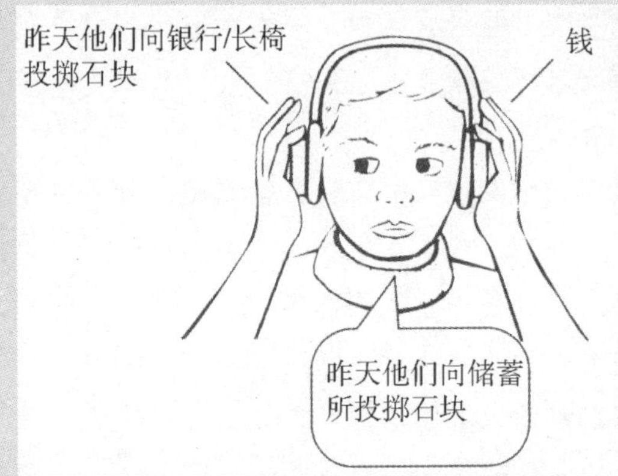

插图 4.27　如果测试对象专注于一侧耳机中的多义的话语，那么，他们对这句话的解释就与通过单独的另一侧的耳机告诉他们的概念相一致。

一个人虽然没有意识到周围发生的事情，但他的信息加工系统明显没有完全忽略这件事情。那么，能否既不影响一个人的情绪，又不让他意识到产生这种情绪的条件呢？

短时间播放刺激对情感的影响。乌尔夫·丁伯格和他的同事间隔时间很短（1/20 秒）地向测试对象播放图片，以致测试对象无法有意识地记住这些图片，图片表现的是高兴的表情，生气的表情或一般的表情。（Dimberg et al.，2000）借助能把脸部肌肉的微小变化都记录下的测量仪器可以证明，画面激发了测试对象的那部分形成高兴或沮丧表情的肌肉。可见，人们如果看到表现某种情绪或包含其他情绪信号的脸部表情的图片，那么，他们自己的脸部肌肉也会模仿画面上的表情，从而产生相应的感情。因此，神经系统甚至在非常短暂的播放时间内也能记下图片的内容。在另一项实验中，参与者在同样很短暂地——因此他们并未觉察——向他们播放诸如“没人喜欢我！”这样的录音以后，他们表现出情绪很激动；相反，如果播放诸如“没有人抬起这个”这样的录音，他们就毫无反应。

(Masling et al., 1991)

信息框4.6

观察一个混淆一顶帽子和自己妻子的男人。奥利弗·萨克斯描述他的一个名叫 Dr. P 的病人的典型的行为方式:"他伸出手抓向他妻子的脑袋，并试图拿起来戴上它，显然，他把自己的妻子与一顶帽子混淆了!"(Sacks, 1985) Dr. P 是一位天才的歌唱家和音乐家，任教于一所音乐学校。他的学生早就觉得很奇怪，自己的老师竟然不能从脸上认出他们；但是，只要一跟他说话，他就能立即知道谁在跟他说话。Dr. P 不能从脸上认出自己熟悉的人，却能在根本没有人的地方看到人家的脸。比如，人们看到他在沿着路边漫步的时候，会温柔地抚摸一个停车计时器或一个消防栓的顶部，他错误地把它们当成了孩子的脑袋。他不能辨认别人的面孔（视觉失认症）。有些病人不能辨认熟人的面孔，有些病人甚至不能把一张脸认作脸。Dr. P 就患有视觉（或光学）失认症（Aphasie)，因此他不能辨认日常生活中形状复杂的物体。(Karnath & Thier, 2003) 患有视觉失认症的人会利用其他的刺激线索，如声音、活动的特点或诸如熟人的典型衣着等特征辨认他人。 (209)

人们起初以为，Dr. P 的问题是视力不好的结果，然而，经检查，他的视力很好：这个病人能够毫不费力地找到地上的针，但是，当萨克斯递给他一枝玫瑰花后问他，他手里拿的是什么，他却回答说："约 15 厘米长，红色、有皱褶、还有一根笔直的绿色枝杆的东西……它不象其他东西那样有简单的对称性，虽然它也许具有自己的较高级的对称性。" Dr. P 手里拿着那个东西思索了一会儿，最后冒险猜测说，这可能是一种花。"请您闻一下!"医生敦促他说。这位病人接着就大声说："太棒了，多么美妙的香味啊!" Dr. P 能从它的气味，却不能从它的外观上认出这种花，虽然他能发现并组合它的所有特征，比如杆是绿色的以及杆的长度。Dr. P 患的是大脑紊乱症，这可能是一次没有被立即发现的脑部撞击的后果。患这种病的人虽然能看到物体也能发现其特征，却不能把它们组合成一个有意义的整体。

脑损伤病人的潜意识感觉。有些人遭受过脑损伤，因而不能辨认别人的脸型。广大公众之所以知道这种疾病，是因为神经学家奥利弗·萨克斯在一本通俗易懂、可读性很强的著作中对此作了描述。信息框 4.6 将再现他的病人 Dr. P 身上的一些现象。

在一项研究中，让患有视觉失认症的两个女人看一些陌生人、朋友和亲戚的照片。同时通过测量皮肤的电子电阻来把握她们的内心反应。（见第 412 页）由于她们不能辨认脸型，所以他们不能认出照片上朋友和亲戚的脸型。尽管如此，当他们看见朋友或亲戚不同于陌生人的脸型时，她们
(210) 皮肤的电子电阻还是增大了。可见，这两个女人潜意识里还是能区别熟人和生人的脸型的，虽然她们没有意识到这种区别能力。（Tranel & Damasio, 1985）这项研究的结果还证明，很大一部分信息能够进入人的潜意识。

5 学习的基本过程 (211)

提到“学习”这一概念，大多数人首先想到的是学校。但是，事实上人们不仅在学校里学习，而且在与环境作斗争的各个地方学习。学习是一个日常生活的过程，因此，除个别例外，人们根本不注意这个过程。但是，如果想知道过去所有的学习过程对现实行为有多大的影响，那么只需要设想一下，一个成年人的所有学习成果假如一下子从大脑里消失，那会产生怎样的后果。没有其他人关心照顾他，他就很难生活下去。

心理学对生活和长寿这个过程表现出的兴趣表明，学习对于每个人、对于每个人的生活和长寿的机会具有重大意义。在这个科学研究领域，没有一个课题做过这么大量的研究。尤其是行为主义者，他们对环境抱乐观主义态度，所以特别研究了学习的问题。本章将介绍一些学习形式，比如巴甫洛夫的经典性条件反射或者桑代克的工具性条件反射，它们为行为主义的思维方式和研究方式铺平了道路，当然还要介绍斯金纳、班杜拉、托尔曼等人的贡献。

5.1 学习是行为变化的过程

人一生都在变化。这些变化是以许多影响为条件的，但是学习过程对于变化的发生具有非常重要的作用。比如，人们学会新的运动能力、获得新的知识、产生新的想法，同样还有对环境中某些事件的恐惧反应。人们不断学习，理解新的概念，以变化了的方式解决问题，在积累了一些经验以后用新的眼光看待自己。一个心理学家认定这些变化可能是学习过程的结果，他这话是什么意思呢？

学习是一个不可观察的过程。应该怎样理解“学习”，心理学家很难回答这个问题。一个学生可以坐在教室里，并且目不转睛地盯着老师，然而，看到这一情形以后就能说这个学生在学习吗？一个学生是否在学习，从外在的行为方式上只能去猜测，因为真正的学习过程是观察不到的。

(212) **学习是以比较持久的行为变化为基础的过程。**学习往往被定义为一个以比较持久的行为变化为基础的过程，是练习或经验的结果。所谓“学习”，就是作为经验的结果比较持久地发生行为变化。也有一些行为变化不能表明学习过程，因为它们在生物学上是可以论证的；比如在吸毒后发生的行为变化，有些行为变化是疲惫、成熟过程或受伤的结果。

插图 5.1　一个学生是否在学习，通过行为观察只能作出猜测。图片中哪个孩子看似在进行学习？

行为变化是经验的结果。如果说有了经验才能开始学习，那么这就同时说明学习是一个主动的过程：学习以一个清醒的、积极与环境作斗争的生物体为前提。这样就排除了一个睡眠中的生物体也会学习的可能性，这一论断有悖于早期关于睡眠中学习的研究结果，当然，早期的研究有方法上的缺陷，但后来的研究也不能证明睡眠状态下的学习过程。信息框 5.1 将介绍关于人在睡觉时是否能够学习这一问题的具体详情。

信息框5.1

人在睡眠中或在深度放松的状态下能有效地学习吗？据估计，寿命正常的人的“睡眠时间”平均为22年。难道人们不想至少把这些时间中的一部分用于学习，比如学习外语吗？似乎存在这样的可能性：先把学习内容录在磁带上，然后只要记着在睡觉时打开复读机。在这种条件下真的能指望启动学习过程吗？总之，在广告中有这样说法：使用某种复读机能在睡眠中进行有效的学习。

为回答这个问题所进行的最初研究确实得出了肯定的结论。比如，路易斯·瑟斯顿早在1916年就声称，他成功地把为海员举办的莫尔斯电码培训班缩短了三周，因为他把部分课程安排在学员的睡觉时间。(Simon & Emmons, 1955) 但是，这种“成功”后来由于 (213)
方法上的缺陷而遭到质疑。主要缺陷是没有监控睡眠的深度。弥补这一缺陷是可能的，因为人从清醒状态进入睡眠状态时，大脑的电子活动会发生变化。(Ogilvie et al., 1989) 可见，人们根据脑电波的导出可以有把握地断定，一个人是否真的睡着了。人在证明确实睡熟了以后真的能够学习吗？

答案是，在睡眠中加工含有事实（姓名、数字、事件、外语等）的学习材料并在清醒状态下复述出来是不可能的。当然，其他学习过程，比如以条件反射为内容的学习过程（后面还会谈到，见第214页及其下几页），在睡眠中完全可能被激活。(Badia, 1990)

比较持久的行为变化。由于吸食有改变意识作用的毒品、由于疲惫或者由于动力减弱而引起的行为变化，只是暂时的、大多是短暂的行为改变。为了能界定这类影响，有人曾经建议，只有出现了“比较持久的行为改变”才能称为学习。疲惫现象睡一觉很快就能消除，而学习的影响则能保持很久，有人如是说。一个学会了游泳的人，即使20年或更长的时间没有机会练习，也依然能浮在水面上。

区别学习和行为。将学习与行为区别开来的必要性已经间接地谈过了。学习不同于行为，学习是不可观察的；观察学习有许多困难。行为取决于学习过程，这是毫无疑问的，但是，行为还取决于其他的条件和事件。经历过考试的人都有这种体会。他的知识水平比在考试的压力下能发挥出来的也许要高得多。回答问题吃力，也许是健康状况不佳或有考试恐惧感。

在说明了学习的特征以后，就面临这样一个问题：学习是在什么条件下进行的？怎么解释人们在有些条件下会表现出行为改变，而在其他条件下则不会？这个问题在某种程度上可以借助于学习的理论来回答；学习的理论——就本章所介绍的而言——一看就知道源自行为主义。

5.2 学习的理论

学习的理论是关于学习及其条件的设想的总和。学习心理学家不仅观察行为的变化，而且还致力于解释行为的变化。同时，他们从假设出发，
(214) 认为假设必须经得住检验，也就是说，他们根据假设可以作出预言，而这些预言反过来又会多少——取决于理论的质量——得到验证。人们把关于学习及其条件的假设的总和称为学习的理论。

人类观是学习的理论的组成部分。学习心理学家掌握哪一种理论，完全取决于他们对人的本质的看法。比如，重要的是，他们是否首先认为人是被动还是主动的生物；他们是否认为人的行为始终是对环境条件的某种反应，或者认为行为也可能自发地产生。高尔顿·奥尔波特说，“学习理论家都是哲学家，虽然他们现在可能还不是。”（Allport，1961）

每种学习的理论的有限的解释值。当然，学习心理学家的理论不仅取决于他们的人类观，而且还取决于他们是在哪个学习场合观察一个人的。为了说明一个人怎么能够学会在红灯亮时停步，所涉及的过程也许完全不同于在设法解答一道高数题时所涉及的过程。因此，每种学习理论的解释值是有限的，放之四海而皆准的学习理论还没有诞生。尽管如此，后面的叙述将表明，可以列举许多过程，以便说明各种不同的复杂场合下的学习。

5.2.1 经典的条件反射

联想式的学习。所谓经典的条件反射就是一个被系统激发的过程，人们通过这个过程，在一种刺激和一种反应之间学会某种联想。早在两千多年以前，亚里士多德就发现，人们在空间上和时间上一起重复经历的事件是可以使人产生联想的，也就是说是相互关联的。在文学作品中也不乏联想式学习的例子。

例 子

西班牙诗人洛佩·德·维加（1562－1635）在《少女的神父》中讲述了一个年轻的修道士的故事。这个修道士因为反复犯错误而被罚蹲在地上吃饭。当时，修道院里的许多猫总是惹他生气，因为它们经常偷吃他最好的食物。他想赶走这些猫，但始终没有成功。从此，修道士想了另一个办法：在某个漆黑的夜里，他把所有猫都装进一个口袋。他先咳嗽一声，然后狠狠地打击这些猫。“它们声嘶力竭地嚎叫。”修道士接着休息了一会儿，然后再打。先咳嗽一声，然后再打。结果表明，这些猫只要听到咳嗽声，就会“声嘶力竭地嚎叫”。然后，他把这些猫从袋子里放出来。从此，修道士每当蹲在地上吃饭时，总是留心观察周围的情况。他说，“如果有一只猫接近我的食物，我只需咳嗽一下；然后它就会像其他猫那样躲得远远的！”很明显，这些猫在修道士的咳嗽声和痛苦的事情（挨打）之间产生了一种联想。

埃德温·特维特迈尔发现的经典条件发射。1904 年，宾夕法尼亚大学的一个学生介绍了他在学习膝跳反射时的认识，许多人在做医学检查时都知道这种反射。医生用橡皮锤敲击膝盖下面某个点时，那条腿便会立即向前弹起。特维特迈尔在研究中，在橡皮锤敲击之前先让人敲一下铃。这样反复试验几次，每次总是在锤子敲击以前响起铃声，他最终发现，只要听到铃声响起，小腿也会立即向前弹起。然而，特维特迈尔很倒霉，因为该系列报告的负责人威廉·詹姆斯认为他的报告很无聊，于是他直接宣布午 (215)

休，没有像通常那样安排听众展开讨论。（Coon，1982）由于没有多少人感兴趣，特维特迈尔没有这项研究继续进行下去。

伊万·巴甫洛夫发现的经典条件反射。几乎在特维特迈尔进行这项研究的同时，俄国一位生理学家也注意到了相同的问题。他就是伊万·巴甫洛夫。起初，也就是在19世纪60年代，巴甫洛夫想做一名牧师。然而，在他学习神学期间，内阁在政策方面发生重大变化：今后允许把西方国家的出版物翻译成俄文。于是巴甫洛夫就了解到了达尔文的物种起源理论，并因此激发了他对自然科学的兴趣。（Windholz，1997）从此他转向生理学的研究并成为这一专业领域的公认的代表人物；1904年，他因对狗的消化系统所作的研究获得诺贝尔奖。

插图5.2　*伊万·巴甫洛夫*（1849－1936）

俄国革命时期的新的执政者很快就认识到巴甫洛夫这位科学家的重要

作用。他们为他提供额外的食品补助。但是，巴甫洛夫最关心的是继续他的研究工作。因此他接受这种补贴的条件是，他的同事和他养的狗都必须有饭吃。(Bolles，1979) 此外，他养的狗每天能生成201 升胃液，他将这些胃液当作治疗消化系统疾病的药物（非常令人怀疑!）出售，从中筹到了他每年的研究经费的一半。(Babkin，1949) 显然，他认为科学研究高于一切。他对一名助手没有准时参加实验所作出的反应也能证明这一点。这 (216)
个年轻人在道歉时解释说，他为了不致卷进巷战而绕了道儿。“教授先生，革命爆发了，大街上还开了火!” 但是，巴甫洛夫对这样的道歉不以为然，他回答说：“您在实验室工作，革命不是照样进行吗？如果下次再爆发革命，那请您最好早一点起床!” (Hothersall，2004)

有些心理学家认为，巴甫洛夫的发现（1953－1955）是“心理学史上最重要的发现之一”。(Dewsbury，1997) 他所发现的条件反射过程是最早被深入研究的过程，因此人们将这种学习形式称为经典条件反射。(Hilgard & Marquis，1940) 他的认识当时几乎无人不晓。尽管如此，再讲述一次还是很有意义的，因为巴甫洛夫所创造的概念，至今仍有 60% 以上在为研究动物的学习行为的心理学家所使用。(Bower & Hilgard，1981) 那些在下面将要描述的实验中所发现的联系可能因为过于简单，以致乍一看来似乎很没有意思；然而不能忽视的是，经典条件反射也能帮助生物成功地适应环境。(Hergenhahn & Olson，1993)

巴甫洛夫的经典实验

外部情况是巴甫洛夫作出发现的诱因。巴甫洛夫是一位专门研究消化系统的生理学家，因而他非常了解这样的事实：用食物碰触狗的口腔黏膜会反射性地引起唾液腺的活动。因此，他在很大程度上感到困惑的是，他的实验动物——他一直用狗作实验——有时食物还没到跟前就开始流涎。他根本无法解释这种现象，所以他感到非常不安。他测试了各种可能的影响，看它们是否能够引起唾液分泌。最终他发现，使他的实验动物产生反应的是，助手走进实验室而且盘子咔咔作响。巴甫洛夫未能从生理学上解释这一现象。这些动物为什么还没有接触到食物就会分泌唾液？难道唾液分泌除了天生的还有其他诱因吗？学习过程难道是这些动物作出怪异反应的原因吗？这些问题深深吸引着他，以致他毫不犹豫地终止了迄今为止的研究，以便有时间解释这一令人困惑的现象。

天生的反射是经典条件反射的出发点。巴甫洛夫的研究像原来一样，反射仍然是他研究的出发点。所谓反射就是对某种特定的刺激作出的自动反应。这种反射性的刺激—反应联系是天生的，也就是说不是学习的结果。人们把反射性地引起某种反应的刺激称为无条件反射刺激（英语缩写：UCS，其中 UC 代表无条件反射的，unconditioned，S 代表刺激：Stimulus）。这种无条件反射的刺激会引起一种无条件反应（英语缩写：UCR，其中 R 代表反应：Response）。

从中性刺激到条件反射刺激。巴甫洛夫在实验中发现，各种影响始终是可以高度控制的。显然，唾液腺不仅对天生的刺激，而且对其他刺激感
(217) 兴趣。为了不让实验动物接受巴甫洛夫不允许的影响，实验在一个隔音的房间里进行。实验动物被固定在一个专门设计的支架上（见插图 5.3）。通过一根细管，狗的唾液能被直接导出并流进一个用来测量流出量的、有刻度的容器中。

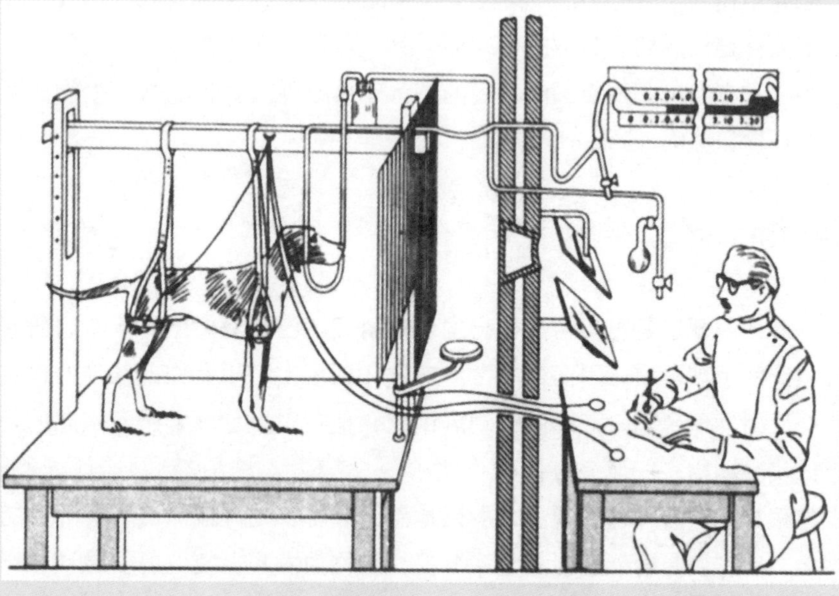

插图 5.3　伊万·巴甫洛夫用于研究条件反射的设备

巴甫洛夫想知道，一种无条件反应，即唾液分泌，是否毫无例外地以无条件刺激为前提，或者说，其他的刺激是否也能起到诱发的作用。在实验开始的时候，巴甫洛夫深信，在发出铃声的刺激后，唾液腺不会开始工作；也就是说，在这种特殊的反应方面，声音刺激是中性刺激（英语缩写：NS，neutral stimulus）。实验动物对于铃声的反应仅仅是有些不安，但不会分泌唾液。这一实验完成后，巴甫洛夫发出铃声信号（中性刺激）后，接着就端上食物（无条件刺激），而食物自然而然就使实验动物流涎。他把这一过程（NS→UCS→UCR）重复了多遍。最后，他进行了一项重大创新：他只发出铃声信号，而不提供食物（UCS）。在实验条件改变后，巴甫洛夫发现了一个富有启发性的现象：在铃响时也会出现流口水的反应。这样，原本中性的刺激获得了条件刺激的功能（英语缩写 CS，其中 C 代表有条件的：conditioned）。只要一个条件刺激引起反射行为（在这里是流涎），人们就称之为条件反射（CR）。巴甫洛夫最初把这种条件反射称为“精神上的”反射。但是，后来他很讨厌这个概念，如果他的同事继续使用这个概念，就必须被罚五戈比。（Stagner，1988）

通过实验条件的微小改变，巴甫洛夫发现，在学习阶段，如果中性刺 (218)
激早于无条件刺激（即 NS→UCS），且间隔时间非常短暂（半秒到 1 秒），那么，才会出现条件反射。如果中性刺激和无条件刺激同时出现，那么，估计只会出现微弱的条件反射。（Hall，1989）这就仿佛是没有栅栏的铁路道口的警示灯，只有在火车到达前闪光才能起作用。一个中性的刺激如果在无条件刺激之后出现，那么决不会提供条件刺激；如果信号灯在火车通过以后才闪光，那也就没用了。巴甫洛夫特别喜欢狗，目的是在狗身上研究条件反射。当时有大量证据证明，人也有各种可能学会将中性刺激变成某种条件刺激。

经典条件反射在动物世界的各种动物身上，甚至蠕虫身上都能出现。因此，这是一个真正基础的学习过程，就像巴甫洛夫已经发现的那样，经典条件反射还可用其他一些原则来说明：忘却、高级条件反射、刺激泛化和刺激鉴别。

例 子

长期以来，流行的做法就是借助经典条件反射治疗夜间尿床症。为此，人们把孩子放在一张专门的床垫上，尿液一流到床垫上就会立即接通电路，这样一个由电池驱动的警报器就会发出警报。这个警报器具有无条件刺激（UCR）的功能，它会叫醒孩子去上厕所。在发出警报以前，有些刺激可能会告示膀胱已满；它们最初是中性刺激（NS），因为它们不会使孩子苏醒。在多次中性刺激以后，膀胱的刺激就成为一个条件刺激，它会使孩子及时苏醒。这一技术至今仍是治疗夜间尿床的最有效的方法。（Mellon & McGrath，2000）

经典条件反射的其他原则。如果人们发现巴甫洛夫的狗是怎样学会对铃声作出流涎反应的，那么很可能就会本能地提出以下问题：能使这种学习过程倒回去吗？人们根据这种已经学会的 CS－CR 联系能出现其他的经典条件反射吗？与铃声相似的其他刺激也能引起流涎吗？能教会狗只对特定质量的声音作出反应吗？

高级的条件反射。一种已经学会的 CS－CR 联系可以成为更高一级的条件反射的基础：一种条件刺激（CS），如果可靠地获得了某种引起条件反应（CR）的功能，那么，就可以像无条件刺激一样加以使用。比如，巴甫洛夫的一个同事发现，测试对象在注射吗啡（UCS）以后有恶心和呕吐（UCR）的反应。后来他观察到，在注射（CS1）以前，刚刚看到注射器就同样能引起呕吐（CR）。此外，他还发现，引起恶心的刺激（CS2，3.）通常出现在看到注射器以前，比如看到在皮肤上擦酒精、装注射器的盒子，甚至注射室，这些刺激虽然离不开 CS，但与 UCS 没有直接的关系。
(219) 显然，CS 能够承担 UCS 的功能，从而使更高一级的条件反射成为可能。在语言方面，已经有许多词语成了条件刺激的例子。对于很多人来说，提到他们曾经爱过的人的名字就足以让他们熟悉的“春心荡漾”再次苏醒。

如果说能使人产生高级的条件反射，那么就可以激励人们获得许多其他的 S－R 联系。尤其在广告中，人们经常使用这一学习原则。约翰·华生在大学毕业后成了一个广告专家，他对同事们说：“为了让你们的顾客有所反应，你们必须对他们说一些让他们感到害怕、感到有些愤怒、能引起他们的情感反应或者他们爱听的话，或者迎合他们的某些根深蒂固的心理动机或习惯动机!”（Buckley，1982）

广告专家比华生更清楚，进入他们视线的消费者在什么情况下会作出积极的反应。特伦斯·辛普及其同事们在一项研究中，向测试对象放映一些不同的画面（山上的瀑布、海上的落日、驶向天际的帆船、灯光浪漫的小岛）（UCS），测试对象在模拟测试中就已对这些画面作出了非常积极的反应（UCR）。在放映这些画面的过程中插播 7.5 秒一种清凉饮料的广告。（Shimp et al.，1991）结果表明，测试对象在条件反射形成后即把对这些画面的情感转嫁到了这种饮料上。根据乌尔里希·加齐扎德的总结（Ghazizadeh，1987），在广告实践中使用最多的无条件刺激主要有：色情、社会幸福、假日气氛、享受自然、梦幻世界、活跃、朝气、排他性和男子汉气概。选择得当的音乐（UCS）也能引起消费者的积极体验（UCR）。如果人们总是在情景音乐响起以前推出一种促销商品（NS），那么就有很好的机会使它变成一种条件刺激（CS），引起人们的愉悦体验（CR）。（Nemetz，1992a，1992b）总之，可以断定，借助经典条件反射能够卓有成效地影响人们对某个产品或商标的看法。（Grossman & Till，1998）不过，也有高级的条件反射引起意外效果的情况，医学领域就有这样的例子。

例 子

有些人看见医生或护士（两个 CS）就感到害怕（CR），以致他们一看到白大褂血压立即就会升高。这种害怕是由于高级的条件反射而产生的。在这种情况下测量血压就可能得出“高血压”（Hypertonie）这个错误诊断。有些医生把这种病人称为“白大褂高血压患者”。（Myers et al.，1996）

CS－CR 联系的遗忘（消退）。条件反射原则上是为了适应。比如，一条小狗学着把某种气味刺激与某种危险动物出现的情景相联系，因此它能及时撤到安全的地方。但是生活条件是随着时间的推移而变化的。对于一只正在长大的狗来说，原来感到危险的动物可能不再危险了。以前学会的
联系—— 一种特殊的气味刺激表示有危险动物靠近并使它作出保护反 (220)

应——就不再有意义了。因此这种联系可能就被遗忘了。人们把这种遗忘的过程称为消退。

当巴甫洛夫完成用铃声刺激实验动物的唾液分泌以后，他问道，如果在铃声——无条件刺激——响过后不立即端上食物，那会怎么样呢？为了回答这个问题，他反复只提供条件刺激。在这一过程中他观察到，唾液分泌逐渐减少，趋向消退。与取得某 S－R 联系一样，这也需要多次重复：只提供 CS，同时不提供 UCS。因此，遗忘一种联系与取得一种联系都是一个主动的过程。在消退的过程中，人们经常会看到条件反射在提供条件刺激后反复出现的现象，虽然这种学到的联系从表面看已经被遗忘了。人们把这种在消退时期自动反复出现的现象称为自动恢复。这种自动恢复的出现表明，所谓消退不是遗忘过去的学习经验，因为从表面上看，某种学会的反应虽然在消退后消失了，但是，它并没有被遗忘。（Bouton，2000；Rescorla，2001）

对类似刺激的反应的扩大：泛化。几乎不存在两个完全相似的事件或事物。交通信号灯不是到处都一样的，颜色在有的情况下可能鲜亮一些，而在有的情况下则暗淡一些。这是为了迎合行人和司机的心理，刺激物在外观上虽然有细微的差别，但是他们知道这是一回事并做出同样的反应。如果一个生物体不仅能对条件刺激，而且能对类似于原刺激的刺激条件反射，那么人们就称之为泛化。

巴甫洛夫在试验中还研究了泛化的过程。他的狗在作出成功的条件反射后，不仅能对铃声，而且能对类似于铃声的刺激作出反应。因此，蜂鸣声和锣声也能引起流涎。可见，在提供类似于原刺激的刺激时，也会有条件反射，虽然没有那么强烈。

但是，泛化也是有限的，否则就会失去其适应性价值。比如，一个司机已经学会对交通信号灯的红灯作出反应，如果他一看到红色的小轿车、红色的海报或行人的红色毛衣就停车，那么他就无法前行了。

泛化的界限：鉴别。泛化可以带来很多好处：学生不用对某个特征的每一次改变专门作出反应。铃声尖一些或哑一些、音量小一些或大一些，它的意义通常是不会改变的。但是，在有些情况下泛化就可能没有用了，比如，路人和司机不能辨别交通灯的红灯和环境中其他的红色刺激。对于怕蛇的人来说情况也是如此：如果他能辨别无害的和危险的动物，那他就能泰然处之。许多人讨厌牙医的电钻，但是却能把它与工匠的电钻区分开来。人们把这种学习区别的过程称为鉴别。学习鉴别也是一个过程，在这个过程中，个体学习对两种相似的刺激作出不同的反应。 (221)

巴甫洛夫的狗也必须学习辨别尖一些的声音和哑一些的声音，因为只有尖一些的声音响过之后才会得到无条件的刺激（食物）。在它只对高音、而不再对低音做出流涎反应后，学习过程就结束了。

经典条件反射的应用可能性。阿道司·赫胥黎（Huxley，1894－1963）是一位对学习心理学研究极为厌恶的作家，因为他担心这种研究及其认识会为完全操纵人类创造条件。1932年，赫胥黎在他的小说《美丽新世界》中描写了这样的情节：将来人们可能会利用经典条件反射规律教育婴儿，以便使他们成为比如工匠。为了做到这一点，只要他们一靠近被禁止的物体，比如书籍或鲜花（NS），人们就电击他们（UCS）。孩子们对电击的反应是拼命地哭喊。他们幼小的身体蜷缩成一团并变得僵硬。实验负责人说，“这种残忍的情形重复200次就足以让这些孩子在整个一生中都不会燃起对书本和植物的兴趣。”

在赫胥黎的黑色预言发表一个半多世纪之后，可以断定，确实存在应用经典条件反射的学习规律的可能性；但是人们也许宁愿强调学习规律的作用的积极面，比如在解释恐惧反应、毒瘾和厌食方面。

学会作出恐惧的反应。早在300多年前，英国哲学家约翰·洛克就发现，那些在学校里由于错误行为受到惩罚的学生对于书本和其他学习用品有恐惧反应。（Locke，1690）约翰·华生和罗莎莉·雷纳第一个试图通过实验证明，这类恐惧反应可能是由于经典条件反射产生的。（Watson & Rayner，1920）

华生和雷纳在恐惧—条件反射的实验中，研究了一个11个月大、名叫艾伯特、他们认为没有感情的男孩。华生给这个孩子看一只白鼠，孩子起初没有害怕的反应。后来，华生先给孩子看白鼠，然后用锤子敲击钢管，发出巨大的响声。在这样的实验过程重复七次之后，艾伯特即使看到老鼠以后没有听见响声，也会对老鼠产生害怕的反应。艾伯特的恐惧还转嫁到其他与老鼠相似的东西上，比如他在看到兔子和毛皮大衣时也会害怕。（见插图5.4）这就是泛化。

在后来的实验中，华生和雷纳的结论没有再得到验证。事实上，从今天的观点看，这项研究不仅在伦理上非常令人忧虑，而且还有许多荒谬之处（Samuelson，1980），并且在方法上也有明显的缺陷。现在我们知道，有些中性刺激（比如老鼠）比其他的刺激（比如玩具鸭子）更容易成为害怕反应的条件诱因。但是，只要产生条件反射，大多就会持续很长时间。
(222) 比如，在第二次世界大战结束 15 年后，有些老兵仍对战场上的隆隆炮声有着强烈的情感反应。（Edwards & Acker，1972）

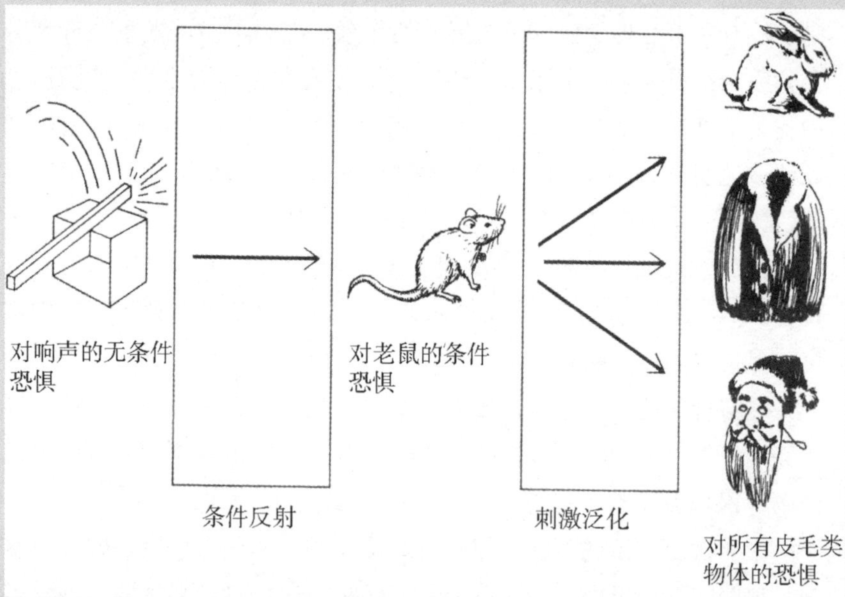

插图 5.4　在艾伯特学会看到老鼠就害怕之后，他把这种反应也泛化到类似的刺激上，比如兔子。

应当考虑到伦理问题，因为科学家让一个孩子学会作出恐惧的反应之后，他是不会遗忘的。在进行这项实验的时候人们还不知道相应的方法。华生和雷纳决定重新消除艾伯特的恐惧，然而他们发现，他们曾经的测试对象再也找不到了。

反条件反射。华生和雷纳的实验结束三年后，有一个孩子酷似“稍微长大了一点的艾伯特”。玛丽·卡弗·琼斯发现了 34 个月大的彼得，她认为他是健康的而且各方面都很正常。（Jones，1924a；1924b）不过，他对兔子、老鼠、毛皮大衣、羽毛和棉花等有夸张的恐惧反应，但这这种恐惧反应不是通过实验制造的、而是“天生”的。为了治疗这种恐惧症，琼斯在“华生博士的指导下”使用了一种会形成反条件反射的方法。使用这种方法时是尝试把引起恐惧的条件刺激（比如兔子）与一种与恐惧反射相对立的行为方式联系在一起。在这里彼得对于小点心和甜食的喜爱就很有用。在实验开始时，琼斯把兔子放在一个安全的距离外，而彼得在吃他的美食。他开始时警惕地看着兔子，但是仍在继续吃他的东西。这时慢慢地将兔子移向他身边。最后，彼得一只手拿甜食，另一只手抚摸兔子。琼斯认为，恐惧与美食享受是矛盾的。她借助反条件反射成功地消除了孩子的 (223)
恐惧反应。

对毒品（海洛因）的反应。很长时间以来人们都不明白，为什么吸毒者在注射海洛因后会死亡，虽然他们——事后查明——选择的是他们已经适应了的剂量。只有运用经典条件反射的学习原则才能解释这种情况。

如果一个吸毒者注射了海洛因（UCS），作为自然反应（UCR），他的身体会产生一种物质，保护身体不受超剂量的伤害。（Siegel，2001）如果总在同一个空间环境下注射海洛因，那么，这种环境的某些特征就会逐渐获得条件刺激的功能，引起身体上的反应，保护身体的安全。但是，如果吸毒者在一个新的环境里注射海洛因，那么，就会缺乏及时调节身体的条件刺激。在这种情况下，海洛因就发挥了它的不可遏止的功效，因此，就不能排除患重病甚至——如果最后呼吸完全受阻——死亡的可能性。对那些所谓“超剂量”服用后侥幸逃脱死亡的人的调查显示，70%的人注射的都是正常剂量的毒品，只不过在一个新的环境下身体对毒品还不适应。（Siegel，1984）

厌食。临床心理学家马丁·塞利格曼回忆说，他有一次与妻子在饭店吃饭，点了他最爱吃的菜：贝亚恩酱汁牛排（NS）。（Seligman & Hager，1972）他感觉这道菜很好吃。不久以后，塞利格曼身上就出现了感冒的最初症状（UCS），因而感到很不舒服（UCR）。当然生病与他最爱吃的菜之间没有什么联系。但是，当塞利格曼又有机会吃他最爱吃的那道菜时，他发现，这道菜很不合他的胃口。塞利格曼对原本喜欢的菜的态度怎么样发生变化了呢？约翰·加西亚的某些研究可能会给人深刻的启示。（Garcia & Koelling，1966，Garcia et al.，1966）

加西亚是研究第一颗原子弹爆炸后长期的放射性辐射对生物体的影响的科学家之一。他在实验室中让老鼠每周接受八小时的辐射。老鼠出现恶心就是接受辐射的后果。在后来的几周中，它们在辐射房中时，几乎连水都不再喝。但是，当它们一回到笼子，不再接受试验辐射之后，它们的饮食就与平常一样多。老鼠的行为难道与辐射有关吗？加西亚为了检验这一猜测，把老鼠再次放进辐射房里，这次当然没有施加辐射。但老鼠还是不肯喝水。因此，加西亚只能放弃他的猜测并重新开始寻找可能的解释。在这一过程中他突然想起，辐射房里的饮水瓶是塑料瓶，而平时在笼子里用的是玻璃瓶。进一步的研究表明，使用的塑料瓶改变了水的味道。塑料味道与之后的恶心之间可能形成巴甫洛夫意义上的学习 CS－CR 联系吗？加
(224) 西亚继续研究这个问题，他给老鼠喂甜水（NS），其中掺入一种没有味道的物质（UCS），不过，这种物质在一个小时或一个多小时以后会让老鼠感到恶心（UCR）。在它们从不适的状态中恢复之后，再次给它们喂甜水解渴，但是它们喝得很少，相反，它们更喜欢喝普通的白水。显然，老鼠已经学会把甜水与恶心的感觉相联系。中性刺激和无条件刺激摆放得远一些，就能形成条件反射吗？加西亚根据自己的研究结果深信这一点。

不久就有人提出质疑，他们在批评加西亚时指出，只要先后两秒钟提供 NS 和 UCS，比如对于唾液分泌这种条件反射来说，就已经有了最为有利的条件。（Beecroft，1966）加西亚的结论的一个批评者因此还表示，他认为这种所谓的联系“比布谷鸟挂钟里有鸟粪更为不可能”。（Seligman & Hager，1972）但是，加西亚并没有受这些不客观的批判的影响。他在进一步的研究中反复证明，他的结论是正确的。（De La Casa & Lubow，2000）塞利格曼可能也是由于这个原因改变了自己的观念，不再喜欢他多年来喜欢的菜肴。妊娠期也可能产生厌食的感觉。在怀孕期间女人经常会觉得恶心，接着还可能呕吐；在这种状态下她们以后或许会不愿意吃与这些症状有关的食物。（Baylay et al.，2002）现在我们知道，CS 和 UCS 之间的长时间间隔比短时间间隔更能使人产生厌食的感觉。（Schafe et al.，1995）此外，还有人指出，厌食产生的原因主要是气味这种 CS，而不是味觉。（Bartoshuk，1991）

形成厌食的感觉可以保护畜群不受食肉动物的伤害。美国西部的牧场主也定期利用形成厌食感觉的可能性。他们的羊群经常遭到狼群的攻击并被咬死。因此，加西亚在需要保护的羊圈外放置了含有某种物质的羊肉，这种物质是致病的。狼吃了这种羊肉就会生病并产生厌食的感觉。后来人

们看到，这些之前的攻击者只要一看到羊就仓皇逃窜。（Garcia et al.，1977；Gustavson et al.，1974）信息框5.2表明，厌食感觉在人类生活中也是有意义的。

免疫系统反应的条件反射。免疫功能可以形成条件反射的最早的传说源自19世纪。比如，麦肯齐在1896年报道说，他用一朵人造的玫瑰花让一位过敏病人打了一个所谓的“玫瑰花喷嚏”。巴甫洛夫教职的后继者也在大量的研究中证明，动物和人类的免疫反应都可能形成条件反射。“虽然这些结果表明，免疫系统的反应是可以形成条件反射的，而且作者在专著中强调了这一发现对于临床治疗的重要意义，但是这项实验没有继续进行下去。”（Meier et al.，2002）

插图5.5　约翰·加西亚给狼群喂食羊肉，这些羊肉由于加入了某种物质（氯化锂），因而作为无条件反应可使狼产生眩晕和恶心的感觉。狼群下次再遇到活羊时，一开始还是会攻击它们的猎物（见图片上半部分）。但是羊肉的味道和气味在这期间已经获得了条件刺激的功能，狼群闻到这种气味就会后退（见图片下半部分）。 (225)

信息框5.2

怎样才能使癌症病人在化疗期间食欲不减?

化疗引起的食欲减退。病人食欲减退是化疗的众多意外的副作用之一。病人往往不想吃饭，其后果是体重下降，他们抵御感染的能力也同时下降。但是，许多病人为什么在化疗期间越来越厌食？一位在癌症诊所工作的儿科医生就这一问题请教了自己的妻子伊伦纳·伯恩斯坦，她是一位心理学家，非常了解约翰·加西亚的研究。因此，伯恩斯坦考虑，病人产生厌食行为是否是由于某种学习行为呢？（Bernstein，1978）

癌症病人没有食欲难道是经典条件反射的结果吗?约翰·加西亚的研究为伯恩斯坦在一家儿童诊所进行研究给予了重要启示。她的问题是，在动物研究中已经众所周知的联系能用于人类吗？她考虑，化疗作为无条件刺激可能引起恶心和呕吐（UCR）。在化疗前
(226) 吃的饭（原本是中性刺激 NS），能够获得条件刺激的功能，从而引起恶心（CR）并同时产生厌食的感觉吗？

提供一顿“替代餐”。厌食主要源自一些有特殊味道的食物。因此，伯恩斯坦在餐后给 2－16 岁的癌症患者（他们是安排的一个实验小组）一份冰激凌，这种冰激凌完全是另一种味道（枫糖浆）。对照小组的病人接受化疗，但是没有冰激凌。两到四周后，伯恩斯坦再次去看望这些病人，让他们选择是再要一份冰激凌还是跟她玩。实验小组中只有 21% 的儿童选择冰激凌，而对照小组约有 70% 的病人选择冰激凌。这种反应表明，实验小组中的成员已经厌烦所提供的冰激凌，可见，只要人们注意将化疗前的最后一餐做得有特色并有他们觉得不寻常的味道，那么就可能降低他们在治疗过程中食欲越来越不振的风险。

伯恩斯坦从其他的调查结果中得知，有人对熟悉的饭菜也会产生厌恶。当然，这一点在那些没有得到枫糖味冰激凌的病人身上表现得尤为明显。伯恩斯坦考虑，难道在化疗前不能给孩子们提供一顿“替代”餐吗（可以是任何一种他们不认识的食物）？在最好的

情况下，病人会把化疗的副作用归咎到这顿不熟悉的饭菜上，但不会归咎到日常所吃的饭菜上。在这种情况下，就能防止食欲逐渐减退，从而防止体重下降。伯恩斯坦的“替代餐”治疗在许多病人，但不是所有病人身上都取得了成功。有些病人的恶心是由癌症本身引起的，这些病人对任何时间吃的食物都会产生厌恶。（Bernstein & Borson，1986）

免疫系统——在其他地方已经作过介绍（见第 147 页及其下几页）——能借助某种物质而削弱或增强。（Barker，2001）因此罗伯特·爱德尔提出这样的问题：是否能利用这种物质通过经典条件反射来影响免疫反应。当爱德尔在上个世纪 70 年代中期第一次对这个问题感兴趣时，大多数医生对这样的问题不以为然，因为当时在免疫学领域还普遍认为，大脑和免疫系统之间不存在任何联系——这一点前面已经作过介绍（见第 148 页）。然而，爱德尔在这个问题上非常客观，因为他作为心理学家不了解医学上的这些陈旧观点（Ader，1993）；虽然医学界对他的观念持保守态度，但他还是成功地争取到免疫学家尼古拉斯·科恩作为他的研究同行。（227）
他们在最初的研究中使用了一种抑制免疫系统的物质（环磷酰胺）（Ader & Cohen，1982）；插图 5.6 用图示说明了他的操作方式。他先给老鼠注射这种激素（UCS），接着老鼠就出现恶心的症状并且免疫力开始下降（UCR）。爱德尔和科恩用糖水作为中性刺激。在注射前喝糖水能产生厌食感觉吗？事实正是这样。当老鼠虽然不肯喝但被强迫喝下糖水以后，其中几只得病了，几只甚至死了。爱德尔和科恩对这种不治的反应是这样解释的：糖水获得了条件刺激的功能并因此成为抑制免疫反应的诱因。当时的其他许多研究本来是可以证实这种解释的。（Exton et al.，2000）当时曼弗雷德·舍德洛夫斯基的研究小组就第一次成功地通过条件反射在人类身上实现了对免疫系统的抑制。（Goebel et al.，2002；Meier et al.，2002）

直到现在人们仍在继续试图解释，经典条件反射在人体内是通过哪种联络方式产生这种作用的（Ader，2003；Ader & Cohen，1993）；但是我们现在知道，交感神经系统（见第 410 页及其下 1 页）的纤维与免疫系统的每个器官都有联系，它们对淋巴细胞的生成（淋巴细胞是人体原有的特殊的免疫细胞）产生影响。爱德尔与科恩的研究影响非常深远，因为他们撼动了长期以来认为免疫系统依赖于大脑和心理过程而运作的观点。两位科学家的研究导致产生了一个跨学科的研究领域“心理神经免疫学”。（见第148页及其下1页）

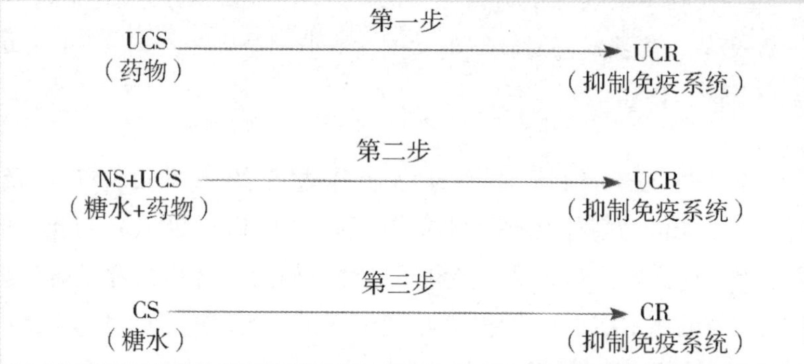

插图 5.6　免疫系统的条件反射的抑制。爱德尔和科恩先让老鼠喝糖水，然后给它们注射一种能抑制免疫系统（还能引起恶心）的物质。在重复几次后他们发现，糖水也能抑制免疫系统。

(228) **安慰剂效应。**目前还没人有把握地认识到，在人类身上能否将经典条件反射成功地应用于疾病的治疗。当然，经典条件反射至少能够部分地解释安慰剂的作用。所谓安慰剂效应就是给测试对象服用一种仅仅含钙的物质，这种物质对人体不会产生任何明显的作用，但能减缓大多数不舒服的症状，因为测试对象希望得到这样的效果。该怎样解释安慰剂效应呢？病人会把能减轻他的病症（UCR）的某种药物（UCS）与一个灰色的圆瓶子，甚至与医生的治疗室或者白大褂（CS）联系起来。有了这种体验之后，单是灰色的圆瓶子或医生的白大褂就能引起条件反应（CR）。（Ader，1997）比如，借助这种安慰剂效应还能降低人体中的血糖含量。（Stockhorst et al.，2000）

生物学准备心理。加西亚在研究中还取得了一个另外的认识：巴甫洛夫认为，任何一个中性刺激只要适当地与无条件刺激建立联系，就都能成为条件刺激，而加西亚认为情况要复杂得多。一只老鼠喝了糖水以后（由于辐射）会感到恶心，从此就学会不喝糖水；相反，光学或声学刺激在老鼠身上就不能成为条件刺激。如果喝了糖水以后再给以能引起疼痛反应的电刺激，那么，它们就不会讨厌糖水。从当时的许多观察研究中可以看出，各种动物都明显具备一种生物学准备心理，随时准备快一些或慢一些学会（S-R）联系。比如，在通常情况下，通过经典条件反射可以使人非常容易地对蛇或蜘蛛产生恐惧；而且对这些动物的恐惧一旦形成条件反射就很难消除。（Soares & Öhman，1993）相反，门把手或立体声装置、鲜花或者贝壳则很难成为引起恐惧的条件刺激。（Cook et al.，1986；Öhman & Soares，1994）人类在进化的过程中显然已经学会很快发现那些可能对自己构成威胁的动物并产生恐惧的感觉。（Öhman et al.，2001；Öhman & Mineka，2001）现代人类的祖先在史前时代是猎人或采集者，他们一定经常同毒蛇和毒蜘蛛作斗争。这些天生就知道躲避攻击者的祖先的后代就有更多的生存机会，并且比其他没有这种遗传配置的人更能繁殖后代。而现在，许多人不再惧怕毒蛇和毒蜘蛛，是因为他们遗传了早在史前时代就已获得的适应能力。（Cosmides et al.，1992）

5.5.2 工具性条件反射

当时，伊万·巴甫洛夫正在研究怎样用条件刺激或无条件刺激引起动物的反应，大约与此同时，美国心理学家爱德华·李·桑代克（1874－1949）感兴趣的是行为方式与其后果之间存在怎样的联系这个问题。桑代 (229)
克是威廉·詹姆斯（见第25页）最勤奋的学生之一，对他留下深刻印象的是达尔文的进化论极其对生物的适应行为的解释。但是，单个的动物是怎样适应环境的呢？桑代克打算通过动物试验弄清这个问题。他最初在哈佛大学注册攻读博士学位。他先在宿舍里用母鸡作实验。母鸡只要走出桑代克用书搭成的迷宫就能得到食物奖赏。然而，他的房东禁止他在宿舍里“养鸡”，并用解除合同相要挟，因从此他不得不中止这项研究。后来，詹姆斯让他的学生在自家的地下室里继续进行研究。（Murchison et al.，1961）由于对一个女人（他后来娶了她）的失望，桑代克离开波士顿，前往纽约的哥伦比亚大学继续进行研究。在那里他开始研究不安分的猫。他用原来装橙子的旧木箱做了15个如插图5.7中所示的迷笼。桑代克用这些笼子研究了在重要方面不同于巴甫洛夫的行为方式。

反应性的和工具性或操作性的行为。巴甫洛夫按照伯尔赫斯·弗雷德里克·斯金纳所作的区分，研究实验者控制何时发生的反应性或应答性行为；(Skinner，1953）这就是由无条件刺激或条件刺激所引起的行为。与此相反，生物体还有最初不受外界控制的行为方式；这种行为方式可能是有内在的刺激引起的（但是斯金纳不同意这种关于起因的猜测)。人类和动物及其行为方式对环境产生影响。因此，人们也称之为影响性行为，桑代克称之为工具性行为，而斯金纳（见第231页及其下几页）则称之为操作性行为。

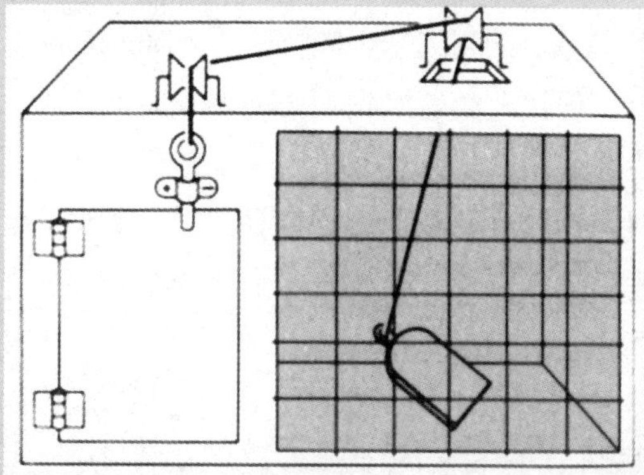

插图5.7　桑代克使用的一个迷笼。为了吃到放在笼子外面的食物，他的猫学会通过压下杠杆来开门。

尝试—错误行为。桑代克所设计的问题情景基本上是相互可比的：他把一只饥饿的猫放进笼子里（见插图5.7)。这只猫在笼子里必须采取行动（比如拉动绳子或者压下杠杆)，才能打开笼子的门闩，够得到放在笼外的食物，猫第一次被关进笼子后通常会做什么，桑代克在博士论文中作了如下描述："它尝试从每个孔往外钻。它抓挠栅栏杆和铁丝。它把爪子伸进
(230) 每一个孔，抓挠一切它能够得到的东西……它并不关注放在笼子外面的食物，而只是本能地想努力走出笼子。在激烈的挣扎中，猫在整个笼子里都留下了抓痕，它可能会拉动绳子或绳套，或者压下杠杆，从而打开笼门。"(Thorndike，1898)

桑代克发现，在第一次实验中，将猫第一次关进笼子以后，猫所表现出的行为方式有先后顺序，这是偶然的。因此桑代克称之为尝试—错误行为（他更喜欢尝试-成功这一概念［Chance，1999］，以便确认行为方式

与其后果之间的关系)。这只猫迟早(比如在四分钟后)会压下杠杆，打开笼子的门，然后走上通往食物的道路。从开始尝试到打开笼门的时间作了详细记录。在另一次试验中，桑代克再次把这只猫关进笼子，并记录了这只猫从采取工具性行为方式，到最后打开笼门所需的时间。桑代克发现，失败的尝试次数逐渐减少，也就是说，这只猫被再次关进笼子里后，尝试—错误的行为越来越少。那种能使它获得自由的行为方式出现得越来越早。因此，猫已经学会通过尝试—错误达到目的。比如，在第七次实验中，猫花30秒钟就打开了笼门，而在第24次实验中，它只花七秒钟就打开了笼门。

效果律。但是，这只猫是怎样从错误中学习，一次一次地重复尝试，并越来越快地采取成功的行为方式的呢？桑代克认为，学习过程遵循的是效果律：根据这一规律，失败的冲动会“淡化”，而那些导致成功的特别冲动会被随后的愉悦感所“强化”。可见，一种行为方式如果导致一个错误，就会产生厌恶感(英语：annoyer)。这种(引起厌恶感的)行为方式和迷笼的刺激条件之间的联系因此而被削弱了。只有极少数的行为方式能引起满足感(英语：satisfier)，因为采取这些行为方式最终能打开笼门并能通向食物。它们与迷笼刺激之间的联系因此而加强了。效果律说明，采取某种行为方式的频律取决于结果。

效果律的方法论缺陷。效果律的一个重要缺陷是不能忽视的。桑代克发现，有些行为方式出现的频律很高，而有些则很低。行为方式出现的频率发生变化，是否真的取决于其结果，还有待验证。桑代克在发现某种行为方式随着时间的推移会频繁出现以后，他只能推测，这种行为变化是由于其愉悦的效果而产生的。

工具性行为。桑代克在努力解释动物的适应性行为的过程中，达到了一个重要的阶段目标。他成功地证明，动物在新的环境下会采取尝试—错误行为，以便清除障碍，达到诱人的目标。桑代克把这种最终达到目标的行为称为工具性行为。因此，桑代克将他研究的学习方式称为工具性条件 (231)
反射。(Thorndike，1905)根据这一理论，如果某种行为方式成为为生物体获得奖励的工具，那么，这种行为方式就会得到强化(英语：strengthened)。斯金纳也曾研究工具性行为，但他使用了另一个名称，因为他要解释的问题与桑代克有本质区别。

5.2.3 操作性条件反射

插图 5.8　伯尔赫斯·弗雷德里克·斯金纳

斯金纳：从失败的作家到激进的行为主义者。伯尔赫斯·弗雷德里克·斯金纳（1904－1990）起初想成为一名作家。他甚至在纽约的格林尼治村住了六个月，以便体验无拘无束的艺术家的创作氛围。但是他很快就发现，他说不出什么重要的东西，他度过了“黑色的一年”。斯金纳后来回忆说：“当时我已经沉入波涛汹涌的大海，差一点被淹死，但是终于获救了。”（Skinner，1976）一本杂志介绍的一本书引起了他的注意，这本书的内容主要是介绍约翰·华生的行为主义。此外，他还特别崇拜巴甫洛夫：在他办公室的显著位置挂着一张他非常珍爱的有巴甫洛夫亲笔签名的照片。（Catania & Laties，1999）斯金纳埋头苦读华生的著作，并且对此非常着迷，因为他在此后不久即 1928 年就决定申请到哈佛大学攻读博士学位，在那里直到 1936 年才完成自己的研究。接着，他离开哈佛，但为了从事研究，1948 年又回到了哈佛，通过这些研究他一跃成为世界上最著名的心理学家之一。（Korn et al.，1991）他并不怀疑诸如思想、感觉、期望等“内在因素”的存在，但是他“作为激进的行为主义者”深信，这类“个人的事情”在科学研究中不能用于解释行为方式。（Delprato & Midgley，1992；Baum & Heath，1992）斯金纳在学术生涯中很早就成了一个行为主义的狂热追随者。在博士考试中请他说出这种观点的某些不足时，他竟然什么也说不出来。（Skinner，1979）

操作性行为方式及其条件反射。斯金纳把生物体作用于环境的各种活动称为操作性行为方式。这些活动是不由自主的行为方式，比如演讲者的手势，摇头，将勺子放到嘴边或者对他人友善的微笑。在经典条件反射的 (232)
情况下，一种条件反应对引起这种反应的刺激不产生任何影响（巴甫洛夫的狗流涎对于是否响铃或什么时候响铃不产生影响），而操作性行为方式的后果会对这种行为以后出现的频率产生影响。一种生物学习某种行为方式，因为学会以后会得到强化（见下文），或者不学某种行为方式，因为学习之后会得到惩罚，人们称这一过程为操作性条件反射。因此，工具性和操作性条件反射具有共同的特征：行为方式作为其后果的作用会发生变化。但是，对于斯金纳来说，行为方式的工具性质根本不是他关注的重点，更确切地说，他认为重要的是解释怎样控制行为方式这个问题。

寻求最可能的行为控制。如前所述，桑代克做实验是为了查明动物适应环境的方式，而斯金纳则试图回答怎样控制动物和人类的行为这个问题。比如，桑代克的猫什么时候压下杠杆，每隔多长时间压一次，然后摆脱实验者的影响。但是，怎样使猫在此地此刻表现出某种行为方式，而在彼地彼时不能这么做呢？这些问题是斯金纳研究的重点。为了说明桑代克和斯金纳的不同意愿，似乎应当分别用工具性和操作性的名称来区别他们所研究的条件反射。

斯金纳是指望借助条件反射控制所有可能的行为方式吗？斯金纳就这个问题回答说，我们不能让一个人“故意”脸红。“脸红与失色、流泪、流涎、流汗一样是不受操作性条件反射控制的”。（Skinner，1953）从信息框 5.3 可以看出，斯金纳的这种说法是不确切的，必定会遭到批判。

利用斯金纳笼子研究行为克制力。斯金纳像桑代克一样，也设计了一个笼子，并利用这个笼子研究动物的学习行为。这个如插图 5.9 所示的笼子的基本结构闻名遐迩，被称为“斯金纳笼子”。（顺便说一下，斯金纳不喜欢这个名称，因此他从未使用过这个名称。[Skinner，1983]）让老鼠在笼子里学会按压一个杠杆以获得食丸。在工具性条件反射过程中记录实验动物压下杠杆所需的时间，而在操作性条件过程中则记录一种行为方式（比如按压杠杆）在单位时间内出现的频率。斯金纳明白，只有比桑代克更为彻底地揭示行为方式与其后果之间的关系，才能支配动物的行为；他把这种关系称为行为克制力，并区分为正面鼓励和负面鼓励、消退和惩罚。他很快就明白，要支配行为还需要额外的刺激，即辨别的刺激。

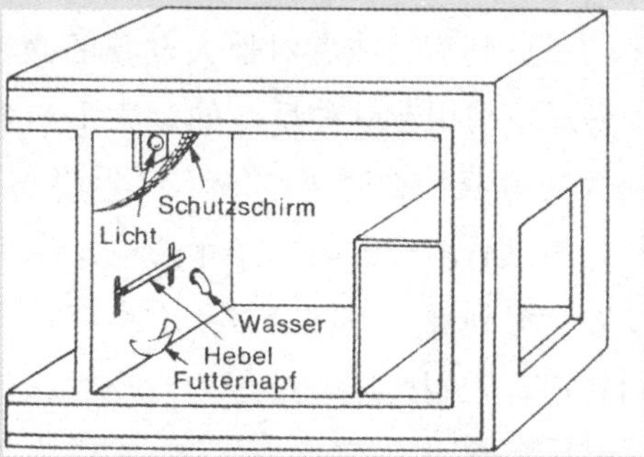

插图5.9　斯金纳笼子。让老鼠在笼子里学会按压一个杠杆以获得食丸。

信息框5.3

人们能够学会影响那些通常由身体自动调节的身体机能吗？有些新的科学认识往往不是预期的，而是在研究其他问题时偶然间获得的。对于约瑟夫·卡米亚来说也是这样，他在50年代末进行了关于睡眠的研究。当时他发现，在头盖骨外侧可导出的微弱脑电流在休息的状态下呈现出一种独特的形式——即所谓的α波。他想在研究过程中自问，如果他在α波出现时立即告诉测试对象，他们是否能对某种放松程度有一个比较明确的概念。他的一个测试对象在控制脑电波方面达到了非常高的程度，她甚至都能够发射摩斯码（学会切断α波相对容易，而要加强α波则非常困难）。无论如何，通过条件反射作用来影响生理过程似乎是可能的，而根据传统认识，生理过程是不受意识控制的。有关生理过程的数据的通报（或汇报）

被称为反馈（英语：Biofeedback）。这是一项技术，……意思是"用技术手段直接反馈身体信号。目的是学会控制这些生理过程"。（Bruns & Praun，2002）最早进行今天被称为"反馈"的科学研究是在1885年。当时俄国的一位医生说，他的一个病人能够"通过完全有意识的意志力"控制心跳，而且能够把心率每分钟提高到30次。（Tarchanoff，1885）研究反馈获得的最初成功立即使人欢欣鼓舞，这种方法被运用于4 000多项研究。当然，也有批评的声音。从最初的反馈研究中得知，α波的活力可以增强，是因为人们把α波的出现直接告诉了测试对象；同时在这种情况下又能达到高度的放松状态。通过重复最初的实验，研究人员发现，之所以产生当时所描述的效果，是因为测试对象闭着眼睛非常安静地坐在实验仪器前面；他们得到的关于脑电波的反馈显然没有对结果产生任何影响。（Plotkin，1979）这些报告最终使人们冷静了下来，并逐渐认识到最初对反馈的预期太高了。（Zeier，1997）不过，恰如其分地运用这一方法，还是很有希望取得疗效的。（Hermann，2002）

虽然借助于反馈这种手段——仅举几例——能降低血压（Nakao et al.，2000；Zeier，1997），慢性头痛和偏头痛也能借助这种方法得以减轻，因为病人能学会控制自己的肌肉（Bruns & Praun，2002；Zeier，1997），相反，用反馈法治疗背痛的疗效却没有很大的把握（Kröner-Herwig，2002）。但是，我们必须考虑到，这种疗法总的来说非常昂贵，何况还有比较便宜的疗法也能取得同样的疗效。

通过鼓励提高行为方式出现的频率 (234)

初级鼓励物。在动物试验中大多使用初级鼓励物，就是那些满足动物某种生物学需求的鼓励物，比如氧气、食物、水、温暖和性。人们往往断言，这些刺激的鼓励功能无需学习。这种说法——至少对于人类——只说对了一部分，因为哪些食物具有鼓励功能在很大程度上取决于各自的文化。中国人心目中的许多"美食"，会引起大多数欧洲人的反感，甚至恶心。

初级鼓励物原则上虽然能达到显著的效果，但是也有某些不足。比如，如果把食物或者水给一个当时不饿也不渴的人，那么它们就不会起作用。对于一个口渴的人来说一杯水无疑具有鼓励物的性质，但是，对于一个刚喝完一瓶水的人来说，这就不是刺激。

如果仅凭初级鼓励物改变行为，那么，行为发生改变的可能性就非常小；但是通过学习就将初级鼓励物上升为二级鼓励物。

二级鼓励物。将刺激与初级鼓励物相结合，同样也能获得鼓励物的功能，人们将这种情况称为二级鼓励物（或称条件反射鼓励物）。比如在一项经典研究中，黑猩猩学会了用筹码在自动售货机上换取葡萄（Wolfe, 1936）。对于黑猩猩来说，筹码显然具有二级鼓励物的功能，如果将自动售货机设置得远一些，它们就无法用筹码换到葡萄，它们也愿意通过劳动挣得筹码。黑猩猩甚至会偷取和积攒筹码。很明显，它们使用筹码就像人们使用钱一样。二级鼓励物的其他例子还有诸如良好的分数、受到关注、表扬以及赞美。所有这些鼓励物都可以冠以“正面鼓励”的名称。

正面鼓励。了解斯金纳的操作性条件反射作用的最好途径就是描述他最早的一个实验：一只饥饿的老鼠被关在一个斯金纳笼子中。（Skinner, 1938）一开始人们在这只老鼠身上观察到了被桑代克称为尝试—错误行为的行为方式。这只老鼠迟早也会表现出一种明显无需学习的行为方式：按
(235) 下眼前的杠杆。这种操作性行为方式在实验的第一个小时中出现了八次。后来斯金纳改变了实验条件：从第二个小时起在每次按压杠杆后都会有一个小食丸落进碗里。因为每次按压都被一个记录器（见插图 5.10）记录了下来，所以也可以从记录中看出，这种操作性行为方式出现的频率在提供食丸后逐渐增加。最后老鼠能在一小时内按压杠杆 300 次。这就是学习：某种操作性行为方式出现的频率增加了。

为了解释观察到的这种行为变化，斯金纳与桑代克一样追溯了行为结果。由于斯金纳自认为是彻底的行为主义者，所以他避而不谈结果的好坏。相反，他下了这样的定义：正面鼓励物是一种刺激，这种刺激发生在某种行为方式之后，并能提高该行为方式出现的频率。如果在动物的行为方式之后发生某种鼓励物刺激，那么人们也说，它被鼓励了或者得到了鼓励。

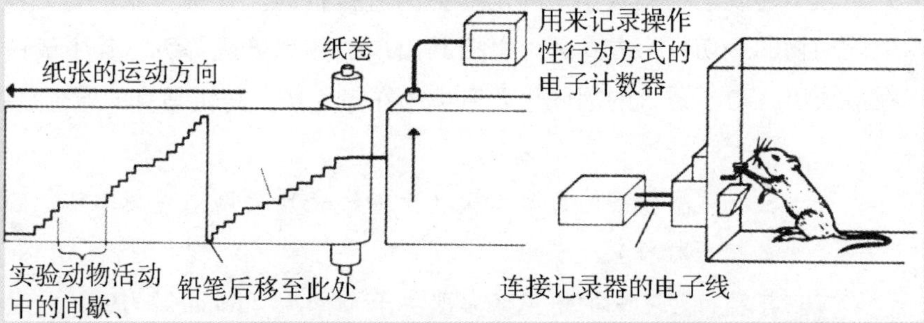

插图 5.10 记录斯金纳笼子中实验动物的操作性行为方式的仪器。

例 子

如果斯金纳笼子里的老鼠在五分钟内按压了一次杠杆并因此而得到一颗食丸，老鼠因此而更为频繁地表现出操作性行为方式，比如在五分钟内按压杠杆 15 次，那么根据斯金纳的看法，喂食就是一种正面鼓励物刺激。

正面鼓励和奖赏的区别。鼓励物刺激与在日常用语中所使用的词语“奖赏”的含义往往是相同的。但是，斯金纳在定义鼓励物刺激时非常谨慎。斯金纳认为，只有在某种行为方式之后出现的、可测量这种行为方式出现的频率的刺激，才具有鼓励物的作用。可见，某种作为奖赏设想的措施想要具有鼓励的性质，某种行为方式必须在给予奖赏以后频繁出现。但什么是鼓励物刺激呢？一种刺激怎样能使某种作为其后果出现的行为方式以后更为频繁地出现呢？

刺激怎样成为鼓励物？斯金纳的实验仪器是这样设计的，杠杆被每压 (236)
下一次就提供一颗食丸。由于此后杠杆会被比较快地重复压下，所以他认为食丸具有鼓励物的属性。然而，大卫·普雷马克在研究过程中形成了另外一种看法。（Premack，1959）根据他的看法，斯金纳为老鼠提供食丸，仅仅使老鼠有机会以某种活动对食丸作出反应。普雷马克断言，在斯金纳的实验中起鼓励物刺激作用的是动物的进食行为。普雷马克认为，在现实中，动物的一切行为方式都可以按其出现的频率分成等级，其中最诱人的在最顶层，最不诱人的因此想要避免的在最底层。普雷马克的原理是：

——出现频率较高的行为方式（比如进食）鼓励出现频率较低的行为方式（比如按压杠杆）；

——某种行为方式的出现频率取决于个体。（Premack，1965）

在某个时间证明的等级随着时间的推移而可能改变。他在一项实验中让孩子们决定，是吃甜食还是玩自动弹球机。（Premack，1959）由于许多测试对象决定玩弹球机，所以可以得出结论：这种行为的等级高于吃甜食。普雷马克本来确实可以鼓励吃甜食，因为他鼓励了玩弹球机的机会。然而，他起初并没有成功地借助甜食来鼓励玩弹球机的频率。不过，只要孩子们过一段时间没有吃东西，这时情况就会发生变化。他们感觉越来越饿，鼓励物等级的排序就会明显发生变化，最终能够用吃的机会来鼓励玩弹球机的行为。

例　子

父母们早就把普雷马克原理应用于教育措施。他们先让孩子完成不喜欢做的事情（比如做家庭作业），然后才允许他们做愿意做的活动（比如玩耍）：“你做完家庭作业就可以玩！”

负面鼓励。人们做梦都在想一个行为仅受正面鼓励物控制的世界。然而，事实却完全不是这样。在负面鼓励过程中，事先就要避免某种讨厌的刺激或者终止这种刺激的影响。讨厌的刺激的特征是，采取逃跑或回避的行为，以对这种刺激的出现作出反应。

斯金纳的实验动物在实验中想必已经知道，它们不仅得到过食丸，而且在其他的实验过程中还受到过电击。当然，它们可以通过按压杠杆关掉这种讨厌的刺激。由于某种行为方式（比如按压杠杆）而没有出现讨厌的刺激（没有发生不愉快的事件——“非行为主义的”表达——就会给人愉快的体验），斯金纳称之为负面鼓励。他的实验动物已经学会，如果按下杠杆，痛苦的电击就不会出现或者可以结束这种痛苦。每次出现（负面）鼓励物刺激后，就会加快按压杠杆的速度，可见，按压杠杆的可能性越来越大。这样，如果在采取某种行为方式以后可以终止或者事先能避免某种讨厌的刺激，那么这种行为方式就会得到鼓励。 (237)

例 子

驾驶机动车时必须系安全带，但人们发现驾驶员经常“忘记”系安全带。于是立法者决定，对不系安全带的驾驶员处以罚款。罚款就是讨厌的刺激的一个例子，及时系上安全带就可以避免这种刺激。事实上，被罚款的危险就是一种负面鼓励物，因为在实行系安全带义务以后，行车时系安全带越来越正常了。

“负面鼓励”这个概念使许多学生感到困惑，这可能是因为“负面”这个单词按他们的理解就是不愉快。比如，他们经常会问，在采取某种行为方式之后出现的这样一种“负面”事件怎么能够提高这种行为方式出现的频率呢？如果记得有些体验是以负面鼓励物的终结而愉快地结束的：成功地避免或终止某种讨厌的刺激，那么，也许就好理解了。

不要混淆负面鼓励与惩罚（见第238页及其下1页）这两个概念。负面鼓励不能终止某种行为方式，更确切地说，相反，只能提高某种行为方式出现的可能性。

在此以前，有一个问题还没有考虑到：应当怎样对待动物，才能自动地绝对不发生某种预期的行为方式？桑代克也许等待了很长时间，他的猫才终于按下杠杆。为使某种预期的行为方式早点出现，实验者能做点什么吗？

塑造能加快预期的行为方式的出现。实验者等待实验动物的某种行为方式，看来他的耐心要经受巨大考验，甚至可能白等一场。如果老鼠根本不想按压笼子里的杠杆，斯金纳该怎么办呢？在这种情况下，就可以塑造行为方式。这种方法要求实验者鼓励每一个接近最终预期的行为方式。

为了促使老鼠按压杠杆，只要它向杠杆的方向看一眼，实验者就给它一颗食丸。当老鼠向杠杆靠近时再实行下一步鼓励，当老鼠触动杠杆时再给它一颗食丸，如此反复。借助这个逐步接近的过程，差不多就能加快每种行为方式的出现。然而，这种基本的操作说起来比较容易，实际操作就困难了。斯金纳借助塑造（结合各种操作性行为方式）毕竟成功地教会了鸽子打乒乓球，教会了狮子骑马。

例　子

不言而喻，对于人类来说，塑造主要用于有学习障碍的孩子或
(238) 者年龄非常小的测试对象。比如有一项研究的目的是让一个44个月大的孩子进行体育活动。（Johnston et al.，1966）首先要让他克服对攀援架的恐惧。在“治疗”开始后，在孩子走向攀援架的时候，体育老师微笑着跟他说话；相反，在他离开攀援架的时候，老师就不关心他。每达到一个阶段目标，都要提高一点要求。一开始，在他靠近攀援架两米左右的地方时，只要加强关心就行了；然后，哪怕他只走近仅半米，积极的结果就会出现，并接近预期的行为；在接下来的塑造过程中，至少要求他触摸到攀援架，最终孩子开始爬上攀援架。在研究即将结束时，孩子把他70%的时间都用在了攀援架上。

减少操作性行为方式的出现频率

惩罚能抑制操作性行为方式。为老鼠提供一种他们千方百计想避免的讨厌刺激，能够阻止某种行为方式再次出现。在斯金纳的实验中，老鼠每次按压杠杆都会遭到电击，很快老鼠就不再表现出这种操作性行为方式。在某种行为之后会出现一种讨厌的刺激，它的出现频率会从此越来越低，甚至可能根本不再出现——至少暂时不再出现，学习心理学家就把这一过程称为惩罚。

然而，在施行惩罚的情况下，某种行为方式是消除不了的，这种行为方式的出现仅仅被抑制罢了，因为在消除不良后果之后，这种行为方式一般还会再次出现。只有在必须快速抑制某种行为方式的时候，惩罚才是适用的。比如，可以用惩罚来防止孩子不经意跑到车水马龙的大街上或者不会游泳的孩子停留在水深浪大的河边。同样，这种方法还能防止孩子偶然

触摸炙热的炉灶或者欺负弟弟妹妹。在有些情况下惩罚是快速而有效地防止某种行为方式出现的一个好方法。然而不能忽视的是，惩罚方法在许多情况下“根本没有用”。美国对108 580名犯人出狱后所作的跟踪调查显示，62%的人在三年内再次触犯法律；41%的人在这么短的时间内再次回到狱中。(Beck & Shipley，1989) 同样，有些父母虽然惩罚了孩子，但是未能让孩子改掉那些不良的行为方式。难道这类现象不是对惩罚效果的质疑吗?

惩罚的后果不可预测。如果认为可以始终抑制某种行为方式，只要有这种行为就及时而严厉地给以惩罚，那么，这是一种非常机械的看法。其实，惩罚是一种效果很难预测的行为结果。因此，如果真的使用插图5.11 (239)
中所示的“鞭打机”，能否取得预期的效果非常值得怀疑。

从建构主义的观点看，所设想的惩罚措施对以后的行为会产生怎样的影响，主要取决于评价的功能。也就是说，非常重要的是，接受惩罚的人怎样看待对自己实施的惩罚措施，比如他可能认为这种惩罚是公平的或不公平的。可能是他咎由自取，也可能是环境使然。一个人会作出怎样的反应，在很大程度上取决于这类主观判断。另外，值得注意的是，如果执行惩罚措施前后不一，那么这种措施就可能很快变成一种负面鼓励。比如，在居民区超速行驶的司机估计会受到惩罚，如果他没有受到惩罚，那就满足了负面鼓励的条件（见第236页及其下1页），这就是说，他的错误驾驶行为（超速驾驶）得到了鼓励!

此外，惩罚的效果还取决于双方当事人之间的社会情感关系。孩子会与父母建立积极的关系，因为父母经常对他们友好地微笑，称赞并认可子女的成绩，也就是说，孩子们一直在努力维持与这些亲人的接触；相反，他们会回避对自己不断批评、喋喋不休的父母。所以，经常惩罚别人的人不可能对行为产生影响。这个论断对于日常的教育具有直接的意义。与孩子建立了友好而亲密关系的父母更有可能用偶尔的惩罚取得预期的效果。 (240)
反之，那些对孩子冷若冰霜、漠不关心的父母，即使采用同样的措施，也很可能不起作用。

插图 5.11 鞭打机的使用是基于对行为及其条件的非常机械的看法。其实惩罚的效果是很难预测的。

惩罚应当尽量不给社会情感关系造成负担。因此，人们在试图改变某种行为时不要仅仅使用这一种方法。但是还应当注意的是，惩罚措施一开始仅仅为了表示某种行为方式是不受欢迎的。这种观点认为，应当考虑受惩罚者在某种情况下是否能够表现出人们预期的行为方式，这种行为方式往往必须先得到鼓励。可见，母亲不要一味地惩罚粗心大意地穿越马路的孩子，同时还要教会孩子按规定先查看道路状况再过马路。成功的教育方式可系统适用于操作性条件反射的规则。（Walberg，1987）现代监狱制度也不再重视惩罚，在服刑期间大多会为他们提供学习的机会，让他们养成那些社会欢迎的行为方式，方便他们在出狱后融入社会。

如果人们想不仅抑制某些操作性行为方式，而且还想有效地防止它们的出现，那么只有一个办法：采用消退的办法，这种办法在很大程度上与经典的条件反射非常相似。

彻底撤消所有鼓励物刺激：消退。如果在操作性条件反射过程中始终远离之前在某种行为方式之后出现的鼓励物刺激，那么，这种行为方式有望渐渐降回到开始学习阶段之前达到的水平。在撤消鼓励物之后，各种操作性行为方式出现的频率可能会短时提高，但是，如果还没有消除鼓励物刺激，那这种行为方式最终会出现得越来越少。

例 子

正常的自动售货机在投入足够的硬币后通常会吐出商品。但是，如果某天一个顾客投了硬币却没有得到商品，他会怎么办呢？他最多会再尝试一次，但是如果再次得不到商品（鼓励刺激），他就不会再往自动售货机里投钱。他的投币行为——至少在一台缺货的自动售货机前——已经发生消退。

部分鼓励妨碍消退。想像以下情景：两个人站在自动柜员机前。其中一个人想要一盒烟，但是他的努力白费了，自动售货机并没有吐出他想要的商品。这位失望的顾客接着没有再往售货机里投币并转身离开了。第二个人站在博彩游戏机前，他也一分未赢。但是他继续一个接一个地往机器里投币。为什么这两个人在上述情景中的表现如此不同呢？

斯金纳的答案是，两台机器吐出鼓励物的过程是不同的。自动售货机 (241)
通常在投入足够的硬币后就会吐出商品（“持续鼓励”）；游戏机只是偶尔才吐出赢利，而且什么时候吐出赢利是不可预料的。人们把这种情况称为“部分鼓励”。

例 子

在日常生活中的许多场合都会出现部分鼓励。母亲不可能对孩子的每种行为方式都表态；她只是偶尔表态。学生也不会指望每次举手发言都能被老师点到。垂钓者没有不时地通过鱼咬钩而得到鼓励，他们可能也不会再有耐心。

有些情况使斯金纳产生了只对动物进行部分鼓励的想法。他在一个星期五下午发现，食丸的储备不多了，而他又不想用周末的部分时间来做食丸。因此他决定，仅仅不时地对行为方式进行鼓励，以此使储备能维持几天。（Skinner，1979）在这一过程中他有了一个重大发现。他发现，以前被部分鼓励的行为方式很难通过减除或消退重新撤消。这样，上述两位自动售货机使用者的不同行为也就有了解释。自动售货机的顾客依照以往的经验都期待在投币后吐出商品。因此，如果这台特殊的自动售货机没有吐出商品，这种行为方式很快就消退了。相反，玩博彩机的人之前只是被部分鼓励，因此，他虽然一分未赢，但还会继续投币。应当注意的是，操作性行为方式是不能通过彻底消减鼓励物刺激而被完全消除的。在一次成功的消退发生以后，操作性行为方式出现的频率仅仅达到持续或部分鼓励之前的水平。

获得和执行行为控制的必要条件

辨别刺激。鼓励和惩罚往往是作为某种行为方式的后果才出现的，这是操作性条件反射的一个特征。因此，人们虽然可以提高或降低某种行为方式出现的频率，但是，仅凭行为的后果是不可能控制行为的。如果斯金纳仅仅断定，行为方式出现的频率能够因其后果而自行改变，那么，他只不过对桑代克的认识作了些许补充。当然，斯金纳研究的不是工具性行为方式，而是操作性行为方式，也就是那种他想要控制的行为方式。只有使用了一定的刺激才能实行控制，而这样的刺激必须能说明，某种行为方式什么时候是合适的，什么时候是不合适的。在日常生活中存在大量的辨别刺激。

人必须重视辨别刺激，因为辨别刺激能给学生提供必要的暗示。这些刺激帮助单个的人注意这样一些条件，在这些条件下可能会在特定的行为
(242) 方式之后出现鼓励。人们应当学会区分有积极结果的行为方式和其他不可能得到鼓励的行为方式。斯金纳早已鼓励老鼠进行这样的学习。

区分辨别刺激：正面刺激和负面刺激。如 232 页上的插图 5.9 所示，在笼子的内部有一盏灯。动物必须学会，只有灯亮了按压杠杆才会得到食物奖赏。如果学习成功，这盏灯便起到了辨别刺激的作用，就能说明某种行为方式（按压杠杆）具有积极结果（正面刺激）。这样一来，老鼠的行为受到了刺激的控制。很快，有经验的老鼠在灯灭的时候就不再按压杠杆了。相反，灯一亮就会立即产生人们预期的操作性反应。信息框 5.4 说明，一匹马由于重视辨别刺激给观众留下了这样的印象，它似乎熟悉基本运算。还有一些辨别刺激（负面刺激）表明，某些行为方式的出现会导致消极的后果。比如，在斯金纳的实验中，老鼠已经知道，在灯亮时按压杠杆

会遭到电击。在十字路口闯红灯的人一定会受到处罚。对大多数交通参与者来说红绿灯就起了辨别刺激（负面刺激）的作用，但不是正面刺激，因为人们在遵守交通规则时很少会受到表扬。

例 子

辨别刺激负责让人们在不同的情况下作出恰当的行为。在上学后不久，小学生就一定会学会，在校园里可以到处跑，但是在教室里通常不能乱跑；在高速公路上可以匀速行驶，但在有红灯的路口最好还是停车；在体育比赛时可以大声呼喊激励自己的队伍；但在进行笔试的时候大声呼喊不会增强自己的实力；在聚会时讲笑话可以调节气氛，但是葬礼上人们对此很可能缺乏心理准备。

信息框5.4

教师怎样教会一匹马计算和“其他技巧”？

一匹似乎掌握基本运算和其他技巧的马。冯·奥斯登先生不仅是一位热情的教师，还是一位马匹爱好者。他在四年的时间内每天都努力教他的马“汉斯”运算知识。起初，汉斯学会用前蹄敲击地面回答问题。经过四年的紧张教学，冯·奥斯登先生能够真正在客人面前展示他的巨大成绩。(Pfungst，1907)“聪明的汉斯”——在这期间他的马荣膺这样的称号——会加减乘除、求根、阅读等等。

辨别刺激是回答行为的诱因。这匹马“惊人的记忆力和理解能力”威名远播之后，不同学科的科学家拜访了冯·奥斯登先生。他们最初也认为这确实是一匹非常有天赋的马。直到心理学家奥斯卡·芬斯特发现，如果把汉斯的眼睛蒙上，它就不能正确回答问题。显然，它必须看着人才能作出正确答案。此外，奇怪的是，如果观众自己都不会解答问题，那么汉斯的答案总是错误的。芬斯特还发现了这匹马回答问题的方式。如果那时他就知道斯金纳的操作性条件反射理论，那么，他在深入研究后也许就会作出下面的解释：在每次作出正确回答后，冯·奥斯登先生都会用胡萝卜和其他可口的

插图 5.12　聪明的汉斯与他的老师冯·奥斯登先生，面前是两
(243) 个题板。

草料对它进行鼓励。这匹马已经学会留意观众的某种行为方式，当人们向它提问时，提问者和其他观众都会低下头，以便听马蹄敲击的次数。低头起了辨别刺激的作用，因为人们低头以后，马就开始用蹄子敲击地面。它不断地重复敲击动作，直到到达正确的数字，因为这时观众又会无意地作出一种反应。反应因人而异，但是通常会扬起头或一部分脸，比如眉毛。这种反应对汉斯来说也起了辨别刺激的作用，如果他还接着敲击，就不会得到鼓励。

(244) **辨别刺激在日常生活中的应用。**人类日常生活中的很大一部分都受辨别刺激（正面刺激和负面刺激）的调节。没有辨别刺激，所有社会交往都无法顺利进行。一个人在向另一个人求助之前都会注意他的表情，看他此刻是否愿意交谈。一个正在努力追求一个女孩的年轻人，会非常小心地留意女孩的所有举动，看其中是否有些表现（比如微笑）可以理解为开始亲密接触的邀请。同样，在日常上课和教学活动中，人们也千方百计地尝试用辨别刺激影响孩子的行为。比如，老师要求学生："请看黑板!"；妈妈请求女儿："帮我铺桌布!"。可能一个手势就足以引起学生的注意力。受学生尊敬的老师也许只要板起面孔就能传递这样的信号：再有这样的行为方式（比如与同桌说话）就不客气了。

辨别刺激表明，什么时候可能会出现某种行为后果。上面提到的要求和请求在日常生活中并非每次都会得到预期的结果，有时甚至会得到完全拒绝。然而，学习心理学家不是不能解释这类反应。他们指出，辨别刺激之所以能发挥作用，是因为它能预告可能出现的积极或消极结果。可见，如果人们虽然按照相应的要求采取了预期的行为，但根本没有得到鼓励，那么，辨别刺激就失去了它的作用。因此，预告消极结果的辨别刺激也是这样。如果学生一再经历与同桌聊天却根本没有或者很少受到惩罚，那么老师的"严肃面孔"也就失去了作为负面刺激的作用，如果它曾经起过这种作用的话。

5.2.4　从认知角度看条件反射

对于巴甫洛夫、桑代克和斯金纳来说，用认知过程来解释实验动物的行为是完全错误的。这些学习心理学家的思维方式深深地植根于行为主义。但是，借助于认知过程不是恰好可以发现条件反射理论的共同点吗？批评者断定，经典条件反射和操作性条件反射之所以成为可能，主要是因为它们能帮助人类和动物发现并理解什么会导致什么（Young，1995）：在一个条件反射刺激（比如铃声）之后，通常至少会出现一个无条件反射刺激（食物），而一种操作性行为方式则会产生某种后果。无论是经典条件反射还是操作性条件反射之所以非常可能形成，不仅是因为学生能自动建立联想，而且因为个体能学会发现环境中的规律，而认识这些规律则使他们能够适应环境。

从认知角度解释经典条件反射

条件反射是学会预期。对于传统的学习心理学的代表人物来说，经典条件反射是一个过程，在这个过程中条件刺激和无条件刺激之间产生更加

(245) 紧密的联系。然而，这种机械主义观点的批评者却怀疑，一个中性刺激之所以能成为条件刺激，只是因为它非常频繁地与无条件刺激联系在一起。也就是说，经典条件反射正如玛丽安娜·哈迈尔与汉斯－约阿希姆·格拉毕茨所强调的那样，不是一个“没有思想地完成的”、简单的、机械的反射过程。(Hammerl & Grabitz，1994) 以认知为取向的心理学家质疑说，巴甫洛夫的实验动物已经有了预期，这难道不是更加可能的吗?

瑞斯克拉对预期的证明。罗伯特·瑞斯克拉是最早在认知转变后（见第36页）不再满足于对经典条件反射的纯机械主义解释的学习心理学家之一。他解释说，“巴甫洛夫的条件反射不是一个单调的过程，动物通过这一过程在两个偶然一起出现的刺激间建立起或好或坏的联系。应该把动物看作信息搜集者，它结合先前的理解，运用感觉到的事件间的逻辑关系，对世界构成一个高清晰的影像。”（Rescorla，1988）因此，瑞斯克拉在经过多年研究后得出结论说：经典条件反射是这样一个过程，动物通过这个过程学会让一个事件预告另一个事件。

为了证明他的结论，瑞斯克拉安排在每次声响（CS）后紧接着出现一次电击（UCS)，重复20次，实验动物也不会再接受下一次电击，因此CS→UCS这个次序出现的概率是100%。在另一组实验中，老鼠同样经历了20次声响→电击，此外，它们还遭受了20次事先没有声响的电击。(Rescorla，1968) 也就是说，在后面这一组中，CS→UCS出现的概率为50%。因此，两组老鼠经历了同样多的CS→UCS，但是与第二组相比，声响对于第一组来说是一个更为可信的预告电击的信号。那么，现在两组的老鼠会作出什么反应呢? 瑞斯克拉发现，第一组的条件刺激引起的反应比第二组更为强烈。如果老鼠已经知道，在每次声响后百分之百会出现一次电击，那么，它们就能在再次出现声响信号时更为确定地预知将会出现一个痛苦的刺激。可见，条件反射的关键明显在于，在条件刺激出现后如何正确地预测无条件刺激的到来。

阻滞。根据巴甫洛夫的经典条件反射理论，只要在每个声音刺激或光刺激出现后间隔适当的时间给一个无条件刺激，这些刺激就会变成条件刺激。但是这一点并不正确，下面的实验表明，利昂·卡民与巴甫洛夫的做法一样，也是先通过多次在中性刺激之后给予电击（UCS）的方法使老鼠学会，对声响信号产生恐惧反应（Kamin，1969)。那么，如果除了声响信号这一条件刺激（CS）外再增加一个灯光信号（NS），随后再给予电击刺激，这些动物会作何反应呢？这个灯光刺激也会成为条件刺激吗？这个问题的答案是否定的，因为老鼠对灯光刺激只有微弱的反应。已经形成的条件刺激（铃声刺激）阻滞灯光刺激成为条件刺激。（Kamin，1969；Blaisdell et al.，1999）以认知为取向的心理学家对这种阻滞一点也不感到意外，由于在瑞斯克拉的实验中声音刺激已经预告电击事件，所以灯光刺激不再具有信息价值，因为灯光刺激不能预告铃声信号没有预告的东西。由于这种新的刺激不能预告不快事件发生的可能性，所以实验动物无需关注这种刺激；因此，在这种情况下，灯光刺激也就不会成为条件刺激。（Rescorla et al.，1985）因此，以认知为取向的心理学家认为，预期在经典条件反射中很可能起了一定作用。 (246)

从认知角度解释操作性条件反射

斯金纳对认知科学的最后的批判性言论。斯金纳也遭到了许多同行的批判，他们指责他低估了认知过程的重要性。1990 年，斯金纳在死于白血病的八天前，致信美国心理学协会全国代表大会的参加者，最后一次表达对“认知科学”的批判，当时他解释说，这是向世纪之交时的内省法的倒退。斯金纳到死都不能理解，诸如预期或想象等认知过程怎么能在心理学中占有一席之地。（Skinner，1990）关于斯金纳的固执，唐纳德·诺曼评论说，他的问题在于他是在信息化时代之前成长起来的，由于这个原因他不理解信息、知识和结算等概念。（Norman，1990）对于习得性无助、隐性学习、建立认知地图以及观察学习的研究能够说明，为了能在需要时立即就能使用，发现、提取、处理和存储信息是多么的重要。

在感知没有控制的可能性时习得无助

塞利格曼的经典实验。马丁·塞利格曼在实验中使用一个吊笼，其结构如插图 5.13 所示。（Seligman & Maier，1967）这个笼子的底部是一块铁格板，通过它将电击传到实验动物身上。笼子用一个小挡板隔成两格，每格的顶部都有一盏灯，灯亮是痛苦电击的提前预告。

插图 5.13　马丁·塞利格曼为研究习得性无助的产生所使用的吊笼。

塞利格曼把狗放在笼子的一个格中，它会受到能觉察到但没有伤害的电击。起初它无法逃脱电击，后来塞利格曼给它机会，跨越障碍就可以及时逃脱电击。通常来说，狗会很快学会，在灯亮后可以逃跑，以躲避痛苦
(247) 的刺激。而长时间被动接受电击的狗却只能躲在角落里呜咽，根本不去尝试跨跃障碍，逃到安全的地方。它们作出这样的反应似乎是知道，痛苦的电击无论如何都会出现，根本没有机会逃脱。马丁·塞利格曼把这种被动的听天由命称为“习得性无助”，这可以理解为一种习得性无能，不能克服困难，不能积极地抵制痛苦（讨厌）的事情。（Seligman，1975；1992）由于这种业已形成的无能便产生某种预期，认为有些事情是无法把握的。（Meyer，2000）动物们经过多次实验也知道，他们的行为方式对于避免或消除痛苦的刺激是无足轻重的。相反，如果测试对象是人，只要告诉他们，他们没有支配的能力，也就是说他们只能无奈地接受周围发生的事情，那么，他们就会产生无助感。

例　子

马丁·塞利格曼描述了一个在朝鲜战争期间被俘的士兵。（Seligman，1992）这个士兵起初令人惊讶地能够很好地适应原本难以忍受的监舍条件。他的健康状况之所以比较好，是因为看守告诉他，只要他愿意合作，就能在某一天获释。这个承诺让他产生了希

望，从而没有出现那种在囚犯中广泛蔓延的无助症状。随着所期待的获释的日子越来越近，这位士兵的情绪也越来越好。然而，他后来发现自己被骗了；他们显然没有要释放他的意思。在这个戏剧化的转变之后，他立即就产生了习得性无助感，接踵而来的是沮丧。此后，他拒绝喝水吃饭，不久就死亡了。这个囚犯起初虽然没有任何支配权，但他并没有产生无助感，直到所有的希望都破灭之后，他才感到无助。

无助感的泛化。对于为什么会产生习得性无助这个问题，还没有完全令人满意的解释，但是至少可以肯定，产生这种状况可能不完全是由于个体的行为方式及其后果。可想而知，动物和人都会产生一般的预期：什么也不做就可以躲避痛苦的刺激，并且他们会把这种无助感转嫁到其他许多事情上（泛化），甚至转嫁到他们有可能支配环境的情况上。（Maier & Jackson，1979）所有迹象表明，他们根本不去利用这期间得到的支配机会，而是处于被动的状态，不做任何尝试去改变自己的命运，他们的反应是无可奈何、无比沮丧。当然，是否会真地形成这种泛化，还取决于怎样解释所经历的不可抗力的事件。（Abramson et al.，1978）

无助感的产生取决于对不幸事件的先入为主的解释。塞利格曼最初提 (248)
出的习得性无助理论存在一个明显的缺陷：不是所有人都是听天由命和无所事事的，很多人都会对长期的贫困、失败或各种痛苦的经历作出反应。人们观察了许多不得不忍受艰辛生活的男人和女人，比如他们经历了父亲或母亲的早逝、父母离异或者不得不长期忍受贫困及其后果。然而，他们虽然命运多舛却养成了乐观的人生观，而且他们从来不缺少积极面对困难局面的意愿。（Haggerty，1994；Stewart，1997）怎样解释这些不同的反应呢？答案是，个中原因远比塞利格曼起初设想的要复杂。经历惨痛的、完全不受当事人支配的生活条件仅仅是产生无助感的一个条件。如上所述，把讨厌的经历归咎于什么原因也很重要。比如，中学生或大学生取得的成绩如果低于预期，那么，他们就很可能会产生无助感，除非他们把考砸不是归咎于总的能力差，而是归咎于状态不好；比如他们解释说："我很笨，这是没有办法的"。（Metalsky et al.，1993）塞利格曼把这种情况称为"悲观的解释风格"。（Seligman，1990）相反，如果他们找到了特殊原因

（“我数学不行”、“这门课我不感兴趣”），那么，他们一般都不会降低自我价值感，遇到可能的问题时也不会感到无助。（Alloy et al.，1984；Anderson et al.，1984）

值得注意的是，关于习得性无助的研究跳出了原本严格的刺激—反应框架并注重认知因素，从而受到了广泛关注。大大推动关于学习的研究，并兼顾认知因素的实际上是新行为主义者。

5.2.5 爱德华·托尔曼的认知学习理论

托尔曼是独立的具有独特观点的行为主义者。在托尔曼从事研究的时期（主要是1920－1940年），他的同行们还丝毫没有想到用认知过程来解释行为变化这种练习结果，就这一点而言，托尔曼的研究值得尊重。他在攻读博士学位期间决定到德国学习，以便提高自己的外语水平，这对他的学术生涯具有决定性的意义。在吉森大学，他听了格式塔心理学的课程，据他后来自己说，这对他的思想产生了巨大影响。（Hothersall，2004）1918年，他在结束了哈佛大学的学业以后，在波士顿西北大学短暂地担任过讲师，然后离开那里，以便接受加州大学伯克利分校的聘任。在那里，人们的思想比美国东海岸自由得多。这肯定有助于他形成自己独立的观
(249) 点。他的一本书的标题《动物和人的目的性行为》就清楚地表明，他的思想有别于以行为主义为取向的美国同行。由于他认为动物是被动的，所以他本人也是行为主义者，但是，他与当时的学习心理学家不同，他努力“把行为理论与知识、思想、计划、结论和目的等概念联系起来”。（Bower & Hilgard，1981）他研究老鼠怎样在迷宫中活动，在研究中他并没有发现，老鼠只是机械地、无意识地穿梭于通道。各种迹象表明，老鼠有某种愿望，并想学会怎样实现这些愿望。（Hothersall，2004）托尔曼为了解释实验结果而选取的两个概念——隐性学习和认知地图——表明，他的想法与其他人是多么不同。

插图 5.14　对于考虑到认知过程的学习心理学家来说，条件反射不是一个机械行进的过程，更确切地说，是老鼠学会等待发生某些事件的过程。

图中：结论是，你必须明白，你必须作出什么反应，然后你就明确作出这种反应。

隐性学习。托尔曼让老鼠在一个迷宫中奔跑，在奔跑中必须避免进入死胡同，以便尽快从起点到达终点，即放有食物的地方。（Tolman & Honzik，1930）第一组老鼠的练习每天都有所进步，它们到达目的地的速度越来越快，这与工具性条件反射理论是完全一致的。它们在 16 天的时间里能够越来越少地犯错误，即不走进死胡同。 (250)

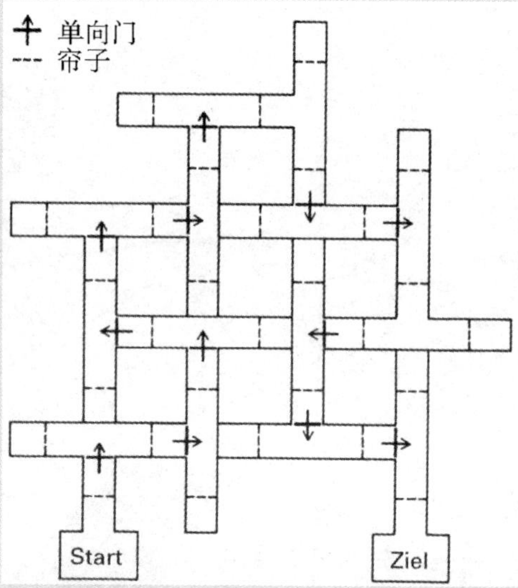

插图 5.15 爱德华·托尔曼为研究老鼠在不同鼓励条件下的学习所使用的迷宫草图。

在十天的时间内，托尔曼让第二组老鼠在迷宫里自由行走，即使它们到达目的地也不会得到食物。根据条件反射理论，在这种情况下不可能发生学习行为，因为不存在任何鼓励。但是，托尔曼在第十一天第一次在终点放有食物，在第十二天，老鼠们就能几乎没有一只进死胡同，在最短的时间内到达目的地。可见，在唯一的一次鼓励以后，它们的行为就能突然改变，因为它们能像第一组老鼠一样快地到达目的地。对于第二组的老鼠在这么短的时间内就能赶上第一组的“成绩”，托尔曼怎么解释呢?

托尔曼深信，老鼠们在没有得到鼓励的时候也能学习迷宫的结构；他解释说，没有同时的行为变化，也能进行学习。在最初的十天里，第二组老鼠进行了隐性学习，也就是说，学习起初是隐藏的、是不通过行为表现出来的。在实验的第一阶段就已经形成了知识，但是只在有助于解决问题时才能使用。但是，托尔曼解释说，这种隐性学习不仅在实验条件下可以发生，而且在人们的日常生活中也能，甚至特别能发挥重要作用。（Tolman，1932）人们每天都走同一条路，并且记得，哪家店在哪里，银行、停车场等在哪里，而这种学习也是隐性的，因为人们只在需要解决某个问题时才会用到这些早已获得的知识。

人们是如何想象老鼠们在最初十天里所获得的知识的呢？它们在这段时间内记住了行为要素的顺序了吗？比如“先直走，然后左拐，再右拐”。托尔曼对这个问题作出了否定的答复。通过隐性学习，不能学会特殊的、每次都有结果的行为方式，更确切地说，可以学会这个世界有怎样的秩序、哪条路通往什么地方。

认知地图。认知地图可以设想为一种思想映像，一种认知图象。人们对自己的居住地，至少是所居住的城区，都会画成这种认知地图。要从当 (251)
前的位置到一个地方，人们肯定不会回忆要右拐、左拐和直走多少次才能到达目的地，更确切地说，根据之前走过的路在思想层面上画出一幅指向目的地的地图。根据这张认知地图就可以从任意一个出发点——即便是绕远——到达目的地。托尔曼相信，老鼠也是根据经验画成认知地图的，尽管起初并没有表现出明显的行为变化、也没有得到鼓励。他断言，老鼠也能取得认识。（Tolman & Honzik，1930）

5.2.6 从尝试行为和失败行为到认识

沃尔夫冈·科勒在特内里费岛用猩猩所做的实验。格式塔心理学家是早期条件反射实验最激烈的批评者。（见第 37 页及其下 1 页）在他们看来，巴甫洛夫和桑代克所描述的学习过于机械。他们首先批判的是实验条件，在那样的条件下，实验动物无非只能对外部刺激被动地作出反应或者表现出尝试—错误行为。格式塔心理学家沃尔夫冈·科勒也是这类批评者之一。（Köhle，1917）第一次世界大战期间，他居住在特内里费岛，他在那里的活动一直是个谜。一位美国心理学家曾关注过这个谜，甚至认为科勒是在那里从事间谍活动。（Ley，1990）这种怀疑虽然最终也没被推翻，但是仍应谨慎对待。总之，科勒的得到明确证明的，继而众所周知的工作，是研究猩猩在困境中的行为。

通过认识而不是通过尝试—错误找到解决办法。猩猩的任务是，拿到不能简单够到的水果。比如，科勒把香蕉挂在笼子顶上，猩猩要把眼前的箱子叠放在一起才能够得到；猩猩的另一项任务是借助于一根木棍够到放在笼子外面的香蕉。科勒最聪明的猩猩苏丹先是尝试伸出胳膊去拿，然后再尝试用手头的木棍去够。但是由于距离太远，它的努力没有成功。在失败后它休息了一会。突然，它看到一根较长的、也放在笼子外面的木棍。它先用短木棍够到这根长木棍，然后再用它够到水果。

科勒不同于桑代克对猫的观察，他强调，他的猩猩是突然找到解决办法的，之前并没有尝试任何有随机顺序的行为方式。它们一旦找到解决办法，就会立即进行尝试。科勒还断言，解决问题需要的是认识、调整感觉场，而不是尝试—错误行为。

科勒的猩猩也进行以前的尝试—错误学习。科勒认为，他的研究结果
(252) 已经证明，克服困境是一个认识的问题，他认为，而且这样的认识使“盲目的尝试”成为多余。然而，这位格式塔心理学家在研究中忽视了实验动物已有的学习史，只不过他不知道罢了。这些动物是为了科勒的研究特意从德国当时的殖民地喀麦隆进口的。（Ley，1990）而科勒可能从未怀疑，猩猩在人为制造的困境中的行为可能受了之前的经历的影响。尝试—错误行为很可能在这些动物之前的生活中发挥过重要作用。总之，现在已经证明，出生后从未使用过木棍的猩猩解决不了科勒的难题。但是，只要给它们三天的时间玩木棍或长条的东西，就足以为猩猩解决木棍—香蕉问题创造必要的前提条件。（Birch，1945）在玩耍时它们就会自己创造——最初很可能也是通过尝试—错误——能够“认识”的学习条件。桑代克就批评过关于动物有惊人思考能力的报道。他认为，观察者只看到漫长而艰辛的“尝试—错误—跌跌撞撞”的过程的最终产物。（Glickman，1977）

5.2.7 在观察中学习

条件反射论者无法解释的一次观察。许多男孩女孩都是在青春期开始时抽的第一支烟。当事后追问起他们抽第一支烟时的体验时，大多数人回答说感觉很不好。他们吸进第一口烟后，就剧烈地咳嗽，甚至感到恶心。根据操作性条件反射理论来推断，他们有了这种不愉快的体验后就会停止吸烟。但许多受访者却说，他们虽然有了第一次负面体验，但以后迟早还会再次点燃香烟。许多人会频繁地表现出一种行为方式，尽管这种行为方式起初是与不愉快的体验联系在一起的，这一点该如何解释呢？答案是，这些男孩和女孩看过别人抽烟并对这一幕印象深刻。可能在他们心目中抽烟很“酷”，这又激起了他们自己也要表现很“酷”的愿望。他们会在以

后的尝试中逐渐改善吸烟的技巧。这显然不是操作性条件反射，而是观察学习，这为许多年轻人抽烟铺平了道路。

阿尔伯特·班杜拉大大推动了观察学习的研究。爱德华·桑代克早已研究过这样的问题：猫通过观察其他有实验经验的动物是否能较快地学会打开笼子门，然而，他没有得到模仿学习的任何启示。（Thorndike，1898）现在，人们通过其他研究已经知道，即使是没有经验的猫也能很快地学会打开启笼子的机关，除非它们没有机会观察有经验的动物。（John et al.，1968）人们从当时进行的其他动物心理学研究中得知，母鸡通过观察其他母鸡跟哪些动物打架大多取胜、跟哪些打架会失败，学会了它们可以跟哪些动物打架，又该避开哪些动物。（Hogue et al.，1996）玛丽·卡弗·琼斯早在20世纪20年代就尝试帮助儿童克服对兔子的恐惧，他让儿童观察 (253)
那些无所顾忌地与兔子玩耍的同龄人。（Jones，1924）当然，系统地研究观察学习是从阿尔伯特·班杜拉才开始的，他是约翰·多拉德与尼尔·米勒所创建的社会学习理论（Dollard & Miller，1950）的著名代表人物之一。

班杜拉是在研究犯罪青少年的家庭时注意到了观察学习的重要性。他发现，这些孩子的父母往往都好勇斗狠。毕竟孩子在一岁半时就能记住榜样的行为。（Borg-Laufs，1999）他自问，孩子通过条件反射学会好斗，这可能吗？班杜拉认为这是不可能的，因为用条件反射理论设定的条件来解释孩子的行为太牵强了。他得出结论说，观察一定在攻击发生时起了决定性的作用；班杜拉特别给自己的理论增加了一个决定性的元素，即认知过程；因此，他提出了学习的社会认知理论。

用一个比喻阐明观察学习。阿尔伯特·班杜拉用下面的故事来解释他关于观察学习的观点：一个农夫为了解闷买了一只鹦鹉。（Bandura，1967；1986）然后他花了几个晚上教鹦鹉说话。他极为耐心地不断重复一个要求："叫叔叔！"但是不管他费多大劲儿，鹦鹉还是没有任何反应。从此，这个失望的农夫拿着一根小棍，鹦鹉每次拒绝说话，他就敲它的头，不过这么做还是不管用。最后农夫抓起这个有羽毛的客人，扔到了鸡窝里。过了不一会儿，农夫就听到鸡窝里传出一声尖叫，他立刻跑过去，吃惊地看到鹦鹉一边拿着木棍打受到惊吓的母鸡，一边大喊"叫叔叔！叫叔叔！"班杜拉明确强调，他当然不想把这个故事误解为一篇训练鹦鹉的文章，但是这个故事也许能很好地说明社会学习的过程。

学习榜样的三种效果。班杜拉用一个比喻说明：

——观察者通过榜样学习怎样获得一种之前保留行为中从未有过的新的行为方式。

——榜样的行为能加强或削弱观察者的行为方式；它将为某种行为方式设置或消除障碍。

——榜样的行为具有辨别刺激的作用，会引发之前学会的同一类型的行为方式。(Baade et al.，1984)

典型实验：模仿看到的攻击行为。许多年前，阿尔伯特·班杜拉就与两个助手做了一项实验，测试对象是学龄前儿童。(Bandura et al.，1963)这项实验是让孩子们观看成年人（榜样）殴打橡胶玩偶，他的攻击行为是
(254) 边打边骂，以拳打、锤击和脚踢等虐待玩偶。另一组孩子则观看一个成年人友好地对待玩偶。“表演”结束后，孩子们被带到另外一个房间，那里有很多好玩的玩具；然而，实验者告诉他们，不能碰这些玩具，因为这是为其他孩子准备的（一个能使人丧气的条件）。最后，这些测试对象被带到第三个房间，里面有许多玩具，包括充气玩偶。在这里班杜拉和同事们开始悄悄观察孩子们的行为。

结果是，起初看过攻击性榜样的孩子们明显也想殴打橡胶玩偶，同时模仿榜样的谩骂和攻击行为。另一组没有看过攻击性成年人的孩子明显不想恶意地对待橡胶玩偶。

重视榜样所经历的行为后果。来自第一测试小组的孩子（攻击性榜样）的行为接近这样一种猜测：他们是在盲目地模仿成年人所表演的攻击性行为方式。然而，他们没有机械地重复所看到的每个行为方式；孩子们非常清楚地注意到了这些行为所引起的后果。可见，关键在于，榜样的行为方式是得到奖赏还是惩罚。如果孩子们看到，榜样得到了另一个成年人的表扬，甚至得到了糖果或饮料等奖赏，那么，这些小测试对象模仿的意愿就会增强。相反，如果榜样因为自己的行为而受到谴责并被称为“坏人”，那么，这些小观察者模仿的意愿就会大大减弱。(Bandura，1965)榜样的特征还对自己的行为方式是否会被模仿产生影响。观察者更愿意模仿一个在他们看来有力量的人。友善、有爱心、会关心人的榜样比那些用

权威和不友善的方式对待小观察者的人更容易成为孩子的榜样。这样的论断使人想起这样一个问题：在电视里经常播出的暴力画面是否也会引起模仿。信息框 5.5 就试图解答这个问题。

信息框5.5

电视播放暴力画面会增强观众的攻击性吗？

攻击性在流行电视后发生的变化。几年前，加拿大西北部的三个村庄引起了科研工作者的兴趣，因为这三个村庄当时是非常罕见的居住区，那里还不能收看电视。当传来这里也要开播电视节目的消息时，泰尼斯・威廉姆斯及其同事趁此机会，在电视开播之前和其后两年对村民作了调查。（Williams，1986）在许多研究结果中，这个研究小组所发现的以下因果联系非常具有启发意义：在调查期间，语言和肢体攻击的统计数据明显增加，而且男孩和女孩都一样；在电视开播之前攻击性有高有低的孩子身上出现了这种变化。(255) (Joy et al.，1986）那么，可以认为电视会增强观众的攻击性吗？如果真是这样，那么，电视就是一种影响广泛的、会增强观众攻击性的工具，因为在诸如美国这样的国家里电视机的数量比厕所还要多（Bushman & Huesman，2001）。

看电视的习惯与攻击性之间的联系。在德国，电视中暴力画面的比例也非常高。周・格勒贝尔与乌利・格莱兴结合自己的一项研究称："德国的电视节目几乎有一半至少涉及一次某种形式的攻击或威胁。"（Groebel & Gleich，1993）根据相关的统计，德国的电视节目每周播出 4 000 次谋杀案。（Rand，1992）如果总结一下大量调查的结果，确实能得出以下因果联系：在电视中越是频繁地播出含暴力内容的影片，出现攻击性行为方式的可能性就越大。（Anderson & Bushman，2002）布拉德・布什曼与罗威尔・休斯曼解释说："电视中的血腥场面与攻击性之间的关系就像抽烟与癌症那么密切。"（Bushman & Huesman，2001）然而，对这种因果联系的阐释并不明确：经常观看电视中的暴力画面会增强观众的攻击性吗？有些调查结果非常接近这个结论。（Hogben，1998；Smith & Donnerstein，1998）

相反，如果限制孩子看电视和录像的时间，行为中的攻击性就会减少。(Robinson et al.，2001）与此同时，那些以前就很好斗的观众由于自己的兴趣在这方面日益浓厚而更经常性地观看含有暴力画面的影片。(Bushman，1995）当然，这种已经得到证实的因果联系事实上丝毫没有说明个体对这些暴力画面的反应。因此，回答下面的问题才是比较有裨益的：观众个人是否或怎样受到那些含有攻击性内容的电影的影响，取决于哪些因素。

插图5.16　观众经常看电视中的暴力画面会增强攻击性。

(256) **影响对暴力画面产生模仿意愿的因素**。基本可以断定，年幼的孩子比大一些的孩子更容易接受暴力情节的影响。因为年幼的孩子还没有清楚地认识到，剧中的人物及其行为只是虚构的故事。(McKenna & Ossoff，1998）如果看这种影片的年幼观众由于其表演方式而以为，攻击是解决人际矛盾的有效手段，那么，他们就会有很强的意愿去模仿一再看到的暴力行为。(Huesmann et al.，1997；Groebel & Gleich，1993）因此，父母应当与孩子讨论电视节目的情节，引导他们对所看到的内容的感觉和理解。(Groebel，1988)

动作片歪曲现实。为了娱乐大众所制作的影片并不是对现实的真实反映。在美国制作的每一集动作片中警察至少会开一次枪，而实际上芝加哥每个警察平均27年才用一次枪。(Radecki，1989）此外，摄像机通常会对准故事中凯旋的英雄，而受害者所遭受的痛苦

在大多数场景中都避而不谈。(Groebel & Gleich, 1993)

经常观看含有暴力画面的影片的其他后果。 批评电视上经常播出暴力画面的人不仅担心观众的攻击性会增强，而且他们认为，经常播出血腥的场面有可能使观众变得麻木。攻击性行为原本会引起观众的抗拒，而不断重播这种场面，观众就会觉得习以为常，也就懒得多管闲事。(Donnerstein et al., 1995) 赫伯特·泽尔格认为，直接模仿在媒体中所表现的暴力行为并不可怕，更可怕的是存在这样的风险，即“(看似成功的) 攻击性榜样逐渐改变人们对暴力的价值观、标准和观念，他们对暴力无动于衷，并把暴力当作解决问题的手段。”(Selg, 1993) 因此，经常在影片中看到暴力，暴力就可能成为可以容忍的。(Füllgrabe, 2002) 此外，还可能出现下面这种相互作用：好斗的孩子往往得不到同龄人的喜欢。他们往往由于遭到社会的拒绝，所以他们的时间大多是在电视机前度过的，他们在电视中看到的往往是用暴力解决冲突，然而，这对解决人际关系问题是没有任何帮助的。这样一来，这些孩子在适应社会方面的困难就会有增无减。(Eron, 1982; 1987)

总之，《迈阿密风云》、《法律与秩序》等电视连续剧的制片人迪克·沃尔夫在一次讨论中所说的话值得令人深思：

沃尔夫： 我有一个八岁大和一个五岁大的孩子，他们还没有看过我制作的任何一部片子。

主持人： 为什么没有看？

沃尔夫： 为什么没有看？因为这些片子很血腥。

模仿意愿取决于自我实现的预期。 人们不是每看到一个别人的行为就立即想到模仿。人们在观看顶尖运动员的表演时会对他们的行为方式感到惊奇，而不会想要立即努力取得一样的成绩。人们只在有相应的自我实现的预期时才会想到去模仿别人的行为。关于自我实现的预期这个概念在其他地方还要作详细论述，(见第 392 页及其下 1 页) 这个概念的意思是说，人们主观上相信自己能够解决某个问题或者也能取得同样的成绩。也比如，看到一个田径运动员跳远，就能想象出自己在这一方面能否做到，并预测自己哪一天能否也有机会取得差不多的成绩。这样的因果联系也可运 (257)

用于治疗。如果病人相信或者能够让他相信，他们也扛得住痛苦的经历，那么，表现疼痛的顽强承受力的榜样（实际上是录像中播放的）就能为治疗疼痛病人提供很好的帮助。(Neumann et al.，2000)

代理的鼓励与惩罚。班杜拉得以证明，孩子们的某种行为方式出现的频率可能会提高，虽然他们没有得到鼓励，成年人在某种程度上也是如此。班杜拉实验中的孩子得到了一种代理的鼓励，所以说，如果人们看到榜样的行为得到了鼓励，接着他们身上的这种行为方式出现的可能性增大，那么这就是代理的鼓励。相反，如果榜样的行为受到惩罚，那么这就是代理的惩罚，除非观察者对这种行为感到满意。(Bandura，1977)

习得行为方式却没有同时表现出来。在操作性条件反射中，有机体首先表现出某种行为方式，这种行为方式必须立即得到鼓励，才能发生比较持久的变化。班杜拉在研究中已经证明，人们学会对某种刺激作出新的反应或通过观察他人而学会某种新的行为方式。比如，他们在电影中看到，演员是怎样形成条件反射的：先给一个声音信号（CS），然后马上朝眼睛轻轻一吹，他们就会对这个声音信号作出眨眼的反应。重复播放这一镜头，观众也会对这种声响作出同样的反应，尽管他们本身并未受到无条件刺激。(Bernal & Berger，1976)

例　子

在安第斯国家秘鲁，年轻的女孩长年在一旁观看母亲织布，很久以后她们才有机会坐在织布机前织布。当她们终于可以主动参与这个生产过程时，她们仅凭观察就已经学会了织布的所有工序，甚至能织出反映各自部落传统的复杂花样。(Franquemont，1979)

当然，通过观察，人们学习并记住所看到的行为，并不会分毫不差地
(258) 重复这种行为。孩子们看一个成年人劳动，学到的确切地说是一个公式（见第287页及其下1页），得到的是一个一般的概念，其中只包括行为的重要组成部分，而不包括具体细节。(Bandura，1986) 此后，这个公式就成为产生新的行为方式的基础。在班杜拉的实验中，孩子观看成年人殴打橡胶玩偶，他们便模仿了一些重要的行为特征，但不是模仿得一模一样。

班杜拉在最初的实验中说明，观察者会很愿意模仿榜样，除非榜样没

有明显鼓励自己的行为。后来班杜拉承认，人的行为不仅受环境的控制，而且还能自我控制，因为有些鼓励物刺激是不受人们自己自由支配的。

对自身行为的自我控制

对自身行为的自我鼓励与自我惩罚。通过观察，学生会模仿老师的行为，他们觉得老师的行为是值得学习的，是榜样，而且他们相信自己也能做到。但是，榜样的行为很可能无法直接模仿，因为这种模仿很复杂，必须先做一些练习才能做到。小提琴的弓法、花样滑冰中优美的双前外一周半跳以及高尔夫中的成功开球，这些动作对老师来说轻而易举，但对学生来说，往往要经历艰苦的学习过程才能基本完成这些动作。在这方面，学生应当自己设定要达到的目标，并尽可能精确地控制自己的练习进度。如果他们对练习的收获感到满意，那他们就可以自我鼓励；如果他们没有实现预期，也可以自我惩罚。在自我鼓励时，学生可以允许自己吃点零食（比如允许自己吃个冰激凌），或者允许自己做一件普雷马克所说的自己愿意做的事情。（见第 236 页）各种形式的自我拒绝预期的消费品或者活动都适合充当自我惩罚。比如，学生可以规定得到鼓励或者惩罚的条件："如果我今天能练习三个小时，我就去看电影或买一本新书，奖励自己。如果我没有达到练习目标，今天晚上就给爸爸洗车!"

内在鼓励和内在惩罚。操作性条件反射过程中的鼓励物刺激大多是物质形式的，而伯纳德·韦纳等动机研究人员则强调成功与失败后产生的情绪上的后果。（Weiner，1986）阿尔伯特·班杜拉也强调，人们自身可以制定强制性的好坏标准，以评价自身的行为。（Bandura，1977；1989）个人可以用这些标准控制自己的行为，这也是班杜拉所说的"自我调节"过程的一部分。如果人们的行为用自己的标准来衡量是正面的，那么人们就会自己感到满意，可能还会感到高兴或自豪。这种情况就是内在鼓励，因为行为的结果是自己正面体验到的感觉。比如，人们会因为成功做了一个好蛋糕而高兴，尽管没有别人在场。相反，如果人们在用自己的标准来衡量 (259)
量自己的成绩时产生不满或失望，那就会自己给自己内在惩罚。

可惜，行为的自我调节并不总是像人们希望的那样获得成功。这是因为有意的奖赏不会自动成为鼓励；也不是所有有意的惩罚都能抑制行为。

例 子

心理学家罗恩·阿什以轶事的形式讲述了他为戒烟作出的努力。(Ash, 1986) 因为他受够了头发和衣服里的烟味，同时也考虑到健康的原因，首先吓着他的是，只要一上楼梯就气喘吁吁，因此他决定运用自我调节的办法，通过使用内在惩罚来戒烟。从此，他决心只在看枯燥乏味但很有名望的学术杂志（比如《心理学公报》）时才抽烟。他以为，如果他成功地把抽烟与乏味联系起来，那么想抽烟的愿望就会逐渐消失。在这种自我尝试开始两个月以后，他还是在抽烟，而且一支没有减少。当然，他慢慢开始喜欢看学术杂志了。

一个改变自身行为的计划。虽然斯金纳宣称他有意控制动物和人类的行为，是为了改变他们的行为，但是他的学生却发现，用操作性条件反射可以改变自身的行为。大卫·华生与罗兰·萨普推荐采取以下步骤，摆脱某种心理依赖：

1. **选择需要改变的行为。**这个计划框架内的第一项任务就是列出想要改变的行为方式，而且要列举尽量具体的事例，比如，多少是情不自禁地伸手拿烟的动作、在就餐时间以外不停嘴地吃东西、每天用在学习上的时间和学习情况。

2. **记录目标活动的情况和频率。**要尽量详细地记录进行目标活动的情况和频率：在就餐时间以外吃了什么东西，吃了多少？是不是主要在晚上看电视的时候？每天在什么时间学习？学习时间多长？有没有间断？

3. **规定目标行为。**为了能使行为逐渐向所希望的方向改变，应该设定现实的目标。到这个星期结束，每天的抽烟量要减少到多少支？到下个周末，期间还允许吃几次零食？在计划结束时体重减轻多少？每天用于学习的时间能达到几个小时？

4. **选择鼓励物。**如果实现了每次设定的目标，就必须确定用什么东西奖励自己。看一场电影？吃一两块美味的巧克力？与朋友一起打网球？

5. **不断记录自己的进步。**要详细记录想要进行的活动和不想进行的活

动的次数。 (260)

6. **达到目标行为后的奖励。**如果达到了每次设定的目标，就可以给自己奖励；如果没达到目标，必须诚实地对待自己并且放弃奖励。

7. **不断检查，甚至修改所设定的目标。**如果在自我控制的过程中发生变化，那么，就存在继续努力的正当理由。如果没有进步，就应当检查所设定的目标以及所选择的鼓励物是否合适。(Watson & Tharp，2001)

如果觉得自己的知识和能力不足以独立完成这样的计划，那么找机会向专业人士请教。行为治疗师受这方面的专门培训，他们可以帮助制定符合操作性条件反射原理的计划。

(261)

6 记忆心理学

通过记忆获得和保持个人身份。如果一个人没有能力保持，即在记忆中记住所学到的东西，那么，他就是只有现在，没有过去。他也没有经验用于未来的构建。一个人如果没有记忆就会像新生儿一样无知。如果没有记忆，就没有日常的习惯，就不会穿衣、不会使用刀叉、不会打开房间的电灯，等等，也就不会知道自己是谁；一个人有了记忆才知道自己的身份，最后就是完全不知所措。几乎所有的智力测试都有测试记忆力这个项目。调查结果表明，大部分人都清楚拥有正常记忆力的意义，因为很多人认为，年老时记忆力会大为减退，于是每每想到这一点就难以忍受，甚至比想到感觉器官的功能减退更加难以忍受。

超常记忆力的例证。有些研究结果证明，人类具有超长的记忆力。比如，指挥家阿尔图罗·托斯卡尼尼的记忆中存储了几乎难以令人置信的信息量。他能记住大约 250 部交响乐、100 部歌剧和其他很多曲目的所有乐器的每一个音符。（Marek，1975）拉尔夫·哈伯和同事们让测试对象看照片，每隔 10 秒钟一张，一共 2 560 张照片。（Haber & Standing，1969）几天后，从这一堆照片中拿出一些和新照片放在一起给测试对象看。他们能将已经看过的照片正确无误地挑出来，正确率达 90%，甚至在时隔四个月以后，还有 80% 以上的人能正确指出他们看过的照片。有些人对字句过眼不忘，而且出错率非常低。（Shepard，1967）从学校毕业几十年后，从前的同学重新聚会，也可以证明良好的记忆力。有些人阔别三十多年，仍能从照片一眼认出老同学，而且准确率在 90% 以上。当然，记住名字的准确率就没有这么高了。有些人从学校毕业几年后，就不记得同学的名字了；但不容忽视的是，完全忘却要在 15 年后。（Bahrick et al.，1975）

记忆犯错率的例证：证言。还应当观察记忆力的另一面。比如，事件的目击者事后怎么能可靠地回想起事件的经过？（见信息框6.2）电视的新闻节目报道了一起袭击事件，时间为12秒。随后，请观众从六个人中找出袭击者。在给电视台打电话指认的2 000名观众中，能够正确指认犯罪嫌疑人的达15%。所以准确率在随机选择的范围内。在另外一项研究中，一位教授在大学校园里遭到“袭击”，目击者有141人。他们对犯罪嫌疑人的描述（关于体重、年龄和衣着的描述）只有25%可以认为是差不多准确的。七周以后，原来的目击者只有40%的人能从六张照片中正确地找出犯罪嫌疑人。大约25%的人将无关的观众指认为袭击者。甚至教授本人也将一个无关的男子指认为凶手。（Buckhout，1974） (262)

日常的自我观察可以表明，人既有良好的记忆力，也有令人不安的记忆缺失。此外，人与人之间存在很大的差别。对此该如何解释呢？人们是如何设想记忆力的呢？记忆是如何工作的呢？怎样才能提高记忆力呢？几十年来，有关记忆的研究始终致力于回答这些问题。下一章将概要叙述这项研究的成果。

6.1 记忆是信息处理

记忆活动是“刻录”吗？古希腊哲学家柏拉图将记忆比作一块蜡，经历在上面留下痕迹。现在仍然流行的概念“刻录”反映了与柏拉图的想象的明确联系。蜡块软的时候，经历就可以比较容易地刻录在上面。反之，在硬的蜡块上“刻录”，就会非常困难。上课时为了“刻录”，要求不断地、单调地复习教材，出发点是，学生必须被动地练习，这很明显是以错误的记忆观念为基础的，把记忆比作了硬蜡块。

记忆活动是主动的、有序的过程。用一个学习和记忆的小问题，就可以很容易证明，记忆活动绝不是一个被动的过程。

启动自我体验

在一项小实验中，依次向测试对象列出60个属于多种范畴（男名、蔬菜、动物、手工业者，等等）的单词，让他们注意这些单词，比如：克劳斯、菠菜、斑马、钳工、前外一周半跳、牙医、香菜、鼬鼠，等等。列举完这些单词之后，要求根据记忆尽可能多地写出这些单词。在仔细检查记忆效果的时候就会发现，测试对象复述这些单词的顺序与原来列举时的随机顺序完全不一样，更确切地说，测试对象将这些单词重新归了类，即按照一定的范畴依次说出每个单词，可能先是一些蔬菜类的单词，再是一些手工业者的名
(263) 称，然后是很多男名，等等。显然，学生不是“被动的刻录者”，而是“主动的归类者”。如果不允许使用这种自发的归类能力，记忆能力就会变得非常差。如果告诉测试对象，他们的记忆力较差，他们在课下可以将学习材料进行分类，他们的记忆能力就很可能得到改善。（Bousfield，1953）

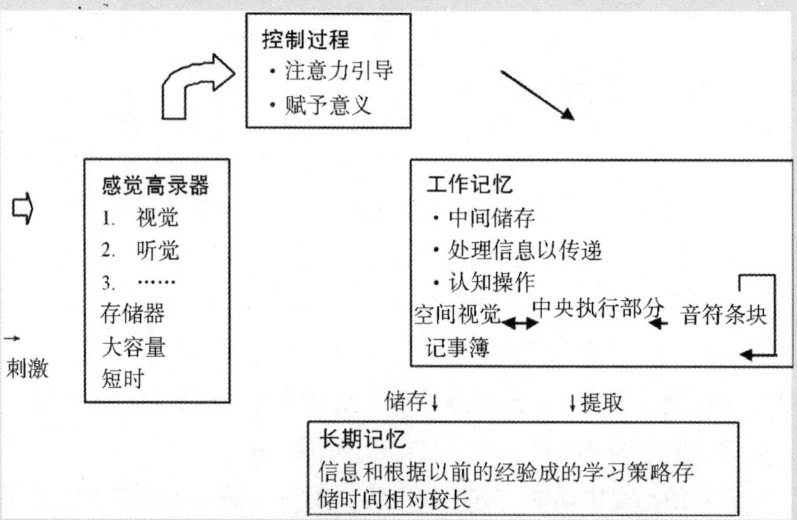

插图6.1 试解人的记忆过程。感觉记录器中没有被传入工作记忆的信息可能就永远消失了。工作记忆只能极为短期储存信息，除非在“在头脑中”进行了复习。工作记忆的内容如果进入长期记忆，就可能长久地停留在那里，但是不能保证，可以从长期记忆中提取。

阿特金森—谢弗林记忆模型。记忆心理学家从实验结果中得出结论，将记忆比作蜡块是不恰当的。因此，他们千方百计将各种复杂的研究结果进行整理和阐释。理查德·阿特金森和理查德·谢弗林进行了一次广为人知的实验，将各种不同的记忆研究的结果加以整理。（Atkison & Shiffrin, 1968；1971）他们认为，各种存储系统的作用是过一段时间复述学到的东 (264)
西。这个系统分为感觉记录器、短期记忆和长期记忆。他们认为，记忆活动由许多活跃的过程组成，在这些过程中，对学习内容进行挑选、加工，并与已有的知识建立联系。学生笼统地称为“记住的”和“遗忘的”内容，可以通过各种形式的过程来形成，也就是说取决于它们是否是在感觉记录器、短期记忆还是长期记忆中形成的。插图 6.1 尝试以简单的形式复述阿特金森和谢弗林的观点，当然作了重要修改。

“工作存储器”是具有许多扩展功能的“短时存储器”。阿特金森和谢弗林在 70 年代初认为，短期记忆是一个存储器，它短时保存少量信息，随后将其中一部分信息转变为长期记忆。然而，后来的研究结果证明，这个系统不仅是一个被动的信息中间存储器，它还主动进行加工。因此，现代记忆心理学家称之为进行“同步”加工的工作存储器，也就是说，对感觉记录器接收到的信息同时以各种方式进行加工。此外，工作存储器是意识过程同记忆进行联系的“地方”。

6.1.1 感觉记录器：感官刺激的入口

存储时间很短，存储量很大。感觉记录器原封不动地暂时存储来自各个感觉器官的信息。比如，视觉受到刺激，人们会看到余象；人们可以相信这种余象。

启动自我体验

您只要在一间黑暗的房间里，站在距离大约六米远的一面镜子前面，就可以亲自体验到由于感官记录器而引起的余象生成。然后，您拿起手电筒，打开后直接对准镜子。然后，您快速转动手电筒（每秒一圈），您就能看到一个仿佛完整的圆圈。只要您放慢转动手电筒的速度，光束后面似乎有一条“闪光的尾巴”。

由于感觉数据的这种暂时存保，所以感觉者还有时间决定，搜索记录器中是否还有值得重视和进一步加工的信息。早在几十年以前，有人就做了研究感觉记录器的经典实验。

乔治·斯珀林研究视觉感官记录器的实验。斯珀林感兴趣的问题是，如果在极短的时间内，即 50 毫秒（二十分之一秒）内，让人看一个刺激
(265) 画面，他们会看到什么。(Sperling，1960）斯珀林让人看的是一个由九个或如插图 6.2 所示的 12 个字母和数字组成的刺激画面。

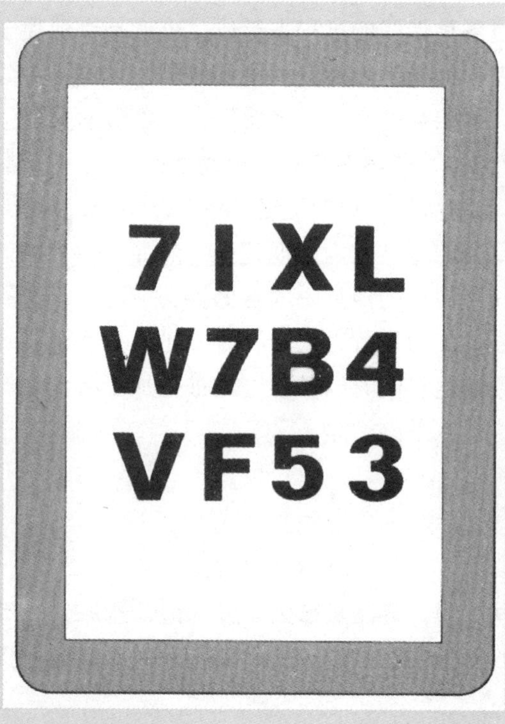

插图 6.2　为测试感觉记忆而展示 50 毫秒的刺激画面。

在短暂展示这样的刺激画面后，斯珀林询问测试对象，他们能说出图中的几个符号。他们平均只能说出十二个字母或四五个数字，即 35－40%。然而，测试对象告诉斯珀林，他们看到的不止四五个字母或数字。他们告诉斯珀林说，当他们记下第一个符号时，其他的符号就忘记了。这句话引起了斯珀林的注意。是不是存在这样的可能，复述所看到的东西的能力是有限的，而存储能力更加有限？回答这个问题还需要改变一下实验

安排。

在另外一项实验中，斯珀林还是让测试对象快速看插图6.2所示的符号。但他事先和实验参加者约定：他们在听到高音量时，只需复述上面的一排符号；听到中音量时只需复述中间的一排符号；听到低音量是复述下面的一排符号。然而这项实验的不同之处在于，符号播放结束以后，立即响起音响信号。在这样的条件下，大部分测试对象每次都能够正确无误地复述应当复述的那一行符号。但是，只要音响信号延缓0.3秒，大部分测试对象就只能正确复述两个符号。如果实验组织者在停播刺激画面一秒钟以后，再向测试对象发出音响信号，那么，他们的准确率会下降到这项实验的第一部分（没有声音信号）的水平。

这样的实验结果表明，测试对象一定拥有一种存储器，他们由于有这种存储器，所以在实验组织者结束图片播放以后，还能记得这些字母和数字。但是在不到一秒之后，原来记得的东西又消失了。

“感觉记录器”这个名称可能具有误导性，因为每一个感觉区域都分别有一个存储器。眼睛接收到的信息，进入视觉记录器，也可称为图像记录器（ikonischer Speicher，源自希腊语 eikon，意为图像）。听到的内容暂时进入听觉记录器（也叫音响记录器），依次类推。听觉记录器的存储时间大约是视觉记录器的四倍。（Lu et al.，1992）

电影放映适应了图像记录器。感觉记录器的特点已被十分巧妙地用于 (266)
电影和电视技术。一部电影由依次快速播放（每秒24张）的许多单个图片组成。更换画面的时候，客观上是什么也看不见的。但是感觉记录器可以弥补每次画面更换之间的瞬间，从而使观众觉得放映过程是连续的。原来的电影技术在更换画面时还不能完全适应感觉记录器的特点，因此，老电影的画面看起来不流畅。

6.1.2 短期记忆

人人都知道，一个人存储信息的能力是不在乎一秒钟的。然而，斯珀林的研究结果表明，一个信息如果不丢失，就应该能从感觉记录器中快速提取。在短时间内应当注意，让具有保存价值的信息进入短时存储器，并在那里得到加工。当然，短期记忆的理解能力与感觉记录器相比特别低。

因此，只有从感觉记录器的大量信息中选择短期记忆能理解的量，各个过程才能运行。下面还要探讨这个“控制过程”，比如，有哪些东西与信息一起传递给短期记忆。

控制过程减少信息量

注意力从感觉记录器中选择信息。斯珀林的测试对象花一秒多钟就能毫不费劲地记住三四个字母。但是，他们只能记住音响提示的那一行符号。很明显，这种声音信号在选择哪些能够传递到短期记忆的符号方面起着决定性作用。那么，声音究竟起了什么作用呢？答案很简单：信号能够让使测试对象的注意力集中于存储在感觉记录器中的刺激物的某些细节。注意力总是有所选择的。（见第 204 页及其下 1 页）可见，注意力监督那些每次短时存储在感觉记录器中的信息的选择，并能让理解力非常低的短期记忆所接受。因此，注意力承担着一项重要的监督作用。

所选择的信息量因重要性的归属而产生依赖。除了注意力，重要性的归属也起到控制作用。为了理解这一过程，我们必须知道，信息内容在感觉记录器中实际上还没有得到加工；存储在那里的感官刺激还相当于物理刺激的特征。（但是正如前面所说的［见第 160 页］，这时已经发生变化，因为感觉器官将诸如光刺激转化为神经冲动，而神经冲动随后进入图像存储器。）

比如，斯珀林提供的刺激画面中最上面一行中的一个符号（见插图
(267) 6.2），是由一和/两根线条组成的。这两个刺激符号的特征以及它们的特殊组合，成年测试对象无疑在以前就看到过，并保存在长期记忆中。因此，测试对象能够认出这个刺激物的形象，他们称之为“7”。测试对象借助于长期记忆中存储的信息，能够赋予自己所关注的感觉记录器中的某些内容以意义。在上述例子中，赋予意义是通过语言命名完成的。此外，刺激物“7”由于人们对它所代表的数量、它在序数字中的顺序等等的认识获得意义。测试对象用单词“7”代替了图像存储器中的内容。

短期记忆的一些特征

存储时间短。大家知道，找出来只用了一次的电话号码，很快就会忘记。而咨询者向咨询台询问的号码，多数人过一会儿还能复述出来。但

是，如果咨询台工作人员不仅回答了咨询者想要的电话号码，而且还向他问好，那么咨询者的记忆力会发生变化吗？仅仅这种附加的友好问候就足以影响咨询者的记忆。（Schilling & Weaver，1983）怎么解释这种快速遗忘呢？原因在于短期记忆的存储时间比较短暂。劳埃德·彼得森和玛格丽特·彼得森在一项实验中向测试对象说了三个毫无意义地组合在一起的辅音字母（比如，VGR），以及（为了转移他们对辅音组合的注意力）另外一个数字（比如，657），让他们从这个数字开始依次减三倒数（654、651、648 等等）。（Peterson，& Peterson，1959）结果表明，测试对象在间隔 15 秒后就不能正确无误地复述那几个辅音字母；所记住的内容在 18 秒后完全不记得了。短期记忆的存储时间很可能短于 15 秒。（Baddeley，2002）

“在头脑中复习”以延长记忆时间。值得注意的是，彼得森夫妇用减法题阻止了测试对象对本来可以记住的三个辅音字母的继续关注。只有在这样的条件下，短期记忆的内容在几秒钟后会忘记。当然，延长如此短暂的记忆时间也是可能的：不断重复短期记忆中的材料，不管是大声说出来还是在“头脑”中默念。由于复习首先具有在忘记以前记住某些内容的功能，所以又称“保持复习”。当然，如果这种常态的复习因突然事件而中断，结果就可能丢失记忆信息。电话咨询台回答号码之后的友好表示（“祝您愉快！”）就足以转移咨询人的注意力，从而使短期记忆中本来已经知道的答案又消失了。

有限的存储能力。记忆心理学的先驱海尔曼·艾宾浩斯早已发现自己的记忆能力是有限的，这一点至今天仍然值得重视。（Ebbinghaus，1885）（268）
他学习了几千个毫无意义的音节（比如，VAK、RUL、BES 等等）。当时他就发现，自己在看过一次之后不可能记住七个以上的音节。人们不难相信这种局限是普遍存在的。1769347 这七个数字，每次看大约一秒钟以后，能够凭记忆正确地复述出来吗？大部分人在上述条件下都可以毫无困难地完整复述这七个数字。但是，如果将数字增加到 14 个，还能达到同样的记忆效果吗？49162536496481 这组数字，如果只看几秒钟，也能记住吗？几乎没有一个人在短暂地看一眼后能够准确地复述这组数字。这样的任务只有经过非常良好的记忆训练之后，或者凭借自己原有的知识发现学习材料的规律性以后才能完成；关于后一种情况，下面还要作深入的探讨。

制造有意义的单位。多年前，乔治·米勒对当时能接触到的众多记忆实验的结果进行研究后发现：数字“七”在实验中出现得特别频繁；因此他称之为神奇的数字。（Miller，1956a）也就是说，不管是学习毫无意义的音节，学习数字还是没有上下关联的单词，都是无关紧要的，平均的记忆能力始终接近七个单位，有时略高于七，有时略低于七。

关于短期记忆的理解能力的列表，绝不能理解为一个不变的量。这可以用一个例子予以说明。下面是两个列表，表中字母以不同方式组合。两个列表中的字母数相同，即都是 13 个。哪个列表在短时间阅读之后能够更容易记住呢?

表一：RT LUS ANA TOB MW

表二：RTL USA NATO BMW

大多数学员能够更容易地记住表二，因为它是由四个“有意义的单位”组成的。大多数学员在表一中不会发现在他们看来有意义的字母组合。他们可能需要 12 个存储空间来处理表一，而在处理表二时可以轻松地压缩信息量，以致只需要四个存储空间，记忆活动因此大为减少。

米勒发现，人们将很多单个信息组合成有意义的单位，所以认为自己短期记忆的理解能力比较低下（7 ± 2）。一种简单的方式就是分组。比如，如果要迅速记住一个六位数的电话号码，人们就很可能不是一个一个地记住这些数字，而是进行以下分组：12 48 16。另外还有很多方法，可以将一些似乎毫无意义的元素组合成有意义的单位。

例　子

要将似乎毫无意义的字母序列“HSMIAECN”马上记住，对很多人来说是非常困难的，因为这个单位已经超出了米勒所断言的理
(269) 解能力的极限。但是，只要能够将 HSMIAECN 这八个字母转换成一个有意义的单词 MASCHINE，那么，就有可以将能够记住的字母增加到 25 –50 个。如果最后还能将单词组成有意义的句子，那么，能够记住的字母按照一定的顺序可以增加到 400 个，而不必记住五个以上的有意义的单位。

可见，重要的是，尽管短期记忆只能同时存储几个单位，但是在进行有意义的组合时，每个单位都可能是由许多单个的信息组成的。米勒就这个发现找到了一个形象的比较："就像人们将他所有的钱装入一个钱包，而这个钱包只能装七个硬币。但是，不管这些硬币是芬尼还是便士，对钱包来说都是一样的。"（Miller，1956b）

原有知识和记忆活动。每个学员能够达到什么样的整理效果，一方面取决于他的记忆材料，另一方面取决于他原有的知识。一个学数学的人在前面提到的有 14 位组成的一串数字中，可能很快就能发现自己熟悉的东西：这串数字依次由 2－9 的平方组成，即 22 （＝4）、32 （＝9）、42 (＝16)，等等。这样赋予意义以后，一长串数字就可以变成几个有意义的单位。

国际象棋大师构建的有意义的单位。一个人需要多长时间才能记住第 99 页上的插图 2.16 中的 A 图所示的棋盘上的棋子摆放呢？这个问题在一般情况下是无法回答的，因为一个几乎不会下象棋的人，就会根据不同于熟练棋手的条件来回答这个问题。

如果看到这幅插图却不知道棋子名称的人，当然会尝试将棋子的分布用语言来表述（"下一排从左至右：第一格白塔（车），第二格白马（马），第五格一位女士（皇后）……"等等）。这种做法无疑极为费时，它需要比短期记忆同时所能理解的更多的有意义的单位。

对可望成为国际象棋大师的棋手的研究表明，他们只要看平均五秒钟，就能几乎正确无误地复述棋子的摆放位置。这个结果难道能够证明棋手具有超常的记忆力吗？当然不能，因为只有在棋盘上的棋子摆放是下棋意义上的摆放时，他们才能取得这样的成绩。反之，如果随机排放棋子，即以实际上不会出现的顺序排列，那么，棋手记住棋子摆放所需要的时间就会与一个非棋手一样多。

顶级的棋手就是专家。他们在观看棋子的分布时，我们只要仔细观察他们的视线移动，就可以发现形成有意义的单位的方式方法。首先，他们的目光首先注视每一颗他们认为在战略上特别重要的棋子。记住这些重要 (270)
的棋子以后，他们就能很快掌握周围的情况，即看到，周围哪些棋子处于攻击的位置，哪些棋子正面临危险，等等。（Chase & Simon，1973；Saariluoma，1985）毫无疑问，将多个棋子理解为彼此具有某种联系的整体，这种能力在很大程度上是大量经验积累的结果。实际上，所有顶级棋手几乎都是从孩提时期开始下棋的。

短期记忆是“工作记忆”

工作记忆是一个主动而复杂的系统。早在20世纪70年代初，人们就认为，短期记忆是一个能够在非常短暂的时间内比较被动地存储少量信息的系统。前面已经说过的彼得森夫妇的研究可以表明，这个系统的功能远远不只是短时存储；他们的测试对象能够记住毫无意义的辅音组合，同时还能进行运算。同样，棋手不仅能“在头脑中”记住棋子的摆放，而且同时还能进行战略上的考虑。

启动自我体验

您通过自我观察也能发现工作记忆的运行过程。为此您可以计算一道算术题的结果，比如7×45。可能的计算步骤是：首先您确定7×40=280，然后您必须暂时记住这一结果，同时进行下一个计算步骤：7×5=最后您将这两个结果相加，最终得出315这个总数。

在分析数学题和其他许多问题时，需要一个既能暂时存储，同时又能主动加工信息的系统。这个系统能使人在重复随机安排的数列时，还能解答一个思考题。(Baddeley & Hitch，1974）因此，艾伦·巴德利建议，将这个系统称为工作记忆。(Baddeley，1992；2002）可见，短期记忆的概念涉及存储系统的被动部分，而工作记忆涵盖主动的过程。如插图6.1所示，工作记忆至少由三个部分组成：一个音符条块、一个空间视觉记事簿和一个中央执行机构。

音符条块。早期研究已经表明，短期记忆首先（不完全是!）将信息转换成音符条块（“音符编码”)，即转换成声音。比如，人们在看过一个电话号码后，将数字转化成语言，轻声默念或“在头脑中”重复，试图暂时记忆。通过分析记忆错误可以获得音符符号的线索。每个人都可以轻松地重复罗伯特·康拉德的实验过程。(Conrad，1964)

例 子

康拉德让测试对象用极短的时间看六个辅音字母，比如F L S P H K，然后要求他们立刻复述。(Conrad，1964) 康拉德发现，测试对象凭记忆有时会说出根本没有让他们看的字母。在他们作出错误的回答时，说错的字母在发音上同正确的字母非常相似。如果他们说出了上述字母，那么记录下来就是：F L S B H K；测试对象显然因发音相似而用B代替了P；在另一轮实验中将K换成H。测试对象将字母“K”转化成“Kaa”，但是随后只记住了“aa”，后来只能记起“aa”来，并由此自己设想为“Haa”。 (271)

人们将感觉到的刺激转换成音符符号，大多是语言符号之后，就能够重复。巴德利称这种重复为“音符条块”，类似前面提到的短期记忆特征时所说的保持复习。可见，通过音符条块可存储并重复语言信息。此外，音符条块对于理解长句子也有意义，因为人们在这种情况下必须将先听到的单词暂时存储在工作记忆中，以便能够让它们同句子末尾的单词相联系。

空间视觉记事簿。巴德利称空间视觉记事簿是工作记忆的另一个组成部分，它负责存储和处理视觉和空间的信息。人们拿起写字台上的某个东西，从各个角度看一遍，然后闭上眼睛，想象这个物品从正面、后面、侧面看是什么样子，这时就需要使用空间视觉记事簿。巴德利区分音符条块和空间视觉记事簿的原因在于，根据他的研究，可以同时完成听到的语言任务和视觉空间任务，二者互不干扰。(Hale et al.，1996) 此外，借助某种大脑生理学方法可以证明，大脑可以在不同的位置处理上述两种任务。(Cabeza & Nyberg，1997；Courtney et al.，1996；Awh et al.，1999) 人类的工作记忆中很可能还有感受嗅觉、味觉和触觉的存储器；但是，这样的存储器还没有得到类似听觉和视觉存储器那样深入的研究。

中央执行机构。艾伦·巴德利在谈到自己对工作记忆的看法时解释说，这个系统的特点是，不仅能存储和处理视觉信息和语言信息，同时还是一个认知过程的控制中心。(Baddeley，2002) 有些控制过程负责整理（安排）和比较工作记忆内部的信息，有些控制过程负责协调另外两个组成部分内部的信息。特别有意义的是注意力集中、编码和提取的过程。而中央执行机构就负责控制这些过程。中央执行机构是负责人的计划和行动的主管机构。(Pechtold & Jankowski，2000)

神经学可以证明中央执行机构的存在，因为根据对脑垂体前部受伤的
(272) 病人的研究，这样的病人无法作出决定，比如，他们坐在餐馆里，需要几个小时才能最终决定要点什么菜；他们特别容易分散注意力，比如他们想要去购物，偶然发现附近有张报纸，于是就坐下来看报，而忘记了本来要做的事情。（Pechtold & Jankowski，2000）此外，这种病人开始做某件事情，即使做完了，还会继续做下去；人们称这种情况为“反复不止”。这种说法证明，中央执行机构或者说注意力监控系统受到了干扰。

控制注意力。正如第四章已经证明的（见第 204 页），注意力总是要进行某种选择；它不能同时注意暂时存储在工作记忆中的所有信息。控制注意力的主管机构是中央执行机构。人们自己试一下就能看到，这种控制是如何进行的。

启动自我体验

您选择一位测试对象，给他读出一串数字，比如：2，24，13，49，99，35，27，84，17，50。第一个问题是，您要求测试对象复述之前听到的数字。您读完“2，24”之后，测试对象一定能复述2。在您说出“13”以后，他必定说出24。在测试对象熟练掌握这个问题后，您改变一下测试条件，要求测试对象复述倒数第三个数字。即在听到“2，24，13”后，必须说出2，听到“49”后，必须说出24，依次类推。然后您反复询问测试对象，他们是如何集中注意力来回答问题的。

在上面举的例子中，回答问题的测试对象，通过自我观察可以发现，他们的注意力始终摇摆于记住新数字和复述一个可以从记忆中提取的数字之间。注意力是由中央执行机构控制的。如果实验组织者说出数字，但是测试对象一时没有注意，就很可能不会将这一信息传入工作记忆：测试对象就无法作出回答。

将新信息传入长期记忆

生物学基础。一些大脑解剖学家认为，颞叶内部的大块前端结构看上去像海马，因此他们称之为海马区（希腊语：hippokampos，意为神话传说中的巨兽海马）。海马区在将新信息从工作记忆传到长期记忆过程中起很大作用；（Zola & Squire，2000）这个脑结构虽然不含任何存储的内容，但是它能启动使新信息在大脑其他位置存储的过程。（Gluck & Myers，1997）一个病人使人发现了海马区对记忆的意义，信息框 6.1 详细叙述了这个病人的遭遇。

信息框6.1

通往长期记忆的入口因外科手术而封闭了，会发生什么事情呢？

H. M. 是一位年轻人，生于 1926 年，七岁时骑自行车发生了事故。三年后他出现了轻微的癫痫症状，16 岁时发作得极为厉害，随着年龄的增长，癫痫发作得愈加频繁，也愈加严重。最后医生觉得，再也无法用药物来缓解病痛了，而 H. M. 已经丧失了工作能力，于是他们决定于 1953 年进行手术，切除了颞脑的两侧。病人当时 27 岁。（Milner et al.，1968）自那之后，关于 H. M. 的各种学术著作数不胜数，很可能超过了神经学和心理学历史上其他任何一个病例。（Ogden & Corkin，1991）就连 H. M. 死后，他的大脑还用于研究目的。他一直自愿为研究服务。不幸的是，他因病情恶化而始终没有知道，自己对学术界作出了多么巨大的贡献。（Corkin，2002）

H. M. 手术后恢复得比较快。他的语言行为没有发生变化；他的智力能力（通过智力测试）也维持不变；他的社交行为和感觉反应也完全正常。当然，他的记忆功能明显遭到了特别严重的损害。他能够记得手术之前发生的事情和情况，而且没有什么特别的困难。但是，他再也不能将新信息传入长期记忆。比如，他在外科手术后 10 个月，与家人一起搬进另外一所房子，新房子离原来的住处非常近。搬家后一年，H. M. 还总是记不住自己的新住址。如果让他一个人走出去，他总是回到从前的住处。

为了消磨时间，H. M. 玩拼图游戏或者看报。他能专心致志地不断重复同一种游戏，因为他始终觉得这种游戏是新鲜的。同样，H. M. 专心阅读同一张报纸，他从来记不住报纸的内容。手术后13年，他被送去住院三天。他差一点让夜班护士发疯，因为他不断摇铃呼叫护士，问她自己是在哪里，发生了什么事情。

人们可以让 H. M. 能做一些他能做的事情，除非他不能“在脑中”复习，记住不该记的内容。有一次，苏珊娜·科金向 H. M. 说出五个数字，请他记住。在计划的测试开始以前，不要去叫她。她在一个多小时后才返回。但是 H. M. 能够正确复述这些数字。他在这段时间内都在不断地复习这些数字。(Ogden & Corkin，1991)

H. M. 头脑中证明存在一些“记忆孤岛”。他是一个从七岁起就不断接受定期检查的人，比如知道自己的父母已经不在了。他也知道自己有记忆困难。比如，他记得，在自己身上施行的手术再也不

(274) 会在类似的病人身上实施了。这样的记忆对于这个总是低估自己年纪，不认识自己照片的人，仅仅是例外。(Ogden & Corkin，1991)

当然，这个明显的缺陷没有影响所有领域。首先，H. M. 的内隐记忆似乎是正常的。(见第279页) 比如，他在这段时间里能略微认出自己住过的房子。他还能指出邻居家的方位。值得注意的还有他的学习能力：要求他在困难的条件下画人像。一种专用的仪器可以通过镜子控制他画画的手。通过反复练习，画画能力不断提高。但是，H. M. 坐到镜子前面时，每次都说，他以前从来没有见过这面镜子。

插图6.3　画刺激图形，通过镜子完全控制手的活动。

只要听听这个病人在两次测试之间所说的话，就能大致了解他的体验状态。他突然目光向上，以一种非常恐惧的表情说道："现在我要自问，是否做错了什么事。您看，这一刻在我看来，一切都很清楚；但是刚刚发生了什么事情呢？——这正是我感到不安的地方。仿佛刚刚从梦中醒来似的。我就是什么也想不起来。"（Milner，1966；Milner et al.，1968）医生们从H. M.身上积累了经验，后来再也没有做过这种手术。

患老年性痴呆症的老年人也可证明海马区对新信息传入长期记忆的意义，因为他们随着病情的恶化，越来越不能长期存储信息。他们遇到这种困难显然是由于部分海马区已经损毁。（Pantel et al.，1996；Rossler et al.，2002）生物心理学家关注的是大脑的生理学过程，因为这些过程与学习和记忆直接相关。记忆心理学家问道，一个信息是否传入长期记忆，取决于哪些 (275)
在心理学上具有重要意义的过程？他们的回答是自动处理和整理复习。

自动处理。通过编码过程，工作记忆中的内容得以传入长期记忆。绝对不是所有的编码过程都需要集中注意力。如果一个人对于某个领域非常了解，一般情况下就能很快记住来自这个领域的其他信息。称得上大师级的棋手可以毫无困难地记住棋盘上重要棋子的摆放。（见第269页及其下1页）如果问一个人，他在哪儿听的报告，他肯定能说出非常完整和准确的信息，而无须费很大努力将地点信息传入长期记忆。他可能还记得，自己昨天和谁、在什么地方吃的午饭，了解这些情况不需要进行特别的练习。在所有能迅速而持久地记忆新信息的场合都进行了自动处理。有些学员错误地认为，他们随便通读一篇教材，自动处理系统就能将它传入长期记忆。只有在考试的时候他们才发现，自己要是多作一些努力该多好啊。

整理复习。在学校处理大部分信息的其他活动都需要接受中央执行机构的控制。在学校传授的知识必须借助已有知识来掌握。而在已经熟悉的基础上能够理解新信息就是因为整理复习（Postman，1975）；这需要集中注意力。通过整理复习能达到什么样的深度加工，取决于整理复习的质量。通过这样的整理，新信息就与长期记忆中已经储存的内容建立了联系。整理复习与深度加工具有很多共同点。

不同深度的加工。费格斯·克雷克和罗伯特·洛克哈特认为，对学习内容加工得越深，保存的时间就越长。（Craik & Lockhart，1972；Lockhart & Craik，1990）为了检验这个论断，让测试对象在很短的时间内接连看60个单词（Craik & Tulving，1975），但是不告诉他们，这是一个有关记忆的实验。每次让他们看一个单词以前都要提出一个问题，这个问题需要浅显的、中等的和比较深的处理（对哪个词提出哪个问题可以随机决定）。例如，让他们看“Haus”（房子）这个词以前，可以提出一个相当浅显的针对这个单词的外形的问题：“这个词是大写的吗?”然后让他们看另一个词，比如“Tier”，这个问题是要鼓励他们进行深入的、声学的编码：“这个单词与 Bier 押韵吗?”如果还需要进一步深加工，那么，在让他们看
(276) “香肠”这个单词时，提出一个需要琢磨的问题，“这个词适合用于下面这个句子吗：‘小男孩喜欢将 夹在两片面包之间’?”然后给测试对象提出一个意料之外的问题：从另外180个单词中选出60个单词中原来有过的单词。这时就能发现，测试对象对一个单词越是进行深加工，再次认出这个单词的可能性就越大。克雷克及其同事认为，最能促进记忆的是将学习材料按意思编码。下面一个例子表明，好学生和差学生的区别在于加工学习内容的“深度”。

例　子

约翰·布兰斯福德及其同事给五年级的学生指定几篇课文，请他们认真复习，准备随后的考试；同时附加告诉他们在复习过程中应注意的细节，例如，向他们描述两种不同用途的飞去来器：一种是可以飞回来的，一种不能飞回来。(Bransford et. al. 1982)“好”学生往往会回答说，他们自己就会针对课文提出问题，比如：不能飞回来的飞去来器是什么样子? 既然它不能飞回来，为什么还要叫飞去来器? 可见，这些学生就飞去来器这个问题进行非常深入的思考，甚至想到课文想说明什么。而差“一点”的学生在阅读时只考虑读完。

经过“深”加工的学习材料容易记住，而只是简单复习的学习材料就不容易记住，这个问题怎么解释呢? 与浅加工相比，“深”加工可以使新信息与长期记忆中已有的知识建立更紧密的联系。(Ellis & Hunt，1993)

记忆能力取决于编码和提取的条件。克雷克和洛克哈特最早建议，为促进记忆力，要尽可能进行深度加工。这个建议片面关注编码，即只关注学习内容向记忆的传递。但是，成功的记忆效果不仅取决于进行编码的条件，而且取决于从记忆中提取的条件。整理复习的目标是，在已经储存的记忆内容和新信息之间建立联系。但是，在这方面同时还形成其他联系，比如同环境的刺激特征的联系、同学员的现实感受的联系，这些联系在以后提取的过程中能起重要的作用。对很多人来说，都有过这样的经历：他们在自己家中打算到一个房间找某种东西。于是他们走进那个房间，却发现自己不知道去那里想要干什么。因此他们又退回到原来的房间，在那里又想起了原来的想法。原来哪个房间的刺激特征显然具有另外一个房间没有的提取功能。可见，在一种情况下是否能够成功地回想，不但取决于进 (277)
行编码条件，而且取决于再次提取所学到的记忆内容的条件。最后，学习活动的目的不仅是将学习内容传入记忆，而是更确切地说，在需要时提取这些学习内容。在什么条件下有利于提取，在什么条件下不利于提取（想起）记忆内容，还要进一步加以叙述，（见第 296 页及其下 1 页），下面首先介绍长期记忆的一些特征。

6.1.3 长期记忆

长期记忆的特征

非常长的存储时间。人们在日常生活中所说的记忆——比如强调自己的记忆力强或弱——，通常都是指长期记忆。信息传入工作记忆以后，不是消失了，就是经过处理了，因此它们能够存储在长期记忆中。长期记忆中存储的信息，有几分钟的、几小时的、几天的，还有几年的。这种接收能力是无限的。当然，在长期记忆中存储的信息并非都是可以使用的，好比一个图书馆，在它的藏书中虽然有某一本书，但是读者找不到，因为人们把它放错了位置。

如果随意问人们，两年前的 9 月的第三周的星期一他们在干什么，那么，大多数人都会怀疑自己的记忆能力。当彼得·林赛和唐纳德·诺曼向大学生们了解他们在已过去很长时间的某一天中的活动情况时，大学生们的反应首先是非常迷惑，而且反问："我怎么还可能记得!?"（Lindsay & Norman，1977）但是，当这些大学生受到鼓励以后，至少想尝试回答这个问题，其中一个学生的回答如下：

——好吧，我想想，两年前……

——当时我在P城上高中；

——我当时是12年级；

——9月的第三周——刚刚过完暑假；新学年刚开始……

——让我想一想。我记得，周一下午我们总是上化学课。那时我很可能在化学教室；

——我不知道，我可能在化学教室。

——等一下——这肯定是开学的第三周。我还记得，我们刚开始学元素周期表——一张很大的、引人注目的表格。我想，要求我们学这种东西的人一定是疯了。

——天啊，我认为，我现在想起来了……我当时坐在……

人们不能从这样的记忆能力得出结论说，信息一旦传入长期记忆，就永远不会丢失。比如，脑外科医生怀尔德·彭菲尔德就断言，大脑像"连续不断的有声电影"记录过去。（Penfield，1957）而主流记忆心理学家不认同这一观点，更确切地说，他们认为，长期记忆中的信息只是相对持久地保存。（Barsalou，1992）人类根本没有不丢失信息的存储器！

(278) **无法测量的存储量。**应当看到，能长久保存信息的记忆存储器，具有相当大的存储量。本章一开始就举了这方面的例子。（见第261页）当然，人们只有很好地整理（"组合"）这些信息，才能顺利地从长期记忆中提取。在这样的前提下，就可以理解，记忆心理学家几十年来为什么一直致力于解释长期记忆如何组合信息这个问题。下面的大篇幅叙述就是为了介绍他们的研究成果：新信息只能按照每个个体既有的规则"编码"，即：传入长期记忆。

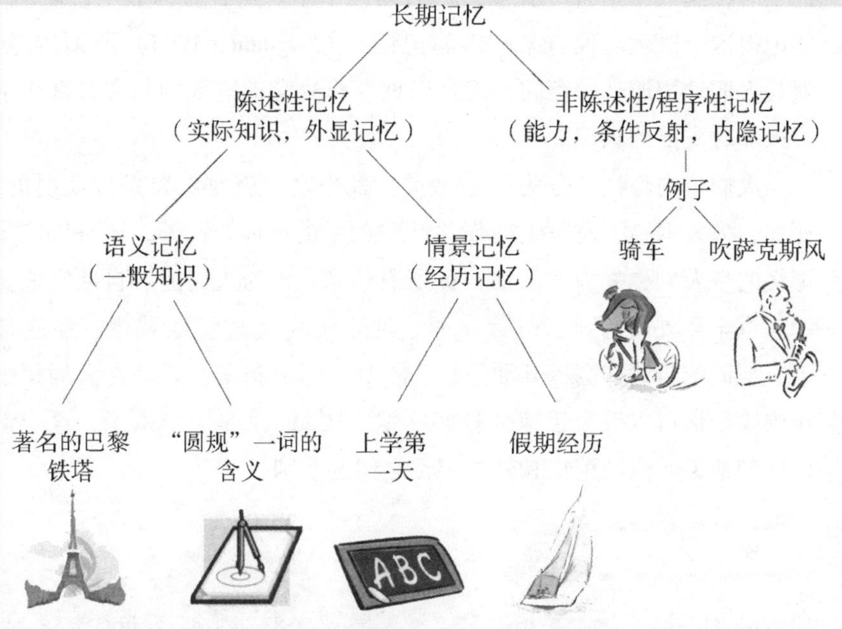

插图 6.4　长期记忆由多种存储器组成。

各种类型的长期记忆。一个网球运动员，只有在记忆中掌握了关于这种运动的丰富知识，才能成功地与对手较量。他首先必须熟悉规则，从中了解如何计分等等，根据得分最后决出胜负。此外，他在比赛中每次必须记得，比如刚才哪边发的球；他还应当知道，怎样打好正手球和反手球。（279）因此，一个运动员要动用加拿大心理学家恩德尔·塔尔文所区分的各种类型的存储器。（Tulving，1972；1986）此外，一个训练有素的网球运动员在比赛中还会展示很多确保战胜众多对手的明显优势，但是，如果问他，他是如何做到在关键时刻不失误的，他肯定无言以对：他无法解释，因为这是内隐记忆的一部分。（见插图 6.4）

内隐记忆和外显记忆。在研究病人 H. M. 的过程中发现，记忆也是内隐的，也就是说，人们是在完全不知道的情况下存储这些信息的。（见信息框 6.1，见第 273 页及其下 1 页）例如，他的医生创造了一个几十年来广为人知的刺激环境：当时，医生的手中藏了一根针，在握手时会针刺病人。第二天，H. M. 的表现好像是从未见过这位医生似的。但是，当再次握手时，病人开始有些犹豫，然后缩回了手。这种行为表明，H. M. 还有些记得这个医生。他有某种内隐记忆。（Hugdahl，1995）所谓内隐记忆，就是人们动用原来储存的、无意识地、非故意地提取的、在日常生活中也可以随时支配的知识。

人们将内隐记忆分为很多种类。其中之一就是经典条件反射的结果，比如，病人 H. M. 对医生暗藏“针”的手的反应。此外，还可以归为内隐记忆的是人们称之为“习惯”的所有活动，因为人们能够自动完成这些活动。汽车驾驶员遇到红灯停车时，通常无需有意识地观望，在这种情况下，他们的脚同样会松开油门，“自动”踩上刹车；训练有素的秘书借助于内隐记忆可以极为迅速地打印文章。H. M. 也是一个例子，这个例子可以清楚地说明内隐记忆和外显记忆之间的区别。

例　子

H. M. 在冰上滑倒以后，需要一支拐杖，而这支拐杖是专门制作的，为了便于携带是可以容易折叠的。借助于内隐记忆，H. M. 很快学会了折叠拐杖，最后，折叠的速度甚至超过了他的指导老师。如果问为什么需要使用拐杖，那他就会动用他的外显记忆，但是，他因为之前的外科手术而无法使用外显记忆，因此他无法回答这个问题。(Kosslyn，2003)

外显记忆与内隐记忆的区别是，人们可以有意识地想起所有信息；外显记忆的内容可以在提取后进入短期记忆，并在那里进行处理：然后思考所提取的信息并加以利用，最后理解新的学习内容。训练有素的秘书还能记住键盘上的字母顺序并流利地背诵出来吗？要完成这个任务，她就必须动用外显记忆。

(280) **陈述性记忆**。如果问一位秘书，键盘上从上往下第二排右数第三个是什么字母，她就需要明显储存在陈述性记忆中的知识；这是实际的知识，是可以表达和“阐释”的知识。陈述性记忆储存概念、定义、人名、日期和事实；这是一种“知识，即”（我知道，埃菲尔铁塔是巴黎的一座著名建筑）。插图 6.4 表明，塔尔文区分了语义记忆（储存一般知识的记忆）和情景记忆（经历记忆）。如果问一个人，法国的首都是哪个城市，或

《浮士德》的作者是谁，他也许已经不记得自己何时何地知道这些答案的。一般知识的习得时间和地点都消失了，只有关于这个世界的一般知识，比如，规则、概念和事实保存了下来。

相反，情景记忆储存了人们亲身经历的、仍然还能记得的事情；人们还知道这些事情发生的时间和地点："我还记得 18 岁生日时的庆祝活动。""我现在还清楚地记得，我昨天的网球对手以他厉害的正手攻击给我制造的麻烦。""今天我还清楚记得，第一次坐飞机去西班牙时，在飞机起飞以前，一位友善的空姐给了我彩笔和画本，我整个旅途中都在画画，而没有朝窗外看一眼。"上述（见第 277 页）一个大学生对自己在两年前的九月的第三周的周一下午在做什么这个问题所作的回答，就应归功于运转明显良好的情景记忆。

人们所说的自传记忆，是储存的所有生活经历；当一个人设计个人形象时，就要动用这种记忆中的内容。（Fivush，2001）一个人如果没有这种自传记忆，就不知道自己的身份。（见第 261 页）

尽管语义记忆和情景记忆都属于陈述性记忆，但神经学的研究结果证明，如果要完成这两种记忆形式的任务，就需要激活大脑的各个部位。（Wiggs et al.，1999）

程序性记忆。内隐记忆存储的知识内容是"记得的"，比如可以"改写"为："我知道怎样拉小提琴，怎样骑自行车或怎样使用电脑键盘。"塔尔文称这种知识内容为程序性记忆，是运动过程的存储器。在这个存储器中还存储经典条件反射（见第 214 页及其下几页）和操作性条件反射（见第 231 页及其下 1 页）的学习结果（即习得的刺激—反应关系）。比如，程序性记忆能够使人在看到某张照片时回想起因为与画面上表现的事件形成生条件反射而产生的感情。（Tulving，1985）

记忆内容的组合。如果图书馆里的书籍随机摆放在书架上，那么读者为找一本书就得花费相当大的精力，甚至很可能做无用功。馆藏书刊没有经过整理和组合，图书馆的使用率就会极为低下。同样，如果长期记忆中的知识内容没有经过整理，就不能被提取。但是，人的大脑是如何整理知识内容的呢？记忆心理学家对这个问题已经研究了很长时间。在餐馆里，（281）
如果顾客很多，用餐量很大，那么，有时就能发现，长期记忆也是按照一定规则整理知识内容的。对一个无需作记录就可以记住二十种菜品的侍者的系统研究表明，这个人对全部菜品按意义作了分类。如果妨碍他的这种整理能力，他就不能完整地记住这些菜品。(Ericsson & Polson，1988) 此外，还需要提到的是人人都非常熟悉的体验，因为这种体验平均每周就会出现一次，年龄越大，出现的频率越高：话在嘴边，就是说不出来。(Brown，1991)

话在嘴边现象。人们都有过这样的体验：某一个单词自己肯定知道，“就在嘴边”，但就是想不起来，需要拼命去回想。罗杰尔·布朗和戴维·麦克尼尔深入研究了这种体验，并获得了关于语义记忆的顺序的有益启示。(Brown & McNeill，1966) 年龄越大就越有这样的体验 (Heine et al.，1999)，会让人觉得非常沮丧；但这为记忆研究提供了极有教益的启示：储存的记忆内容怎么会“丢失”，又怎么能重新提取。(Schwartz，2002) 比如，布朗和麦克尼尔问测试对象某种小船的名字，这种船在港口、在日本和中国的河流上，靠摇动船尾的橹航行，多半也使用帆。两位研究人员还问：“船员有时拿在手中，用来确定船的位置的仪器叫什么？”

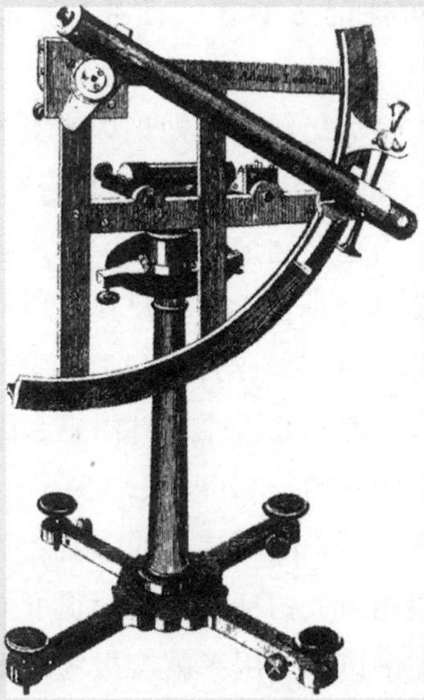

插图 6.5　从前行船时，用来确定船舶位置的这种仪器叫什么？

值得注意的是，对于一个在关键时刻想不起来的词，测试对象能用什么方法来表示。通常情况下，他们能答出音节的数量和开头的字母。比如：他们努力回忆“Sampan”（舢板，日本和中国的一种小船）时，能想起的名词有“Siam”、“Sarong”或“Saipan”（臆造的），有人还想到“Dschunke”（中国的一种帆船）、“Hausboot”（家用小船）或“Barkasse”（大舢板）。测试对象寻找的“就在嘴边”的词，说出来却是错误的，这些单词的共性，使布朗和麦克尼尔断定，长期记忆中的单词不仅是根据声音特 （282）
征（“Sampan”、“Saipan”和“Sarong”的发音很相似）存储的，而且还依据视觉特征（“Sampan”、“Saipan”和“Sarong”的拼写很相似），甚至根据意思（“Sampan”、“Siam”、“Sarong”和“Dschunke”都是远东的物品；“Sampan”、“Dschunke”、“Hausboot”和“Barkasse”都是船的名称）存储的。可见，在人的记忆中，一个单词显然不像一本书在图书馆那样，放在某个位置，人们有时能说出一个要找的词的很多特征，却说不出这个词，因为明显找不到其他重要的特征。因此很多人也难以说出插图6.5所示的仪器是“六分仪”。

如果有一个单词“就在嘴边”，通常有助于发挥“自由联想”，即挖空心思，回想在这种情况下可能想起的尽可能多的单词。由于在长期记忆中存储的具有共同特征的单词彼此是有联系的，所以迟早找到要找的单词，是非常可能的。当时有些心理学家就认为，长期记忆具有组合，即整理自己的内容的功能，因此有些记忆研究人员称之为网络，因为他们认为，记忆内容像一个彼此交织在一起的网络。一种现在看来虽然已经陈旧，但依然值得一提的网络理论试图解释，语言信息是如何按意思组合在一起的。

语义网络。亚里士多德早就提醒人们注意，单词之间是有联系的。如果请一个人列举以字母A开头的单词或红色的物品，那么利用相似性的组合原则就可以找到答案。因此，救火车和樱桃这两个单词之间就存在联系，因为二者都是红色的。如果问人们，他们听到面包这个单词时，自动想到的另外一个词是什么，很多人都会回答说是黄油。网络理论认为，长期记忆的顺序就仿佛是很多单词交织在一起的网络。如插图6.6所示，这种理论称单词为节点。一个节点就是一个单词——比如“街道”、“房屋”、“苹果”或“紫罗兰”——，它们通过通道与其他节点相联系。

艾伦·克林斯和伊丽莎白·洛夫特斯的测试对象认为，有些单词之间的联系是明显不同的。（Collins & Loftus，1975）他们设想“红色”时，首先想到的是“玫瑰”，而不是“苹果”和“云彩”。克林斯和洛夫特斯认为，语义网络内部存在某种传输活动；传输活动是沿着一个单词联系另一个单词的通道传输的；他们还认为，传输活动强度是递减的，距离另一个单词的距离越远，就越弱。

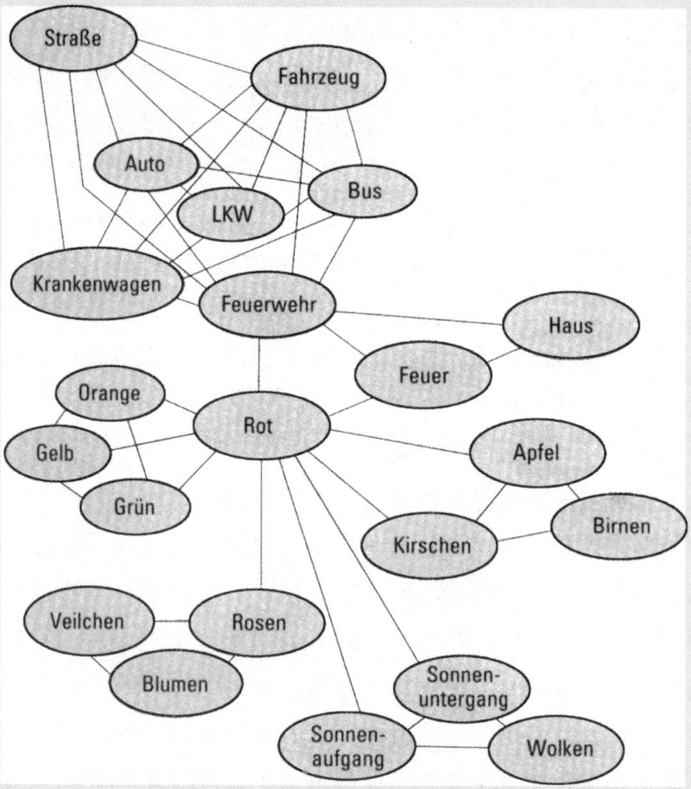

(283) 插图6.6 这张示意图以图表的形式表明了人的长期记忆除了极小的选择外可以存储的单词之间的联系。两个单词之间的连接线越短，它们在记忆中的联系就越密切。

序列处理和分配知识是近代网络理论的特征。语义网络理论首先考虑的是长期记忆的实际内容。近代网络理论还涵盖视觉表象和运动技巧。现在，在对大脑的神经元如何工作有了更透彻的认识之后，有人提出了平行分配处理理论。（MeClelland & Rumelhart，1985；Smolensky，1995）下面扼要介绍这一复杂理论的两个特征：

——平行处理，而非序列处理。很多计算机都是序列处理，即逐步处理各种信息的。语义网络理论也是从信息的序列处理出发的。这种做法多么浪费时间，可以从下面的问题得到解答（Matlin，1999）：请找出一件橙色的物品，它在地里生长，是一种蔬菜，兔子喜欢吃。这是什么？——如果用序列处理的方法，人们首先要在长期记忆中搜索所有橙色东西；然后搜寻在地里生长的所有植物，最后还要归纳各种兔子爱吃的蔬菜。这种序列处理的方法太浪费时间。实际上，一个人在通常情况下都能很快回答说"胡萝卜"，因为他的认智系统可以并行搜索：测试适合某种物品的所有特征的处理过程是可以同时进行的。

——复杂的知识是由整个大脑分配的。早在几十年前，查理·拉什利 (284)
就拿老鼠做实验，让它们学习穿越迷宫。（Lashley，1950）在30多年的时间里，他系统地扰乱了老鼠大脑部分，因为他想以这种方式找到存储学习结果的特殊位置。然而，他意外地发现，确实不存在可以储存迷宫实验结果的特殊的大脑区域。最后，拉什利根据实验得出结论说，记忆内容并非处于大脑中可以精确界定的位置。现在，人们不会无条件认同这一结论了。如果一种动物（比如家兔）由于经典条件反射而学会了用眨眼对声音作出反应，那么，就可以非常精确地确定这种学习结果在大脑中所处的位置。（Thompson，1994；2000）而拉什利的老鼠学习了一大堆复杂的内容，它们包括来自各个感官，而且相互交织在一起的信息。因此，拉什利的老鼠的记忆被分散了，并且被存储在大脑的各个部位。可见，复杂的知识内容是由一个信息束组成的；储存信息的各个部分是由整个大脑分配的，在需要解决某个复杂问题时，就可以全部提取。（Squire et al.，1992）这个论点符合平行分区处理的理论，根据这一理论，知识单元通过整个网络体现为一定的提取范例。

因此，人是有区别的，这取决于整理某个区域的信息的程度。整理得越好，从记忆中提取信息就越快捷越准确。

有限的记忆可靠性。有人将记忆比作录音带或录像带，可以真实地储存所记录的内容，以后还可以复述。然而，这样的比喻具有误导性。事实上，长期记忆中的旧信息不乏被新信息所更替（Baddeley，1990）；已经记住的信息也包括以前传说的事情的细节。（Roediger et al.，1993）由于记忆会在回忆过程中进行重构，所以人们不能完全相信自己的回忆都是正确的。

重构的记忆。乌里希·奈瑟将通过回忆来完成的任务非常形象地比作考古学家的工作。（Neisser，1967）考古学家大多只能找到建筑、城墙的断壁残垣和陶器残片，在这种情况下他们的任务是，将所找到的残片进行合理的拼合，补充缺失的部分，从而恢复原貌。重构人的记忆一个最著名的例证是由英国心理学家弗雷德里克·巴特利特提供的。（Bartlett，1932）他让测试对象阅读讲述另一种文化背景下陌生的人的故事。在让测试对象复述这些故事时，他们出错了，但具有启发性：他们为了能够讲述得更有意思，漏掉了一些细节或者作了修改，甚至增加了故事中原本没有的情节。巴特利特根据实验得出结论说，人只能记住在以后的回忆中能够用得
(285) 上的核心内容，以便补充其他内容，从而形成合理的联系。巴特利特在解释中使用了“公式”这一概念。（见第 28 页）人们在复述以前的谈话细节或日常生活中的其他经历时，表现确实与巴特利特的研究相似。（Schacter，1996；2001）

例　子

主动模仿亨利·罗伊蒂格和凯瑟琳·麦克德莫特实验中的做法，就有可能亲自体验到重构记忆的过程。（Roediger & McDemott，1995）首先，请看字母表中的单词。每个单词只能看一遍，每次看的时间不得超过 1 - 2 秒。然后合上字母表，搜索——不能再翻字母表——那些您记住的单词，在所谓的记忆表中复写下来。

字母表：

床、做梦、打鼾、假寐、休息、困倦、打盹、打呵欠、醒着、打瞌睡、疲倦、被子、

现在合上字母表！————→

伊丽莎白·洛夫特斯为了进行重构记忆的实验挑选了不同年龄的兄弟姐妹。（Loftus，1993）比如，在实验中，姐姐告诉自己 14 岁的弟弟，他五岁时在一家购物中心是如何走失的。这件事虽然确实是编造的，但姐姐

要把它讲得像真的发生过一样。后来问起弟弟这件事件时，他说他好像记得有这件事；他甚至补充了事件发生时的细节，比如他声称，还能清楚地记得照顾自己的那个男人的法兰绒衬衫；他描述了与亲人分离时的感受，还说仍然记得自己回来后如何遭到母亲的责骂。这项实验重复进行多次，有很多兄弟姐妹参与了，结果表明，四分之一的参加者都犯了类似的记忆错觉。（Loftus & Pickrell，1995）在每次实验结束之前，都告知测试对象，刚在对他讲的故事是虚构的，根本没有发生过；但是却再也不能从他们的记忆中抹去了：不管别人怎么劝说，他们仍然坚持认为，自己曾经在超市一度脱离过母亲。对以前事件的错误记忆还包括很多细节，像真正的记忆一样生动真实。（Payne et al.，1997）因此，对过去的记忆并不是真实发生的事件的详细记录，而是重构某些事件发生过程的结果，这些事件受现实感情和期望的共同影响。（Ross & Buehler，1994）

伊丽莎白·洛夫特斯实验中的14岁孩子，错误地硬说自己五岁时在超市一度走失过，而在调查他的时候，他不知道自己的回忆源于什么：这件事是姐姐告诉他的，还是自己亲身经历的？显然他确信是后者。因而他是来源错误的受害者。

错误的记忆是来源错误的结果。玛西娅·约翰逊（Johnson，1996；Mitchell & Johnson，2000）认为，记忆内容不是对故事来源的注解：是亲 (286)
身经历的？是别人讲述的？还是从电影或报纸上报道中看到的？一个人要想起某种记忆内容，就必须确定其来源。一般情况下，确定来源并不特别困难，确定来源是自发的，人们甚至没有意识到，一个过程就已经完成了，在这个过程中，已经从多个可能的来源中选择了一个。在某些情况下，不能直接区别可能的来源，人们就会尝试有意识地解释记忆内容的来源问题，也就是说，会把记忆内容错误地归于某个来源。在这种情况下，人们以为自己真的亲历了某件事，尽管这是他从电视新闻或报纸上看到的。对有些人来说，来源错误造成的错误记忆有不少像对真实情况的回忆，因为他们确信来源可靠，坚信自己没有记错。（Lampinen et al.，1999）

请您列出自己的记忆表！请您将自己的记忆表与上一页的学习表进行比较。您的记忆表中收入了“睡觉”这个单词了吗？很多学生都记错了“睡觉”这个单词，因为这个单词与学习表中的很多单词有关联，可见，这个错误是在记忆过程中产生的。这是一个非常典型的错误，是重构记忆的结果。

但是，洛夫特斯研究的14岁孩子在回忆自己当时在超市发生的事情时还作了粉饰，他增加了姐姐没有告诉他的细节。那么这些虚构的细节从何而来的呢？这些细节可能来自另外一个类似的事件。当然，测试对象也可能动用了某个公式的内容，而这个公式能以非常普通的形式概括测试对象对“儿童在商场或超市走失”这个主题的了解。

例 子

大学生多次去过教授的办公室以后，作为这种经历的结果，他们形成了依次总结自己对教授办公室的了解的公式。威廉·布鲁尔和詹姆斯·特雷耶斯研究了这个公式对新信息的编码和存储产生的影响。（Brewer & Treyens，1981）在实验中，他们找借口请测试对象到一位教授的办公室稍事休息一会儿。35秒钟后他们就请测试对象到另一个房间，向测试对象提出了他们完全没有预料到的记忆问题：请他们详细描述刚才他们稍事休息的那个教授办公室。对于这个问题，测试对象毫无困难地就想起了教授办公室里一般都有的东西，比如，写字台和它前面的椅子，等等。但是，他们也犯了富有教益的错误：三分之一的测试对象声称看到了实际并不存在的书
(287) 籍。葡萄酒和野餐筐这两样不是教授办公室常备的东西，布鲁尔和特雷耶斯却有意放进那个房间，而很多测试对象对此完全视而不见。

认知公式。所谓公式就是一个认知单元，认知单元能有序地总结某个事件的顺序（情景记忆）或对象（语义记忆）。比如，人们根据“餐馆公式”可以知道，进入餐馆后如何行事：坐在餐桌旁，等候菜单，点菜，吃饭，最后结账和买单。公式对信息的编码和储存以及提取都产生影响。

公式有助于保存与自己的内容相一致的信息。因此，布鲁尔和特雷耶斯的测试对象能毫无困难地记起同办公室公式相一致的物品。书籍也是这一公式的组成部分。因此测试对象在回忆过程中动用了这个公式，当然，这个公式在上述例子中使他们说了错话。由于葡萄酒不是办公室常备的，

所以大部分测试对象在记忆测试中都没有记住它。人们在尝试恢复自己的记忆内容时（见第 284 页及其下 1 页），公式会诱导人们对以前看过的东西进行合理的猜想。

信息框6.2

如何相信证人在法庭上的证词？

证人是最不可靠的证据。如果有人发誓说，自己“亲眼目睹”了某件事，那么，人们一般会非常相信他们的话。特别是法庭的判决会受到证词的决定性影响，虽然法官也公开承认，“证人是最不可靠的证据”。（Brenner，1984）证词的客观性有据可查的难道真的很小吗？是的，托马斯·舒尔茨明确强调这个观点。他说，一个人在对于证词至关重要的情况下，是“很差的观察者，还特别容易受骗”，因为，他继续解释说，“我们的感觉装备和记忆装备对于证词中的重要元素来说……非常蹩脚”。（Schulz，1991）由于这种“蹩 (288)
脚的装备”，所以经常发生这样的事情：证人将无关的人指认为凶手（Sporer et al.，1996；Wells，1993），错误地复述案件的重大细节（Loftus，1991），或者将根本不在犯罪现场，而是在其他地方见过的人指认为犯罪嫌疑人。（Schacter et al.，1998）

他人群体成员的外貌看起来是一样的。如果让证人指认在他看来属于他人群体的成员，即与自己不同种族的人，就可能发生另一类错误。在这种情况下，人们就很喜欢说，这一种族的人长得都一样（“那是一个黑人”，“……一个阿拉伯人”），而忽视各种不同的特征（Levin，2000）；给人这种表面一样的感觉，是因为注意力分散时可能出现的干扰。（见第 199 页及其下几页）结果很容易出现这样的情况：证人认错这样的人，将他在犯罪现场看到的只是表面相像的人错误地指认为凶手。（Rothgerber，1997）

提问时的用词也影响证词。诱供在多大程度上能够影响证人的证词，伊丽莎白·洛夫特斯本来早就能够明确加以证明。（Loftus & Palmer，1974）她让测试对象看有关车祸的电影，随后她分发了问卷。问卷要求“证人”估计汽车在发生车祸瞬间的速度。“两辆汽车相撞前的行驶速度有多快?”“相撞”一词在其他版本的问卷中换成了另外的单词(“撞车”、“互碰”、“刮蹭”等等)。结果清楚地表明，对速度的估计还取决于用词。一周后，再次问测试对象:“您看到碎玻璃片了吗?”影片中并没有出现玻璃碎片。回答还是取决于用词。如果测试对象在看完电影后听到的是“互碰”，错误地说看到碎片的人的比例就比较高。而那些看到“刮蹭”一词的测试对象出错的可能性就比较小。(Loftus & Palmer，1974)

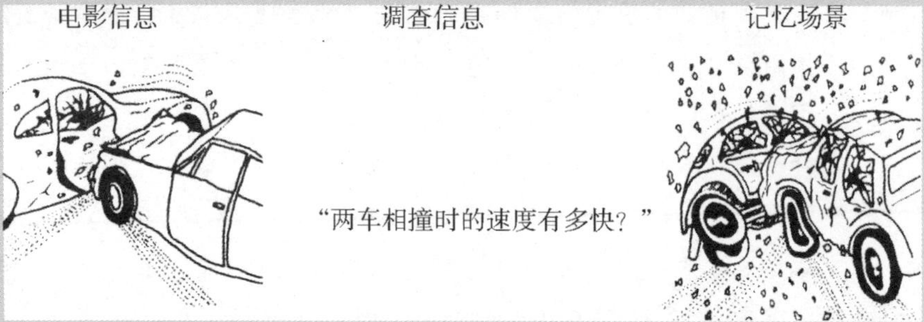

插图6.7 事故目击者事后能否正确地回忆起细节，还取决于问题的提法。观众观看关于车祸的电影，其中没有表现碎玻璃片。但是，如果提问时用的“互碰”，那么他们就会错误地硬说看到了碎片。

(289) **提高记忆内容的内在协调性。**犯罪案件过去的时间越长，证人对这个案件回忆得越频繁，他们就越喜欢添枝加叶，特别是在他们个人关注判决结果的时候。(Dershowitz，1986) 如果证人反复回想这个案件发生的过程，就会用臆想填补自己记忆的空白，对看到的东西反复进行思考，最终就会把臆想当作自己亲眼看到的事实。(Roediger et al.，1993)

看到严重犯罪过程的人会更加激动，更加恐惧。人们在日常生活中也可能成为袭击或打斗场面的目击者，而这些场面的威险性会使目击者感到激动不安(心跳加快，呼吸加速，血压升高以及肾上腺素激增)。在这种情况下，人们更多地关注如何判断和最终避开威险，而不是将其传入长期记忆，这是非常可能的。(Schulz，1991)

使记忆适应自己的预言。当人们听到一件事情的结果时，他们往往断言，自己早就知道，特别是在事情的结果客观上几乎无法——至少不能明确——预测的时候。这种情况就是所谓的“回首往事的错误”。当人们知道有人已经对嫌疑人提出指控以后，可以说出关于嫌疑人行为的记忆时，就容易犯这样的错误。比如，加里·威尔斯和埃米·布拉德菲尔德让测试对象看有关犯罪的影片，然后让他们看五张可能是罪犯的照片。（Wells & Bradfield，1998）虽然照片中没有真正的罪犯，但是每个测试对象都从中挑出了一张，认为这个人就是罪犯。然后，故意告诉几个测试对象：“好！您认出了犯罪嫌疑人！”接着问所有的测试对象，他们各自对嫌疑人的认定有多大把握。那些得到错误信息，即所谓已经正确指认嫌疑人的测试对象，与其他实验参与者相比，都说对自己的记忆非常有把握。

虚假的自信。在回首往事的错误的影响下，证人可能非常自信，在审讯中说出了可靠的记忆。但是，一般来说，应该考虑到，证人在法庭上硬说自己说的是“真话，而非谎言”时，他们是高估自己。仔细的测试表明，主观上的肯定性与证词的准确性之间没有联系；人们可以非常有把握地说，看到了某个事件，实际上只不过是记忆错觉。（Sporer et al.，1995）

当洛夫特斯14岁的测试对象硬说自己幼年时在超市脱离过母亲，或者当布鲁尔和特雷耶斯的大学生们硬说教授办公室里有书籍，而忽视葡萄酒瓶和野餐筐时，没有人因为这种不完备的记忆而考虑到任何负面后果。在 (290)
法庭上就是另外一回事了，如果证人作伪证，被告就会面临非常严重的后果；信息框6.2表明，在这样的条件下，证人错误地陈述所见到的事情，可能造成多大的危险。

重构的记忆首先可以改变记忆内容，可以使复述与长期记忆的内容不一致。一般来说，人们不愿意承认记忆错误是重构记忆的结果，而多数人会坦率地承认忘记了某些东西。

文化对公式形成的影响。一个人成长的文化背景，无疑对他的记忆能力产生影响，因为保存文化无非就是传承存储的知识——将经验、习俗和习惯传承给后代。王琦调查了一群年轻人的早期记忆，这些人有的在个人主义文化背景下（美国），有的在集体主义文化背景下（中国）长大。（Wang，Q.，2001）调查结果大相径庭。对个人主义文化背景下发生的事件的记忆，多半涉及与个人情感相关的经历。相反，中国的调查对象更多地记住的是其他人，比如家庭成员或邻居参与的活动；因此谈到的都是集体完成的习惯性活动。由于早期经历对最早的公式产生重要影响，而这种最早的公式反过来又参与决定对以后的经历的编码和记忆。王琦的调查结果也表明，各种不同文化背景下的人们会形成不同的思维方式和观念，人们在所处的文化背景的影响下感知自己和世界。

遗忘及其解释

遗忘是人类的普遍体验。人们——尤其是到中年以后——就会经常抱怨自己记忆力减退。比如，海尔曼·艾宾浩斯在学会了几千个没有意义的音节后，总是发现，20 分钟后就差不多忘记了 40%。（Ebbinghaus，1885）同样，在学校熟读的课程在中年以后记住的很少。哈里·巴瑞克调查了曾在学校学过西班牙语的成年人，问他们学校毕业之后再也没有复习过的单词，还能记多长时间。（Bahrick，1984）巴瑞克发现，语言班结束后的最初几年，记忆力下降比较快。当然，在三五年后还记得的微乎其微的知识，在以后的 50 年中都不会忘记。

有一句著名谚语的意思大致是说：遗忘是人的天性。但是，以前有意认真学习的东西到后来似乎就不能用了，这是怎么回事呢？这个问题迎来了很多并非彼此排斥，而是相互补充的解释。然而值得注意的是，所谓遗忘，就是以前确实可以证明是记忆内容的信息找不到了。

（291） **“痕迹”的消失。**大家知道，旅行者在沙漠上行走会留下足迹，但这些足迹不会永久保留；更确切地说，“随着时间的流逝”，它们会消失不见。可以这样认为，获得的信息表现为一种也会消失的“记忆痕迹”吗？在认同这一点以前，应当考虑到，时间不是一个事件发生的原因。一块生铁为什么会生锈？不是因为“时间的侵蚀”，而是因为铁分子氧化了，从而生锈。沙漠中的足迹消失了，是因为风雨等的作用。事实上，“随着时间的流逝”而遗忘不是普遍的：如果请演员复述他们两年前在舞台上说过的台词，有些演员能立刻正确地复述出来，虽然他们在此期间排练过很多其他剧本。（Noice & Noice，2002）因此，需要说明的是，哪些过程消除了记忆痕迹。

信息的简单删除似乎在感觉记录器和短期记忆中起很大作用。但是，同样应当考虑到，新的信息会替代旧的信息。短期记忆的储存能力是有限的，所以没有复习的信息就会像从已经堆满的书架上“掉落”一样。但长期记忆的内容是否也能简单删除，至今未能得到证明。

前后所学的内容相互干扰。人们有时笑谈一个花花公子的故事：他每一次新的猎艳都会忘记前女友的名字。干扰理论（干扰 = 相互干扰）可以用于遗忘。这种理论断言，新学的东西会严重影响已有的记忆内容（这种情况也称回溯性障碍或回溯性干扰），或者旧知识使新知识难以存储（前瞻性障碍或前瞻性干扰）。插图 6.8 阐明这两种相互干扰的区别。

前瞻性干扰

旧信息对新信息产生障碍作用

法语课→西班牙语课→西班牙语考试

回溯性干扰

新信息对旧信息产生障碍作用

西班牙语课→法语课→西班牙语考试

插图 6.8　前瞻性和回溯性干扰（障碍）。长期记忆的遗忘大部分可以归因于信息的相互干扰。如果是前瞻性干扰，那么旧信息对新信息产生严重影响；如果是回溯性干扰，那么新信息对旧信息产生严重影响。

第一节课学习法语的人，如果下一节课安排的是西班牙语，就会产生前瞻性干扰。但法语课也会严重影响西班牙语课上学习内容的记忆，从而产生回溯性干扰。干扰理论预言，如果两个课堂上的学习材料具有相似 (292)
性，就会产生更加强烈的相互干扰。因此，同时学习罗曼语族的语言，比如西班牙语和法语，相互之间的影响就要大于同时学习法语和俄语。

艾宾浩斯发现自己会迅速遗忘没有意义的音节，这在大部分大学生身上都不会发生。即使过了 24 小时，他们还能正确复述这些音节的 85%。

(Koppenaal，1963) 艾宾浩斯一生中学会了几千个没有意义的音节，他是个人的学习方法，从而也是前瞻性干扰的受害者。他将前后所学的没有意义的音节都混在一起，结果是很快忘记这些没有意义的音节。

从干扰理论可能仓促得出这样的结论：立刻停止一切学习活动，因为这样就只有已有的记忆内容受到干扰了。但是在作出这样的决定以前，应当考虑到，还有一种更接近现实的、免受干扰的可能性；这种干扰首先作用于没有意义的、费解的学习材料。而经过很好整理的记忆材料在很大程度上不受影响。本章第二部分将要告诉大家，如何通过一定的练习对学习材料的安排产生影响。

注意力分散时的干扰。注意力分散时的干扰在日常生活中也是一种烦人的健忘；与此相关的体验在通常情况下归因于记忆力不强。实际上这是注意力不够集中的问题或“心不在焉”（Schacter，1999；2001）。在这种情况下，人们记不得自己的眼镜、钥匙或信封放在哪里了。类似的情况还有抱怨自己记不起别人介绍过的人的名字。这时就该想到，可能在别人介绍的时候自己没有或不够注意所介绍的人名。在听人介绍的时候同时还在想其他的事情，于是分散了注意力，从而形成了干扰。后来想不起这个名字，并不是说忘记了，而是没有得到编码：它找不到通往长期记忆的通道。

例　子

广告行业也应当考虑到，他们的信息在某些情况下没有得到深度加工，因为注意力还瞄着其他的事情。比如，在描写色情、暴力或中性情节的影片中插播广告短片；休息时间插播关于爆米花、玉米片和洗涤剂的广告。节目一播完或一天以后，调查电视观众对广告内容的记忆情况。结果表明，看色情和暴力影片的观众记住的内容，明显少于那些看中性情节的电影的观众。出现这一结果肯定有很多原因，不过起主要作用的也许是，观看色情和暴力影片的观众潜意识中过于关注影片的内容，而不在意广告的内容。(Bushman & Bonacci，2002)

其他种族的人的外貌看上去似乎“都一样”，这也可归因于注意力分散时产生的干扰。人们在观察本族群的人的外貌是，原则上都能看出并记住哪怕细微的特征。但是，如果一个土生土长的中欧人遇到一个中国人或一个黑人，他不会注意所有实际存在的差异，以便记住这个人面部确实存在的特征。在这种情况下，也会因注意力不集中而产生编码方面的问题。

虚假遗忘是缺少提取刺激的结果。要处理大量往来通信的大公司，大多会请对方在查询或回复时说明收到的文件号。这能够快速、准确地提醒 (293)
收件人，通信对象的文件存放在档案室的哪个地方。如果写信时忘记写文件号，寄信人收到的答复可能是，不能满足他的请求。在上述情况下所说的文件号，在记忆心理学上也叫提取刺激。恩德尔·塔尔文认为，这种所谓的忘记实际上是未能成功地找到记忆中的信息。（Tulving，1974）前面谈到的“话在嘴边”现象的体验就是一个例子，某个记忆内容虽然存在，但是因为缺乏提取刺激——至少暂时——无法提取。塔尔文在实验中让人背诵很多单词。在记忆测试中，测试对象对其中很多单词都想不起来。但是，塔尔文只要提供提取信号（“它的首字母是P”，“它是鸟嘴形”或者“它是‘Tisch’的谐音”），记忆效果就会明显改善。如果没有提取信号，测试对象往往会说自己已经忘记所要找的单词。

编码特性原则。编码特性原则说明，在学会的时刻形成的各种联想，都会成为有效的提取信号。（Tulving & Thomson，1973）

例 子

在一项研究中，要求测试对象在水下30米处背诵一串单词。后来的测试表明，他们在水下能比陆地上正确复述出更多的单词。（Godden & Baddeley，1975）水下存在的特征在进行记忆测试时能起到提取信号的作用；因为在陆地上进行记忆测试没有这种环境刺激，离开水下的环境记忆效果就比较差。另一项选择在截然不同的环境下进行的研究，可以证实这项“潜水员”实验的结果。（Smith & Vela，2001）

因此，编码和记忆提取最好都在相同的内部和外部条件下进行。人们如果有过这样的经历，也许觉得当时的心情很轻松，很愉快，那么他们再 (294)
次遇到这种心情的时候就很可能记得这种经历以及与此相关的很多细节。

（Bower，1994）相反，如果他们的心情很悲伤，那么就可能很难从记忆中提取过去经历的细节，即使想方设法使自己开心也不会改善记忆。（Eich & Macaulay，2000）如果要求熟练掌握两门语言，比如英语和俄语的人，列举自己经历过的事情，那么提问时所用的语言对他们的回忆起决定性作用。比如，用英语提问，他们首先想到的是同这种语言有关的事情，而用俄语提问，他们就会说出更多与俄语相关的事情。（Marian & Neisser，2000）演员能够背下大段台词，然后复述出来，即使几个月后也仍然能记得，即使他们在此期间已经饰演了别的角色。当然，只要当他们有可能做出像在舞台上演出时那样的动作，摆出同样的姿势，就能很好地想起以前记住的台词。在这时动作就是他们的提取信号。（Noice & Noice，1999；2001）

插图 6.9　演员能够记住大段台词，好几个月都不会忘，即使这段时间已经饰演了别的角色。他们在舞台上的动作是他们的提取信号。（纽伦堡国家剧院：《感觉良好》。演员：马蒂亚斯·朗格、塔尼亚·库布勒、迈克尔·诺瓦克、安德烈亚斯·乌泽。摄影：马里翁·比尔勒）

编码特性原则还对测试对象在测试中回答问题的方式起决定性作用。在探索最佳备考状态的过程中，编码特性原则对考生提出的要求，通常是不能完全达到的：即备考的房间最好就是进行考试的房间。如果学习和考试的环境不一样，考生就会觉得似乎不知道所提问题的答案，虽然他们只是缺乏提取实际掌握的知识的刺激，只要在自己的工作室就有这种刺激。

有动机的遗忘。西格蒙德·弗洛伊德在自己的精神分析理论中指出，遗忘具有动机的基础。（见第31页及其下几页）他认为，想象、情感和冲动在自我似乎遇到危险的时候，就可能排挤出意识。在受到这种排挤的情况下，记忆内容虽然一时想不起来，但是并没有消失；它们只是由于产生了恐惧感或负疚感而远离了意识。迄今为止，关于有动机的遗忘的说明完全来自临床医学。心理学家虽然还未能通过实验明确证明排挤的过程，但是毕竟已经能够指出，带着恐惧感掌握的学习内容不能像平时那样容易记住。（Guenther，1988；Reisner，1996）此外，托马斯·科勒和他的研究小 (295)
组还证明，"不愉快的想象需要很长时间才能形成"。而且不太容易从记忆中提取，不管是短期记忆还是长期记忆。（Köhler et al.，2002）

精神分析断言，严重的、很大程度上同恐惧相关的经历会受到排斥，这种说法无论如何没有得到普遍证实。如果存在这种排斥机制，那么，这种机制必定首先会在曾经从诸如火灾、飞机坠毁或大地震等事故中死里逃生的人身上得以证明；估计还可以从亲眼目睹父亲或母亲被杀害的儿童身上得以证明。（Malmquist，1986）遇到这种不幸的人事后说，会做噩梦，会痛苦地、被迫地想起所经历的事情，但大多数人没有提到遗忘（Malmquist，1986）；在事后对这些人的调查中，他们说，暂时不想回忆那种可怕的事情（Arrigo & Pezdek，1997），同时补充说，他们之所以不愿回想那种悲惨的经历，是因为他们不想，而不是因为不能。（Pope et al.，1998）这种暂时的"不想"是不是一种遗忘，这种遗忘是否与排斥有关，心理学界至今还存在争议。不应断言遗忘就是弗洛伊德所说的无意识的愿望和恐惧的体现，也许还存在其他解释的可能性。

有计划的遗忘。人们每天可能要做很多事情，有些以后要做的事情或要采取的措施是"绝对不会忘记"的：还要去银行取钱，口袋里的信件要去邮寄，要到市场上买苹果，在回家的路上还要别忘了买面包。所有这些例子都是以后需要做的事情的计划。这种面向今后的记忆是"前瞻性记忆"的一种功能。尽管这样的计划可用寥寥数语来表达（别忘了预约晚上六点看医生），但前瞻性记忆要求很多认知功能，马蒂亚斯·克里格列举了其中几种：

——意图的形成，

——意图的继续，

——故意的计划的引导，

——计划的实施。(Kliegel et al. , 2002)

可见，人们不仅要作计划，在计划完成之前要始终全神贯注，而且要在开始之前就及时将必要的注意力集中到要做的事情上，尽管人们可能正在忙别的事情；否则就会遗忘。

有人说，前瞻性记忆的可靠性随着年龄的增长会逐渐降低。这种说法贴切吗？这个问题不能简单地用“贴切”或“不贴切”来回答，因为在实验研究中，大多数人都认定老年人的前瞻性记忆会衰退（Vogels et al. , 2002），而人们同时又发现，在日常生活中（比如及时服药），他们的记忆力和年轻人没有什么差别。（Rendell & Thomson，1999）及时“想起”某种行为很可能取决于个人的动机，而且还取决于是否同时采取了促进及时记忆的措施并养成了促进及时记忆的习惯。(Anderson & Craik，2000)

(296) 6.2 记忆能力的提高

在日常生活中，无须特别努力就能学会和记住各种联系。关于如何采取措施，提高记忆力的问题，首先产生于环境，在这样的环境中学与教占据中心地位。无论学习材料编得多么好，表达得多么清晰，但还需要学生付出努力和艰辛以后加以消化吸收，使其尽可能保留在记忆中。至于如何支持记忆活动这个问题，下面提出若干建议，作为回答。

6.2.1 设计练习活动的建议

有效练习的条件

将注意力集中于学习材料。注意力对接收和加工新的信息具有很大的意义，大多数读者都有这样的体会，一本书已经“读了”很多页，而脑子里却同时在想别的事情。如果他们最终意识到自己“走神”了，他们也就会立刻想到，刚刚读过的书中的内容大部分或完全没有记住。读书时，为别的事情而分心，就没有足够的注意力来处理书中的内容。

在要求学生抄写课文的时候，他们也可能存在注意力不够集中的问题。如果他们只是机械地、没有特别专注地完成这项作业，那么，再重复几次也不会起到提高记忆力的作用。机械地完成的练习虽然使人忙得不亦乐乎，但是可以认为对学习和记忆的影响极小。

尽可能不受干扰。如果一直只须机械地完成作业，那么，这样的作业在很大程度上不需要集中太多注意力就能完成。相反，要求高的作业则需要注意力高度集中，甚至极端集中。在这种情况下，背景噪音或其他干扰就可能降低学习效果，除非它们没有影响注意力。在做学校布置的作业时，一定要考虑到，同时开电视机就会对工作记忆的过程产生影响。（Armstrong & Sopory，1997）学生只有在分析眼前的作业的动机特别强烈时，才能完全不受周边环境的干扰。这么高的动机程度在完成一般的家庭作业时是不需要的。不同于电视机发出的那种干扰刺激，是否也能吸引学习的注意力，取决于它们需要经过哪些感官渠道。（见第 205 页及其下 1 页）能够全神贯注地学习的最佳条件，始终是一个没有任何干扰的房间。

避免机械的复习。不断复习的作用只能延长短期记忆的内容的存储时 (297)
间。单纯的复习能将内容传入长期记忆的几率非常少，心理学家埃德蒙德·桑福德在几十年前的一封信中就明确指出了这一点。他写道："很多年来，我习惯为家人诵读晨祷…… 保守估计，在过去的 25 年中，这段祷文我至少读了 5 000 遍，一般情况下每天一次，基本上连续几周不间断地读，我不用集中注意力就能——几乎自动地——读。"（Sanford，1917）过了上述这段时间以后，桑福德发现，自己记住的不过三四句话，也就是说不看书就背不出来。由于同样的原因，仅仅将教材上的课文阅读一遍或几遍是不行的；要长久地记住其中描写的内容，就必须对其进行更加深入的加工。

用自己的话复述所见所闻。阅读一篇文章，应当经常有停顿，用自己的话复述看到的内容，进行简单的概括。（Pressley et al.，1989a；1989b）通过用自己的话复述有上下文联系的一段话，就能做到使阅读成为主动的过程，以便从长期记忆中提取已经储存的信息。此外，重要的是，应当检查自己是否已经完全理解所学的内容。如果学生确信自己已经达到很高的理解水平，他们就应当告诉别人自己掌握的内容，并在需要的时候给他们释疑解惑。（Brown et al.，1983）主动看完一章后，建议作一个回顾。读者可以尝试再次回想主要内容，而且要检验一下，是否能回答原来提出的问题。

主动寻找问题和例证。在对学习材料，比如需要掌握的文章进行深度加工时，可以就听到或看到的内容积极提出并尝试回答问题。（Heiman，1987）提出问题和随后努力回答问题的过程可以刺激思维过程，促进对新信息的理解，这反过来又能促进长期记忆。学生尝试自己寻找例证（即不仅仅接受别人提供的例子）来理解新信息，也能达到类似的效果。

创造视觉表象。就看到和听到的内容寻找问题和例证，能够促进理解，从而促进记忆，而创造视觉表象可以为编码提供另一个可能性。艾伦·帕维奥根据自己的研究结果总结说，总的来说，图片内容比语言信息更容易记住。（Paivio，1979）他用“双层编码理论”解释自己的发现：图片可以多种形式加以储存。比如，要记住“苹果”一词，人们可以先用语言描述，再以图片的形式储存。而抽象的概念，比如“真理”和“公正”不能立刻转化为图片形式；帕维奥断言，这就是具体内容比抽象内容更好
(298) 记的原因。（Paivio，1986）当然，创造生动的表象不能让所有学生都以同样的方式促进记忆（Bellezza，1996）：人们如何将内容转化为生动的表象，以帮助学习，下面还要详细阐述。（见第299页及其下1页）

自我联系效应。如果人们发现，信息对本人具有重要意义或者在一定条件下可能具有重要意义，就会对信息进行深度加工。当然，人们即使不将信息同自己相联系，也可能进行现实生活中所说的对信息的深度加工。但是，只要考虑到，如何转化信息，才能做好作业，促进个人的记忆，这就是建立了可以进行深度加工的自我联系。

启动自我体验

人们只要将信息同个人的体验联系起来，就可能进行特别深入的加工。您也能够实际运用这一论断吗？一般心理学问题研讨班的很多学生，在听过几次课以后大多能够用例子说明感觉的格式塔原则（见第182页及其下几页），他们还能阐释局部鼓励的概念（见

或者告诉你，为什么这就是认真的复习。（见第275页）但是，将自我联系效应运用于学习内容，还需要进行更深度的加工。比如，研讨班的所有参加者都是感知者，他们也需要相互鼓励，在现实的研讨班中寻找格式塔原则的、发现自我的例证吗？所有学员都有学习经验，他们因此也要相互鼓励，描述自己体验到的局部鼓励的例证吗？研讨班上的所有人都有与自己的记忆有关的体验。还需要要求他们用具体的例子说明，他们在幼年时的某个场合是如何自己完成某些作业的吗？仅仅学会自我联系效应这个概念是不够的；要深刻掌握这个概念，还必须尝试运用！如果您将来在研讨班上还要讲述这样的问题，请您鼓励参加者结合自己和个人的经验来理解所讲述的联系！

起初，在记忆心理学界有人认为，学习内容必须始终结合学生个人，他们才能深刻理解。但是，如果鼓励学生结合比如自己的母亲理解新信息，也会达到超常的记忆效果。（Symons & Johnson，1997）根据这个结论，可以总结说，结合个人或对个人关系重大的事实来理解学习内容，对个人的记忆是有促进作用的。

超出最低限度的继续学习：反复学习。不愿意做练习题始终是最不好的学习习惯。而且以后还必须长时间复习需要掌握的内容。必须专心致志 (299)
地、积极主动地分析学习内容，越是经常复习，记忆效果就越好。如果给学生布置的作业是背一首诗或别的语言材料，那么，他们只要能够自如地背诵，就不用复习了。如果在一定程度上已经掌握了内容以后还继续做作业，这样能促进记忆吗？学习心理学试图用“反复学习”这个关键词来解释这个问题。所谓反复学习是指，凭记忆已经能够自如复述，还要继续做练习。反复学习和记忆之间存在联系：做练习题的时间越长，往后正确复述记忆内容的可能性就越大。(Driskell et al.，1992)

反复学习具有提高记忆力的作用，这一点在日常生活中有很多例子。有些人几十年没有再骑过自行车或者很长时间再没有游过泳，但是，如果他们在青少年时期练过，即反复学习过，那么，后来虽然很长时间没有练习，让他们骑车或游泳也几乎毫无困难。祖父母辈有时候还能流利地背诵久远的学生时代的诗歌，令人印象深刻。“老式学校”非常注重背诵，鼓励学生反复学习，以便使他们达到持久的记忆效果。“老式学校”虽然没有——像原来认为的那样——使大家提高了记忆力，但肯定使大家巩固了每次反复学习的内容。

分散型练习代替密集型练习。另外一个促进记忆的建议是，不时地中断练习，将学习分成多个阶段。研究已经非常明确地证明了分散学习对记忆的促进作用，以致有些记忆心理学家甚至称之为实验证实的最完善的认识之一。（Dempster，1988；Payne & Wenger，1992）两个学习时段的间隔比较大一些，比如间隔24小时，对学习材料的记忆就特别好。（Zechmeister & Nyberg，1982）

从前，有人认为，学习材料是有潜在意义的，通过深入学习可以挖掘它们的意义。但是，如果认为材料是没有意义的，或者学生不能直接挖掘其意义，那么，如何记住这些材料呢？为了这个目的，一千多年来，人们已经开发出了记忆术。

6.2.2 记忆术

通过记忆术整理表面上没有意义的学习材料。每个人当学生的时候，都一定作过考试准备，肯定使用过记忆支撑或“题解本”。这样的例子散见于历史专业（公元前753年，罗马建城）、地理学（伊勒河、勒克河、伊萨河、因河，从右侧流入多瑙河）或者德国语言学（“切记，l，n，r后，绝不跟tz和ck！”）。在心理学中，称这类拐棍为记忆术，所谓记忆术就是能支持牢记学习材料的措施。记忆术与其说与练习的方式、频率和时
(300) 间有关，倒不如说与如何整理学生认为没有意义的学习材料有关。借助于记忆术整理学习材料，可以支持传入长期记忆的进程。（见第275页）各种记忆术的共性是，学生已经掌握能够运用的知识（比如拥有关键词或有了空间认识），进而能借助这些知识组织新信息，是它们发挥作用的前提。此外，还要有提取刺激可供使用。（见第293页及其下1页）早在古代，就已运用记忆术来提高记忆能力。

罗马和雅典的大演说家借助记忆术能够不看文稿仅凭记忆复述长篇演讲稿。在马戏场和杂耍剧中表演的“记忆艺人”，也善于运用记忆术。心理学家早就认为，没有必要对这种“艺术作品”进行科学研究。当然，这

种观念现今已经发生了变化。人们发现，记忆术并不是戏法，而是提高记忆力的措施的巧妙运用。

编造句子和故事。众所周知，学习相互之间没有关联的单词是非常困难的。在戈登·鲍威尔和迈克尔·克拉克的实验中，要求测试对象记住12张单词表，每张表上有10个毫无关联的单词。（Bower & Clark，1969）比如，一张表上是下列单词：吃饭，神经，老师，洪水，木桶，裂缝，车辆，码头，艺术家，城堡。接着进行记忆测试，只告诉测试对象每张表上的第一个单词，其余的九个要求测试对象凭记忆加以补充。随后的记忆测试一般都不会有好成绩。只有在极少数情况下，测试对象能记得每张表的两个以上单词。不花更多的时间背诵就可能提高对这些单词的记忆吗？鲍威尔和克拉克为其他测试对象也设置了同样的试题，试图回答这个问题，但是另外要求这些人，按上述顺序将单词变成一个自编的小故事的组成部分。

测试对象觉得这个额外要求并不困难，因为他们花了平均不足两分钟就造出了相应的句子。一个兼顾上述10个单词的“故事”如下：“一天吃晚饭的时候，我特发神经，想把老师请来。每天都发生洪水，盛雨水的木桶已经有裂缝，肯定会裂开。当然码头上有一辆车，可以开车带这个艺术家去我的城堡。”读者也许认为，这样的造句对背诵没有什么帮助。读者可以为自己编造自己的“故事”，但听众会觉得没有什么意思。然而，意义在于，通过这种自编故事，记忆力是否得到了改善。鲍威尔和克拉克的实验结果也证明了这一点，因为测试对象借助编造的故事对单词表印象深刻，凭记忆能复述几乎所有的单词。

关键词使用法。在日常生活中，人们经常遇到这样的问题：必须在一
定时间内记住一串数字。上面描述的要求造句或编故事的方法，不能直接 (301)
运用于数字。当然，尽管如此，只要想办法给每一个可能的数字规定一个关键词并安排相应的提取刺激，照样可以合理地使用数字。下面是人们必须首先记住的数字韵律诗的一个例子：

Eins（1）ist in Mainz

Zwo（2）ist ein Floh

Drei（3）ist aus Brei

Vier (4) ist ein Tier
Fünf (5) sind die Struempf
Sechs (6) ist'ne Hex'
Sieben (7) ist wie Lieben
Acht (8) ist die Nacht
Neun (9) ist'ne Scheun'
Null (0) ist Felix Krull

如果人们现在遇到的问题是记住一串数字8-2-5-7-6-4，就必须首先找到每个数字所属的关键词；根据上述韵律诗可以知道：Nacht，Floh，Strümpf，Lieben，Hex'，Tier。这几个单词就是造句（比如“In der Nacht kommt der Floh，um in die Strümpf‘der lieben Hex’ ein seltsames Tier zu stecken”［夜里来了一只跳蚤，后来这只罕见的动物钻进了迷人女子的袜子］）的基础，句子中的单词通过记忆中储存的韵律很容易就能转变为数字。当然，需要注意的是，只有铭记数字韵诗，关键词使用法才能发挥令人满意的作用。

位置学习法。另外一个记忆术可能在公元前500年就已开始使用。当时有一位希腊抒情诗人名叫西蒙尼德。传说他有一天应邀参加节日宴会，以便与宾客探讨他的诗歌。他突然不得不中断朗诵，走到屋外接收一个消息。他在外面的时候，屋顶塌陷了，所有客人都因这个不测之祸而丧命，并且因面目全非而无法辨认。然而，西蒙尼德事后还能回想起宴会厅和客人的画面。据说，他后来能够描述出所有遇难者所在的位置。因此，他对遇难者的身份辨认起了决定性作用。根据这次经历，西蒙尼德计划发明一种以生动表象和房间里的某些物品的联系为基础的记忆术。虽然西蒙尼德从未将他的记忆术形成文字，但他的学生争相作了笔录，比如有一本书叫《论公共演讲》，当然这本书的作者无从查考。

西蒙尼德努力传播这个新发明的方法，他要求学生“在想象中”穿过一座他们非常熟悉的建筑的各个房间；要求他们在每个房间选择一个想象中希望记住的位置。在穿行的时候，这些位置有固定不变的顺序。他建议学生，每隔五个或十个位置作个记号，比如在那里记下五或十的符号。他还建议学生，尽可能选择不同的地方，比如，窗洞、桌子、雕像；这样做也许能抗拒干扰的影响的影响。（见第291页）后来，要求学生回忆记住的物品，这时他们在想象层面上再次行走原来的路线，以便依次“采集”在各个位置所作的记号。对各个位置的实际情况的想象可以当作提取刺激加以使用。17世纪一位多明我修会的修士制作的一幅版画对位置学习法（也称位置法）作了某些解释（见插图6.10）。（302）

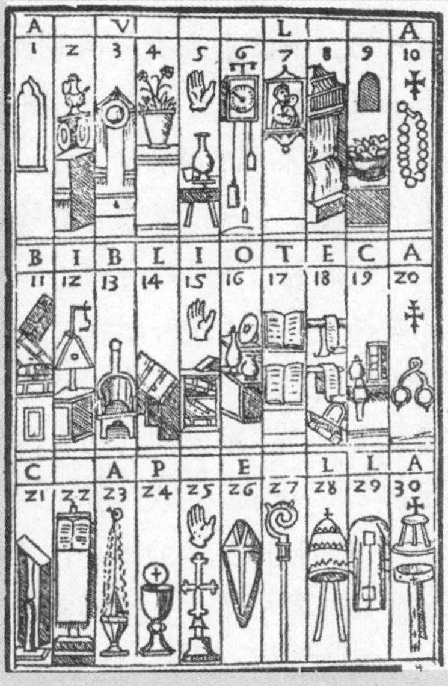

插图6.10　17世纪的一幅版画的画面可用于解释位置学习法。

这幅版画表现的是，在穿过修道院时依次走过了哪些“地方”。即，人们从柱廊（最上一行）开始，走过图书馆（中间一行），最后来到小礼拜堂（最下一行）。生活在修道院的修士们走这条路线也许毫无困难。（每隔五站就出现手的画面，每隔十站出现十字架的画面，将记忆内容分成一目了然的单位。）

如果一位修士比如要记住一些单词，那他必须首先将这些单词转化为直观的想象画面，然后按照规定的顺序将它们与版画上的各个物品相联系。在后来回想的时候，他必须在想象中重复走过修道院的路线。

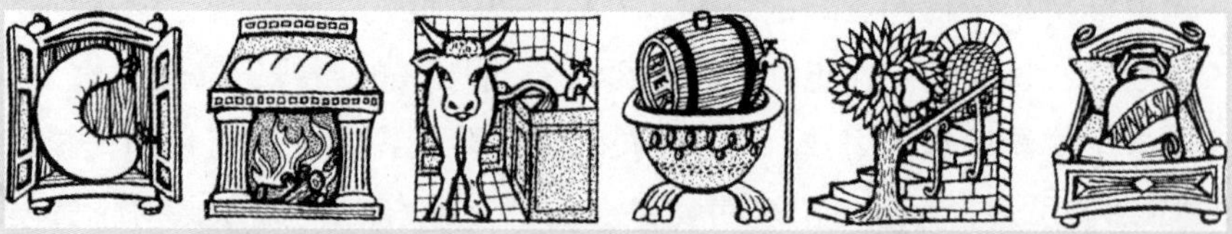

插图 6.11　位置学习法是记住购物清单的辅助手段。

尽管现在有记事日历、记事本和类似的东西，偶尔使用位置学习法，对记住购物清单、指示或约会还是有用的。插图 6.11 列举了几个例子，说明人们如何才能记住下面的商品：香肠、面包、牛奶、啤酒、梨和牙膏。人们想象走进自己家的门厅，在衣柜里放下香肠；接着走进卧室；在这里一眼看到壁炉，上面放着面包；接着走进厨房，那里画着一头奶牛，是为
（303）了记住牛奶，等等。选择这些例子是考虑到，人们如果选择特别的地方安放要记住的物品，特别有利于提高记忆力。

位置学习法按理解最适合运用于涉及具体物品的概念。虽然有很多抽象的概念，比如"平等"、"和平"、"爱"和"贫穷"。但在这种情况下也可以应用位置学习法，那就是用具体的符号代替抽象的概念。比如，"平等"可以用一个蒙着眼睛手拿天平的女性形象来代表；"和平"可以用大家熟悉的白鸽作符号，而心和箭则能使人想到"爱情"。"贫困"可以用一个打开的空空如也的钱袋来表示。

位置学习法能促进记忆，一方面是因为它以记忆中已经存在的顺序为基础；另一方面是因为人们一般更容易记住图像，而记不住概念。将记忆材料转化成生动想像的能力越强，记忆能力就可能越强。当然，这种转化过于出色，就可能对思维产生不利影响。信息框 6.3 以一个实例阐述个中联系。

信息框6.3

出色的记忆是值得追求的功能吗？俄国心理学家亚历山大·卢里亚 1968 年公布了一个名叫 S. 的案例。S. 是卢里亚在 30 年的时间里反复进行研究的新闻记者。S. 拥有出色的记忆力；他能记得他

遇到的所有事件的各个细节。卢里亚在第一次调查中要求他记住很长的毫无关联的单词和数字。S. 始终能够正确无误地复述记忆材料。他凭记忆能毫无困难地倒背单词和数字表。甚至在学习和复述间隔的时间很长的情况下，也没有影响他的记忆力。

进一步的研究很快表明，S. 使用了位置学习法，也就是说，他将记忆材料转化成生动的想象，并“在想象中”漫步走过一条熟悉的街道时分配这些记忆材料。他后来在回想阶段复述这次“漫步”时，他犯了具有启发性的错误。他“忽视”了一样东西，而这件东西好像是隐藏在黑暗的角落里。有一次他没有注意到一枚鸡蛋，他在想象中鸡蛋是放在一面白墙前面的。卢里亚在叙述中总结说，这个案例一定不是记忆缺失，而是感知错误。

将数字和单词完全强迫性地转化为生动的画面这种非凡能力，对S. 来说却是大问题。他觉得很难跟上讲故事和谈话的节奏，因为他的想象画面实在太过离谱；这样一来，理解别人的故事和谈话就非常困难。甚至连简单的句子他也觉得难以理解。比如，S. 读这句话：“工作已经正常开始。”“工作”一词立刻使他想到工厂的画面；但是接下来的“正常”这个单词使他想到一个身材高大、面色红润的妇女，想到一个“正常的”妇女。最后他要加工“已经开始”这个词组。S. 问：“这个词组是什么意思？那里有一个工厂，还有一个正常的妇女，这一切怎么协调呢？我需要丢掉什么东西，才能想象出一件事情呢？”

S. 面临的绝不是日常生活中的问题，他需要能帮助他抑制非凡想象力的方法；他必须想办法至少跟上并在一定程度上理解别人的谈话。

S. 的情况清楚地表明，专心致志地进行选择是多么重要，将数字和单词转变为图像的过分浓厚的兴趣对任何智力思维的基础——进行抽象和概括的影响多么巨大。

(305)

7 问题的解决及其前提

设置问题情境进行智力测试。沃尔夫冈·科勒尔（见第 251 页及其下 1 页）在特内里费岛进行实验，尝试测试动物的智力情况。在第一次世界大战期间，专家学者在如何理解智力的问题上尽管无法取得一致的意见，但科勒尔对自己所作的测试会给人们留下什么印象毫不怀疑：必须对被测试的动物设置问题；他选择了智商最高的动物之一，类人猿——黑猩猩。如果让这种动物觉得有希望吃到散发着香气的香蕉，就应当假设它有想得到这种水果的动机。事实上科勒尔对这种动物设置的情境并不简单：他将香蕉放在被测试动物够不着的地方。四周围着栅栏，黑猩猩无法靠近它渴望的水果。这样动物就处于一个典型的问题情境之中：它们想要达到某种目的，选择什么样的途径达到这个目的，它们事先并不知道。

通过思考解决科勒尔设置的问题。如上所述，科勒尔在被测试动物身上并没有发现“盲目的尝试”或尝试，失败，再尝试，再失败的行为。动物在“认识到”自己面临问题情境之前，他们的行为方式，用科勒尔的话来阐释，可以归结为思考。我们今天每当谈到思考，仍然指长时间的思维调整，直至找到解决问题的方案。当然这要归因于现有的知识。科勒尔明显忽略了一点：他用作实验的黑猩猩以前生活在原始森林中的时候也许已经积累了使用树枝的丰富经验。为了找到棍棒，这种动物很可能会运用它们在长期记忆中存储的相应知识。当然这种知识必须通过思维进行调整，以便能运用到科勒尔设计的实验中。不管怎么说，根据科勒尔的报道，很多动物都能利用自己现有的知识，先用长一些的树枝将栅栏外面的短树枝拨向自己。当类人猿拿到这两根树枝时，它们就会发现，将这两根树枝接在一起会变长，就能够到放在较远处的香蕉并得到它。

本章概览。与今天相比，科勒尔对顺利解决问题的过程当然还了解不多。这些年来，心理学家对人们在追寻目标的道路上如何排除障碍的问题

进行了深入的研究。在后面的章节中需要叙述的是，人们在解决问题、作 （306）
出评价、决策和结论时，思维起什么样的作用。所有这些认知过程归根结底是为了适应环境。能够全面适应环境的能力要归功于智力。关于这种能力——或者更确切地说，关于这些能力，因为人们现在谈的都是多方面的智力——将在本章的第二节予以叙述。

7.1 思维

威廉·冯特创建了世界上第一个心理学研究所，从而对心理学作为独立的科学得到人们的承认作出了重大贡献。他为了通过内省法研究人的“精神”已经做了开拓性的工作。（见第 11 页及其下 1 页）当然这种方法仍处于初始阶段，因为它提供的结果不是很可靠。行为主义使“个体事件”的研究成为禁忌，甚至在其他方面有很强研究能力的美国也压制对思维进行进一步的科学研究。只有活跃在德国的格式塔心理学家能与行为主义保持一定的距离，以便献身于对人的思维的研究。

直到认知发生变化之后思维才在世界范围内重新成为科学研究的对象；在此期间，思维心理学是心理学内部最活跃的研究领域。（Hunt，1999）

大部分人一般情况下是怎么思考的呢？行为主义者约翰·华生（Watson，1913）将思维定义为自我对话。但是，如果说思维始终是在使用言语内容的情况下进行的，那么就不能解释，为什么有时候很难将思想转化成语言。事实上在进行思维的时候往往还要动用形象的概念。

7.1.1 形象的表象：没有感官刺激的感觉

通过记忆提取形成形象的表象。我们知道，几乎所有伟大思想家的思维都受到形象的表象内容的影响。（Kosslyn，1980）他们涉及的仿佛是通过视觉产生的表象；但是，这种表象并不是由感官刺激而引起的，而是由记忆提取产生的。

启动自我体验

日常生活中的很多问题，如果不运用形象性表象，是几乎或者根本不能解决的。您可以毫无困难地给自己提出一个问题，但在提出问题的时候必须设计相应的情景：字母表中哪个字母是由一条曲线构成的？

来自其他感觉的情景。很多人完全知道自己可以创造形象性表象；比方他们解释说，“在他们的心目中”还有一个事件发生的先后顺序。更确切地说，人们还可以从其他感觉器官，比如听觉、味觉和触觉，获得表
(307) 象。迄今为止对形象性表象的研究最为深入。因此下面首先叙述这方面的认识。

视觉和形象性表象的比较。斯蒂芬·科斯林进行了大量实验，以便阐释人们如何处理形象性表象的问题。人们处理形象性表象的方式和那些由视觉刺激引起的感觉一样吗？科斯林在他的一次著名的实验中，向测试对象展示了如插图 7.1 所示的想象的岛屿图。

插图 7.1　科斯林在研究如何“阅读”形象性画面时使用的想象的岛屿图的缩微版。测试对象在表象图中从一点走到另一点。

科斯林请测试对象看这幅上面画有茅舍、树木和草地等等的地图，直到他们能够在记忆中复原这幅图。在测试对象形成形象性表象之后，实验主持人说出地图上的两个点（比如说茅舍和草地）。然后让测试对象想象自己如何从一点走到另一点。科斯林证实，测试对象思考中走过这段距离所需要的时间，与地图上的实际距离相吻合。测试对象在想象中走完这两地之间的路程，同他用眼睛看真正的地图上这段路程所需要的时间是一样的。

根据科斯林的结论还可以断定，人们处理表象同处理真实的、用眼睛看到的画面是一样的。（Kosslyn & Thompson，2000）这个深刻的问题说明了人们处理表象的方式，也就是说，人们也可以操纵表象。

表象的操纵。心理学家在实验中不仅要求测试对象仔细观察表象画面的细节，而且要求他们做一些事情。

为了解决沃尔施莱格夫妇的问题，必须转动表象画面上的每一个刺激形象，直到它们呈垂直状，像一个真正的字母 B 为止，然后才能将这个被转动过的表象画面同记忆中提取的“真正的” B 相比较。沃尔施莱格夫妇记录了测试对象转动表象画面所需要的时间。同时他们断定，如果测试对象转动刺激形象的幅度大一些，回答问题的时间就要长一些。他们需要用
大部分时间来使插图 7.2 最左边的刺激形象转到垂直的位置。因为转动的 (308)
幅度先是大于 100o，然后需要转动 180o，可右边第二个 B 只需转动 45o，因此测试对象可以比较快地回答问题。沃尔施莱格夫妇的测试对象在头脑中转动刺激形象的动作，像将手中的木质或塑料刺激形象调整成垂直位置一样。从这种比较的结果中能够得出形象性表象也和相应的实物一样可以操纵的结论吗？

启动自我体验

安德烈亚斯和阿斯特里德·沃尔施莱格夫妇（Andreas & Astrid Wohlschläger，1998）在实验中利用了一个我们在自己的实验中也可以解决的问题。为此请看下面的刺激形象。其中两个 B 的角度左右相反；请找出是哪两个？请记下观察各个图形并回答问题所需要的时间。

插图 7.2　这五个字母 B 中哪两个的角度是左右相反的？

形象性表象同视觉画面的比较。人们可能有这样的印象：形象性表象所显示的每一个特征也可以在视觉画面中找到。实际上，形象性表象活动的大脑区域和视觉画面是一样的。（O'Craven & Kanwisher，2000）但是也有区别：表象画面和视觉画面虽然类似，但是并不完全相同。（Reisberg & Chambers，1991）其中一个区别可以用插图 7.3 所示的素描加以说明。

插图 7.3　这画的是什么？

德伯兰 · 钱伯斯和丹尼尔 · 赖斯贝格（Chambers & Reisberg，1985）让测试对象看插图 7.3 所示的素描，他们以前从来没有看过这幅素描。然后请测试对象根据看到的素描形成表象。钱伯斯和赖斯贝格将这幅素描收走后，请测试对象"检查"自己的表象画面，以便描述它所表示的内容。因为画面是颠倒的（参看插图 4.15 的例子），所以有的测试对象从左边"看"是鸭子的脑袋，有的测试对象从右边"看"是兔子的脑袋。然后再
(309) 问测试对象，他们在表象中还看到了什么别的东西。除了上面所说的，没有一个人还能说出别的来，即使给他们一些帮助，给他们一些提示也不行。然后请测试对象画出刚才所示的画面，并观摩自己的作品。这时所有测试对象都能毫无困难地看到另一种动物的脑袋。钱伯斯和赖斯贝格对此

的观察表明，表象画面和视觉画面肯定有所区别。看到的画面一经解释，就会丧失其多义性，也许会解释成是鸭子，也许会解释成是兔子。可见，解释是通过概念进行的。除了使用表象画面，思考时也要运用概念。

7.1.2 概念的形成和运用

在每个人的周围每天都在发生数不胜数的事件。没有两个事件看起来是完全一样的。要对每一个刺激都作出独特的反应是不可能的。人们面对如此纷繁复杂的世界，感到困惑怎么办呢？在这样的生活条件下，怎样才能做到井井有条，又能保证适应环境呢？人将周围发生的事件和其他事件分门别类，因为他们使用概念。而这样的概念是如何产生的呢？有什么用呢？可以预先想到的有：它们在思维的时候能起到很大作用，它们在很大程度上参与决定思维过程的结果。

概念是范畴。所谓概念，就是表象层面上可以将事物、事件或者状况进行分门别类的范畴。在“家具”这一范畴中，就可以将外表非常不同的东西进行分类，比如分为桌子、椅子、沙发和书架。一件东西有四条腿，有水平的平面和靠背，就叫作“椅子”。当然还有一些非常抽象的概念，比如“公正”和“真理”，这也是范畴，因为使用“公正”这一概念的人，就能概括那些表现为“公正”的行为，并将这种行为与人们认为“不公正”的行为相区别。

概念有助于减少复杂性。由于有了“家具”这一概念，与别人交谈的时候就可以减少很多麻烦。如果你想告诉别人，自己打算为卧室添置家具，就用不着说得非常具体，比如用不着说需要购买一个书架、一张桌子、四把椅子和两张沙发，等等。由于借助概念可以减少这个世界的复杂性，所以人们不再感到困惑，不会对环境感到不适应。当然，人们要选择概念的抽象程度，所以要调整各种需求：司机也许需要区分道路上的是刚下的雪、积雪还是融雪；已经适应北极生存条件的爱斯基摩人同样也需要区分多种不同的雪：他们对飘雪、脏雪、结块的雪都使用不同的概念。(Whore，1956）在阿拉伯地区，甚至有 6 000 个区分骆驼的概念：其中包括挤奶的骆驼、骑乘的骆驼和作战的骆驼；其他概念突出区别骆驼的品种和产地；还有一些称呼表示不同的妊娠期和对人们具有重要意义的、在日 (310)

常生活中与骆驼相关的特征。(Thomas, 1937)

用概念开发信息。概念可以用来开发那些不能直接观察到的信息。比如，人们经常可以在公路和人行道旁边看到的一种植物——巨大的爵床属植物（大力神亚灌木）；这种植物可以长到五米高，拥有粗壮的枝干，开出雪白的伞状花，直径可以到60厘米。（见插图7.4）如果能对这种植物从概念上进行分类，根据现有的知识（但愿!）就可以发现，这种植物是碰不得的，因为它的汁含有一种有毒物质（呋喃香豆素类化合物Furan-cumarine），皮肤接触后会引起发红发痒的湿疹。阳光照射会引起化学反应，造成严重灼伤（光过敏反应）。因此，概念可以超越人看得到的东西，借助于所获得的信息可以对不同的情况和事件作出适当的反应。

当然，只有在积累一定的经验，从中取得一定的认识的前提下，概念才能具有上述功能。而问题在于概念是怎样形成的。

插图7.4 如果一个游人能够将这种植物从概念上进行分类，从而知道，它属于爵床属植物，那么，他就可以发现它的其他一些无法直接看到的特征：它含有有毒物质。

学会使用概念。如果需要确定面前的几何图形是否可以归类为三角形，只要具备相应的知识，就不难回答这个问题；只需说是或者不是就可以了。然而日常生活中发生的问题和事情也能作这样明确的分类吗？所看到的事物都具备可以毫无争议地进行分类的特征吗？答案是，将自然物体明确地归为一类是非常困难的。回答区分植物界和动物界的问题需要采取完全不同于回答区分几何图形的方法。

形式的或逻辑的概念。几何图形容易区分，因为它们有明确的定义。比如，一个有三条边，内角和等于180°的图形只能是三角形，而四条边相等，每个角都是90°的图形只能是正方形。不管是在形式的概念还是在逻辑的概念下，对象的归属始终是明确的。然而，在日常生活中，大多数对象、状况和事件是不能直接分类的。比如，在插图7.5所描述的物品具有哪些共同的特征呢？ (311)

插图7.5　在日常生活中，供人坐的家具有很多不同的形状。比如，观察者也许很难在“椅子”身上发现可以归类的特征，以便同其他坐具区分开来。

自然的概念。由于在区分日常用品时难以找到明确的共同特征，所以埃林诺尔·罗什（Rosch，1973）设法寻找其他的分类可能性。她还注意到，区分自然物品的范畴往往是不精确的。西红柿是水果还是蔬菜？能够毫不犹豫地将鸡归为鸟类吗？18岁的人是青年人还是成年人？

罗什问测试对象认识哪些水果和那些鸟的时候，他们会比别人更多更迅速地举出一些例子。（Rosch et al.，1976）在向他们提出关于水果的问题以后，他们会很快地想到“苹果”和“橘子”，而很少提到“西瓜”或

“西红柿”。将“麻雀”作为鸟的例子，显然毫无困难，但是，在测试对象回答问题的过程中，往往要在长时间的犹豫之后才提到“鸡”和“企鹅”。因此罗什就自己的观察解释说，“典型例子”是在概念的形成过程中产生的。典型例子就是以它为典型代表的一个范畴（或一个类）的反映。一种可以分类的物品越是类似于典型例子，它们拥有的共同点越多，人们就能越迅速地确认并称之为一个概念的例子。

显然，人们在学习的过程中并非都划一地注意一件物品的所有特征。人们更多的是关注那些经常出现的、能用来区分其他物品的特征。比如，提到关于鸟的问题时，学员可能就会想到，鸟是小小的，有翅膀，能飞。由于“麻雀”和“欧鸲”具有这些特征，所以它们就能比“天鹅”和“企鹅”更快地被确归为鸟类。比如，有一位心理学家就这种已经证明了的内在联系作了这样的评论：“从生物学角度讲，企鹅确实属于鸟类。但问题在于，究竟为什么要我们非得承认动物学家在这个问题上的话语权呢。”（Oden，1987）

插图 7.6　在概念学习的过程中，提出典型例子明显有利于区
(312) 分自然的概念。有些鸟（比如欧鸲）与其他鸟（比
如企鹅）相比可以作为鸟的更好的例子。

概念之间的关系：命题。概念是思维的基石。如果回归到插图 6.6（第 283 页）描述的网络中所列举的概念，就可以断定：“救火车是货车。”这种认定就是一个“命题”的例子。命题是一个可以判断某种说法正确与

否的信息单位的最小的意思、内涵或者说一种特性。（Schunk，2000）仅凭“救火车”这个概念不能作出任何有意义的解释，因为这对提出是否符合“救火车”的含义问题没有任何意义。相反，可以作出比如下面这种很有意思的表述：“红色的救火车是货车”。这句话中有两个命题：一、“救火车是红色的”；二、上述定理，“救火车是货车”。因此，借助命题可以展现各种知识和推测。所谓命题，始终由一个主体（陈述所需的概念）和客体（通过它陈述主体）组成；陈述的内容可能是正确的，也可能是错误的。信息框（见第287页）也可以标明为分门别类收集的命题。

7.1.3 推断性思维

推断性思维可以帮助人们总结他们目前还不认识的东西。因此，一种知识如果人人皆知就无需再去考虑。借助命题可以知道社区新购的救火车的颜色，只要回忆起已经了解的内在联系：

“所有的救火车都是红色的。”
“我们有了一辆新的救火车。”
因此：
“我们的新救火车是红色的。”

这个从两个已知的内在联系（所有的救火车都是红色的——我们有了 (313)
一辆新的救火车）得出的结论人们称为演绎性思维，而归纳性思维是人们从经验研究中取得的。

演绎性（逻辑）思维

演绎是从一般到具体的途径。在日常生活中，人们往往根据演绎的方法得出结论，却不知道演绎的使用方法。演绎思维的典型特征是，从一个或若干一般的、真实的内在联系（前提）中，依靠逻辑规则得出关于具体的真实结论；同时人们遵循的是从一般到特殊的方法。如果在星期六问一个人，他今天是否上班，这个人就会回答说：“周六我不上班”（第一个普遍的内在联系），那么肯定可以得出结论：他今天（第二个内在联系：今天是周六）不上班。这个结论所依据的内在联系和由此得出的结论也可以说是三段论法。三段论法的构成：一是两个都具有相同概念的前提，二是由此得出的结论。在这里，只要结论所依据的前提是正确的，结论就是正确的。关于周末工作行为的论断很容易以三段论的形式来表达：

1. 前提：周六我不上班。
2. 前提：今天是周六。
结论：今天我不上班。

被广泛误解的逻辑规则。大家普遍容易产生的误解源自这样的假设：按照逻辑从前提中得出的结论就是正确的。但这是不正确的，因为得出正确结论的每一个前提必须都是正确的。如果两个前提中有一个确认是错误的，那么得出的结论肯定也是错误的：

1. 前提：周六人们不上班。
2. 前提：今天是周六。
结论：今天没有人上班。

在这个例子中，得出的结论逻辑上是正确的，但实际上是错误的，因为第一个前提所依据的判断是不符合事实的：周末有很多人要上班。因此一个结论的正确与否，并不取决于是否符合逻辑；更确切地说，结论的准确与否完全取决于前提的正确与否。在广告宣传中，人们经常设法诱使受众从符合广告人的需要的前提中得出逻辑正确的结论。比如，人们在广告中把希望将衣物洗得白而又白这样的愿望强加给潜在的顾客（前提一），他们就向顾客解释说，只要购买他们的产品，就能实现自己的愿望（前提二），并且希望顾客得出这样的结论：只有购买这种产品，才能达到自己所希望的目标；做广告的厂家希望这样包装自己的信息，以便能够让自己所承诺的消费者不加批判地接受前提二，并信以为真地在逻辑上作出购买决定以后，才怀疑使用竞争对手的产品是否也能达到自己的目标。

如果人们在分析三段论的过程中得出了错误的结论，那么，绝不能说他们是肤浅的。也就是说，他们并非总是逻辑地考虑问题，而是也使用在多数情况下屡试不爽的策略。因此，人们在认为可以接受的情况下也愿意 (314)
接受一种结论，而不去充分验证，这样得出的结论是否符合逻辑前提。(Klauer et al.，2000)

归纳性思维

归纳是从具体到一般。日常生活经常向从经验或观察中得出的结论提出挑战，因为这些结论不可避免地具有局限性，也就是具有抽样的性质。归纳性思维使人们在最好的情况下可以得出最基础性的、不论怎样是可能实现的、但逻辑上不太有把握的结论；在进行归纳的时候，人们选择的是从具体到一般的方法。比如，一个人断定他的伞不见了。接着他就设法回想，自己平时习惯将雨伞放在哪里，上一次下雨的时候自己在哪里待过。这样的回想虽然绝不能保证一定解决问题，但是，只要认真回想，至少有可能重新找到雨伞。

归纳性推论是心理学研究的基础。从事经验研究的心理学家和其他社会学家，在进行实验和运用其他研究方法——其结果以证实或摒弃他们的假设——的时候，就要追溯到归纳性思维。(见第17页)他们试图根据所选择的案例揭示一般的内在联系。但愿他们在进行大范围的抽样调查以后能证明自己的猜想或理论，但他们绝不能排除这样的可能性：新的信息会对他们以前的认识提出质疑。因此研究结果原则上并不是证明；研究结果充其量只能向科学家证明他们以前作出的结论的正确性；绝不能绝对排除这样的可能性，今后的研究有朝一日会对以前的认识提出质疑或者以一种全新的面貌出现。

日常生活中的归纳法。人们在日常生活中都有这样的经验：首先对自己经常打交道的朋友、熟人和同事作出评价，然后是对附近餐馆的服务质量以及超市提供的商品作出评价。在这方面，要作出可靠的评价，经验始终是必不可少的，但在非常广泛的范围内使用这些经验，可能是不切实际的。那么，对一个人需要接触多少次、接触多长时间，才能对他作出准确的评价呢？对一家餐馆，去多少次才能对它的服务质量和性价比作出良好的评价呢？按照形式逻辑的说法，对经验基础的要求非常高，以致几乎不可能满足。因此人们在日常生活中不得不主观地作出判断，观察了多少次，积累了多少经验就足以作出评价。人们因此经常选择“简化的程序”或者简单的法则，这些法则在实际生活中虽然经受了考验，但是同时在作出评价时也面临犯下严重错误的危险。人们也称这种简易程序为“启发学”（Heuristiken）。

决策：在多种可能性中进行选择

(315) 在一天当中，人们经常要面对决策的问题。每天早晨，人们就必须回答，是闹钟一响就起床呢，还是过几分钟再起床。还有足够的时间好好洗一个澡，还是只能草草冲一下？早餐是否考虑再加一瓶果酱？作出这样的决策大多没有问题，因为所有需要考虑的要点都很明确。但是如果需要作出比较困难的决策，那怎么办呢？

通过经济人假设（Homo Oeconomicus）作出的最佳决策。在经济学上，英国国民经济学家和金融家大卫·李嘉图（1772 – 1823）为经济人假设成为人人皆知的专业概念作出了重要贡献。他由此描述了一个具有极高的理性、因而能够作出最佳决策的人。经济人假设具有以下特征（Frey & Benz，i. V）：

——他掌握涉及自己作出决策的所有选择的完整信息；他还知道自己作出这种决策后将要承担的后果。

——他完全根据有利于利益最大化的理性作出决策：为了这一目标而采取的任何措施，都被视为理性的，而其他的措施则被视为非理性的。

——他是利己的，这就意味着在任何具体情况下，他都要权衡自己的收益和成本。成本与收益平衡，支出与收入平衡。

直到上个世纪中叶，有一些心理学家才对人们始终都能作出理性的决策这一观点表示怀疑。始终能作出理性的决策之所以不可能，因为一个人可支配的对于决策所需要的时间和必要的知识总是非常有限的。赫伯特·西蒙是经济人假设这个人物形象的最著名的批评者之一，他的著作获1978年诺贝尔奖。

有局限的理性。西蒙（Simon，1957）绝对没有断言，人们始终都是受自己的非理性所支配，也就是说一般都可以视为没有理性的；当然，他们在作出决策的时候，只动用“有限的理性”（bounded rationality）。在典型的决策环境下，经常采用的策略不能达到最好的结果，但可以达到良好的，至少是令人满意的结果；西蒙称这种策略叫“足够满意”“satisficing”。这个词是由“satisfy”（满意）和“suffice”（充足）组合而成。Satisficing 的意思是，人们在作出一项决策的时候，要首先考虑各种可能的结果，也就是说要长时间考虑一个又一个结果，直到找到符合自己眼前利益的那一个结果。然后他就为这个结果作出决策，不再去考虑其他可能的结果是否能够带来最大的利益或者造成最小的损失。需要作出决策的人，用西蒙的话说，只考虑少数几个可能的结果。一个业余摄影爱好者想购买一台新照相机的时候，显然不会将市场上提供的所有相机都仔细研究一遍，而是到一家商店随便看看，看到自己满意的就买。顾客虽然知道还有其他选择，但是他不会一家一家去找，因为一个人的信息处理系统是有限的，(316)
所以他往往作出西蒙称为不能达到最佳结果的“非理性的”决策。

为公平行为决策，即使有暂时的损失。现代人的决策行为也可能受了传统的行为模式的影响。这些传承下来的前提条件可能是先辈们在长达 50 000 多年的时间内发展起来的，在这么长的时间里，他们从事狩猎，又从事采集。（Allman，1994）当时每个共同体大约有 100 人。（Leakey & Lewin，1992）为了完成共同的任务或者抵御外敌，一个部落的人必须合作。由于人们彼此熟悉，所以他们相信，帮助他人能够得到回报。如果表现自私，必定受到惩罚。人类的公正观念可能就产生于共同生活的这种早期形式，并传承下来。合作精神——有别于其他生物——至今还在这样一些人身上表现出来：他们彼此非亲非故，可能彼此今生再不会重逢，也从不指望从中谋取个人利益。（Fehr & Gächter，2002）

处罚同胞，鼓励合作行为。但是，如果自己的信任被他人滥用，感到自己被他人利用了，在这样的情况下人们会有怎样的反应呢？

为了解释这个问题，恩斯特·费尔和他的同事安排了一个每次有四人参加的游戏。每个参加者得到 20 法郎酬金后，让他们决定打算向一个公益项目投入多少钱。这个公益项目的特点是所有人都能从中受益，即使没有投资的人，也能从中受益。这项实验的负责人收集所有人的投资款项，加倍后平分给每一个人。在这个游戏中表现自私、投资少却收益多的人，就是搭便车的人。这时，那些对集体付出多的人对这样的行为会有什么反应呢？费尔和盖希特断定，付出多的参加者会对爱占便宜的人感到恼火，他们会对那些逃避为集体支付相应款项的人生气，因为这些人破坏了公平原则。（Fehr & Gächter，2002）费尔和盖希特在了解到这种情绪反应后，为那些慷慨的参加者提供了处罚自私者的机会，当然他们必须为这一举措支付一笔费用，也就是说，处罚是有成本的；这样他们还愿意负担这个成本吗？实际上经常有人受罚，但是最终受益的是集体，因为在这样的条件下，爱占便宜的人就会越来越合作，支付他们理应支付的款项。在这场游戏中，通过处罚这一间接的途径创造了一种包括被处罚者在内人人能受益的社会条件。

情绪消极，会作出非理性的决策。费尔和盖希特感兴趣的还有，如果实验因为这个举措而中断，参加者是否会受到处罚。如果真的发生这样一种情况，处罚者只能接受损失，而且不能指望自己的教育措施最终让所有
(317) 的人受益。结果表明，经济人假设再也不会在被处罚者中间复活：处罚者违背理性，决定发泄怒气，因高额罚款而增加自己的损失，而不是至少要保全自己的财产。（Fehr & Gächter，2002）不管怎么说，西蒙所说的有局限的理性反正要受到被煽起的激情的负面影响。

在没有把握决策的时候经常应用的启发式。如果一点把握都没有，要进行决策是十分困难的。在这种情况下，人们就没有可以从中推导出最佳决策方案的明确原则。而且人们要假以时日，也许要在遥远的将来，才知道自己当时是否作出了正确的决策。人们为了减少决策过程中的不确定性，于是就想到了启发式。启发学在多数情况下证明是有用的，但有时也会让人误入歧途，因为人们对其局限性没有给予足够的重视。这是“两位秉性倔强而又截然不同的人”——阿莫斯·特维尔斯基和丹尼尔·卡尼曼的功绩，“他们曾经提醒他们共同的朋友，他们永远不可能相互达成一致”。（McKean，1985）然而，话是这样说，他们自从1968年在以色列第一次相遇以后，便开始了持续几十年的成果卓著的合作。研究启发学及其对人们的判断力的影响是他们的工作领域之一。下面介绍几种启发式。

可得性启发式。如果人们对一个比较罕见的事件印象深刻，他们就会自然而然地认为，这样的事情是不可能再发生了。特维尔斯基和卡尼曼称

这种情况为可得性启发式。（Tversky & Kahneman，1982）实际上任何人都不能真正摆脱这种倾向。

启动自我体验

下面列举的是可能导致许多人丧命的一些自然灾害、疾病、犯罪行为等等。这些可能的死亡原因成对编排。请您在最常见的一对原因处打（×）。

（ ）在家里和业余时间死亡	（ ）交通事故死亡
（ ）自杀	（ ）被谋杀
（ ）公交事故中死亡	（ ）不幸死亡的行人

请您打完（×）后再继续往下阅读。

只要查阅上述死亡事件的统计说明，就能看到下面的数据：

在家里和业余时间死亡：	11431	交通事故死亡：	7588
自杀：	11163	被谋杀：	2664
公交事故中死亡：	17	不幸死亡的行人：	812

资料来源：2004年统计年鉴，2002年联邦劳动保护和工业医学部

左栏列举的死亡事件的发生率都高于右栏。对上述作出错误说明的人，很可能成为可得性启发式的牺牲品。这种启发式之所以产生，是因为媒体对戏剧性事件及其发生率和死亡率的极其频繁和令人印象深刻的报
道。由于频繁的报道，人们很容易回想这种事件。如果人们很容易就能回 (318)
忆起某个事件（例如飞机失事），就会自然而然地认为，这种事情发生的可能性很大。（Tversky & Kahneman，1982）人们如何估计危险的程度，更多地取决于他们的恐惧心理和其他情绪，而不是取决于对可能性的冷静分析。（Löwenstein et al.，2001；Slovic，2000）。同样，人们对核事故的恐惧很可能也是由可得性启发式引起的。

例 子

公众为什么不太相信关于复杂的新技术，比如核电站的安全性的研究成果？保尔·斯洛维奇解释说，关键在于工程师们试图介绍所有可能有缺陷的流程，希望能够说明一些微不足道的缺陷根本不可能同时造成灾难。但是斯洛维奇又补充解释说，就是因为有人向人们直观描述了事故发生的过程，因为他向人们解释说，发生灾难的可能性是极小的，并且向他证明了这些缺陷不可能依次发生的原因。因此，人们随时都能回想起这样的事情，而这样的事情反过来又能让人认为，这样的事故很可能发生。(McKean，1985)

可得性启发式在某种程度上无疑也是人们对飞机产生恐惧的根源，因而许多人不愿意选择飞机作为交通工具。飞行恐惧者开车送飞机乘客去机场虽然没有问题，但实际上发生事故的危险更高；然而他们自己却不愿意乘坐最有安全保障的飞机。成为飞机坠毁的牺牲品的可能性是非常小的。即使每天任选一家美国航空公司的飞机搭乘，也需要 21 000 年才能达到统计资料提供的死亡事故发生率。(Bryant，1996) 飞行恐惧者可能是媒体的受害者，因为在报纸上看到飞机失事照片的概率要比看到死于癌症的报道概率高几千倍。

在做博彩广告的彩票公司和其他公司在其广告中系统地利用了支配启发式的作用，他们定期介绍幸运的赢家，而从来不介绍失望的输家。于是在受众的记忆中就留下了大赢家的生动画面，而正是这一点使他们满怀希望，使自己很快也成为博彩活动的受益者。

插图 7.7 在媒体上看到坠毁飞机残骸画面的概率很高，因此很多人不敢乘坐飞机，因为他们认为，乘坐飞机很可能成为飞机失事的牺牲品。那么，可得性启发式怎么解释这种恐惧呢?

锚定和调整启发式。如果根本没有核实或没有充分核实信息（“锚”）对现实判断的适用性，就听信这些信息，那么，锚定和调整启发式就会对决策产生影响。比如，询问测试对象，已有多少非洲国家加入联合国。测试者在等待回答之前，转动一种类似抽彩轮盘的转盘，而测试对象在一旁观看。测试者从 0 – 100 之间随意选泽一个数字，让测试对象告诉测试者，他心目中的数字比抽彩轮盘指定的数字大还是小，然后再说出自己的猜测。虽然测试对象很清楚，抽彩轮盘选出的数字只是随机出现的，但还是可以用作他们作出判断的锚。如果轮盘指出的数字是 10，测试对象就认为有 25 个非洲国家已加入联合国；而如果轮盘指出的数字是 65，他们的判断就是 45。也就是说，测试对象受到了随意指定的锚的影响，从而决定倾向于正确的数字，尽管距离正确的答案非常遥远。（Tversky & Kahneman, 1974） (319)

私人在出售小汽车的时候往往希望锚定和调整启发式能够起作用，因为人们已经将可能的购买者称为“谈判基础”，无疑希望这个基础能起到“锚”的作用，在决定性的购买谈判中不要离题太远。

这种启发式对诉讼程序中的辩护问题无疑是一个特别大的挑战，因为法官在宣布结束取证以后，检察官有可能在总结性的起诉书中重新综合事实，然后建议相应的量刑尺度。这里引用的类似拘禁期限或者金额（在罚款的情况下）的惩罚，可以起到“锚”的作用。如果辩护人（正如在大多数情况下）认为检察官建议的处罚没有充分考虑其委托人的利益，那么他必须为降低量刑尺度而辩护，而这个为法官和陪审员设定的“锚”可能会增加解决这个问题的难度。

先入为主效应。在决策过程中，至少有两个可能可以选择：如果看到同一个内容有两种不同的说法，那么“理性”该作出怎样的反应？“启动自我体验”可以检验自己对这种不同的说法作出的反应方式。

启动自我体验

一个外科医生向病人提出两个手术方案，供他选择。(Marteau，1989）他根据自己的意见应该作出怎样的抉择？

方案1：做这种手术，死亡的风险为10%。

方案2：做这种手术，活命的机会为90%。

屠宰场现在有特价牛肉馅供应。如果你是顾客，愿意买哪一种肉馅？(Levin & Garth，1988)

第一种：含75%的瘦肉。

第二种：只含25%的肥肉。

(320) 在信息框“启动自我体验”中复述的问题中，很多人只关注一种说法中所包含的自己关注的部分（“活命的机会”、“瘦肉”），而不是按照辨证的观点对这个说法进行全面的比较；因此他们以为，他们发现了两种选择之间的差别，实际上并不存在这种差别。这种先入为主效应可能会使顾客犯错误，在比较经过巧妙措辞的特价供应时得出错误的结论。信息框7.1列举了另外几个先入为主效应的例子。

信息框7.1

在日常作出购物决定的时候，逻辑能起什么样的作用？如果人们完全可以接受一杯冰镇鲜果汁2.65欧元的售价，那么为什么定价不超过1.50欧元呢？

在一个炎热的日子，海滩上的一个游客问陪同，他马上要去一下电话亭，回来时是否需要给他带一瓶冰镇啤酒？这种饮料最高售价该是多少？答案并不完全取决于啤酒的质量，还取决于他在什么地方买。如果这个沙滩游客打算到人气不太旺的商店购买，他询问的均价大多在1.5欧元左右。但是如果他打算在高档的假日酒店购买，那么价格的上限会达到2.65欧元（平均价格）。可见，人们购买同样质量的商品，在食品店的收银台不愿出2.00欧元，而同时在酒店却愿意支付2.50欧元。（Thaler，1985）

丹尼尔·卡尼曼和阿莫斯·特维尔斯基对一系列的日常采购进行了跟踪调查，冷静的观察者会表现得前后矛盾，不合常理。（Kahneman & Tversky，1982、1988）比如，一个顾客听说有一家商店自己想要的微型计算器售价为15欧元，而在一家需要20分钟路程的分店，同样的产品以特价10欧就能买到。三分之二的被调查者都愿为节省这5欧元而去走这一段路。如果他们要买一个价格为125欧元的计算器，他们还会去另一家分店买特价120欧元的计算器吗？走这20分钟的路程，虽然可以省下5欧元，但大部分顾客会认为不划算；所以很多人宁愿购买标价为125欧元的计算器。（Tversky & Kahneman，1984）

特维尔斯基和卡尼曼在另外一次调查中，让被调查者假定，他去看话剧，到了剧院却发现自己的价值25欧元的入场券丢了。他会再花25欧元补一张票吗？大多数被调查者都表示否定。（Tversky & Kahneman，1982）他们放弃的原因可能是认为花50欧元看一场话剧不值得。如果将事件发生的顺序稍微改变一下，人们又会作出怎样的反应呢？假如一个想看话剧的人在剧院售票处发现自己今天在某个地方丢了25欧元。他会因此不看话剧了吗？在后一种场合，多

数人会花25欧元买票，虽然在这两种场合都是花费50欧元。看一
(321) 场话剧演出花了25欧元，他认为也是值得的！一个人只要只计算成本，不计算损失，花钱就非常容易。(Slovic et al. , 1982)

购物决策不仅取决于各自的成本，而且取决于那些经过理性思考本来可以抵制的影响。要购买一辆新车的人，在作出购买决定以前可能都要研究那些以很多事例为依据的瑕疵统计资料，此外还会阅读专业杂志上的评论。读了这些材料，他就可能决定购买一辆沃尔沃。但是在去汽车专卖店的路上，他遇到了自己的邻居，后者说他自己就有一辆沃尔沃，并作了详细讲述，说它经常抛锚。简直是一场真正的灾难，买了一辆十足的“蹩脚汽车”！在这样的情况下，很多人还会相信那些以大量调查研究为基础的统计材料，而不相信一个人亲口说出的话吗？(Nisbett & Ross, 1980)

后见之明是错误决策的原因。前面提到的后见之明也可能是作出错误决策的前提。(见第289页) 如果一个人在结果或事件发生之后声称“我早就知道会是这样”，他就有犯这种错误的嫌疑。这种错误说明人们喜欢提醒别人用事后的信息来验证自己的预言。(Stahlberg, et al. , 1993) 他们根据事后的认识，将实际发生的结果或事件视为不可避免的；同时他们过高估计自己预测事件发生的能力。这种后见之明在很多领域都存在，比如在医学领域（“我当时就说过，这是肺炎!”）；在政治领域（“我早就知道这个党会获胜!”）、军事部署方面（“我早就知道，这场战争打不赢!”）或者福利政策的发展方面（“我不是早跟你们说过，失业率会继续增加吗!”）。

后见之明首先可以认为是理性地调整有限的认知资源，因为人们在试图解释过去发生的事情时，似乎是理性的，他们只关注实际发生的事件或结果，而不是设法花时间去澄清，为什么没有出现另外的事件或结果。(Hoffrage, et al. , 2000) 尽管如此，这种策略仍能诱导人们满足于不符合所有可能的——包括变化了的——事件顺序的解释。有很多判断是由于后见之明而作出的，并产生了可怕的后果。记者乔·克拉科尔就提供了这方面的一个例子。

例 子

克拉科尔参加了1996年以灾难告终的攀登珠穆朗玛峰的探险。他的五名同伴在可怕的暴风雪中遇难；克拉科尔自己用尽全力得以幸免于难。(Krakauer, 1998) 探险队的登山向导也在这次灾难中丧生。他经验非常丰富，已经多次成功地引导登顶。因为“后见之明”，这位向导可能将自己迄今的成功归结为自己独特的能力，而没有考虑到，是否每次幸运的经历还可能有其他因素在起作用。因此这位向导根本不会想到，他以前顺利引导登顶遇到的都是好天气。后见之明可能导致这位向导凭借以前的成功过高估计自己的能力。由于过于关注自己的能力，他可能没有弄清这样一个问题：成功的背后还有其他的条件和因素在起作用。这也导致了一次探险的失败。在作自己这最后一次悲剧性探险之前，他在准备阶段作出的决定中，就没有或几乎没有想到发生可怕的暴风雪的可能性。 (322)

完成的决策中的过分自信。有些人由于自己的“有限理性”（见第315页及其下1页），使用大量启发式，是过于相信自己的决策能力，这对他们来说，特别是在解决复杂问题的时候，原本就不需要任何理由。但是研究结果表明，这正好走到了事情的反面。他们作出了某些困难的决策以后，就特别喜欢高看自己的决策能力。（Plous, 1993；Soll, 1996）比如，阿道夫·希特勒就是过于自信，在第二次世界大战中发动了对苏联的战争；林登·约翰逊也出于同样的原因发动了对北越的侵略；由于同样过于自信，萨达姆·侯赛因突袭了科威特。这么过份的自信是怎么形成的呢？丹尼尔·卡尼曼回答了这个问题：“……人们的精神抑制着不自信。我们不仅坚信，我们比实际存在更多地了解政治，了解自己的企业和自己的伴侣，而且坚信，凡是我们不了解的东西都是不重要的。”（McKean, 1985）因此，这些人大多没有意识到，他们的决策是以可疑的假设为基础的；此外，他们喜欢选择的感觉，因为他们首先关注的是那些支持自己决策的因素，听不进别人提出的改变决策的建议。(Baron, 1994)

损失的扩大。不愿意承认决策失误，也许是人们的一个通病。如果是真的决策失误，在有些情况可能导致“损失扩大”（escalation of commitment）；这是一个决策过程的结果，在这个过程中大家都不愿意放弃各自选择的方案；这里涉及的问题是，“为追求一个目标已经投入了很多，而迄今的收益却不尽人意，放弃这个目标吧，又阻力重重，因此人们尽管主观上认为前景不妙，但还是继续追求这个目标。”（Brandstttäter，1998）放弃这个目标会遇到什么样的阻力呢？维罗尼卡·布兰德施太特估计，一个人在面临失败的威胁时会继续追求自己的目标，“以便不让人说自己投入的资源打水漂，以便维护自己的面子，以便不让人将自己看作失败者，以便不承认以前的所有努力都是白费，以便到头来不至于两手空空。”此外，一味地想避免出现不良后果，也会限制理性。

(323) 7.2 问题的解决

问题情境的特征。

在心理学上，问题情境是指个体为达到某种目标而作出的大量努力遭到失败的情况。桑代克实验中的饿猫，当笼子的栅栏挡住它获取食物的路径时就表现为问题情境。科勒尔的大猩猩在发现自己的胳膊太短，无法够到栅栏外放置的香蕉之后，它也遇到了障碍。动物最终如何解决问题，桑代克的回答是尝试和失败行为（见第 230 页及其下 1 页），而科勒尔的回答是顿悟（见第 251 页及其下 1 页）。在心理学的历史上，桑代克和科勒尔都对研究问题的解决给予了重要提示，心理学家对这一过程的兴趣也经久不衰。如今人们对于在问题解决过程中哪些因素起促进作用，哪些因素起阻碍作用，比桑代克和科勒尔知道的更为清楚。他们二人提出的都是定义明确的问题。

定义明确的问题。

在实验室中进行研究的问题大部分都是定义明确的问题（well-defined problems）。这里指的是问题的提出、提出问题的初始情况和目标以及为得到解决而可以采取的措施都是可以明确描述的；只要找到唯一可能的解决方案，定义明确的问题就算解决了。

启动自我体验

在火车—飞鸟问题上可以提出一个明确的问题，这个问题只有唯一的一个答案。这个问题如下：

两列火车相距50公里。凌晨两点钟两列火车驶出车站，相向对开。在它们起程时一只鸟儿从第一列火车出发，向第二列火车飞去。鸟儿在与第二列火车相遇后返回，以便飞向第一列火车。这只鸟儿就这样不断往返，直到两列火车相遇。

两列火车的时速都是25公里，而鸟儿的时速是100公里。

请问这只鸟儿直到两列火车相遇一共飞了多少公里？

定义不明确的问题。在学校和实验室的条件之外，人们发现，几乎所有的问题要么是初始情况不明确，要么是答案不明确，甚至两者都不明确；而且，发现一种或多种解决方法还需要一定的想象力，因为在日常生活中，几乎没有一个问题与已经发生过的问题是一模一样的。（Voss & Post，1988）

信息框1.1

根据杰里·阿德勒和卡罗尔·霍尔的报道，事情发生在1995年6月的最后一周，波拉·狄克逊在去香港机场的途中从摩托车上甩了下来。（Adler & Hall，1995）她至少以为自己挺过了这场事故，因为她及时赶上了去伦敦的航班，并登上了飞机。当飞机在10 000
米的高空飞越孟加拉湾时，狄克逊小姐的手臂开始感觉疼痛。当时 (324)
正好有两位医生在飞机上，他们给她的胳膊上了临时夹板。但是不久以后，其中的一位医生，一家英国诊所的矫形外科主任大夫安格斯·华莱士教授就不得不对这位年轻的姑娘作进一步的照料：她说她胸部特别疼痛。这位医生马上就意识到，波拉·狄克逊的状况比他开始认为的要严重得多。她的一根肋骨伤了肋膜；因此在胸腔内产生了一个气泡，越来越压迫肺部的扩张。英国航空公司的飞行员能够飞往的下一个机场是德里；但是华莱士教授担心，着陆时气压的增加会对他的病人产生致命的影响，特别是她目前的情况非常严重。但是，如果不采取任何措施，波拉·狄克逊时刻都面临生命危险。这位医生最后对病人说："我感到非常遗憾，但是我必须为您进行手术！"在正常装备的手术室里，可以在肺部萎缩，也就是叠合的情况下切开胸壁，插入一根能够导出空气的导管。但是，在一架普通的飞机机舱中，大夫面对必然要进行的救命手术，却面临一个不寻常的问题：他在一架波音747飞机上怎么做这样的手术？

这位需要进行紧急手术的医生，面临着一个不寻常的问题，他简直不知道怎么解决这个问题。在他漫长的从业经历中，他积累的只是在手术室里的经验，那里设备装备齐全，还有很多医生在旁边协助，而现在这些经验只能在一定程度上有所帮助。尽管如此，怎么才能解决这个复杂的问题呢？一般情况下，解决一个问题的过程都需要经历一定的步骤。

7.2.1 解决问题的过程的研究

日常生活中的经验证明，所追求的目标不是能够一蹴而就的。例如，一个人没有带钥匙，一阵风吹来，把门关上了，于是只能待在门外。在休息日发现忘了购买必要的日用品。郊游时带了啤酒，但没有带开瓶的启子。上述各例原则上都是有多种解决方案的问题。

如果人们碰到这类所谓需要分析的问题，该怎么办？为什么有些人能比别人更快地找到答案？心理学曾经试图解释这样的问题。回答这类问题的一种可能性是，应当仔细地查看从发现问题到解决问题的过程。如果把解决问题的复杂过程分成几个阶段，那么，这个问题自然就会迎刃而解，因为这些阶段事实上相互之间是有紧密联系的。善于思考的人可能会长时间地摇摆于各个阶段之间；也许还会回到开始阶段，从头重新考虑。

通过情境和目标分析争取理解

情境和目标分析。问题情境总是与不能一下子回答的问题同时出现的。

例 子

薯片生产厂家对这种薄脆薯片最初使用的包装不满意。所使用的塑料袋占了很大的空间。而且薯片在卖给顾客之前已经破碎。很明显，这就产生了问题情境，因为心怀不满的顾客的态度明确表明，他们的目的——应当向他们提供毫无瑕疵的商品——没有达到。如何消除这种弊端呢？也许可以创造不致破碎的包装条件和运输条件？

在探索这种令人不满的状况的过程中，薯片生产厂家——问题情境开始时基本都是这样——面临着两个问题：

1、现有的情况怎么样？

2、应该达到什么样的目的？

需要尽可能仔细地分析情境和目标，以便首先获得对问题情境的了解。因此，问题如下，薯片制成了，但包装空间太大，并且在到达顾客手中以前往往已经破碎。

关注对解决问题起重要作用的特征。一个人是否理解问题情境，特别是在遇到复杂问题时，关键首先在于，他所关注的是什么。但是关注过程往往是有所选择的。（见第200页及其下1页）因此，关键是寻找解决办法的人觉得问题情境的哪些方面非常重要。就薯片来说，色泽和形状不太重要，重要的是堆在一起容易碎裂。如果发现了薯片的易碎性特征，就是向解决问题过程的第一阶段迈出了重要的一步。理解了问题情境之后，就可以寻求消除那些不尽人意的特征的可能性。

在没有充分理解问题情境之前避免提出解决方案。在分析某个问题时，尚未充分了解问题的实质就提出解决方案，无疑会减少成功解决问题的机会。（Blatt & Stein，1959）越是认真地努力去首先全面了解某个问题，往后解决问题的各个阶段就会越顺利。只要将行家，即在某个领域顺利工作很多年——至少10年以上——的人（Ericsson & Charness，1994；Ericsson et al.，1993）与新手作一个比较，通常会得出这样的结论：行家为了首先全面了解一个问题，通常会花费很多时间。（Chi et al.，1981）行家会比较迅速地注意到问题的本质，而新手更多的是关注表面特征。因此专家在问题解决过程的早期就能恰当地勾画问题。但什么是恰当的勾画呢？这要取决于各个不同的问题情境。

(326) **用图表勾画问题**。很多人虽然能够很好地理解火车—飞鸟问题（见第323页），但是，他们在随后寻找问题的解决方案时却觉得很困难，因为他们一开始就没有找到最好的表现形式。为了更好地理解所描述的问题情境，可以用图示的方法进行描述，也就是说，可以在想象中或者在纸上画出与插图7.8描述的主要部分相一致的草图。这样的草图无疑在提出问题的时候就能想到。（“飞鸟共飞了多少公里?”）那么，这种表现形式真的能为寻找解决问题的方案提供方便吗？

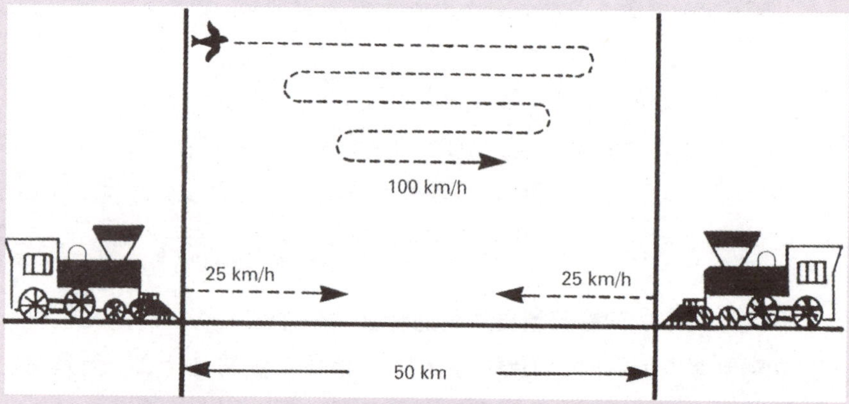

插图7.8　表示火车—飞鸟问题的可能性

寻找解决问题的可能性

手段—目的分析。艾伦·纽厄尔和赫伯特·西蒙根据自己在计算机编程方面的经验，认为解决问题的一般策略是存在的。（Newell & Simon，1972）他们以手段—目的的分析为例，在运用这种启发学的同时，在解决问题的每一个阶段找出那些能够缩小现状和所追求的目标之间的距离的办法。当然，一些非常熟悉某一方面问题的专家经过深入研究后得出结论说，他们绝对没有动用一般的策略，更确切的说，他们能够迅速地辨别某个问题的类型，然后搜索自己的记忆，决定采用他们认为最经得住考验的解决办法。（Chi et al.，1988）当然，将问题进行分解，逐一加以解决的方法有时证明也是有效的。比如，医生必须在英国航空公司的飞机上导出狄克逊小姐由于受伤而积压在胸腔内的气体。幸运的是，医生在飞机上的急救箱中找到了一把解剖刀，得以切开波拉·狄克逊锁骨以下的胸腔。然后华莱士教授试着将自己碰巧带在身边的塑料管插入胸腔；但是塑料管太软了，无法插入厚实的肌肉。华莱士教授将挂大衣的金属衣架上的铁丝卸下来，插到塑料管里，解决了这个子问题。但是，解决了这个子问题立即 （327）
又产生了一个新的子问题：怎样给铁丝消毒呢？他想到飞机上有酒精含量很高的饮品；于是他用一瓶五星库瓦西耶酒（即拿破仑酒——译者注）给器具消毒。这位大夫将管子的另一端放入半瓶满的矿泉水瓶中，防止另外的空气通过管子进入病人体内。华莱士教授还运用了手段—目的分析法，依次解决了所有的子问题。随着每一个子问题的解决，华莱士教授距离总共大约 10 分钟的手术成功的目的，仅一步之遥。“大约 12 小时后，第 32 次航班在伦敦降落，狄克逊女士已经感觉良好，接着还用了早餐，而华莱士教授为了表示感谢也喝完了剩下的库瓦西耶酒。”（Adler & Hall，1995）

火车—飞鸟问题的解决方法。当人们遇到如图 7.8 所示的火车—飞鸟问题的时候，他们大多会采取这样的解决办法：试图计算出鸟儿每次需要飞行的距离，而且鸟儿每调一次头，距离都会缩短，以便最终计算出鸟儿飞行的总路程。如果计算不出错，用这个方法确实可以求出答案。但是很多人在确定飞鸟第一次和对面的火车相遇的地点时就会遇到麻烦。他们采用这种方法一旦在这一点上失败，就很可能回到起点上，希望能够更好地了解问题情景。他们很可能迟早会注意到，鸟儿的飞行距离和火车的高速之间存在固定的关系。只要用另一种方式表述目标的确定（应当达到什么样的目标），那么，这个问题就有完全不同的表述方式：“鸟儿飞行的是哪一段距离？”这个问题可以变成“鸟儿会飞多长距离？”为了就下面的分步思考寻找答案，现在提出更优惠的条件（Darley et al.，1991）：

1. 两列火车开动前，它们之间的距离是 50 公里。
2. 两列火车以相同的速度行进，所以它们必须分别行驶 25 公里以后才能相遇。
3. 两列火车都以 25 公里的时速行驶，所以它们在行驶一小时后相遇。
4. 鸟儿以 100 公里的时速飞行。
5. 如果两列火车行驶一小时后相遇，那么，鸟儿在这段时间内肯定飞了 100 公里。

算法解决方法。火车—飞鸟的问题是可以通过一定的、明确的步骤解决的，不管选择什么样的解决办法都一样。只要不出错，在解决问题的过程的最后关头必定能得到唯一正确的结果。相应的结果也适用于其他很多问题。如果要将混在一起的字母排列成有含义的单词，那么，可以有计划地尝试各种可能的组合，直到达到自己的目的。只要按照一定的步骤，就必然能找到一定的解决办法，这就是电子计算机的程序员所说的“算法”。
(328) 比如，awl 这三个字母可以有六种不同组合（包括原来的组合）：alw、lwa、law、wla、wal。可见，只要选择三个字母，使之至少排列出一个有含义的单词，那么，根据最多六种有规则变化的的组合可能性，就可以确保找到答案。为了既快速又可靠地达到希望的目的，在一定的问题情境下，比如，在应用数学公式或者制定食谱的时候，可以运用算法解决方法。

当然，还有很多问题，需要用其他的方法来解决。有人发现，比如要将四个字母组成一个有含义的单词，就得经过 24 种组合以后才能得到答案。而 BDEEEERB 这几个字母，甚至可以有 40 320 种不同的组合。所以，如果采用算法的解决方案去试验各种可能的组合，那么，在不利的情况下要经过很长时间，才能组合成 ERDBEERE（草莓）这个词。如上所述，火车—飞鸟的问题也可以用这种费劲的方法来解决。

启动自我体验

在日常生活中，人们都不是花大量时间去探讨各种理论上可能的解决方案，找到正确的解决方法以后才解决问题的。比如，人们在食品超市购物时虽然不知道芥末放在哪儿，但也不会将通道两边的所有货架都仔细找一遍。他们一开始就不会去看那些存放面食、果酱和饮料的货架。同样，在设法组合一个有含义的单词时，也不会去考虑所有理论上可能的字母组合，而是考虑这些（比如 erd，be，bee，ere 等）比那些（比如 bd，eee，drb 等）更可能组合。程序员称运用已有经验采取的省时省力的策略为启发式方法，当然也不一定能找到解决方案。（关于这一点，另见第 328 页及其下 1 页）人们在存在多个正确的解决方案的问题情境中也采用这种方法：汽车无法启动了，我怎么去上班？商店关门了，我怎么弄到一些晚餐用的食品？有穿堂风，窗户却总是关上，我怎么办？在这些情境中，人们往往选择那些过去已经使用过的办法，同时希望采用这些办法能“正确地”并且比较快地解决当前的问题。

寻找参照物。利用参照物在不少图解表述的层面上证明是一种特别有效的启发式战略。例如，传说约翰·谷滕堡发明印刷机就是由一个参照物得到重大启发的：他是在想到葡萄榨汁器的形象后设计印刷机的，而葡萄榨汁器是他的家乡美因茨地区常见的一种器具。（Koesler，1964）

生产薯片的厂家在寻找解决方案的时候随时会提出这样的问题：是否可能在大自然中找到答案。于是人们开始系统地寻找，最后树叶引起了人们的注意，树叶的形状和大小都与薯片差不多。秋天，树叶落在地上干枯之后，人们同样可以轻易将其弄碎。但是，潮湿的树叶可以叠在一起包装，而且将它们烘干以后形状也不会轻易改变。人们就是这样找到了答 (329)
案：将薯片加湿，设法切成相同的形状，叠放在稳固的圆形包装筒中。（Rice，1984）

插图 7.9　图示这种薯片圆形包装筒既节省空间，又能防止破碎。它是在解决问题过程中发明出来的。

在采取某些寻找战略的时候，人们可以利用自己通过经验形成的有关某些事件发生的频率的知识（比如往往优先选择的字母组合）。在信息框 7.1 已经用很多例子证明，采取这种启发式战略，在某些条件下可以不考虑逻辑问题。

当然，寻找参照物，只是个建议，真正去实行往往不是那么容易，因为人们不可能一下子发现类似以前确实存在过的情境。这方面原因至少部分在于，人们在努力理解现有的问题时，往往过多地关注问题的表面特征，从而不太注意问题的深层意义。(Reeves & Weisberg 1993，1994)

确认偏差。华莱士教授在处理波拉・狄克逊的问题时，根据其描述的症状的特征首先诊断为手臂骨折，马上为她上了夹板。他采取这些措施之后——也许已经镇静下来——又重新开始观察。但是情况很快表明，他成了确认偏差（confirmation bias）的受害者；而苏联军官斯坦尼斯拉夫・彼得罗夫在监测导弹预警系统时就避免了这种确认偏差。（见第 169 页）确认偏差和锚定启发式（见第 319 页）有非常紧密的联系：如果为了解释所作出的诊断结果将貌似合理的假设设定为“锚”，那么，几乎或根本不会愿意再次怀疑已经作出的解释，以便寻求其他可能的解释。只有在找不到其他解释的时候，才能有十分的把握认为，所作的假设具有坚实的基础。因此，华莱士教授在刚开始检查时就根本没有考虑到，狄克逊小姐的疼痛可能还有别的原因。可见，确认偏差指的是这样一种倾向：只关注那些与已作出的决定和已获得的信念相一致的信息，而忽视那些与所作出的判断相矛盾的信息。这种错误在医学领域还可能导致误诊。

例 子

夏达雅举例说明，确认偏差可以危险地使医生在寻找某些病症的病因时受到怎样的限制：有一个病人告诉一位年轻的女医生，他发高烧，并且嗓子疼。（Halpern，1984）这位女医生于是就断定他 (330)
患了流感。她问病人：“您浑身都疼吗?”病人回答说“是”。“这种症状开始几天了吗?”病人又作了肯定的回答。意识到可能存在确认偏差以后“我们就应当明白，女医生一定会寻找驳回自己流感诊断的证据。她还会问一些通常与流感无关的病因，如斑疹或者关节炎”。

评估可能的解决方案。对所作出的每一个解决方案都要进行评估。它是否真地能够解决问题? 有些问题本来是很容易回答的。例如，如果汽车不能启动，那么只要在发动机上作些变动就能很快检查出故障是否已经排除。有些问题的情况则不一样，可能会引出多个、可能还有创造性的解决方案。有人要求年轻人说出日常用品的独特的用途（Johnson et al.，1968），比如问他们用锤子、直尺或砖头能做什么东西，包括不寻常的东西。然后请测试对象对自己的答案作出评估。值得注意的是，他们的评估绝不会同那些独立的专家的评价相一致。在某个领域还没有积累什么经验的人，可能会找到好的或坏的解决方法。然而，新手还没有掌握合适的尺度来衡量自己的意见。而长期深入地研究某个领域的人，就会逐渐提高评估提出的解决方案的能力。长期从事专业工作的科学家和在各自的专业领域已经积累了经验的艺术家（音乐家、画家等），具有良好的条件从各自的专业领域的不太好的论文中区分出优秀论文。

7.2.2 早期经验妨碍问题的解决

实验思维心理学一开始就提出这样的问题，有些人在遇到问题时为什么会比其他人更快、更多地找到解决办法。人们可能发现，凡是以前已经积累了解决类似问题的经验的人，都能提高解决问题的可能性。但是在一定条件下，这也会产生负面的影响。比如，人们觉得很难利用不同于自己习惯的对象。此外，由于缺乏变通的程式化的训练，在解决问题的时候还会产生“盲目性”。

信息框1.1

“我侄子到我家看我的时候，每次乘电梯只坐到五层。而我住在六层。因此他还得再爬很多级楼梯到我家里。”请您尽可能说出几个原因，侄子为什么总是提前下电梯，再爬很多级楼梯到达目的地。

(331) 约翰·布兰斯福德和巴里·斯坦因曾经向自己的学生们提出同样的问题。典型的答案是：“他在途中还要拜访其他人”，“他喜欢走路”，“爬楼梯有益健康”或者“电梯只到五层”。（Bransford & Stein，1984）很少有人能够想到，侄子因为个子太矮，无法够到五层以上的按钮。学生们在寻找答案时显然受到了限制。

机能固着。难以运用不同于习惯的对象，可以归因于机能固着。如果不是机能固着经常遮掩人们的视野，日常生活中的很多问题都能很容易得得到解决。比如，人们可能想不到，在紧急情况下用剪刀也可以拧下螺丝，用核桃夹（钳子）可以开启果酱瓶，用纸篓充当学步车（见插图7.10）——儿童心理学家肯定不会完全同意这一点。有一个人先遭到抢劫，然后又被锁在自己汽车的行李箱中，最终是克服机能固着救了他的命。氧气耗尽后，这个人打开了备用轮胎的气门，漏出的空气让这个被困者得以活到被解救出来。华莱士教授一定也是多次克服机能固着，因为他违反常规使用了库瓦西耶酒、熨斗和矿泉水。第332页的东克尔问题的解决方案是怎么说的呢？

插图 7.10 克服机能固着

在解决东克尔问题时，人们长时间找不到解决办法，如何将盒子看作容器，即可以盛放东西的物品。克服机能固着以后，很快就发现盒子的四壁也可以做支架。插图 7.12 表明，东克尔问题的测试对象怎样解决问题。

拖延克服机能固着。如果人们遇到问题时产生机能固着，即存在困难，只看见现有的东西，而忽视这些东西的不同于习惯的功能，那么，就应当休息一下或者“搁置一夜再解决这个问题”。很多伟大的发现和发明不是在高度集中的阶段，而是在放松的过程中，比如在散步时、在看电影时，甚至在睡梦之中作出的。信息框 7.2 就将叙述这种创造性梦境的两个例子。

启动自我体验

证明机能固着的著名实验是由格式塔心理学家卡尔·东克尔完成的。给测试对象在桌子上放置一根蜡烛、一盒钉子和一盒火柴。(Duncker, 1935) 他们的任务是将蜡烛垂直固定在墙上，点燃后不往地上滴烛泪。这个问题是怎么解决的呢?

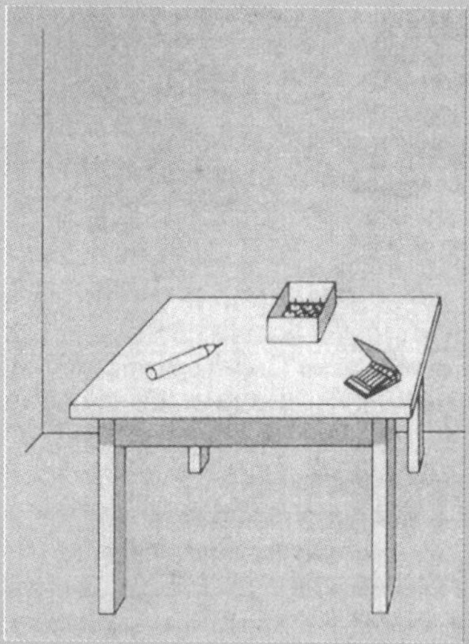

插图 7.11 卡尔·东克尔证明机能固着的蜡烛实验：如何将蜡烛固定在墙上，点燃后不往地上滴烛泪?

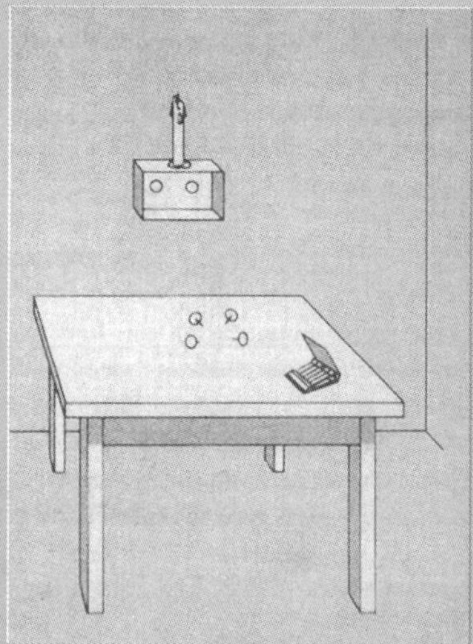

插图 7.12 卡尔·东克尔解决蜡烛问题的方法：必须克服只将盒子看作容器的机能固着；只要发现盒子的四壁也可以充当支架，就找到了解决方案。

信息框7.1

可以在睡梦中解决问题吗?

弗洛伊德认为，人可以在梦中表达自己在清醒状态下认为是威胁的愿望和想象。(Freud, 1900) 当然，弗洛伊德还观察到，一个人在清醒状态下得到的体验，也会进入他的梦境。弗洛伊德称之为 Tagesresten（“日有所思，夜有所梦”）。现代对成年人的梦的研究证明，大部分梦与白天较深的情感体验有关（Kramer，1994）；梦的内容也同做梦者有非常密切的关系（Hall，1966）。如果问人们生活中有哪些让他们操心的问题，后来再问他们梦到了什么，那么他们 (333)
就会回答说，他们梦见了自己白天所有的担忧和恐惧。（Hurovitz et al.，1999）比如，对即将面临的考试存在顾虑的学生会梦见自己毫无准备就坐到了考官面前、参加了另外的考试或者找不到考场。（Halliday，1993）

梦在特定的睡眠阶段发生。在所谓的快速眼动睡眠阶段，也就是说，只要具备下列条件，就特别容易做梦：

——在清醒感觉状态下发挥作用的大脑区域以及思想和运动过程在这个睡眠阶段特别活跃；

——来自感官和肌肉的信息受到压制。（Domhoff，2001；Solms，2000）

做梦时大脑皮层很清醒，足以创造生动的情景；这些情景不受感觉器官的传递和意志过程的影响。因此它们绝对不是没有意义的，因为可以在认知过程的帮助下，尝试阐释复杂的、也是来自大脑深层的神经刺激。艾伦·霍布森甚至认为，大脑的“目标无疑是探索重要性，因此它在任何情况下，即在供它支配的数据为此很少提供或没有提供基础的情况下，也被认为是重要的”。（Hobson，1988）如果做梦的人在清醒的时候已经长时间考虑过某个问题，那么，这可能就是探索恢复正常的倾向，就是已经接近问题的解决；在这种情况下，有时会产生一种“幸运的”想法，比如化学家奥古斯特·凯库勒在 1890 年的科学家代表大会上这样描述了自己的梦境：“……原子又在我眼前转动，在我智慧的眼前呈现的是大量相互重叠在一起的画面，我能认出大型的、独特的结构和长链，这些结构像长蛇一样相互缠绕。突然发生了什么？有一条蛇咬住了自己的尾巴，构成一个圆形，在我的眼前旋转。我当时觉得仿佛见到了闪电，这时我醒了。先生们，让我们学会做梦吧，到那时我们也许就知道什么是真理了。”（Anschütz，1929）

值得注意的是，大脑在人做梦时寻找意义和规则的每一个过程的结果，也可以在实验条件下得到证明。马凯和鲁比让自己的测试对象根据两个预定的规则重新排列数字顺序。实验组织者没有告诉他们，自己还准备了第三个规则，而根据这个规则可以较快地解决问题。（Maquet & Ruby，2004）一部分测试对象在问题解决后可以睡八个小时，而另一部分人在这段时间不能睡觉。第二天，实验显示，整晚睡觉的人明显要比那些通宵未睡的人更容易发现那条没有明说的规则。马凯和鲁比解释说，睡眠不足或者其他被剥夺睡眠的后果，作为对所观察的区别的解释，可以排除在外，更确切地说，在睡眠当中发现有意义的事情或者认识规则是极有可能的。

(334) **观念对问题解决的限制**。亚伯拉罕·陆钦斯早在几十年前就成功进行了观念效应的经典演示。（Luchins，1942）如果人们考虑到当时给测试对象提出的问题，那么他自己就能获得这种效应。

关于自我体验的练习

问题要求每次量出一定量的水（表中的D栏）。可供使用的是三个不同容积的按升计算的量杯A、B、C。比如，如果有两个量杯，一个容积29升，另一个3升，那么怎么量出20升水？首先用29升的量杯盛满水，然后将水倒入3升的量杯，倒3次，剩下的水就是20升。同样，用三个可用的量杯A、B、C倒水，也可以解决下面的问题：

问题	量杯容积（单位：升）			需要量（单位：升）
A	B	C	D	
1	21	127	3	100
2	14	163	25	99

3	18	43	10	5
4	9	42	6	21
5	20	59	4	31
6	23	49	3	20
7	15	39	3	18

需要解决的问题一至五都可以通过 B－A－2C 的公式得到解决。同样方法也可以用于问题六和七。当然，这两个问题用 A－C 和 A＋C 的公式更容易解决。

如果一个人对某个问题情境的反应在过去已经反复得到确认，或者用学习心理学的话说，已经得到强化，那么，他就有非常大的决心在将来同样也会作出这样的反应，虽然可能还有更快的成功解决的方法。这样就形成了陆钦斯所说的观念。于是人们便囿于一种“惯例”，这种惯例使人顽固地坚守至今惯用的方法，虽然他因此要走不少弯路。

陆钦斯指出，不同知识水平和不同年龄的人面对这些简单的问题都会变得“盲目”，他们只要事先对前五个问题加以分析，就都会用比较复杂的公式来回答问题。克服这种“盲目性”或观念的最佳方法是变换练习，也就是说，在选择练习题的时候尽可能做到灵活处理。

用专业知识克服问题情境中的障碍。机能固着和某些惯例的形成无疑表明对解决日常生活中的很多问题都是有用的。但是它们也会妨碍新颖的、创造性想法的产生。人们在谈到阿尔伯特·爱因斯坦时说，他之所以能够获得关于空间和时间的独特的、意义深刻的认识，是因为他之前没有学好哲学和数学。这种说法虽然明显夸张，但也有一定的道理。如果爱因斯坦的思想过份拘泥于当时的自然科学，那么，他无疑很难——也许根本不可能——摆脱当时的自然科学，任由新思想自由驰骋。当然，爱因斯坦同那些物理知识主要来源于中学课程的人相比，还拥有另外一个优势：他 (335)
拥有专业知识，这使他能够发现物理学门外汉无法发现的内在联系。

7.3 解决问题的行为是智力的表现

智力是解决问题的能力。大多数心理学家，包括当今的心理学家，都会无条件赞成这样的说法：智力同解决问题的能力有某种联系。但是在回答什么样的问题需要智力这个问题时，却众说纷纭。这个答案难道不是通过研究按照“比奈智力标尺”（Binet Skalen）的模式发展起来的智力测试而找到的吗？当代的智力研究者对所谓的智商测试很有意见。

传统的智力测试是不完备的方法。罗伯特·斯滕伯格（Sternberg，1991a）讽刺性地认为，死亡、税收和糟糕的智力测试是这个世界谁也无法回避的事件。他在小学时就经历了不愉快的智力测试，因为他非常害怕考试，所以成绩总是勉强及格。（Sternberg，1991b）在他六年级时，因为考试成绩太差，校长决定让他同五年级的学生一起再考一次。他在这些年纪小一些的同学中感到自信了一点，可能正是由于这个原因，这次他取得了比较好的成绩。（Miele，1995）这种测试方式想必激发了他的兴趣，因为到七年级时他就为同学们做了自己的智力测试。大学毕业后，他从一份年鉴中援引了这样的话：“智力是最让人误解的人格特征。”（Dorsey，1987）这些早期的多少有些负面的体验也许使斯滕伯格后来成了传统智力测试的坚决反对者。正如罗伯特·斯滕伯格和理查德·瓦格纳（Sternberg & Wagner，1986）所指出的，几十年来通过智力测试进行的智力研究，“产生了无数不可预计的和不幸的结果”。人们过多地注重于智力，却不注重智力理论的研究。智力测试的发明者和使用者首先没有考虑到，他们利用自己的考试方法究竟想测试什么。

在简短介绍经典的智力测试的特征以后应当指出，现代智力研究应当走什么道路，才能走出传统智力研究深陷其中的死胡同。但是首先需要解释的是，怎样说明心理学家所理解的智力的特征。

7.3.1 智力的特征

毫无疑问，智力是心理学家一百多年来试图定义的一个概念。无论是以前还是现在，他们的观点始终未能达成一致，但也不能排除随时都存在取得一致的可能性。

通过学习适应环境。1921 年，人们请求著名的研究人员介绍他们的观点。当时非常著名的 14 个研究人员的回答虽然五花八门（Thorndike et (336)
al.，1921），但是也有共同点。高度一致的是，智力能够使自己的载体适应环境。能否很好地、迅速地适应环境，根据专家们的意见，取决于个人动用自己经验的能力。在适应环境的过程中，关键不是克服智力测试中的那些困难的能力，而是适应总的环境要求的能力，因此，一个人在学校能够取得怎样的成绩，如何适应职场环境，如何建立自己的社会关系等等，都取决于自己的智力。

元认知和文化的意义。60 多年以后，斯滕伯格再次去求教专家，请他们介绍关于智力的观点。（Sternberg & Detterman，1986）很多人的回答还是认为，适应能力和学习与智力这个概念紧密相关。此外，专家们还指出了元认知的意义，即人们理解和控制自己的思维过程的能力。专家们还反复强调文化的意义：有些事情在一种文化中被视为智力的行为，在另一种文化中则被看成是另外一回事。

各种文化之间的差异还在于，如何评价智力的各个组成部分。比如，在津巴布韦，智力这个单词是“ngware”，它的含义很广，主要指处理社会关系方面的“三思而后行”和“谨慎小心”。在非洲众多的文化中，智力的显著特征是，人们负责任地参与涉及自己家庭的各种事务，表现出合作与配合。（Sternberg，2000）在中国，人们则把社会交往能力和自我认识能力视为智力的重要组成部分。（Yang & Sternberg，1997）所以要防止直接照搬在以西方观念为取向的文化中形成的智力概念。

7.3.2 探求智力测试方法：途径和歧途

原先没有兴趣揭示个体之间的差异。在中世纪，人们首先感兴趣的是突出人的一般特征。在等级社会中，人的声望和职业在出生时就已经注定。那么，研究人与人之间的差别还有什么意义呢？一意孤行要去研究这种差别的人，必然得不到愉快的结果。路易十六认为博马舍的喜剧《塞维利亚的理发师》和《费加罗的婚礼》是有伤风化的，因为其中表现了这样的可能性，身份低下的理发师比他高贵的主人更加聪明。即使是以莱比锡的威廉·冯特为中心的第一批实验心理学家也对人的行为差异没有兴趣。更确切地说，他们千方百计揭示人的共性。他们虽然不否认，有些人比如说对于一按开关以后的灯光刺激的反应要比另一些人快。但是，安娜·安娜斯塔西（Anastasi，1990）断言，这种差别对于年轻的实验心理学而言，是令人厌烦的错误影响的结果，只会导致一般的内在联系的揭示更加困难。

(337) **医学家、生物学家和教育家寻求关于个体间差异的解释。**冯特和他的学生们探索人的行为的一般规律，而其他人，主要是医学家、生物学家则致力于发明测试“精神能力”或者“精神功能”的方法。上个世纪末，阿尔弗雷德·比奈批判地分析了当时他所了解的测试方法。（Binet & Henri，1895）通过研究他认识到，在创造自己的测试方法时应当避免哪些缺陷。后来比奈用自己的“标尺”进行测试，大获成功，以致很快被翻译成其他语言。但是人们感兴趣的只是测试方法，而不是比奈天才的想象力。人们发明了大量所谓的智商测试方法，但都没有充分的理论基础。

有些测量方法是比奈“标尺”的先导。

加耳的颅相学理论。奥地利医生弗兰茨·加耳（Gall，1758－1828）声称，他从小就对研究大脑有兴趣。他发现，他的一些记忆力惊人的朋友的眼部都很突出。因此小加耳就怀疑，难道是发达的记忆力挤压眼部，使其前突吗？于是他不断思考，如果事情果真如此，那么，掌管记忆的部分一定在大脑的前部。1812 年，加耳写道：“我情不自禁地想到，这种形状外突的眼睛是记忆力良好的标志……，其他能力为什么就没有这种看得见的外部特征呢?”（Blakemore，1977）因此，加耳提出了自己的颅相学理论。他的理论的出发点是，从一个人的头盖骨的隆起形状就可以看出这个人的某些个性特征。他的观点很快就得到了人们的极大拥护。查理·达尔文都几乎成了这一学说的受害者。1836 年，达尔文打算乘船进行历史考察（他正是在这次考察中提出了自己关于物种起源的观点），而船长一开始就拒绝他上船，因为他的鼻子看起来不像一个水手。（Fancher，1990）

插图 7.13 加耳去世以后很长时间，颅相学还有很多追随者。图中这台制造于 1907 年的测量仪器据说能以最高的精确度测量出头盖骨的凹凸。

探求培养高品质人种的择优方法。加耳和当时其他人的研究也激发了英国生物学家弗朗西斯·高尔顿爵士（Galton，1822－1911）的兴趣，他还是剑桥大学的年轻大学生时就已经对成绩的差异非常感兴趣。当他最终从自己的表兄查理·达尔文那里得知，大自然选择回报最勤奋的人。这立刻激发了他系统研究这一原理的兴趣。人的能力为什么不能测量，最后根据所取得的结果培养出高品质的人类呢？他认为，如果只允许最有天赋的男人和女人生育后代，那么这个目的一定能够达到。他虽然注意到，自己的观点必定遭到批判，但是这似乎并没有使他感到不安，因为他写道："有人反对逐渐灭绝低等种族，这种观点基本上不能理解。"（Galton，1883）为了挑选所谓适合作父母的人，高尔顿致力于寻求一种合适的测试方法。（他本人虽然找到了合适的妻子；但他们的结合却令人奇怪地没有生育孩子。）然而在对 9 000 多人的头颅进行测量之后，他不得不得出头颅 (338)

大小和智力能力之间没有关系的结论。（Gould，1997）但是，高尔顿找到了解决方法。当时他写道："我们获得关于外部事件的独一无二的信息，似乎是来自我们的感官，感官感觉到细微差异的能力越强，我们能够使用的判断力和智力的基础就越宽广。"（Galton，1883）因此，高尔顿决定借助设置的问题来测定"智力能力"，这些问题要求测试对象对所提供的刺激快速作出反应，并区分感官领域和感觉领域。这里只有一个困难：高尔顿得出的测量值同通常所说的智力能力似乎没有任何关系。公认为成就显著的人在回答高尔顿的问题时多半不如"普通"人；因此，用这种方法测试智力是不合适的。

用比奈"标尺"检查有学习障碍的学生

对诊断"智障"患者的兴趣。高尔顿在英国千方百计地寻找天赋特别高的男人和女人，而在法国，首先是医生们正在研究这样的问题：正常人和那些有智力"缺陷"的人的界限究竟在哪里。有些医生正在想办法，为那些精神异常的人提供专门的练习机会。阿尔弗雷德·比奈（1857－1911）终于加入了法国同行的行列。大卫·霍斯塞尔将比奈描述为一个只管自扫门前雪，不管他人瓦上霜的人。（Hothersall，2004）但是，比奈在经过最初的学术挫折之后，开始重振旗鼓，尽管起初没有得到人们的承认。他通过对自己的女儿玛德琳和爱丽丝的大量观察，产生了深入研究这些问题的的兴趣。他发现，她们在行走时肢体运动完全不一样。于是比奈怀疑，他的两个女儿在思考问题时是否也不一样。最后，他将兴趣转向那
(339) 些有学习障碍的学生。在比奈的强烈要求下，巴黎公共教育部于1904年成立了一个委员会，他是委员会成员之一。该委员会的职责是，为帮助智障儿童的学习提出建议。

现代意义上的第一次智力测验。比奈和他的同事泰奥多尔·西蒙受托合作提出了一套测试题，共有30个问题。当时促使他坚持这样的信念，学习进步比较缓慢的孩子较之同龄孩子来说，掌握的知识水平比较低。于是他得出结论说，一个12岁的学生如果知道的东西只相当于大多数10岁的孩子，那么他就可以算是学习进步缓慢的孩子。比奈想通过自己的努力发现不同年龄段的孩子的认知水平。他试图用自己设计的问题测试他认为所

有学生都同样应当学习的内容。这些问题据说考虑了各种功能，特别是判断力、理解力和逻辑推理能力。然后他将自己设计的这些测试题交给巴黎的大批学生去回答。接着，他将这些问题分门别类，确认一个年龄段的学生有多少回答正确。如果同一个年龄段的学生有70%对某个问题的回答是正确的，那么，他就选择这个问题供这个年龄段使用。比如，如果有70%的七岁孩子能够正确地说出右手和左耳，而六岁孩子对这个问题只有55%回答正确，那么他就将这个水平的问题归于七岁孩子的测试题。

在测试的时候，先让学生们回答最简单的问题；然后再让他们回答比较复杂的问题。只要逼得孩子无法回答，测试即告终止。现代智力测试基本上就是这样提出和实施的。

1908年，比奈发表了智力测试题的修订本。在这个稿本中第一次出现了他提出的智力年龄（Intelligenzalter）的概念，缩写IA。如果一个七岁的孩子从简单的问题开始，正确回答了大多数七岁的孩子都能回答的问题，但是回答不出适合八岁孩子的问题，那么，这个八岁孩子的智力年龄就明显是七岁。反之，如果一个七岁的孩子只能回答大多数四岁孩子就能回答的问题，甚至回答不出为五岁孩子设计的问题，那么他的智力年龄就是四岁。最后，如果这些学生中有某个学生能够回答大多数十岁孩子所能回答的问题，那么他的智力年龄就是十岁。各个年龄段的孩子大多数能够取得什么样的成绩，请参看下表；这个表综合了1911年出版的比奈测试题第三稿中的针对各个年龄段的问题。

3岁：

1、指出眼睛、鼻子和嘴巴。

2、重复说出两个已经说过的数字。

3、说出图片的具体内容。

4、说出自己的姓。

5、学说六个音节的句子。

7岁：

1、指出右手和左耳。

2、解释一幅图片。 (340)

3、满足先后依次提出的要求（比如："把钥匙放到椅子上，将桌子上的书递给我，开门。”)。

4、算出六枚硬币的总值。

5、说出四种基本颜色。

12岁：

1、反驳关于两条直线长度的错误说法。

2、根据规定的三个单词造句。

3、在三分钟内说出60个单词。

4、将顺序打乱的句子中的词汇还原成意思连贯的句子。(比如，“保护一条他的主人狗非常勇敢的”)

15岁：

1、重复七个数字。

2、在一分钟内找出一个词的三个韵脚。

3、重复有26个音节的句子。

4、看图说话。

5、解释内容。

比奈的第一个“标尺”闻名后，批评者就众说纷纭。有人说，这种方法没有在物理测量中能够看到的真正的零点。比奈辩称，这样说虽然没有错，但是他也不想把握智力的绝对量，他所关注的仅仅是根据智力能力将人进行分类。另一些人指出，他的测试不能评估智力的先天成分。比奈对此解释说，提出这种批评是出于误解。他指出学生们眼前的智力能力，是想帮助他们。(Tuddenham，1962) 他认为智力是可以改变的。他关注的是学生的学习计划，学习计划应当考虑学生的条件；他的目标不是让学生适应固定的学习内容。

比奈警告不要滥用他的方法。比奈生前就已经知道，他的测试方法产生了多么巨大的影响。但是，他觉得这并不是值得庆幸的事情。因为他同时看到，他的智力标尺被运用到了与他的本意毫不相关、甚至使他感到深恶痛觉的地方。在他英年早逝——他去世时才54岁——之前出版的最后一本书中，他还再次呼吁，坚决反对人们滥用他的方法。(Binet，1913) 但是他的警告没有引起重视。

智商是个性特征的测量值

斯坦福—比奈智商测试。1916年，任教于斯坦福大学的刘易斯·特曼出版了“比奈－西蒙标尺”的美国版，这个版本在很长时间内被视为标准，用它来同其他各种智力测试相比较。特曼在自己修订的比奈测试方法中首次采用了德国心理学家威廉·施特恩于1912年提出的智商概念（IQ）。智商表示智力年龄（IA）和实际年龄（LA）的关系。为了避免出现小数，得出结果都要乘以100。公式如下：

$$IQ = \frac{IA}{LA} \times 100$$

与比奈不同的是，施特恩寻求的是一个其意义不会随着年龄而改变的值。根据他提出的公式，假如一个八岁孩子的智力年龄也是八岁，那么他 (341)
的智商等于 $8 \div 8 \times 100 = 100$。如果这个八岁的孩子能够回答比他年龄大的孩子所能回答的问题，那么他的智商相应地就超过100。比如，利用比奈的测试方法，如果一个八岁孩子能够回答十岁孩子平均能够回答的所有问题，那么他的智商等于 $10 \div 8 \times 100 = 125$。反之，假如这个孩子回答问题的正确率只相当于六岁孩子的平均水平，那么他的智商等于 $6 \div 8 \times 100 = 75$。

智力是一种不变的能力。智力年龄的不同在智商上也有相应的反映。但是智商同时也表示一种变化了的直观形象。如果一个八岁孩子被证明只有六岁孩子的智力年龄，那么，在比奈看来，这个孩子就意味着落在了自己同龄人的后面。比奈希望，通过额外的帮助能够加快智力的发展。他认为，原则上可以恢复智力年龄和实际年龄的统一。而特曼等人则认为，智商是通过智力特征测试得出的值。所以人们才“有”诸如75、100或125的智商。这样的数字是否会给人这样的印象：难道智力特征的突出程度也可以像其他诸如身高、体重等一样可以测量的吗？特曼和其他的测试者不否认会产生这样的印象。因此他们有时也会违背自己的信念，否则智力就成了个性特征，而人的个性可能是千差万别的。据说个性特征呈正态分布，但是，这种关于性格特征在居民中呈正态分布的假说原则上是无法检测的。测试对象可能会认为，自己的智力突出程度同自己的体重一样是可以测量的。事实上，他们的测试结果只是同其他人相比较而言。相应地，智商提供的不过是比较的结果。由此可见，智商只是一个比较结果的答复，也就是说是一个相对的、而不是绝对的值。由于这个原因，标准（比较值）必须每隔一段时间定期进行检测，最终根据新的经验得出新的值。

智力是一种天生的能力。特曼还深信，智力强弱归根结底是由遗传决定的。这种关于不变性（稳定性）的假设没有经过检验，而是从一开始就被认为具有杜撰的性质。间隔一段时间，再对同一个测试对象进行测试（所谓的测试－再测试方法），撤换一些丝毫不会形成意料之中的答案高度重复一致的题目。

保持再次测试结果的高度一致是必要的，因为智商测试的设计者——与比奈不同——兴趣在于，预测将来的绩效行为。如果绩效行为具有稳定的特征，那么成功的可能性最大。与这种预测相关的始终是择优：智商高的人与智商低的人相比，更受人尊重。正如信息框 7.3 所显示的，智商测试自发明之日起就被用来压制社会弱势群体。

根据智商测试结果预测成绩。阿尔弗雷德·比奈在设计测试题目时曾经考虑过这样一个原则，但在心理学界很快被人遗忘了：他想寻找在学校学习上有困难的学生，以便给予帮助。因此，他的测试题目都选自学校的
(342) 课本。比奈之后的测试者，比如特曼等人检查的通常也完全是或至少大部分是学校教授的内容。但是，这些测试者与比奈相反，建议人们采用他们的测试方法，以便能够就学校之外获得的成功作出预言。他们期望借助从学校功课中摘录的测试题目，预言一个测试对象能否成为成功的银行家、优秀的军官或可靠的行政官员。为了更好地实现这一目的，他们试图查明，智力的绩效行为究竟取决于哪些能力。

信息框7.3

难道以前的智商测试是被用来压制和排斥社会弱势群体的吗？

弗兰西斯·高尔顿爵士早已知道，只要有一种测量智力的工具，那么，这种工具就能为实现自己主观想象的培养优等种族的思想作出巨大贡献。高尔顿的困难在于，当时还没有可供使用的合适的测试方法。但是，高尔顿对通过测试来区分不同智力的人的兴趣非常大，因此他生前研究了各种他认为有用于自己的目的的工具。

早在第一次世界大战将近结束的时候，就有两种测试方法可供使用，一种是语言测试（陆军甲种测试 Army Alpha），一种是非语言测试（陆军乙种测试 Army Beta），当时用这两种方法对大约150万新兵的智力进行了测试。人们希望一方面能够找出“弱智的”士兵，另一方面能够挑选有潜力的军官。测试有不少是在拥挤而喧闹的房间内进行的。让负责测试的心理学家罗伯特·耶基斯感到意外的是，所有测试对象的平均智力年龄仅仅达到13岁（Yerkes，1921）；因此，参加这一范围广泛的抽样调查的大部分人都要被归为“弱智”一类。测试结果最差的人是黑人士兵和来自东欧和南欧移民家庭的士兵。美国人知道这一结果后，很多人担心这些移民会 (343)
威胁到民族的智力，因为他们会将劣等基因带入居民之中。刘易斯·特曼在自己的研究中也发现，智商在70－80分之间的情况“在美国西南部的西班牙－印第安人和墨西哥人家庭以及黑人家庭中非常普遍”。“他们的愚蠢似乎可以归因于人种，无论如何是他们家族谱系的组成部分。”特曼还知道对待这些人的孩子们的最好方法：把他们与常人分开，安置在特殊的班级里，因为“他们不懂抽象思维，当然可以把他们中的很多人培养成为勤奋的工人。”当时特曼不无遗憾地写道：“当时不可能说服社会，禁止他们生育后代，尽管……他们的超常繁殖是一个严峻的问题。”（Terman，1916）

插图7.14 第一次世界大战期间对新兵的大规模智力测试通常是在非常恶劣的条件下进行的。

威胁看起来非常巨大，因此，著名的教育学家亨利·戈达德受托从源头上遏制这种趋势。这位“研究所长”带着匆忙翻译的比奈测试题目赶往众多移民的目的地——埃利斯岛。那些经过长途跋涉到达埃利斯岛的移民，大多数不懂英语或者英语水平极差，刚一到达，就要接受戈达德的测试。这些在恶劣得不可想象的条件下接受测试的人取得了戈达德所需要的成绩。他在发表于美国一家刑事杂志上的文章中声称，“83%的犹太人，80%的匈牙利人，79%的意大利人和87%的俄罗斯人是‘弱智’。”（Goddard，1917）后来，他再次比较仔细地审阅了自己的研究结果以后，修正了自己的判断，认为平均“只有”40%的人是弱智。戈达德肯定不是断言某些民族的成员智力较低是遗传决定的这种论断的第一人；但是，随着时间的推移，他越来越认同这种当时在具有影响力的圈子里广为流传的偏见。(Gelb，1986)

莱昂·卡明断言：“自从智商测试引进美国以来，或多或少地被故意当作压制社会弱势群体——穷人、外来者和少数民族的工具。”（Kamin，1973）戈达德（Goddard，1917）认为来自意大利的移民中有79%的人是“弱智”，今天，意大利裔的美国大学生的智商已经超过平均值。(Ceci，1996）黑人心理学家罗伯特·威廉斯坦白地说：“我差一点成为测试的牺牲品。我15岁时的智商测试得分是82分，仅仅多了3分，否则就得被安排到特殊的学校去。我的指导教师根据这个分数，建议我学做泥瓦匠，因为我的‘手脚很灵活’。”（Williams，1974）当然，由于过去的几十年中发生的社会变化，原来黑人和白人在智商测试中通常存在的差异缩小了。(Barnett & Camilli，2002）黑人青少年的比较有利的智力发展是由多种条件决定的，比如，有利的智力发展可以归因于更好的营养（Grigorenko，2003)，适度的家庭帮助（Phillips et al.，1998）以及成功的学前培养计划（Ramey et al.，1999；Ramey，1999）等等。

(344) 智力理论：是一种还是多种能力？

心理学家从上个世纪初就开始研究的一个问题是，智力由一种还是多种能力构成。人们首先试图通过分析传统智商测试的结果来回答这个问题，得出的答案却大相径庭。

斯皮尔曼的理论。引起英国心理学家查尔斯·斯皮尔曼注意的是，在测试中成绩优秀的人，在其他方面也能超过平均水平。（Spearman，1904a，b）许多学生的成绩单证实了他的观察：各个科目的成绩往往非常一致，也就是说，一些学生各科成绩都比较好，而另一些学生则全部或几乎全部功课不及格。斯皮尔曼因此得出结论说，存在一种一般的智力能力，每一个人的成绩都取决于这种能力。他称这种能力为“g”（英语 general 的缩写，意即“一般”）。当然，斯皮尔曼也不否认，这种一致不是绝对的。有些“好”学生的成绩也不是平衡的。比如，一个学生可能外语要比别的科目好些，而数学要差些。斯皮尔曼承认，完成每一功课除了“g”因素以外，还取决于特殊能力。他称这种能力为“s”（英语 specific 的缩写，意即“特殊”）。解数学题一方面取决于一般能力，另一方面还取决于与数字打交道的特殊能力。斯皮尔曼认为，所有人都具备一般能力，当然突出程度有所不同。

瑟斯顿的理论。美国心理学家路易斯·瑟斯顿同样将测试结果相互比较，但得出了另外一种结论。（Thurstone，1938）他根据自己的研究得出的结论是，一次智力测试的成绩取决于七种基本能力。他称之为“基本因素”。这种测试的内容包括：语言水平、表达流畅、运算技能、空间想象、理解速度、记忆力和推理能力。瑟斯顿认为这些能力是彼此独立的。根据这种观点，一个人在“语言水平”测试中可能取得良好成绩，而在“运算技能”测试中就可能成绩一般，在“记忆力”和“空间想象”的测试中可能又是另一种样子。

寻求介于这两个极端之间的观点。斯皮尔曼和瑟斯顿根据自己对智商测试结果的分析，得出了迥然不同的结论。今天，这两种观点有一种得到应用了吗？现代智力理论的大多数代表人物都承认，要解释人的智力行为，就必须既要追溯一般的能力，又要追溯特殊的能力。斯皮尔曼所说的“g”也表示一个人处理信息的一般速度；这种速度也可以通过不以特殊知识为前提的测试题来测试。

例 子

弗兰西斯·高尔顿爵士早已想到，智力的高低可能取决于中枢神经系统。因此他在测试智力的时候也采取刺激测试对象的办法，使其尽可能快地回答问题。近年来，研究人员又重新开始研究这一思想。比如，艾恩·戴瑞和康·斯托夫只给他们的测试对象非常短的时间观察以下图形（Deary & Stough，1996）：

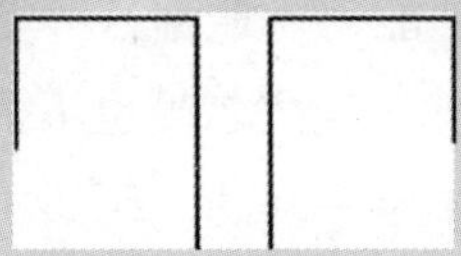

测试对象必须说出，图中左边的垂直线还是右边的垂直线略短。给予观察的时间在经常变换的，以便测定测试对象能够回答问题的最短时间。同时还表明，智商较高的测试对象回答这种选择题需要的时间比较短（“观察时间”比较短）。从中可以得出结论，智商测试也可理解为信息处理的一般过程，而并非实际知识。控制认知过程的大脑中枢在观察时间内变得格外活跃。（Deary et al.，2001）这也充分说明，在分析像上述这么简单的问题时，观察时间与智力有着密切的联系。（Grunik & Kranzler，2001；Vigil-Colet & Codorniu-Rage，2002）

回答智力测试题所需要的那部分大脑容量的大小和通过中枢神经系统处理信息的速度之间存在明显的联系。斯皮尔曼所说的“g”也可以得到实现，因为为了回答智力测验中的各种问题，大脑各部位都会活跃起来，也就是说，那些对于注意力集中的过程和工作记忆都很重要的部位都会活跃起来。（Duncan et al.，2000）因此，瑟斯顿关于基本智力的思想也不是轻易能够驳到的，更确切地说，他的思想由于多元智力理论——一种建立在另外的观察基础上的、因而以不同的面目和内容出现的理论——而获得了新生。在对这一理论进一步深入研究之前，首先应该指出一个人们只是在最近几年才给予关注的发展过程：智商测试的成绩自从开始第一次智商测试以来不断提高。

近百年来智商测试成绩不断提高。

弗林效应。自从提出进行第一次智力测试以来，设计者不得不定期用更难的测试题来替代测试中使用过的题目，因为成绩在不断提高。回答正确的题目总数，即“总分”的平均值，近百年来，从一个十年到下一个十年，从一代到下一代，不断提高，平均每十年提高三个智商值。人们称这种提高为弗林效应，这是表示对这种提高的发现者詹姆斯·弗林的承认。（Flynn，1984）这一效应在很多国家，如美国、加拿大、澳大利亚、新西兰、以色列、日本和欧洲各国都有反映，不但表现在以学校知识为前提的 (346)
问题上，而且——甚至非常突出地——表现在要求逻辑推理思维的非语言问题上。（Flynn，1998）这一发展过程是多么具有戏剧性，弗林根据荷兰的测试数据举例作了说明（顺便说一句，在荷兰，长期以来都用非语言的测试来对有兵役义务的人实行检查；由于检查结果都已存档，所以对研究智力的发展具有非常宝贵的启发作用。）有一位一直从事青春期学生教育的女老师，她的测试总分在接下来的几十年中并没有变化，但她的成绩只相当于她的学生。1952 年，这位女教师 25 岁，她的非语言智力测试成绩好于她 75% 的学生；1967 年，她的总分成绩相当于学生的平均值；最后到 1982 年，这位老师已经 55 岁，她教授的男女学生有 75% 总分超过她本人。如何解释测试结果的这种提高呢？对这个问题的回答，有很多似乎很有道理的答案，但没有完全令人信服的答案。因为整个时段不长，所以不可能存在遗传方面的原因。

卫生保健的改善。在弗林效应首先出现的国家中，几代人以来，身高和寿命都有提高，这两方面的改变都应归因于卫生保健的改善和饮食条件。（Martorell，1998；Sigman & Whaley，1998）此外，这些国家还对准妈妈提供了良好的咨询，因此她们在怀孕期间就很少或不再抽烟，几乎不喝酒，等等。（见第 67 页及其下 1 页）但是，在相关的饮食和卫生保健并没有得到进一步改善的最近几年，弗林效应仍在发挥作用。（Martorell，1998）

进一步促进教育。教育的不断提高可以起到两方面的作用（Williams，1998）：其一、自从上个世纪初以来，每一代儿童的父母受教育的水平都逐步提高。教育水平的提高具有重要意义，因为父母受教育的水平高，他们孩子的智力也就高。（Flynn，1998）在同期内，教育体制也在不断改善。但仍然存在的问题是：为什么同期内主要是非语言方面的成绩提高了，而不是学校主要教授的语言理解、一般知识和数学等方面的学识提高了呢？（Flynn，1999）

电视片和视频游戏的影响。最后作一个猜测：电视片和视频游戏可能在人的智力方面起到了促进作用。（Neisser，1997）但是这种解释也有不足，因为自从上个世纪初以来，智力绩效行为就有发展，也就是说，早在这些媒体“诞生”之前就有发展。尽管如此，据帕特里克·格林菲尔德（Greenfield，1998）解释说，电脑游戏导致人们对“语言表达失去兴趣，同时形成一种与其说是以语言，倒不如说是以象形图片为基础的国际性的理解方式。”

智力测试成绩的提高并不表示智力的提高。詹姆斯·弗林（Flynn，
(347) 1998）认为，在上一个世纪，尽管智商测试的成绩提高了，但是这并不说明人的智力也提高了。于是就要提出这样的问题：智商测试实际上究竟测试的是什么？霍华德·加得纳并不指望会有人对这个问题作出回答，因为他想了解的并不是智力测试的结果，他关注的是在一种文化背景下能得到高度评价的能力和成绩。

扩展的智力观点。这里介绍的智力理论都是与传统的智商测试紧密联系在一起的；这表明所设计的问题主要是测试语言的、逻辑数学的和空间思维等方面的问题。（Gardner & Hatch，1989）特别是认知心理学家对主张为测试而测试，测试的目的就是为了确定测试对象在规定时间内能够回答多少问题的观点提出了批评。发展的认知观点关注的是“智力”的很多种类，并且考虑到了理解和解决问题的策略。在所有考虑到发展的智力观点的理论都是霍华德·加德纳和罗伯特·斯滕伯格提出来的。

霍华德·加德纳提出多元智能理论。霍华德·加德纳在医院工作了很多年，在那里有机会对脑损伤的病人进行研究。当时引起他注意的是，大脑受损的部位通常影响“某种”能力，而其他能力明显没有受到影响。比如，有些人丧失了自己的数学运算能力，而语言表达能力仍然正常。同样，有些病人在语言表达方面显得非常困难，而唱歌却能同大脑受损之前唱得一样顺畅。因此加德纳怀疑，人的有些能力是否受制于大脑的不同区域。如果真的是这样，那么必然能找到更多的证据证明人的能力的某些独

立性。实际上，加德纳还作了他认为能证明自己的猜测的其他方面的研究。比如，孩子学习自己的母语学得非常快，而大多数孩子则需要花很长时间才能学会解复杂的数学题。所谓的神童很早就在诸如数学、音乐等领域表现出非凡的才能，而同时在其他领域则维持一般的水平。所有这些研究使加德纳不得不得出这样的结论，人的智力是多方面的，也就是说一定存在多种独立的智力形式。

接着，加德纳首先建议区分智力的不同组成部分。在传统的智力测试中所发现的内容都是智力的不同组成部分（Gardner，1985）：

——语言能力，指新闻记者和律师所掌握的那种熟练应用语言的能力；

——逻辑数学思维能力，指优秀科学家和电脑工程师所具备的迅速处理抽象信号的能力；

——空间感知能力，指建筑师和外科医生必须要掌握的在思维层面上的空间关系的能力；

——音乐能力，指优秀的作曲家和演奏家所具备的理解音乐和作曲的能力； (348)

——身体运动能力，指杰出的舞蹈家和田径运动员所具备的计划和调节身体运动过程的能力；

——个人内省的能力，指理解自我的能力；

——人际交往能力，指卓越的政治家和销售人员所表现出来的理解他人和进行社交的能力；

——自然主义的能力，指植物学家、动物学家和林学家所具备的对大自然认真观察的能力；（Gardner，1985）

——存在能力，指加德纳起初称之为克制的、研究“存在论这个大问题”的能力（Gardner，1999）。

对加德纳理论的批判性评价。加德纳对智力的定义无疑比传统的智力测试者更加宽泛。由于传统的智力测试是非认知性的，也就是说不考虑人际交往能力，所以多元智能理论就作出了这样的解释：传统的智力测试只能模糊得不能再模糊地预言一个人以后的职业成功与否，而在很多职业部门人与人交往的能力起着很大的作用。此外，内省能力和人际交往能力也表明是同感情方面的能力是一致的，关于这一点，第九章（见第454页及其下1页）将作详细评述。加德纳将音乐能力和运动能力也看作智力的组成部分这种观点始终没有得到一致的认同。难道是说智力这个概念水分太大了吗？加德纳的论文的最大缺陷在于，他认为非认知的智力“没有经过经验的测试，即使经过经验的测试也不能证明非认知的智力。工”（Schuler，2002）

插图7.15　有些智力研究者，特别是霍华德·加德纳，认为身体的表现运动也应归因于智力能力。

斯滕伯格的三重智力理论。同加德纳一样，罗伯特·斯滕伯格认为，对智力这个概念应当比传统的智力测试者作出更为宽泛的定义。（Sternberg，1988）斯滕伯格同时认为，加德纳所说的某些“智力”是特殊天赋。比如，如果一个人只有很低的加德纳所说的音乐智力，很难区分不同音调的高低，那么，他也许就没有任何希望适应任何一个社会。相反，如果一个人缺乏斯滕伯格称之为“智力”的能力，那么他实际上在任何一种文化背景下都会明显遇到符合各种要求的困难，比如，遇到进行逻辑推论的困难。 (349)

三重智力理论由三个“方面”或者说三个“子理论”构成，它们一起构成斯滕伯格所称的“智力”。这三种子理论如下：

分析能力（与分析成分有关的智力）。这涉及智力和个人的内心世界的关系，即涉及一个人的认知过程。传统的智力测试主要测试分析能力。斯滕伯格承认，分析能力是在大中学校取得成功的前提条件，但是劝告工商企业界，要成功地招录新人，就不能只将分析能力方面的优良成绩作为前提（Sternberg，1996；Sternberg & Williams，1997），因为智力测试的题目与日常生活没有关系，比较无聊。杰奎琳·古德诺也尖刻地问道，在正常情况下，什么时候会请一个成年人倒数一组规定的数字、搭建积木或者回答什么是灌木丛和蚂蚁的共同点。（Goodnow，1986）她坦白地说：“比如，我对纽约和巴黎之间相距多少公里（智力测试中的典型的题目）根本就不感兴趣，我认为这种问题实在太愚蠢…… 相反，我极为感兴趣的是，这两地之间需要飞行多少小时，因为这才是——我认为——人们真正需要知道的，但没有人提这样的问题。”

创造能力（与经验相关的能力）。这方面涉及过去的经验和智力之间的关系，也就是说，涉及个人在过去获得的知识如何决定他的实际行动的问题。一个人在自己的生活中积累越来越多的经验，他正是靠这些经验解决了日常生活中的各种问题。斯滕伯格将这些经验区分为两类：推陈出新和自然而然。如果遇到新的问题，那么，往往必须寻找创造性的解决办法去解决；如果遇到相同的或者类似的问题，那么解决问题往往很快，因为当时解决问题的过程已经有了很多先例，所以自然而然就能解决。

实践能力（与背景相关的能力）。这里涉及个人和他所处的环境之间的关系。斯滕伯格断言，一个人能够成功地适应自己成长和继续生活的环境，但并不能保证他能够同样成功地适应另一种环境或文化。一个孩子在开头几年对环境还不太适应。对音乐有强烈兴趣的父母带给孩子的挑战，要大于通过朗读和跟孩子说话，比较强调语言内容的父母。由于代际之间的生物血缘关系，父母就有条件使孩子特别接近环境，而孩子也可以感受到遗传的因素。（见第 64 页及其下 1 页）当然，如果人们预先发现，自己在这个环境中无法发挥自己的能力，那么，罗伯特·斯滕伯格建议他们主动寻找自己能够更好地适应的环境。他断言："如果可能的话，有能力的
(350) 人会选择那种能够发挥自己的能力的环境。（Sternberg，1984）如果他们不能选择这样的环境，那么，他就会设法改造自己所处的环境，以便使环境更加有利于自己。"

7.3.3 智力研究之路：从结果到过程

直到不久前，智力理论都以人在相应的测试中所取得的成绩为依据。人们计算回答"正确"的问题，最终根据总分确定智商的高低。为什么有些人在这种测试中能够取得比其他人更好的成绩？对于这个问题，传统的智力研究长期以来由于缺乏理论基础而未能作出回答。不久前心理学家才借助信息理论的设备，对"为什么"这个问题进行了深入的研究。

从注重智力测试的结果到测试结果产生的过程。斯滕伯格转向智力研究领域的动机，主要是由一家著名的测试题出版公司经理的言论激发的。这位经理在一次公开的演讲中自豪地解释说，他们公司出版的测试题版本几十年来几乎没有修订过。尽管斯滕伯格当时还在大学学习，但他对这种言论感到非常吃惊：一个人怎么能够对某个科学领域几十年没有发生重大变化而感到自豪呢？物理学家或生物学家会因本专业的知识始终停留在 20 年代的水平而感到自豪吗？在当时的斯滕伯格看来，这种测试研究在当时的形势下是毫无成效的。在此基础上提出的思想不一定完全错误，因为很简单，这里存在产生新思想的必然性。斯滕伯格在后来的研究中，认识到了更好地理解测试结果的必要性。"我不看重分数，我关心的是人们在分析测试题的时候想了些什么。"（Sternberg，1991b）他所选择的道路为最终弥补几十年来被忽视的理论研究提供了良好的条件。斯滕伯格没有像其他人诸如斯皮尔曼和瑟斯顿（见第 344 页）那样，用因素（能力）来解释智力测试的结果，而是将问题纳入自己感兴趣的视角，即智力行为依据的是哪些认知过程。

解决问题过程中的认知步骤。比如，罗伯特·斯滕伯格研究的问题是，在回答很多传统智力测试的组成部分——类比题的时候，必须逐步经

历哪些认知过程。（Sternberg，1979）例如，向一个青年或者成年测试对象提出下面这样的问题：

律师与当事人的关系同医生与＿＿＿＿＿＿一样吗？

（a）病人

（b）医科大学生

测试对象回答这样的问题一般需要 2.4 秒钟。在斯滕伯格将这样的题目投影到银幕上以后，测试对象是会具体作出怎样的反应呢？处理与这个问题有关的信息至少需要经历以下几个步骤：

——**识别**。首先必须将那些与这个问题有关的信息在大脑中过一遍，（351）同时需要回想已知的关于律师的特点：熟知法律，作为别人的法律顾问出庭，收取律师费等等。此外还必须意识到，当事人是指那些获得专业帮助，并且应当支付酬金的人。

——**推断**。必须推断各个概念之间的关系。在这个例子中，重要的是发现律师和当事人之间的关系，因为律师是通过为当事人服务而获得酬金，而当事人接受服务并支付酬金。

——特征的鉴定。在这一个步骤上必须看到，在这两个重要的概念之间存在着相似性：回答问题的人必须看到，医生和律师具有共性，因为他们都提供服务获得酬金，而当事人和病人在一定程度上也具有共性，因为他们都是接受服务的人，并因此都必须支付酬金。

——**应用**。律师和医生之间、当事人和病人之间的关系理清以后，就可以进行相互比较，从而找到这个选择题的答案。

——**作答**。说出找到的答案：“律师与当事人的关系同医生与病人一样。”

寻找好成绩和差成绩之间的差异。斯滕伯格明确了认知过程的顺序，从而就为自己将不同的人在各个步骤方面进行比较提供了可能。比如他指出，智力比较强的人在第一个步骤停留的时间相对较长，而完成其他步骤则比智力较弱的人要快。（Galotti，1989）斯滕伯格以图书管理员为例，对这一结论作了解释。图书管理员只有花费很多时间，认真进行图书编目，才能够方便读者快速找到所需要的图书。对大师级的棋手的研究表明，他们能够极为迅速地识别棋盘上重要棋子的排列。（见第 99 页、第 269 页及其下 1 页）这一认识有助于人们发现对解决智力问题具有重要意义的认知过程的其他因素。认识到这一点以后就有可能采取针对性的训练方法，从而针对性地开发智力的这些组成部分。(Sternberg，1981)

研究解决问题和“智力”行为的共同点。不久以前，从事解决问题的行为的相关研究得到了智力研究者的支持。过了几十年的时间，这两个原本互不相关的研究领域的科学家们才发现自己的共同点。

(352)

8 动机心理学

在伊甸园犯原罪的动机问题。圣经以动机心理学研究的问题开篇，也许不是偶然的；它是为了强调动机对人类行为的重要性：亚当和夏娃能够抵挡采摘“智慧树”上充满诱惑的果实的欲望吗？而这是明令禁止的。但是他们为什么接受蛇的诱惑呢？在被逐出伊甸园之后，该隐是第一个犯罪的人，他杀死了自己的弟弟亚伯。这里再次提出了动机的问题。

法庭审理过程中的动机调查。在心理学界内外都确信，人的行为不是由偶然事件确定的，而是有规律可循的。法官对被告人说：“任何人做事都是有原因的。”他认为这显然是不容置疑的原则，因此必须充分说明进行这么冗长而令人疲惫的审讯的理由。他希望最终能够揭露犯罪的动机。

在侦探小说和弗洛伊德的精神分析案例中寻找动机。侦探小说的作者给读者描绘一个犯罪情节，向他们展示一系列人物，这些人中每一个都可能是嫌疑犯，从而制造了紧张气氛。随着故事情节的进展，巧妙地为读者提供这样的信息，一会儿这个人有犯罪动机，一会儿那个人有犯罪动机，从而制造紧张气氛。

人们之所以对西格蒙德·弗洛伊德和他的心理分析产生浓厚的兴趣，毫无疑问是因为他关于人无意识中存在强大的动机这一重要解释。弗洛伊德在关键的问题上甚至超过了侦探小说的作家，因为他认为，做梦、出现口误、开玩笑其实都有动机，当然这还需要人们去发现。他的观点就像一个侦探寻找罪犯的蛛丝马迹一样，让他的听众和读者产生兴趣，不仅对别人，而且也对自己产生兴趣。

最古老的动机理论：找乐，避免寡欢。历史上可能最早的关于行为动机的解释认为，人要么找乐，要么竭力避免寡欢。如果事情果真如此，那么还应当说明，为什么有些人愿意当众自焚，心甘情愿地跳入冰冷的水中，或者在特定的时刻毫不犹豫地为他人而牺牲。

(353) **本章概览**。心理学通过细致入微的观察，可以收集到很多关于人的行为不是为了寻乐、避免寡欢的证据。本章将介绍一些心理学理论以及每种理论所作的阐释。以身体动机（吃饭）、社会动机（好斗）和学习或绩效动机为例，揭示心理学在阐释行为的动机方面存在的可能性和局限性。

8.1 有动机的行为：特征描述和阐释

“动机”这个概念源于拉丁文“movere”，差不多意为“启动”。动机心理学试图解释，生物为什么运动，并且至少在一段时间内保持所选择的目标。这种行为应当怎么解释？人的动机非常复杂，以致无法将它们完全归于某种理论。比如，为什么有些人食量非常大，远远超出自身维持生命的需要？为什么有些人在某些条件下要极为残酷地对待别人，而在其他条件下却能够想到帮助别人，甚至甘冒生命危险？一个科学家为什么能花费几乎毕生的精力提高自己的认识水平？回答上述每一个问题都需要运用不同的动机理论。

动机心理学首先要确定，究竟需要解释什么，然后才开始寻找答案。心理学被公认为科学以后，经过数十年才认识到有朝一日不依赖传统的解释而理解动机心理学的必要性。因此，一方面需要可以观察的、值得解释的行为，另一方面需要对这些行为作出解释。(见第 14 页及其下 1 页)

8.1.1 有动机的行为的特征

只要翻阅动机心理学的文献，就很快能发现，“动机”这个概念往往不是在相同的意义上使用的。由于这种不确定性，保尔和安娜·克莱因吉娜仔细查阅了当时所有的资料，试图找到总共 102 种定义的共性。(Paul & Anne Kleinginna，1981) 后来，动机心理学家基本达成一致的是，动机是一种内在条件，使有机体开始目的明确的运动，也就是说，使有机体时间或长或短地开始行动。为了预知何时有可能出现，何时不可能出现这种有动机的行为，就必须附加了解具有刺激或促进作用的条件。

行动是有动机的行为的前提。如果说动机与概略的“启动”有关，那么，它就可以从行为中表现出来。但是，这还不能仅仅设想为“外在的”、容易判断的行为。认定一种动物在敌人面前装死是没有动机的，这无疑是错误的结论，也就是说，心跳和其他心理过程的测量可以证明，机体在装 (354)
死状态下非常活跃。

有动机的行为的持续性。很多心理学家认为，生物的活跃程度还可以从行为的持久性或持续性上表现出来。一个饥饿的人即使明知没有希望，比如家里储备的食物没有了，食品店关门了，附近唯一的商店恰好今天不开门，也不会半途而废，放弃寻求食物的想法。面对这些困难，这个饥饿的人还会耐心地继续寻找食物。有些动机明确的研究人员，多年来致力于研究某个难题，虽然多次失败，也不肯放弃。当然，非常明确的是，不能根据行为的持久程度推断出相应动机的强弱，因为行为还取决于可供选择的其他可能性。上述那个饥饿的人在寻找食物时要是遇到自己的女朋友，说不定就会马上“忘记”自己的饥饿。

不同程度的强度。最后需要指出的是，也可以根据动机推断出行为的强度。一只已经六个小时没有吃到食物的老鼠，也会不惜动用最后的力气爬到有食物的地方。如插图 8.1 所示，将这个小动物的身体系在弹簧秤的拉杆上，就可以看到它的拉力有多大。可以肯定，另外一只已有 10 小时，甚至 12 小时没有吃到食物的老鼠看到食物时使用的拉力会更大。

插图 8.1　测量一只饥饿的老鼠冲向食物时的拉力的装置。

当然，直接根据饥饿的程度推断出拉力的大小，可能是草率的，因为小动物的行为也是由以前学到的经验共同决定的。如果老鼠在以前的实验中已经知道，只要付出一定强度的拉力就能获取食物，那么，它很可能不管动机的强弱而始终付出同样的努力去获取食物。

有些心理学家似乎不愿意探索机体的活跃程度和基本的动机之间的联系，因为生物原则上始终都是以某种形式活动的。因此他们建议，在研究中应高度关注这样的问题：生物在什么条件下会放弃某种活动，而开始其他的活动。因此人们关注的应当是行为的目的性这个特征。

有动机的行为的目的性。人渴了，就会从冰箱里拿饮料；人累了，就会设法找一个休息的地方。每一个目标（冰箱里的饮料、床）都为行为指明方向。观察者感到真正头疼的是，生物在任何时候的行动都多于所追求

（355）的目标。在社交活动中，人们除了吃饭也许还有社交的目的，甚至生意上的目的。脑、手和脚的同时活动可能会被观察者（合理地或不合理地）归为“偶然”。观察者把这种活动归为“偶然”之后，就会不再关注这些主观想象的或真是偶然发生的活动。他只关注那些自己（最近的主观的）印象中表现为目的性特征的行为因素。

总而言之，人的行为所追求的目的是多方面的，幅度从消除身体的不适（比如摄取食物和饮料）以及疼痛的刺激开始，经过性接触，直到分析获得新的刺激印象的目标（好奇）。由于学习的影响，可能的行为目的的数量似乎是无限增长的。

在观察者的印象中归为目的明确的行为，可以成为解释的基础。生物为什么此刻追求这种目标而不是另一种目标？有些人为什么能够比别人更加耐心而发奋地追求这一目标？要回答这些问题，就需要脱离描述的层面，进入解释的层面。

8.1.2 觉察到有目的的行为方式的差别是进行解释的前提

没有充分观察行为就草率作出解释。第一章中批评了一些新闻记者的评论，因为他们将大城市的居民草率地一概评价为“麻木不仁”和“漠不关心”；说很多居民事实上都听到了一个女人的呼救声，但是没有人施以援手。（见第 15 页）这些新闻记者尽管至少采访了 38 个目击者，但他们仍然不足以向读者作出这样的解释。只有在一个唯一的场合看到一个人或几个人采取这样的行为，才能这样描述和述说。如果这些记者仅仅局限于

描述基蒂·吉诺维斯遇袭事件的目击者的行为，并称之为“漠不关心”，那么，这种说法的适用性就可能遭到批判，因为在适当表述这个问题上，人们的看法也往往不一致。当然，人们原则上无法商定起一个统一的表述。人们如果想推翻对行为方式的表述，并且有兴趣作出解释，那么就必须收集另外的观察数据。

观察人们，以发现个体本人和个体之间可能存在的行为差异。记者们只根据当局的调查结果就作出判断，而调查当局的结果表明，至少38名目击者对那名处于困境的年轻女子没有施以援手。因而有两个问题没有得到回答，如果回答了这两个问题，就可能发现个体本人和个体之间的差异。

个体本人的差异。那些没有为那位年轻女子提供帮助的目击者，在另外一个同样是一个人或几个人陷入困境的场合，又会作出怎样的反应呢？

个体之间的差异。这些目击者在帮助陷于困境的人的决心方面存在差异吗？其中有些人是否比其他人更愿意提供帮助？ (356)

认真研究个体本人在提供帮助时的差异以后再尝试作出解释。达利和拉塔内发现了新闻记者所作评论的不当之处，并指出，必须首先观察和发现人们是否和怎样在各种不同的紧急情况下作出反应，然后才能作出解释。达利和拉塔内在深入研究以后，得以列举各种场合的特征，在这些场合，人们提供援助的决心是有大有小的。这两位研究人员并没有得出居民们，即基蒂·吉诺维斯遇袭事件的目击者作为大城市的居民“麻木不仁”和“漠不关心”的结论。基于自己的研究结论，更确切地说，达利和拉塔内根据自己的研究结果指出，在很多目击者同时在场的情况下，个体的援助决心会减弱。此外，在大城市的街道上发生争吵是司空见怪的事情，在多数情况下不会产生严重的后果，因此他们继续解释说，偶然看到这种事情的人不会简单地就认为情况紧急，因而认识到施以援手的紧迫性。

循环推论。那些报道基蒂·吉诺维斯遇袭事件的新闻记者们所写的评论的根本缺陷在于，他们的论断是基于循环推论，也就是说，在兜圈子。对于为什么没有人为年轻女子提供帮助的问题，新闻记者们答复说，这是因为大城市的居民麻木不仁和漠不关心。如果读者追问，新闻记者们是如何知道大城市的居民麻木不仁和漠不关心的，他们又会回答说，大城市的居民对陷入困境的路人的呼救声无动于衷。这种循环推论（不过是这样的意思：“大城市的居民是‘麻木不仁’，因为他们是‘麻木不仁的’”）既不能回答大城市居民们为什么不提供帮助的问题，也不能证明大城市居民的麻木不仁。其中一个结论只是用来支持另一个结论。心理学家们上个世纪初为本能概念作出的解释，也是以循环推论为基础的。

8.1.3 为有动机行为所作的解释和虚假解释：本能论

本能的特征。上个世纪初，许多心理学家受查理·达尔文的启发，认为人类有目的的行为应当归因于本能。本能在生物学上的意思是说，某些刺激——内部或外部的刺激——引起协调的，但一成不变的维护生存和物种的行为次序。（Tinbergen，1951）本能在动物的行为方式中就起着这样的作用，比如鸟类筑巢，蜘蛛结网，大马哈鱼洄游产卵。但是，人类的行为难道也是由本能决定的吗？比如，在心理学学科向科学发展的早期阶段，詹姆斯·迈克杜格尔（1871－1938）断言，人类的行为很可能是由本能决定的，本能可以使人们自作主张，还可以激起好战欲望和社会本能。

插图8.2 动物，比如图示蜘蛛网中的蜘蛛的协调的，但一成不变的行为次序，是由本能引起的。

为本能引起的有目的的行为起名而不作解释。麦克杜格尔鼓励许多同时代人去探索人类的其他本能。于是，这些人极力赞成给各种不同的有动机的行为起一个名字。为了表达启动上述每一种行为的，并使其保持方向的某种东西，人们就简单地使用“本能”这一概念。毫不奇怪，大量以这种方式区分的本能的行为方式很快就会无法辨认。从一个统计表中可以看出，1924 年的统计就已经统计到数千种本能。（Bernard，1924）这样的统计报告出来以后，那些非常关注这种畸形发展的批评者们就立刻发表评论。比如，当时就有如下讽刺性评论：“如果（一个人）与一个伙伴同行，那么驱使他这样做的就是他的‘合群本能’；如果他一人独行，那就是他的‘不合群本能’；如果他打斗，那就是他的好斗本能；如果他对别人乐善好施，那就是他无私的本能；如果他转动大拇指，那就是他转动大拇指的本能；如果不转动大拇指，那就是他没有转动大拇指的本能。这样一来，什么事情都可以用魔力来解释——借用魔力这个单词。”（Holt，1931）早期的本能心理学家后来都因不得不解释区别而失败了。如果有人确实具有好斗的本能，那么就产生这样的问题：他们为什么没有一贯地表现出好斗性。因此从今天的动机研究的角度看，超越命名、作出解释是必然的。驱力可能就是其中的一种解释。此外，也应当为那些对驱力起着活跃作用的内在的或外在的事件或条件定名，因为这些事件和条件可以说取决于所要解释的有目的行为。 (357)

驱力理论

驱力是对有目的的行为方式的解释。同本能一样，驱力服务于生物学过程。驱力理论家的一个基本观点认为，现存的身体需求（赤字），一种生理上的缺失，“驱使”机体采取某种行为方式，以便消除现有的不足和化解内心的紧张。（Hull，1943；1952）如果这种行为方式获得成功，那么驱力就会减弱（“驱力削减”），紧张随之也会纾解。如果说某种行为在驱力减弱的过程中证明是有效的，那么，当驱力再次膨胀时，这种行为很可能再次发生。（见 214 页及其下几页：条件反射理论） (358)

奠定体内环境稳定的调节过程：体内环境稳定。1932 年，沃尔特·坎农出版了一部当时具有划时代意义的著作，书名是《身体的智慧》。他在书中指出，只有体内的某些物质的量和其他特质在一个相当固定的范围内发生变动，生命才能继续。比如，体温不能升得太高，也不能降得太低；同样氧气、矿物质、水和食物的量也只能在一定的范围内波动。（Cannon，1932）坎农在这里引入体内环境稳定这个概念，用来指称那些负责基本的身体机能只在有限范围内变动的机理，这种机理同时也能使某些变动很快恢复平衡。这种调节机理至今还是解释许多动机理论观点的基础，比如人们以此解释对饥饿和口渴的调节。（Woods & Seeley，2000）如果生理条件过度偏离最佳状态，身体就会启动过程（“驱力”），旨在通过采取相应的刺激行为使身体重新恢复平衡。

行为主义者欣喜地接受了驱力这个概念，并且主张在做学习实验之前不要给实验动物喂食和水，因为他们确信，动物们如果没有驱力就不会有学习积极性。也就是说，如果没有需要解除的疼痛，没有饥饿和干渴，即体内保持（并继续）正常状态，那么，机体就是迟钝的。如果机体没有任何生理需求，那它真的就没有动机了吗？在这种状态下甚至还会麻木吗？

驱力理论批判。驱力理论在 20 世纪 40－50 年代还特别受传统的行为主义者的欢迎，后来逐渐失去吸引力，因为它是以经不起检验的假设为基础的。动物和人类已经不仅在有生理需求的时候才要吃喝。（McSweeney & Swindell，1999）驱力理论的另一个缺陷在于，它低估了外部刺激的作用。人类即使在饥饿的状态下也会受一些食物，而不是另外一些食物的引诱，认为身体的所有需求都得到满足以后，机体就会麻木，也是不确切的。

早在上个世纪 50 年代，即驱力理论在行为主义者中还很有市场时，哈里·哈洛就已经证明，猴子即使在没有任何刺激或回报的情况下，也会花费几个小时去打开一把难开的锁。（Harlow，1953a，1953b）（见插图 8.3）如果把这样一只动物关进没有刺激的黑笼子里，它就会乘机“工作”，透过短时打开的窗户观看别的动物或转圈行驶的电动火车。（Butler & Harlow，1954）我们也可以说，突破迄今为止千篇一律的经验和使之发生变化的刺激，对于机体而言就具有刺激值。

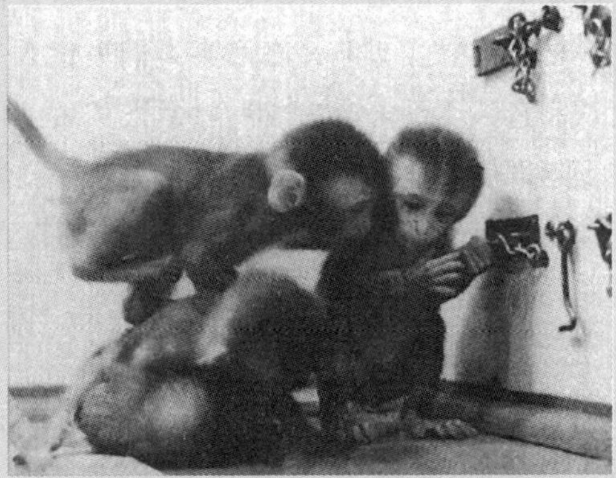

插图 8.3　小猴子们表现出明显的好奇行为：它们摸清自己所处的环境，努力克服诸如打开挂钩之类的困难，除了这种活动本身好玩外并没有其他明显的原因。

刺激理论

(359)

通过学习产生正反面刺激。爱德华·托尔曼早已强调了认知因素对学习和动机的意义；他指出，甚至动物也期望通过一定的方式达到一定目的。(Tolman, 1932)（见第 229 页及其下 1 页）机体根据以往的学习经验期望达到对自己具有正面价值的目的。欲望"驱使"（推）机体，而具有吸引力的目标，即具有刺激性的目标，对其施加引力（拉）。已经知道价值的任何东西都可以成为具有刺激性的目标：报酬、金钱和他人的承认。在考试中取得（期望的）好成绩以及职业升迁都可以成为人们为之努力争取达到的高刺激值的目标。其他事情则可能具有负面的刺激值，比如，考试中可能失利或者失去他人的认可，是人们竭力避免的具有负面刺激值的事情。

驱力和刺激的共同作用。刺激与驱力可以说是相辅相成的。比如，将下一顿饭推迟一段时间，由此产生的身体需求由于"进食驱力"而形成要求吃饭的行为。与此同时，刺激会决定人们挑选哪些食物来充饥。人们喜欢哪些食物，又取决于各自的学习经验。

驱力理论和刺激理论的解释值的界限。利用驱力和刺激可以解释追求或规避目标的多种行为方式，但无法回答人们为什么——有些人无疑比其他人更——喜欢制造，而不是缓减或消除紧张和激动状态的问题。那些热衷于跳伞、在S形回旋滑道上驾驶或者色情表演等刺激活动的人，追求的并不是放松，而是具有生理刺激的体验；它们的刺激值就在于这种效果。

内在动机和外在动机。在上个世纪40－50年代，动机心理学还往往认为，驱力是由于“内在的”作用，而刺激是由于“外在的”作用。现在很多心理学家已经将内部动机和外部动机作了区分；他们使用两个区分同样来自“内在的”和“外在的”概念。

内在动机。行为主义的驱力理论的缺陷，也由于哈洛等人的研究已经
(360) 一目了然，根据他们的观察，猴子表现出来的积极性，并不是要消除明显的身体不适。哈洛试验中的猴子摆弄板上的挂钩和环套，除了这项活动自身好玩以外，没有其他刺激。（见插图8.3）哈洛的描述就是内在动机的典型例子。如果人们出于内在原因从事某项活动，也就是说，他们之所以从事这项活动，是因为这项活动能带来乐趣，那么，他们就是受了内在动机的驱使。比如，他们从事一项活动，仅仅因为好奇。因此，受内部动机驱使的活动仅仅是因为这项活动本身，而不是因为从中可能产生的结果。（Schiefele，2001；Schiefele & Köller，2001）玩耍为内在动机提供了一个很好的例子：小孩子爬滑梯、涂鸦、瞎捣鼓，都仅仅是因为他们喜欢。同样，人们业余爱好活动也是受内在动机的驱使。

外在动机。传统的行为主义者认为，机体完全受外在动机的驱使。桑代克的猫和斯金纳的老鼠只是在欲望减弱，疼痛消除时才学习行为方式。因此，根据这种观点，行为方式仅仅是达到某些目标的“工具”；目标一旦达到，人们就没有理由再继续进行原来的活动。孩子们之所以参与做家务，是因为他们可以因此获得报酬，或者希望借此避免丧失特权，在这种场合他们就是受外在动机的驱使；他们做这些事情并不是心甘情愿的，而是因为与此相关的结果。在日常生活中，内在动机和外在动机往往共同决定行为。人们只要亲自观察可能也会发现这一点。

启动自我体验

您为什么研究这本书？是来自外界的压力，要求在规定时间内读完和研究完吗？这本书能使您取得优秀的毕业成绩吗？如果您对其中的问题至少有一个回答“是”，那么就存在一种外在动机。您觉得这本书，至少部分章节，有意思吗？您在没有外在压力的情况下，这本书的叙述能激发您的好奇心，使您自愿去阅读吗？如果是，那么您阅读这本书就是基于内在的动机。您也许会得出这样的结论：您阅读这本书是由外在动机和内在动机共同决定的。

削弱内在动机的可能性：过度理由效应。如果人们的由内在动机驱使的行为是有偿的，那么，这种行为就会“削弱”，即受损害，这一点显然早就是常识了。

下面的事例中的裁缝（参看第361页）使用了一种明显不同于斯金纳的操作性条件反射理论（见第231页及其下几页）的联系。自发的、即由内在动机驱使的行为方式，真会因为报酬而中止吗？马克·莱珀、理查德·尼斯伯特及其同事在一次实验中研究了这个问题。（Lepper & Nisbert et al. , 1973）他们让学龄前儿童做一项由内部动机驱使的活动。这些儿童可以用彩笔画画。他们对几个孩子说，将会给他们的作品发奖，奖品是一张带镀金五星和

红蝴蝶结的奖状。这个小组的每个孩子在六分钟后确实都得到了所说的奖品。而其他的测试对象则没有给予得奖的期望，他们也确实空手而归。一个星期以后，心理学家又回来观察这些孩子在自由活动时的情况。他们发现，期待自己的绘画活动得奖并且也得了奖的第一组孩子，拿起画笔的主动性比第二组的测试对象差得多。而且得过奖励的孩子画画总体上少于实验前。心理学家就这种观察结果解释说，奖励明显“削弱”了孩子的内在动机。这种奖励削弱内在动机的现象已得到上百次研究的证实。（Deci et al. , 1999）这种现象被解释为过度理由效应的结果：一个人做一件有两个原因——一是他感兴趣，二是有回报——的事情，总有太多的理由（过度理由）。因此，在这种情况下，内在动机就会贬值。（Tang & Hall，1995）

例 子

内森·奥斯伯（Ausubel，1948）在《犹太民俗宝库》中讲了一个裁缝的故事。这个裁缝在他所在的城市的主要街道上开了一家小商店。然而，这条街上的地痞们想把他撵出这个地方，于是他们每天站在商店的门口，呼叫"犹太人！犹太人！"裁缝对地痞们的行为感到非常不安，度过了无数个不眠之夜，最后他终于想出了一个对付他们的主意。第二天，当这些小无赖又站到他的门前时，他对他们说："从今天起，每个叫我'犹太人'的人可以从我这里得到十分钱。"小无赖们满意这个"报酬"，第二天他们又很高兴来了，继续叫"犹太人！犹太人！"裁缝微笑着来到门口，对他的"客人们"说："十分钱太多了，今天我只给你们五分。"无赖们对这五分钱也很满意，因此他们第三天又来了。但是这次他们得到的更少。他们失望地问："为什么只给我们一分钱?"裁缝回答说，他给不起更多的钱。可是无赖们不满意了："难道你以为我们会为了这微不足道的一分钱来叫你'犹太人'吗?""那你们可以把它扔掉呀。"经过这次争吵以后，裁缝就再也没有看到这些"不速之客"登门。

报酬的两种可能功能的区别。报酬原则上说有两种不同的功能。（Pittman & Heller，1987）如果接受报酬的人只是根据自己的感觉，如为报酬而工作，那么物质刺激一旦取消，工作就无法继续。在这种情况下需要考虑的是，其他人会因报酬的发放或扣留而控制行为发生的时间和所追求的目标。具有这种控制作用的报酬，最可能削弱内在动机。但是，报酬还有信息反馈的作用：行为人可以从报酬上得知自己所创造的绩效。因此报酬还是对行为人能力的一种肯定。

人们从事一项活动还取决于如何解释自己的动机。如果将自己从事的
(362) 某项活动解释为"好玩"，那么可以归因于人们服从自己的控制。但是，如果获取报酬是由于"外在的"原因（"我为了让父母亲高兴而去做这件事"，"我为了挣钱"），那么，说事情很有意思，理由就不充分了，在这种场合是说不过去的。

8.2 关于具体动机的理论

有动机的行为的复杂性。在其他章节（见第214页）已经指出，由于人类学习的复杂性，不可能将所有可能的解释归结为一种理论。同样，人的行为追求的不同目标也不能一概而论。为什么有些人的食量比别人大，人们为什么会设定不同的社会目标——比如，有些人喜欢频繁的社交活动，而另一些人则喜欢独处——，为什么成绩不能对所有人产生同样的吸引力，为了解释这些问题，每一个人都需要一种独立的动机理论。比如，只要对三个不同动机领域的解释方案进行分析，就能明白，现有理论的共同点非常少。进食行为（同喝水、睡觉、避免疼痛等一样）无疑能确保身体的生理需求。但是，人类的进食行为理论却难以用来解释人们对社会状况的不同反应。谁要想知道，人们为什么会产生彼此采取攻击性行为的动机——折磨和伤害对方，那么，他在现有的进食动机理论中是无法得到回答的。而在其他思想领域，关于学习动机的解释又频见于报端。那么，如何激发学员的学习意愿，才能使他们努力取得预定的成绩呢？

本节概览。迄今为止所叙述的心理学理论都特别具体说明了动机的某种来源，而且这些理论的代表人物都分别提交了能更好地解释进食、好斗和工作等有动机的行为方式的论文，他们的一些认识将在以后的章节中予以关注。

8.2.1 进食行为及其解释

为了解释人体如何控制饥饿以及通常会马上开始的进食行为，首先要澄清几个基本问题：机体为什么一定要进食？饥饿是如何引起的，吃饱的感觉又是如何产生的？

控制进食行为的内在条件

能量的体内平衡。消化过程的任务是将食物转化为氨基酸、脂肪酸和糖分（葡萄糖），以便使这些物质能被血液吸收。葡萄糖是人体的主要能量捐献者。它能很快转化为热量，而且可以进入任何组织。洗漱、穿衣、
(363) 走路、爬楼梯和提东西等日常活动可以消耗人体大约三分之一的能量。剩下的三分之二能量为了产生热量、心脏跳动、呼吸和大脑活动等维持生命机能而“燃烧”。人体在静止时为执行生命必需的功能所积累的能量，叫作“基础代谢”。一个人活动越多，他需要的热量就越多。如果人体摄取的能量同所消耗的能量持平，那么，就是处于能量内在平衡状态。如果人体摄取的能量超过消耗，那么就是能量正平衡。反之，摄取的能量少于消耗，就是能量负平衡。

能量储备的存储。人类摄取食物不仅为生命重要机能和维持生存拥有足够的能量，而且还要使人体能够存储能量储备。人体的脂肪组织是最重要的能量存储器。肝脏始终监控着血液中的葡萄糖含量，需要时可以随时动用能量储备。瘦高的人现存的脂肪储备可以维持大约一个月；而一个肥胖的人的能量储备可维持一年多的基本生命进程。（Levine et al.，1999）

饥饿和饱足的生物学信号。如果问人们，他们在人体的什么部位有饥饿的感觉，他们通常会回答说胃。这个人体器官真的这么重要，饥饿感是从它产生的吗？事实并非如此。整个胃切除的癌症患者，在进行外科手术之后还是按时有饥饿感和饱足感。（Inglefinger，1944）事实上，饥饿的产生和饱足感是由脑部两个不同的系统控制的（Moran & Sakai，2003）：

——一是在机体中产生进食感的系统；

——二是在机体中产生饱足感的系统。

一方面，血液中的葡萄糖含量下降得非常低，就会产生饥饿感。（Campfield et al.，1996）另一方面，人体的能量储备下降时，肝脏就会向大脑发出通知。（Woods et al.，2000）人体的其他信号则会导致停止进食。胃掌握饮食成分的营养值的记录器，因此能够通知大脑，吃得已经足够了，可以停止进食了。（Furness et al.，1999）但是，胃切除的人也有饱足感，所以一定还有其他的控制机理。最近人们发现了 20 多种不同的化学“信使”，在它们的共同作用下，人体能在一段时间内保持比较稳定的体重。（Schwartz et al.，2000；Woods et al.，2000）

在消化器官中产生的大量荷尔蒙，吸收营养物质以后，是通过血液循环系统传输给大脑的，它们在大脑中刺激几个方面的记录器，最后导致产生饱足感。（Degen et al.，2001）当然，饥饿感和饱足感不是直接取决于人体的能量需求（Woods & Seeley，2002），而是还取决于现有哪些食品，有多少可以实际使用。

在吃饭时，每一道食用的菜肴的刺激值就已经在逐渐降低。即使是最 （364）
爱吃的菜，每吃一口，它的刺激值就丧失一点；人们称之为“典型感官性饱足”。（Guinard & Brun，1998；Raynor & Epstein，2001）如果还有其他的菜肴，又会产生还想吃的念头。这种“典型感官性饱足”在进化生物学上可能具有非常重要的意义，因为它可以防止营养的单一化。

遗传和文化因素对食物选择和饮食习惯的影响

遗传对食物选择的影响。对食物的某些爱好和偏爱可能在史前时期就产生了。甜食和咸食通常被视为可口的和营养的，而苦涩的东西往往含有有毒成分。由此可能产生一种人类遗传特征中就存在的倾向：与苦涩的食品相比，人们更喜欢甜和咸的食品。（Rozin，1999）白菜和花椰菜中有一种化学物质，人们会以不同方式对它们作出过敏反应；这可能也是由遗传条件共同决定的。（Tepper，1998）每一种学习体验无疑都对人类的饮食习惯产生较大影响。

产生口味喜好是学习过程的结果。只要去东方国家的市场看看，就能很快发现，在其他文化中很多明显可以食用的食物，大部分欧洲人看见就会感到恶心。原则上可以说，任何一种有营养价值的物质，世界各地的人都可以食用。（Rozin，1999）口味爱好和偏爱的产生是很多条件共同作用的结果，并不仅仅是经典条件反射的结果。（见214页及其下几页）什么东西“好吃”和什么东西“人”不能吃，文化起了决定性作用。一种食物，只要将其与其他已经获得正面评价的食物相搭配，就会被归为“好吃的”一类。（Capaldi，1996）如果一杯苹果汁中有一只蜘蛛，人们还愿意喝吗？如果这只蜘蛛经过了严格消过毒，人们还不愿意喝吗？很多人不仅不愿意喝这种饮料，而且有了这次经历后会说，他们对苹果汁永远没有胃口了。（Rozin et al.，1996）

促使进食的外在条件。文化不仅决定了吃什么，而且决定了什么时候吃。很多人往往在自己习惯吃饭的时间感觉到饥饿，确实可以证明，这个时候人体内正在大量释放引起饥饿的荷尔蒙。（Woods et al. ，2000）如果一个人吃饭，他还会参照上次什么时候吃和吃了多少：早饭吃得比较晚，午饭就会吃得少。（Woods et al. ，2000）然而，与大家一起吃饭，饥饿感对吃多少不会有太大的影响。在一组被调查者中，大约60% -70%的人坦然承认，他们不是独自吃饭时，会吃得更多（Clendenen et al. ，1994），他们在聚餐时确实吃得较多。（deCastro 2002）

为什么人们在不饿时也会吃东西，还有许多其他的原因。他们有时吃东西，是因为无聊、寂寞或悲伤，他们认为吃点东西可以缓减自己的消极情绪。问题在于，既然有这么多的食品的“诱惑”，人们随着时间的推移，究竟如何才能保持“正常的”体重基本不变。

插图8.4　对很多人来说，吃饭是一种社交经历。他们在聚会中不太关注自己的饥饿感，而吃得更多。

长期控制体重 (365)

半年严格节食后恢复原来的体重。第二次世界大战结束以后，人们关心的是，怎么解释营养不良对当时众多战俘产生的影响。在美国明尼苏达大学，有人试图回答这个问题。（Keys et al.，1945）他们让36名年龄在20－33岁之间的男性志愿者饥饿半年，即每天的营养需求从大约3 500卡路里下降到1 570卡路里。虽然营养受到严格限制，但是这种人为的条件还是不能同自然饥饿地区的人所面临的条件相提并论。此外，实验对象长期处于医生的监控之下，健康问题会及时得到解决。

实验对象的体重在半年后平均下降了25%。绝对地说，他们的体重虽然减轻得很明显，但与预计的低热量造成的体重减轻还是不能同日而语。(366)
也就是说，他们的身体使基础代谢下降了大约40%。值得注意的是，研究对象在“饥饿”阶段结束后体又增加了，最后又恢复了原来的体重。他们恢复原先的体重是什么原因呢？在回答这个问题以前，先介绍另一项研究的结果。在这项研究中，不是让人挨饿，而是让人多吃。

信息框8.1

长期严格节食，人性会发生什么变化？

在安塞尔·凯斯及其同事们的饥饿研究中，在节食开始后，对研究对象来说，食物很快成为最大的话题。（Keys et al.，1950）他们设法借阅关于饮食的文献资料；有些人钻研烹饪艺术，有些人收集食谱，或者通过自己的想象设计菜肴，有些研究对象甚至非常认真地考虑要辞职，改行做厨师。

他们过度关注食物，从而逐渐淡化其他方面的兴趣和活动。研究对象往往出现情绪波动，许多人因为一点小事而大发神经。挨饿的人对自己的共同环境越来越没有感觉，对幽默越来越不理解。同样，挨饿的人的社会行为也有很大变化；他们通常好斗和无礼。男人们对自己女友越来越不关心，有些人甚至干脆终止现存的关系。同样，道德也受到影响，有些实验对象偷盗食物和其他家用什物。在节食期间，参加实验的男人彻底改变了自己的人性。

插图 8.5 “挨饿”实验的对象。

过度进食后恢复原有体重。在另一项研究中，实验对象不仅不需要明显减少自己每天的饮食，而且正好相反：实验者要求 15 位体型瘦削的人，在几个月之内每天要比平时多吃（每天最多 10 000 大卡）。实验表明，体重适中的人“增肥”并不比超重的人“减肥”更加容易。实验主持人当时写道：“我们知道，对于一般的年轻人来说，希望增加体重是一项辛苦活。”但是，不管怎么说，实验对象的体重在六个月内大多数增加了 25%。“增肥阶段”一旦结束，这些原本瘦削的人每天又能吃自己的习惯的食物，
（367）除了两人外，他们又回到了原来的体重。（Sims，1974）人体在一段时间的节食和过度饮食以后又非常有规律地恢复原先的体重，这该怎么解释呢？

保持个体体重的标准值。大脑明显控制着体重、进食和新陈代谢的过程，目的是将体重调整到某个固定的标准，就是人们所说的体重标准值。威廉·贝内特和焦尔·古林认为，一个人的体重标准值（英语：Set-point）应由“不考虑体重时”保持的体重来确定。（Bennet & Gurin，1982）“标准阈”（英语：settling-point）（Pinel et al.，2000）或“偏离阈”（英语：range 或 zone）的概念无疑更为正确，因为在短时间内体重明显有轻微波动，人们将标准值比作很多住宅里将温度调到相应的理想温度的调节器。

研究表明，长期破坏人体的调节系统是不容易的。体重变化只受自由意志的控制。（Cuntz，2002）

“人体的调节器”——标准值控制器，似乎能在较长的时间内正常发挥作用，如果有规律地出现细微的，但持续存在的“错误”，会产生什么结果呢？福尔克尔·普德尔和约阿希姆·韦斯顿赫费解释说，如果内在的调节系统因出现错误而每天消耗的热量太少，只相当于一只中等大小的苹果、一颗夹心巧克力或一杯牛奶，那么体重每年就会增加 2.5 公斤。“照此推算，体重在 10 年间就会增长 25 公斤。当然，也许很少有人在一生中会遇到这样的波动。”（Pudel & Westenhöfer，2003）

标准值遗传规定。一个人的标准值的大小取决于什么呢？研究标准值的理论家们认为，每个机体内部的某些基础代谢是由遗传决定的，肥胖的父母生下的孩子往往也肥胖。收养的孩子直到成年，体重更像自己的亲生父母，而不像在其饮食习惯下长大的养父母。（Stunkard，et al.，1986）但并不能因此认为，青少年时期的营养习惯对体重的发展没有影响。父母对儿女保持或超过平均体重，起着非常重要的作用。如果几岁的孩子营养就 (368)
不健康，就面临标准值升高，形成脂肪堆积的危险。（Grilo & Pogue-Geile，1991；Wardle et al.，2001）

插图 8.6 体重的增加受先天的影响很大。但是饮食习惯，特别是在青少年时期形成的饮食习惯，也绝不能小视。

基础代谢：个体间的差异和一生中的变化。 日常观察表明，食量比较大的人体重不一定都会超标。这与个体间基础代谢方面存在的差异有关。此外，基础代谢随着年龄的增长会逐步减弱。基础代谢在体重快速增加时最为活跃，成年以后就会变得缓慢而且持续减缓，也就是说，人的年龄越大，保持基本身体机能所需的营养物质或热量就越少。随着基础代谢的减缓，需要满足基本能量需求的食物就越少。进入成年期以后，很多人必须根据体重的变化更加有意识地控制每天的饮食！

超重及其后果

增加健康风险。 在几乎所有的工业国家，人们的平均体重在过去的几十年中都增加了。三分之一的德国人体重超标（Deutsche Gesellschaft für Ernährung，1996），其他国家的情况也是如此，比如约旦河西岸的巴勒斯坦人体重超标已经很严重。（Abdul-Rahim et al.，2003）这种国际性的发展趋势非常令人忧虑，因为这不仅是外表问题，更重要的是医学问题：联邦德国的公民有20%因为体重超标而危及健康，因为高血压、静脉硬化、胆结石和关节劳损都与此密切相关。（Wirth，2003）非常“胖”的人还容易被人偏见和歧视（Teachman，2003），此外，人们往往认为，身体肥胖、体重超标是他们“自己造成的”，是他们“意志薄弱”，不注意平时的饮食，等等。然而，研究迄今未能证明，与正常人相比，可以根据这些特征区分体重超标的人。（Falth et al.，2002）那么，究竟如何确认一个人的体重是否超标呢？

体重指数（BMI）。 根据世界卫生组织的标准，一个人的体重指数大于30，就是体重超标。根据下列公式可以确定体重指数：根据下列公式可以确定体重指数：

$$\text{体重指数} = \frac{\text{体重（公斤）}}{\text{身高（米的平方）}}$$

如果一个人体重76公斤，身高180厘米，那么他的体重指数就是23.5（正常体重），可以根据下表测算结果：

类别	体重指数（公斤/身高的平方）
体重偏轻	< 18.5
正常体重	18.5 – 24.9
体重超标	25
• 轻微超重	25 – 29.9
• 一级肥胖	30 – 34.9
• 二级肥胖	35 – 39.9
• 三级肥胖	40

“肥胖”是指体内堆积过多的脂肪组织，但是必须注意的是，令人忧 (369)
虑的是因体内脂肪过多而造成的超重，不是运动员因为高强度训练而形成的超平均值的肌肉的超重，体重指数为25的人现在越来越多，这又如何解释呢？

能量正平衡产生的原因。如果撇开疾病的原因不谈，那么，造成体重超标只有一种可能性：人体通过日常的营养摄入的能量超过实际需要；这样就形成能量正平衡。什么条件可以导致形成这种不利的平衡呢？首先是现在的生活方式为此提供了很多理由：

——**可口的食物**。与从前相比，现在食物特别丰富可口，人们甚至在根本不饿的时候也想吃。

——**咖啡馆正效应**。咖啡馆里有很多食物品种可供自助，餐馆里菜肴更是品种繁多，可以吃了这道，吃那道。这种状况就会导致产生“典型的感官性饱足”，所以可以预料，大家会吃得更多。这可以称为“咖啡馆正效应”。（Raynor & Epstein，2001）服务员则期望这种效应，他们在客人用完丰富的正餐之后还要递上甜点菜单。

——**坐着的生活方式**。以前几代人的大部分时间都是在农业和手工业企业从事相当繁重的体力劳动。现在的上班族都是坐车去上班，乘电梯而不爬楼梯，一天中大部分时间都是坐着的，即使在家看电视也坐着使用遥控器。

——记忆的错觉。很多人深信，自己的营养比同龄人的平均营养更健康。当人们用统计资料告诉他们，他们这个年龄段应当改变一下生活方式，少喝一点酒、少吃一些高脂肪的食物，他们就自圆其说，声称自己难得有这样一回。

——丰富的食品供应。进化生物学的代表人物指出，荒野中的动物很难提前知道什么时候能找到下一顿食物。约翰·皮尼尔及其同事解释说："温血动物能在自然环境中生存，因为它们在醒着的时间内大部分都在寻找食物，一旦找到就立即吃掉，对它们而言是否马上需要含不含能量的食物，是无关紧要的，结果体内就存储了过多的能量，以备将来食物短缺时的需要。"（Pinel et al.，2000）也许正是这种生物的遗传，至今还使人体将不立即需要的能量以脂肪的形式存储下来。生活在亚利桑那州的皮马印第安人，就是由于这种祖先遗传下来的身体存储能量的倾向而对健康造成了灾难性的后果。

例　子

(370) 直到1940年前后，皮马印第安人还没有超重现象。他们以在亚利桑那州索诺兰沙漠中采集的水果和蔬菜为生；由于他们所生存的地区非常干旱，只能在较短的时期内可以获得这些食物。为了生存，他们就在收获时节尽可能多吃，尽可能节省和储备由此产生的能量。与欧洲裔美洲人相比，他们的基础代谢非常低。（Ravussin et al.，1988）此后，皮马印第安人的营养发生了变化，因为他们今天也拥有与同样的美洲人同样多的食物。因此，大多数现在还活着的皮马印第安人体重都超标；许多人体重超过200公斤，因而超过全国平均体重的八倍。此外，他们患糖尿病的机率非常高。（Nelson et al.，1997）这一发展过程是遗传条件和环境条件相互作用的结果，因为其他生活在墨西哥的皮马印第安人，没有改变传统的生活习惯，仍然保持匀称的身材，而且健康得多。（Esparza et al.，2000）

为了减轻体重采取的理智的和非理智的措施

瘦身是今天西方主流社会的最高价值。现在，工业国家的许多人——主要是女性——都非常想保持尽可能苗条的身材或者在需要的情况下积极主动地追求这样的身材。调查结果表明，在德国，二分之一的女性和四分之一的男性至少采用一种减肥疗法。（Westenhöfer，1996；Pudel & Westenhöfer，2003）这一问题不仅在传统的工业国家存在，而且在亚洲国家也同样存在，比如在中国，80%的大中学生都在设法减轻自己的体重，至少有时认为自己“太胖”。（Huon et al.，2002）当然，希望拥有一个苗条身材还仅仅是最近的事情。总的来说，女性从20世纪下半叶起对自己的形象就越来越不满。（Feingold & Mazella，1998；Owen & Laufel-Seller，2000）因此，比如约翰·休斯顿断言：“今天被认为体重超标的人，在一个时期曾经被视为正常，那个时期不像现在，丰满是时尚。”（Houston，1985）如何解释在过去的几十年间对苗条身材的评价所发生的变化呢？媒体在这方面无疑起了作用。

时尚杂志、促销手段和一些玩具产品的影响。看看时尚杂志上的女模特，很快就会发现，她们的身段大多数都非常苗条。但是，即使是T形台上的超级模特也达不到芭比娃娃的标准。如果将芭比娃娃的标准移植到正常身高的女性身上，那么，她们胸围应该是82厘米，腰围41厘米，臀围73厘米；这样的身材比例在女性中不足10万分之一。（Norton et al.，1996）如果这种非常流行的娃娃在小孩中间成为女性身材的“文化理想”，那么，就不得不让人担忧了。这样一来，人们就会千方百计的节食，希望 (371)
在少年或成年时能够拥有一个修长完美的身材，而这在大自然中是极为少见的，也根本不符合个人的标准值。

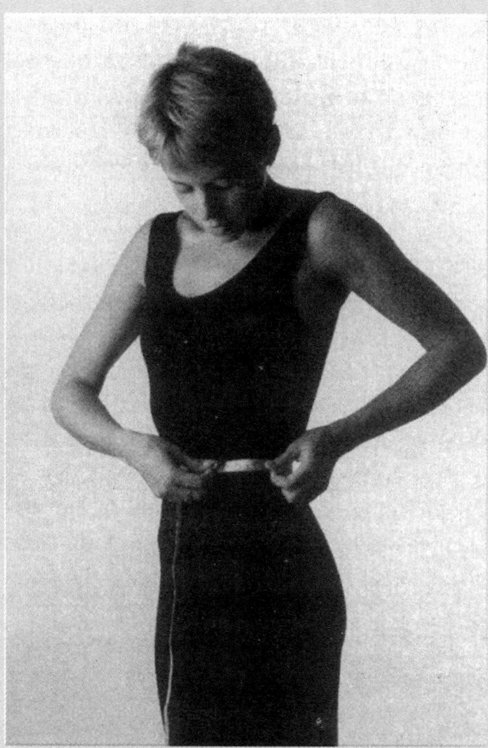

插图8.7　现在，许多人都给苗条身材以极高的评价，因此很多人想通过节食获得与自己的标准值根本不相符的形象。

主观感受到减轻体重的压力。不少节食的人说，媒体参与影响了他们对苗条身材的希望。实际上还广泛存在对体重偏重的人的偏见。在一个崇尚苗条的社会，对个人及其社会关系都会产生不利的影响。如果体重偏离普遍认为的标准值太远，许多人的自我价值观就会下降。同样，他们对别人的吸引力或者至少希望能有的吸引力会降低（Wadden & Stunkard, 1985）；甚至在求职的时候，身材苗条的人成功的希望会大一些。在这种社会背景下，大家都希望有一个苗条的外形。要达到这个目标，原则上有两种可能性：

——经常运动，包括体育锻炼；

——减少饮食；努力成为“节食者”。(Herman & Mack，1975)

每天适度地减少热量的摄取无疑是达到理想体重的适宜措施。当然，很多人意志薄弱，不能持之以恒地控制饮食。

节食后能量消耗的减少。福尔克尔·普德尔和约阿希姆·韦斯顿赫费研究了这样的问题：肥胖的人，也就是脂肪很多的人，是否真的能量消耗偏少，是否因此造成了体重超标和肥胖。他们查阅了大量文献资料，得出的结论是：“不能认为肥胖的人是由极低的能量消耗造成的。”（Pudel & Westenhöfer，2003）但是，普德尔和韦斯顿赫费又提出这样的问题：一个人能量消耗少是否就会体重超标，成为胖子。他们认为，“一个人的能量 (372)
消耗比较少，是成为胖子的一个危险因素。”一个人如果采取了节食措施，他的体重还会超标，还会成为胖子吗？身体无疑要适应“节食期”，而且行事要非常理性：他消耗较少的能量。可见，一个人如果节食成功，真的减轻了体重，能量消耗虽然降低了，但是与减轻的体重相比也是正常的。结果是，一个人节食成功以后必须少吃，但这对很多人来说是苛求。普德尔和韦斯顿赫费明确指出，能量消耗虽然减少了，但是，在这种情况下进一步减轻体重也不是不可能的：当然，人们在节食成功以后，必须继续改变饮食行为和运动行为。

重复节食使能量消耗持续减少吗（溜溜球效应）？早在80年代就有人认为，重复节食会使能量消耗的持续减少。也就是说，一个人越是频繁地重复节食，他为了至少保持现在的体重，吃得就越少。因此人们称之为“溜溜球效应”。现在可以证明，人体在节食后不能一成不变地保持降低了的能量消耗。静止代谢虽然在节食后会降低，但是在四周以后又会恢复正常。普德尔和韦斯顿赫费明确指出，对营养行为作必要的调节，虽然不能轻易减轻体重，但“从生理学的角度看，这样减轻体重也不是不可能的”。

信息框8.2

在进行专业指导下的瘦身疗法过程中应采取哪些措施?

“不无巨大经济利益”的瘦身疗法。在一个身材苗条被视为时尚的社会里，每天都有无数个瘦身治疗班开班和结业。但是，所介绍或采取的措施是否具有坚实的科学基础，却往往得不到充分的检验。自由市场上推介几乎数不胜数的措施和方法，这些措施和方法虽然都保证能减轻体重，但是正如普德尔和韦斯顿赫费指出的，其中“不无巨大经济利益”的诱惑，其目的是“从减肥经济这个以百万计的蛋糕上分得一块”。(Pudel & Westenhöfer，2003) 但同时这方面也有成功的例子，西蒙内·门施和于尔根·马克格拉夫指出，90 年代由于采用了改良的治疗方法，肥胖的人体重减轻了 10%。(Munsch & Markgraf，2003) 弗兰茨·彼得曼和尤塔·哈林在肥胖症治疗方面所采用的行为治疗方法很有特色。(Petermann & Häring，2003a) 请注意下面的具体介绍：

必须自我控制每次进食。超过平均体重的人只有自己下决心改变原来的生活方式，才能减轻体重。他们首先必须严格控制自己的饮食习惯。为了达到减轻体重的目的，比如，要求实验项目的参加者坚持精确记录自己在什么场合（比如在看电视、社交活动的场合）、什么时间吃了什么东西，建议他们将所有可以在吃饭时间以外能吃的东西（比如饼干、巧克力或薯片）都排除在家庭预算以
(373) 外；如果让体重超标的人挨饿，那么，他们抵制实验的自我调节能力与其说很强，倒不如说很薄弱。(Vohs & Heatherton，2000) 他们据说都是在吃饱以后去购物的。

必须了解食品的卡路里含量。要减轻体重，就必须降低每日三餐的卡路里含量。但这个目的不是简单地少吃一点就可以达到的，因为人体必须不断地摄取营养物质，以维持各个机能的运转。因此，公认的研究项目都要向参加者传授相关的营养科学知识以及有关各种食物的卡路里含量和营养价值（蛋白质、维生素和矿物质）。

必须定期进行体育活动。除了坚持节食以外，体育活动也非常重要，因为通过体育活动可以消耗卡路里。专业人员推荐进行体育活动，当然不仅因为体育活动可以消耗能量（这一点通常被高估）；他们还希望产生其他的效用。适度的体育活动可以增强肌肉组织，从而形成更多能快速燃烧卡路里的组织，而基础代谢不会减缓。(Wadden et al.，1997)

社会鼓励和自我奖赏的重要性。瘦身治疗班提出的要求，说起来容易，但个人要始终如一地达到这些要求就非常困难。因此大家都要关心，给每个实验参加者以鼓励和社会支持，同情他们的命运。为了支持他们放弃旧的习惯，遵循新的规则，应当更多地鼓励实验参加者奖赏自己的每一个进步，比如，当他们在某个时间成功地抵制了某种“被禁”食物的诱惑时，应当允许他们去看场电影或买件衣服。

父母与其让孩子以后采取治疗措施，倒不如现在多加照顾。但是，即使在专业人士指导下的瘦身疗法，也别指望会发生什么奇迹。很久以前就已成定论的东西，今天对它们来说还是原则性的：参加减肥班的人大多半途而废，而坚持完成减肥班学业的人体重大多没有减下来。长期的研究结果表明，减肥成功的人五年后有95%在又回到原来的体重。（Stroebe，2002）体重减轻的人后来大多又恢复到原来的体重。(Stunkard，1975）可见，长期减肥是非常费力的。少数成功减肥的人花费的费用是非常可观的。因此专业人员建议尽可能全面地告诉未来的父母，应当教育自己的孩子养成良好的饮食习惯，以便及时防止体重超标。（Taylor，2003；Petermann & Häring，2003b)

灵活进食而不是固定控制。显然，节食对一些人来说是有效的减重方法。他们以坚强的决心长期控制饮食，但是，他们也指出，饮食酌情应当有一定的灵活性。这些人不喜欢暴饮暴食，不像普德尔和韦斯顿赫费观察到的那些人那样，只按照预定计划和节食规定严格控制饮食。按照普德尔和韦斯顿赫费的说法，他们“吃东西不是出于个人的兴趣，更确切地说， (374)

是履行一种义务，他们不履行这种义务会感到良心不安。”（Pudel & Westenhöfer，2003）

8.2.2 攻击行为及其解释

2002年4月26日早晨，爱尔福特一位19岁的中学生罗伯特·施泰因豪泽与父母告别；父母还以为儿子去参加高中毕业考试。10：45分，这个年轻人进入文理中学，到厕所换上黑色衣服，戴上面具。不久人们就听到楼里响起枪声。罗伯特·施泰因豪泽接连枪杀了15个人。两个警察赶到时，这个案犯又将枪指向其中一名警察，让他成为自己枪杀的第16个人。最后他自杀身亡。

这个疯狂的射手令爱尔福特和整个德国的人感到震惊。很多人知道这件事情后都问，一个19岁的中学生能这样攻击自己的同学？为什么没有人，包括他的父母或同学，发现罗伯特·施泰因豪泽制造一场最终酿成人类灾难的迹象呢？

攻击性行为的特征。大多数人可能相信自己知道“攻击”这个单词的含义。但是当你阅读相关的心理学书籍和文章，看到其中给这个单词所下的定义时，你定会感到迷惑不解，因为早在1983年，这类文献就对这个单词作了250多种不同的特征描述。（Harré & Lamb，1983）幸运的是，大部分定义差别并不大，还可以找出它们的共同之处。那么，心理学家可以借用现有的哪些特征，将一种行为定义为“攻击性行为”呢？

故意伤害甚至蓄意杀人的行为。在这种场合，所谓攻击性行为就是指一个人（原则上也可以是多个人）试图直接或间接地伤害他人或其财物，或者事实上已经造成伤害。（Björkquist & Niemelä，1992；Rechtien，1997）法官不指控这种攻击性行为，是为了谨慎起见，因为法官们宣布的惩罚也
(375) 可能造成不幸，甚至伤害。沃尔夫冈·雷希蒂安补充说：“一种具有伤害故意的行为只有在违反社会标准的时候才是攻击性行为。”（Rechtien，1997）在这个限制条件下，雷希蒂安指出：“只要符合法律规定，律师、法官和法警（符合法律规范的）行为，不应视为具攻击性的行为。”罗伯特·施泰因豪泽无疑表现出了攻击性，这是与上述定义相一致的，因为从事后的侦查结果可以得出结论说，他为了用武器枪杀自己的同学，可能还

有老师已经作了长时间的准备。他杀死别人，至少伤害别人的意图是决定性的，因而完全可以将他的行为定性为攻击性行为。医生给哭闹的小孩子打针，从表面看他虽然伤害了小病人，但是，他并不是故意让病人遭受痛苦，而是在履行救助义务时发生的不可避免的伴生现象。银行抢劫犯无视警察让他站住的命令而逃跑，警察只好开枪，对这名警察的评价也是这样：警察开枪之前已经向逃犯发出警告，可见他珍视逃犯的生命。同样，一个居民在家清扫阳台，不小心碰到了花盆，花盆掉向人行道，砸伤了一个过路的女人。在这种情况下，人们通常也不会指责这个不小心的居民没有保护好自己的花盆。

信息框1.1

下面的描述可以检验是否存在符合上述攻击性行为特征的四种行为方式：

入室盗窃犯将锤子砸向想阻拦自己的房主，但是没有击中。他在慌乱之中撞到了这家的小女儿；小姑娘摔倒了，膝盖受伤。盗窃犯为了快点逃走，举拳砸破大门玻璃，他的手受伤流血。

母亲赶快给女儿清洗伤口，贴上创口贴。母亲问女儿："疼吗?"。女儿突然一耸肩膀叫道："哎呦!"她生气地夺过母亲手里拿的水碗，把它扔到地上摔得粉碎。"你就不能小心点?"……"坏妈妈!"

上述场景中，哪种行为属于攻击性行为？"用锤子砸"是一种，因为盗窃犯具有伤人的意图。他自己造成的受伤虽然也可视为攻击性行为，但是玻璃碎片刺伤手背却不是故意的。同样，盗窃犯撞倒这家女儿也不是攻击性行为，因为他不是故意的。女儿将水碗摔破明显是攻击性行为，最后骂母亲也是攻击性行为。

区别工具性攻击和敌意性攻击。寻找一个符合所有情形的特征有哪些困难，请看下面的例子：刽子手受法庭委托行刑；拳击运动员将对手打得鼻子流血；猎人射杀了一只生病的动物。这些例子都说明，在每一个场合，都存在伤害他者（人或动物）的故意。很多心理学家可能都愿意将这 (376)
种行为称为攻击性行为，但是，他们提醒大家注意，这种伤害不是主要目的，更确切地说，是不可避免地出现的次要结果。处决罪犯是保护社会再遭侵害；拳击手只是向公众展示他的体育优势；猎人终究也是为了保护环境。这些情况可以称之为工具性攻击行为。这种行为与敌意性攻击行为——比如罗伯特·施泰因豪泽那样以故意伤害他人为首要目标的行为——是完全不同的。顺便提一下在作出这种判断过程中的评价。死刑的支持者和反对者可能经常争论，刽子手的工作是否能一概而论都归为敌意性攻击行为；很多猎人明确否认射杀动物是攻击性行为。这种观点是可以考虑的，因为人们只将攻击这个概念用于描述在社会上被负面评价的行为。

攻击性行为的确认也取决于主观评价。只有通盘考虑了行为发生时的各种情况，才能确定是工具性攻击行为还是敌意性攻击行为。一个参加某个团伙的年轻人殴打一个行人，因为他感到受了这个人侮辱了（敌意性攻击），或者因为他将打人这件事看作向同伴展示勇气的检验（工具性攻击）。另外，对这同一种行为实施者和观察者通常会作出不同的解释。如果一个人对他人采取以侮辱和伤害为目的措施，是为了提升自我价值，那么，这种行为就可以认为具有工具性特征。采取这种方式似乎也是以此为理由的。一个人在左车道强行挤轧另一个开车的人，他在接着必须作出解释的时候就会辩解说，为了赶时间他不得不对“那个慢吞吞的新手”采取措施。相反，被挤轧的人和其他目击者都会异口同声地说，他们看到的行为明显是敌意性攻击行为。因此在日常生活中，很难减少因攻击而引起的冲突，因为除了极个别例外，人们同样不会相信情绪激动的进攻者，认为他的行为具有各种敌意性攻击的特征，根本不容辩解。

攻击性行为的解释。

“人性本恶。”英国哲学家托马斯·霍布斯（Hobbes，1588－1679）在17世纪见证了很多宗教战争和内战。人类公开解决冲突的方式方法，使他没有理由认为人是理性的。他根据自己的观察得出结论说，人类首先相信自己的力量并热中于赢得对他人的优势。霍布斯认为，因为人对人是狼（homo homini lupus），如果国家无力建立秩序，规范个人的行为，那么人们很快就会自相残杀。西格蒙德·弗洛伊德在观察了第一次世界大战期间的侵略性行为后也得出了类似的结论。弗洛伊德认为——行为生物学家康拉德·洛伦茨后来也认为，机体内不断积聚攻击性能量，超过压力最终就会释放。（Lorenz，1963）这种“蒸汽锅炉理论”现在已证明是不正确的。但是洛伦茨与弗洛伊德不同，他认为，攻击性行为不是自我毁灭；更确切地说，这种行为有助于适应和生存。 (377)

整个人类历史已经无数次地证明“人性本恶”这个论断。人类学家阿什利·蒙塔古利用最古老的文献得以证明，在5 600年间一共爆发了14 600场战争，也就是说每年爆发2.6场战争。（Montagu，1976）因为这一数据是在60年代早期统计的，所以根本没有包括远东（比如越南）战争、柬埔寨的种族屠杀以及在阿拉伯半岛、非洲、南美和欧洲（在前南斯拉夫地区）发生的大量冲突。

插图8.8　人类自有历史至今，战争频仍，这似乎可以证明“人性本恶”这一论断。（图示：公元前490年，在马拉松战役中，希腊人将波斯人赶回他们的战舰。）

为和平共处所作的巨大努力有目共睹。媒体相信，（大多数可以作出

负面评价的）重大事件会得到受众的关注，因此在选择新闻时也就要特别
(378) 注意这一点。尽管如此，关键的问题在于，日常的观察是否也没有为多数人为和平共处所作的努力提供大量启示。

启动自我体验

您可以利用下次参观一个城市的机会，观察攻击性行为发生的频率。您等了多久才看到一个行人谩骂，甚至殴打另一个人或几个人？人们明显和睦相处与平等对待的事情与明显互相攻击的行为发生的比例有多高？在结束参观以后，您会考虑总的观察结果，会为人类更爱好和睦相处还是更具攻击性提出证明吗？

爱德华·威尔逊（Wilson，1975）根据自己的观察得出这结论说，来到地球的火星来客很可能难以看到攻击性行为，因为人们在大多数情况下都不会采取暴力行为。火星来客很难看到这样的事情发生：人们故意要毁坏财务或伤害他人。关于人类具有攻击性的论断似乎——至少乍一看——是充满矛盾的。

(378)

攻击性行为的生物学基础

对人的攻击本能天生论的驳斥。对于人类和动物如何能具有攻击本能这个问题，行为主义生物学家的回答大多要引用查理·达尔文的物种起源（进化论）。这种理论认为，每一种更强壮或者更有适应能力的生物拥有更多的生存机会。比如，雄性动物为争夺雌性动物而战，还要驱逐自己领地上的入侵者，保护幼崽。在这种冲突中，往往是更强大、更机敏的动物获胜。同时这也为它们的生存创造了良好的前提。个体的遗传结构就是以这种优势为条件的，所以更有可能遗传给后代。当然，如果因此认为，该死的人类由于进化而不得不采取攻击性行为，那么，就得出了错误的结论。人类学家阿什利·蒙塔古以丰富的例证驳斥了人的攻击本能天生论。他写道：“攻击本能是天生的这种说法给人这样的印象：人是不折不扣的机器，受自己的祖先，‘杀人犯’猿身上继承的根深蒂固的本能所驱使。这种理论勾画了一幅悲惨的画面。如果这是正确的，那么人种的未来就真的是令

人沮丧的，希望渺茫的。”（Montagu，1976）

攻击性行为和逃跑行为都是可能的适应性的表现。有人认为，攻击性行为随着时间的推移将成为生物的遗传结构的一部分，这是片面的观点。在这方面毫无争议的是，攻击性行为能够确保一种生物或一个种群的生存。发动攻击不是同时也有很大的危险吗？自愿参加战斗的人，始终必须考虑到有可能受伤或战死。在有些情况下，发动攻击能够拯救生命。而在 (379)
另一些情况下，因为危险太大，所以寻求和平的解决方式或者干脆逃跑，以避免战斗，可能更具有达尔文所说的适应能力。（Maynard-Smith，1974）

文化差异

攻击意愿部分是不同文化价值的结果。如果将不同的人类群体作一番比较，就可以发现，有些群体相当平和，有些群体则非常具有攻击性，但即使具有攻击性的群体也不是永远具有攻击性。（Montagu，1976）归根结底，一个群体的成员是否愿意采取攻击性行为解决人际冲突，文化价值具有决定性作用。（Cohen et al.，1996）美国的杀人犯罪率很高，被视为具有攻击性的社会，而其他国家则可以视为非常“爱好和平的”国家。各个群体随着时间的推移在这方面也会发生变化：比如，300 年前瑞典人的暴力犯罪率在西方世界是最高的，而现在则是最低的。（Lagerspetz，1985）这种发展被视为社会和文化变化的结果。

爱好和平的社会。布鲁斯·伯恩塔描述了 25 种典型的爱好和平的群体。居住在马来西亚热带雨林中的奇旺族（Chewong）的语言中甚至没有吵架、斗争、侵略或者战争等概念。（Bonta，1997）爱斯基摩人的屋库—因纽特文化将攻击性行为视为社会无能的表现，最能说明这一点的是，他们的语言将“攻击”一词解释为“幼稚”。（Oatley，1993）在很多群体中，攻击性行为明显不起或只起很小的作用，如何解释这一点呢？伯恩塔得出的结论是，他研究的大多数群体都拒绝竞争，在各个生活领域加强合作。这种区别部分地源自社会根据个人主义和集体主义的结构进行划分。（见第 123 页）文化人类学家通过比较证明，人是具有攻击性的还是爱好和平的，绝对不是取决于人的天性；更确切地说，人成长和生活的文化背景对人的行为起着决定性作用。

性别差异。如果问朋友和熟人，性别在攻击意愿上是否存在差异，那么，就会得到相当一致的回答：在很大程度上，男性比女性更具攻击性。生物学知识丰富的调查对象会设法援引动物王国的研究来论证自己的答案。雌性想生育健康、生存能力强的后代，因此偏爱强壮的雄性。雄性必须战胜其他同性来展示自己的力量，才能博得雌性的好感。在人类的进化过程中，难道男人的基因保留更强的攻击性？

(380) **男性发生肢体攻击的可能性较高**。如果我们通过攻击一词的定义，只考虑那些通过身体侵犯故意伤害他人的措施，那么就可以发现，女人的攻击性行为比较少，她们害怕这样的行为会伤害别人，反过来伤及自己或引发负罪感。(Eagly & Steffen, 1986) 只要查阅18世纪以前的历史资料，就能发现，男性暴力犯罪比例高于女性："进攻越猛烈，男人获得优势的机会就越大。"(Ellis & Coontz, 1990) 典型的性别差异在幼年时期就已显露。人们在观察了3-6岁的孩子后发现，男孩子肢体攻击行为相对比女孩子多。但是当他们进入成年早期，性别差异会减少，这主要是因为15-18岁的少男身体攻击行为不断减少，而同时语言的和间接的攻击性行为则更为频繁。(Loeber & Hay, 1997) 当然，女孩或女人是否具有攻击性行为，取决于各种不同的文化。在委内瑞拉的玛格丽塔岛 (Margarita)，女孩子们很早就从父母和祖父母那里知道，攻击性行为，包括肢体攻击是做女人的一个重要组成部分。因此对这个岛上的居民来说，女性的攻击是受人欢迎的行为。(Cook, 1992)

女性发生关系型攻击的可能性较高。布里特·盖伦和马里昂·安德伍德严格区分了青春期少男少女的攻击性行为，并且形象地描述说："男孩子喜欢用拳头打斗，但打一会儿就不打了；女孩子喜欢打嘴仗，一开始就停不下来。"(Galen & &erwood, 1997) 请问，女性如何表现典型的攻击？女人的攻击绝不比男人少；只是表现的方式不同罢了。"女人生性平和，男人爱好动怒"，这种说法不过是神话。(Micus, 2002) 因为女人天生没有男人肌肉强壮，所以她们谨防成为肢体报复的牺牲品。由于女人比男人更重视社会交往中的社会关系和信任，所以她们认为，如果在社交方面受到伤害，就会感到非常痛苦。(Crick & Rose, 2000; Crick et al., 1999) 这种"关系型攻击"或者"间接攻击"可能有多种表现形式，比如，一个女孩想向她原来的朋友委婉地说明，今后她要与他人建立朋友关系。("你不再是我最好的朋友了!”）这位朋友就会让她感觉到，不欢迎她参加即将举行的生日聚会。（“我再也不会邀请你参加我的生日聚会!”）从此背后议论对方或者传播谣言（“丹尼尔说，你的样子很傻!”）。由于怨恨对方，所以传播对方在私密谈话中所说的内容。如果将15－18岁的少男少女作一番比较，就可以发现，很多国家，比如芬兰、以色列、意大利和波兰的女孩子的间接攻击性行为多于男孩子。（Österman et al.，1998）即使成年人，也 (381)
有相应的性别差异。（Micus，2002）因此，男人比女人更具攻击性的说法虽然很流行，但只要将各种形式的攻击性行为加以比较，就不可能得到证明。此外克里斯丁娜·米库斯提醒人们注意，在比较两性的攻击性行为时必须考虑环境条件：“面对身份显赫的人，几乎所有人，无论男人还是女人，都很难表达不愉快的感情。”米库斯解释说，由于女性在社会生活和经济生活方面的地位往往不如男性，所以在比较男人和女人表现出来的攻击性行为的差异时必须考虑到附加的立场：“平和不是女性行为的主要特性，在这种社会大背景下，女性由于地位比较下，表现得比较平和。”（Micus，2002）

现在的问题是：究竟是什么东西让人们——小孩和成年人——进行互相攻击？什么事件、什么环境条件有可能引起攻击性行为的发生？

沮丧型攻击的假设

沮丧是尝试达到目标的障碍。生物学家尝试回答的问题是，为什么人和动物能够产生攻击性行为，这种行为对生物有什么作用，而心理学家致力于回答的问题是，攻击性行为是在什么条件下发生的。什么时候可能发生攻击性行为？30年代末，美国耶鲁大学的一些心理学家集中精力研究了一种他们称之为“沮丧”的状态。（Dollard et al.，1939）所谓沮丧，就是人们正在为达到某一目标而努力，但是他追求目标的行为受到了阻碍，也就是说，他未能达到目标。一个匆忙赶公交车的人，就在到达目的地之前，看到公交车“在自己的鼻子底下”开走了，就可能感到沮丧。沮丧总是会引发攻击性行为吗？耶鲁大学的心理学家作了大量研究，试图解释这个问题。

沮丧型攻击假说的最初版本。罗伯特·西尔斯和同事们在一次实验中，邀请大学生参加聚会，声称聚会在晚上开始，其间要观察疲劳的过程。(Sears et al.，1940）实际上主人要反复让客人感到沮丧：既不让年轻人抽烟，也不让他们说话；突然打断年轻人的社交游戏；答应的热早餐也没有送来。在这种情况下可以看到，测试对象在这个夜晚越来越怒不可遏。他们诅咒这种实验，怀疑实验组织者的精神有问题。有一个大学生信笔涂鸦（见插图 8.9)，问他画的是什么，他立刻回答说：心理学家！

耶鲁大学的心理学家在完成似乎可以证明他们所说的沮丧和攻击之间
(382) 的联系的实验以后，决定在 1939 年公布沮丧性攻击的假设。这一假设包含两个观点：

——沮丧总会引起某种形式的攻击性行为；
——攻击始终是沮丧的结果。

插图 8.9　一个一再感到沮丧的实验参加者所作的明显带有攻击性的涂鸦。

沮丧型攻击假说的有限适用性。有人断言，沮丧的结果就是攻击，当然，这种观点显然是不正确的。（Berkowitz，1989）其一，沮丧情绪产生后只有在短时间内具有攻击倾向。（Green et al.，1998）经过较长时间的沮丧，比如一小时后，几乎就不再有攻击的意愿（Buvinic & Berkowitz，1976）；其二，可以肯定，甚至比较强烈的沮丧也不会总是引发攻击性行为，它可能同时引起恐惧和消沉。纳粹时期集中营里的囚犯只能苦苦煎熬，沮丧的程度无疑最强烈，持续的时间最长，但是囚犯们却依然表现得非常冷漠和消沉，而没有发生公开的攻击性行为。1945 年盟国军队在这些关押在集中营的、即将释放囚犯的脸上清楚地可以看到这种冷漠。集中营的囚犯必须忍受着极端的，简直令人难以想象的生活条件。如果这些感到沮丧的人认为，禁锢他们的目标明确的行为是非法的和专制的，那么，他们在日常生活中很可能不断发动攻击。（Batson et al.，2000）如果一个人借助"社会认知解释模式"能对一件令许多人感到沮丧的事情抱无所谓的态度，那么，就不可能产生攻击性的反应。（Mischel et al.，1996）比如，对这样的事情可以作如下解释："如果这次我没有搭上想上的公交车，那我就等下一班车。"——"公交车从'我的鼻子底下'开走，肯定是因为司机没有看到我。"

同样，沮丧型攻击假说的第二种说法的普遍适用性也值得怀疑。攻击性行为难道真的总是由沮丧引起的吗？一个受雇杀人的杀手在行动之前先要感到沮丧吗？难道战时的轰炸机机组人员一直要等到某种愿望没有实现，产生沮丧情绪后才向居民区投掷炸弹吗？一个销售员难道感到沮丧 (383)
后，才攻击性地向顾客提供商品吗？人们经常可以看到，一场足球比赛之后，球迷会上街游行，打破橱窗玻璃，毁坏汽车，攻击行人，但是他们采取这些破坏行为通常不是因为失望，而是因为自己支持的球队赢得了胜利。

耶鲁大学的心理学家原来断言，沮丧和攻击之间存在一定的联系，这种论断显然过于狭隘。因此，莱昂纳德·伯科威茨通过潜心研究，全面驳倒了这一理论。

插图 8.10　被关在布痕瓦尔德集中营的即将释放的囚犯。他们在极端令人沮丧的环境下没有作出攻击性反应，而是显得非常冷漠和消沉。

经过修正的沮丧型攻击假说

沮丧是很多不愉快的经历之一，会使人产生消极情绪。伯科威茨解释说，沮丧可以（但并非必然）导致攻击性行为（Berkowitz，1988；1989），前提是，沮丧可能引起情感层面的愤怒或像其他人所说的内心激动。（Zillmann，1994）根据这一被修正了的观点，攻击性行为产生于消极的、不愉快的情绪，而不是产生于先前的沮丧。但是人们产生消极情绪不仅是对沮丧作出的反应，在其他条件下，比如身体不适，觉得自我价值感受到伤害或者酷热的天气等等的条件下也可能产生沮丧。这些诱因条件可能提高普遍激动的程度，同时情不自禁地采取攻击性行为。（Carlson et al.，）

高涨的激动情绪向其他情景的转移。疯狂的球迷在自己的球队获胜之后不会感到沮丧，但他们在“自己的”球员当着观众的面成功断球以后很可能极为激动。根据多尔夫·齐尔曼的“激动转移理论”，这种在特定场合（体育场）产生的强烈的激动情绪，只能缓慢地消退，并可能转移到其他场合。（Zillmann，1994；1996）因此，当观众在比赛结束后来到大街上时，他们在足球场上产生的激动情绪还没有减退。齐尔曼认为，这时很可能发生攻击性行为，除非人们意识到自己的过分的激动——在前一个场合产生的激动尚未消退——，将激动产生的原因正确地归之于上一个场合，而不是归之于眼前的场合。如果发生了一起引起消极情绪的事情，那么，接下来很可能会将攻击性行为发生的原因强加给臆想的人和事。个中原因 (384)
可以用他人挑衅的例子来解释。

信息框1.1

如果您刚刚进行了体育运动，比如完成了几千米的长跑，那么，您在短时间内会非常激动：您大汗淋漓，气喘吁吁，但是并不生气。但是，您在慢跑喘气时听到一个路人的让人恼火的话时，您会怎么样呢？您在非常激动的情况下刚一到家就听到指责，您又会作出什么反应呢？在这种场合或类似的场合，您有可能作出攻击性的反应吗？

非常激动情况下的相互挑衅。日常生活中常见的攻击性行为的诱因是受到侮辱和挑衅。如果人们在已经非常激动的情况下，将冲突对方的话解释为人身伤害，那么，就很可能作出攻击性反应。指责和侮辱——更为严重的是打人——很快就会使对方想到报复，从而形成攻击性行为呈螺旋型上升的趋势。这种螺旋型趋势很多源自很小的矛盾，接着各自都伤害或指责对方；从而争执的焦点越来越多，结果形成“焦点扩大”（英语：issues proliferation）。(Rubin et al.，1994)

滑稽电影以逐渐升级的互相挑衅描绘了这种社会情景。插图 8.1 复述了电影《胖子和傻子》中的典型例子。这组图片首先表现的是演员劳莱和哈代拿着一棵圣诞树要兜售给一个陌生人。然而，这两位推销员的纠缠不休让这个人感到非常恼火，于是他打了一个很不友好的手势，劳莱和哈代对此不能置之不理，他们接着就开始捣毁这个“难缠的”顾客的房子。当然，他们也必须为此付出代价：房主进行了报复，将这两个不请自来的推销员的汽车砸坏了。电影中为了娱乐观众而设计的情节，当然不能与国家之间的冲突相提并论，国家之间如果长时间相互威胁、侮辱和挑衅，结果就会演变成军事冲突。

每个人面对挑衅和侮辱都作出相同的反应吗？或者说，每个受害者都有自己的性格特征，是否作出攻击性反应，完全取决于这种性格特征吗？

在寻找这种性格特征的过程中，自我价值首先使人们产生了研究的兴趣。

插图8.11 引自电影《胖子和傻子》中的一个例子，能说明双方相互挑衅的过程能使攻击性行为不断升级。值得注意的是，争执的焦点越来越多。

自我价值

低下的自我价值不是强烈的攻击意愿的培养基。公众显然普遍认为，自我价值低下的人，不怎么自信，看不起自己，很容易作出“敏感”反应；这样的人——偶尔会听到这样的论点——攻击他人，是想改变自己窝囊的形象；因此，他们由于微不足道的冒犯也会采取攻击性手段。这种观点真的符合实际吗？根据罗伊·鲍迈斯特的看法，答案明显是否定的。（Bushman & Baumeister，1998；2000）现有的研究结果不能证明，犯罪行 (385)
为、暴力事件和攻击性行为都是自我价值感较低的人干的。那么，自我价值与攻击性意愿就毫无关系吗？

插图 8.12 根据希腊神话，美少年那喀索斯爱上了自己在水中的倒影。因为这种自恋无法实现，他备受爱慕之苦；最后他幻变成了一株水仙花。（那喀索斯像，卡拉瓦乔作，1598—1599 年）

攻击性意愿和自恋倾向。大部分攻击性行为都是那些自以为了不起的 (386)
人实施的。这样的人也被称为自恋者（Narzissten）（源自希腊神话，美少年那喀索斯（Narziss）迷恋上了自己在水中的倒影；因为这种爱始终无法实现，于是折磨着他，最后憔悴而死，变成了一株水仙花。）

上述意义上的自恋者认为，侮辱是对自己高估的高大形象的威胁，因此他们要通过攻击捍卫自己。（Bushman & Baumeister，1998）他们的“回击”显然是想惩罚攻击者，迫使其立即停止侮辱，不能再犯。（Baumeister et al.，1996，2002）但值得注意的是，只有那些过分重视自己高大形象的人才会作出这种敌对的反应，这是以自我为中心的自我错觉的结果。相反，那些威望确实很高又能正确评价自己的人，在受到外来攻击的情况下不会轻易感到威胁，因而也不会立刻进行防御。但是，一个人是否作出攻击性反应，还取决于当时所处的环境。

环境对攻击意愿的影响。一个人所处的环境和他的行为之间存在怎样的联系，这是环境心理学需要回答的重要问题之一。（Hellbrück & Fischer，1999）比如，我们知道，住在人口密度很大的住宅区的人比那些住在人口密度不大的小区的人更具有攻击性。（Bell et al.，1996）对于在什么情况下预计人们会采取具有攻击性行为这个问题，社会学家往往回答说，一是向外人隐瞒身份的人，二是那些权威人士，他们要求别人服从实施处罚的命令。色情电影会增强观众的攻击性行为，这种经常听到的说法是否符合事实，信息框 8.3 试图作出解释。

信息框8.3

观看色情表演会提高攻击性吗?

各种表演内容之间的区别。今天的众多媒体，不管是纸质的还是影像的，都充斥着性描写或性图像。色情表演和淫秽表演之间的界线难以区分，这无疑还取决于观众本人的观点。仅仅为了方便起见，这里将只区分暴力和非暴力的色情表演。（色情 Pornographie 这个概念源自希腊语；Porna 意为古罗马妓女的表演）“对‘色情’这个词似乎难以下一个贴切的、具有法律约束力的定义”（Selg & Bauer，1986），所以这里只强调一点：非暴力的色情表演明显指成年人的性活动，表演者明显是自己同意的；因此，在这个限度内，赫伯特·泽尔克将这个概念称为色情的或肉欲的。（Herbert Selk，

1988）相反，暴力的色情表演是在某种强迫措施或惩罚措施的威胁下进行的性活动，妇女通常是受害者。

色情表演对观众的影响。观看性感的裸体会使许多人产生愉悦的感觉，但是不会引起性冲动。（Selg，1988）相反，非暴力色情表演更能使观众产生性冲动（Byrne & Kelley，1984）；但在通常情况下不会使人对女性发动性侵犯。（Donnerstein，1984）然而，如果色情表演有暴力内容，就会产生两种结果：一是增强观众的攻击性，但不是针对其他男性，而是针对女性。（Malamuth，1998）二是增加这样的可能性：观众看了表演不愿意设身处地为强奸受害者着想，却容忍对女性的侵害。（Donnerstein & Linz，1995；Donnerstein & Malamuth，1997）

男性看了色情暴力表演可能强化"强奸的神话"。色情暴力表演大多按相同的模式描述或表演强奸情节：女性受害者起初奋力反抗，试图摆脱男性侵犯者，但是受害人因侵犯而兴奋起来，最后非常享受这种暴力的"被占有"。小说《飘》就是这样描写女主角斯佳丽·奥哈拉的。她反对男主角的调戏，哭着被拽到床上，但是醒来时却愉快地哼着小曲。社会心理学家认为，媒体频繁描绘这样的情节会造成以下后果：

——会强化男性心目中经常出现的错误想法，即女性一开始虽然会反抗，但是，被强有力的男性暴力占有以后，最终还是会感到享受。

——可能的结果是，强化男性对女性的攻击意愿。

有人认为，女性内心深处是享受强暴的性的，并会将其当作其乐无穷的刺激来体验，（388）这种错误的想法被称为"强奸的神话"。（Krahé，1998）当然，如果仅仅将色情媒体及其渲染的暴力情景称为促成性侵犯的原因，那么就未免过于简单。70－80年代，在丹麦、瑞典和德国，自由接触暴力色情媒体的人数日益增长，但是这些国家的性侵犯率始终没有同期增长。

(Bauserman, 1996) 因此罗伯特·鲍泽曼认为，为努力降低性侵犯率，应当集中揭示性罪犯的经历和特殊的生活状况。可以肯定地说，相信强奸的神话将会妨碍男女之间的真诚的交往。男人应当相信，当一个女人说“不”，就是“不同意”男人的性要求。如果男人将这个“不”理解为“继续进行”的暗示，那么就可能发生强奸的危险，强奸往往可能造成心灵的和肉体上的创伤，并且会影响一个健康女性对性的看法。(Golding, 1996)

暴力色情作品对男性的影响是不同的。不是所有男子都会受暴力色情作品相同的影响。只有那些观看性暴力表演感到很受刺激，并对强奸妇女表示容忍的男子，才会增强对女性的攻击意愿。(Malamuth, 1986) 此外，还有一些人，他们由于自己的生活经历特别想对女性展示权力和优势，对女性不怀好意 (Malamuth, 1998)，不考虑他人的感受，这样的人也喜欢观看暴力表演。(Malamuth & Thornhill, 1994; Dean & Malamuth, 1997)

身穿制服和隐姓埋名条件下个人身份的消失。人们很早就知道，隐姓埋名的人会表现出在其他条件下没有的行为特征。从前法庭雇用的刽子手经常戴着风帽（见插图 8.13），这肯定不是偶然的。死刑的行刑者一般以假名作掩护，这显然有助于他执行自己残酷的任务。同样，爱尔福特的那个中学生也是戴了面具才开始射击的。

去个性化状态下可能增强攻击意愿。在一项经典的实验中，菲利普·津巴多观察了那些戴风帽、穿长袍、把自己的脸部和身体遮得严严实实，因而无法识别其身份的女性。(Philip Zimbardo, 1969) 在这样的条件下，她们电击别的女性的意愿比那些不戴面具、佩着大名签的女性高一倍。(这些被调查的“受害者”只是假装的，事实上并没有遭到电击) 身份的丧失无疑有助于采取这种行为，人们称之为“去个性化”。在其他的许多研究中确实可以看到，对外人隐满个性的人伤害陌生人、欺骗他人和触犯法律的意愿都比较强。(Aronson et al., 2002) 女性在玩有打斗场面的视频
(389) 游戏时，如果她们的身份是大家熟悉的，那就很少会表现出攻击性，但是一旦隐姓埋名地观看这样的片子，她们就表现出和其他男性一样的攻击性。(Lightdale & Prentice, 1994) 当然，人们在极度隐瞒身份的情况下，

也并不总会提高攻击意愿。

插图 8.13　巴黎 14 世纪的刽子手。他戴上面具在别人面前掩护自己的身份，从而可以从容地执行绞刑。

去个性化状态下接受社会身份的意愿比较高。在另一项实验中，罗伯特·约翰逊和莱斯利·唐宁让测试对象穿上护士的罩衫；于是她们同样隐瞒了自己的身份。她们穿着这样的衣服实施的电击意愿低于其他穿着正常衣服的人。（Robert Johnson & Leslie Downing，1979）这一结果使那些得出另外结论的人大感意外。难道人们在去个性化状态下不一定会更具攻击性吗？如果认真看看大量研究人们在去个性化状态下的行为的实验，确实可以看到不同的情景：根据汤姆·波斯特莫斯和拉塞尔·斯皮尔斯的观点，群体和个体在去个性化状态下宁愿适应特殊的情境标准。如果一个人隐瞒自己的个人身份（隐姓埋名度提高），他的自制力也随之下降，那么，就会形成一个社会身份，同时遵从群体标准（期望）的意愿也比较高。（Postmes & Spears，1998）如果一个群体（“我们的群体”，详见第460 页）对另外一个群体（“他人的群体”）持负面看法，可能还有仇恨，那么，

“我们的群体”的成员就会对“他人的群体”作出极为强烈的攻击性反应。相反，一个人如果认为自己是某个群体的一员，那么他就会将关心和帮助他人作为自己的准则（“我们是护士”），就会接受一个相应的社会身份，就会照顾他人的健康而不是伤害他们。

奉命攻击。一个人在隐姓埋名的状态下是一个“没有姓氏的人”，是很难跟踪的。一个侵害了他人的权利，而且“没有被发现”，实际上是很难追究其法律责任的。但是，在纳粹统治时期，那些残酷迫害集中营里的
(390) 犯人的人却并没有隐姓埋名。他们为什么能够犯下这样的罪行？后来追究他们的法律责任时，他们只说自己是服从上级的命令，是遵守现存法律的公民。换句话说：他们“只是”服从命令。

米尔格拉姆的服从命令实验。许多人给人留下的印象是，只要大人物下达相应的命令，他们就会非常愿意地去从事甚至杀人的活动，斯坦利·米尔格拉姆自问，这样的服从命令是否也能在实验室中得到实现。（Milgram，1966；1974）米尔格拉梅是一位极富创造性的社会心理学家，他不幸因心肌梗塞猝然去世，享年仅51岁。他在自己的学术生涯中作出了引人瞩目的贡献，但最著名的还是他所进行的关于人的服从的实验。

米尔格拉姆设计了这样一个情景：在所谓的学习和记忆实验中，测试对象作为“老师”必须用残忍的电击惩罚一个犯错误的学生（实际上是实验组织者的同事）。命令规定，第一次出错处以轻度电击（15－60伏），依次处以中度电击（75－120伏），重度电击（135－180伏），超强度电击（195－240伏）、剧烈电击（225－300伏）和极端剧烈电击（315－360伏），倒数第二级的拉杆上贴着“危险”（375－420伏）的标签。最后一级只贴着XXX（435－450伏）的字样。

当然，“学生”按照规定的顺序依次回答问题，不管正确还是错误，都没有真的遭到电击。给他们的命令规定，在“老师”拉下300伏的拉杆后要假装痛苦，然后猛烈地撞墙，马上拒绝任何回答。对于这种反应，在场的实验组织者告诉“老师”，这样的行为应当被视为错误，必须施以相应的惩罚。“老师”拉下标明315伏的拉杆之后，“学生”又根据他的命令加强自己的反应。“老师”在施以更加严厉的惩罚后，就再也听不到隔壁房间——那些“受害者”待的地方——有任何声响了。如果真正的测试对象——“老师”此时拒绝施以进一步的惩罚，那他就会得到接连四次的警

告，不能怀疑实验，必须根据命令继续进行。这时测试对象会怎么表现呢？

米尔格拉姆实验的结果。实验的参加者总共40人，没有一个人拒绝实施低于300伏的电击，到300伏时，有五个人停止了行动，九人最终反对实施312－375伏的电击，而竟然有26人（占65%）对自己的"学生"处以了450伏的电击！

后来的实验反复证明，其他民族的人在这样的实验中也绝对没有不同表现。比如，在澳大利亚，服从命令的水平高达68%（Kilham & Mann，1974），约旦有63%的实验对象服从实验组织者的命令（Shanab & Yahya，1978），在德国的一项实验中，有85%的"老师"愿意根据相应的命令拉下最强烈的电流拉杆。（Mantell，1971）在荷兰进行的一项稍微有所改动的实验中，有92%的测试对象愿意"服从命令"，在所谓的招聘面试中用 (391)
侮辱性的评论来影响求职者的成功机会。"求职者"恳求他们不要恶意中伤，他们完全不予理睬。（Meeus & Raaij-Maakers，1995）

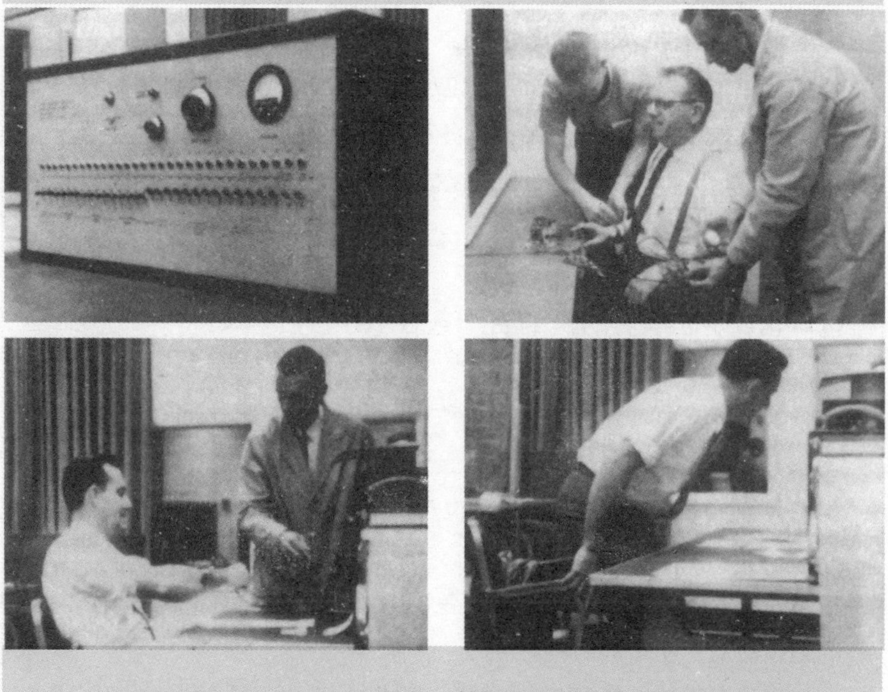

插图8.14 米尔格拉姆的实验表明，很多人在权威的推动下，采取他们在正常情况下会予以谴责的反社会的行为。

不容忽视的是，测试对象——至少在实施较严厉的惩罚时——无论如何要克服激烈的内心冲突，才能继续执行实验组织者的命令。有些参加者表面上看不出有异常的征兆，但其他参加者明显表现出激动不安：他们发抖、流汗、深呼吸、绝望地摇头。一位观察者对此有如下纪录："我看到一位成熟的处事不惊的商人，走进实验室时面戴微笑而且自信。20 分钟内，他变成了一个浑身颤抖、说话结巴、极端衰竭的人，精神几乎崩溃。他不停地拉扯自己的耳垂，揉搓自己的双手，有时双手攥拳，喃喃自语：'噢，上帝，快结束吧。'但是他仍然继续服从实验组织者的每一句话，自始至终都服从于他。"（Milgram，1974）

许多测试对象之所以愿意毫不怀疑地实施这种攻击性行为，是因为米
(392) 尔格拉姆让他们面对的是知名大学的科学家的权威，在实验中将他们的大部分社会责任委托给了科学家。如果公认的权威命令从事相应的活动，情况可能也是如此。总之，米尔格拉姆在得出那些让他不安的结果以后，多少有些无奈地说："相当多的人都会去做别人让他做的事情，而不考虑要做的事情的目的，不受良心的约束，总之，只要命令来自公认的权威，他们就会照章行事。"（Milgram，1974）现在，米尔格拉姆的研究已经在世界许多国家重复过多次，测试了各种不同的对象，测试环境也作了很大的调整（Blass，2000）：这些研究以极其令人不安的规律性不断验证着米尔格拉姆第一次实验的结果。

8.2.3 促进学习动机的若干条件

动机和学习之间的联系。"动机"和"学习"之间存在一定的联系。比如，许多人根据自己的日常经验知道，人们必须要有学习的动机。从科学的观点看，这两个概念之间也存在联系。比如，伯纳德·维纳发现："往往可以从学习中推导出动机，而学习往往又依靠动机。"（Weiner，1990）在这一点上，这个关键问题说明：学习动机是怎样激发的？对这个问题没有简单明了的回答。

自我实现的预期和其他动机。学生在争取好成绩时会经历成功和失败。他们情绪上对此有什么反应，取决于他们怎么向自己和他人解释这一问题。在这一前提下，每一个学生在为之努力的学习领域就会形成比较长

远的自我实现预期（英语：selfefficacy），并且对今后的学习动机产生决定性影响。学生在争取好成绩时的表现是不断努力和持之以恒，还是学习意志不断消退，最后“一筹莫展”，就完全取决于这种自我实现预期。

关于个人能力的观点

个人能力的感觉是可以通过努力控制的。孩子上学时就知道，学校老师给他们布置的作业必须完成。当然，他们很快还会知道，在学校里不会一帆风顺，有时也会遇到失败。如果问小学低年级的孩子们，他们在完成学校作业时还算顺利，关键是什么，那他们多半会以某种形式回答说，是“技能”（Können）。要阅读文章，就必须“能”阅读。如果不“能”阅读，就必须练习阅读。心理学家往往说“能力”（Fähigkeit），而不说“技能”（Können）。那怎么才能提高自己的技能或能力呢？从小学一二年级的学生那里可能获得富有启发性的回答，狄波拉·斯蒂佩克将其总结如下：这些孩子“以为，聪明人勤奋努力，作出巨大努力，就会变得聪明…… 一个人如果非常成功，那么他肯定付出了很大努力，而且他一定非常聪明。如果他失败了，那么肯定没有付出努力，因此他也不会聪明。”（Stipek，2002）因此，六七岁的孩子认为，“聪明”和“变得聪明”是自己努力的 (393)
结果。也就是说，根据支配低年级小学生的想法，只要勤奋努力，刻苦学习，就能提高自己的能力。一二年级的小学生普遍认为，个人的能力是一个人的可变特征，是可以控制的，通过努力是可以提高的。

以学习目的为取向。学生刚上小学的时候都以学习目的为取向（“优等生”mastery 或“学习分数”learning goals）。（Dweck，1986；Elliott & Dweck，1988）他们希望提高自己的技能和能力。即使遇到挫折，也不会影响他们的学习动机，因为他们将挫折看作非常有价值的信息，能够借此克服存在的缺陷。学习目的明确的学生不会因为错误和批评而感到沮丧，因为他们坚信，达到学习目的不会轻而易举。当然，有很多学生在小学阶段就不再以学习目的为取向，这一点在进入高年级之后显得更为明显。他们只以业余爱好为取向。这非常令人惋惜，因为那些以学习目的为取向的学生，学习动力特别强劲。（Elliott & McGregor，2001）他们作为有内在积极性的学生，喜欢极具挑战性的问题，尤其在遇到困难的时候，毅力特别强；他们都具有良好的学习方法和处理问题的方法，非常渴望提高自己的技能。（Barron & Harackiewicz，2001）那么，是什么使很多学生丢掉了这种取向呢？目前大家普遍接受的回答是，学校及其各自使用的评价体系对学生养成怎样的能力观念产生决定性影响。（Ames & Archer，1988）

个人评价标准。学生能感觉到自己通过练习而逐渐提高的能力，他们相信自身能力是可提高的。体育老师或教练可以拿学员当前的成绩与以前的成绩进行比较，从而看到这些变化。老师可以告诉学生，他哪些方面取得了进步，还有哪些缺陷需要通过练习加以克服。教练员可以让运动员观看自己以前和现在取得成绩的录象，以便让他直观地看到自己的进步。如果个人的绩效行为成为评价体系的基础，那么，这就是个人评价标准（也叫任务取向）。学员如果成绩有明显提高，就会获得好评，相反，如果成绩下降，就会遭到比较严厉的批评。（Rheinberg，1980；2001）

感觉个人的能力是不可改变的，而是社会比较后进行评价的结果。学校的评分体系将一些学生的成绩同另一些学生进行比较。比如，学生看到自己的分数就知道，自己在考试中取得的成绩比同学好还是差。这种评价体系称为社会评价标准。由于学生长期得到老师完全相同的或基本相同的
(394) 评价，所以他们就会联想到，分数提不高，能力就不会提高。如果询问小学高年级和中学的学生，他们学业的好坏取决于什么，我们立即就能发现，他们在回答时会不断提到“能力”，他们的心目中能力是不可改变的，以为自己对能力的提高毫无办法。比如，他们简单地解释说：“我数学很好！”或者“我数学不好！”难道他们不能通过自己的努力提高自己的成绩吗？只要他们认为，自己的能力是无法改变的，那么他们就不会去作提高的尝试。

以表现目的为取向。学生如果逐渐产生这样的印象：他们在学校里获得好成绩并不是取决于学习的进步，而主要取决于同其他同学的比较，那么，他们就会慢慢形成以表现目的为取向。（表现分数 Performance goals）（Dweck 2000；Dweck & Leggett，2000）这在德语文献中是作为“以自我为取向”（Ego-Orientierung）这个概念进行讨论的。（Rethorst et al.，1995；Rheinberg，2002）由于这种取向，他们的努力方向主要是为了获得好成绩和好评价，避免批评。能以令人满意的方式达到这一目的的学生，就是很好地适应了学校体制。以表现目的为取向在这样的学习环境中很盛行，因

为关键是给别人留下良好的印象，也就是说，首先要有能获得好评的一技之长。而一技之长必须通过成功的表演表现出来，而成功又可归因于相应的能力。相反，在以集体主义文化为取向的亚洲存在这样的倾向，在集体取得成功之后，不愿突出个人在其中的作用。比如，一项研究证明，日本人将自己的成功归功于他人的帮助，或者归因于难度不大；而在失败的时候，他们往往会归因于自己不够努力。(Akimoto & Sanbonmatsu, 1999)

在以西方文化为取向的社会的竞争环境中，人们不能肯定地说无往而不胜，所以就不断想办法，将失败说成是太注重自我价值，办法之一就是自我让步。

自我克制是保护自我价值的手段。在提倡以表现目的为取向的环境下，人们经常会做出一些在表面看来完全不可理喻的事情，甚至与他们的实际目的似乎相矛盾的事情。虽然他们极为渴望获得成功，但仍然想办法影响成功的机会，即自我让步（英语：self-handicapping）。这样的例子有很多，比如：

——他们故意在考试或重要的体育比赛之前减少练习时间。(Rhodewalt et al., 1984)

——他们面对具有挑战性的任务不像以前那样作力所能及的努力。(Riggs, 1992; Turner & Pratkanis, 1993)

——他们故意推迟一项既定任务开始和结束的时间。(Ferrari & Tice, 2000)

——他们将目标定得非常高，以致倾尽全力也无法实现。(Schultheiss & Brunstein, 2000)

如何解释史蒂芬·博格莱斯和爱德华·琼斯第一次称为自我让步策略 (395)
的行为呢？(Berglas & Jones, 1978) 在一个以表现目的为取向、成员必须彼此竞争的学习群体中，自我价值同个人能力的高低紧密相关。一个人越能向外界表现个人天赋，他就被认为越有价值。成绩越好，能力越高，反之亦然。当然，在竞争条件下，哪个学生都不能避免失败。如果面临失败，以表现目的为取向的学生就会想办法保护自我价值。他们及时采取这种预防措施，是为了将实际的失败归因于特殊情况和意外事件。这样他们就可以防止大家说他们的失败是由于缺乏能力：考试前不努力，彻夜狂欢，或者练习太少的人，失败了都会申辩，以便预防人们怀疑他们的能力。如果运用了自我阻碍让步的策略后仍然取得了成功，那么，可以预计自我价值会得到特别的提高。

以表现目的为取向的学生，必须花费很大的精力保护自我价值；为了这一目的甚至会运用某些影响提高成绩的策略，认为真正的学习进步和成绩提高反正是次要的。当然，一个人如果经常失败，没有任何办法可以保护自我价值，那么，他就会面临无助的危险。

自暴自弃。学生如果因为不良的成绩评价经常被看作“差生”，那么，他们往往会得出这样的结论：原因在于他们自己，确切地说在于他们的能力较差。如果人们对平平的成绩感到自责，那么免疫系统就很可能出现问题。（Segerstrom et al.，1996）既然个人的能力是不可改变的，那么也就不值得再努力了。由于这种想法而形成的心态被称为自暴自弃。（Dweck，2000）不幸的是，卡罗尔·迪内尔和卡罗尔·德韦克已经证明，这种心态很难消除。（Diener & Dweck，1980）他们呼吁自暴自弃的孩子，回忆自己以前做对了多少作业，又做错了多少作业。答案可以说明，这些自暴自弃的孩子们明显会低估自己做对的作业数量，相反，高估做错的作业数量。这表明，个人的想法可以导致对实际情况作出不利于学生的错误评价。

自我效应的预期

个人对自己的成功的评价和预期取决于个人自己。第五章已经谈到，阿尔弗雷德·班都拉就学习的动机及其动力作了重要评论。（见第253页及其下几页）
(396) 他的研究重点是自我效应的预期。当一个人面对某方面的任务时，就会产生这种预期。他是否胜任，也主要取决于他是否具有这方面的能力。根据班都拉的观察，在完成一项任务的时候是否能够成功，不完全取决于一个人的实际能力；更为重要的是，他自己怎么评价成功（Cantor & Kihlstrom，1987），个人对自己有什么预期。如果让学生向全班发表演讲，那么他们是否是优秀的演讲者，对将要取得的效果的质量并不重要，重要的是，他们是否认为自己是优秀的演讲者。可见，自我效应是与主观评价相辅相成的，一个人在执行某项任务时能表现出什么样的行为，不取决于他真的能那么出色地表现出让他表现的行为。班都拉认为，对个人能力的自信就是自我效应。（Bandura，1997；2001）谁对自我影响力评价乐观，谁就为处理复杂问题占据了有利条件，因为他们将这个问题视为可以应对的挑战。（Bandura，1997）可以看出，这与德韦克关于以学习目标为取向的理论非常相似。班都拉所说的自我效应是与某方面的任务联系在一起的。比如，人们可以评价自己的法语知识非常丰富，而英语或数学的知识比较欠缺。

自我效应预期导致成功和失败。班都拉深信，一个人的成绩（成功和失败）取决于他在执行某项任务时的自我效应预期。（Bandura，1989a；b）因此他坚持如下的相互联系：

很高的自我效应预期

↓

增强的努力和毅力

↓

成功

很低的自我效应预期

↓

几乎不努力，很快泄气

↓

失败

自我反思。人们既然能够对自己的动机，甚至对自己的思维过程进行思考，那么，他们也就能考虑到应当如何出色地完成任务。（Bandura，1997）人们应当借助这种“自我思考”或自我反思（英语：self-reflectedness），设法确定，自己的行为方式和思维（比如预测和预期）是否胜任面临的任务。（Bandura，2001）

提高自我效应预期。这种相互联系向我们提出这样一个问题：怎样帮助学生提高自我效应预期。班都拉列举了学生可以启发自己的自我效应预期的四个条件：

——个人以往的成绩。过去的成绩对未来的预期有直接的影响。如果一个人在执行某方面的任务时大多取得成功，那么，他就会有比较高的自我效应预期，相反，如果经常失败，他就只能降低自我效应预期。如果一个女生在法语课上总能取得好成绩，她的自我效应预期就会提高，相反，
(397) 如果她在这方面的成绩一直很差，她就会降低自己的预期，争取尽快放弃这门课程。

——代表性的经历。学生并不一定要亲自经历成功和失败。看到他人的成功和失败以后也会影响自己的自我效应的形成。可见，以他人为榜样也可以改变自我预期。（见第 257 页）如果一个人在完成某项任务时发现与自己差不多的人（所谓相关的人）成功了，那么他就会提高对自己能力的信心。（Bandura，1986）旁观的人心里说："他（她）能行，我一定也行。"

——语言鼓励。具有鼓励性的"好言相劝"也可以提高自我效应预期。很多家长和老师都知道这一点，而且本能地加以运用：母亲都会在重要的考试之前对女儿说："我知道你一定能够成功。"除了母亲，老师、教练、男女朋友都可给以这种鼓励——但他们一定要让听者觉得可信。

——自己观察自己的感觉状态。最后，学生还要注意自己面临考试时的感觉。（Bandura，1982）在面临一项任务时如果"感觉良好"，就能因此而提高成功的预期，而感觉很差，则很可能降低预期。

感觉在学习动力方面起着很大的作用，感觉归根结底是投入努力还是丧失信心的发动机。

8.2.4 感觉经历是取得成绩的结果

对成功和失败的一般情结。一个人在努力完成一项具有挑战性的任务时，如果不解决成功和失败的问题，那就不可能达到目标。预期的目标归根结底是对于成绩的情结。学习动机研究的代表人物早就指出了这一点。（Atkinson，1964）但是，维纳及其同事的研究表明，成绩和情结之间的关系相当复杂。（Weiner，Russell & Lerman，1978）有一些频繁经历的感觉明显只取决于在完成某项任务时的成功或失败。比如，人们在获得成功之后会感到幸福、愉悦、满足，或者一句话，感觉就是好。相反，遇到失败

就会感到沮丧、郁闷和迷茫。这些纯粹“由成绩决定的”感觉，不取决于人们是否为取得成绩而需要能力、努力或运气。

对成功与失败的情结取决于原因。在某些解释中还频繁出现其他的情结。如果将一次成功归因于内在原因（比如能力、努力），那么，就会对所取得的成绩感到自豪，就会对将来再次取得好成绩满怀希望。当然，有这样的自豪感对处在以个人主义为取向的文化背景下的人是典型的，因为他们具有积极的感情，因为他们比别人更好，比别人更突出。（Fischer et al.，1999）如果归因于外部原因（“问题不是很难”或者“有点运气”），(398)
那么，人们在遇到失败时就应当承认，没有付出足够的努力。在这种情况下就可能产生负疚感。如果人们认为失败是因为没有能力，那么，就很可能感到羞愧。（Weiner，1986；Weiner et al.，1978，1979）但是，比较了成绩之后会产生什么样的感情，则取决于此后会产生怎样的反向思维。

反向思维。日常生活中的事情也可能使人想到“如果……，那么会怎么样?”这个问题。丹尼尔·卡尼曼和戴尔·米勒曾经提醒大家注意，这个问题的回答取决于对遇到的事情作出什么样的情感反应。（Kahneman & Miller，1986）这种情感反应也取决于反向思维的方向是“顺向”还是“逆向”。顺向思维，就可能获得与比实际结果更好的结果，而逆向思维就会提出这样的问题：如果结果更加糟糕，怎么办。（Roese，1997）

根据丹尼尔·卡尼曼和戴尔·米勒的研究，反向思维对情感经历产生影响。（Kahneman & Miller，1986）通过反向思维，人们会想，会产生哪些结果，而这些结果明显是不会出现的。如果一个人想象得到比实际出现的更好的结果（即他的反向思维是顺向的），那他就极有可能感到失望、不满和遗憾。相反，如果个人考虑的是另一种结果，即他也可能得到比较坏的结果（即反向思维是逆向的），那么，他就可能作出反应，产生有希望体验轻松和幸福的感觉。可见，一个人在对一件重大事件后产生的感觉主要取决于他怎样回答这样的问题：“还可能会发生什么情况呢?”。如果错过了一趟公共汽车，那想什么办法呢?

“如果……，那怎么办呢?”这个让人思考的问题，在多日常生活中是经常会遇到的。有人只差五分钟没有赶上火车或飞机，这时他就会产生特别沮丧和气愤的强烈感觉，会提出很多自责的问题：“我为什么那么晚出发?”——“我为什么要绕道?”——“我为什么还要和邻居聊那么久?”

相反，如果有人迟到一个多小时，事先甚至没有发生任何异常的事情，没有赶上原定的交通工具，那就会有另一种说法：及时从家里出发，没有与任何人聊得太久，没有绕弯路，可是没有想到今天堵塞得这么厉害。这种情况就让人很为难，不知道怎么办才好；因此，在这种情况下，人们不会对自己的倒霉感到沮丧和失望。不管怎样，人们以后会吃一堑，长一智，确保不再因为迟到五分钟而误了大事。如果遇到特殊情况，迟到一小时或更长时间，就应当认真地想一想，再遇到类似的情况，是否可以想别的办法。

(399) 人们为什么会提出“如果……，那怎么办呢?”这样的问题呢？对于成绩的反向思维的作用也许在于，对于未来作好充分的准备。比如，如果考试成绩不理想，想一想以前的做法是否有改进的地方，那么，人们就可能认真地分析自己以前的所作所为，同时发现自己的不足。如果通过这种认真的反思找到更好的学习方法，那么，就是为将来提高个人成绩创造了良好条件。(Galinsky & Moskowitz，2000)

成功和失败的情结是刺激。人们努力追求成功，避免失败或挫折。为了这一目的，他们在一定情况下特别努力。他们希望取得成功，避免失败，但是，这只是间接地以成绩为取向。推动人们去努力的是希望，希望得到结果之后能够享受愉快的感觉（自豪、满意和幸福），避免产生消极情绪（羞愧、不满和沮丧）。首先在通往重要目标的漫长而艰难的道路上，通常会遇到障碍和打击，从而成为放弃和停止不前的理由，特别是在所追求的目标暂时无法实现的时候。幸好人们还有意志，在意志的帮助下可以迎难而上。

8.2.5 意志心理学

关于人类意志的最初研究。早在上个世纪初，心理学家就开始研究人的意志。但是，这项早期研究的批评者认为，意志是一个多余的概念。比如，如果要解释一个人为什么为了最终通过考试而勤奋学习多年，那么，并不一定要用意志这一概念来解释这种耐力，只需告诉学生，完成学业是他的一个重要目标，达到这个目标对他就具有极大的刺激。不久前才在一定程度上重新发现了意志的作用。克劳斯·施奈德和海因茨-迪特尔·施马特解释说："必须作出决定，必须制定和追求目标，而这个目标并不是基于刺激的动力，而是与刺激毫不相干，或者说不是主要动力，这时意志的过程就启动了。"（Schneider & Schmalt，2000）在平常的解释中，一个人为了达到一个远大的目标，愿意去忍受贫困和不愉快的经历，也就是说，他努力去实现目标，而不是半途而废，这个人就被称为有意志力的人。比如，登山者甘愿受冻，甚至甘冒生命危险，只是为了登上顶峰。（例子，见第400页）

例　子

莱因霍尔德·梅斯纳尔在一次探险中设定的目标是，独自一人不带氧气瓶从西藏一麓攀登珠穆朗玛峰。梅斯纳尔在大雪和浓雾之中最终登上了珠峰。他回顾说，他剩下最后的几步时不得不忍受巨大的痛苦："我休息时，像昏厥一般，呼吸时只感觉喉咙烧灼般的疼痛……我几乎无法坚持。我虽然还能支配自己的感觉，但像没有感觉一样。只是靠意志我才得以坚持下来。走了几步后，我的意志也消失了，极度的疲倦差一点让我窒息。我自己躺下，静止不动。有一段时间我几乎完全没有意志。然后我才又走了几步。"（Messner，1984）

从愿望到坚持不懈的意志。在采取这项行动之前肯定怀着希望，攀登这样一座特别难以攀登的山峰能够创造奇迹。但是，如果攀登者在登顶途中的某个时刻"不能再攀登"了，那么，最初的愿望就会被某种阻止放弃原计划的东西所代替。即使意志暂时看起来像"死的"一样，但它还是会"复活"的，在意志的作用下最终登上了顶峰。那么试问，在最初的愿望和导致这次艰辛行动获得成功的最终几步之间是一个什么样的过程呢？海因茨·海克豪森和他的学生为回答这一问题提出了卢比孔模式。

用历史事件命名。公元前49年，战功赫赫的统帅尤利乌斯·凯撒在几次胜利的战役之后，率领久经沙场的军团从高卢凯旋。但是，罗马元老院这时却决定，将凯撒送上法庭，要求他放弃军队的统帅权。略为踌躇之后，凯撒决定不顾元老院的决定，于1月10-11日，带领军队攻占罗马。他甚至已经准备发动内战。越过卢比孔界河以后，他就开始实施破釜沉舟的决定。海因茨·海克豪森利用这一历史事件，提出了名为卢比孔模式的意志理论。这一理论可以解释，愿望怎样变成选择，选择最终又怎样变成意志。(Heckhausen，1987)

决策之前。如果随便问一个人，他现在的愿望是什么，那么，可能会得到一长串关于愿望的回答。其中，有些回答是仓促的，有些回答是自相矛盾的。(Heckhausen，1987) 在问到动机的时候，我们必须反复权衡，人们究竟希望什么：法尔科·莱因伯格解释说，人们首先想得到全部有助于决策的信息，“权衡和思考出现意外事情的可能性，考虑他人或形势发展对自己有助还是有碍，等等。”(Rheinberg，2002) 在这个阶段，对原来富有诱惑力的愿望的消极观点往往会成为焦点。大多数人，少数“永远优柔寡断的人除外”，随时都会结束思考的过程，作出决策，对自己，也许还会对别人宣布自己的打算。因此，莱因霍尔德·梅斯纳尔随便就决定：“我要登山。”他因此“越过了卢比孔界河”，因为没有充分的理由，他就不可能作撤回自己的打算。宣布了自己的打算，通常就意味着必须实现这种打算的自我责任。

(401) **行动之前**。当然，有了想法，一开始还没有考虑好怎么去实现。因此首先必须考虑，实现这个想法有哪些可能性。莱因霍尔德·梅斯纳尔当时应当尽量考虑周全，他什么时间能够开始登山，应该选择哪条路，必须采取哪些预防措施。这些考虑也总应该有一个结果：在马上开始行动的时候已经形成具体的计划，计划应当明确，什么时候应该采取什么行动，才能使想法成为现实。

行动计划的实施。行动计划在“行动阶段”予以实施。对莱因霍尔德·梅斯纳尔来说，这一阶段包括出发和返回之间的所有行动。他在自己的著作中描述说，他在登山过程中，与自己的向导必须灵活地面对不断出现的新情况、新问题、恶劣的天气和其他困难。他反复遇到似乎无法战胜的困难，这些困难多次差一点使他放弃行动，使他泄气。但是，他的意志只要还没有消沉，那么，尤利乌斯·库尔所说的“行动控制过程”无疑起了决定性的作用。(Kuhl，1983；1985) 因此，人们具备以下条件，才能在达到目的的途中克服种种诱惑和障碍：

——注意力的选择。注意力的选择，就是不要发生走捷径的事情。准备复习考试，就是集中精力，阅读那些可以提高考试成绩的材料，尽量不去参加朋友的聚会或者音乐会。

——实用的信息处理。实用的信息处理有助于注意力的选择，因为人们不会再去考虑，自己还有哪些可能更有吸引力的想法。甚至同朋友打几轮网球可能使复习考试更有效的想法，也应当暂时放在一边。

——动机控制。为了能顺利实现这种实际的愿望，应当千方百计地提升动机。比如，考生会想象取得好成绩后的自豪和喜悦，也许还能作一次旅行，作为取得好成绩的奖赏。

——情绪控制。自己的情绪受到影响时，应当调整好自己的心情，努力排除消极情绪，千方百计地达到所追求的目标。考生应当反复说服自己，对迄今所作的考试准备是满意的。

——经得起失败。几乎没有一种想法不经历失败就可以实现。如果遇到失败，就应当想办法，而不要把失败当成自己的负担。考生可能觉得，自己的准备没有跟上计划。他可能会把失败归因于计划的错误。但是，必须消除可能影响考试成绩的种种顾虑，以便今后冷静地专注于眼前的学习。

——环境控制。个人的环境应当不断改变，使它不能成为影响实现既 (402)
定目标的诱因。考生在备考期间应当将电视机搬出自己的房间；关闭门铃。

当然，不是所有的人都能通过很有效的行为控制，随时抵御阻碍实现既定目标的种种诱惑。有时变得“软弱”，一时疏忽自己必须实现的目标，无疑是人的一种可爱的天性。当然，应当注意的是，不要由于经常的让步而成为“意志薄弱者”，在实现一个既定目标时遇到困难，就选择新的目标。

行动阶段以取得结果而结束。可以认为，一个人达到了目标，但在不利的条件下也可能失败。梅斯纳尔最终登上了珠峰。考官向考生证明，他通过了考试，而考生会拿自己所得的成绩同自己的期望作比较。

后行动阶段。行动阶段结束之后，还要进行评估。比如，考生会考虑，自己对取得的成绩是否真的满意。评价过程结束以后他要么感到自豪和满意，要么感到失望。（见第397页）他可能还会知道，他的成绩不符合要求。一旦考试评估不符合自己的预期，就会提出原因何在的问题。如果目标没有实现，就必须明白，是否值得继续追求这个目标，或者，是否有理由再花精力去进行考试复习。特别是追求目标不成的时候，不能在自己奔向目标的过程中半途而废，不应当瞻前顾后，而应当尽快说明自己的想法，以便再次追求自己觉得必须追求的目标。(Beckmann & Heckhausen, 1988）相反，成功的考生——特别在他有好心情的时候——应当有新的愿望，明白自己下一个需要追求的目标是什么。

启动自我体验

在本章结束之际，请您考虑，如果您在每次动用了意志以后所发现、发明和发展的一切都从周围消失了，那么，怎样改变您现在的环境呢？如果您闭上眼睛，然后再睁开时，那您会发现，所有原来在动用意志之后产生的东西都不见了，那么还剩下什么呢？

如果您突然重新生活在一个我们的祖先动用意志创造的东西都不存在的星球，那么，您只要有一个天然的洞穴作为栖身——当然是赤裸的——的地方，就肯定特别高兴，因为这样您就可以在恶劣的气候条件下得到某种保护。此外，您还希望，在这样的“住所”之外能找到一些充饥解渴的水果。但是，您在想象这一幅整体图景之前，可能始终在考虑这样一个问题：究竟是什么东西使您产生这种想法，因为能够使您这样激动的书，当然也是不存在的。

9 情感心理学 (404)

承认历史上对情感的科学研究的困难。人的感情对思维和判断的作用起初是被低估的。心理学家长期认为，情感仅仅是影响理性行为的破坏性力量。（Cacioppo & Gardner，1999）当然，情感研究最初还受到了其他评论的妨碍，比如，1933 年，有人在心理学的著名的专业杂志上撰文声称，在一门科学的创始阶段，估计每一个敢于为先的人总会提出完全不可思议的理论。（Meyer，1933）要克服这种“幼稚病”，就需要能够将这样的论文作为“无稽之谈”加以揭露的专业人士。对于上述文章的作者来说，1933 年明显有迹象表明，心理学正在逐渐成熟。他观察到，目前“在我们的科学心理学”中已经没有人再研究人的意志了——这种说法在当时显然是不贴切的。（见第 399 页及其下几页）因此他敢于预言，情感也要遭殃了。他根据自己当时的预言认为，到 1950 年，即他的文章发表 17 年后，心理学家只会嘲笑情感和感情这两个概念，因为这两个概念无非能反映从前那些希奇古怪的东西。那么，半个世纪后的今天，情感研究的状况究竟怎样呢？这两个概念确实一如既往地被心理学家低估了吗？它们作为心理学研究的对象最终确实成为稀罕物了吗？只要翻阅从近年来出版的心理学文献，就能明显看到，人们对这一研究的感情在兴趣方面绝没有丧失。根据一位研究者的报告，对这一研究对象的认识目前似乎已经爆棚。（Buck，1985）同时却没有听到有人试图将人类生活和经历这一重要领域的正当研究斥为“无稽之谈”。

情感和感情的区别。人们在谈到自己感情世界的纯粹个人的体会时，接着就应该使用感情这一概念。如果情感成为研究的对象，从而假定具有一定的共性，那么，就可以说是情感。当然可以认为，对情感的科学认识在很大程度上与人们用感情积累的经验是一致的。

感情是人类生活不可缺失的组成部分。事实上，感情是绝对无法从人 (405)

的日常体会中排除出去的。如果突然没有情感了，人们的生活和体会会发生怎样的变化呢？要切实回答这个问题，光凭想象是绝对不行的，因为从幼年时期开始，无数的经历都与感情紧密相联。有人认为，只有感情才能给人的存在以生气。比如，如果不能感受到伴侣的爱、重逢自己尊敬的人的喜悦、通过考试后的自豪以及身处逆境时得到帮助后的感激之情，那将是一种什么样的生活呢？上述例子说的都是能愉快体会到的感情。但是，失去亲人后不感到悲哀，信任被滥用后不感到失望，考试前不感到焦虑，受辱后不感到愤慨，也是没有情感的生活。这样的生活能不空虚和无聊吗？一个生命，在接收和处理信息以确定与环境相适宜的行为时，没有任何感情投入，就与机器人无异（当然，技术人员最近也在尝试为机器人编入感情程序）。

感情为人们适应环境服务。继续进行这种思维游戏是没有意义的，因为一个没有感情的人可能极少有生存的机会。感情是作为进化的结果形成的。（Tooby & Cosmides，2000）没有情感的人愿意与他人为伴，同他们一起为生存而奋斗吗？没有感情的人愿意努力追求异性伴侣和生育后代吗？没有感情的父母能有足够的动力精心照料自己的孩子吗？如果人们没有感情的设防，如何能够停止普遍的、持续不断的彼此伤害，甚至互相杀戮呢？如果人们没有对生命威险的恐惧，为何要躲避危险？当然，人们也许没有估计到，人也会由于愤怒、嫉妒或者绝望等而折磨甚至杀害他人。

本章概览。心理学虽然承认情感对人的生活和体会具有重要意义，但是它还远没有科学地描述和理解情感。但是，确实已经认识到，感情是以生理变化为基础的，认知参与了这种变化的过程，而感情的体会和描述受到文化的影响。本章将介绍这方面的一些认识。

9.1 情感的特征和分类

描述自己的感情经历的困难。如果一个人向另一个人讲述自己在某一情况下的感情经历，往往不着边际。人们经常听到，他们的感情经历是“难以置信的”、“惊心动魄的”、“非常引人入胜的”。在这种情况下通常
(406) 还要附加表情和手势，让人再经历一次过去的事情。但是，在这种生动形

象的表演汇报中，人们通常会发现，所有可用的描述手段，归根结底无非是人们对实际经历的贫乏的描摹罢了。最后人们不得不承认，感情是根本无法描述的，听众最好自己去亲身经历。

9.1.1　人的情绪的组成

科学家也觉得难以界定情感这个概念，特别是文化还参与决定人们对感情的分类方式。比如在英语中，感情有2 000多种概念，而在荷兰语中，与感情有关的单词只有1501个，在汉语中只有58个，在马来西亚语中只有7个。（Russell，1991）此外，对感情的体会有些深刻，有些肤浅；有些感情是积极的，有些感情则是消极的。但是，尽管如此，情感研究人员还是广泛地一致认为，情感是在至少三种因素——生理的、认知的和文化的——的影响下形成的。

情绪。感情可以瞬间产生，可能只持续数秒，也可能持续数小时。而情绪可以体验几个小时，甚至几天；关于产生情绪的原因，往往说不清。情绪是指不太激烈的情感，但可以对日常行为产生极大影响。一个人的日常行为在很大程度上取决于他的情绪。人们从日常生活中知道，一个人要是情绪不好，就会因一点小事而大动肝火。

一天和一周中的情绪波动。尽管情绪的波动没有情感波动那么强烈，但是不仅在一天当中，而且在一周之中都可能有某种变化。比如，请大学生定期记录自己的情绪变化，他们就会回答说，他们在一天当中（12－18点）感觉最好，清晨和夜晚感觉最差。（Watson et al.，1999）许多成人回答这个问题时会说，他们在周五和周六感觉最幸福，而周一和周二感觉不太好。（Larsen & Kasimatis，1990）戴安娜·波文和同事们就人的情绪与自己的生物钟是否存在联系的问题进行了研究。研究结果表明，生物钟提示到了该睡觉的时刻，情绪就会变得糟糕。生物钟稍有变动，就会导致情绪的变化。如果一个人在周末很晚上床睡觉，第二天起得很晚，他的生物钟就会进行调整。但是，如果周一需要早起，而因为周末的行为可能早起不来，那么就会产生情绪的变化，通常情况下情绪会变得恶劣。体温处于一天当中的最低点时，情绪多半也处于低谷，相反，体温处于最高点时，估计情绪也会很好，甚至通宵不睡也无所谓。（Boivin et al.，1997）

元情感。

(407) **寻找与原色相应的元情感**。在感觉心理学的色彩理论的鼓励下，不由得要询问是否存在与原色（见第176页及其下1页）相应的元情感（也叫初始情感“Primäremotionen”或基础情感“Basisemotionen”）。前面已经指出，将三种无法再分解的颜色——红、绿、蓝——调和在一起，可以调配其他各种颜色。事实上，心理学家反复将元情感相互组合，当然，结果大相径庭。(Ortony & Turner，1990）比如，有的表格只列出两种元情感，即“痛苦”和“欢乐”（Mowrer，1960)，有的表格则列出包括六种（Ekman，1984)、八种（Plutchik，1980）甚至更多种（Izard，1971)。这么说来，研究人员难道是根据自己的喜好随意决定元情感的种类的吗？凡事都有一个度，因为归根结底，每一份表格当然都是以某种标准为基础的。

确定元情感的标准。作者们选择元情感所采用的标准也是不一致的；但常用的有以下几种标准：

——元情感在孩提时代就已形成，与以后的经历无关。孩子在很小时就会表达恐惧和愤怒，而自豪感和羞耻感则形成较晚。（Lewis，1993，1995)

——元情感在各种文化中都有表现，并得到了观察家们的一致解释。

——元情感是由遗传因素决定的。

这三种标准不可能得到广泛的认同。比如，日本人坚持认为，必须承认“取决于某人的舒适感”（Lazarus，et al.，1970）是元情感；当然，他们可能也不指望得到其他文化的代表人物的认同。以西方文化为取向的心理学家高度一致地认同“愤怒”为元情感，而以亚洲集体主义文化为取向的心理学家则认为“羞耻感”和“丢面子”非常重要。（Kitayama & Markus，1994）文化心理学家指出，只有在某一文化背景下被认为十分重要的情感，才可以称为元情感。(Roseman et al.，1994）当然，保尔·埃克曼已经考虑了上述前提中的多个前提，以便划分作为元情感的某种感情。

保尔·埃克曼的六种元情感。保尔·埃克曼展示了不同文化的人的脸型照片，如插图9.1所示。他想问调查对象，每一张面孔表现的是怎样的感情状态。（Ekman，1973）

埃克曼发现，不同文化的人在解释面部表情时虽然存在一定的差异，但是由于完全不同的生活背景，他们的一致性也非常明显。首先，恐惧、愤怒、厌恶、惊奇、悲伤和喜悦等情感的表现是一致的。（Ekman，1993）同样，许多西方的和非西方的社会成员也都知道“蔑视”。（Ekman & Heider，1988）此外，调查对象在互相分开的时候还会告诉你，在哪些条件下通常会产生这些感情。可见，他们懂得在遭到侮辱、威胁和损失时通常应该作出什么样的反应。（Ekman，1984）对大部分人来说，插图9.1所示的脸型照片从左到右依次表示：愉快、愤怒、悲伤、惊奇、厌恶和恐惧。因 (408)
此，埃克曼认为，感情是由遗传决定的。每个人都知道，人们能体会到的感情多种多样，问题在于如何解释感情的产生。

插图9.1 这些脸型表现的是什么感情呢？

比较复杂的情感的产生。罗伯特·普拉切克（Plutchik，1980）提出了一个有趣的观点，他认为，几种元情感混合在一起，就可能产生比较复杂的情感。比如，皮亚杰研究道德发育实验中的那个小女孩，在母亲不在时偷偷地走进厨房，偷吃蜂蜜时就既有喜悦也有恐惧。她接着会体验到哪些比较复杂的感情呢？愧疚感！再举一个例子，普拉切克认为，嫉妒是爱和怕共同作用的结果。

但是，认知过程对比较复杂的感情的产生也起某种作用。大城市的行人如果遇到向自己乞求施舍的人，情感上会作出怎样的反应呢？这取决于这位行人如何理解别人所说的困境。如果他把这种贫困归因于“喝酒”，那么就会表现出愤怒；如果行人相信这个乞丐陷入困境不是自己的过错，
(409) 那么他就极可能会产生同情。如果这个行人认出乞丐是以前本企业被自己无理解雇的同事，那么还可能产生愧疚感。在第一种情况下，即认为是酗酒的原因，人们就会深信陷入困境的人是咎由自取；在第二种情况下，人们会觉得帮不上忙，无法改变他的困境；最后，在第三种情况下，由于解雇的决定无法改变，所以会产生自责。在所有这三种情况下，感情变化都是在认知因素的作用下发生的。(Weiner，1982)

最初能体会到的元情感的数量，很快就会多得数不胜数，因此必须加以分类。

情感的分类。尽管情感的种类很多，但还是可以根据以下两个标准（“方面”）加以分类：

——根据体会到的愉快或者不愉快这种感情的程度；

——根据体验的强度；比如，幸福和欣喜，二者表示是愉快的感情，许多人都有这样的体验，幸福和欣喜之情比高兴的感情更强烈。插图 9.2 再现了 26 种感情经历的顺序，这是詹姆斯·罗塞尔的研究成果。(Russel，1980)

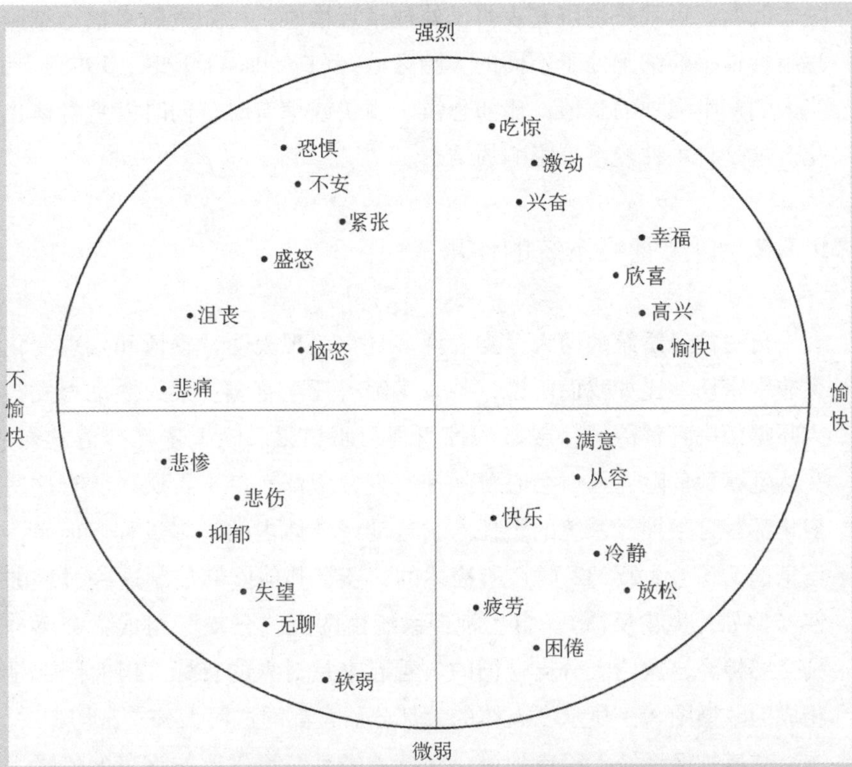

插图9.2 情感可以有多种分类方法。根据詹姆斯·罗塞尔的观点，情感可以分为四类：强烈的愉悦感、微弱的愉悦感、强烈的不悦感、微弱的不悦感。（Russel, 1980）

如果像罗塞尔那样按照“愉快”和“不愉快”程度对感情加以分类，那么，人们首先就会感觉到：积极的和消极的感情是不能同时体验的一对真正的矛盾。这样说正确吗？ (410)

不同的但可同时体验的感情。约翰·卡乔波请大学生们在一个强度标尺上标注他们对舍友的感情的积极程度。（Cacioppo et al., 1997）然后给他们另一个标尺，让他们根据自己对同一个人的消极感情对他作出评价。调查结果表明，大学生对舍友的消极感情的程度与积极感情的程度没有关系。因此，人们可以同时对一个人既有积极的感情也有消极的感情。怎么可能对同胞同时有积极的感情和消极的感情呢？对大脑的研究结果回答了这个问题。也就是说研究表明，处理亲近情感，比如爱和幸福的细胞和处理疏远情感的细胞处于不同的大脑区域。（Davidson，1994，1998）特别是当人们产生强烈的感情，比如恐惧、愉快或惊奇时，同时发觉身体也有变化。这是自主神经系统影响的结果。

9.1.2 自主神经系统的作用

自主神经系统的两大分支。许多日常表现表明，感情和生理变化的关系非常密切。比如我们听说，某人害怕得汗毛直竖；某人激动得发抖；某人吓得额头直冒冷汗；或某人惊讶得目瞪口呆。晚上走在冷清的街道上，突然觉察到危险，马上会心跳加速，直冒虚汗，口干舌燥。所有这些身体变化都是自主神经系统的责任。它自动调节体内的许多过程。但是，正如信息框5.3（见第232页）所描述的，还有其他能够控制这些过程的可能性（比如，生物反馈）。自主神经系统由两大“分支”组成：交感神经和副交感神经，这两大分支遵循的乍看起来是对立的目标，但实际上是相辅相成的。插图9.3显示，人体的大部分器官都同这两大分支密切相关。

交感神经系统。简单地说，交感神经系统可以比作汽车的气囊。它主要是在遇到危险时提供紧急反应所需的能量。一个人如果感觉到危险并因此作出害怕的反应，就需要这种能量，以便能够反抗或逃跑。遇到这样的情况时，从紧挨肾的上方的腺体（肾上腺）分泌出一种人们称为荷尔蒙的生化物质。这些物质使人体保持激动状态的时间与停留在血液中的时间一样长。为了使肌肉处于最佳状态，交感神经系统和肾上腺素可以通过肝脏将糖分等输送到血液，加速心脏跳动。为了使身体不至于过热，皮肤腺就分泌出汗液。由于在产生这种生理反应的同时会改变皮肤的阻力，所以就产生了借助所谓的“测谎仪”来检验供词的真实性的想法。信息框9.1描述了这一方法及其缺陷。此外，支气管扩张也是交感神经系统和荷尔蒙作用的结果，它可以缓解反抗的人或逃跑的人的呼吸，因为他需要获得更多的氧气，心脏跳得更快，血压升高，肌肉获得更多的供血。

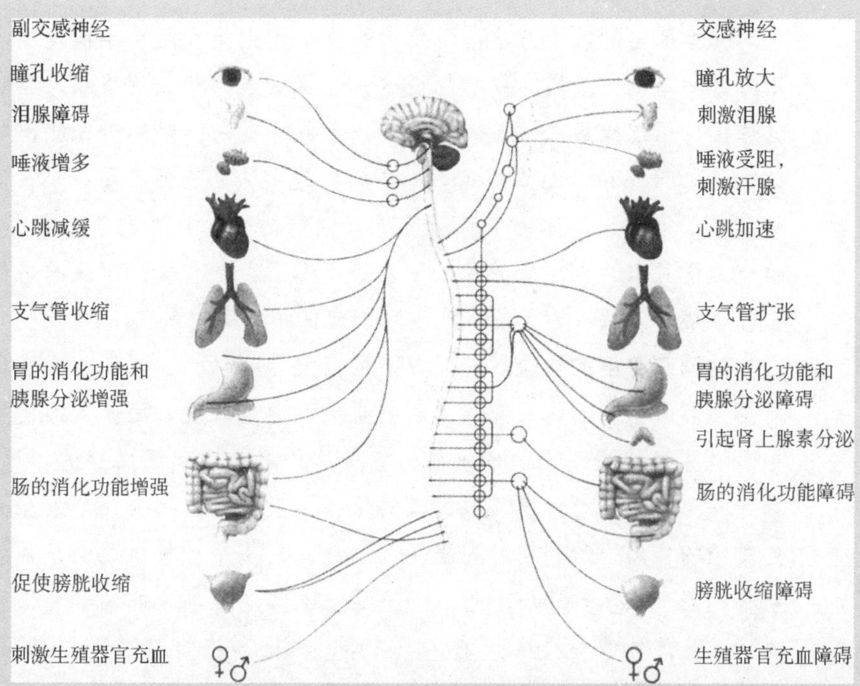

(411)

插图9.3 自主神经系统由副交感神经（左）和交感神经（右）组成。这两大部分联系的器官相同，但是对这些器官的作用却不同。

信息框9.1

测谎仪能测出真相吗？

大多数人不能识别谎言。大多数人都很难识别谎言这种东西。不久前，英国有个政治评论员接连接受了两次采访。在采访中，有人问他最喜欢的电影是哪几部。他在一个采访中说了实话，在另一个采访中说了假话。电视和广播随后播出了这两次采访。有一家报 (412)
纸刊载了采访原文记录，请公众发表意见，哪次采访的回答是真实的，哪次回答是说了谎。结果只有53%的调查对象回答正确。(Wiseman，1995)

揭穿谎言的传统方法。阿拉伯的贝都因人早在几百年前就能运用一种简单的方法揭穿故意的谎言：让嫌疑人舔炽热的烙铁。在古代中国，强迫嫌疑人咀嚼米粉，过一会再吐出来，以便检查吐出物的湿度。（Kleinmuntz & Szucko，1984）这些方法当然不是科学认识的结果；但是，正如后来所证明的，它们的立论也并非毫无根据。也就是说可以认为，撒谎者由于紧张不安，嘴巴干燥；炽热的烙铁很快会烧伤舌头，因为没有产生可以起保护作用的水汽。

生理刺激度的测量。现代方法的出发点也认为，人们故意说谎时情绪会激动。因此人们试图测量生理刺激的程度。为此人们使用一种通称为“测谎仪”的仪器。但是这个名称却起了误导的作用，因为并不存在一种可以证明说谎的仪器，人们只能记下一个人在交感神经的作用下受到刺激的程度。为此人们使用一种所谓的多种波动描述器（Polygraphen，意为：多面描述器，因为这种仪器可以同时记录身体的多种反应：呼吸、心律、血压和皮肤电阻）。测试可能的谎言的典型方法有两种：节制提问测试法（英语：Control question test）和了解事实测试法（英语：Guilty knowledge test）。（Dahle，2003）

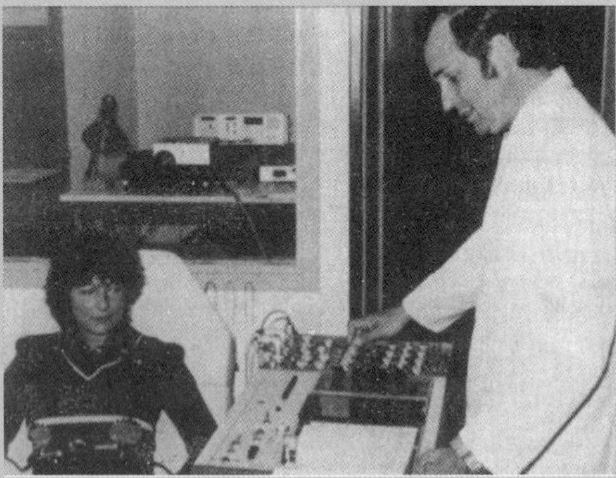

插图9.4　利用多种波动描述器测量和记录皮肤的电阻——内心紧张的表现。

节制提问测试法。在进行典型的节制提问测试中，要比较犯罪嫌疑人对“相关问题”（比如，与所调查的犯罪行为直接相关的问题，如：“您杀死自己的阿姨了吗?”）的反应和对“节制提问”（比如，虽然能引起激动，但和实际犯罪行为没有直接联系的问题，如：“您一生中有没有伤害过他人?”）的反应。一个人从来没有伤害过他人，这几乎是不可能的；但是人们对这个问题的回答通常是否定的。尽管如此，这样的提问会使调查对象更加激动，即使节制性提问得到肯定的回答。从理论上看，说谎的人对相关问题的生理反应比对节制性提问的反应更加强烈。这种方法的适用性经相关测试表明，用这种方法可以正确识别80%的人有罪和63%的人无罪。换句话说：在使用这种方法的时候，往往会将无罪者错认为有罪者。(Ben-Shakhar & Furedy，1990) (413)

了解事实测试法。了解事实测试法比较可靠。在这种测试中，不询问犯罪嫌疑人，他是否杀了自己的阿姨，而是比较具体地提问：“阿姨是在20点、23点30分、午夜还是两点30分被杀的?”——“凶器是左轮手枪、猎枪还是冲锋枪?”这种问题的内容明显以清楚了解犯罪过程为前提。了解事实测试法是基于这样的观点：罪犯只有在自己知情的情况下，才会反应激动，因为他要选择怎样回答，而无罪的人不管怎样回答，反应都是差不多的；也就是说，罪犯已经意识到自己有罪。如果运用了解事实测试法时掌握足够的事实真相，那么就很少会出现差错。(Iacano & Patrick，1999)

目前还正在形成其他的测谎方法，比如，分析脑电波、血流变动，运用电脑比较“真”“伪”表情。所以这些方法都认为：一个人会有很多迹象泄漏他的谎言；但这是不正确的。因此安全顾问艾伦·泽利科夫说：“已经到了将多种波动描述器这种滑稽连环画作者的奇异发明扔到奇思怪想和荒诞信条的垃圾堆里的时候了。”(Alan Zeilicoff，2001)

副交感神经系统。副交感神经系统可以比作机动车的刹车。它可以使身体过程重新“恢复正常”：每分钟心跳频率在摆脱险境后重新降低，不再口干舌燥；在中央器官的交感神经的影响下减少的血液恢复正常传输。副交感神经系统可以使人体节约能量，提供新储备。那么，自主神经系统与某些情绪有关吗？

(414) **各种生理刺激模式与某些情绪之间的关系**。如果仔细观察日常对话，偶然就会发现，其中有些说法涉及情感与某些由自主神经系统控制的变化之间的联系。比如，会听到这样的话：某人因为某事而“大发雷霆”。如果遇到令人感到恐惧的事情，人们就会说，真是让人“毛骨耸然”或“胆战心惊”。这里所说的联系是否可以得到科学的证明呢？

罗伯特·列文森等人经研究证明，害怕、愤怒和悲伤与心跳加速有关。(Levenson et al.，1992) 他将愤怒与害怕加以相互比较后还发现，愤怒时的血压比恐惧时更高。愤怒时皮肤温度升高，而害怕时则降低，上面复述的来自日常生活中的对话也能证明这一点。同样，其他的基本情绪，如恶心、惊奇、愉快和悲伤也可以分别从一定的大脑活动和自主神经系统的激动模式中找到原因。(Damasio et al.，2000) 因此，列文森深信，大脑中的这种联系是“固定交织的”，因为在所有的文化中几乎都能实际找到这种联系。比如，在苏门答腊这个以农业为主的文化背景下，居民在公开的场合尽量隐藏自己的情感。此外，全球五大洲的其他37个国家也证明普遍存在这种联系。(Levenson et al.，1992；Scherer & Wallbott，1994)

9.1.3 对未来感情的预知

到此为止，所谈的都是感情，这些感情是人们在此时此刻已经体验到的或是对过去发生的、目前仍然记忆犹新的某一事件的反应而产生的感情。但是，人们在日常生活中作出的很多决定，在时间上预先付出了自己的感情。比如，一个恋爱中的女子可能会问，她现在的男朋友是否就是“自己命中的那个男人”。年轻小伙想知道，哪种职业可以使自己永远幸福。旅游爱好者面临的抉择是，下一个假期去登山还是去海滨。对工作不满的职员会考虑自己是否辞职或提前退休。作出上述这类决定的出发点在很大程度上取决于希望以什么样的感情面对将来。一个人能够设想将来才可能产生的感情，从而据此作出决定吗？首先从长远来看，能够正确预知憧憬未来的感情吗?

持久性错误。提摩西·威尔逊及其同事(Wilson et al.,2000)在多次研究中询问人们,如果他们在生活中遇到了某种愉快的或不愉快的事情,他们自己会预知产生什么样的反应。然后验证这些预言,看看在这些事情真的发生之后,会产生哪些情感反应。

信息框1.1

如果您中了大彩,从而成为百万富翁,您会想到那将是一种什么感觉吗?估计您一开始就会说,对于这个喜讯肯定会“大喜”和幸福。但是,您估计一下,这种喜悦能持续多久呢?您对“中大奖”所感到的幸福能持续多久?信息框9.2(见第430页)将讨论这个问题。

在另一项实验中,调查年轻的教授们,他们为谋求一个终身职位而作出的努力成功或失败以后,他们自己会是一种怎样的感觉。(Gilbert et al.,1998)调查对象预言,他们会对一个终身职位感到非常满意,也就是说,多年以后也会感到满意。有一个典型的回答说:“要是我的工作丢了,那我的雄心抱负就毁了,这是非常可怕的事情”。在有些教授获得终身职位之后,再次向他们提出这个问题。他们比那些没有获得终身职位的同事感到更加满意吗?不!两组人员在满意度上并没有明显的差异:获得终身职位的教授并不比没有获得终身职位的教授更加幸福,没有获得终身职位的教授也没有比他们客观上比较成功的同事更加不幸。威尔逊说,两组教授在作出预言时都成了持久性错误的牺牲品,因为他们高估了由于愉快的或不愉快的事情而产生的感觉的持久性。(Gilbert et al.,2002)同样,有些人对于健康检查的积极或消极的结果、爱情关系的继续或结束、考试成绩的好坏,产生的情感反应也是如此。这种事情过去几个月之后,大多数心情愉快的人与那些不得不面对不愉快现实的人并没有什么区别。(Gilbert et al.,1998)

即使是一场悲剧的受害者,从此成为瞎子、瘫子或有其他残疾的人,也会适应自己的身体残疾,大都能对正常的生活感到满意,尽管需要社会的其他人的帮助。(Chwalisz et al.，1988；Schulz & Decker，1985) 不得不截肢的人，起初对这种因事故致残而带来的身体不便感到非常抑郁，有些人甚至想到自杀。他们无法想象，今后每天怎么忍受不能控制四肢的身体。但是，一年后再去访问这些残疾人时，他们大多数人都会说自己感觉“很好”，甚至“非常好”。(Whiteneck et al.，1985) 如何解释他们在预言自己未来的感受时出现的这种错误呢？一次苦难造成的常年的情感结果将会变成什么样子，他们为什么会如此夸张地作出预测呢？

看待重大事件的视野过于狭隘。产生持久性错误的原因在于，人们看待将来可能发生的负面事件或重大事件视野过于狭隘。(Gilbert & Wilson，2000) 此外，他们忽视其他因素和经验；他们在展望未来的时候几乎没有想到那些能够使自己快乐和满意的经验。因此，他们看待正面的人生大事
(416) 也是如此。丹尼尔·吉尔伯特和提摩西·威尔逊发现，有些人梦里到海岛度假，那里有阳光、海浪和沙滩，就像进了伊甸园，然而当他们发现自己其实很赏识日常秩序，需要智力激励，依赖现代世界的供应以后，可能就会感到失望。(Gilbert & Wilson，2000) 此外，人们还低估自己免疫力的影响。

否认自己的免疫力。如果问正在接受艾滋病预防检查的人，他们五周以后知道了检查结果将有什么感觉，那么，他们会认为，如果结果不好就会感到“沮丧”；如果得到的结果是阳性，他们就会“情绪高昂”。如果五周后去了解真正的结果，这时就会发现，收到不理想结果的人并没有像他们预计的那样绝望，而得到理想结果的人也没有像自己预计的那样兴奋。(Sieff et al.，1999) 与那些期望落空，没有获得终身职务的教授们一样，原本以为医生会作出不良诊断的病人也可能低估自身的免疫力。吉尔伯特及其同事称之为“否认自身免疫力”(英语：immune neglect)。(Gilbert et al.，1998) 因此，人们会低估自己拥有的顺利同人生苦难作斗争和重新适应的速度和能力。许多人即使面对巨大的不幸，也具有很强的抵抗能力，他们绝不会像自己估计的那样，一味感到绝望。

以前有人默认地假定，某些人生事件会改变情感结果。在这方面有待解决的问题是，究竟哪些条件能导致感情的产生，比如是在愉快的事情发生之后，还是在遭到不幸或损失之后。为什么人们会对一个健康婴儿的降

生感到欣喜，而对一位近亲的离去感到深切的悲伤？在情感心理学的众多理论中可以找到答案。

9.2 解释情感的理论观点

一百多年以来，心理学家致力于阐释感情是如何产生的。其中很多答案经过了认真的讨论。下面将要介绍的几种影响非常深远的情感理论。最古老的一种理论是威廉·詹姆斯提供讨论的，这种理论至今仍对心理学研究具有影响。(Davidson et al.，2000)

詹姆斯—朗格的情感理论

"我们悲伤，因为我们哭泣。" 如果问及"健全的人类理智"，那么，根据威廉·詹姆斯的观点，存在一个简单的顺序："我们失去财产，就会感到悲伤并开始哭泣。我们遇到一只熊，就会感到恐惧并赶紧逃跑。"(James，1884，1890) 詹姆斯问道："逃跑难道不能有完全不同的跑法吗?"他解释说："完全相反，我的理论认为，身体的变化是在感觉到刺激事件的瞬间发生的，而我们感觉到体内的变化是一种感觉状态…… 我
们悲伤，因为我们哭泣……我们害怕，因为我们颤抖……如果没有伴随 (417)
感觉出现的身体状态，那么，身体状态形式上就是纯粹认知的，苍白无色的，没有感情的温暖。"由于丹麦心理学家卡尔·朗格几乎同时发表了类似的思想（Lange，1887)，所以今天人们仍然称这一理论为"詹姆斯—朗格的情感理论"。插图 9.5 生动地描述了他们固守的因果联系，这种联系名叫"身体的"情感理论，至今仍是讨论的重点。(Papanicolaou，1989)

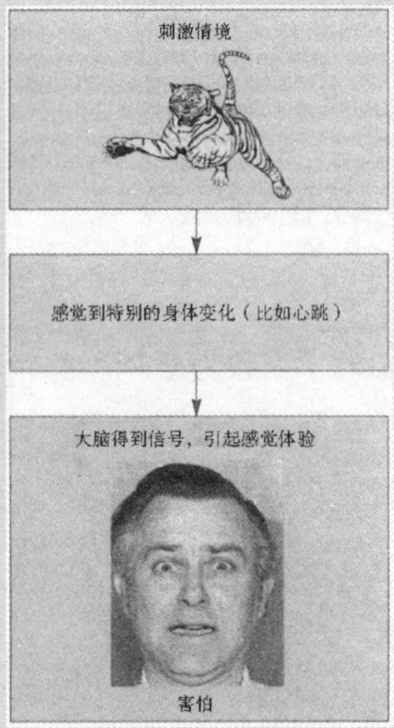

插图9.5　根据詹姆斯—朗格的情感理论，一旦感觉到某个事件或事情的发生，就会引起身体的某些变化，而感觉到这种变化以后，就会产生相应的感情体验。

詹姆斯—朗格理论的缺陷。对詹姆斯—朗格的情感理论提出严厉批评的是生理学家瓦尔特·坎农。他认为这种理论主要存在三个缺陷（Cannon，1927）：

——身体刺激不会产生特别的情感。如果给人注射肾上腺素—— 一种能够使身体增加能量的荷尔蒙，那么人们会说，注射后心里虽然会觉得激动，但并没有特别的感情体验。

——身体反应的延迟。比如，如果说在冰冻的路面上开车打滑，会使人感到非常害怕，但是后来，只有进入“安全路面”，才会感到心悸。因此，自主神经系统致使身体发生变化还需几秒钟。

——非常一般的生理变化。生理变化通常很普遍，以致不能据此区别各种感情。在感到害怕的时候，心脏明显会加快，但是，在愤怒或者热恋的时候，都会产生同样的身体反应。

关于截瘫病人的结论特别严重地动摇了詹姆斯—朗格的理论。乔治·霍曼自己也是半身瘫痪，他在调查了很多病人后得出结论说，脊椎损伤越厉害，对感情的体验就越弱。（Hohmann，1966）比如，一个女病人在谈到一个燃着的烟头掉到自己床上之后的情感反应时说："我本来可能被 (418) 烧死，但是好笑的是，我竟然无动于衷…… 我一点儿也不害怕。"截瘫的病人的感情也许是另一种样子。荷兰心理学家鲍布·贝尔蒙德发现，这样的病人在遭遇事故之后，要么表现出强烈的害怕、愤怒、焦虑或喜悦心情，要么在受伤以后毫无变化。

詹姆斯—朗格的理论得到证明的若干结论。有人可能认为，坎农的批判彻底驳倒了詹姆斯—朗格的理论。但这是不正确的。大家可能还记得罗伯特·列文森的研究（见第414页），他已经证明，元情感都能够引起一定的生理激动。这样的内部变化在一个人说有相应的感觉之前，就能通过这个人的大脑得到证明。这一结论与詹姆斯—朗格的理论明显是一致的。而且还有其他支持这一理论的值得注意的结论。

启动自我体验

请您站到镜子前面，并尽可能地按照下面的指令去做："抬高眉毛，缩短两边眉毛之间的距离；尽可能抬高眼睑；最后将嘴唇左右拉向耳朵的方向。"插图9.6就是再现了根据这个指令完成的脸部表情。您心中最终能觉得有这种害怕的体验吗？

插图9.6 按照明确的指令变化局部肌肉，最后可以表现害怕的表情。

亲朋好友有时候为了鼓励遭到不幸的人，会建议他"直面人生"或者"干脆一笑了之"。威廉·詹姆斯早就提醒人们注意这样的可能性。他提出自己的情感理论时，正值因失去双亲而备感痛苦之机。因为这种丧亲之伤，他陷入了巨大的悲痛之中。（Miller & Buckhout，1973）但是，詹姆斯发现了如何应付这种打击的方法。他解释说："如果我们要想克服不期而至的感情，那我们就必须坚持，必须保持冷静，在那种感情发生的时候，就抑制我们要爆发的状态。"（James，1884）这样的建议真的能够适用于
(419) 每一个人克服悲伤情绪吗？人们能通过随意塑造喜悦、生气或悲伤的表情体验到相应的感情吗？自己去尝试，也许能找到答案。

如果哪个人能够作出一种通常能表达某种情感的表情，从而产生相应的感情，那就是获得了面部反馈假说（英语：facial feedback hypothesis）的证据。（Strack et al.，1988）事实上不能排除这样的可能性：只要人们故意放声大笑，就可以抵消自己刚刚经历的痛苦，消除自己的消极情绪。（Kleinke et al.，1998）

保尔·埃克曼及其同事（1983）让测试对象依次活动面部肌肉。除了要他们作出害怕的表情外，还要保持脸部肌肉的运动，直到将愤怒、惊奇、恶心、悲伤和愉快的表情都表现出来。（见第408页的插图9.1）但埃克曼没有明确说明是哪种感情；他只限于命令变动面部肌肉。当测试对象尝试执行每一个命令时，已经完成了对他们的身体的生理学测量。这一点表明，面部表情与一定的测量值是吻合的。比如，当他们的面部表情表现为"恶心"时，他们心跳就减缓，反之，在表示悲伤、害怕和愤怒时，心跳则加快。在表示恶心时皮肤温度下降，而在生气时皮肤温度上升。因此这足以表明，面部肌肉可以表达某种感情，也能记录自主神经系统的变化。据此可以断定，不仅情感对身体的表现形式产生影响，而且表现形式同样也参与决定体验到的情感。（Duclos & Laird，2001）

在弗里茨·施特拉克所做的另一项实验中，找借口请测试对象用嘴唇衔住或用牙齿咬住铅笔，如插图9.7所示。（Strack et al.，1988）要他们在这两种条件下评论漫画，表示他们喜欢哪些漫画，不喜欢哪些漫画？这
(420) 不仅取决于漫画本身，而且还取决于用牙齿还是用嘴唇衔住铅笔。这种联系该如何解释呢？

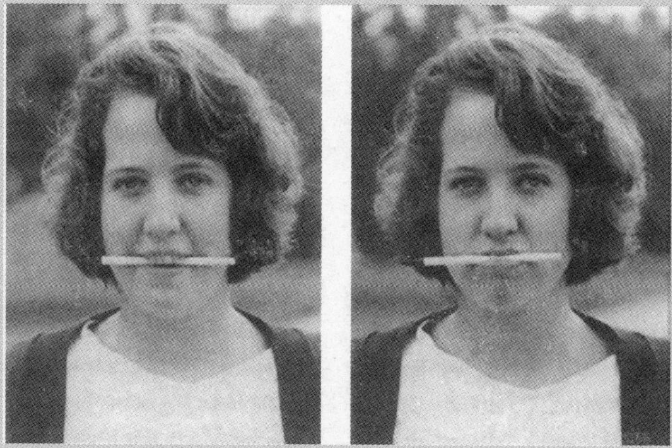

插图9.7　如果用牙齿咬住铅笔，就能促进发笑的肌肉，而用嘴唇衔住铅笔，那就很难发笑。

果用嘴唇衔住铅笔，就很难笑出来，这样的漫画就显得不好看。相反，用牙叼住齿铅笔就有助于做出笑的表情，在这种情况下调查对象会说，这样的漫画有趣多了。有意思的是，测试对象丝毫没有意识到，他们的脸部在一种情况下比另一种情况下容易露出笑容。体态还可给以相应的配合。如果身体站得笔直，给人一种“自豪”的印象，那么，别人也可能会体验到这种自豪感；因此这也称为身体配合假说。(Stepper，1992)

人们做出一副表情，比如表现出开心的样子，大脑中其实并没有形成与真正的开心相应的状态。(Ekman & Davidson，1993）因此，面部表情和身体配合虽然可以表现感情，但是姿势和表情并不是人形成感情的唯一原因。

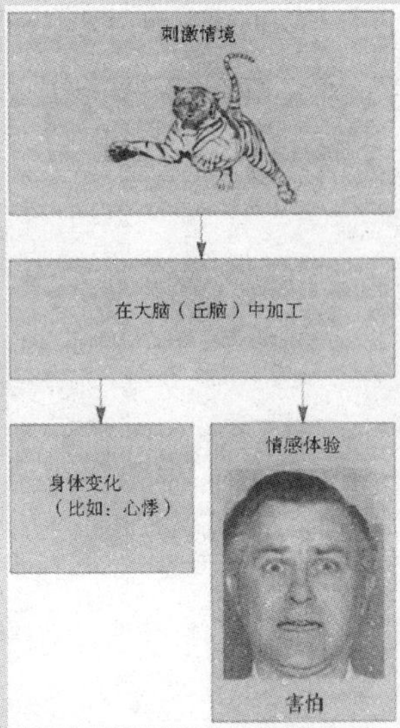

插图9.8　根据坎农—巴德情感理论，人对事件或事物的感觉会激活大脑的某个部位（丘脑），丘脑将接到的信息进行加工后，会同时向两个方向传递：向“下”传递激活自主神经系统，向“上”传递给大脑，可以产生有意识的情感体验。

坎农—巴德情感理论

身体刺激和感情体验同时发生。瓦尔特·坎农认为，上面介绍的关于截瘫病人的结论可以支持他自己提出的，还署上另一位心理学家菲力浦·巴德名字的理论。（Cannon，1927）插图9.8再现了他们确证的联系。根据坎农—巴德理论，关键是感觉器官首先将关于刺激感情的刺激情况的信息传递给大脑（特别是传递给丘脑，当然，丘脑对感情体验的作用至今仍有争议），丘脑将接到的信息进行加工后，同时向两个方向传递：向“下”传向自主神经系统，引起生理刺激，向“上”传向大脑皮层，从而产生主
(421) 体的感情体验。根据这一理论，生理变化不像詹姆斯和朗格所认为的，是产生感情体验的前提，因为这两种反应是同时发生的，互不依赖的。当

然，不能完全排除这样的可能性，截瘫病人所说的感情是在感觉到自己的面部表情后作出的反应。（见第419页）

两种理论的进一步发展。许多科学家现在关注的不是首先澄清究竟是詹姆斯—朗格理论还是坎农—巴德理论能够更好地解释产生感情体验的生理学基础。也就是说，感情不仅仅是对刺激的自主反应，感情还取决于如何阐释对自身身体和外界条件的感觉。

情感的认知理论

通过身体刺激和想象产生情感。20年代初，西班牙医生格雷哥里奥·马拉尼翁关注的问题是：如果简单给一个人注射肾上腺素，即能刺激交感神经系统并提高兴奋度的荷尔蒙，那么这个人是否会因此产生感情。（Cornelius，1991）他在一家法国杂志社发表了自己的认识。（Maranon，1924）

在马拉尼翁给人注射这种荷尔蒙之后，有些测试对象告诉他说，他们体验到了现在被称为元情感的感觉：他们要么感到悲伤，要么感到喜悦。另一些人对他说，他们感觉到了某些身体的变化，比如："我心跳加速"，"我的脖子感觉发紧"。这些测试对象偶尔还说有"似乎的"感觉："我觉得自己似乎很害怕"，"我似乎有什么开心的事"，"我似乎想哭，就是不知道为什么"。这些自我感知的差异是如何产生的呢？马拉尼翁曾诱使对肾上腺素产生元情感反应的第一组测试对象展开某种想象，比如，让他们想到过世的父母或生病的孩子。这些测试对象就为自己感觉到的刺激度的上升找到了解释，而另一组测试对象只能说出自己感觉到的东西——某些身体的变化。

这位西班牙医生根据观察得出结论说，情感是由身体因素（法语：l'émotion végétative）和"心理的"或主观的因素（l'émotion psychique）组成的，而"心理的"或主观的因素可以用来阐释感觉到的身体变化。几十年后，人们将马拉尼翁的发现称为情感的双因素理论。

情感的双因素理论。上个世纪中叶，斯坦利·沙赫特和杰罗姆·辛格研究分析了当时所有的情感理论。（Schachter & Singer，1962）他们倾向于詹姆斯认为的生理刺激是情感的中心因素的观点。两位作者还认为，坎农所说的生理刺激在自我感觉上几乎无法区分，也是正确的。因此他们同那位西班牙医生一样总结说，身体激动对于本身而言不会引起情感体验。人 (422)

们只有在兼顾外界刺激的情况解释自己的极度兴奋时才会产生情感。

人们有些不敬地称沙赫特和辛格的理论为“老式投币唱机理论”(Jukebox-Theorie der Emotion)。(Mandler，1962）按照这个比喻，可以将激动的状态比作投一枚硬币就开始运转的老式投币唱机。这种唱机得到刺激，就开始播放音乐。但是选择哪个曲目——进行曲、情歌还是活泼的舞曲——则取决于使用者按哪个按键，取决于他如何解释自己所处的环境。情侣不一定想听进行曲，参加狂欢派对的人可能不想听轻柔的情歌曲调。如果一个人生理上受到刺激，但找不到原因，那么，他就会尊重暗示性刺激，设法说出这种感觉到的刺激。比如，一个人观看一场网球比赛到终场，他可能就会将心跳加速、出汗、呼吸急促归因于激动。如果一个人在看牙医的时候出现这种生理反应，那么，他就可能说这是因为害怕。可见，沙赫特和辛格在提出情感双因素理论时应当考虑到生理刺激及其对生理刺激的解释。

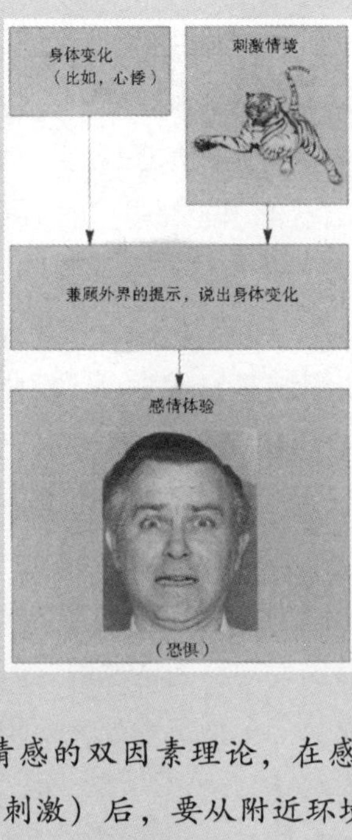

插图9.9　根据情感的双因素理论，在感觉到一般的身体变化（生理刺激）后，要从附近环境中寻找原因。感觉的身体变化与找到的原因可以得到一致的解释。

刺激从一个情境向另一个情境的转移。莱纳·赖森采恩仔细研究了沙赫特和辛格的理论，并作了验证：这一理论究竟在多大程度上同当时的其他结论相一致。（Reisenzein，1983）赖森采恩在关于检验这一理论的详细报告的引言中指出，这是“理解情感的最具影响的认知入口”，因为沙赫特以自己的论文不仅为努力提出扎实的情感理论，而且为解决具有社会心理学和治疗学意义的其他问题起到了激励的作用。赖森采恩的检验结果证明，只有一个由此导出的联系是可以证实的：如果一个人在 A 场合受到刺 (423)
激，那么，这种刺激结束后的残余会在 B 场合导致感情体验的增强。在其他地方已经指出，根据多尔夫·齐尔曼的观点，这种情况可以称为刺激转移。（Zillmann，1996，见第 383 页）难道所有的身体变化真的都能够像情感的认知理论所认为的那样得到解释吗？约瑟夫·勒杜克斯（LeDoux，2001）的回答是，不，因为存在各种不同的大脑系统。

例 子

在一项研究中，让测试对象首先（A 场合）在家用运动器械上进行高强度的运动，这当然会提高对他们的刺激。他们结束这一运动几分钟后，他们遭到其他同伴给予的所谓惩罚的一系列轻微打击（B 场合）。这样，由于运动而产生的刺激所持续的时间要比测试对象所认为的要长。因此，测试对象在 B 场合无法解释，自己为什么会激动。于是他们寻找诱因，并且不是在原来的运动中（A 场合），而是在现实的 B 场合（错误地）找到了这个诱因。这样一来，所谓“惩罚”就会遇到持久的异常激烈的反抗，他们将其解释为愤怒，而且（在原先的体育运动之后）会感觉比在其他场合，比如在不是由于提高刺激度的运动之后遭到惩罚的场合，更为恼火。

勒杜克斯发现的认知理论的另一个变化。约瑟夫·勒杜克斯指出，有不同的大脑系统指挥各种情感。（LeDoux，2001）有些系统会起到条件反射的作用。比如，害怕是由一个小小的大脑结构——大脑解剖学家称之为杏仁体（也称杏仁核）——的活动引起的，无需作出任何阐释。通过极为迅速的转移方式，遇到危险情况时能立即启动身体的预警系统。其他感情，比如自豪感或负罪感，只有在解释和回忆以前的类似情况后才会产生。因此，人们体验到的情感是按照以下过程产生的：

——通过大脑反应和身体反应的共同作用；
——通过解释和回忆类似的情况。

遇到危险刺激时遗传因子快速启动身体预警系统。因此可以认为，有些情感，比如害怕的感觉，马上可以产生，也就是说，在大脑皮层还没有收到任何信息，还有足够的时间"问明"情况以前，就能相应地作出反应。勒杜克斯深信，人类在遗传上早就准备好用害怕对"危险"事物，比如对蛇、对龇牙咧嘴的动物，对快速移动、快速接近的物体作出反应。其他复杂的刺激在身体预警系统启动之前必须首先由大脑来核实。所以，如
(424) 果考生在考试过程中发现，这次考试并不像他所想象的那样简单，那么，他的认知过程就要首先分析自己的答题思路、考官的表情、他的说明等许多内容，然后他才会感觉到自己额头上冒冷汗。随着两种不同速度的转移方式的发现，瑞典心理学家阿恩·欧曼的结论也就得到了解释。根据她的结论，人们在人群中可以很快发现那些生气或令人恐惧的面孔，相反，需要一些时间才能找到友善和中性的面孔。(Öhmann et al. , 2001)

逆向过程理论

传统的情感理论的其他解释缺陷。没有一种关于感情的理论可以解释所有的现象。比如，众所周知，很多慢跑者在开始跑步锻炼时感觉都非常不好。但是他们为什么还能坚持每天跑步？跳伞爱好者说，他们在第一次跳伞之前和跳伞当中都非常害怕。他们是如何慢慢克服这种感觉的呢？是什么原因促使人们定期去蒸桑拿的呢？凡是每次都能积累相应经验的人都知道，再不好的感觉，进入蒸汽浴室后就会立刻消失。詹姆斯—朗格理论未能回答这个问题。沙赫特的理论也没有回答这个问题，他没有解释登山运动员为什么在悬崖峭壁上下左右攀登，尽管他们一刻也不否认这种情况的危险性。理查·所罗门认为，可以用自主神经系统的一个特征——逆向过程——来解释上述这些事情。(Solomon, 1980)

自主神经系统的逆向过程。如果将神经系统逼向一个方向，它会以同样的力量反弹。(Mook, 1987) 它始终努力保持平衡。开始是积极的感觉

反应，接着就是消极的感觉反应，或者相反。比如，在某种条件下产生一种愉快的感觉（A 状态），比如幸福感或愉悦感，然后就会出现一种与第一种状况相反的 B 状况：比如，人们会感觉没有意思。由于这两种状况是作为对手出现的，所以 B 对 A 起到弱化的作用，结果愉快的状况就被弱化了。此外，B 状况比先出现的 A 状况更持久。由于 A 状况先消失，所以 B 状况没有对手以后甚至会更强烈。所罗门的理论使人有一种想到清教主义的感觉：生活中的善行总要以不快为代价，而不幸也往往孕育着更好的前景。跳伞者的例子可以表明，在他第一次极度恐惧地从高空跳下飞机后将要经历一个什么样的过程。尽管如此，这样的过程要重复多次，直到跳伞最后成为他的爱好。

跳伞是一个例子。第一次跳伞对每个人来说可能都是非常害怕的，甚至有惊慌失措的感觉（A 状况）。所罗门的理论说明，第一个感觉反应产生之后，接着会产生与第一反应相反的感觉。在惊慌或害怕产生之后，就会出现使跳伞者体验到轻松的 B 状况。而这逆向的过程还有一个重要特征：B 状况比 A 状况来得迟，消失得也慢。跳伞者安全着陆后，还心有余悸，目瞪口呆。几分钟后，稍许的幸福感才能取代害怕心理。许多人都知道这种克服险情后的正面感觉。跳伞者还清楚地记得跳伞之前和跳伞时的害怕感觉，他为什么还会继续去跳伞？根据逆向过程理论，A、B 两种状况会逐渐改变自己的特征。 (425)

插图 9.10 攀岩与跳伞一样，一开始都会让人感到非常害怕。逆向过程理论可以说明，这种危险的体育项目为什么会成为人们乐此不疲的休闲活动。

跳伞有过几次经验之后，B状况逐渐增强，使A状况逐渐减弱，害怕的感觉逐渐减少。因此，跳伞者能够越来越镇定从容地（因为至今没有发生什么事情）从高空跳下。在第一次，也许几次跳伞中体验到的轻松的感觉，与每跳一次的体验一起逐渐变成愉悦感，而且这种感觉越来越强，逐渐抵消害怕的感觉。

9.3 主观幸福感：特征和产生

在相当长的一段时间内，心理学家几乎只研究“负面”感情，即研究恐惧、愤怒或者悲伤的感觉。造成这种片面性，临床心理学家的活动至少起了一定的作用，因为本来就是那些需要帮助的人才来进行咨询和治疗，希望克服悲伤，在恐惧中生活得更好，或者希望在心理学的专业人士的帮助下消除对于夫妻关系中的不良感受。我们必须更多地了解这种情感，以便在提供咨询和治疗时能够有的放矢。

但是，接受治疗的主要原因，无疑是希望获得更多的满足感，能比原来更幸福。人们只要感到幸福和满足，就会体验到这个世界的安全（Johnson & Tversky，1983），用于决策的时间就会更少（Isen & Means，1983）；关心同胞，帮助需要帮助的同胞的意愿就会更高：“心气顺了，就会乐善好施。”（Salovey，1990）今天，很多情感研究者已经不再说“幸福”和“满足”，而是说“主观幸福感”。（英语：subjective well-being，Diener，2000）如何解释人们在主观幸福感方面的彼此差异呢？下面首先回答什么是主观幸福感，然后再详细解释这个问题。

主观幸福感的特征。为了将主观幸福感，即对自己生活的满足感纳入
(426) 研究的范围，我们必须能够把握主观幸福感。我们首先应当怎么做呢？我们提出相应的问题或使用规范的方法，比如采用发放“生活目标和生活满足感的问卷”（Kraak & Nord-Rüdiger，1989）。“人们越是相信自己的愉快的时候多，不愉快的时候很少，越是从事有趣的活动，体验到的喜悦越是多于痛苦，对自己的生活感到越满足”（Diener，2000），那么人们的主观幸福感就越强。埃德·迪纳设计的简短问卷很简单，人们自己都可以轻松回答。（Diener，Emmons et al.，1985；Pavot & Diener，1993）

启动自我体验

请注意下列五种说法，然后说明您是否以及在多大程度上同意或反对这些说法。请使用下表中从“非常同意”到“坚决反对”的括号内的阿拉伯数字。

坚决反对 (1)　　勉强同意 (5)
反对 (2)　　同意 (6)
勉强反对 (3)　　非常同意 (7)
既不反对也不同意 (4)

五种说法：

1. 我的生活在很多方面都非常接近理想。 ( )
2. 我的生活条件非常优越。 ( )
3. 我对自己的生活很满意。 ( )
4. 现在，我已经实现了我觉得重要的一切。 ( )
5. 如果让我重活一次，我也不会有什么改变。 ( )

请计算您的总分，参考下表得出您的结果。

总分	满意度
35—31	非常满意
30—26	满意
25—21	勉强满意
20	无法决定

总分	满意度
19—15	基本不满意
14—10	不满意
< 10	非常不满意

这个问卷只包括测试对象的主观陈述，强调的也就是一个人对自己幸 (427)
福或不幸的个人看法。幸福仅仅是一般的主观幸福感的一个方面。此外，在一般的生活满意度方面，如果积极感受多于消极感受，才能认为存在主观幸福感。那么，产生主观幸福感需要什么样的条件呢？

9.3.1 主观幸福感的个人原因和社会原因

从日常生活中，通过与各种不同的人的交往可以知道，人们彼此在满意度方面的相差很大。有些差异一目了然，比如有些人感觉非常幸福，而另一些人却总是怨天尤人。那么如何解释主观幸福方面的这些差别呢？在探索产生这些差异的条件过程中，没有发现主观幸福感同年龄、性别和智力等方面有什么联系。（DeNeve & Cooper，1998；Diener et al.，1999）但是，如果仔细地观察人性特征，并强调一个人是否发展社会关系，发展什么样的社会关系，那么，就会发现其中存在一定的内在联系。

人性特征

在实现和错失重要目标方面作出的不同解释。索尼亚·柳博米尔斯基和李·罗斯研究的课题是，人们在设法实现个人的重要目标获得成功或遭遇失败以后，作为幸运的人或不幸的人，对此会做出怎样的反应。（Lyubomirsky & Ross，1999）柳博米尔斯基和罗斯发现，“幸运”的人会对所达到的目标的吸引力加以提升，而“不幸”的人对所达到的目标的吸引力要么无动于衷，要么加以贬低。那么，这两组人要是都没有实现自己的目标，又会作出什么样的反应呢？在这种情况下，“幸运”的人会大大贬低原本渴求达到的目标，而“不幸”的人即使遇到挫折也不会改变自己的初衷。那么该怎么解释这些不同的反应呢？柳博米尔斯基和罗斯就自己的结论解释说，“幸运”的人总是以为自己的命运是最好的：他们实现目标，是因为他们选择了最有吸引力的目标，相反，他们没有实现目标，是因为这个目标显然不值得追求。“不幸”的人的想法则是另一种样子。看样子他们是生活在这样一个世界，在这个世界只有不尽人意的选择，对他们而言，实现目标与否，在生活质量方面不会产生太大的差异。幸运的人是戴着玫瑰色的眼镜看世界；他们自得其乐，由此“维护，甚至拔高自己的满意度和积极的观点”。（Lyubomirsky，2001）一个人有机会生活得幸福，但这种机会显然不是随机分配的，而是——而且在很大的程度上是——自我创造的结果。“幸福不是人们可遇的，而是人们自己创造的”（Csikszentmi-

halyi，1999），正像谚语所说的："每个人都是自己幸福的创造者。"当然，并不能把这句谚语理解为所有人都有同等良好的条件，去"创造自己的幸福"。希克森特米哈伊里自己知道，他提出的如何变得幸福的建议是很难被人接受的，因为社会上有许多人出于一己私利，鼓励尽可能多的人购买 (428)
名贵的汽车、名贵的饮品、名贵的钟表以及参加豪华旅游，以提升自己的身份，从而变得幸福，尽管事实上往往适得其反。

幸福是一般的、稳定的个性特征。满意度的鲜明程度，主观幸福感， (428)
是大多数人的非常稳定的个性特征。有些人如果对以往的生活感到非常满意和幸福，那么他们在以后的生活中估计也会感到幸福和满意，反之亦然。（deNeve & Cooper，1998；Dener et al.，1999）此外，在一个生活领域（比如家庭生活）中感到幸福和满意的人，在其他领域（比如职业领域）中也会有同样的感受。因此可以认为，只要不遇到特别重大的意外情况，稳定的个性特征是人们感到幸福或不幸的前提。即使遇到重大事件，也只是在短时间内会改变人们的主观幸福感。如果问人们，什么样的事件会长期改变自己的主观幸福感，那么他们往往会回答说，结婚、婚姻关系的破裂、调换新的职业或长期住院。（Gilbert et al.，1998）但是正如前面已经介绍的，对这种预言的测试表明，对它们的有效性不能估计过高（见第415页），因为事实上这类生活事件对人们心情的影响大约只有三个月。（Suh et al.，1996）主观幸福感的鲜明程度在长期的生活中，而且在各种不同的领域中都显得相当稳定，这又如何解释呢？这方面可能有遗传因素的作用。

遗传条件是感到幸福与满意的决定性因素。一项有2 000多对双胞胎参与的实验表明，双胞胎的亲缘关系非常密切，他们在主观幸福感的程度方面也非常一致：要么都非常幸福，要么都非常一般，要么都非常不幸。（Lykken & Tellegen，1996）有些人天生就心情愉快、从不怨天尤人，这种心情就为他们感到幸福和满意创造了良好的前提，而他们具有这样的心情，与别人也就能够很好地相处，反过来又会使他们更加乐观。

社会关系的影响

夫妻关系稳固的人主观更幸福。主观幸福感的程度同婚姻状况有关。

在各种文化背景下所作的研究表明，一般来说，结了婚的人比没有结婚的人感到更加幸福和满意（Diener et al.，2000），男女都一样。而且结了婚的人比没有结婚的人总的来说更加健康，经济上也更有保障。（Stack & Eshleman，1998）当然，婚姻一旦出现矛盾，就会造成消极的后果，首先
(429) 是健康方面的消极后果，特别是女性。（Kiecolt-Glaser & Newton，2001）总的说来，如果双方只是同居而没有结婚，那么主观幸福感就不太明显。对于个中原因的解释目前还不够明确，因为有幸福感和满意感的人可能更容易找到伴侣吗？这种可能性是存在的，但很多事情说明，稳定的夫妻关系可以使人更好地处理和容忍日常生活中的各种问题。

社会的支持和个人的乐观。人并非生活在孤岛上，作为社会生物还需要他人。特别是在遇到生活困难时，他人可以提供社会支持；许多的研究明确表明，社会的支持可以产生治疗效果，也就是说，可以增进人的身体健康和普遍幸福。（Cohen et al.，2000；Schuch，1990；Uchino et al.，1996）因此，人们的幸福感还取决于自己主观上是否想到，在需要的时候他人会而且能够倾听和帮助自己。（Myers，2000a）在以集体主义为取向的文化背景下，比如在中国，现有的社会支持甚至比在以个人主义为取向的文化背景下更能使人感到幸福。（Lu，1999；Lu et al.，1997）

9.3.2 富裕和主观幸福感

穷国和富国的比较。众所周知，全世界的富裕程度并非都是一样的，有非常富裕的国家，也有非常贫穷的国家。很容易联想到，人们生活的国家越富裕，人们就感到越满意。事情真的是这样吗？穷国和富国的人是否对主观幸福感有不同的看法，只有了解了这一点，才能回答这个问题。罗纳德·英格尔哈特考察了43个国家的居民的收入情况和他们所说的富裕之间的联系。（Inglehart，1997）他很快发现了这样的联系：所考察的19个最富裕国家的人可以说是比较幸福的，而生活在最贫穷国家的人表示不太满意。可见，比较富裕的国家的人感到幸福的比例明显高于贫困国家。（Diener，2000）比如，斯堪地纳维亚地区的人和瑞典人平均都非常富裕和满意，而穷困国家的人甚至还没有解决温饱问题，居住条件也非常差。当

然，如果只比较人均社会生产总值超过 8 000 美元的国家，那么就不会发现满意度和国民富裕程度之间的联系了。爱尔兰人在接受调查时——因为他们的收入比较高——满意度平均高于保加利亚人；但同时，在 80 年代，爱尔兰人表现出来的生活满意度通常高于富裕程度比他们高两倍的德国人。(Inglehart，1990) (430)

富国居民的富裕程度和满意度。一个反复得到验证的结论表明，在迄今调查的几乎所有富裕国家的富人认为自己的满意度只略高于穷人。(Myers，2000a）这一结论也许要归因于富裕国家能为所有居民提供更好的生活条件。比如，这些国家通过开办学校，为所有人提供受教育的机会；有良好的交通设施；住房都有上下水设备；有医院；有健全的司法体系，等等。在这样的国家，比较富裕的人为什么并不比贫困的人感到更满意呢？问题在于，如一句名言所说的，金钱真的不能使人幸福？信息框 9.2 就探讨这个问题。

插图 9.11　如果将穷国与富国进行比较，就会发现富裕程度和满意度之间存在某种联系；收入非常低，以致不能解决基本生活必需品的人，就感觉非常不满意；如果社会总产值超过临界值，平均收入的多少就不能反映满意度的高低了。

信息框9.2

金钱能使人幸福吗？

财富的有据可查的积极结果。拥有很多钱的人，就可以轻易达到普通人梦寐以求的生活目标。根据埃德·迪纳和罗伯特·比斯瓦斯-迪纳的归纳，在这个世界上，收入较高的人群拥有以下几个方面的优势：

——他们的寿命比较长；
——他们儿童夭折率比较低；
——他们成为刑事犯罪的牺牲品的机会比较少；
——他们的生活遭受厄运打击的可能性比较小；
——他们的孩子很少辍学。（Diener & Biswas-Diener，2002）

如果单看这些正面特征，人们应该会认为，较富裕的人与较穷的人相比更幸福。事实果真如此吗？

彩票中大奖后的满意度。每周都有数百万的人企图通过买彩票中“大彩”。他们希望购买彩票的支出总有一天能得到丰厚的回报。大奖得主的余生真的会因此而幸福，可以“想买什么就买什么”，从此享尽“荣华富贵”吗？我们对22名彩票大奖得主的生活满意度作了调查，他们分别中了50 000－1 000 000美元的大奖，他们中的大多数人说，最初对这种“天赐的钱财”感到非常幸福，但他们的满意度并没有因为这件事而有所改变；有些人甚至认为，他们不像以前那么乐于参加诸如购物、读书会和朋友聚会等日常活动了；
（431）（Brickman et al.，1978）有人还与原来亲朋好友闹了矛盾，因为这些亲朋好友要求分享这笔天赐的钱财。因此可以认为，至少有些人并没有因为中大奖而长期感到原本所期望的幸福。总之，大奖得主只在获得中奖通知后的短时间内感到高兴。（Brickman et al.，1978）

收入提高后的满意度。大多数人都不会将收入的提高视为中大奖的结果，而往往会视为工作积极的结果。初涉职场的人，收入定期提高，满意度肯定会越来越高。然而，一些在过去的十几年中实际上挣得越来越多的人，并不比那些收入在同期内收入几乎不变的人感觉更满意。（Diener et al.，1993）起初人们会因为“口袋鼓了”而高兴，而需求的增加同时又会使人贪得无厌。在工业国家，消费欲望的增长通常高于个人收入的增长。繁荣过后就是经济衰退，这是滋长不满情绪的温床，因为“人们的物质欲望膨胀容易，压缩就困难了”。（Diener & Biswas-Diener，2002）

富豪的满意度。埃德·迪纳及其同事曾经向《福布斯》杂志评选的美国最富的100个人书面调查他们的满意度。结果49个富豪作了回复，其中有五分之四的人同意这样的说法：金钱可以使人主观上感到幸福，也可以使人主观上感到不幸；他们说，这完全取决于怎么花钱。（Diener et al.，1985）而有的调查对象则真的感到不满意。很明显，富豪们的幸福感只略高于美国人的平均水平。有些超级富豪甚至觉得不幸福，比如，其中一个调查对象说，他不记得什么时候真正感到幸福过；而另一位接受调查的女士认为，她的财富不可能消除因自己的孩子问题所体验的贫困。

越看重物质利益，主观上就越不满足。需要注意的是，一个国家国民收入的提高，并不会使国民的主观幸福感同步提高。这个结论表明，将自己的生活目标定于收入提高的人通常感到不满意，是不足为奇的。有人对41个国家的大学生作了调查，结果表明，越看重物质利益的人，满意度就越低。（Diener & Oishi，2000）相反，那些致力于发展个人关系、投身于社会工作的人，主观上明显表现得非常幸福。埃德·迪纳和罗伯特·比斯瓦斯－迪纳解释说：“过多地看重物质利益，结果会很糟糕，因为有些目标是永远无法实现的；即使一个人非常富裕，他也有可能得不到或享受不到的商品和 (432)
服务。”（Diener & Biswas-Diener，2002）

建议：撇开物质追求，设定生活目标。金钱能使人幸福吗？大多数人都会对这个问题作出否定的回答。如果他们的基本需求得到满足，即有了满意的住房、吃喝不愁、安全有了保障，那么，其他的物质利益也就不会再提高他们的满意度了。钱越多，追求幸福的要求显然也会越高。在芝加哥，对不同收入的人作了调查，问他们每月挣多少钱才算满意。大多数人回答说，他们的收入应当大幅度提高：年收入少于三万美元的人，希望能提高到五万，年收入达到十万美元的人认为挣到二十五万才能满足。（Csikszentmihalyi，1999）那么究竟有没有什么建议，可以让全世界的人都有机会过上满意的生活呢？埃德·迪纳和罗伯特·比斯瓦斯－迪纳的回答说有。他们的答案是：回避贫困的生活条件，移居比较富裕的国家，选择一种不以物质富裕为内容的生活目标。（Diener & Biswas-Diener，2002）

以个人主义文化和集体主义为取向的文化背景下的主观幸福感。如果让一个生活在以个人主义为取向的文化背景下的人回答关于满意度这个问题，那么他在寻找答案的时候就会考虑不同于生活在以集体主义为取向的文化背景下的人的观点。（Suh et al.，1998）在以个人主义为取向的文化背景下，人们主要以自己的感受为取向。这种非常安逸的感觉通常会使他们觉得自己是幸福的。相反，在以集体主义为取向的文化背景下，社会标准起比较大的作用；人们在作出判断的时候，还要考虑家人和朋友的幸福安康。这种不同的取向对日常生活中的决策也产生影响，比如婚姻和职业方面的满意度就可以说明这一点。

生活在以个人主义为取向的文化背景下的人，如果对自己的婚姻或职业感到满意，那么就会继续或保持。但是，他们一旦感到失望，就非常想改变现状；相反，生活在以集体主义为取向的文化背景下的人更倾向于维持自己并不满意的婚姻，或继续从事自己不喜欢的工作，因为他们在作出决定时还要考虑他人和社会标准。因此，在以个人主义为取向的文化背景下，人们的离婚率和职业变动的比率往往高于在以集体主义为取向的文化背景下的人们。“因此，生活在以集体主义为取向的文化为取向的社会中的人，更强调自己的责任感，而不太强调个人的满意度。”（Diener，2000）

9.3.3 社会比较和主观幸福感

为什么金钱不能使人幸福？富人不一定，至少不是明显地比自己的同胞感到幸福，这一点该怎么解释呢？其中一个原因是，财富不是生来就有 (433) 的，更确切地说，财富的多少只是比较而言的。人们要么拿自己同别人作比较（社会比较理论），要么拿自己的现状与自己过去作比较（适应水平理论）。

社会比较理论

与他人进行社会比较。一个人的主观幸福感在很大程度上取决于同别人比较的结果。进行这种比较并非只限于同自己周围的人，媒体广告和电视画面中的男男女女，都可能是比较的对象。当然，优先与哪些人进行比较，这对于个人的满意度具有决定性作用。进行社会比较的结果当然取决于人们是往上还是往下进行社会比较。

往上和往下进行社会比较，主观幸福感的不同程度。莱德·惠勒和昆尼塔特·米亚科请几个大学生在两周时间内详细记录，他们在哪个时间段将考试成绩、能力、性格或者其他方面同他人进行比较，有什么感受。(Wheeler & Miyake, 1992）结果表明，“往上比较”（同那些在各个方面都比自己优秀的人进行比较）会产生消极情绪，而“往下比较”（同那些在各个方面都不如自己的人进行比较）则会产生积极情绪。如果同比自己“优秀”的人比较，那就必然会产生嫉妒心理，而同“不如”自己的人进行比较，就会产生满足感。众所周知，主观影响对感觉过程起很大作用，这也同样适用于社会感觉。（见第456页及其下几页）因此，应当考虑到其他人其实根本不具备的优点。进行这样的社会比较，结果只会得出不利于自己的错误结论。法国哲人沙尔·孟德斯鸠（1689－1755）早就指出：“人们只是希望幸福，那这是很容易的事情；但是我们要想比别人更加幸福，那就非常困难，因为我们确信，别人比我们更幸福。”

如果人们同不如自己的人进行比较，那容易得到满足。当然，还有另一种可能性：索尼亚·柳博米尔斯基在研究中得以证明，满足的人与那些不满足的人比较，不太关注自己或多或少已经拥有的东西。（Lyubomirsky，2001；Lyubomirsky et al.，2001）当然，人们本身通常不会主动进行那些有利于自己满意度的比较。人们试图通过治疗影响他们的社会比较。鼓励患有轻度抑郁症的人阅读那些症状比他们严重得多的患者的记录，感觉就会好得多。（Gibbons，1986）

随着对社会比较过程的认识，还可以说明人们在职业生涯中收入提高
(434) 了，而主观幸福感没有相应提高的原因。因为他们喜欢同那些收入水平与自己差不多甚至更高的人进行比较。（Gruder，1977）这就为产生嫉妒情绪提供了可能——这并不仅仅局限于职场。英国哲学家伯特兰·罗素（1872－1970）早就注意到了这一点，因为他发现："乞丐不嫉妒百万富翁，却会嫉妒其他混得比较好的乞丐。"有可能消除这种嫉妒吗？罗素对此表示非常怀疑，因为他解释说："单凭成功并不能消除嫉妒，因为不管在历史上还是在神话传说中，始终有比自己更加成功的人。"（Russel，1930）即使不精通历史的人，也会在每天的电视节目中看到，有些人拥有的东西，大多数观众是没有的。习惯看电视的人，经常受到刺激，对富人的生活方式赞叹不已，久而久之就会提高自己的物质欲望。（Schor，1998）

插图 9.12　每天的电视节目定时向观众播放名流和富豪的生活场面。如果将他们的生活同自己作比较，那么，很多人就会产生永远无法实现的愿望。

人们不仅可以与别人进行比较，也可以与自己进行比较，即将自己的现在与过去进行比较。这种比较对个人的满意度会产生哪些结果呢？

现在的幸福感同过去的经历相比

比较快地适应新的愉快或不愉快的经历。上面已经指出，人们对于愉快的事情，比如中彩、收入增加和比较好的成绩，第一反应就是非常高兴（见第430页及其下1页）；但是他们很快就会适应这种改善了的生活状况，然后就习以为常了，对于不久前还很新奇的事物也“无动于衷”了，不再视为特别兴奋或不舒服的理由了。可以想象，人们所遵循的标准是在自己以往的经历的基础上形成的。人们利用这个标准是为了评价经历是否愉快。假如月收入——不管对个人来说是高还是低——在一个比较长的时期处于同一水平，那么，人们既不会感到特别苦恼，也不会感到格外高兴，他们会对这种一成不变的收入状况无动于衷。如果有朝一日收入提高了，那么人们的第一反应就是高兴；但是评价的中心点事后就会慢慢移动，甚至不再把业已提高的收入视为收益。

遭受挫折的时候也会发生这样的情形，而在这种情况下，评价中心点的移动可以帮助人们重新找回积极的幸福感。比如，如果人们患了重病，(435)
或者进了班房，那么，评价中心点就向下移动，使他们的糟糕情绪不会延续得像原来想象的那么久（见第414页及其下1页）；因为适应一段时间后，他们会用新的视角看待这一事件。不过遇到悲剧性的生活事件，比如失去亲人，这时评价中心点的回归就需要很长时间，甚至根本无法回归。（Frederick & Loewenstein，1999）但总的来说，可以认为，一个人一生中的主观幸福感的水平明显是稳定的。这种稳定性可以比作体重的标准值（见第367页及其下1页），它可能同一个人的秉性或其他个性特征有关。（Lykken，1999）

一个人遇到客观上积极的事件时，他的评价标准的中心点会不断向上移动，这一事实表明，人们在乏味的日常工作中希望不断发生新的积极的事件，以便使自己的满意度每次都能暂时回归。（Kahneman，1999）在这一过程中，随着时间的推移，生活状况客观上得以改善以后，中心点也会移动。昨天还被视为贵重物品的东西，比如，第一辆小型汽车、一台不大的黑白电视机、日常生火的煤炉，现在已被舒适的大型轿车、彩色电视机、自动调控的集中供暖设备所代替。昨天还让人感到非常满意的生活，今天只能让人们付诸一笑。因此，只有在现实经历的背景下才能体验到满意或不满意。

快速适应进不了人间天堂。如果人们那么能适应生活中的好事，而且还想进一步提高原本已经很舒适的生活条件，那么就会产生这样的问题：人是否能创造一个人间天堂，在那里可以永远感到满意。人的这种特性也许可以说明，为什么富人们哪怕财富再多，也只是一时感到高兴。富人们虽然拥有巨大的财富，却未必比一个乞丐更幸福，因为乞丐对路人的慷慨施舍会感到欣喜万分。我们也许可以与克利夫·史戴普·路易斯（1838－1963）一起思考他在《纳尼亚传奇》的结尾所描述的那种可能性。他在书中说，在天国，人们会发现条件非常好，想要多少财富就有多少，而且还能不断增长。他在书中还说，在天堂的生活中，即使遇到开心的事情评价中心点也不会上移。路易斯认为，天国的生活是一个永不完结的故事，“在那里，每一章都比前一章更好”。

9.3.4 促进产生幸福感的条件

增长动机取代缺乏动机。亚伯拉罕·马斯洛在几十年前就指出，西方文化背景下的很多人往往感到不幸福，因为他们的动机是永不满足。（Maslow，1970）人们在这种匮乏动机的驱使下，很多人都希望拥有自己没有的物质财富。他们越是不断争取获得更多的、他们认为能为自己带来幸福的财富，实际上他们越是感到不满意。（Csikszentmihalyi，1999；My-
(436) ers，2000b）因此，马斯洛提出了增长动机的价值观，按照这种价值观，人们不应专注于自己没有的东西，而是应当专注于使自己产生满足感的东西：自己有什么，自己是什么人，自己能够做什么。

抛弃恐惧和无聊：投身工作。米哈伊·柴科金特米哈伊认为，工作能对一个人的主观幸福感产生重要影响。（Csikszentmihalyi，1990）柴科金特米哈伊从马斯洛的研究中获得了重要启发。从而他问道，在怎样的条件下，人们会全身心地投入工作，完全没有时间概念，甚至忽略自我，忘记一切烦恼，把自己的全部精力投入到工作中去呢？柴科金特米哈伊将这种全身心的投入某项工作称为流态（Flow）。为了进一步研究这一现象，他采访了运动员、舞蹈演员、登山队员、艺术家、工人、国际象棋大师、外科医生、意大利阿尔卑斯山麓的农民以及其他很多人。他在采访中发现，在世界各地，各阶层的人都有流态的体验。他是这样强调这种现象的："所谓流态就是一个行为接着一个行为，虽然遵循某种内在的逻辑，但似乎不需要行为者的任何干预。行为者所经历的仿佛是从这个瞬间统一'流向'另一个瞬间的过程。同时，他是行为的主人，在自我和环境之间、动机和反应之间，或者过去、现在和未来之间，几乎浑然一体。"（Csikszentmihalyi，1975）

那么，在什么前提下才能体验到这种流态呢？柴科金特米哈伊认为，当人们全力以赴从事某项工作，而且这项工作又正好是自己力所能及的，那么，就可能出现这种状态。过于简单的任务会使人觉得无聊，而过于困难的任务又会使人产生恐惧。柴科金特米哈伊坚信，一个人——不管是医生、商场售货员还是面包师——只要不断调整自己的生活，在职业生涯和荣誉活动或业余活动中，都可以体验到流态。当然，一个人如果只是为了挣钱，而不是因为有兴趣去从事某项工作，业余爱好只是为了"消磨时间"，那么他就不会从这些活动中体验到幸福。充满激情地去制作手工舰船模型，打理花园或弹奏乐器，比仅仅享受自己想象的舒适要觉得更加满足；与朋友进行高雅的谈话，要比坐在电视机前消磨时间觉得更加幸福。个人的满意度也是社会交往是否满意的结果，因为情感体验是通过社会交往传递的。信息框 9.3 说明，可以证明，诸如满意度和幸福感这种积极的情感，对寿命也有影响。

9.4 通过表情社会地传递情感

所谓情感完全是指个人的体验形式。每个人都是独自体验自己的苦怒哀乐。还有这样的情况：有人在别人面前刻意隐瞒自己的情绪，而别人实际上根本不知道"他发生了什么事情"，或者偶尔向别人透漏一些迹象。
但是，情感在社会交往中也能起到重要作用：人们希望与朋友一起分享自 (437)
己的情感体验，也许还希望能得到他们的理解。表露自己的情感确实能够增进相互理解，但同时也能引起误解和矛盾。如果完全排除个人的情感因素，那么人与人之间怎么进行交往呢？

信息框9.3

积极的情绪能延年益寿吗?

黛博拉·丹纳和同事们研究了180名天主教修女在上个世纪三四十年代撰写的自传体手稿，当时她们的平均年龄为22岁。研究者通过对这些手稿的研究发现，这些年轻的姑娘描述积极情感（比如愉快、兴趣、爱和希望）的频率比较高，而描述消极情感（悲伤、恐惧和无聊）的频率则不太高。(Danner et al.，2001) 这些修女的寿命和她们描述消极情绪的频率之间没有任何联系，因为她们很少提到消极情绪。因此，积极情绪和寿命之间有着非常密切的联系：那些描述积极情绪最多的人的寿命要比那些描述积极情绪最少的人长十年。如何解释这个结论呢？丹纳认为，最可能的是，修女们在撰写自传时使用的描述积极情绪的词汇，是与她们乐观的生活观念有关的，而乐观的生活观念可以降低心血管系统的压力。(Danner，2004) 将来还需要加以进一步研究的问题是，与主观满意度相关的情感以及由其决定的生活方式对健康和寿命的影响。无疑，上面已经说过（见第149页及其下1页），情绪积极的人笑的时候比较多，这会对免疫系统产生刺激作用。因此可以认为，一个人经常体验到积极情感可以促进自己的健康和满意度。(Fredrickson，2002)

9.4.1 表达情感是为了增进理解

“没有感情的通知”对他人的影响。上个世纪50年代初，技术人员接到了提高航空安全的任务。因为航班不断增加，所以无线电通讯部门应当更好地利用现有的波段。技术人员设计了一个程序，这个程序可以在不影响信息内容的情况下，过滤掉人声的上下频率。他们用这种方法成功地增加了无线电频道的数量，从而增加了在同一时间内控制塔和飞行员之间的通话，但是很快就发现，驾驶舱的乘员们并不认可这种方法。当时，着陆动作不像今天，是一种非常危险的动作。着陆时飞行员必须高度集中注意力，同时还要最大限度地信任领航员的指导。但是，技术人员开发的

程序所传达的声音是由机器人发出的，因而讯息听起来就是毫无感情的。(438)
飞行员希望在着陆时能同自己可以信任的领航员通话，而这是单调乏味的声音做不到的。这个技术上毫无瑕疵的程序从未走出最初开发它的实验室，因为人际交流感情色彩完全被过滤掉了。(Bootzin et al.，1986) 因此技术人员首先必须学会，在给声音编码时，一定要保留声音的人性特征。

使用“情绪符号”代替脸部表情。有过在网上进行书面交流经验的人——不管是写电子邮件还是在聊天室聊天——，都有可能误解对方的意思，尤其是在对方开玩笑的时候，因为在网络空间没有非语言的面部表情。为了消除这一缺陷，人们设计了用键盘即可打出的符号。这种符号就是“情绪符号”（Emoticons），这是由英语单词“情绪”（Emotion）和“符号”（icon）组合而成一个复合词，插图9.13列举了几个这样的符号。

:-）微笑　;-）嘲弄地眨眼　;-0 惊奇　:'-）喜极而泣
:-(悲伤　:^（ 厌烦　:-(((非常悲伤　%-(迷糊

插图9.13　为了弥补见不到聊天伙伴的非语言的面部表情这种缺陷，在网上聊天时经常使用这样一些“情绪符号”。

还有一些表达情感的缩略词源自漫画语言的表现形式。比如 * freu *（开心），* heul *（哭叫）或 * knuddel *（心乱）；句子结尾的 * g * 是“grins”或“grin”的一般意思，即“笑得合不拢嘴”。(Storrer，2001) 当然，确实在网上与同伴交流思想时，使用这些情绪符号才是有意义的。这些情绪符号能起到与面部表情一样的作用吗？个人独有的表情只有在社会情境下才能显露瞬间的情感吗？

情感表达的社会功能。在日常生活中，如果看到或听到有人独自一人大笑或大声叫骂，大多数人都会立即注视他，可能会觉得这个人的行为非常怪异。这种反应难道就表示一个人开心的时候没有权利独自发笑，或者，心中有怨气的时候就不能表达吗？难道表情不是经常反映一个人的情绪吗？迹象表明，事实并非如此。1992年奥林匹克运动会期间，有人调查了22名金牌得主在整个颁奖阶段的心情。这些运动员都说，自己在整个颁奖阶段都觉得非常开心。但是，他们在等待颁发金牌的时候，看着升国旗，听着奏国歌，却很少笑容。他们只是在接受表彰或者与公众见面时，才展露笑容。(Fernández-Dols & Ruiz-Belda，1995)

(439) 还有一些研究证明，只有别人在场并注视自己的时候才会表露自己的感情。保龄球爱好者一掷成功以后，首先不是微笑；一般来说，他们只有在转身看到自己的朋友时，才会会心地一笑。（Kraut & Johnson，1979；Ruiz-Belda et al.，2003）孩子也是这样。有人发现，妈妈在旁边的时候，10个月大的婴儿玩得很开心。他们只要看到自己的母亲，往往就会笑。(Jones et al.，1991)

插图9.14 一个人的表情不一定是感情体验的表达。金牌得主站在领奖台上时，肯定是他们一生中最幸福的时刻。但是，除了在颁发奖牌和与公众见面时，他们的表情通常都非常严肃。比如米亚·哈姆在2000年悉尼奥运会上。

启动自我体验

您下次逛商场时，可以观察其他顾客在什么情况下会笑。是在下列情况下会笑吗？

——明显独自在商场；
——告诉熟人或朋友什么事情；
——听到熟人或朋友告诉他们什么事情。

如果商场里的顾客的行为像罗伯特·普罗文所研究的一样，那么，他们发笑，主要是因为与朋友和熟人在一起，在这样的社会情境下，他们尤其会笑，因为他们不是一个人，而并不是因为他们想对别人说些什么。普罗文认为，笑实际上是友谊和关系亲密的表示。(Provine，2000)

因此，人们通常不会旁若无人，脸部长时间没有表情。在家里，即使心情非常愉快，也很少笑，除非旁边有其他人。因而情感表达具有明显的交流功能，通过这种方式人们可以同他人分享自己的内心感受。

但是，可以因此认为始终能正确理解别人的表情吗？人们必须学会这种暗示，或者必须掌握在各种文化背景下都能保证相互理解的遗传程序吗？

9.4.2　情感表达的生物学的和经验的前提 (440)

达尔文和动物的情感体验。1872 年，查理·达尔文撰写了《人类和动物的情感表达》一书。他在书中认为，动物和人类的情感差别只是程度不同而已，没有质的差别。他解释说："低等动物明显同人类一样能够体验到快乐和痛苦，幸福和悲伤。"当然，达尔文也认识到自己这一认识的局限性，这一认识在经验层面用于动物确实是行不通的，因为他断言："谁能说出一头母牛在照料垂死的小牛并看到它很紧张的时候的感受呢？"今天，有些心理学家与达尔文一样坚信，感情是进化的产物。(Tooby & Cosmides，2000)

查理·达尔文说，动物早就有一定的情感表达方式：比如，动物露出牙齿，就表示告诉对方，自己已经准备去吃掉对方。达尔文指出，人类也能够通过“露齿”表达自己的愤怒。达尔文确信，感情的肢体表达方式流传很广，所以具有遗传的基础，而不是通过学习能够掌握的。达尔文认为，早在没有文字语言的时候，感情表达是相互理解的工具，比如，在打猎、抵御侵略或者挖凿洞穴的时候，否则怎么能进行合作呢？

基因影响通过面部表情表达感情的方式。将近过了100年，达尔文所断言的联系才引起心理学家的关注。（Euler，2000）感情表达真的有遗传基础吗？发展心理学研究的成果可以证明这一点。卡罗尔·伊萨德和同事们调查了一些非常幼小的孩子，从而发现，婴儿在出生后不久就能传递让照料他的人大吃一惊的感情。（Izard et al.，1980）甚至在九周大的时候，婴儿就能通过表情向父母表达喜怒哀乐。（Izard et al.，1995）甚至连先天失明的婴儿，虽然看不到别人的脸部表情，却也能向别人表达喜悦和愤怒这样的感情。（Goodenough，1932；Eibl-Eibesfeld，1973）刚刚成年的先天失明的盲人也是这样，他们能同视力正常的人一样，向别人传递各种情感。（Galati et al.，1997）当然，研究人员可以解释这些脸部表情，但不能像解释视力正常的人的感情那样，解释盲人这些感情隐含的意思（欢乐除外）。难道经验在个人的感情表达方面也起某种作用吗？

感情表达也是学习体验的结果。如果感情表达完全是由基因决定的，那么，在这方面就不会有文化之间的差异。事实果真如此吗？亚洲的婴儿同欧洲的婴儿一样表达自己的感情吗？琳达·卡姆拉斯专门研究了这个问题；她调查了11个月大的中国婴儿、日本婴儿和欧裔美国婴儿，发现中国婴儿表达喜怒哀乐时较之其他两组婴儿，比较克制。（Camras et al.，
(441) 1998）九个月大的婴儿，由于先天失明，没有任何视觉体验，因而用表情表达情感的方式明显不如视力正常的婴儿。（Tröster & Brambring，1992）。这一结论表明表情表达也需要学习。最后，鉴于经验的影响，还发现，经常看电视的孩子也是表情表达的出色评判者，“他们也许是因为从电视中看到了太多的非语言的情感表达方式”。（Feldman et al.，1996）

另外，需要注意的是，对他人的观察总是在一定的情境条件下进行的，也就是说，有前因后果的。这种前因后果难道也不能对阐释产生一点影响吗？为了弄清这个问题，让人看了一张带有面部表情的照片，大多数看过这张照片的人比如都认为是恐惧的表情。但是，如果告诉他们，这张

照片实际上表达的是愤怒，那么他们会作出怎样的反应呢？很多看过照片的人接着会说，他们看到的照片表现的是愤怒情绪，不能说是恐惧。（Carroll & Russell，1996）在所有的文化中，人们在表达元情感时虽然大同小异，但都不是十分明晰，因此环境刺激还对情绪的解读产生影响。这个结论能给人什么启示呢？（Hejmadi et al.，2000）

遗传因素和经验共同作用于情感的表达。希拉里·艾尔芬拜因和纳里尼·安贝迪分析了对来自42个国家的22 148个测试对象的情感认知所作的79项研究的成果，在这个广阔的基础上得出了如下结论：世界各地的人都能通过对面部表情的解读发现元情感。（Elfenbein & Ambady，2002）他们两人还能比别人更快地识别某些情绪。当然，一个人的情绪不仅可以从他的表情，而且可以从他的声音和手势中解读出来。一个人心情愉快，就会清楚地表现在他的脸上，而声音则不会这么明显地表现这种喜悦情绪。愤怒的时候则相反，愤怒主要通过音调的高低，而不是面部表情表现出来。从进化论的角度来说，非常有意思的是，总的说来，人们能够较快地发现一个人的愤怒情绪，因为这样的人可能会制造危险，而发现愉快的情绪、即没有威胁的情绪，则需要较长的时间。（另见第424页）

艾尔芬拜因和安贝迪的研究成果还证明了经验的影响，因为他们发现，观察者在判断同一民族或同一种族的人，即观察那些他们经常与之打交道的人时会比较准确。因此在元情感方面也表明，遗传的影响也离不开人们在同本民族文化以及其他文化背景下的人进行交往时所积累的经验。一般说来，人们都具备识别他人情绪的能力。对各种文化的研究表明，女性与男性相比，更能从别人的表情中发现其情绪。（Leppänen & Hietanen，2001）

9.4.3 所表达的情感对旁观者的影响 (442)

在社会环境中表达情感，只有在受众懂得解释表达者的非语言信息时，才有意义。达尔文就是以这种相互理解为出发点的，因为当一个愤怒的攻击者“咬牙切齿”的时候，可能的受害者只有正确理解他所表达的情绪并及时采取应对措施（逃跑或抵抗），才可能免遭劫难。这种从确切解读他人情绪的过程中积累的自救本能早在幼年时期就有表现。很多以解读表情和手势为目的的过程，对于成年人来说是自动发生的，因而发生得非常迅速：他们能够很快发现，一个微笑的人是幸福和满足的。（Fiske & Taylor，1991）因为资源有限，人们的认知过程在设想社会现实的时候也非常节约。（Fiske，1993）

母亲表达的情感对婴儿的影响。无论在德国、希腊、美国还是在南太平洋，世界各地所有的父母所表达的情感都能对婴儿的情绪产生影响。心情愉悦的父母通常都能让子女几岁时就养成情感愉悦的习惯。他们愉快的情绪会感染婴儿，因为他们相应地向婴儿表达了自己的情绪。（Keating，2001）将12个月大的婴儿放在一块，他们可以爬到自己母亲身边的玻璃板上；当然，他们必须爬过一个有一定深度，但不会吓着他们的坑。他们敢于爬完这段让他们觉得有些不安的路吗？母亲们在有些情况下会表现出愉快和给以鼓励的表情，而在有些情况下则表现出害怕。一个一岁大的孩子在行为方面会受母亲表现出来的情绪的影响吗？研究证明，74%的小孩子愿意跨过这个似乎很小的坑，爬向他们的母亲，而只要母亲表现出害怕，孩子就不敢往前爬。（Sorce et al.，1985）“阅读”他人的情绪，以此得到自己采取什么行为的提示（英语：social referencing），这种能力孩子在一岁时就已经具备了。婴儿早在三个月大的时候，母亲只要表现出惊讶，他们就会显得紧张。（Tronick，1989）一岁大的孩子摔倒以后，一般都是先看爸爸妈妈的反应，由此决定笑还是哭。（Walden & Ogan，1988）孩子还没有经验，还不能在周围随心所欲地活动，因此他们必须学会识别母亲的表情，以便知道自己是安全的还是危险的。当然，成年人已经具备很好的“接收器官”，能够根据别人的表情知道他们的情绪。

给予微妙的提示性刺激也可以读出情绪。如插图4.18（见第188页）所示，将小灯固定在面部的不同位置，就能看到面部表情的各种变化，特别是在黑暗中。观察者接着就能通过灯的移动看到面部表情。（Bassili，
(443) 1978）同时还表明，面部各个不同的部位比其他部位能更好地表达某些感情。（Bassili，1979）

9.4.4 在社会状况下表达情感的规则

文化方面的表达规则。以个人主义为取向和以集体主义为取向的文化

背景下的人的区别在于，他们将感情同什么信念结合在一起。（Mesquita，2001）在以个人主义为取向的文化背景下，个体是发自内心地“宣泄”感情。（比如，“卡特琳生气了。”）反之，在以集体主义为取向的文化背景下，反映的是客观现实性，人们认为自己是“属于”社会的。（比如，“我们生气了”。）在以集体主义为取向的文化背景下，人们通过感情互相联系，而在以个人主义为取向的文化背景下，人们突出的是个人的特殊性。这种文化差异也从根本上决定了人们表达感情的规则。在以个人主义为取向的文化背景下，人们更为开放、更为持久地表达感情，而诸如日本人就喜欢在他人面前隐藏自己的真实感情。（Triandis，1994）在以集体主义为取向的文化背景下的人们表达感情，比如表达同情、礼让和难为情等，要比德国人和美国人明显得多，相反，亚洲人很少表达负面的和自我表扬的情感，无非是敷衍了事，否则就会影响在紧密交织的社会网络中的集体感情。（Markus & Kitayama，1991；Matsumoto et al.，1988；Scherer et al.，1988）在别人面前不得不经常隐瞒的感情，显然是很难发现的。尽管如此，人们还要对他人作出适当的反应，在这种情况下，重要的是，培养更加敏感的感情感知能力。很明显，相应的学习过程很早就开始了，因为早在小学阶段，中国的孩子就比澳大利亚的同龄孩子更为明显地表露出元情感。（Markham & Wang，1996）

在一种文化中，需要表现哪种情感，它们在某种情况下应该如何表达，以及哪些情感不宜在人前表露，都取决于各自的情感表达规则。（Ekman et al.，1987）比如，在亚洲的许多国家，一个人死了，他的亲戚朋友显得都很高兴，因为他们相信，人死之后就是摆脱了人世间的痛苦，在彼岸世界幸福地获得新生。相反，在基督教主宰的西方文化中，人们在葬礼上要表现得痛不欲生。他们这样表达悲痛之情就是告诉别人自己的生活状况。此外，有时观察者不顾自己的文化方面的表达规则，比如，在痛不欲生的人面前，不合事宜地讲笑话。表达规则还决定人们对味觉和嗅觉的反应。比如，有些菜肴会使大多数中国人感到兴奋，却会使很多欧洲人感到恶心。比如，一个欧洲客人想要通过自己的脸部表情告诉自己的中国朋友，对不起，不要过于盛情地请我吃桌上的饭菜，主人是否能够理解这一点，只能取决于他是否能多少知道一点根深蒂固的情感表达规则。

一种文化背景下的情感表达规则同样也决定所表达的情感的强度。在地中海地区的许多国家中，人们脸部表达悲伤的表情要比中欧国家的人们
(444) 强烈得多。相反，英国人的情感总的来说很少外露，人们称之为英国式的“含蓄”（understatement)。在20世纪80年代的青年文化中，形成了一种情感表达规则，根据这种规则，在父母亲表现出兴奋、激动或震惊的场合，年轻人表露自己的情感是不相宜的。在相应的场合，年轻人必须保持“克制”（cool)，以便给人一种印象，他们是完全能够控制和压抑自己的情感的。在通常情况下，不同性别的人也不能遵循同样的情感表达规则。(见第446页)

不同文化背景下的情感表达规则是潜在冲突的根源。在文化背景不同的人聚会时，由于存在不同的情感表达方式，而相互之间又都不了解对方，在这种情况下就极有可能发生冲突。比如，在通常情况下，美国人往往比德国人会笑。这两个国家的人对于什么时候该笑，什么时候不该笑，有明显不同的看法。他们之间不同的学习经历可能导致相互误解。比如，进行商务谈判之后，美国人经常认为，德国的谈判对手冷漠而保守，而德国人则认为，美国人表面上笑容满面，真实的情感却深藏不露。（Hall & Hall，1990）日本人也用满面笑容来掩饰不快的情感。下面这件事情就可以证明，从中也可能产生误解：

在有来自不同国家的外国学生学习东道国语言的课堂上，发生了这样的冲突：在一次讨论中，一名阿拉伯学生正在介绍自己祖国的传统。他在介绍中的一个细节让一个日本学生觉得不愉快，这个日本学生作出了一个典型的日本式反应：微笑。阿拉伯人看到这种表情后质问日本人，阿拉伯的习俗难道有这么好笑吗。被质问的日本人此时不仅感到不愉快，而且明显感到受了侮辱。但是，他在这种情况下还是笑容满面。不过此时他为了掩饰自己的屈辱感——真是他的不幸——只能假笑了。阿拉伯人也同样感到受了侮辱，于是他走向日本人，怒不可遏地揍日本人，直到老师劝阻才住手。(Tavris，1989)

这个阿拉伯学生显然认为，这种微笑始终是一种讨厌的感情流露。这种理解也是达尔文和艾克曼得出的结论。当然还有其他的观点：微笑需要有某种社会环境，而且在这种环境存在某种诱因。比如，人们微笑，是想

向同伴传递某种讯息。因此，在打招呼时展露的笑脸不一定表示这个人真的心情愉快，而是告诉对方："我很友好"，或者"我希望我们能彼此友好相处"。那个阿拉伯学生显然不了解感情表达的社会功能。日本人不是因为自己的同学可笑才笑，而是因为他想把自己祖国的文化背景下的人都能理解的信息告诉在场的同学。一个观察者通常如何才能知道某种肢体语言要表达的意思呢？他可以从情感的表达规则中得到答案。那个阿拉伯人肯定不了解日本文化背景下的情感表达规则。信息框 9.4 将介绍一个悲惨事件，在这个事件中，两位政治家都以自己的情感表达规则为取向，却都不了解两种文化之间的差异。

信息框9.4

政治家轻视不同文化的表达规则会引发战争吗？1991 年 1 月 9 日，为避免因伊拉克占领科威特而爆发战争作最后的努力（"争取最后的和平机会"），伊拉克外交部长和美国国务卿在日内瓦举行会谈。陪同阿齐兹参加会谈的是萨达姆·侯赛因的同母异父兄弟。贝克试图说服他的阿拉伯谈判对手，只有萨达姆·侯赛因下令立刻从邻国撤军，美国才不会进攻伊拉克。 (445)

插图 9.15　1991 年，美国国务卿詹姆斯·贝克和伊拉克外交部长塔利克·阿齐兹举行会谈，以避免因萨达姆·侯赛因下令突袭科威特而爆发战争作最后的努力。

根据文化人类学家哈里·特里安迪斯的描述，此次会谈的关键时刻是这样发生的：贝克向阿齐兹声明说："如果你们不采取行动，我们就要向你们发动进攻！"（Harry Triandis，1994）美国国务卿说这样的话，就是以所有西方特色的外交官都能理解和运用的表达规则为取向：简单、清晰、镇定地陈述自己的观点；贝克没有对自己的谈判对手大声叫嚷，没有大发雷霆，也没有指手画脚。相反，萨达姆兄弟的表现则完全像一个典型的伊拉克人。他特别注意贝克的肢体语言，他以阿拉伯的表达规则为取向，表达正常的交往形式。谈判结束后，萨达姆的兄弟立即打电话，根据自己的印象将美国政府所持的立场告诉独裁者："贝克根本没有发火。"他还说，美国人只想会谈，并没有准备发动进攻。根据这一点，萨达姆就指示他的外交部长，继续保持强硬态度，不作任何让步。美国外交官和阿拉伯外交官之间产生的误解导致爆发了一场可怕的战争，数以千计的人死于这场战争。

有些政治观察家推测，萨达姆·侯赛因并没有听信特里安迪斯的描
(446) 述，反而认为美国人为了解放科威特而极有可能发动进攻。但是，这位独裁者估计美军只会动用比较弱小的武装部队，而且这支部队及其装备必须经过远距离运送。萨达姆认为，他的由12万士兵组成的共和国卫队能够迅速击败这些敌人。伊拉克统治者据说毫不怀疑，华盛顿在遭到军事失败之后，就会承认自己对科威特的占领。当然，同样存在这样的可能性，萨达姆·侯赛因由于贝克的外交表演而低估了美国人的决心。

男女不同的表达规则。与男性相比，一方面，女性喜欢比较强烈地表达自己的感情（Ross & Mirowsky，1984）；另一方面，她们也愿意在公共场合向别人表达害怕、悲痛或者孤独等负面情感。（Cherulnik，1979；Hacker，1981）哭泣被视为"不大气"（Vingerhoets et al.，2000）。男人的"不大气"的情感至多只能同自己所爱的女性倾诉，而不会向同性朋友倾诉。总之，男人在同女朋友或妻子的亲密谈话中会叙述自己的强大，而不会叙述自己的忧愁和软弱。（Peplau，1983）不管男人还是女人都会有感到

孤独的时候；但是女性更容易同自己信任的人谈论自己的孤独。（Borys & Perlman，1985）由于共同决定这些行为的规则不是遗传因素决定的，所以随时可能发生变化。

掩饰情感的表达规则。归根结底，表达规则还要求通过表达其他的情感来“掩饰”某些情感。比如，给美国和日本的测试对象放映诸如截肢或其他外科手术这类带有恐怖情节的影片，同时悄悄拍下这些观众的脸部表情。如果日本人和美国人单独看这样的影片，那么，他们的表情相同：对影片描述的情境感到厌恶和恶心。但是，如果在放映现场有一位科学家，那么，日本人就会掩饰自己的真实情感，代之以微笑，因为他们遵循的表达规则是：有权威在场时，不能表露任何负面的情绪，以免冒犯权威。在这方面，日本人明显会情感表演。

情感表演。尽管非常讨厌一个人，但出于礼貌往往还要对他笑脸相迎。如果一个人必须表达自己实际上根本没有感受到的情感，而且要向别人表达出与现实情境相适应的情感，这就是情感表演。（Hochschild，2003）特别是从事服务行业的人员，估计他们在直接接触顾客的时候都能表现出积极的情感，比如，空中小姐对乘客必须友好，即使这个乘客举止傲慢，态度蛮横；人们对教师、护理人员、警察和售货员也提出同样的要求。（Zapf et al.，1999；2003）比如，护士面对可怕的死人场面必须保持 (447)
镇静。（Strauss et al.，1980）在国际对话或商务谈判中，人们接触很多，这些人彼此之间并没有什么好感，甚至可能相互反感。但是理性要求，要想取得积极的结果，就要“逆来顺受”。这样“伪装”情感或者掩饰真正的情感难道就不会被对方发现吗？

插图9.16　微笑是对客人热情周到的表示，是很多服务行业的雇员的职责，即使与实际的内心感受不合拍，也必须装模作样。

9.4.5　"伪装"情感的可能性

出于私利伪装情感。日本人是因为相应的文化背景下的表达规则，出于礼貌掩饰某些情感，而骗人的把戏则是以自身的利益为基础。罪犯想方设法给法官留下无辜的印象。唯利是图的商人使出浑身解数，"力劝"顾客买下价高质次的商品。有些人显然比另一些人更能表演这种欺骗的把戏。比如保尔·艾克曼证明，阿道夫·希特勒是一个"出色的表演者"，"他毫不费力就能以令人信服的方式伪装负面的情感"。（Paul Ekman, 2001）比如，在第二次世界大战爆发之前，希特勒拜访英国首相张伯伦，并向他保证，无论如何要避免战争的爆发，而这时德国军队已经开始准备进攻捷克斯洛伐克。由于两位政府首脑是通过翻译进行会谈的，所以张伯伦不可能注意希特勒的语言表达，而这些表达也许已经表明他在说谎。

观察家发现伪装的情感。在社会交往中，重要的是能够正确估计他人传达的信息中的真实内容，虽然后果不会总像那些通常擅长伪装情感的独裁者们造成的后果那么严重。但是，通过仔细的观察也不能看穿别人的

“假面具”吗？西格蒙德·弗洛伊德深信，在这方面，再高明的表演也会露出破绽，因为他断定：“只要有眼睛看、有耳朵听的人，就能相信尘世的人不能掩藏任何秘密。即使嘴上不说，手指尖也会说；每一个毛孔都会泄露他的秘密。”（Freud，1905） (448)

例　子

一个游客的箱子里装满了走私品，他却对海关官员说，没有什么东西需要报关，他会怎么样呢？在这种或类似的情况下，一个人能伪装吗？对机场安检的调查表明，不管是训练有素的海关官员，还是一般的观察家，除了偶然发生的机会，都不能鉴别旅客是否夹带了走私品。（Kraut & Poe，1980）即使为了更有效地甄别谎言进行特别的训练，收效也微乎其微。（Kassin & Fong，1999）

插图 9.17　阿道夫·希特勒被视为伪装情感的高手。可能因为这一“天赋”，他成功地掩饰了自己的真实意图，骗过了其他人，其中包括英国首相张伯伦。

但是，既然大部分人真的都无法在别人面前隐瞒自己的真实感受，那么就可以发问，人们的真实情感是由于什么样的表达方式暴露出来的呢？如果想透过表面现象洞察一个人，那应该特别注意哪些方面呢？

保尔·艾克曼和华莱士·弗里森给女大学生放映上述带有恐怖情节（见第446页）的影片。这一次，实验者在放映结束后面向测试对象，调查他们看到的影片内容。（Ekman & Friesen，1974）在调查中，邀请其中几位女大学生进行伪装，假装她们刚才看到了美不可言的情节。在调查过程中，拍摄下了她们所有的举止。然后，向观众放映这些画面（无声的），让他们说出，哪些女大学生说的是实话，哪些是在受命装模作样。事实上，大多数观察家都能发现，哪些女大学生在说实话，哪些在装模作样。而艾克曼和弗里森感兴趣的只是，扮演者的哪些肢体语言暴露了自己的秘密。有些观察者是从脸部表情，有些观察家则是从体态发现了其中的秘密。肢体的各部分都以同样的方式传达真情吗？略加判断就能否定这个问题。脸部表情提供的讯息明显少于身体的其他部位。这一结果让人意外，因为艾克曼认为，人的脸部表情无疑比身体的其他部位更能表达情感。（Ekman，1980）他认为，在相应的肌肉活动的帮助下，脸部表情毕竟可以表达大约7 000种不同的表情。如果不信自己的一般印象，而是相信特别精确的测试，那么从脸部表情还可以发现什么呢？不久以后，艾克曼再次从档案中提取了那些看过带有恐怖情节的影片的女大学生的表情录象。（Ekman，Friesen & O'Sullivan，1988）在她们伪装的笑容背后，难道还有暴露的暗示吗？艾克曼经过仔细检查后发现：女大学生们虽然在真实地微笑，同样在假装回答，但她们微笑的方式有细微的差别，只要仔细对照插图9.18的图片，就可以发现这些差别。

插图9.18左上图是唯一表现真实微笑的图片。在其他图片上，测试对象都力图装出愉快的样子，虽然她们在回答关于这部内容让人恶心的电影的问题。只要仔细观察，就能发现她们的笑容还含有其他的情感。在右上和左下的图片中，嘴唇都略微上翘，暗示厌恶的情感。在右下的图片中，双唇紧闭，表现悲伤的情感。艾克曼的例子表明，“伪装”情感的人不能
(450) 完全控制自己的面部表情。这一发现是在利用了电流图的实验方法以后取得的。

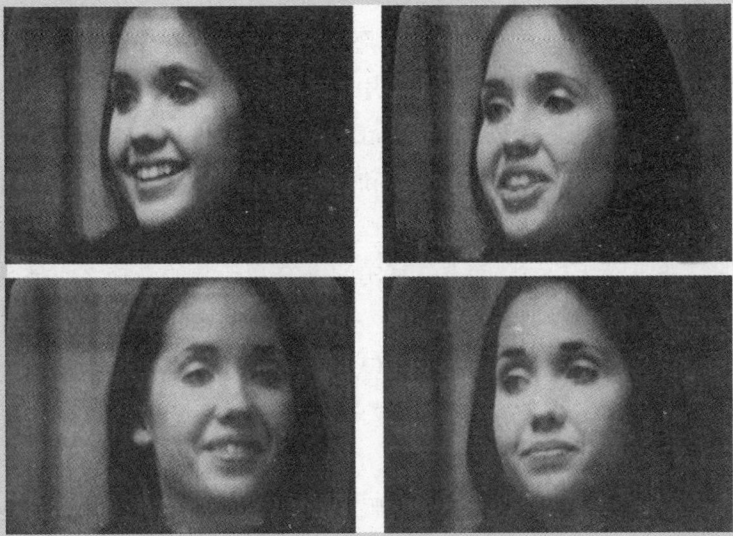

插图9.18 不同条件下的笑容。哪些笑容是情感的真实反映？ (449)

出于礼貌隐藏真实情感。艾克曼的测试对象也许要问，为什么让她们向别人作假说，在影片中看到了妙不可言的情节，而这些情节真的非常恐怖。毕竟她们在日常生活中一般也没有什么理由这样伪造自己的印象。如果人们不想为了礼貌而隐瞒自己的真实情感，那么，在日常生活中会经常会遇到其他一些完全不同的情况。收到一件小礼物，自己并不喜欢，但是却不能向赠送人表露这种情感；有人家请客，饭菜并不可口，但不能给主人留下自己不喜欢的感觉。

人们能够同样很好地向别人掩饰自己对饭菜的不喜欢吗？托马斯·吉洛维奇致力于回答这一问题。他让测试对象尝尝并不太好吃的东西，同时要求他们，不要说出真实的体验。测试对象的努力掩饰能成功吗？测试对象相信，观察者会发现自己的真实情感，而事实并非如此。测试对象屈服于“被看透的幻觉”（英语：illusion of transparency）：他们以为，自己的私人想法和情感比实际情况更容易被他人看穿。（Gilovich et al.，1998）研究人员不用特别的仪器，就能发现测试对象的伪装。使用特殊的技术设备能够更容易发现伪装吗？

使用电流图测量不同的情感体验下肌肉的本能活动。为了掌握肌肉的本能活动及其同情感的联系，很多研究人员采用生理学的研究方法，即采用电流图。将针（电极）插入面部肌肉的各个部位。然后请测试对象看诸如能够引起积极和消极情感的图片。由肌肉中的面部神经引起的活动显示在屏幕上。使用这种方法，比如可以发现，愉快和好奇等正面情感能增强面颊肌肉的活动，而生气、焦虑和恐惧等情感能刺激额头和眼睑的肌肉的活动。（Dimberg，1990；Tassinary & Cacioppo，1992）使用电流图还可以证明，在肌肉活动的层面上，真实的微笑和伪装的微笑之间是可以明确区分的。

两种不同笑容之间的区别。保尔·艾克曼发现，一个人遇到到真正开心的事情时，就会双颊上扬，露出微笑，以致眼睛周围的皮肤起褶。相反，尽管人们根本没有这个兴趣，还要让他们进行情感表演，让他们想法微笑，但是面颊肌肉不会上扬至眼睛周边，而其他肌肉同时则会使嘴唇斜着向上。（Ekman & Davidson，1993）只有很少的人能够在假装微笑时也能使眼睛周围的肌肉一起活动，因此，只要仔细观察，就能识别大多数人的
（451）伪装的情感。（Frank et al.，1993）莎士比亚显然早已认识到，有些人非常善于伪装，因为他在话剧《亨利四世》第 3 幕第 2 场中让格罗斯特公爵说：

> 我还可以笑，笑着杀人，
> 向深深伤害我的东西大喊“好”，
> 脸颊遍布着被迫的泪水，
> 我的脸能够适应各种情况。

人们又将真实的微笑称作“杜胥内笑容”，因为法国人杜胥内·德波洛涅是第一个对上述两种微笑加以描述的科学家。当然，不只是面部表情透露人的情感，身体的其他部位也被视为“情感的窗口”。

9.5 通过体态和手势社会地传达情感

无需语言的理解：肢体语言。人们不但可以通过表情展露情感，而且

可以通过观察别人的活动推断出别人的情感。温南德·迪特里希得出了一个令人印象深刻的结论：他在两名职业舞蹈演员的身体上安置了 13 盏小灯，然后让他们在开动的摄影机前跳舞，表现恐惧、生气、悲伤、喜悦和惊讶、反感等情绪。然后迪特里希让大学生们观看录制的舞蹈录象，学生们毫无困难地就能指出每一个舞姿所表现的情感，何况他们只是在黑暗中看到灯光。(Dittrich et al.，1996) 舞蹈只不过是肢体语言的一种形式，因为人们还可以通过站、坐、走和打手势的方式，通过身体姿势（伸展还是蜷缩），将有关自己的感觉的信息告诉观察者。

普遍的和特殊文化背景下的肢体语言。同表情一样，有些肢体表达形式在世界各地都可以理解。一个欧洲人在某个国家旅行，他高兴、恼火、愤怒和忧愁的情感，这个国家的人都能看出来。（Buck，1984；Matsumoto & Juang，2004）同样，一个人如果步履缓慢、身体前倾、脑袋低垂，那么，不管什么文化背景下的人都能看出他的悲痛心情，一个人受到打扰后产生沮丧的身体信号也能到处得到理解：避免直接的目光接触、羞怯的微笑、头部和肩部的一些运动等等，印度、日本和美国以及欧洲的人都了然于心。（Keltner & Anderson，2000；Keltner & Buswell，1997）然而，许多肢体表达特征是与各自的语言和文化相关的。

例 子

一个人的语言（文化的一部分）背景和他的肢体语言之间有着密切的联系，这可以从描写纽约市长（1933－1945）菲奥雷洛·拉瓜迪亚的多语种资料电影中得到证明。菲奥雷洛·拉瓜迪亚的先辈是意大利人和犹太人，他长年从事外交活动，能说流利的依地语、德语、法语和意大利语。观察者能从关掉声音的电影片断中，知道这位前市长说的是哪一种语言吗？事实上这是可能的，因为非语言的信号，即活动方式、姿态和眼神都能给观察者提供足够的暗示。双手划圈是意大利人和犹太人的标志性动作，却不是美国人的特点。 (452)

表示喜爱和厌恶的非语言的肢体信号。人与人之间存在程度不同的感情；有人觉得某些些人很亲近，是因为对他们产生了友谊甚至爱情，而对另一些人则没有好感，甚至只有反感。通过对社会情境的观察，也能够发现这种程度不同的感情吗？

信息框1.1

请您观察您的朋友，他们在社会交往中有哪些非语言的信号：

——他们和所接触的同伴之间有多大的空间距离？
——同他人发生身体接触吗？
——是否含笑注视对方吗？
——同伴之间有目光接触吗？这种接触每次一般持续多长时间？

肢体信号无疑能表明相互交往的人彼此感觉得到的好感程度，但是，单独的一种肢体信号则不能充分表明某种关系的质量。比如，目光接触首先就能表明这一点。眼睛经常被视为“心灵的窗户”，因为眼睛开启内心感受的钥匙。当你遇到一个不是特别喜欢的人，你注视他的时间很可能比注视另一个你感觉比较友好的人短一些。没有人能够像恋人（还有母子）那样长时间相互对视；当然，仇人相见，双方对视的目光也比较长。可见，如果两个人彼此对视超过几秒钟，那么，他们接着不是相互倾诉衷情，就是想要对方的命。（Kleinke，1986）两个人之间保持的空间距离通常也能表明彼此之间的感情。原则上说，在所有文化中，两个人之间的感情越积极，他们之间的关系就越亲近。陌生人偶然相见，双方之间的距离很少不超过一米，而朋友或初恋情人相见，彼此之间的空间距离就几乎为零。当然，阿拉伯人、希腊人或法国人之间的交往一般比美国人、瑞典人或瑞士人更接近（Sommer，1969），不管在什么文化背景下，女人之间的交往比男人更接近（Sussman & Rosenfeld，1982）。

还有一个非语言身体信号是抚摸。抚摸普遍被视为友谊的象征，也是性吸引力的象征。但抚摸同时也是支配和控制的体现。比如南希·亨利发现，年长的男人或社会地位较高的人可以抚摸女人或社会地位较低的年轻人，反过来则不行。（Henley，1977）可见，研究人员如果试图推断有关人员的情感和私人亲密度，就必须注意很多的非语言信号和各种文化的特

点，而且还应当关注社会交往发生的过程。 (453)

从缺乏沟通到变色龙效应。人们在交往中因肢体语言不同而彼此留下不能沟通的印象（在不同的文化背景下尤其如此），这时人们就会不知所措，因为他们感觉彼此不能正确理解。相反，相互交谈的人们如果用手势和表情进行沟通，双方就能相应地达到互相理解与和谐。因此，使用肢体语言进行沟通的能力，即求同存异的能力，是相互之间能够很好理解的前提。(Bernieri et al., 1996; Bernieri & Rosenthal, 1991) 如果不能进行或只能泛泛地进行这种沟通，那么就应当提高沟通能力，因为人们非常喜欢模仿表情和手势。(见例子)

例 子

塔尼亚·沙特朗和约翰·巴奇让一个头脑简单的测试对象和一个有意安排的测试对象（实际上是实验主持人的同事）一起做一道题。(Chartrand & Bargh, 1999) 实验主持人的同事的行为有些怪异，他不是抓耳挠腮，就是一只脚来回移动。主持人秘密观察了那个头脑简单的测试对象，结果发现，他最后也做出同样的动作。后来的调查表明，他并没有意识这是在模仿。在进一步的实验中，沙特朗和巴奇请他们秘密安排的同事，模仿那个头脑简单的测试对象的某些动作。这种模仿对头脑简单的测试对象产生了什么样的作用呢？他觉得这位同事比其他那些没有模仿自己的人更为友好，尽管他并没有意识到这是在模仿他自己。

假如两个人交往频繁，相识已久，相知甚深，那么，他们可能就有很多共同的手势和其他表达方式；比如，在肢体语言方面会相互模仿。正像变色龙会根据周围环境的颜色变化一样，他们也彼此适应；因此，沙特朗和巴奇将人们在社会交往过程中彼此模仿某些举止、姿态和表情的行为，称为变色龙现象。此外，结婚日久、幸福美满的夫妻有很多例子，可以证明变色龙效应在他们身上留下的痕迹。比如，丈夫正在眉飞色舞地向几个朋友叙述某件事情，描述时的表情和手势都给人留下深刻的印象，这时，在一旁的妻子很可能会发现，她情不自禁地也会做出这样的表情，尽管没有那么强烈。这是当事人无意识的模仿，因此他们之间的沟通是没有任何意图的。这种模仿意愿很可能是在进化过程中逐渐形成的。如果向一个出生不久的婴儿作出高兴、悲伤或吃惊的表情，那么，他很可能会凭记忆模仿这种表情。（Meltzoff & Moore，1989）这种模仿可能是体现一种生存反
(454) 射，（Izard et al.，1995）因为孩子通过模仿增进同母亲的社会情感联系（见第75页及其下几页），并以这种方式提高自己关心照顾那些无助的生命的意愿。这种早已存在的模仿倾向可能是后来进行社会交往的重要基础，因为模仿在一般情况下有助于人们进行彼此交流。（Lakin et al.，2003）在发展过程中形成的个体之间在模仿肢体信号方面的意愿或前提方面的差异，也许是一些心理学家称之为为“情商”的重要组成部分。

9.6 情商

五种基本能力。霍华德·加德纳提出的两种智商，即人际交往能力和内省能力（见第348页及其下1页），与有些心理学家所说的情商是一致的。这个概念首次由彼得·萨洛维和约翰·梅耶在1989－1990年发表的一篇文章中使用，并通过新闻工作者丹尼尔·戈尔曼的介绍而举世皆知。（Goleman，1995）有人坚持认为，情商由以下五种基本能力组成：

1. **了解自己的情感**。人们相互之间的区别在于，对自己的情感有多少了解。不了解自己的情感的人，也就无法做出明智的决定。你叫他怎么知道与什么样的人共同消磨业余时间，特别喜欢什么样的汽车或者决定选择哪一种职业生涯？不了解自己的情感的人，通常也大多内敛，这反过来又对人际交往产生不利影响。

2. **控制自己的情感**。如果不会克制地表达自己的现实感情，那么首先就会对人际交往产生不利影响。如果对上司的某个决定感到恼火，那么，在某种情况下最好的办法就是“咬紧牙关不开口”，“忍气吞声”或者干脆把这件事“放到一边”，也就是说要想方设法控制自己的负面情感。

3. **自我激励**。为了达到只有下定决心才能达到的目标，人们往往就会千方百计地不让自己分心，（见第401页及其下1页）人们不能为了小利而放弃远大的未来。

4. **了解他人的情感（理解他人）**。人们一旦具有很高的情商，就有条

件推断他人的情感、希望和需要，也知道应该对他们作出什么反应。

5. **与人交往的技巧**。就是说应当估计到别人对自己会作出什么样的情感反应。情商高的人，不仅能了解自己的情感，而且能很好地估计到自己的行为会引起别人怎样的情感反应。

对情商的批评之声。丹尼尔·戈尔曼首先是一个新闻工作者，其次才是一个心理学家。他的代表作《情商》不仅销量很大，而且至少被翻译成了30种文字。几乎所有的批评意见都认为，这个概念本身非常模糊，与人 (455)
的其他性格特征之间的关系很不明确。因此，迄今为止，戈尔曼描述的能力尚缺乏经验基础。不过，人们毕竟还在致力于开发情商的测量仪器。(Otto et al.，2001) 当然，批评者在对情商这个概念的评价方面是不同的。有些人认为，情商并没有包含传统的智商和性格测试所取得的成果（Davies et al.，1998），这个概念完全是“倒退”、“误导”和“多余”。(Schuler，2002) 还有一些人认为，这个概念至少是一个有意义的研究假设，并承认它包含卓有成效地继续发展的论据。(Schmidt-Atzert，2003) 不管怎样，关于情商还是有正面意见的。

情商高，适应能力就强。有些作者认为，拥有高情商的人，也就拥有了适应自身环境和在生活中取得成功的良好条件。(Fisher & Ashkanasy，2000) 这样的人能够同他人建立密切的社会情感纽带，能够自我克制自己的情感，从而能够更容易地防止过分的沮丧、恐惧和愤怒，不急着去实现眼前的愿望，从而能创造机会达到长远的目标，所以他们在生活中与那些在传统地理解智力方面超过自己的人相比，更能获得成功。(Salovey & Pizarro，2003) 人们在经济生活中，难道也是情商越高，就越能取得成功吗？

了解他人的情感是企业家获得成功的前提。研究人员并不非一开始就拒绝接受情感这个概念，而是首先设法弄清这个概念，它是否包含建设性的“具有探究价值的假设”，罗伯特·巴隆就是这样的研究人员。他感兴趣的问题是，为什么有些企业家非常成功地创办了企业，雇用了大量职员，而有些企业家的努力则完全付诸东流。巴隆提出的问题是，企业家努力的成功与否，难道也是由情商所决定的吗？巴隆反复证明，学习能力强，能“读懂”他人情感，而且能很快适应新的社会环境的人，与那些这些方面能力不那么突出的人相比，具备更好的条件在经济上获得成功。

（Baron，2000；Baron & Markman 2000）如果这两种能力与情商有关系——这尚待进一步验证——，那么，这也许可以间接证明，情商可以决定企业家努力的成功与否。将情感引入科学研究这一点证明——情商这个概念的批评者也会不得不承认——不是“哗众取宠”。

(456)

10 社会过程心理学

“小世界”问题。如果学生们每人收到教授的一封亲笔信，委托他们将这封信转交给某个人，而这人住在500公里以外的一个学生们从未去过的城市，那么，学生们会作出什么样的反应呢？信封上只有收信人的名字、地址和职业。但是，学生们不得直接通过邮局将信寄给收信人，只允许通过朋友或本人叫得出名字的熟人——当然也不得通过邮局——传递。这封信必须在一个人一个人之间“漫游”，最后到达“目的人”手里。这封信要经过多少人的手才能最终到达预定的收信人手里呢？

斯塔利·米尔格拉姆是因研究服从命令而闻名天下的心理学家（见第390页及其下1页），他为了回答上述问题而进行了专门研究，并且说明，收信人——住在美国——距离信件的第一个传递人2 400公里，而且属于不同的种族。（Milgram，1967；Korte & Milgram，1970）按照所说的传递规则，信件传递的成功率如何呢？令人意外的是，五分之一的信件都到达了目的地。信件通过个人的朋友和熟人传递多半都会取得成功。信件传递通常只需要七个人，在他们的帮助下可以使两个互不相识的人（第一个发信人和最后一个收信人）取得联系。人们实际上是生活在一个小世界（small world）。米尔格拉姆的结论能说明什么呢？

本章概览。每一个人都处在一张社会的关系网中，通过这张网认识很多人，其中一些人成为朋友，其他更多的人则是熟人；而这些人又认识其他的人。很明显，每个人只需要通过七个社会“环节”就可以与成千上万人取得联系。但是，这些联系是如何建立的呢？社会心理学家解释说，这首先取决于社会的感觉，偶遇以后是希望进一步发展关系还是保持距离。一个人在与人实际接触之前即已形成的态度，也是能否形成实际的社会交往关系，与一个男人/女人的交往是否会产生好感、友谊抑或爱情的决定性

因素之一。社会关系是怎样形成的，它在社会情感方面会产生怎样的影
(457) 响，以及个人的特征如何决定社会的交往过程，这些问题将在下面予以详细描述。

10.1 社会的感觉

社会感觉是理解他人的过程。白天去大城市繁华的商业街，人们会看到很多人，对他们的相貌大多只是一瞥而过，因而只看到一个大概。但是放眼看去，就会看到别样的情景：人们与一个人或几个人是直接互相接触的，比如，一个行人走过来请求帮忙（“您可以把这张纸币换成硬币吗?”），或者你在观望某个行人，想问他一个问题（比如：“您能告诉我附近哪里有邮局吗?”）。在这两种情况下都会出现这样的情景：人们都想很快地找到可能的或实际的接触对象。进化心理学家认为，判断他人的能力很可能是人类遗传的一部分。如果人类能够迅速而有效地识别，哪些人可以成为朋友，哪些人可能成为敌人，谁值得信任，谁不应该信任，谁可以帮助自己，谁充满恶意，那么可以大大增加生存的机会。人类在生活的初期，都是以小群体生活的，每个群体大约只有 40 - 100 人。（Flohr，1987）为了能够生存，他们当时根据规定，可以信赖自己的群体，能被自己所属群体的其他成员所接受。相反，人们认为不认识的人始终是危险的，他们
(457) 会危及食物储备和自己的生命。（Barkow，1980）能够迅速了解他们和他们可能的意图，无疑是一个生存的优势。

构思给一个人画像，可以比作侦探侦查犯罪事实的工作。侦探寻找罪犯可能留下的蛛丝马迹，有时还需要询问证人，以便从所有单个的信息中获得犯罪过程的全貌，找出犯罪嫌疑人。同侦探一样，人们在印象形成的过程中阐释用词和行为，以便将这些信息拼合成尽可能协调的整体。

社会感知过程的质量。人们在日常生活中形成的对他人的印象，在多数情况下能促成社会交往的没有矛盾的过程，由此可见，印象不可能都是错误的。社会感知过程真的能够有效地形成印象吗？为了回答这个问题，纳利尼·阿姆巴迪和罗伯特·罗森塔尔拍摄了 13 个优秀女大学生助教上课

的过程。(Ambady & Rosenthal, 1993) 然后，两位研究人员分别从片子的开头、中间和结尾剪下各10秒钟的镜头。接着再将剪辑的片子放给其他学生看，请他们就这13个他们不直接认识的“女老师”的自信性、主动性、社会情感等方面作出评价。根据总共30秒的教学工作所作出的判断，在很大程度上符合自始至终在班上参加听课的学员作出的一般评价。因此，只 (458)
需很短时间的观察就足以获得对他人的比较准确的印象。

怎样才能比较快捷和准确地对他人作出评价呢？长期以来，许多社会心理学家认为，理解他人的过程，同对物理事件的感知过程是一致的。但是，近年来，社会心理学家日益频繁地动用那个认知心理学家在记忆研究中使用过的公式化概念。(见第287页) 当然，首先必须收集关于一个人的信息，并加以整理，以便将他“归类”，然后找出适合他的公式。

10.1.1 社会公式及其功能

早在第六章就已经指出，根据认知心理学家的看法，人类关于某一事实的知识是经过分门别类、以抽象的形式加以存储的。比如存在“凳子公式”、“书籍公式”和“餐馆公式”，同样，社会心理学家以社会公式的存在为出发点。怎样感知他人，社会公式具有决定性的作用。同某人经过多次交往后形成的认识，被称为个人公式。在第一次接触时，人们以从间接观察获得的信息中得到的公式为导向；这种公式被称为程式。程式对第一印象的形成起很大作用。

程式

在日常生活中，人们会遇到很多以前从未见过的人。尽管如此还有这样的情况：对一个人保持亲近还是疏远，需要在短时间内作出决定。那么，根据什么作出这样的决定呢？

启动自我体验

请您设想一下，您登上一辆公交车（比如地铁、城铁和公共汽车），发现有很多空位。如果您想坐下，那您无论如何得与某个陌生人坐得很近。在您作出决定之前，会注意哪些外部特征？您作出一个决定需要多长时间？您估计那个坐在您旁边的人是什么身份，根据您的判断，其他那些您不愿意坐在旁边共度旅程的人，又有哪些特征呢？

用公式化目标对他人进行分类。一个人开始与完全陌生的人进行社会交往时，首先要非常快速地将其“分类”，以便“选择”适合他们的公式；从其他的信息中可以提取这样的公式。

注意表面特征。一个人与他人初次见面，多半会注意容易观察到的一
(459) 些表面的身体上的和非语言的特征。（Park，1986）比如，人们很可能首先关注对方的性别，判断他的年纪，注意他的肤色、穿着、姿态等等。这种对表面特征的观察和加工是无师自通的，因此，这一有根有据的过程可以迅速地、自动地完成，而人们自己并没有意识到。（Fiske & Neuberg，1990）根据这些观察到的信息就可以将人进行分类，这种分类被称为“社会分类”：比如，将一个人归入“女人”、“青年”、“手工业者”、“犹太人”、“亚洲人”或者“老人”这样的社会类别。因此，比如人们在登上公交车，寻找一个适当的座位时，就会“询问”自己的公式，“士兵”、“黑人”和“朋克”哪个是自己合适的座伴。

印象形成的过程通常不是与将人们分门别类同时完成的。与每次分类相联系的是对已经归类的人的个性特征，还有能力和动机等方面的认识。这样的认识主要不是基于个人的经验，而是舶来品，因而就是公式。（Hilton & von Hippel，1996）

公式使思维简单化。美国记者沃尔特·李普曼特别强调“公式”这个概念。（Walter Lippman，1922）他是从当时仍然浇铸入模的活字印刷术推导出这个概念的。根据这个观点，人也具有认知形式，即预先完成的想象图，这种想象图可以移植到作为某个特征的载体被归入这个类别的每一个人身上。如果只遇到一个人，那么，这个人就是这些特征的载体，比如她

具有女性的特征，因此她就被归入“女人”一类，前提是“选择”合适的公式——“女人”，将其内容“浇铸”到眼前的人身上。

比如将一个人归入“女人”一类以后，那么就可以根据流行的公式赋予其以下特征：美丽可爱、善解人意、热情大方、多愁善感或低三下四。（Williams & Best，1990）而根据性别公式推断是一个男人，他的特征也许是争强好胜、支配一切、强壮有力、专横跋扈或特立独行。“公式是赋予某些社会集团成员的可被感知或假定的特征。个体通过公式，主要是根据明显的特征，将另一个个体归类，并赋予其大多不太贴切的特征。”（Ludwig，1991）人们一旦选择了一个公式，那么他首先对这个公式，而不是对眼前（尚不熟悉的）这个特殊人物的特征作出反应。因此，公式允许它的载体走认知的捷径，以便消化吸收社会各界的大量信息。由于将别人公式化只需耗费很少的精力，所以毫不奇怪，人们在这种情况下特别偏爱动用现成的公式，试图通过这样的公式获得第一个总体印象，特别是在非常忙碌、没有时间的时候（Gilbert & Hixon，1991；Pratto & Bargh，1991），在喝醉酒的时候（von Hippel et al.，1995），或者在认知疲劳的时候。（Bodenhausen，1990）

对社会各界的简化的感知。人们通过自己的外表、言谈、姿态和表情 (460)
所表达的信息量是巨大的。如果感知者对这么纷繁复杂的信息不会整理，不具备处理这些信息的认知的简便法则（启发式）（见第328页），他就会陷入混乱。（Gilbert & Hixon，1991）所有的公式都是如此，同样，公式也能使人简化对复杂世界的感知。公式体现的是被归入一个类别的所有人的共性，而不用寻找某个人的特性和个性；如果以公式为导向，那么就会犯过分普遍化的错误：“女人是多愁善感的”，“意大利人容易冲动，充满激情和生活乐趣”，“失业者都是懒鬼”。但是，分类又会缩小一个群体内部的个体间的差别，同时也会缩小类别之间的差异。（Miller & Prentice，1999；Stangor & Lange，1994）

快速而自动地将别人归入“我们群体”和“他人群体”。人们可能只根据公式去评判初次见面的人，或者相反，努力去了解他的全貌。选择什么方法去了解他人的全貌，还取决于这个人公认为属于“我们群体”还是“他人群体”。人们对之认同、有归属感的群体，被称为“我们群体”；比如说“我的祖国”、“我的宗教”、“我的”或“我们的运动俱乐部”、“我的”或“我们的公司”，表达的就是这种“我们群体”的归属感。不属于我们群体的人，被称为他人群体；人们脱离他人群体，不认同其目标，称他们为“他人”。

进化心理学家认为，人类本能地区分敌友（“自己人”和“外人”）的倾向，可能早在人类发展中就作为适应性优势表现出来。在乘坐城铁的时候，人们可能不愿意坐在一个不是“自己人”的人旁边。原因在于对我门群体和他人群体的成员的不同评价。

自我公式和异己公式。我们群体的成员都会遇到善意的目光，这体现为附带很多正面特征的自我公式。人们将异己公式强加给他人群体的成员，并赋予他们很多负面特征，认为他人群体内部的成员都是一个样：只要说到“他人”时，就会说“他们都是一个样!”，而只要说到“我们的人”，就会说得事无巨细。当然，我们群体的成员对于个性化的倾向在以个人主义为取向的文化背景下比在以集体主义为取向的文化背景下表现得更为明显，因为在以集体主义为取向的文化背景下，一个群体的和谐会得到非常尊重，因此亚洲人更注意我们群体内部的和谐一致。（Páez et al.，1998）人们将这种在以个人主义为取向的文化背景下明显存在的、认为他人群体的成员比属于“我们的”人相互之间更相似的倾向，称为奥斯特朗
(461) 和塞蒂基德所说的“他人群体同质性效应”（英语：outgroup homogeneity effect）。（Ostrom & Sedikides，1992）

公式是社会适应过程的诱因。借助于社会分类法和他人群体同质性效应可以说明，究竟怎样去了解别人。但是，公式也能对感知过程产生影响。也就是说，从公式中可以推导出预期，创造一定的社会条件就可以使他人适应这种预期；这个适应过程是通过自我可以实现的预言和公式威胁完成的。

公式对感知和记忆的影响。大约在20世纪中叶，美国的白人对黑人采用的是非常负面的公式。戈登·奥尔波特和莱奥·波斯特曼给白人测试对象看插图10.1所示的图片，图片描写的是一节地铁车厢中的乘客。（Allport & Postman，1947）从图上可以看到一个穿西服的黑人和一个手拿剃须刀的白人。在实验过程中，一个测试对象可以短时间观看这张图片，然后向另外一个没有看过图片的人“尽可能详细地”描述这幅图的内容。第二个测试对象必须将听到的内容口述给第三个人，依次类推，直到转述到第

七个人才告结束。奥尔波特和波斯特曼感兴趣的是，人口相传的图片内容是否发生了变化，发生了多大的变化。

插图 10.1 戈登·奥尔波特和莱奥·波斯特曼为研究负面公式怎样改变感知这个问题而提供的图样。

奥尔波特和波斯特曼发现，通过转述，图片的内容完全走了样。因 (462)
此，在实验进行到多一半时，最后一个测试对象所听到的是，那个黑人乘客，而不是白人乘客手里拿着剃须刀，在有些转述中甚至说，那个黑人拿着刀子作为武器，摆出威胁的架势。在很多实验中，所转述的内容归根结底与当时流行的公式相一致，但是与所展示的图片内容相矛盾。这个至少被奥尔波特和波斯特曼的测试对象当作标准的公式，极有可能使人作出决定：远离那个黑人乘客。这两位研究人员当时公布的结论如今已多次得到证实。

例 子

苏珊·菲斯克在一项实验中放映一部描述一个女人的电影，菲斯克向一部分测试对象介绍说，这个女人是服务员，向其他的人介绍说，这个女人是图书管理员。（Fiske，1998）在影片中，这个女人有一系列活动：比如听古典音乐、喝啤酒、看电视、和她的丈夫调情以及吃巧克力生日蛋糕。当后来请测试对象凭记忆复述看到的活动内容时，才发现，测试对象在回忆的时候也是以公式为导向的：当测试对象认为自己看到的是服务员时，他们记得的多是同这种服务工作密切相关的活动，比如喝啤酒等；而在认为看到的是图书馆员时，听古典音乐就成了被记得最清晰的活动。

公式的一项功能就是优先关注那些与公式的内容相一致的信息。关于确认偏差的影响前面已经指出（见第329页及其下1页），由于这种确认偏差，感知者首先提出那些能够证实自己现有知识的问题，而忽视那些没有把握的问题。可见，在人的感知中就存在这样一种倾向：曲解周围环境中的事实和事件，使其与公式相一致。但是，公式不仅对感知过程产生影响，而且还能以复杂的方式带来这样的结果：真正实现以公式为依据的预期。

自我实现的预言。由于公式而产生预期，而这种预期还表现为行为方式。马克·斯奈德及同事在一项经典研究中，请原来互不相识的男人和女人进入不同的房间，让他们在那里彼此打电话。（Snyder et al.，1977）在通话开始前给男人们看各自通话女伴的照片：给一半男人看的是漂亮女性的照片，给另一半男人看的则是不那么有吸引力的女性照片。女人说的话都被录了音，以便她们接着可以复述给独立的评判人听。这些评判人既不认识这些女人，也不知道有她们的照片。结果表明，评判人认为温和、友好的女人，正是她们的谈话男伴认为印象深刻、有吸引力的女性，而那些被认为不那么温和与友好的、与男伴通话的女性，就是男伴在照片上看到
(463) 的“难看”的女人。这一结果表明，以为在与有魅力的女人通话的男人，在提出问题和对各自通话伙伴的话语作出的反应方面，总的来说也许好于那些认为在同没有吸引力的女人通话的男人。可见，女人们的反应友好与否，也取决于自己男性通话伙伴的言谈。显而易见，男人们通过预期作出了能够自我实现的预言，并且通过这种预言对女人的行为产生影响。在教室里通过观察可以揭示自我实现的预言带来的令人难忘的结果，信息框10.1将介绍其中的几个例子。

信息框10.1

老师会区别对待“聪明的”和“愚笨的”学生吗？

社会心理学家罗伯特·罗森塔尔生于德国，1933年移居美国，他早在博士论文中就提请人们注意：实验者的预期可能对实验结果产生影响。后来罗森塔尔后来回忆说，很可能“我在无意中以某种方式影响了他们，使他们按照我对他们的期望行事。我在博士论文中虽然没有证明这一点，但这是一种有待解决的假说。”(Rosenthal，1991）后来，这一假说在他与学生一起进行的、要求学生安排、实施和利用实验的研究中得到了证实。

此外，罗森塔尔还让学生作动物实验，要求他们在五天内观察老鼠如何学习避开迷宫中的岔路，尽快地到达有食物作为酬劳的目的地。罗森塔尔在实验开始时对其中一半年轻的实验者（其实是扮演测试对象的角色）说，为他们挑选的都是“聪明的”老鼠，它们都有很强的学习能力。他对另一半测试对象则说，他们用来实验的都是“愚笨的”老鼠，一看就知道不会取得太好的学习成绩。其实这两组老鼠是没有区别的；因为所有的老鼠都是罗森塔尔随机挑选的。(Rosenthal & Fode，1963)

随后对实验记录的研究表明，负责用“聪明的”老鼠做实验的学生在全部五天中记录的学习成绩，都好于那些用“愚笨的”老鼠做实验的学生所作的记录。这种在年轻的“实验者”心中激发的预期肯定在某种程度上影响了各自的实验结果。而这种预期的结果显然就是区别对待老鼠。比如，询问那些以为是用聪明老鼠做实验的“实验者”，他们回答说，他们对待老鼠越来越温柔。从此开始了“预期效应”的讨论。罗森塔尔得出结论说，如果实验者仅仅通过自己的预期就能改变这些啮齿类动物的学习行为，那么，教师的预期影响学生的成绩也是可能的。事实真的是这样吗？ (464)

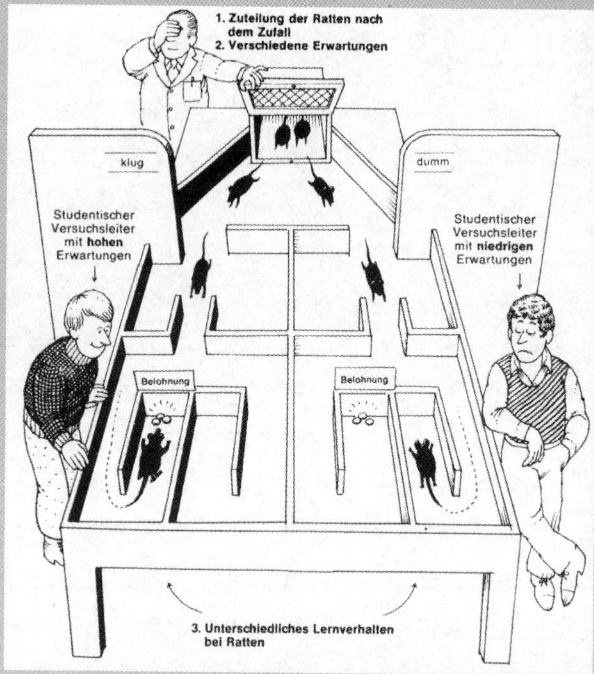

插图 10.2　罗森塔尔告诉一些学生他们实验的老鼠“非常聪明”，从而激发他们（并不正确的）预期，而告诉另一些学生他们的老鼠“非常愚笨”。最后那些想象中的“聪明”老鼠果真比“愚笨”老鼠取得了更好的学习成绩。仔细的测验表明，“实验者”不自觉地根据自己的不同预期对待老鼠。

为了弄清这个问题，罗森塔尔和一位女同事一起访问了一所小学，以便在几个年级进行测试。(Rosenthal & Jacobson，1968) 他们对老师们说，测试结果可以说明学生们将来的成绩。研究人员很快回来，告诉各个年级的老师，根据测试结果，一些（实际上随机挑选的）学生将来有望取得好成绩。学年末罗森塔尔再次进行了测试，这时他发现，他原本随机挑选的学生，主要是低年级的学生，与其他同学相比真的取得了相对大的进步。罗森塔尔证明的预期对行为的影响也以皮格马利翁效应闻名于世。(根据希腊神话传说，皮格马利翁是一位艺术家，爱上了自己雕刻的美女雕像，应他的请求，女神阿芙洛狄忒赋予雕像以生命。）后来的研究证明，老师们对待那些自己寄予较高期望的学生，往往不同于那些期望较低的学生。比如，能力较强的学生能够获得更多的关注和表扬；而且老师 (465)
在与他们的交往中营造更为温暖的社会情感氛围。此外老师经常请这样的学生回答问题，因而有更多回答问题的机会；如果他们回答不了，老师也宁愿换一种问题的提法，而那些能力相对较差的学生就没有这种待遇了。（Jussim，1989；Jussim et al.，1996；Raudenbush，1984）在父母和孩子、医生和患者以及雇主和雇员之间也存在皮格马利翁效应。（McNatt，2000）

公式威胁。根据罗森塔尔的研究，拥有较高社会权力的人（比如老师）可以向社会权力较小的人（比如学生）表达能推导出预期的公式信念，以致让他们实现这样的信念。克劳德·斯蒂勒注意到，还有可能实现 (465)
以公式为基础的预期。（Claude Steele，1977）一些黑人和白人大学生被某所精英大学录取，这已经证明他们非常优秀。他们应邀参加斯蒂勒主持的一项非常困难的语言测试。在开始回答问题以前，斯蒂勒对一半参加者说，他想测试他们的智力能力，而告诉另一半参加者说，需要回答的问题同智力能力没有任何关系。对结果的分析表明，如果学生们按照斯蒂勒所说的这是智力能力测试的说法回答问题，那么黑人学生的成绩明显不如白人学生。相反，他们如果认为这一测试同智力能力无关，那么，黑人学生和白人学生之间的成绩就没有多少差异。（Steele & Aronson，1995）怎么解释只有黑人大学生对这样的预示——自己参加智力测试，成绩一定不会太好——作出反应呢？为什么当这些黑人知道测试同智力没有关系时，他们的成绩就会好得多呢？斯蒂勒回答说，成绩受到影响是由于“公式威胁”（英语：stereotype threat）。

某个群体的成员如果有这样的印象：有人将要根据不利于自己群体、却被普遍公认的公式对他或她作出评价，那么就存在公式威胁。尽管斯蒂勒选择精英大学生作为测试对象，但是其中一半是黑人，而很多世代以来，公式都证明黑人的智力比较低。但是，只有一个原因影响成绩，那就是黑人大学生在临考前想起了这个公式。还有一些研究已经表明，一个人的成绩好坏在很大程度上取决于他在考试时想起的是正面的还是负面的公式。

例 子

(466) 玛格丽特·施和同事们挑选一些亚洲女大学生，让她们解答数学题。(Shih, Pittinsky & Ambady, 1999) 其中一组在测试开始前要回答一些问题，让她们记住自己是亚洲人，并想起亚洲人的数学能力高于一般水平这个公式。结果这组女生的成绩真的好于其他在开始时未被提醒自己是亚洲人的女生。其他问题是要亚洲女生在数学考试开始前想起自己是女性，从而想起女性在数学方面比较差这个公式。在这种条件下，这些年轻的测试对象所取得的成绩不如比那些在测试前没有被提醒自己是女性的学生。

如在考试过程中，考生想起负面的、可应用于自己的公式，就会影响成绩，这一点该如何解释呢？约翰奈斯·凯勒就这个问题回答说，这是遇到公式威胁时采取的一种策略，这样可以防止产生消极的成绩预期。(Keller, 2002) 考生可能心里想："如果我考得不理想，那都是我的种族（我的性别）和我本人的错。"可见，人们一旦援引负面的公式，这种公式就会使人不寒而栗，就会担心自己的成绩得到与这个公式相关的预期的证实。这样引起的恐惧（"焦虑"）和紧张接着就会真的对认知过程产生负面影响。(Osborne, 2001; Quinn & Spencer, 2001) 成绩差反过来又会得到这个公式的证实。值得注意的是，能力和动机很强的学生与那些能力和动机比较弱的学生相比，受这种公式的影响往往更大。(Wheeler & Petty, 2001) 对于特别优秀的学生来说，"成绩"是他们的自我设计的重要组成部分，因此他们与那些不那么看重大学（中学）考试成绩的人更加看重源自公式的威胁。"女性没有数学天赋"这个公式也是如此：一个女人越是认同自己的女性角色，她就越容易受到公式威胁的伤害。(Schmader, 2002)

人们在反复成为公式威胁的受害者以后，就会慢慢改变自我设计：学业成绩不再能长期损害自我价值感。相反，一个抵御恐惧的策略就是，不再去“认同”那个目标，即成为那个成绩最好的人；这种“不认同”的后果是，成绩确实会下降。（Aronson et al.，2002）

是否可能避免或至少降低负面威胁所造成的糟糕影响呢？这个问题事实上早有回答。比如，约翰奈斯·凯勒发现，他在说明考试的公平性，即明确说明所进行的数学考试没有性别差异以后，10 年级的男女生之间在数学成绩方面的性别差异减少或消失了。（Keller，2002）年纪较大的人情况也是如此，他们遵循的公式是，记忆力很差，经常忘事。但是，如果在记忆测试前提醒老年人，老人有智慧，那么，他们能取得很好的记忆成绩。（Levy，1996）儿孙们看到祖辈失去记忆，他们应该进行自我批评，考虑一下是否是自己的过错。

如果认为很好地了解他人——哪怕属于他人群体的人——对于自己的目标非常重要，那么，就不会仅限于通过分类和公式化去了解他人。（Fiske & Taylor，1991；Macrae & Bodenhausen，2000）在这种情况下，可 （467）
以考虑的是，自觉竭尽全力去认识这样的人的特点，得到关于他们的尽可能好的印象。（Fiske，1993）对于那些对自己具有或者能够具有特别意义的人，人们极有可能去收集尽可能多的、可以归纳为个人公式的信息。

个人公式

在作出行为预言方面尽可能提高准确率。在同他人交往的基础上形成可以归纳为个人公式的认识。个人公式涉及一定的已经有了较多接触的人：母亲、父亲、兄弟姐妹、老师、朋友、领导或同事。对于可能已经认识很长时间的人——比如自己的配偶或生活伴侣的行为——人们可以根据各方面的经验作出尽可能准确的预言：可以非常有把握地知道，他或她会对新环境作出怎样的反应。

面对改变个人公式的阻力。个人公式应当可靠，它能为人们同某些重要的人物建立联系提供可能，甚至能避免同他们发生不愉快的矛盾。如果这些人有“与其不相应的”，同时也有违长期经验的行为方式，那么，人们首先不太想到改变与这些人有关的个人公式。如果一个被认为一贯“非常可靠”和“非常守时”的女朋友某天迟到或无故没有赴约，那么，人们首先会认可这种暂时的（“可变的”）状况，并不会直接追究她应负的

（“外部的”）责任，以便不改变——至少暂时不改变关于她的个人公式。可见，人们只有以个人公式为依据的预期反复并以非常突兀的方式落空以后，才会质疑并考虑改变个人公式的内容。这一点说明，归因（Kausalattribuierungen）在社会感知中也能起到重要的作用。

10.1.2 个人感觉过程中的归因

人们不只是要争取得到关于别人的印象，人们都知道，与自己交往的人说的话语所包含的意思，这一点很重要，往往关系到双方能否继续交往。比如，当一个年轻男子恭维一个年轻女子的美貌时，她也许就会问，他说的话是真的，还是为了创造条件，让她满足自己的要求；当一个男子受到一个女子的戏弄时，他也许就会设法打听，她是真的对自己有好感，还是在开自己的玩笑。在这两种情况下，只有采用归因的方法才能解释清楚。

通过实验证明非人领域的归因。在对观察到的事物进行归因时，人的
（468）倾向是多么明显，比利时心理学家阿尔伯特·米乔特为此做了实验，这项实验使用的材料非常简单，而且很容易重复。（Michotte，1954）他使用一块硬纸板，在上面画上黑、灰两道线。（见插图 10.3）然后将硬纸板垂直挂在一根轴上，用一个事先准备好的罩子罩上；人们只能看到一条水平的缝隙——在插图中为虚线。当人们透过缝隙往里看，只能看到一截硬纸板；因此，观察者只能看到灰色的或黑色的方块。慢慢绕轴转动硬纸板，观察者就能看到，方块沿着水平方向来回摆动。

只要慢慢而匀速地转动硬纸板，就可看到 A（黑色方块）似乎在向 B（灰色方块）移动，最后在 B 处短暂停留。观察者随即就能看到，B 在运动。只要 A 的接近速度快于后面 B 的运动速度，那么，看上去 B 的移动仿佛是 A 引起的；米乔特的一些测试对象在解释自己的感受时说，B 可能对 A 很生气。相反，如果 A 慢慢接近，B 快速离开，那么，测试对象就解释说，B 的移动是本能的逃避，可能是由于害怕 A 而逃避。观察者主要是根据 A 和 B 之间的短暂接触得到这些印象的。相反，如果 A 和 B 接触的时间长一些，那么，观察者就把所看到的东西解释为两者之间暂时的协调，但是两者在交往的过程中总归会闹翻，最后分道扬镳。

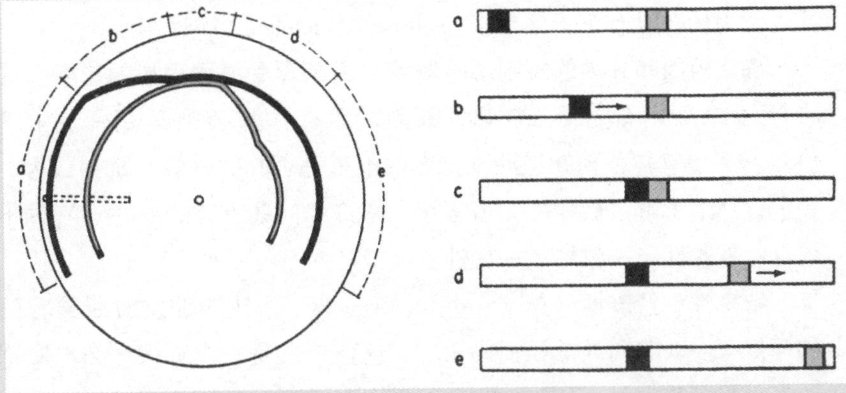

插图 10.3 左图：硬纸板图示。硬纸板可以转动，通过水平的缝隙可以看到一截硬纸板。同时可以看到两个方块，这两个方块相继接近又彼此分开。（右图）

考虑到归因是更好地理解行为方式的前提。奥地利心理学家弗里茨·海德第一个指出，如果社会心理学家不注意观察者们将哪些原因归于人的行为，那么，他们只能非常有限地理解这种行为。比如一桩婚姻陷入危机，能否持续下去，完全取决于夫妻双方的解释（即归因）。（Heider，1946；1958）如果妻子发现丈夫日渐冷落自己，她就会这样想，他是否不爱自己了，或者是否工作太忙，没有足够的时间和精力陪伴自己了。如果妻子将丈夫的行为归因于越来越不爱她，那么她就很可能不会再努力去维持这种婚姻关系，而她“工作太忙”这种解释是可信的，那就另当别论。（Bradbury & Fincham，1988） (469)

海德确信，所有人都在忙于自己的日常工作，像“天真的”心理学家那样行事，以便能更好地理解自己和他人，使人预知自己的行为。归因理论的内容是，“路人”运用什么规则，将观察到的（自己的和他人的）行为归于一种或多种原因；每次得到的（准确的或不准确的）解释对后续行为产生怎样不利的影响。可见，人们之所以要进行归因，因为人们在很大程度上想理解自己的经验。人们还想解释自己和他人的行为，以便决定对别人的行为作出何种反应。毫无疑问，人们对所看到的事情不会非要找到解释。比如，一个人汽车爆胎了，他站在车旁，这时他可能首先想到的是，希望哪个司机能停下来帮忙；但在这种情况下，人们不会不停地寻找原因，为什么没有车子停下来。(Ross & Fletcher，1985)

确定内因和外因的规则。哈罗德·凯利深受海德思想的影响。如果要将行为归于内部原因或外部原因，那么，就必须运用一定的规则。(Kelley，1967) 如何知道朋友推荐的电影是否真的好看？凯利认为，只有在进行详细了解以后才能知道答案。在这个问题上首先要注意三种不同的信息：特殊性、一致性和一贯性。

特殊性。特殊性（英文：distinctiveness）取决于朋友对所推荐的电影的评价有多么非同寻常和独一无二。这位朋友是一个觉得什么电影都好看的人（低特殊性），还是他的这个评价有别于他对以前看过的电影所作的评价（高特殊性）？

一致性。此外应当考虑，这位朋友的评价和其他人的评价之间有多少一致的地方（英语：consensus）。这位朋友的推荐可能纯属个人看法（不一致），而其他人都认为它不好。当然，如果其他人在看过电影后作出与这位朋友一样的积极评价，那么就存在高度的一致性。

一贯性。最后要注意评价的一贯性（英语：consistency）。所谓一贯性就是，一个人在某种情况下经常表现出同一种行为，还是会对这种情况作
(470) 出不同的反应。这位朋友在多次看过这部电影之后总说肯定的话吗（高度一贯）？他在第二次看过这部电影后不再推荐了吗（不一贯）？

从插图 10.4 可以看出，人们在什么条件下用内因、什么时候又用外因来解释所看到的行为。如果特殊性、一致性和一贯性都很高，那么，根据凯勒的理论可以归于外因；相反，如果特殊性和一致性很低而一贯性很高，就可以归于内因。

凯利认为，人们在寻找表现出来的行为的原因时就像计算机的工作一样，搜索和考虑可用的信息。人们在日常生活中遵循凯勒所揭示的规则吗？人们通常确实是遵循这些规则的。(Försterling，1992) 但是，人们没有那么多的时间，而且认知资源有限，特别是由于时间的压力，所以总是设法以简化的方式行事，因而就可能犯错误。

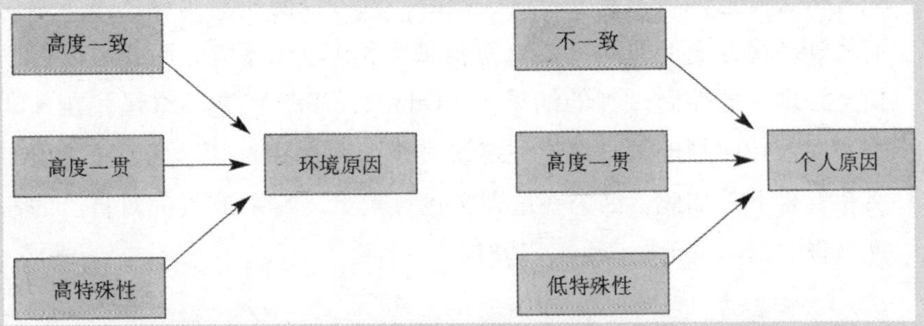

插图 10.4 凯勒的归因理论兼顾特殊性、一致性和一贯性的信息。

归因过程中的错误

有益的归因。如果经常遵循凯利所揭示的规则，那么，就可以无误地预知归因了。尽管运用这些规则需要时间和精力，但人们在进行归因时实际上往往要依据逻辑思考。（Trope，1989）但是，有时候对人们明显有益的是，满足于唾手可得的、而又无法得到充分证实的解释。比如，在家里，儿子不打招呼就从妹妹的房间拿走便携式收音机。如果小姑娘发现丢了收音机，可能马上就能猜到“嫌疑犯”是谁?

有些归因在某些场合明显比另一些场合有用。比如，一个学生带着不理想的学习成绩回家，他想避免父母的批评，于是就提高上面所说的（凯利所说的）一致性的程度，说自己班里几乎所有人成绩都不好。情感和偏 (471)
见对归因过程就像对一般行为一样产生影响。下面简单介绍归因过程中的另外两个错误。

归因过程中的基本错误。李·罗斯称在归因过程中犯基本错误，是观察者中广泛存在的倾向：在阐释别人的行为方式时，通常低估环境影响的多样性，同时又高估内因的作用。（Ross，1977；2001）迹象表明，这种基本错误是信息处理中的自动过程的结果。比如，看到别人在楼梯上滑倒，多数人立即会想到这个人太笨拙。这起“事故”完全可能是由环境引起的，但观察者自发地喜欢在个人身上找原因。（Van Boven et al.，1999）当然，这种基本错误并非不能避免。（Sabini et al.，2001）也就是说，如果有机会有意识地再次分析这次归因，就可以防止犯这样的基本错误，从而找到环境方面的原因（楼梯潮湿或太滑）。从环境方面找原因可以说是信息处理中的控制过程的结果。（Gilbert，1989）毫不奇怪，在日常生活中，往往在评判他人时犯这种错误，至少在那些（以西方价值为取向的）文化背景下是如此，因为在这种文化背景下，每个成员都对自己的命运高度负责。（Jellison & Green，1981）

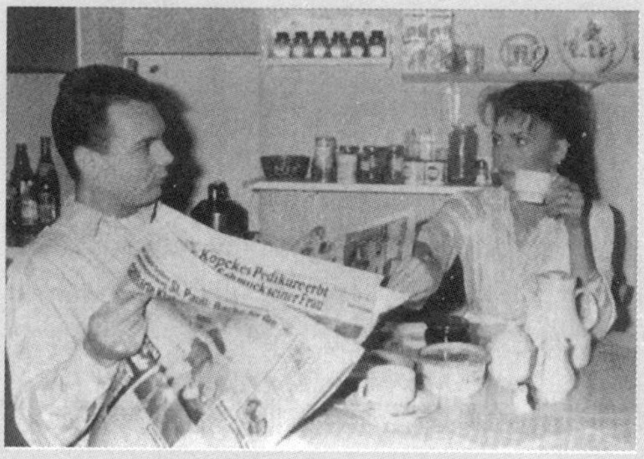

插图 10.5　争吵中的人往往犯归因错误。他们将“对方”的行为归为内因，而把自己的行为视为是环境影响的结果。使用这样的解释他们自己就很难解决冲突。

观察自我时喜欢从环境找原因。奇怪的是，人们在解释自己的行为时，往往喜欢从环境方面找原因。做了好事就粉饰自己，而将自己的失败归咎于环境。（Campbell & Sedikides，1999）一个人在楼梯上滑倒，就可能指责楼梯太滑（即外因），而看到他滑倒的人则喜欢说他笨拙。相互争吵的人还能提供很多例子，说明观察自己和他人时的不同归因。（Jones & Nisbett，1987）正如下面的争吵片断所说明的，冲突双方的不同看法很难解决冲突（Forsyth，1987）：

旁观者：你昨晚没有给我打电话！
行为人：我真的很忙，我要准备考试。
旁观者：你不再爱我了！
旁观者：你操心过洗衣服的事吗？
(472) 行为人：噢，这个事我忘了。

旁观者：你真没责任心。

行为人：这是真的，因为我确实在忙别的事情。

旁观者明显喜欢归于内因（缺少爱，无责任心），行为人则归于外因（需要考试，忙于其他事情）。

为什么人们喜欢将自身的行为归于外因，把他人的行为归于内因呢？这有很多原因：

——经常观察自身行为对环境的依赖程度。人们了解自己原则上甚于了解他人。（Monson & Snyder，1977）每个人都在各种不同的环境下看到过自己，从而体会到，自己的行为在多大程度上取决于各种环境。人们根据自身的经验知道，自己对他人也不是一视同仁的，而是对不同的人会作出不同的反应。更确切地说，人们只是在特定的条件下观察他人，如果感觉他人是友好的，就可能认为，他们一定比较友好。

——高度灵活性和适应能力是自我形象的一部分。存在一种非常明显的倾向，即自认为是有灵活性和适应能力的，而更愿意认为可以把别人玩于股掌之上；最常见的是硬说他们自身有一成不变的内在原因。

——各种不同的关注点。最后需要注意的是，区别行为者和旁观者的不同关注点。行为人，比如某个在楼梯上摔倒的人，首先关注的是周围的环境（楼梯），找到自己能将摔倒归因于其的特征（也许发现那里的台阶太滑）。而对旁观者来说，他关注的是行为人的行为（在楼梯上滑倒“引人注目”）。由于行为人的行为引人注目，所以琼斯和尼斯贝认为，旁观者就倾向于将行为人视为事故的肇因。（Jones & Nisbett，1987）

文化对原因感知的影响。迈克尔·莫里斯和彭凯平发现，英文报纸对犯罪事实的报道集中关注罪犯的特征，而中文报纸对同类犯罪行为的解释更关注环境原因。（Morris & Peng，1994）埃拉·诺伦萨扬和理查德·尼斯贝证实，在以个人主义文化为取向的西方国家，人们首先认为原因在个人，而东方和亚洲文化背景下的人们首先关注的则是生活背景或集体（Norenzayan & Nisbett，2000）；亚洲人认为，“人受着广泛的社会关系的约束”（Choi et al.，1999），并受这种社会关系的比较强烈的影响。（Ji et al.，2000）

有些人在以个人主义为取向的文化背景下生活，但在一个由于其集体主义文化的出身而具有责任感的家庭中成长，这样的人（双重文化背景下的个体）在归因时是什么倾向呢？让这些人看一幅画，画面是一条鱼游在一群鱼的前面。在以个人主义为取向的文化背景下，人们通常会对这幅画
(473) 作这样的解释：游在前面的鱼是其他鱼的首领；而在以集体主义为取向的文化背景下，人们则会解释说，其他鱼跟着前面那条鱼。双重文化背景下的人们如何感知这幅画，取决于他们在现实生活中以什么文化背景为导向，因为他们熟悉两种文化。可见，如果同时举起的旗帜使他们想起了集体主义的文化，他们就说其他鱼跟着游在前面的那条鱼，而个人主义文化的旗帜会通过生活提醒他们，游在前面的鱼是其他鱼的首领。（Hong et al.，2000）

信息框 10.2 报道了能给苦难的人造成严重后果的另一个归因错误。一个人已经陷于困境，而旁观者可能还会认为他应为自己的命运负责，因为受害者可能撼动旁观者对“公正世界”的信仰。怎样能恢复这种信仰呢？一种可能是，在评价——倒不如说偏见——中断定，受害者是罪有应得。

信息框10.2

公正世界的信仰能对陷于困境中的人产生不好的影响吗？人们通过报纸和电视了解到，这个世界上每天都发生大量令人震惊的事件。而日常生活中一些同样的令人不愉快的个人经验又是这些报道的补充。人们自己不照样可能成为不治之症、交通事故和犯罪事件的受害者吗？这样的可能性不是也在经常困扰着每一个人吗？如果将命运的打击完全视为意外的结果，那么，这种结果事实上是任何人也无法预言和避免的。但是，人们也可以将一件意外事故作出很好的解释，以便降低，甚至消除它对感知者的危害。这样就可以使人不感到恐惧的威胁。

“公正世界的信仰”也就是为了消除这种威胁，梅尔文·勒纳早就指出了它的这一功能。（Lerner，1980；Lerner & Miller，1978）根据这种扎根于基督教伦理传统、在当今的社会上占统治地位的信念，这个世界的公平关注的是，每个人得到的自己应得的，每个人

挣到自己应争的一份。好人有好报，恶人有恶报。勒纳发现，“人们相信一个公正的世界，是为了迎合某种对未来抱有信任、希望和信心的感情。”那么，一个人听到其他人成为暴力犯罪、自然灾害、事故等等的受害者时，会作出怎样的反应呢？

为了不放弃对“公正世界”的信仰，他可能会采取下列两种措施中的一种：要么自己努力帮助受害者，要么认定受害者是罪有应得。在采取第二种措施的场合，他会说服自己，只有恶人才会遭到这种不幸。他断定，这种不幸事件“无论如何”是受害者的过错。只有做了坏事的人才会遭遇这种不幸——如此自欺欺人。持这种观点的人是不会遭遇这种不幸的，因为他们只做好事。（Lerner et al.，1976）

心理医生马丁·西蒙兹报道说，他曾同强奸、突袭和诱骗案的受害者进行过一百多次谈话。（Symonds，1975）这些受害者反复对 (474)
他说，周围的人通常都是指责他们，而不是同情他们。甚至重病患者，比如癌症患者，都有不少人认为自己现在是为以前做的错事赎罪。（Abrams & Finesinger，1953；Ferring & Fillip，1987；Montada，1987）对公正世界的信仰也许有助于看到他人痛苦的人降低威胁感。相信世界公正的人确实很少感到失望和压抑，与那些没有这种信仰的人相比，他们显得更为满足。（Lipkus，1991；Zuckerman & Gerbasi，1977）相反，那些最希望得到别人的同情和帮助的人，往往因此才知道，旁人认为他们遭遇不幸的命运是咎由自取。

10.1.3　偏见心理学

有些人可能声称自己没有偏见。但是，在一个文明的社会毕竟还能听到这样的话：公开表达以贬低某些群体为内容、不惜以各种形式歧视，甚至毁损他们为结果的评价，与文明的思维方式是不相容的。但是，人们是否真的能免除偏见吗？社会心理学家研究了这个问题，并且致力于揭示可能有利于偏见产生的社会条件。激发这一研究兴趣的是一项关于少年夏令营中发生的群体冲突的经典研究。

穆扎菲·谢里夫在夏令营中观察。1954 年夏天，穆扎菲·谢里夫和他的同事邀请 11 岁这个年龄段的少年参加一个夏令营。（Sheriff，1961）这个为期两周的活动的参加者以前都是互不相识的；他们也不知道，自己的行为将得到系统的观察。出发的时候就安排好让这些少年分成两个小组先后到达营地，分开居住，因此一个小组并不知道还有另一个小组。这种隔离促成了群体的身份。第一周每组进行合作活动：徒步旅行、寻找藏宝、准备饭菜和搭建帐篷。在最初的几天中，两组都选出了自己的组长，形成了各自的归属感：一组自称“响尾蛇”，另一组取名“雄鹰”。一周以后，谢里夫安排两个组见面，参加一系列的比赛活动，比如篮球或拔河。参加这类体育活动还可以赢得诱人的奖品。在比赛过程中，起初还讲规矩，不久就越来越不讲规矩。根据谢里夫的观察，比赛开始以后，少年们频频产生偏见：表现出对角逐对方成员的负面看法。这种偏见在胜利的一方进行庆祝活动后更为强烈。活动组织者让“胜利”的小组早一点到达活动地
（475）点。于是这些因此而得到便利的人就利用这种优势地位，大吃特吃冰淇淋和最好的糕点，等到失败的小组到达时，已经所剩无几。对立的两个小组很快演变成敌对的对手，导致彼此之间真正的争斗。这些“教养良好的”少年在天真的观察者眼里转瞬之间就变成了一帮“卑鄙下流、精神错乱和道德堕落的少年”。（Sheriff，1966）下面详细描述在许多比赛的场合产生的偏见的特征。

偏见的特征

偏见的三个组成部分：认知、情绪和行动。谢里夫的夏令营起初分开的两组人在碰面后很快就形成敌对公式。（见第 461 页及其下 1 页）这种负面的公式就是偏见的认知部分。他们知道“对方”是“胆怯的家伙”、“肮脏的猪”和“龌龊的赌徒”。这些特征会不加批判地加到他人群体的每一个成员头上。每个中立的旁观者都能在“他人”身上立即发现的行为差异，带有偏见的人对此却视而不见。但是，每个群体都有一种自我形象，即自我恭维的“我们—公式”；比如，成员们认为自己是“勇敢的”、“杰出的”和“友好的”。

偏见的情绪部分表现为对“他人”的敌视、否定甚至仇恨。消极态度会在行动部分，即行为方式方面特别明显地表现出来，通过这种行为来贬低，甚至侮辱他人群体的成员。人们称这种由偏见引起的行为为歧视。比如在某种情况下烧毁对手的队旗，到他们的房间翻箱倒柜，双方将苹果作炮弹进行互相攻击，砸烂门窗玻璃。

插图 10.6　穆扎菲·谢里夫和他的同事们确信，两个小组之间很快就会产生敌意和猜疑。竞技比赛，比如拔河，会使对手之间的紧张升级到无法容忍的程度。

掩饰和间接表达的偏见。在现代社会，偏见不是公开、坦率地表达出来，而是以间接的方式表达出来，社会心理学家的研究对此很可能也起了推波助澜的作用。对他人群体的成员表示歧视是“不礼貌的”。令人担忧的是，即使在今天，种族主义也没有完全被消灭；种族主义多半是以间接的方式表达出来的。（Dovidio & Gaertner，1999）比如，一个异性恋的白人在别人面前可能会力图表现为一个宽容大度的同时代人，声称他对黑人和 (476)

同性恋者都没有偏见。但是他尽管这样信誓旦旦，当他在公交车上坐在黑人或同性恋者旁边的时候，就可能会表现得非常不自在。当然，不应忽视的是，现存的偏见在有些条件下比在另一些条件下更容易“掩盖”。

插图10.7　在谢里夫的夏令营里，两组之间的比赛开始之后就有很多例子说明存在歧视的现象。图示攻击对手的营地。

动机理论关于偏见的解释。穆扎菲·谢里夫在组织夏令营时运用的社会心理学观点是值得注意的，因为当时他还不能运用关于偏见产生的明确认识。在谢里夫的夏令营结束几年后，社会心理学家才提出这样的理论，断言存在谢里夫早就想验证的因果关系：社会身份理论和实际冲突理论。

社会身份理论。英国社会心理学家亨利·塔吉夫本人是波兰犹太人的后裔，曾经目睹纳粹犯下的大规模种族灭绝的行为。作为大屠杀的幸存者，他不仅有科学兴趣，而且有个人兴趣回答这样一个问题：对犹太人的偏见是如何产生的。（Brown，1986）因此他进行了一系列实验，他在实验中试图证明，什么是导致我们群体和他人群体分离的“最低限度的群体状况”。

为了回答这个问题，塔吉夫请测试对象参加了多个实验。他每次根据不同的、但始终是肤浅的观点将测试对象分为两组。（Tajfel et al.，1971；Tajfel，1981）比如，根据硬币的正反面决定测试对象的分组，并给他们加上诸如“蓝队”、“红队”之类的名称。他反复对测试对象明确指出，分组完全是任意的。在实验结束以前，塔吉夫总是请每个参加者对其他所有测试对象（我们群体和他人群体）分发“奖品”，并作出评价。结果通常是一样的：测试对象总是喜欢给本组的成员比他人小组的成员以更高的奖赏。测试对象普遍表现出这样的倾向：优待自己小组的成员，虽然分组是随机的。为了达到这种贬抑效应，塔吉夫不允许同组的成员彼此接触，也 (477)
不要求两组进行竞赛。但是，随机分组的结果可能降低了自我价值感，而贬低他人是抬高自己的唯一可能性。(Lemyre & Smith，1985)

为了解释抬高和偏爱自己群体的问题，塔吉夫（Tajfel ，1981）和其他人（Turner，1987）运用了社会身份理论。根据这一理论，每个人都争取提高自我价值。这种自我价值可以分为两个部分：一个个人身份和多个社会身份。(Tajfel & Turner，1986；Mielke，2000）人们的社会身份来自自己有归属感的群体。可见，人们一方面通过个人的业绩（见第 392 页及其下 1 页），另一方面通过所属的成功群体来提升自己的自我价值；比如，所在的体育俱乐部赢得了比赛，自己就会感到骄傲，尽管自己没有参加比赛。根据曼弗雷德·施密特和他的同事的研究结论，东德人在重新统一十年后仍有独特的东德人的身份，而没有德国人的身份；因此毫不奇怪，新联邦州居民的这种长期的群体归属感明显提升了自我群体的价值，经常可以听到这样的说法：“东德时期毕竟也取得了真正的成就”，绝不能全盘接受“自私的优越的西德人”所带来的一切；旧联邦州的公民在设法证明自己对“不自主的可怜的东德人”的评价时，同样也隐含着对身状况的优越感。(Schmitt et al. ，1999)

社会身份理论的重点是目前已经通过研究多次得以证明的两个假设（Brewer & Brown，1998；Capozza & Brown，2000；Rubin & Hewstone，1998)：

——危及个人的自我价值感，就会加强提升我们群体价值的动机。

——提升我们群体的价值就会增强个人的自我价值感，就能愉快地体会到强烈的我们群体的感情，人们为自己的群体而感到自豪。

一个人越看重社会身份，他与自己的群体的纽带越牢靠，他对他人群体的威胁所持的偏见就越强烈（Crocker & Luhtanen，1990），这种威胁不管是在社会、经济还是在军事方面都是一样的。

例 子

以色列历史学家和耶路撒冷副市长马龙·本维尼斯特发现，对于居住在耶路撒冷的犹太人和阿拉伯人来说，各自的社会身份是他们的自我形象设计的重要组成部分，社会身份不断提醒着他们，他们不是谁。(Benvenistî，1995）本维尼斯特自己就居住在一条两种信仰的成员混居的街上，但是，尽管空间距离很近，他感到非常遗憾的是，孩子们至今“没有找到哪怕一个阿拉伯朋友”。(Benvenistî，1988)

对自己的群体崇尚有加，对他人的群体则颇有微词，这显然是自我价值感在作祟。(Fein & Spencer，1997）根据维多利亚·艾瑟斯及其同事的
(478) 研究，人们对某些重要群体的标准和价值如果感到怀疑，那么就特别容易对它们产生偏见。(Esses et al.，1993）比如，一个“我们群体”如果高度重视传统的性别角色和家庭制度，那么，这个群体成员就可能对同性恋者持有偏见，尽管同性恋者既没有与他们争夺劳动岗位，也没有与他们争夺其他资源。

当然，塔吉夫没有充分考虑到，对我们群体和他人群体的评价是如何形成的，还取决于个人的特征。因此，维尔纳·海克纳发现，一个硕果累累、得到别人承认、对自己非常满意的人，往往比那些牢骚满腹、没有自我价值感的人更少歧视他人群体。(Herkner，2003)

实际冲突理论。谢里夫夏令营里的一组少年，并没有因为贬低他人而提高自己的自我价值。而他人却抢了他们的某些东西，比如获得了诱人的好处或袭击了对方的住处。实际冲突理论说明，对有限资源的竞争会导致产生偏见。(LeVine & Campbell，1972）历史上给人们留下深刻印象的是，艾略特·阿伦森（Aronson，1999）以文献证明，19世纪的美国报纸是如何发表人们对中国移民的看法的。中国人在金矿劳动，成为有限的可支配劳动岗位的竞争者，当时他们被白人称为没有教养、道德败坏和嗜杀成性的人。而当这些移民帮助建设危险而困难的跨大陆铁路时，人们对他们的偏见就自行减弱了，在这个时期他们被描述为刻苦、勤劳和友好的人。在

这项工程结束以后，中国人再次成了与内战后的退伍士兵争夺稀缺劳动岗位的竞争者，在当时的报纸报道中，中国人又成了无恶不作、唯利是图、诡计多端和令人讨厌的人。

有史以来对稀缺资源的不断争夺。在任何一个社会中，由于生活必需品的储备与“奢侈品”一样都是有限的，所以就不断发生争斗，在争斗中有些人成功，有些人失败。

例 子

旧约中就有关于争夺稀缺资源的记载；比如在《出埃及记》中写道：“上主对摩西说：我赐给你……，和他们的后代到那土地去。我要差遣天使引导你，我要赶走迦南人，亚摩利人，赫人，比利洗人，希未人，耶布斯人。你要去的地方是流奶与蜜的丰饶地方。”（《旧约·出埃及记》第33章第2－3节）约书亚记还描述了约书亚如何带领以色列十二部族渡过约旦河，如何在上主的旨意下灭除了耶利哥的居民，后来又在战役中征讨各地，直到以色列人占领整个地域。

如果一个社会集团拥有更多的土地、占据更多的职位、行使更多的权力，那么弱势群体或失败者往往就会感到沮丧和嫉妒。如果他们不能改变分配斗争的结果，那么，由此产生的紧张关系会越来越紧张。迈克尔·克莱尔认为，对稀缺资源的争夺会导致世界上形成众多的冲突源（Klare，
2001），比如，在阿拉伯半岛、里海和南中国海对石油的争夺，在尼罗河 (479)
和约旦河对水源的争夺，在利比里亚对可用木材的争夺，在安哥拉对钻石的争夺以及在巴布亚－新几内亚对铜的争夺。这个世界的很多偏见无疑是不公平的或仍没有解决的分配斗争的结果。（Olzak & Nagel，1986）

相对匮乏的程度。比实际匮乏的程度更为重要的是相对匮乏的程度。德国重新统一以后，很多政治家寄希望于旧联邦州居民采取一致行动，以帮助前民主德国经济上已经崩溃的各州。然而社会心理学家看到了产生另一种反应的危险。德国西部已经达到很高的生活水平，在重新统一之后从未真正陷入危险。但是，尽管如此，旧联邦州的居民还是对收入较少、丧

失自我、明显需要帮助的“东德佬”产生了偏见，旧联邦州的居民作为一个群体担心会丧失已经达到的生活水平。(Bobo，1988)

因此，问题在于，社会心理学家应当想什么办法来消除这些深刻影响民族和国际共存的偏见。

消除偏见的可能办法

动用媒体提出劝告。1992 年德国发生了多起袭击外国人的事件，这引起了大多数民众的不解和憎恶。人们希望采取一定的措施消除这类歧视性行为；同时出版反对仇外的报纸和图片广告，电视广告片也挑选了一些人，报道他们与那些在德国生活和工作、但在不同文化背景下成长的人进行交往的美好经历。借助大众媒体真能改变人们的观点吗？社会心理学家约翰·布莱汉姆根据美国采取的类似措施认为：“这种宣传运动不是特别有效，因为这些措施只能稍微改变人们的观点。”（Brigham，1991）关于种族群体的观念对那些有这种观念的人是很重要的，而重要的观念是很难改变的。另一个社会心理学家补充说，这是人的本性，当他平静地坐在那里时，他是不会受那些有违自己信念的信息影响的。(Aronson，1999)

交往假设。社会心理学家最早提出的建议是，相互之间存在偏见的各个群体的成员应当尽可能多地交往。(Allport，1954）通过频繁的接触，人们能够加深彼此的了解，从而相信自己对“他人”的公式化观念是错误的。美国在废除了种族隔离的法律以后，白人和黑人学生都可以在公立学校一同上课。但是总的来说，这一措施没有取得预期的结果。更确切地说，取消种族隔离以后，负面的偏见甚至更深了。人们希望以这种方式提升黑人的自我价值，但是黑人的自我价值并没有什么变化，在某些情况下
(480) 甚至还降低了。（Amir & Sharan，1984）加强人际交往虽然有助于消除偏见（Emerson et al.，2002），但必须具备一定的条件。也就是说，只有当不同的种族群体和各个种族的成员作为同等价值的人相互进行交往，才能共同达到一个所有人都追求的目标。

将他人群体的成员说成是具有个性的人。纳粹党的策略之一就是将犹太人说成不能算作“正常人”的生物，他们认为犹太人是“低等种族”。美国看守给伊拉克监狱里的囚犯戴上头巾，作为审讯前的准备，去除他们

的个性特征；剥夺了他们的个性，虐待他们或者甚至杀害他们就很容易了。(Horwitz & Rabbie, 1989) 如果反其道而行之，即为他人群体的人创造机会，使他们表现为人并具有自己的个性特征，那么就能消除偏见吗？使他们表现为“人的模样”，并不意味着人们认识和了解他人群体的每一个人。(Bodenhausen, 1993) 更确切地说，这意味着“我们和他们都有人的特征，我们都有同样的喜怒哀乐。”(Bordens & Horowitz, 2002) 我们告诉人们，人们不仅非常熟悉那些对自己怀有偏见的人，而且与他们一样有很多本质特征，这虽然不是什么有效的办法，但是，至少在极为反感的情况下，尤其可以降低产生歧视行为的可能性。(Fiske & Neuberg, 1990)

例 子

肯尼斯·博登斯和欧文·霍洛维兹 (Bordens & Horowitz, 2002) 提请大家注意，1993 年拍摄的电影《辛德勒的名单》生动地表明，向持有偏见的人指出他们歧视的对象的人性，会产生什么效果。辛德勒让 1 200 名犹太人在自己的工厂里工作，成功地保护了他们免于集中营的屠杀。但是德国看守得到命令，在战争即将结束之际枪杀所有囚犯。当这一刻到来时，士兵们出现在阳台上；他们将武器对准这些工人，准备执行命令。但是，士兵们和犹太人已经有过不少接触；士兵们也有很多机会看到辛德勒与犹太人之间的人性交往。辛德勒在作拯救他保护的人的最后努力中，朝看守喊道：“你们想作为人还是刽子手回到家中？”这部影片表明，听到他喊话的人因为这一呼吁而产生了内心不安，并慢慢地离开了现场。

为达到共同目标而合作。谢里夫在他的夏令营营员身上很快发现，在比赛结束后，简单地使两组成员言归于好是不够的。他让他们一起看电影，一起吃饭。然而，这样做只能为这些对手们提供继续争斗的机会。因此谢里夫为两个小组布置了他们必须通力合作才能完成的任务：修理为所有人提供饮用水的管道；拉食品的车爬不上坡，只有大家共同努力才能将它拉过陡坡。 (481)

插图 10.8 为了使敌对的两个小组重新言归于好，谢里夫布置了只有通过共同努力才能完成的任务。图示：两组成员将一辆货车拉上陡坡，另外，他们使用的绳子是他们之前作为对手进行拔河比赛时用的绳子。

谢里夫布置的任务是经过选择的，而且可以完成的任务。两个小组中的所有成员应该说都有很好的机会为克服面临的困难作出自己的贡献。然而，如果管道修好了还是不来水，如果货车拉不动，那怎么办呢？预期的效果很可能不会发生。也就是说，两个小组的合作成功，是消除负面观点的重要前提。（Worchel，1986）如果敌对的两个小组的共同努力未能奏效，那么，就存在这样的危险：他们之间的关系会更加恶化，因为他们会互相推卸责任。此外，重要的是，两个小组在完成任务的过程中确实进行了合作，为完成这项任务每个成员都付出了努力。在这种情况下就会“重新组合”。（Dovidio & Gaertner，2000；Gaertner et al.，2001）响尾蛇和雄鹰一旦由竞争者或者干脆说对手转变成一个工作组，那么，互相争吵的“我们”和“他们”就会变成单一的“我们”，而“我们”体现为一个已经形成新的我们群体这种身份的团队。

10.2 从相遇到社会吸引

有关社会感知的研究结果表明，人们通过极短时间的观察即可形成对一个陌生人的印象。第一印象怎么样以及如何对不熟悉的人作出最佳反应，公式起很大的作用。比如，售货员知道，她应当怎样对待一个新的顾客；海关关员只要对一位正在走过来的游客看一眼，就可以决定是否该仔细检查他的行李；餐馆服务员看到顾客一进门，就知道应该向他推荐什么样的菜肴。在日常生活中形成交往主要是因为客观目的，很少是，也许根本不会是因为一个社交伴侣一定要遇见另一个社交伴侣。这里并不排除这样的可能性：人们在这种多半较为短暂的社会交往中，对一些人可能会产生多一些好感，而对另一些人则没有什么好感。但是总的来说，对很多这样的相遇都不会有太大的感情投入。在通常情况下，这种相遇不会自动使人想到继续交往或者以后再次见面。但是同样不能忽视的是，很多牢固的 (482)
社会关系应归因于日常生活中发生的偶遇。在起初完全无意识的首次相遇中，有些事情肯定会使当事人想到继续交往。社会关系能够继续发展，而不是在短时间内结束，显然是其他的条件起了作用。那么，一次短暂的相遇能发展成为长期的社会关系，这是因为什么呢？两个人之间的邂逅能结成友情或爱情，这又该如何解释呢？个性特征在这个过程中起了什么作用呢？在这些问题的刺激下，社会心理学家试图揭示人们相互吸引的条件。

启动自我体验

请您尝试列举决定您曾经感到被您最好的朋友所吸引的原因。请您再努力总结一下影响您顺利结识一个人的原因。最后，什么原因使您对周围的某个人感到特别讨厌？现在请您比较一下您对这三个人的描述。您现在能猜到哪些原因能增进，哪些能阻碍令人满意的社会关系的形成了吗？

10.2.1 促进产生第一次社会接触的条件

空间距离。空间距离是决定两个人之间能否形成相互吸引的关系的最重要的因素之一。在同一时间同一地点相遇的几率有多大，同样取决于空间距离。（Latané et al.，1995）两个人之间因相遇而产生友谊，大多是因为比邻而居、同班学习或者为同一个雇主工作。（Berscheid & Reis，1998）这种联系因此表明，与那些在附近能够定期看到和遇到的人建立联系，是最容易的。当然，社会规范肯定也产生影响，因为人们在经常相遇的场合希望彼此友好相处。（Michener et al.，2004）最后，这种经常相遇的机会也能为彼此了解提供良好的前提。

提供刺激物的频度和评价。提供刺激物越频繁，人们见到或听到刺激物的次数越多，人们对刺激物评价就越好。罗伯特·扎乔克已经通过实验证明了这种内在联系：他让测试对象看他们以前从未见过的单词。（Zajonc，1968；1970）他说这些词来自土耳其语。他让参加实验的人猜哪些单词是褒义的，哪些单词是贬义的。想不到测试对象的回答惊人地一致：他们猜 Civadra，Jandara 和 Lokanta 是褒义的，而猜 Saricik，Afworbu
（483）和 Ikitittaf 是贬义的。测试对象是怎样猜到这些单词的不同含义的呢？一方面，对某些单词的回答取决于它们的外形；另一方面，测试对象的回答也取决于他们以前看过这些单词的频率。看汉字、无意义的音节以及人的脸也能收到同样的效果。绝对不是只在实验室中能发现这种内在联系。

例 子

当埃菲尔铁塔于1889年建成时，这个“怪物”的设计曾一度遭到冷遇，因为人们觉得它很丑陋。后来，这一建筑物的图片向公众大量发行，久而久之它就成了巴黎令人喜爱的标志。（Harrison，1977）

此外，每个人难道没有听说，一首听得“耳朵生茧”的流行歌曲，人们第一次听到时并不喜欢，甚至还有反感吗？信息框 10.3 描述了一个实验，在实验中频繁给老鼠提供刺激，以便使它们成为莫扎特音乐的爱好者。

目前，已经有200多项研究结果表明，不管刺激物是什么，字母、无意义的音节、汉字、乐曲或者表演艺术作品，随着提供刺激物的频率的增加，感知者对它们的评价也会不断提高，只要刺激物不是令人太讨厌或者观察者还没有厌烦。(Bornstein，1989) 同一个人的频繁相遇也能提升对他的好感吗?

信息框10.3

老鼠如何成为莫扎特音乐的爱好者?

美国心理学家亨利·克罗斯及其同事从老鼠一出生就每天给它们播放各种不同的音乐。(Cross et al.，1967) 第一组听莫扎特的曲子，听了52天，每天12小时。乐曲有《魔笛》，有交响乐，还有室内乐。第二组在同一时间听舍恩伯格的曲子，其中有《月光下的皮埃罗》、《净化之夜》和《祷歌》，而第三组则什么音乐也不听。休息15天后检验老鼠们是否产生了特定的喜好。将老鼠放入有两个分格子的笼子中。只要它们在一个格子中跑动，就能听到莫扎特的音乐，而在另一个格子中能听到舍恩伯格的曲子。在测试阶段播放的曲子老鼠们以前都没有听过。它们的喜好很明显。原来听莫扎特的老鼠，选择继续听莫扎特，而第二组老鼠更喜欢听舍恩伯格。此外，第三组老鼠（以前没有接受过音乐“教育”）喜欢莫扎特甚于舍恩伯格。

朝夕相处和产生好感。人与人朝夕相处如何增进社会关系，很多年前在一所警察学校就已经得到证明。（Segal，1974）按照当时通用的惯例， (484)
将这些准警察按姓氏的字母顺序进行分班和分宿舍。六周后进行的调查结果是，参加者中总共有65对成了新朋友。其中29对（占45%）的朋友的姓氏第一个字母不是相同就是在字母表中相邻。由于这种独特的分班和宿舍分配方式，Schmidt更有可能和Schneider或者Richter，而不是和Apel交朋友。朝夕相处明显能使人产生好感。“频繁露面”这个因素还能在其他方面发生作用。

启动自我体验

如果您有数码相机，请您给自己照一张头像，将照片洗印成正反两张照片。您更喜欢这两张照片中的哪一张？您还可以问问您非常熟悉的同伴，他们喜欢哪一张。您的评判同您亲戚朋友的看法一致吗？

您很有可能对那张印反的照片评价更高，而非常熟悉您的人可能认为那张正常的照片更好。您如何解释这种不同的评价呢？

人们每天在镜子里看到自己左右相反的脸，对此已经很熟悉；而人们在照片或胶卷上看到的则相反，正如别人看到的一样。(Mita et al. , 1977) 可见，熟悉效应的结果是，人们经常认为自己的照片——与他的好朋友和熟人的看法相反——照得不好。政治家们非常了解这种在公开场合频繁露面的作用，因为他们从不放过任何一次在尽可能多的人面前——最好在媒体上——露面的机会。

上述内在联系可以说明，经常遇到的某个人，就可以争取他成为朋友吗？答案是否定的，因为频率相遇不完全是形成社会好感的决定性因素。警察局案卷表明，抢劫案和谋杀案中罪犯和受害者有不少是相互认识或比
(485) 邻而居；在一般情况下，他们处于同一个社会环境。(Berscheid & Walster, 1978) 因此，人际间的频繁相遇即使有助于人们相互之间形成好感，但肯定不是决定性因素。外表也起作用吗？

外表的吸引力。如果询问熟人和朋友，他们在评价他人时是否注重他们的外表，那么，他们通常会说，外表仅仅是非常表面的特征，在评价他人时不起什么作用。对他们来说，吸引力更多的是由内在价值决定的，但实际上，在所有工业国家，化妆品的花费都很可观，整容外科专家从来不愁缺少顾客，此外，大多数人对据说能美容健身的体育活动趋之若骛，这一切怎么能够与上述标准答案相吻合呢？因此，有时必须采取这样的措施，以便对外表进行某些“修补”，因为根据一些研究人员的说法，容貌的魅力是由遗传因素共同决定的；这种说法主要以下三种认识为依据：

插图 10.9 人际间频繁的社会交往有助于形成和产生好感。

——在对容貌的魅力方面的评价高度一致。如果请调查对象用刻度为1－10的标尺对所提供的脸型作出魅力评价，那么，结果将是，不管是儿童还是成年人，不管是男人还是女人，不管来自多么不同的文化背景的人，他们的评价都非常一致。(Langlois et al., 2000)

——幼年时就喜欢漂亮的容貌。朱迪思·朗格罗瓦让两三个月大的婴儿成对地看各种不同的脸部照片，并且记下这些年轻的测试对象长时间注视哪些照片。(Langlois et al., 1991) 结果表明，婴儿们更喜欢看漂亮的脸蛋，而不喜欢看不太漂亮的脸蛋。很明显，婴儿能够根据不同魅力作出区分。这些测试对象还很小，还没有学会美学的文化标准。朗格罗瓦强调说："婴儿们不看《时尚》杂志，也不看电视节目，但他们能作出与成年人同样的评价。"(Cowley, 1996)

——容貌的魅力与某些特征的紧密联系。观察者要根据脸型评价魅力，就会考虑脸部的某些特征，在很多人看来，一个女人的眼睛大、颧骨高、鼻子小、笑靥动人，那么她的脸就有魅力。(Cunningham, 1986) 而一个男人如果下巴宽，就能得到正面评价。(Cunningham, et al., 1990) 通过自身实验还能体会到影响魅力评价的其他特征。(见第486页)

朱迪思·朗格罗瓦推测，普通照片具有高刺激值，是因为它们与典型

例子（见第311页）——面部的特别标准的例子很相似，因而显得很可信。(Langlois et al.，1994)

人们为什么在社会关系中喜欢漂亮的人？一方面，肯定可以归因于通行的公式，根据这种公式漂亮的人比不太漂亮的人具有更多正面的个性特
(486) 征。因此有人就认为，长得标致的人同时也是有文化的、成功的、友好的和平和的，是具有很高社会阅历的。（Dion et al.，1972；Eagly et al.，1991）大众媒体在强化这种公式方面在很大程度上又起到了推波助澜的作用。我们只要看看，在几十年中，好莱坞卖座率最好的影片都是怎样塑造人物的，那么，就会得出这样的结论：长得漂亮的男男女女比不太漂亮的人更聪明、更有道德，也更平易近人。(Smith et al.，1999)

信息框1.1

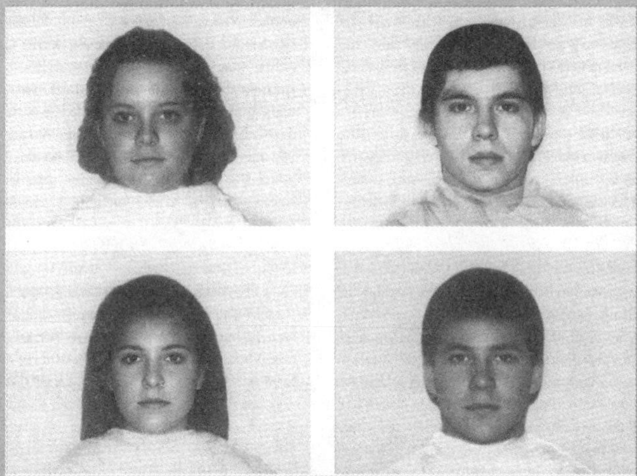

插图10.10　成对的男女头像，您觉得哪个更漂亮？

根据各种面部特征的平均值，用电脑合成的照片。上面两张照片是根据两个人的面部特征合成的，而下面两张是根据32个人的面部特征合成的。

如果您像大多数成年的评论家一样回答，那么，您一定喜欢下面的两张照片，那是“综合”32个人的面部特征用电脑合成的。而上面两张照片只综合了两个人的面部特征。在某种程度上可以认为，一张照片综合的面部特征越多，大多数观察家就会认为越漂亮。您能解释自己的这种选择吗？

某些有据可查的内在联系也是以公式为基础的吗？如果总结90多项研究的结果，就可以得出这样的结论：一个人的体型美不美，其实同他的智力和自我价值是没有关系的。（Feingold，1992）当然，也不能排除自我实现的预言的影响，因为在考试的时候，对经济学专业的学生的面部魅力评价越高，几年后他们取得的成绩越大。（Frieze et al.，1991）这样的结果说明，人事主管和上司在招录面试和决定升职机会时，也会受当事人的外貌的影响。 (487)

在以个人主义为取向和以集体主义为取向的文化背景下对魅力的不同评价。拉德·惠勒和金永美让很多生活在以集体主义为取向的文化背景下的韩国人看许多男男女女的照片，并根据漂亮程度进行分类。（Wheeler & Kim，1997）结果是，他们认为长相端庄的人是正直（高尚）的、有社会责任感的，也就是说将在这种文化背景下具有很高价值评价的社会品质赋予了他们；反之，韩国人不认为富有魅力的人是独立的、自信的，因为这些品质只有在以个人主义为取向的文化背景下才是值得追求的。长相好的人，根据普遍适用的公式也是一个好人；但怎么好，要视各种不同的文化而定。

10.2.2 促进相互吸引的条件

继续最初的社会交往也取决于表面因素。表面特征——比如接触的频率和吸引力——首先决定的是，某个人在一次偶遇后是否能够引起比别人更多的注意。一次短暂的，确切地说随意的社会接触能否形成长期的社会联系，还取决于社会伴侣能否相互“适应”、能否创造相互融合的条件。只有当事人愿意坦诚布公，根据自己的印象权衡“收益”和“成本”，公正的愿望得到满足，他们才会设法继续保持这种社会联系。

社交伴侣的相似性

物以类聚：相似性。“物以类聚”是一句家喻户晓的成语，早在公元前400年，亚里士多德就在《修辞学》中谈到了这种现象。他认为，人们选择那些在善恶观上与自己一致的人作为朋友。按他的说法，人们容易对那些与自己类似、与自己有类似期望的人产生好感。如今社会心理学家已经搜集了很多证据，从中可以清楚地看出，具有非常稳定的友谊和爱情关系的人在观念和观点方面高度一致。当然，鲜有这样的情况，人们在所有方面都同自己的朋友或伴侣完全一致；但重要的是，人们在核心问题上保
(488) 持一致，即基本保持一致。（Gonzales et al. , 1983）儿童和成年人都是这样。一旦人们发现，自己同某人在兴趣、信仰和价值观方面很接近，就会产生某种共同归属感。（Arkin & Burger，1980）与此同时，对那些同自己的“感觉和想法完全不同”的人会产生强烈的反感。

相似性和社会吸引力之间的联系第一次在广泛的层面上得到证明以后，首先给人的印象是，人们揭示了一个简单的规律：人际间越是一致，他们之间的吸引力就越强。（Byrne，1971；Berscheid & Reis，1998）然而，情况是复杂的。首先，人们在首次相遇后是否能继续交往，是需要时间的。（Curran & Lippold，1975）第一次接触时人们交谈的主要是明显的共同之处（业余活动、爱好、喜欢某个音乐流派等等）。当人们彼此交往一段时间后，相似性和吸引力就会相互发生作用。人们比较喜欢对自己有好感的人，或者在感觉上减少实际存在的差异。（Clark & Reis，1988）

已经建立稳定社会关系的人，尽管在外貌、文化水平和智力方面非常相似，但是，他们在选择朋友时首先关注的显然是他们之间在信仰、观点和兴趣方面的高度一致。该如何解释这种论点呢？这方面无疑有很多原因。首先，一致性是频繁交往和共同活动的良好基础，可以一起观看体育赛事、跳舞或者远足。另外，如果人们知道，另一个人同自己的观点一致，就会觉得自己的观点得到了证实（另见第498页及其下1页），并增强自信心。在主要方面都很相似的人，也期望进一步发展愉快的、令人满意的交往，因为已经不存在频繁争吵的主要原因。（Gonzales et al. , 1983）

异性不相吸。但是，真的可以普遍认为人是“物以类聚”的吗？俗语不是也说异性相吸吗？温顺的男人和强势的女人结为伴侣双方不是也很满意吗？这种说法有时是符合实际的；但问题在于，这样的例子是否真的能够证明这句俗语。伴侣之间总要在自己的角色分工的形式上取得一致。实际上，社会心理学家迄今为止尚未能证明异性相吸这种说法。（Buss，1985）即使已经建立非常稳定的社会关系，但同样存在差异，因此仍然可以认为，伴侣关系的维持靠的是他们在主要方面取得的一致性的巨大影

响力。

唐·伯恩的吸引过程两阶段论。唐·伯恩也认为，两个人如果在兴趣、信仰和价值观方面存在很大差异，那么彼此就不会产生吸引力。因此，他提出吸引过程的两个阶段模式。根据这一模式，人们在社会交往的初始阶段就能避开那些和自己截然不同的人；在那些剩下来的人中，再选择那些同自己最为一致的人。（Byrne et al.，1986） (489)

相互性准则

"我喜欢你，因为你喜欢我。"恋人们，特别在开始恋爱的阶段，彼此都会比较频繁地表白正面的感受。这样的表白无疑是为了提升对方的爱慕。根据相互性准则，别人对自己有好感，自己也会给以回报。反之亦然：人们对不喜欢自己的人也感到反感。从这种联系中可以得出结论说，一个人对他人有吸引力，就是他喜欢那个人吗？这个问题还取决于，这种喜欢是真的，还是为了骗取别人的好感仅仅说说而已。一个代理人希望自己的溢美之词能够促进潜在顾客的购买动机，极有可能因为被看穿而事与愿违。如果听的人感到别人对他说的友爱、赞美的话都是真心的，那么，他就会对他们有更多的好感。这样说来，朋友和生活伴侣在长时间的生活过程中一直都只能正面表态吗？

他人的吸引力具有他人评价性表态的作用。毫无疑问，我们都喜欢听别人发表正面的看法，因为正面看法迎合自己的自我价值。我们觉得最喜欢那些经常赞美和钦佩自己的人吗？遇到那些开始说话有所保留，甚至很难听，但是后来又逐渐提高价值判断的人，又该怎么办呢？埃里奥特·阿伦森研究了这个问题。（Aronson & Linder，1965）他发现，人们并不特别喜欢那些对自己的评价特别好的人。更确切地说，人们最喜欢那些开始说话逆耳，后来慢慢将原来的难听话转变为正面评价的人。人们很可能认为他人的不那么好听的话更为可信。一段时间听不到赞美的话也许更能提升自我价值。

一个人如果总是听到别人的赞美声，那么，阿伦森认为，这种赞美就会逐渐丧失它的刺激值。两个人之间只有坦诚相告，知无不言，包括逆耳的话，才能形成互信的关系。阿伦森解释说，两个人确实彼此喜欢，就可能比一味“相敬如宾”的人更能长久地保持彼此满意、相互激励的关系。(Aronson，1999）如果朋友之间也不能坦率地说出不喜欢对方的地方，那么，他们就是在演戏，最后必然分道扬镳，因为他们不再能彼此坦诚相告。人们一定希望好朋友也能自愿接受不太有利于他自己的话。(Swann et
(490) al.，1992）好朋友不仅应该承受别人的批评，而且能够坦率地说出自己的“弱点”。我们可以向自己信任的朋友承认自己恼火、嫉妒或忌恨（哪怕说出“最坏”的品质)，而不用害怕朋友会疏远自己。真正的朋友有助于我们接受这些“负面”品质。在非常私人的、友好的关系中，双方必须坚信不会遭到对方的伤害；没有这种自信，就不会产生信任关系。信任关系形成以后，处在良好的伴侣关系和友谊关系中的人们就愿意彼此敞开心扉了。

自我开放。在审视朋友之间和恋人之间产生的亲密社会关系时，应当注意，社会交往的过程完全取决于伴侣之间彼此自我开放的程度。通过自我开放（英语：self-disclosure)，人们就能彼此分享非常私密的经历、感受和愿望。(Jourard，1971；Derlega et al.，1993）伊纳·格劳指出，在自我开放的过程中，交流事实信息（比如：“我的老师在学校笑话我。”）并不起决定作用，更确切地说，重要的是说出“这件事在情感上造成的不良结果（从此我就不敢当众讲话了)”。(Grau，2003）当然，这种信任对话近期才作为伴侣之间一个令人向往的特征得到承认。

承认伴侣之间的信任对话是近期发展的结果。以前几代人还不认为信任对话是伴侣关系存续的重要条件，因为维多利亚时代（约 1830－1900）的特征就是，夫妻之间进行对话，不能交流个人的想法，更不能谈论自己的性生活问题。为克服这种“无话可说”的状态，西格蒙德·弗洛伊德无疑起了决定性的作用，他强调“谈话疗法”的意义（Hendrick & Hendrick，1992)，并为夫妻对话铺平了道路，这对于今天的情侣们来说很可能是司空见惯的事情。

在尊重一定社会规范的前提下越来越自我开放。要“进入”一个人的私人生活领域，必须遵循一定的社会规范。两个人初次见面时只交流一些表面的信息；比如谈谈自己的业余兴趣，最近看了什么电影，或者特别喜欢去什么地方度假。在开始交往的时候，人们很少谈论关于自己的具体细节，因而很少能听到别人的真心话。如果两个人一见如故，那么，就很可能在将来某个时刻再次见面。一个公认的准则是，对于对话伙伴所说的私人想法，也要相应坦率地加以回应；在这一点上人们将之称为“自我开放的互动性准则”（Rotenberg & Mann，1986）。这个向前推进的过程类似于舞蹈初学者，双方小心翼翼，不敢向前迈步：“我放开一点，你也放开一点，但是要适度，不要超过我们目前的关系！”尊重互动性准则主要是在 (491)
友谊关系的初始发展阶段，而建立友谊关系时间较长、而且已经非常稳定的情况下则另当别论。（Won-Doornink，1979）

自我开放的作用。人们只愿意同那些对自己有好感，有可能进一步交往的人透露自己的私人情况。（Shaffer et al.，1996）如果谨慎地开始自我开放，那么，信任和积极的感觉就会接踵而来：在形成友谊关系和爱情关系的初始阶段，彼此慢慢倾吐的私人情况越多，相互之间的好感就越增强，彼此就越满意，共同生活的意愿也就越强烈。（Bierhoff & Grau，1999；Collins & Miller，1994）罗伊·鲍迈斯特和爱伦·布拉特斯拉夫斯基解释说：“不断发展的私密关系会激发强烈的热情。”（Baumeister & Bratslavsky，1999）相反，如果一个人没有机会或者不能向别人开放，那么，他十有八九是不幸福的，是孤独寂寞的。（Meleshko & Alden，1993）但是应当注意的是，这种内在联系是在以西方为取向的文化背景下进行的研究结果。

以个人主义文化或集体主义为取向的文化背景下的自我开放。在以个人主义为取向的文化背景下的人与在以集体主义为取向的文化背景下的人相比，更喜欢在各种社交场合谈论自己的事情。这种差别也引起了塔基·莱博若的注意：她在采访日本妇女时，后者回答的都是她们的社会关系，几乎不谈她们自己的情况。（Lebra，1984）而美国妇女几乎不谈她们的社会关系，却主要谈她们自己。欧美人强烈希望自己独一无二，与众不同。（Triandis，1989）

以个人主义为取向的文化背景下的人在非常私密的谈话中，非常渴望向别人述说自己的独特性。因此他们在谈话中主要使用“我”，而很少使用“我们”。（Triandis，1995）他们同那些在个人情感上与自己类似的人分享内心的想法。相反，以集体主义为取向的文化背景下的人则同自己集体建立情感纽带。

以个人主义为取向的文化背景下的人的自我开放，主要是通过语言进行的。而在远东国家，这种口头交流则得不到太多的重视。更确切地说，那里讲究的是德行，在别人没有明确表达之前，去迅速而准确地猜测别人只是模糊表达的情感和愿望。（Barnlund，1989）因此，在诸如中国、日本或韩国的文化中，通过言谈向别人透露自己的想法是不合适的。更确切地说，人们希望，通过观察对方的非语言的表达"读懂"对方的内心愿望和情感。在这方面有人非常含蓄地告诉我们，他们关注的是比如眼神、体态等。

10.2.3 通过爱情建立社会情感联系

千百年来，人们主要是听凭作家们在描写爱情，讲述由于爱情而产生
(492) 的人与人之间的问题。直到不久以前，人们才认识到，有必要对爱情进行科学研究。众所周知，恋爱中的人不仅懂得奉献和关怀，而且也会以爱情的名义撒谎、欺诈、偷窃甚至谋杀。罗伯特·斯腾伯格和苏珊·葛雷杰克抱怨说，心理学家仍然不知道什么是爱。（Sternberg & Grajek，1984）当然，最初申请科研经费的时候，不仅没有得到支持，甚至还引起了误解和尖刻的批评。人们回答申请人说，"生活中的有些事情始终是秘密"，所以根本不必去寻找"为什么一个男人会爱上一个女人，或者相反"这一类问题的答案，这是符合千百万人的愿望的。（Rubin，1988）由于这种观点，当时还有人建议，纳税人的钱不是为了满足对情色的好奇，而是为了满足对科学的好奇。在这场争论中，无疑存在极大的误解，因为严肃认真的社会心理学家从来也没有想过要揭开两性之间相遇时所体验的奥秘。但不容忽视的是，爱情关系在生活中占据重要地位，即使不像荷马史诗《伊里亚特》中描写的那样，也有成千上万艘战舰由于爱情的情感体验而驶向征程。

自我拓展。幸好还有无数的人将能够建立爱情关系视为巨大幸福的体现。然而为何爱情能够让人感受到幸福呢？亚瑟·阿伦及其同事认为，一个人恋爱的主要动机，是希望能够拓展自我。（Aron et al.，1998；2001）接近一个人的同时也会了解他的资源、观点和身份；比如，可以分享另一个人的朋友、他的爱好、他的观点，当然还有他的爱情。

爱情关系破裂是悲伤和绝望的诱因。与此同时，同样不能否认的是，爱情关系破裂能引发绝望、极度悲伤、失去信心和其他消极情绪，甚至产

生自杀的念头。如果离婚，父母可能无法解决夫妻间的冲突，孩子也会受到影响。如果关于爱情的研究能够防微杜渐，防止发生这种有违人性的情况，那么，所花费的研究资金就是非常有意义的投资。

爱情各种形式之间的区别。社会心理学家研究了自古以来就存在的区别，他们将强烈体验到的罗曼蒂克的爱情同逐渐形成的伴侣之间的爱情相区别。这两种爱情的表现是相互独立的，但是，通常是一种关系发展成另一种关系。在科学研究中基本确定的概念，比如，“喜欢”、“爱情”和“热恋”，正好同人们在日常对话中的理解完全吻合。（Lamm & Wiesmann，1997）

爱情的各种形式 (493)

罗曼蒂克的爱情是有时限的强烈的情感体验。一项对200年间的相关画报、杂志的研究表明，在上述时间段中，罗曼蒂克的爱情理想在工业国家开始慢慢形成。今天，大多数人认为，这种形式的爱情是“强烈地渴望同另一个人结合在一起的状态”。（Hatfield，1988）如果这种爱情得到回应，人们就会感到满足和愉悦，如果没有回应，就会感到空虚和绝望。

罗曼蒂克的爱情可以分为以下三个部分（Hatfield & Sprecher，1986）：

——认知部分。认知部分使人全神贯注于所爱的人，并将其理想化。

——情绪部分。情绪部分引起性激动，产生情欲吸引力和想结合的愿望。

——行为部分。行为部分的表现是努力在时空上尽可能近地接近另一个人。

在罗曼蒂克爱情的初始阶段，人们的感情最为热烈；初恋情侣时常会感到“小鹿在心头乱撞”。信息框10.4说明，这种强烈的好感为什么会被错误地解释为越来越强烈的生理激动。在几乎所有的文化中都存在罗曼蒂克之爱，只是形式不同而已，而并不像人们原来所设想的那样，只是欧洲较晚的“发明”。比如，居住在生活方式还没有受到西方观念任何影响的地区、从事狩猎和采集的人群中也存在罗曼蒂克之爱和伴侣之爱的区别。

例　子

尼萨是居住在喀拉哈里沙漠的狩猎和采集社会的游牧妇女。她能够明确区分对自己丈夫的爱和对情人的爱。她解释说："婚姻关系是温暖的、亲切的和稳固的，另一种爱是充满激情的、令人激动的，当然，通常也是草率的、没有把握的。"一个欧洲女人同样也说过尼萨的这种关于罗曼蒂克之爱的话："当两个人走到一起时，他们的心在燃烧，热情高涨。过一段时间热度就会冷却，一切又恢复原样。"（Shostak，1981）

进化心理学家认为，体验罗曼蒂克之爱的可能性存在于人的大脑；因此，这种爱在任何一种文化背景下都能以某种形式得到证明。威廉·扬科维克和爱德华·菲舍尔（Jankowiak & Fischer，1992）研究了166种不同文化背景下的人类学记载并发现，至少在其中147种文化背景下存在罗曼蒂克之爱。这一结果并不意味着在其余的文化背景下没有罗曼蒂克之爱，而只是说明现有的人类学文献中没有明确记载这一点。

信息框10.4

强烈感到的肉欲激情为什么会被错误地解释为越来越强烈的激动？罗马神话中就有这样的记载：人们都希望被调皮的小爱神的金箭射中。某个人一旦真的成为金箭的"牺牲品"，他就会立刻爱上他周围的一切，爱上一个男人、一个女人，甚至爱上一只动物。艾伦·波谢德和伊雷娜·沃斯特认为，这个故事确实也有一定道理。为了解释这个问题，他们运用了沙赫特的情感的双因素理论。（Berscheid & Walster，1974，1979）正如第九章已经所介绍的（见第421页及下1页），这一理论认为，一个人的情感体验取决于他如何解释越来越激动时的心跳加速、双手发抖、脸色发红。如果他说不清原因，他就将激动直接归因于环境中任何可观察到的事物。被爱神之箭射中的人最初的反应可能就是生理上的激动。于是他就在周围环境中寻求解释。如果爱神之箭射中的是一个男人，他就会将这种无端的激动解释为对当时在场的某个女人的爱。远在罗马时代，那时还没有沙赫特的理论，罗马诗人奥维德斯（公元前43年-约公元18年）就在自己的作品《爱经》中建议年轻的男子同希望爱上自己的女子一起观看角斗。用今天的眼光看，奥维德斯是希望女性观众把因在男性陪伴下观看角斗而产生的激动，解释为爱情和性好感。恐怖电影、环形滑道和体育锻炼也能产生类似的效果，尤其在面对现场的倩男靓女的时候。（Foster et al.，1998；White & Kight，1984）多尔夫·齐尔曼称这种情况为刺激转移。（见第423页及下1页）

插图10.11 在战争时期会发生许多引起生理激动的情况，当时在场的女兵可能会将这种情况解释为爱情。

沙赫特的理论还可为战争时期为什么有那么多的战士突然找到爱情提供解释。莎士比亚在爱情悲剧《罗密欧和朱丽叶》中还吸纳了另外一种效应。两位恋人的父母一直试图终止他们的情侣关系。然而，因父母—子女冲突而不断引发的争吵得到了相反的结果：罗密欧和朱丽叶的浪漫爱情反而因为家庭的争吵而越来越热烈。

今天，至于仅仅以个人主义为取向的文化所理解的罗曼蒂克之爱的特征，至少有五种看法（Lantz et al.，1975，1977；Michener et al.，2004）： (495)

——没有事先接触，真爱从天而降；

——对于每一个人来说，只有一个人可以点燃真爱之火；

——真爱没有任何障碍（“爱情最终必胜”）；

——情人眼里出西施；

——应当跟着自己的感觉走，也就是说，在选择爱侣时，只能由爱情决定，而不能由其他（比如理性）的看法决定。

以个人主义或集体主义为取向的文化背景下的罗曼蒂克之爱。在以个人主义为取向的文化背景下，很多人认为爱情是缔结婚姻的前提，而在以集体主义为取向的文化背景下，人们则必须尊重家庭期望、社会责任和宗教规范。在亚洲的广大地区，在建立长期的关系之前，作为结婚的前提考虑得更多的是实际的方面，几乎不考虑个人的感受。（Dion & Dion，1988，1996）在将爱情被视为婚姻前提的国家，结婚——当然还有离婚——的频率较高，而出生率较低。伴侣的吸引力很重要。在以集体主义为取向的文化背景下，特别是在那些主张听任父母之命、媒妁之言的国家，是先结婚，后恋爱。（Levine et al.，1995）

应当看到，西方主流国家的离婚率相对较高，因为——至少部分地——人们生活中的强烈的情感体验越来越重要；也就是说，伴侣们可能无法长期保持伴随罗曼蒂克之爱而来的深刻体验。（Simpson et al.，1986）如果人们后来遇到了另一个可能重新点燃自己的罗曼蒂克的爱火的——当然只是短暂的——人，就很容易鬼迷心窍，认为现在终于又找到了“真爱”。但是，那些长期发展并保持夫妻关系的人则认为，“真”爱在于伴侣式的爱情。

伴侣式的爱情是经久不衰的好感。罗曼蒂克之爱发生在伴侣关系的早期阶段，这时伴侣彼此之间还没有完全倾心。对对方的吸引力可能在几个月后，也许再迟一点就会消失，这是不可避免的。为了彼此适应，也许可以采取“随波逐流”的方式，因为如果在罗曼蒂克之爱的阶段生了孩子，那么，作为父母应当优先为孩子着想，不能再只考虑自己了。（Kenrick & Trost，1987）伴侣之爱（英语：companionate love）不仅指朋友之间彼此产生好感，也指情侣之间彼此产生好感。伴侣之爱不是体验激动，而是体验内心的感受，因为伴侣关系这时已经很稳固，通过充满信任的谈话彼此能够更好地相互认识。（见第491页）关于罗曼蒂克之爱和伴侣之爱之间的

区别，在罗伯特·斯滕伯格的爱情三角形理论中还有详细的论述。 (496)

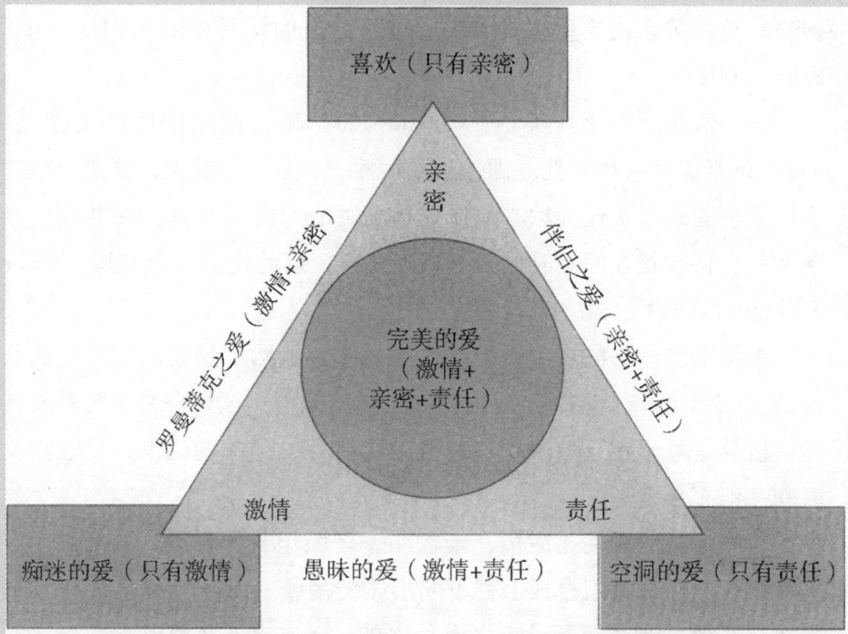

插图 10.12 斯滕伯格的爱情三角形理论。根据斯滕伯格的观点，各种形式的爱情都是激情、亲密和责任三者的组合。

罗伯特·斯滕伯格的爱情三角形理论。罗伯特·斯滕伯格根据爱情的八种不同的基本形式（他将爱情分为七种不同的形式，将第八种称为无爱）认为，所有的形式都取决于具备或缺乏三种成分。（Sternberg，1986）这三种成分由插图 10.12 所示的三角形的三个角表示。

因此，斯滕伯格认为，爱情不是由两个，而是由三个部分组成。他将伴侣之爱细分为亲密和责任（英语：commitment）。研究结果已经表明，这一理论非常符合人们对于爱情的普遍观念。（Aron & Westbay，1996；Buhl & Hassebrauck，1995）这三个部分是：

——**激情**。如前所述，激情表示强烈的、往往是情欲的感觉和伴侣想融为一体的愿望。

——**亲密**。亲密指以自我开放、共同活动为内容的部分。伊纳·格劳和马丁·库姆普夫发现，“亲密指彼此希望对方更加幸福，尊重对方，可以期望对方给予或获得社会支持以及进行信任对话。”（Grau & Kumpf，1993）这种关系的质量主要取决于这个部分的鲜明程度。（Hassebrauck & Fehr，2002）

——责任。责任（英语：commitment；相应使用的德语概念是 Bind-
(497) ung）是指这样一种责任：即使遇到困难，“代价”增大，也要继续这种关系。夫妻关系以责任为轴心的伴侣相互关心对方的幸福，在共同生活中感到幸福，特别是在困难时期能够相互信任，彼此提供社会支持。（Sternberg & Grajek，1984）

根据斯滕伯格的观点，爱情的三个部分虽然不是按固定不变的顺序发展的。（Sternberg，1986）但也存在这样的倾向：激情在爱情关系发展的初始阶段总是处于首位；然后是亲密，这是自我开放的结果；责任需要很长时间才能充分发展。

各种形式的爱情是激情、亲密和责任相组合的结果。从插图 10.11 可以看出，三个部分组合成七种不同形式的爱情；除了前面已经详细描述的形式（激情之爱和罗曼蒂克之爱）之外，还有以下几种形式：

——喜欢：“喜欢”是不负责任的亲密，就像在同事之间的关系中可以体验到的那样；

——痴迷之爱：痴迷之爱——比如青少年对某些歌星的喜爱——虽有激情，但没有亲密，也不负责任；

——空洞的爱：空洞的爱虽然彼此还承担责任，但已经感觉不到激情，彼此也不愿意开诚布公；仅仅出于理性的原因才勉强生活在一起的夫妇体现的就是这种形式的爱情；

——愚昧的爱：有些人“一见钟情”，虽然充满激情，也愿意承担继续发展关系的责任，但彼此之间不愿开诚布公；

——完美的爱：斯滕伯格认为，完美的爱情是爱情关系的理想，因为这种爱情将亲密、激情和责任融为一体。囊括爱情关系的三个成分的伴侣，就很有希望长期保持夫妻关系。

插图 10.13 两个人的社会关系，只有在双方彼此互有好感、进行坦诚的交谈，彼此都有责任感，才能长期保持。

10.3 群体对成员的影响：适应

(498)

两个人初次见面，可能会提出很多关于怎么对待对方的问题。面对一个表现热情的人，可以简单地打招呼吗？两人之间应该保持多大距离？一个男人可以不假思索地邀请一个素不相识的女人共进晚餐吗？再次见面时应该怎么打招呼呢？拥抱对方，亲吻对方的双颊吗？可以长时间地注视对方的眼睛吗？如此种种，不一而足。当然，每个读者都知道答案。然而，对不同文化进行的比较表明，世界各地的答案是不一样的，答案是以文化为基础的。有些行为方式在一个社会中被视为结识的友好开端，而在另一个社会中可能被视为侮辱。（见第 443 页——情感的表达规则）在所有的文化中，行为都是由社会成员公认具有约束力的社会标准调节的。这些社会标准已经规定，对某些事实应如何思考和感受，在特定的环境下应如何表现。社会标准仿佛是水泥，是它在凝固社会制度。(Morris et al.，2001) 但是，这种标准是如何形成的呢？怎么做到让社会成员接受的呢？藐视这些标准的人又是如何被“教化”的呢？这些问题人们已经在几十年前就进行过研究，这些研究如今已被视为经典。

10.3.1 经典实验

如果人们想知道，今天是否在下雨，只需望望窗外就可以一目了然。同样也很容易发现，外面是白天还是黑夜，冬天还是夏天。日常生活中关于物理现象的问题，通常非常明确，同别人的答案也高度一致。但是，如果遇到不能马上和一劳永逸地确定的情况，该怎么办呢？该作出怎样的反应呢？在这种情况下，必须首先尝试与他人取得协调，从而以这种方式创造一种社会实现。

穆扎菲·谢里夫：自我运动现象。人们如何回答没有明确答案的问题，穆扎菲·谢里夫早在20世纪30年代就研究了这个问题。谢里夫在研究中利用了视觉感官系统的独特性。(Sherif，1935，1936) 人们对视觉器官的特性可能已经有过体验。在夜色朦胧中，注视天空，可能发现一颗刚刚闪亮的星星：这个闪光的天体似乎在来回摆动。谢里夫在实验中就利用了这一效应。

谢里夫让置身于漆黑的房间里的测试对象看一个光点，请他们根据自己的感觉印象推测光点移动的幅度。光点实际上在特定的位置没有移动。人们称这种错觉为自我运动现象。谢里夫实验的特征是，要求肉眼看到无法看到的东西。因此，测试对象一定会觉得没有把握。

(499) 谢里夫每次先将一个测试对象带入房间，请他推测光点的移动幅度。这时他发现，推测者的回答五花八门。比如，有些测试对象认为，光点的移动幅度只有二至四厘米，而其他人则认为，移动的幅度有十五厘米，甚至达到二十厘米。每一个测试对象经过几次推测以后，答案逐渐趋向稳定，也就是说移动的幅度很小。有些测试对象认为移动值非常接近十五厘米，而有些人说移动值在三厘米上下。这样每个人都有了自己的基准值和参考值。

谢里夫的主要问题是，如果人们看到不同的参考值以后相互产生影响，那么，他们会作出什么反应呢？因此他将三个测试对象叫到一起，他们的预测值分别固定在三、八和十六厘米上下。谢里夫再次让他们观察光点，并请在场的测试对象大声说出自己的预测值。这种情况经过多次重复后可以发现，测试对象得出参考值是由于相互影响而趋于一致。在这轮实验中，上述三个测试对象最后说出的参考值都接近九厘米。

在实验的最后部分，再次让测试对象单独说出预测值。结果是，他们还是坚持之前在集体环境中所说出的数值。在集体环境下确定的数值显然是每个人都比较愿意接受的。

由于上述肉眼的不足，谢里夫的测试对象不可能理解这种物理现象。尽管他们丝毫没有意识到这一点，但他们的推测彼此非常接近，并将社会现象代替了看不见的物理现象。

如果向人们提出原则上可以明确回答的问题，而他们在说出答案时发现别人同自己的答案不一样时，他们的答案还会彼此接近吗？

所罗门·阿什：在社会压力下作出判断。20 世纪 40 年代，所罗门·阿什在大学学习心理学时，行为学派还主宰着教学内容和方法。有机体能适应所有的外部条件，就是他们的机械观念之一。（见第 35 页）阿什也了解谢里夫关于自我运动现象的实验。但是他怀疑，人们是否能像谢里夫在测试对象身上看到的那样普遍容易接受影响。他认为，只要刺激条件允许作出明确的判断，大学生就应该能够得出恰当的结论，而且他们不会轻易改变这一结论。比如，如果要他们证实，男人平均比女人高 20 厘米，在非常古远的时代只有女人，男性新生儿的预期寿命是 25 岁，社会上大部分成员每天吃六顿，大约只睡四五个小时（Tuddenham & MacBride，1959），那么，他们就会痛斥这种论断——推测——是荒谬的。为了证实自己的推测，阿什进行了一项实验（Asch，1956），这项实验同谢里夫的实验一样，（500）
当时在心理学史上占据稳固的地位。

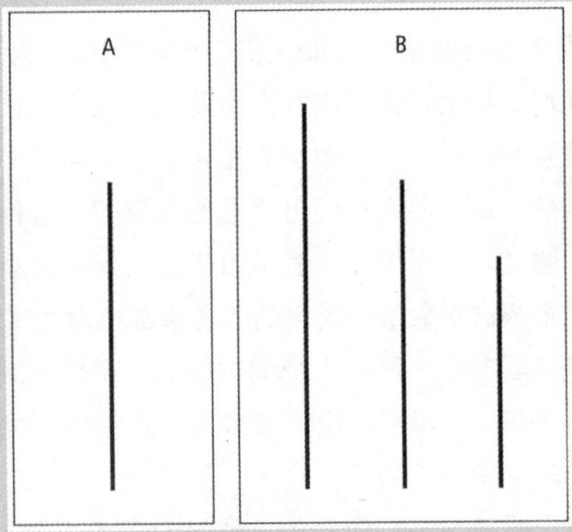

插图 10.14　阿什实验的刺激展示：卡片 B 中的哪根直线与卡片 A 中的直线一样长？在大多数情况下，测试对象在实验中有三分之二的人都会作出（错误的）判断。

乍一看来，阿什的实验属于感觉心理学领域。七个大学生与一个实验组织者一起坐在一个房间里。实验组织者请他们找出长度相同的直线。在每一轮实验中都让测试对象观察并列放置的两张卡片。（见插图 10.14）右边一张卡片是三根不同长度的垂直线。每个测试对象必须根据自己的印象指出一根与左边那张卡片上的参照直线一样长的直线。

阿什布置的任务并不困难，因此，测试对象一个人独自完成时几乎不会出错。但是，如果在场的六个人都异口同声地、不动声色地作出错误的回答，这个人会作出怎样的反应呢？在阿什的实验中，实验组织者安排了六个熟人参加，他们的任务是在实验过程中一致作出错误的回答。那些真正的、一无所知的测试对象（他们当然丝毫不知道别人与实验组织者之间的约定）对这种与自己的感觉分明抵牾的回答该怎么办呢？在 123 个“真正的”测试对象中，至少一次同意多数人的错误判断的占 76%；58% 的测试对象在上述情况下甚至两次或多次出错。测试对象的行为显然同阿什原来的预期背道而驰。

一致的行为取决于环境条件。所罗门·阿什当时进行了多次实验，研究各种环境下的一致性行为。因此，当时人们就已经比较清楚，在有些条件下，人们多少会甘愿迎合他人的判断。在场的人越多，接受一个判断的压力就越大，但有六七个人在场，这种情况就尤为明显。（Wilder，1977）有意思的还有，阿什的一组测试对象自己面对的是陌生人，朋友们在看法不一致时不会马上遭到社会排斥，因此，在反对自己非常熟悉的人时，不用同时担心他的脸面。（McKelvey & Kerr，1988）此外，如果有一个盟友同时不惧大家的压力，那么，他也会不愿意接受大家的自己感觉不合适的意见。（Asch，1956）有趣的是，第二个不听从多数人意见的人并不能代表真正的测试对象的看法。只有感觉到其他人也不愿意接受大家的看法，（501）
才能增强自己的独立性。（Allen & Levine，1971）

10.3.2 接受社会影响的不同原因

与自我运动现象不同，在所罗门·阿什构建的实验情境中，每一个参加者都可以毫无困难地回答问题。因此，在这两种实验条件下，迎合他人的判断存在不同的原因，只要仔细观察就能发现，接受社会影响有两个不同的条件：一是信息的影响，二是社会标准的影响。

信息的社会影响。谢里夫选择的是这样的问题，独立判断人在回答这样的问题时一开始几乎不可能取得一致。尽管如此，每个测试对象都希望作出尽可能贴切的答案。测试对象在说出预测值时也许会感觉不自信，而当他听到别人作出不一样的回答时，会更不自信。接着，他就会明显受这样的想法所左右：要是预先听到别人的判断，自己的判断也许会更贴切。古人早就说过，一人想不出两主意。在某种情况下，有人甚至设想其他人比自己知道得多，知道采取适当的行为，在这种情况，最好的办法似乎就是人云亦云。比如吃饭的时候，要是不知道怎么吃一道特别的菜肴，那么只要瞄一眼明显见多识广的邻座就能获得宝贵的信息。

例 子

美国心理学家戴维·迈尔斯 1984 年夏季学期在曼海姆大学讲学期间体会到，在不同的社会中，风俗习惯是多么不同。（Myers，

2002）这是他第一次到德国参加学术活动。当迈尔斯教授结束讲演时，他期望听到掌声，但他马上发现，在场的人没有一人鼓掌，而是用自己的指关节敲击课桌。学生们的这种反应是什么意思呢？迈尔斯的脑海中闪电般地出现了一些想法："难道他们不喜欢这个讲演，敲击课桌以示反感吗？但是可以肯定的是，不会所有的人都公开侮辱这样一位令人尊敬的教授，何况他们的脸上丝毫没有表现出反感。不，我敢说，这必定是德国式的暴风雨般的掌声。那好，我也来凑凑热闹吧。"

迈尔斯通过观察，从德国学生那里获得了富有教益的信息，了解了这个国家的人在公开场合与教授告别的方式，知道了自己以前不知道的学术习惯。但问题是迈尔斯为什么愿意迎合其他人。他为什么不以教授自己熟悉的方式予以告别呢？其实，别人敲课桌，他可以鼓掌。迎合公众的动机显然还有另外一个原因：人们表现出一致性，不仅因为其他人能够传递重
（502）要信息，而且还因为不能讨人厌，以免遭到别人的社会排斥。（Deutsch & Gerard，1955）

规范化的社会影响。规范化的社会影响在于，个人心里存在"和大家一起游泳"的压力，因为不遵守某个重要规范，就可能面临遭到别人排斥的惨痛经历。迈尔斯作为德国一所大学的客人，可能不想让别人讨厌和反感。在这方面，他的行为类似阿什实验中一无所知的测试对象。人要使自己的行为符合规范，即符合不成文的社会准则。社会准则告诉人们在一定的情况下应当如何行事。（Cialdini & Trost，1998）个人的动机显然是，符合社会规范，从而迎合别人只可意会，不可言传的期望，以便得到他们的认可。

附和者能避免不愉快的经历。所罗门·阿什在一致性实验结束后所作的调查中，测试对象向他承认，不与在场的多数人保持一致，是非常困难的。有些人起初以为，那是一些绝招或错觉。在调查过程中，有些人对自己产生怀疑，怀疑自己的视觉、自己的判断力，甚至怀疑自己的精神状态。有些人虽然确信自己预测值的正确性，但还是同意多数人的意见。因此，大多数测试对象最后作出的回答，都与自己原先（肯定正确的）感觉

印象背道而驰。有一个测试对象在随后的调查中解释说："其他人也许认为我是卓尔不群。"哈罗德·杰拉德在回顾自己以前做的一致性实验时还记得，一个起初情绪很好的测试对象在某种情况下突然情绪失控，请求允许离开房间。(Gerard，1999) 当这个年轻人再回来时，他"似乎病了，满脸倦容"。当杰拉德问他为什么要退场时，他回答说，他忍不住想吐。这位测试对象规避了规范化影响，但是杰拉德感到忧虑的是，看看，他为争取独立性必须付出多大的代价。

启动自我体验

如果您定期参加学习小组（学习班，研讨班等等），那么您就会发现，其他学员都非常注意这样一点：没有一种破坏公认规范的表现是"不受处罚"的。您要特别注意，学员们为什么大笑。这样的大笑是谴责违规行为的有效"武器"。大笑多数是对有趣的行为表现作出的反应，当然也有这样的情况：大笑就是要使违反社会规范的人失去自信，也就是说，说了有违答题行为规范的话，就很可能受到惩罚。

虚拟社会情境中的影响。现在很多人通过互联网上相互联系。他们通 (503)
过消息群交换意见，在聊天室聊天。因此产生这样的问题：在虚拟社会中，成员并不实际接触，而是远距离接触，甚至匿名接触，这是否也会产生社会影响。为了回答这一问题，卡特林·麦肯纳和约翰·巴奇（Mckenna & Bargh，1998）调查了一些讨论小组，这些讨论小组就很多问题交换意见，比如说体重超标、股市走势或者性问题。意见得到认可的成员，随着时间的推移，较之那些意见遭到否认的成员，成了讨论小组中的积极分子。下面的例子描述了这样一种情况：一个"社会支持"小组的成员之间发生了冲突，因为他们不知道两种规范中的哪一种可以作为他们的行为准则。

例　子

1998 年 3 月，一个名叫莱瑞·弗洛施塔德的男子给一个旨在互相提供社会支持的小组（社会"支持"小组）的成员发了一封电子邮件，向他们述说了一个悲剧性事件。他说，他同自己的前妻因为五岁女儿阿曼达的抚养问题长期打官司，他感到不堪重负。当他确信阿曼达要从自己的身边被夺走时，他作出了一个可怕的决定。据他自己说，他是这样落实这个决定的：“三年前的一个晚上，我让女儿看她最喜欢的录像，然后送她上床睡觉，接着我锁上了所有的门，点燃了自己的房子。我走进自己的卧室，等待火势蔓延。当我听到女儿的哭叫声时，从窗户爬了出去…… 我当时的样子就像一个疯子和受虐者，直到警察到来。警察认定我女儿的死是一次意外事故。”

在支持小组的200个成员中，有三个人告发了此事。弗洛施塔德被捕了，准备认罪。其他成员在知道有人把这件事向警方告发后，其中有些人感到非常愤怒，但不是因为这一冷血的谋杀，而是因为“好管闲事的叛徒”告发了因坦诚相告而得知的事实。有一个人写道：“这是一个真正地道的社会支持小组吗！”这个网上讨论小组的成员显然陷入了冲突，因为他们据以作出判断的准则和价值发生了矛盾：一方面要坚持法律准则，告发凶手，另一方面要坚持对“自己的”小组成员保持忠诚，不让他们对自己的信任感到失望。

在以个人主义或集体主义为取向的文化背景下的一致性。人们在多大程度上迎合群体的意见，也是由个人的文化属性决定的。参加20世纪中叶前后所罗门·阿什实验的人在很大程度上迎合别人的判断，这一点也许已经不再适用于他们的儿女，因为迎合一致性的意愿在慢慢地、持续地降
(504) 低。(Bond & Smith，1996) 如果将来自世界各地的人进行比较，那么，就能看到，文化的影响更为明显。以集体主义为取向的文化背景下的人表现一致性行为的意愿同以个人主义为取向的文化背景下的人相比，显得更为强烈。“个人主义者”对个人的权利评价很高，相反，“集体主义者”认为，社会责任与和谐比个人的权利更重要。正如中国有一句谚语所说的“十指连心”。一个欧洲人在一家以西方价值为取向的大城市的咖啡店点了一杯不含咖啡因的卡普奇诺，就会有一种正合我意的享受感。如果某人在韩国首尔点了这样一杯饮料，他可能就会有一种作了另类选择的不悦感。

（Kim & Markus，1999）金喜正和黑兹尔·马库斯就这种差异解释说："在韩国，标准的、常见的和传统的口味一般也是个人的最佳口味，不同于'正确'口味的特殊口味，通常会被视为最差口味。"（Kim & Markus，1999）对于个人主义者来说，独特也就意味着自由和独立，而集体主义者将社会约束与和谐同一致性相结合。如果在以集体主义为取向的文化背景下重复阿什的实验，就能看到较多的一致性行为。（Bond & Smith，1996；Cialdini et al.，2001）当然，虽然以集体主义为取向的文化背景下的人非常注意迎合"我们"群体的愿望，但是集体主义者不信与自己对立的他人群体的规范。（Triandis，1972）

10.3.3 多数人对持不同意见者的反应

阿什私下的同事只列举所有人都能清晰听到的（错误）答案。他们并不想让每个测试对象都改变自己的观点。但是，在一个普通的小组中，如果有一个人的意见同大多数人不一致，多数人会作出什么样的反应呢？他们也会像阿什实验中的熟人那样保持冷静吗？斯坦利·沙赫特就这个问题进行了研究。（Schachter，1951）

沙赫特关于附和者和偏激者的研究。沙赫特研究了一个由六七名成员组成的讨论小组；后来陆续补充了一些人，他们是实验组织者安排的熟人，测试对象是不知道的。这些熟人扮演预演的角色，也就是扮演"附和者"或"偏激者"的角色。附和者始终赞同多数人的意见，而偏激者则明显表示突出自己：他固执地坚持不同的观点。那么，这个小组对附和者的行为和偏激者的行为会作出怎样的反应呢？结果是反应方式截然不同。

多数人同偏激者进行激烈争论。偏激者刚刚说出自己的不同意见，其他成员总是马上同他展开争论。视各个小组而异，人们同偏激者争论的次数通常比同附和者多 7－11 次。显然，大家都想说服持不同意见者放弃自己的观点。但是几分钟后，多数成员就认为自己的努力是徒劳的。于是就 (505)
不再理睬这个偏激者。讨论结束后进行的选举就再没有给这个人提供参加其他有更吸引力的小组活动的机会。小组的多数成员认为他不好交往，干脆将他拒之门外。相反，人们继续同附和者一起完成任务则没有任何疑虑。

10.3.4 持不同意见者改变多数人的信念

自从穆扎菲·谢里夫的自我运动实验之后，许多社会心理学家几十年来感兴趣的是：人们如何迎合多数人的看法，并以这种方式表现出自己的附和行为。如果一个社会的成员不愿意尊重共同生存的准则，那么，整个社会无疑会陷于混乱。在一个规定靠右行驶的国家，人们就不能靠左行驶；如果有人穿着泳衣参加葬礼，就会招致吊唁人群的愤怒和驱逐。但是，一个社会难道真的希望自己的成员无一例外地迎合多数人的观点吗？科学难道不是因自己的个别代表不懈追求起初人们普遍不接受的思想而发展起来的吗？法国社会心理学家塞奇·莫斯科维奇在这方面提醒人们注意弗洛伊德、伽利略、达尔文以及其他历史人物的贡献。（Moscovici & Nemeth，1974）

科学和电影中的例子：单个人反对多数人的意见。在伽利略说出自己的观点之前，太阳绕着地球转被视为不言而喻、理所当然的。当伽利略反驳这种观点，断言行星围着太阳转以后，他以及其他人便陷入了与占统治地位的天主教会的激烈冲突。在宗教裁判所面前，伽利略迫于巨大的压力收回了自己的学说。尽管如此，他还是继续向人们演示经自己的理论所证实的研究结果。伽利略渐渐地终于动摇了自己对手的信心。伽利略是如何对大多数人施加影响的呢？

电影《十二怒汉》以戏剧的方式表现了这样的情节：一个人在讨论中反对十一个人的意见，即反对多数人的意见，这十一个人起初认定被告有罪。亨利·方达扮演的第十二名陪审员，从一开始就认定被告无罪。在激烈的讨论中，最初的持不同意见者终于一个接一个地说服其他陪审员改变了有罪判决。这部影片描述的持不同意见者对多数人的影响在法庭上是鲜见的。（Stasser et al.，1982）在法庭上不会有像亨利·方达塑造的那样了不起的人物。

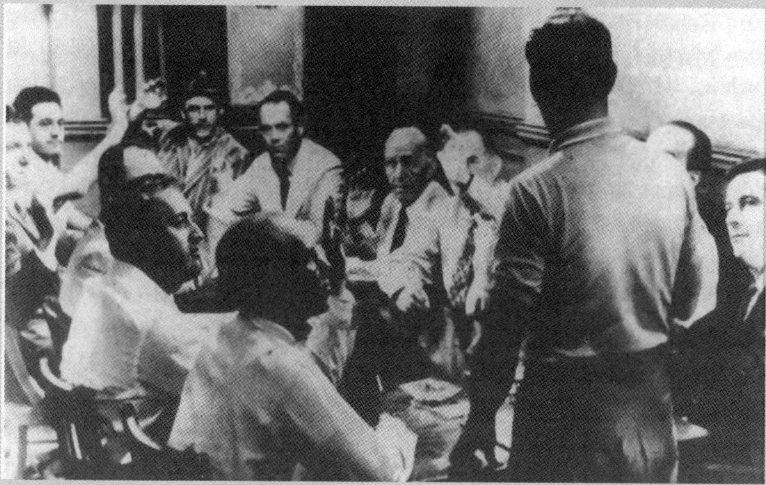

插图 10.15 电影《十二怒汉》以戏剧的方式描绘了一个人通过坚持不懈的精神和坚定的决心影响多数人改变判决的过程。

少数派的代表：不讨人喜欢，但能干和真诚。塞奇·莫斯科维奇深受那些尝试反对大多数人的意见、坚持自己观点的历史人物的影响，于是他决定，在实验室中与同事们一起研究少数派对多数派的影响。（Moscovici et al.，1969）他邀请四名测试对象参加一个名为观察色觉的实验。另外两个测试对象是实验组织者的熟人，这一点当然是不让他人知道的。他让测 （506）
试对象观看一组色泽强度不同的投影在墙上的蓝色图片，要求他们说出这些图片是蓝色的，还是绿色的。事先同熟人说好，一般（错误地）说是绿色的。在实验中有 8% 的（真）测试对象说，他们看到的是绿色的。在随后的逐一调查中，有三分之一的测试对象认为，在实验中至少有一次看到的图片是绿色的。很明显，少数派（那两个"知情者"）对大多数人的判断产生了重大影响。偏激者虽然都像沙赫特实验中的测试对象一样，得不到别人的喜欢；但是，大多数人在一定的条件下还是非常愿意认同他们的能干和真诚。（Levine，1980；Bassili & Provencal，1988）可见，人们不一定非得发展友谊关系才能对人施加影响。偏激者在什么样的条件下才能动摇多数派？莫斯科维奇还专门研究了这个问题。

行为风格影响多数派。多数派的影响力完全是因为他们人数众多，而少数派只有通过自己的行为风格才能赢得影响力。关键不完全在于他们说什么，而在于他们如何表达自己的观点。少数派的任务首先在于，设法让多数派的成员倾听自己的意见，让他们了解自己。个人想要对多数派施加影响，首先必须成为能被群体接受的成员，否则他的观点就可能无人相信；（Hollander，1958）“革命者”首先要适应，然后才能敢于批驳多数派。（Bray et al.，1982）

始终不渝地坚持不同观点。在《十二怒汉》中，最初的持不同意见者

（507）之所以能够改变多数派的判决，就是因为他反复要求发言，毫不动摇地坚持自己的观点，内心里已经决心指出检察官有罪指控中的漏洞，以解救被告。少数派必须明确而毫不动摇地坚持自己的观点，他们不能对自己存在丝毫怀疑，他们的成员作为一个整体也应始终众口一词。（Moscovici & Personnaz，1980；Clark，2001；Crano，2000）

身处险境：坚定性兼顾灵活性。少数派在面对多数派时不能表现得固执和过分的死板，应当给听的人留下诚实坦率、头脑灵活的印象；他们应当灵活变通，不能表现得毫不妥协和教条。（Nemeth et al.，1974；Erb & Bohner，2002）此外，莫斯科维奇等欧洲社会心理学家在人数上占优势的美国同行面前也曾扮演少数派的角色。自从阿什研究之后，美国心理学家几乎只研究多数派对其成员的影响。莫斯科维奇在论证自己的观点时持之

（508）以恒，始终不渝，终于使美国同行改变了他们有些片面的研究方向。当时在美国出版了很多既研究多数派影响，也研究少数派影响的著作。

一旦少数派能够让多数派基本倾听自己的意见，他们的影响力就会相对持久，因为他们能传播的是通常很难改变的个人信念。虽然多数派能强迫其成员“公开认错”，但是这样的认错绝不可能与内心的信念相一致。独裁政权的局限也在于此，他们特别喜欢搞群众集会，要求群众宣誓效忠。他们显然更多地寄希望于多数人的影响力，并强迫人民顺从。查理·斯诺（Snow，1961）写道，在人类历史的进程中，发生骇人听闻的暴行首先是因为多数人的顺从，而不是因为少数人的反抗。

插图 10.16 独裁政权经常组织群众集会，希望人们宣誓效忠。比如 1940 年在纽伦堡举行的纳粹党代会，希望通过统一安排的宣誓效忠对持不同政见者施加影响。

孤身斗士和少数派是社会僵化的遏制者。查兰·奈米斯认为，孤身斗士和少数派在探索问题的解决方案过程中，始终起着重要作用。(Nemeth, 1986) 他们不是一贯正确，甚至犯过错误。但是，正因为他们始终保持独立，坚定地维护自己的观点，所以能够引发他人再次思考他们的出发点，从各种不同的视角审视问题，考虑解决问题的各种可能性。因此，能够容忍少数派、让他们有机会发言的民主政体，就拥有最好的条件来解决人类所面临的所有问题，无论是现在还是将来！

法国医生古斯塔夫·勒庞在研究了法国大革命中的“群众”后得出如下结论：“仅仅因为是群众的一员这一事实，人们就从文化的阶梯上倒退了很多级。作为个人，他可能是一个有教养的个体，而在群众中他是冲动的人，野蛮人。”(Le Bon, 1895) 勒庞的根本错误在于仓促地作出总结，因而他忽视了这样一点：很可能也存在这样的条件，在这些条件下，人们正因为个人在多数派面前的表现而能够取得重大成就。

参考书目

A

ABDUL-RAHIM, H. F., HOLMBOE, O. G., STENE, L. C., HUSSEINI, A., GIACAMAN, R., JERVELL, J. & BJERTNESS, E. (2003) Obesity in a rural and an urban Palestinian West Bank population. *International Journal of Obesity*, 27, S. 140 – 146 [368].

ABRAMS, R. D. & FINESINGER, J. E. (1953) Guilt reactions in patients with *cancer*. Cancer, 6, S. 474 – 482 [474].

ABRAMSON, L. Y., SELIGMAN, M. E. & TEASDALE, J. D. (1978) Learned helplessness in humans. Critique and reformulation. *Journal of Abnormal Psychology*, 87, S. 49 – 74 [247].

ADAMS, C. & LABOUVIE-VIEF, G. (1986) Modes of knowing and language processing. Symposium on developmental dimensions of adult adaptation. Perspectives on mind, self, and emotion. *Presented at* 1986 *Meeting of the Gerontological Association of America. Chicago*, *November 20* [113].

ADER, R. (1993) Conditioned responses. In: MOYERS, B. & FLOWERS, B. S. (Eds.) *Healing and the mind.* New York: Doubleday. Dt. (1996) Konditionierte Reflexe. In: *Die Kunst des Heilens. Vom Einfluß der Psyche auf die Gesundheit.* München: Goldmann, S. 225 – 233 [226].

ADER, R. (2003) Conditioned immunomodulation. Research needs and directions. *Brain*, *Behavior and Immunity*, *17* (Suppl. 1), S. S51 – S57 [227].

ADER, R. & COHEN, N. (1982) Behaviorally conditioned immunosuppression and murine systemic lupus erythematosus. *Science*, 215 (4539), S. 1534 – 1536 [227].

ADER, R. & COHEN, N. (1993) Psychoneuroimmunology: Conditioning and stress. *Annual Review of Psychology*, *44*, S. 53 – 85 [226].

ADLER, J. & HALL, C. (1995) Surgery at 33 000 feet. *Newsweek* (*June 5*), S. 36 [323 f., 327, 329]

AINSWORTH, M. D. S. & WITTIG. B. A. (1969) Attachment and exploratory behavior on one year olds in a strange situation. In: Foss, B. M. (Ed.) *Determinants of infant behavior.* Vol. 4. London: Methuen, S. 111 – 136 [77].

AKIMOTO, S. A. & SANBONMATSU, D. M. (1999) Differences in self-effacing behavior between European and Japanese Americans. Effect on competence evaluations. *Journal of Cross Cultural Psychology*, *30*, S. 159 – 177 [394].

ALCOCK, J. E. (1990) *Science and supernature. A critical appraisal of parapsychology.* Buffalo, NY: Prometheus [167].

ALLEN, V. L. & LEVINE, J. M. (1971) Social support and conformity. The role of independent assessment of reality. *Journal of Experimental Social Psychology*, 7, S. 48 – 58 [501].

ALLMAN, W. F. (1994) *The stone age present. How evolution has shaped modern life-from sex, violence, and language to emotions, morals, and communities.* New York: Simon & Schuster. Dt. (1996) *Mammutjäger in der Metro. Wie das Erbe der Evolution unser Denken und Verhalten prägt.* Heidelberg: Spektrum Akademischer Verlag [316].

ALLOY, L. B., PETERSON, C., ABRAMSON, L. Y. & SELIGMAN, M. E. (1984) Attributional style and the generality of learned helplessness. Journal of Personality and Social Psychology, *46*, S. 681 – 687 [248].

ALLPORT, G. W. (1954) *The nature of prejudice.* Reading, MA: Addison-Wesley. Dt (1971) *Die Natur des Vorurteils.* Köln: Kiepenheuer & Witsch [479].

ALLPORT, G. W. (1961) *Pattern and growth in personality.* New York: Holt, Rinehart and Winston. Dt. (1970) *Gestalt und Wachstum in der Persönlichkeit.* Meisenheim am Glan: Hain [214].

ALLPORT, G. W. & POSTMAN, L. (1974) *The psychology of rumor.* New York: Holt [461 f.].

AMATO, P. R. (1983) Helping behavior in urban and rural environments. Field studies based on a taxonomic organization of helping episodes. Journal of Personality and Social Psychology, *45*, S. 571 – 586 [21].

AMBADY, N. & ROSENTHAL, R. (1993) Half a minute. Predicting teacher evalutions from thin slices of nonverbal behavior and physical attractiveness. Journal of Personality and Social Psychology, *64*, S. 431 – 441 [457].

AMES, C. & ARCHER, J. (1988) Achievement goals in the classroom. Students' learning strategies and motivation processes. *Journal of Educational Psychology*, *80*, S. 260 – 267 [393].

AMÎR, Y. & SHARAN, S. (1984) *School desegregation. Cross-cultural perspectives.* Hillsdale, NJ: Erlbaum [480].

ANASTASI, A. (1990) *Psychological testing* (7. Ed.). New York: Macmillan. [47].

ANDERSON, C. A. & BUSHMAN, B. J. (2002) The effects of media violence on society. *Science Magazine*, 295, S. 2377 – 2379 [255].

ANDERSON N. D. & CRAIK, F. I. M. (2000) Memory in the aging brain. In: TULVING, E. & CRAIK, F. I. M. (Eds.) *The Oxford handbook of memory.* London: Oxford University Press, S. 411 – 425 [296].

ANDERSON, R. H., ANDERSON, K., FLEMING, D. E. & KINGHORN, E. (1984) A multidimensional test of the attributional reformulation of learned helplessness. *Bulletin of the Psychonomic Society*, *22*, S. 211 – 213 [248].

ANSCHüTZ, R. (1929) *August Kekulé.* Band 1. Berlin: Verlag Chemie [333].

ARENBERG, D. & ROBERTSON-TCHABO, E. A. (1977) Learning and aging. In: BIRREN, J. E. & SCHAIE, K. W. (Eds.) *Handbook of the psychology of aging.* New York: Van Nostrand Reinhold, S. 421 – 449 [136].

ARENS-AZEVEDO, U. & BEHR-VöLZER, C. (2002) *Ernährung im Alter.* Hannover: Vincentz [140].

ARKIN, R. M. & BURGER, J. M. (1980) Effects of unit relation tendencies on interpersonal attraction. *Social Psychology Quarterly*, *43*, S. 380 – 391 [488].

ARMSTRONG, G. B. & SOPORY, P. (1997) Effects of background television on phonological and visuo-spatial working memory. Communication Research, 24, S. 459 – 480 [296].

ARNETT, J. J. (1995) Broad and narrow socialization. The family in the context of a cultural theory. *Journal of Marriage and the Family*, *57*, S. 617 – 628 [125].

ARNETT, J. J. (1997) Young people's conceptions of the transition to adulthood. *Youth & Society*, 19, S. 1 – 23 [108].

ARNETT, J. J. (1998) Learning to stand alone. The contemporary American transition to adulthood in cultural and historical context. *Human Development*, 41, S. 295 – 315 [108].

ARNETT, J. J. (2000) Emerging adulthood. A theory of development from the late teens through the twenties. *American Psychologist*, *55*, S. 469 – 480 [108].

ARNETT, J. & BALLE-JENSEN, L. (1993) Cultural bases of risk behavior. Danish adolescents. *Child Development*, *64*, S. 1842 – 1855 [115].

ARO, H. M. & TAIPALE, V. (1987) The impact of timing of puberty on postsomatic symptoms among fourteen-to sixteen-year-old Finnish girls. *Child Development*, *58*, S. 261 – 268 [110].

ARON, A., NORMAN, C. C. & ARON, E. N. (1998) The self-expansion model and motivation. Representative Research in Social Psychology, *22*, S. 1 – 13 [492].

ARON, A., NORMAN, C. C. & ARON, E. N. (2001) Shared self-expanding activities as a means of maintaining and enhancing *close romantic relationships. In: HARVEY, J. &. WENZEL, A. (Eds.) Close romantic relationships.* Maintenance and enhancement. Mahwah, NJ: Lawrence Erlbaum, S. 47 – 66 [492].

ARON, A. & WESTBAY, L. (1996) Dimensions of the prototype of love. *Journal of Personality and Social Psychology*, *70*, S. 535 – 551 [496].

ARONSON, E. (1999) *The social animal* (8. Ed.). New York, NY: Freeman, Dt. (2004) *Sozial-psychologie* (4. Aufl.). München: Pearson Studium [478 f., 489].

ARONSON, E. & LINDER, D. (1965) Gain and loss of esteem as determinants of interpersonal attractiveness. *Journal of Experimental Psychology*, 1, S. 156 – 171 [489].

ARONSON, E., WILSON, T. D & AKERT, R. M. (2002) *Social psychology* (4. Ed.). Upper Saddle River, NJ: Prentice Hall [388, 466].

ARONSON, J., FRIED, C. B & GOOD, C. (2002) Reducing the effects of stereotype threat on African American college students by shaping theories of intelligence. Journal of Experimental Social Psychology, *38*, S. 113 – 125 [388].

ARRIGO, J. M. & PEZDEK, K. (1997) Lessons from the study of psychogenic amnesia. *Current Directions in Psychological Science*, *6*, S. 148 – 152 [295].

ASCH, S. E. (1956) Studies of independence and conformity. I. A minority of one against a unanimous majority. *Psychological Monographs*, *70*, No. 416 [499 ff., 504, 507].

ASENDORPF, J. P., WARKENTIN, V. & BAUDONNIERE, P. M. (1996) Self-awareness and other-awareness II. Mirror self-recognition, social contingency awareness, and synchronic imitation. *Developmental Psychology*, *32*, S. 313 – 321 [91].

ASH, R. (1986) An anecdote submitted by Ron Ash. *The Industrial-Organizational Psychologist*, *23*, S. 8 [259].

ASIMOV, I. (1979) Sensation and the senses. In: BRAUN, J. & LINDER, D. E. (Eds.) *Psychology today.* An introduction. New York: Random House [158].

ASLIN, R. S. & SMITH, L. B. (1988) Perceptual development. *Annual Review of Psychology*, *39*, S. 435 – 473 [74].

ATKINSON, J. W. (1964) *An introduction to motivation.* New York: American Book. Dt. (1975) *Einführung in die Motivationsforschung.* Stuttgart: Klett [397].

ATKINSON, R. C. & SHIFFRIN, R. M. (1968) Human memory. A proposed system and its control processes. In: SPENCE, K. W. & SPENCE, J. T. (Eds.) *The psychology of learning and motivation. Advances in research and theory.* Vol. 2, S. 89 – 195 [263].

ATKINSON, R. C. & SHIFFRIN, R. M. (1971) The control of short-term memory. *Scientific American*, *225*, S. 82 – 90 [263].

AUERBACH, E. & WALD, G. (1955) The participation of different types of cones in human light and dark adaptation. *American Journal of Ophthalmology*, *39*, S. 24 – 40 [176].

AUSUBEL, N. (1948) *Treasury of Jewish folklore.* New York: Crown; Applied psychology, S. 440 – 441 [360].

AWH, E., JONIDES, J., SMITH, E. E., BUXTON, R. B., FRANK, L. R., LOVE, T., WONG, E. C. & GMEINDL, L. (1999) Rehearsal in spatial working memory. Evidence from neuroimaging. *Psychological Science*, *10*, S. 433 – 437 [271].

B

BAADE, F. W., BORCK, J., KROEBE, S. & ZUMVENNE, G. (1984) *Theorien und Methoden der Verhaltenstherapie.* Eine Einführung (10. Aufl.). Tübingen: dgvt-Verlag [253].

BABKIN, B. P. (1949) *Pavlov. A biography.* Chicago: University of Chicago Press [215].

BADDELEY, A. D. (1990) *Human memory.* Needham Heights, MA: Allyn and Bacon [284].

BADDELEY, A. D. (1992) *Working memory.* Science, 255 (5044), S. 556 – 559 [270].

BADDELEY, A. D. (2002) *Working memory.* Theory and practice.

(Rev. Ed., repr.). Hove: Psychology Press [267, 270 f.].

BADDELEY, A. D. & HITCH, G. J. (1974) Working memory. In: BOWER, G. (Ed.) *Recent advances in learning and memory.* Vol. 8. New York: Academic Press, S. 47 – 90 [270].

BADDELEY, A. D. & HITCH, G. J. (1994) Developments in the concept of working memory. *Neuropsychology*, 8, S. 485 – 493 [270].

BADIA, P. (1990) Memories in sleep. Old and new. In: BOOTZIN, R. R., KIHLSTROM, J. F. & SCHACTER, D. L. (Eds.) (1990) *Sleep and cognition.* Washington, DC: APA [213].

BAHRICK, H. P. (1984) Semantic memory content in permastore. Fifty years of memory for Spanish learned in school. *Journal of Experimental Psychology: General, 113*, S. 1 – 29 [290].

BAHRICK, H. P., BAHRICK, P. O. & WITTLINGER, R. P. (1975) Fifty years of memory for names and faces. A cross-sectional approach. *Journal of Experimental Psychology: General, 104*, S. 54 – 75 [261].

BAILLARGEON, R. & DEVOS, J. (1991) Object permanence in young infants. Further evidence. *Child Development, 62*, S. 1227 – 1246 [80].

BAIRD, J. C., WAGNER, M. & FULD, K. (1990) A simple but powerful theory of the moon illusion. *Journal of Experimental Psychology: Human Perception and Performance, 16*, S. 675 – 677 [194].

BALTES, P. B. (1987) Theoretical propositions on history of life-span developmental psychology. On the dynamics between the growth and decline. *Developmental Psychology, 23*, S. 611 – 626 [126, 127].

BALTES, P. B. & BALTES, M. M. (1998) Savoir vivre im Alter. Wie man die sich verändernde Balance zwischen Zugewinnen und Verlusten meistert. *National Forum, 78*, S. 13 – 18 [126].

BALTES, P. B. & MAYER, K. U. (Eds.) (2001) *The Berlin aging study. Aging from 70 to 100.* Cambridge: Cambridge University Press [139].

BALTES, P. B., REESE, H. W. & LIPSITT, L. (1980) Lifespan developmental psychology. *Annual Review of Psychology, 31*, S. 65 – 110 [130].

BANDURA, A. (1965) Influence of models' reinforcement contingencies on the acquisition of imitative responses. *Journal of Personality and Social Psychology, 1*, S. 589 – 595 [254].

BANDURA, A. (1967) The role of modeling processes in personality development. In: HARTUP, W. W. & SMOTHERGILL, N. L. (Eds.) *The young child. Reviews of research.* Washington: National Association for the Education of Young Children, S. 42 – 58 [253].

BANDURA, A. (1977) *Social learning theory.* Englewood Cliffs, NJ: Prentice-Hall [257 ff.].

BANDURA, A. (1982) Self-efficacy mechanism in human agency. *American Psychologist*, *37*, S. 122 - 147 [397].

BANDURA, A. (1986) *Social foundations of thought and action. A social cognitive theory.* Englewood Cliffs, NJ: Prentice Hall [253, 258, 397].

BANDURA, A. (1989a) Human agency in social cognitive theory. *American Psychologist*, *44*, S. 1175 - 1184 [93, 258, 396].

BANDURA, A. (1989b) Social cognitive theory. In: VASTA, R. (Ed.) Annals of child development. Revised formulations and current issues. Greenwich, CT: Jai Press, S. 1 - 60 [258, 396].

BANDURA, A. (1997) *Self-efficacy. The exercise of control.* New York: Freeman [396].

BANDURA, A. (2001) Social cognitive theory. An agentic perspective. *Annual Review of Psychology*, *52*, S. 1 - 26 [396].

BANDURA, A., ROSS, D. & ROSS. S. A. (1963) Imitation of film-mediated aggressive models. *Journal of Abnormal and Social Psychology*, *66*, S. 3 - 11 [253].

BANKS, M. S. & GINSBURG, A. P. (1985) Infant visual preferences. A review and new theoretical treatment. In: REESE, H. W. (Ed.) *Advances in child development and behavior.* Vol. 19. Orlando, FL: Academic Press, S. 207 - 246 [74].

BAR, M. & BIEDERMAN, I. (1998) Subliminal visual priming. *Psychological Science*, *9*, S. 464 - 469 [207].

BARASH, D. (1979) *The whispering within.* New York: Harper & Row [58].

BARKER, L. M. (2001) learning and behavior. Biological, psychological, and sociocultural perspectives (3. Ed.). Upper Saddle River, NJ: Prentice Hall, 2001. [226].

BARKOW, J. H. (1980) Sociobiology. Is this the new theory of human nature? In: MONTAGU, A. (Ed.) *Sociobiology examined.* Oxford: Oxford University Press, S. 171 - 197 [457].

BARNETT, W. S. & CAMILLI, G. (2002) Compensatory preschool education, cognitive development, and "race". In: FISH, J. M. (Ed.) *Race and intelligence. Separating science from myth.* Mahwah, NJ: Lawrence Erlbaum, S. 369 - 406 [343].

BARNLUND, D. C. (1989) *Communicative styles of Japanese and Ameri-*

cans. Images and realities. Belmont, CA: Wadsworth [491].

BARON, J. (1994) *Thinking and deciding* (2. Ed.) New York, NY: Cambridge University Press [322].

BARON, R. A. (1987) Interviewer's moods and reactions to job applicants. The influence of affective states on applied social judgments. *Journal of Applied Social Psychology*, *17*, S. 911 – 926 [54].

BARON, R. A. (2000) Psychological perspectives on entrepreneurs' success. *Current directions in Psychological Science*, *9*, S. 15 – 18 [455].

BARON, R. A. & MARKMAN, G. D. (2000) Beyond social capital. The role of social skills in intrepreneurs' success. *Academy of Management Executive*, *14*, S. 106 – 110 [455].

BARRERA, M. & MAURER, D. (1981) The perception of facial expressions by the three-Month-old. *Child Development*, *52*, S. 203 – 206 [75].

BARRON, K. E. & HARACKIEWICZ, J. M. (2001) Achievement goals and optimal motivation. Testing multiple goal models. *Journal of Personality and Social Psychology*, *80*, S. 706 – 722 [292].

BARSALOU, L. W. (1992) *Cognitive psychology.* Hillsdale, NJ: Erlbaum [277].

BARTLETT, F. C. (1932) *Remembering.* Cambridge: Cambridge University Press [284 f.].

BARTOSHUK, L. M. (1991) Taste, smell and pleasure. In: BOLLES, R. C. (Ed.) *The hedonics of taste.* Hillsdale, NJ: Erlbaum, S. 15 – 28 [224].

BASHORE, T. R. & GODDARD, P. H. (1993) Preservative and restorative effects of aerobic fitness. In: CERELLA, J., RYBASH, J., HOYER, W. & COMMONS, M. L. (Eds.) *Adult information processing. Limits on loss.* San Diego, CA: Academic Press, S. 207 – 230 [139].

BASSILI, J. N. (1978) Facial motion in the perception of faces and of emotional expression. *Journal of Experimental Psychology: Human Perception and Performance*, *4*, S. 373 – 379 [443 f.].

BASSILI, J. N. (1979) Emotion recognition. The role of facial movement and the relative importance of upper and lower areas of the face. *Journal of Personality and Social Psychology*, *37*, S. 2049 – 2058 [443 f.].

BASSILI, J. N. & PROVENCAL, A. (1988) Perceiving minorities. A. factor-analytic approach. *Personality and Social psychology Bulletin*, 14, S. 5 – 15 [506].

BASTINE, R. H. E. (1998) *Klinische Psychologie.* Band 1. *Grundlegung der allgemeinen klinischen Psychologie* (3. Aufl.). Stuttgart: Kohlhammer [45].

BATSON, C. D., BOWERS, M. J., LEONARD, E. A. & SMITH, E. C. (2000) Does personal mortality exacerbate or restrain retaliation after being harmed? *Personality and Social Psychology Bulletin*, *26*, S. 35 - 45 [382].

BAUM, W. M. & HEATH, J. L. (1992) Behavioral explanations and intentional explanations in psychology. *American Psychologist*, *47*, S. 1312 - 1317 [231].

BAUMANN, H. (Hrsg.) (1992) *Altern und körperliches Training*. Bern: Huber [145].

BAUMEISTER, R. F. & BRATSLAVSKY, E. (1999) Passion, intimacy, and time. Passionate love as a function of change in intimacy. *Personality and Social Psychology Review*, *3*, S. 49 - 67 [491].

BAUMEISTER, R. F., CATANESE, K. R. & WALLACE, H. M. (2002) Conquest by force. A narcissistic reactance theory of rape and sexual coercion. *Review of General Psychology*, *6*, S. 92 - 135 [386].

BAUMEISTER, R. F., SMART, L. & BODEN J. M. (1996) Relation of threatened egotism to violence and aggression. The dark side of high self-esteem. *Psychological Review*, *103*, S. 5 - 33 [386].

BAUMRIND, D. (1991) Parenting styles and adolescent development. In: BROOKS-GUNN, J., LERNER, R. & PETERSEN, A. (Eds.) *The encyclopedia of adolescence*. New York: Garland, S. 746 - 758 [117].

BAUSERMAN, R. (1996) Sexual aggression and pornography. A review of correlational research. *Basic and Applied Social Psychology*, *18*, S. 405 - 427 [388].

BAYLEY, T. M., DYE, L., JONES, S., DEBONO, M. & HILL, A. J. (2002) Food cravings and aversions during pregnancy. Relationships with nausea and vomiting. *Appetite*, 38, S. 45 - 51 [224].

BECK, A. J. & SHIPLEY, B. E. (1989) *Special report. Recidivism of prisoners released in 1983.* Washington, DC: Department of Justice. [238].

BECK, J. (1966) Effect of orientation and of shape similarity on perceptual grouping. *Perception and Psychophysics*, *1*, S. 300 - 302 [186].

BECKER, E. (1973) The denial of death. New York: Free Press. Dt. (1990) Die überwindung der Todesfurcht. Dynamik des Todes. Gütersloh: Bertelsmann [156].

BECKMANN, J. & HECKHAUSEN, H. (1988) Handlungsbewertung und Aufmerksamkeitsumschaltung. In: Max-Planck-Gesellschaft (Hrsg.)

. *Jahrbuch*, S. 759 – 761 [402] .

BECKLEN, R. & CERVONE, D. (1983) Selective looking and the noticing of unexpected events. *Memory & Cognition*, 11, S. 601 – 608 [201] .

BEECROFT, R. (1996) *Classical conditioning*. Goleta, CA: Psychonomic Press [224] .

BELL, P. A., GREENE, T. C., FISHER, J. D. & BAUM, A. (1996) *Environmental psychology* (4. Ed.) . New York, NY: Harcourt Brace [386] .

BELLEZZA, F. S. (1996) Mnemonic methods to enhance storage and retrieval. In: BJORK, E. L. & BJORK, R. A. (Eds.) *Memory. Handbook of perception and cognition*, S. 345 – 380 [298] .

BEM, S. L. (1989) Genital knowledge and gender constancy in preschool children. *Child Development*, *60*, S. 649 – 662 [92] .

BEM, S. L. (1995) Dismantling gender polarization and compulsory heterosexuality. Should we turn the volume down or up? *Journal of Sex Research*, *32*, S. 329 – 334 [94] .

BENNETT, W. & GURIN, J. (1982) *The dieter's dilemma. Eating less and weighing more*. New York, NY: Basic Books. Dt. (1983) *Vom Sinn und Unsinn der Diätkuren*. München: Tomus [367] .

BEN-SHAKHAR, G. & FUREDY, J. J. (1990) *Theories and applications in the detection of deception. A psychophysiological and international perspective*. New York: Springer [413] .

BENVENISTÎ, M. (1988) Growing up in Jerusalem. *New York Times Magazine*, *October 16*, S. 348 [477] .

BENVENISTÎ, M. (1995) *Intimate enemies. Jews and Arabs in a shared land*. Berkeley: University of California Press [477] .

BERENBAUM, S. A. & SNIDER, E. (1995) Early hormonal influences on childhood sex-typed activity and playmate preferences. Implications for the development of sexual orientation. *Developmental Psychology*, *31*, S. 31 – 42 [94] .

BERGLAS, S. & JONES, E. E. (1978) Drug choice as a self-handicapping strategy in response to noncontingent success. *Journal of Personality and Social Psychology*, *36*, S. 405 – 417 [395] .

BERK, L. (1989) Neuroendocrine influences of mirthful laughter. *American Journal of Medical Sciences*, *298*, S. 390 – 396 [149] .

BERK, R. A. (2001) The active ingredients in humor. Psychophysiological benefits and risks for older adults. *Educational Gerontology*, *27*, S. 323 – 339 [150] .

BERKOWITZ, L. (1987) Mood, self-awareness, and willingness to help. *Journal of Personality and Social Psychology*, *52*, S. 721 – 729 [22].

BERKOWITZ, L. (1988) Frustrations, appraisals, and aversively stimulated aggression. *Aggressive Behavior*, *14*, S. 3 – 11 [383].

BERKOWITZ, L. (1989) Frustration-aggression hypothesis. Examination and reformulation. *Psychological Bulletin*, *106*, S. 59 – 73 [382 f.].

BERMOND, B., NIEUWENHUYSE, B., FASOTTI, L. & SCHUERMAN, J. (1991) Spinal cord lesions, peripheral feedback, and intensities of emotional feelings. *Cognition and Emotion*, *5*, S. 201 – 220 [418].

BERNAL, G. & BERGER, S. M. (1976) Vicarious eyelid conditioning. *Journal of Personality and Social Psychology*, *34*, S. 62 – 68 [257].

BERNARD, L. L. (1924) *Instinct. A study in social psychology.* New York: Holt, Rinehart [357].

BERNIERI, F. J., GILLIS, J. S., DAVIS, J. M. & GRAHE, J. E. (1996) Dyad rapport and the accuracy of its judgment across situations. A lens model analysis. *Journal of Personality and Social Psychology*, *71*, S. 110 – 129 [453].

BERNIERI, F. J. & ROSENTHAL, R. (1991) Interpersonal coordination. Behavior matching and interactional synchrony. In: FELDMAN, R. S. & RIME, B. (Eds.) *Fundamentals of nonverbal behavior. Studies in emotion and social interaction.* Cambridge: Cambridge University Press, S. 401 – 432 [453].

BERNSTEIN, I. L. (1978) Learned taste aversions in children receiving chemotherapy. *Science*, *200* (4347), S. 1302 – 1303 [225].

BERNSTEIN, I. L. & BORSON, S. (1986) Learned food aversion. A component of anorexia syndromes. *Psychological Review*, *93*, S. 462 – 472 [226].

BERSCHEID, E. & REIS, H. T. (1998) Attraction and close relationships. In: GILBERT, D. T., FISKE, S. T. & LINDZEY, G. (Eds.) *The handbook of social psychology.* Vol. 2 (4. Ed.). New York, NY: McGraw-Hill, S. 193 – 281 [482, 488].

BERSCHEID, E. & WALSTER, E. (1974) Physical attractiveness. In: BERKOWITZ, L. (Ed.) *Advances in experimental social psychology.* Vol. 7. New York: Academic Press, S. 158 – 216 [494].

BERSCHEID, E. & WALSTER, E. (1978) *Interpersonal attraction.* Reading, MA: Addison-Wesley [485, 494].

BEXTON, W. H., HERON, W. & SCOTT, T. H. (1954) Effects of decreased variation in the sensory environment. *Canadian Journal of Psychology*, *8*, S. 70 – 76 [159].

BEYTH-MAROM, R., AUSTIN, L., FISCHHOFF, B., PALMGREN, C. & JACOBS-QUADREL, M. (1993) Perceived consequences of risky behaviors. Adults and adolescents. *Developmental Psychology*, *29*, S. 549 – 563 [115].

BIEDERMAN, I. & SHIFFRAR, M. M. (1987) Sexing dayold chicks. A case study and expert systems analysis of a difficult perceptual-learning task. *Journal of Experimental Psychology. Learning, Memory, and Cognition*, *13*, S. 640 – 645 [184].

BIERHOFF, H. W. & GRAU, I. (1999) *Romantische Beziehungen. Bindung, Liebe, Partnerschaft.* Bern: Huber [491].

BINET, A. (1913) *Les idées modernes sur les enfants.* Paris: Flammarion. Dt. (1927) *Die neuen Gedanken über das Schulkind* (2. Aufl.). Leipzig: Wunderlich [340 ff.].

BINET, A. & HENRI, V. (1895) La psychologie individuelle. *Année psychologique*, *2*, S. 411 – 463 [337].

BIRBAUMER, N. & SCHMIDT, R. F. (2003) *Biologische Psychologie* (5. Aufl.). Berlin: Springer [176].

BIRCH, H. G. (1945) The relation of previous experience to insightful problem-solving. *Journal of Comparative Psychology*, *38*, S. 367 – 383 [252].

BISKUP, C. & PFISTER, G. (1999) Mädchen können tanzen, Jungen Fußball spielen. Vorstellungen von Mädchen und Jungen über das eigene und das andere Geschlecht. *Sportunterricht*, *48*, S. 5 – 15 [192].

BJöRKQVIST, K. & NIEMELÄ, P. (1992) New trends in the study of female aggression. In: BJÖRKQVIST, K. & NIEMELÄ, P. (Eds.) *Of mice and women. Aspects of female aggression.* San Diego, CA: Academic Press, S. 3 – 16 [374].

BJORKLUND, D. F. & SCHNEIDER, W. (1996) The interaction of knowledge, aptitude, and strategies in children's memory performance. In: REESE, H. W. (Ed.) *Advances in child development and behavior.* San Diego, CA: Academic Press, 26, S. 59 – 89 [100].

BLACK, J. E., GEENOUGH, W. T., ANDERSON, B. J. & ISAACS, K. R. (1987) Environment and the aging brain. *Canadian Journal of Psychology*, *41*, S. 111 – 130 [139].

BLAISDELL, A. P., GUNTHER, L. M. & MILLER, R. R. (1999) Recovery from blocking achieved by extinguishing the blocking CS. *Animal Learning and Behavior*, *27*, S. 63 – 76 [245] .

BLAKEMORE, C. (1977) Mechanics of mind. Cambridge: Cambridge University Press [337] .

BLASS, T. (2000) The Milgram Paradigm after 35 years. Some things we now know about obedience to authority. In: BLASS, T. (Ed.) *Obedience to authority. Current perspectives on the Milgram paradigm.* Mahwah, NJ: Erlbaum, S. 35 – 59 [392] .

BLATT, S. J. & STEIN, M. (1959) Efficiency in problem solving. *Journal of Psychology*, *48*, S. 193 – 213 [325] .

BLOOM, L. M. (1973) *One word at a time. The use of single word utterances before syntax.* The Hague: Mouton [83] .

BOBO, L. (1998) Attitudes toward the Black political movement. Trends, meaning, and effects on racial policy preferences. *Social Psychology Quarterly*, *51*, S. 287 – 302 [479] .

BODENHAUSEN, G. V. (1990) Stereotypes as judgmental heuristics. Evidence of circadian variations in discrimination. *Psychological Science*, *1*, S. 319 – 322 [459] .

BODENHAUSEN, G. V. (1993) Emotions, arousal, and stereotypic judgments. A heuristic model of affect and stereotyping. In: MACKIE, D. M. & HAMILTON, D. L. (Eds.) *Affect, cognition, and stereotyping. Interactive Processes in group perception.* San Diego, CA: Academic Press, S. 13 – 37 [480] .

BOIVIN, D. B., CZEISLER, C. A., DIJK, D. J., DUFFY, J. F., FOLKARD, S., MINORS, D. S., TOTTENDELL, P. & WATERHOUSE, J. M. (1997) Complex interaction of the sleep-wake cycle and circadian phase modulates mood in healthy subjects. *Archives of General Psychiatry*, *54*, S. 145 – 152 [406] .

BOLLES, R. C. (1979) Learning theory. New York: Holt, Rinehart & Winston [215] .

BOND, R. & SMITH, P. B. (1996) Culture and conformity. A meta-analysis of studies using Asch's line judgment task. *Psychological Bulletin*, *119*, S. 111 – 137 [504] .

BONTA, B. D. (1997) Cooperation and competition in peaceful societies. *Psychological Bulletin 121*, S. 299 – 320 [379] .

BOOTZIN, R. R., BOWER, G. H., ZAJONC, R. B. & HALL, E. (1986) *Psychology today. An introduction.* New York: Random House [438] .

BORDENS, K. S. & HOROWITZ, I. A. (2002) *Social psychology*

(2. Ed.) . Mahwah, NJ: Lawrence Erlbaum [480] .

BORG-LAUFS, M. (1999) Verhaltenstherapie mit Kindern und Jugendlichen. Grundlagen, Methoden, Entwicklungen. In: REINECKER, H. Unter Mitarbeit von BORG-LAUFS, M., EHLERT, U., SCHULTE, D., SORGATZ, H. & VOGEL, H. (Hrsg.) *Lehrbuch der Verhaltenstherapie.* Tübingen: dgvt-Verlag, S. 455-484 [253] .

BORING, E. G. (1943) The moon illusion. *American Journal of Physics*, *11*, S. 55-60 [194] .

BORNSTEIN, R. F. (1989) Exposure and affect. Overview and meta-analysis of research, 1968 - 1987. *Psychological Bulletin*, *106*, S. 265 - 289 [483] .

BORYS, S. & PERLMAN, D. (1985) Gender differences in loneliness. *Personality and Social Psychology Bulletin*, *11*, S. 63-74 [446] .

BOTWINICK, J. (1984) *Aging and behavior. A comprehensive integration of research findings.* New York: Springer [147] .

BOUSFIELD, W. A. (1953) The occurrence of clustering in the recall of randomly arranged associates. *Journal of General Psychology*, *49*, S. 229 - 240 [263] .

BOUTON, M. E. (2000) A learning theory perspective on lapse, relapse, and the maintenance of behavior change. *Health Psychology*, *19* (Suppl. 1), Special Issue. Maintenance of Behavior Change in Cardiorespiratory Risk Reduction, S. 57-63 [220] .

BOWER, G. (1994) Temporary emotional states act like multiple personalities. In: KLEIN, R. M. & DOANE, B. K. (Eds.) *Psychological concepts and dissociative disorders.* Hillsdale, NJ: Lawrence Erlbaum, S. 207 - 234 [294] .

BOWER, G. H. & CLARK, M. C. (1969) Narrative stories as mediators for serial learning. *Psychonomic Science*, *14*, S. 181-182 [300] .

BOWER, G. H. & HILGARD, E. R. (1981) *Theories of learning* (5. Ed.) . Englewood Cliffs, NJ: Prentice Hall. Dt. (1983) *Theorien des Lernens* (5. Aufl.) . Stuttgart: Klett-Cotta [216, 249] .

BOWLBY, J. (1958) The nature of the child's tie to his mother. *International Journal of Psycho Analysis*, *39*, S. 350-373 [75] .

BOWLBY, J. (1982) *Attachment and loss.* (2. Ed.) . New York: Basic Books [75] .

BRADBURY, T. N. & FINCHAM F. D. (1988) Individual difference variables in close relationships. A contextual model of marriage as an integrative framework. *Journal of Personality and Social Psychology*, *54*, S. 713 - 721 [469].

BRADLEY, D. R. & PETRY, H. M. (1977) Organizational determinants of subjective contour. The subjective Necker cube. *American Journal of Psychology*, *90*, S. 253 - 262 [182].

BRANDSTÄTTER, V. (1998) Von der Schwierigkeit, Ziele aufzugeben. Wenn sich das Streben nach Erfreulichem in Vermeiden von Unerfreulichem verkehrt. In: BRAUN, O. L. (Hrsg.) *Ziele und Wille in der Psychologie. Grundlagen und Anwendungen.* Verlag Empirische Pädagogik, Landau, S. 51 - 68 [322].

BRANDSTÄTTER, V. (1999) Arbeitsmotivation und Arbeitszufriedenheit. In: HOYOS, C. GRAF. & FREY, D. (Hrsg.) *Arbeits-und Organisationspsychologie.* Weinheim: Beltz PVU, S. 344 - 357 [56].

BRANSFORD, J. D. & STEIN, B. S. (1984) *The IDEAL ploblem solver. A guide for improving thinking, learning, and creativity.* New York: Freeman [331].

BRANSFORD, J. D., STEIN, B. S., VYE, N. J., FRANKS, J. J., AUBLE. P. M., MEZYNSKI, K. J. & PERFETTO, G. A. (1982) Differences in approaches to learning. An overview. *Journal of Experimental Psychology: General*, *111*, S. 390 - 398 [276].

BRAY, R. M., JOHNSON, D. & CHILSTROM, J. T. (1982) Social influence by group members with minority opinions. A comparison of Hollander and Moscovici. *Journal of Personality and Social Psychology*, *43*, S. 78 - 88 [506].

BRENNER, K. (1984) Der Zeuge, das am wenigsten zuverlässige Beweismittel. *Kriminalistik*, *38*, S. 490, 507 - 511 [287].

BREUER, J. & FREUD, S. (1895) *Studien über Hysterie.* Leipzig: Deuticke [33].

BREWER, M. B. & BROWN, R. J. (1998) Intergroup relations. In: GILBERT, D. T., FISKE, S. & LINDZEY, G. (Eds.) *The handbook of social psychology* (4. Ed.). Vol. 2. New York, NY: McGraw-Hill, S. 554 - 594 [286 f., 477].

BREWER, W. F. & TREYENS, J. C. (1981) Role of schemata in memory for places. *Cognitive Psychology*, *13*, S. 207 - 230 [286].

BRICKMAN, P., COATES, D. & JANOFF-BULMAN, R. (1978) Lottery winners and accident victims. Is happiness relative? *Journal of Personality and Social Psychology*, *36*, S. 917 - 927 [430 f.].

BRIGHAM, J. C. (1991) *Social psychology* (2. Ed.) . London: Harper Collins [479] .

BROADBENT, D. E. (1958) *Perception and communication.* London: Pergamon [204] .

BROWN, A. L., BRANSFORD, J. D., FERRARA, R. A. & CAMPIONE, J. C. (1983) Learning, remembering, and understanding. In: FLAVELL, J. & MARKMAN, E. M. (Eds.) *Handbook of child psychology* (4. Ed.), Vol. 3, New York: Wiley, S. 77 – 166 [297] .

BROWN, A. S. (1991) A review of the tip-of-the-tongue experience. *Psychological Bulletin*, *109*, S. 204 – 223 [281] .

BROWN, R. (1986) *Social psychology* (2. Ed.) . New York: Free Press [476] .

BROWN, R. & MCNEILL, D. (1966) The "tip of the tongue" phenomenon. *Journal of Verbal Learning and Verbal Behavior*, *5*, S. 325 – 337 [281 f.] .

BRUNS, T. & PRAUN, N. (2002) *Biofeedback. Ein Handbuch für die therapeutische Praxis.* Göttingen. Vandenhoeck & Ruprecht [233] .

BRYANT, A. (1996) Fly me. Why no airline brags: "We are the safest" . *New York Times* (*June* 9) . *Section 4*, S. 1, 3 [318] .

BUCK, R. (1984) *The communication of emotion.* New York: Guilford Press [451] .

BUCK, R. (1985) Prime theory. An integrated view of motivation and emotion. *Psychological Review*, *92*, S. 389 – 413 [404] .

BUCKHOUT, R. (1974) Eyewitness testimony. *Scientific American*, *231*, S. 23 – 31 [262] .

BUCKLEY, K. W. (1982) The selling of a psychologist. John Broadus Watson and the application of behavioral techniques to advertising. *Journal of the History of the Behavioral Sciences*, *18*, S. 207 – 221 [219] .

BUHL, T. & HASSEBRAUCK, M. (1995) Liebe in 3 – D. Eine empirische Untersuchung zur Dreieckstheorie von Sternberg. *Zeitschrift für Sozialpsychologie*, *26*, S. 67 – 77 [496] .

BUNDESZENTRALE FüR GESUNDHEITLICHE AUFKLÄRUNG (1998) *Jugendsexualität* 1998. *Ergebnisse der aktuellen Repräsentativbefragung. Wiederholungsbefragung von* 14 – 17 – *jährigen und ihren Eltern* [Red.: Angelika Heßling] . Köln: Bundeszentrale für Gesundheitliche Aufklärung [115] .

BUSHMAN, B. J. (1995) Moderating role of trait aggressiveness in the effects of violent media on aggression. *Journal of Personality and Social Psychol-*

ogy, *69*, S. 950 – 960 [255].

BUSHMAN, B. J. & BAUMEISTER, R. F. (1998) Threatened egotism, narcissism, self-esteem, and direct and displaced aggression. Does self-love of self-hate lead to violence? *Journal of Personality and Social Psychology*, *75*, S. 219 – 229 [385 f.].

BUSHMAN, B. J. & BAUMEISTER, R. F. (2002) Does self-love or self-hate lead to violence? *Journal of Research in Personality*, *36*, S. 543 – 545 [385].

BUSHMAN, B. J. & BONACCI, A. M. (2002) Violence and sex impair memory for television ads. *Journal of Applied Psychology*, *87*, S. 557 – 564 [292].

BUSHMAN, B. J. & HUESMAN, L. R. (2001) Effects of televised violence on aggression. In: SINGER, D. G. & SINGER, J. L. (Eds.) *Handbook of children and the media.* Thousand Oaks, CA: Sage, S. 223 – 254 [255].

BUSS, D. M. (1985) Human mate selection. *American Scientist*, *73*, S. 47 – 51 [488].

BUSSE, E. W. (1969) Theories of aging. In: BUSSE, E. W. & PFEIFFER, E. (Eds.) *Behaviour and adaptation in later life.* Boston. Little, Brown, S. 11 – 32 [126].

BUSSE, E. W. (1987) Primary and secondary aging. In: MADDOX, G. L, (Ed.) *The ecyclopedia of aging.* New York: Springer, S. 543 [126].

BUTLER, R. N. (1963) The life review. An interpretation of reminiscence in the aged. *Psychiatry*, *26*, S. 65 – 76 [140].

BUTLER, R. N. (1968) The life review. An interpretation of reminiscence in the aged. In: NEUGARTEN, B. (Ed.) *Middle age and aging.* Chicago: University of Chicago Press, S. 486 – 496 [140].

BUTLER, R. N. (1988) Health and aging. The new gerontology. In: SCHROOTS, J. J. F., BIRREN, J. E. & SVANBORG, A. (Eds.) *Health and aging. Perspectives and prospects.* New York: Springer, S. 143 – 153 [125].

BUTLER, R. A. & HARLOW, H. F. (1954) Persistence of visual exploration in monkeys. *Journal of Comparative and Physiological Psychology*, *47*, S. 258 – 263 [359].

BUVINIC, M. L. & BERKOWITZ, L. (1976) Delayed effects of practiced versus unpracticed responses after observation of movie violence. *Journal of Experimental Social Psychology*, *12*, S. 283 – 293 [382].

BYRNE, D. (1971) *The attraction paradigm.* New York: Academic

Press [488] .

BYRNE, D. , CLORE, C. L. & SMEATON, G. (1986) The attraction hypothesis. Do similar attitudes affect anything? *Journal of Personality and Social Psychology*, *51*, S. 1167 – 1170 [489] .

BYRNE, D. & KELLEY, K. (1984) Introduction. Pornography and sex research. In: MALAMUTH, N. M. & DONNERSTEIN, E. (Eds.) *Pornography and sexual aggression.* Orlando, FL: Academic Press, S. 1 – 15 [387] .

BzgA (1998) ——见 BUNDESZENTRALE FüR GESUNDHEITLICHE AUFKLÄRUNG.

C

CABEZA, R. & NYBERG, L. (1997) Imaging cognition. An empirical review of PET studies with normal subjects. *Journal of Cognitive Neuroscience*, *9*, S. 1 – 26 [271] .

CACIOPPO, J. T. & GARDNER, W. L. (1999) Emotions. *Annual Review of Psychology*, *50*, S. 191 – 214 [404] .

CACIOPPO, J. T. , GARDNER, W. L. & BERNTSON, G. G. (1997) Beyond bipolar conceptualizations and measures. The case of attitudes and evaluative space. *Personality and Social Psychology Review*, *1*, S. 3 – 25 [410] .

CAMPBELL, W. K. & SEDIKIDES, C. (1999) Self-threat magnifies the self-serving bias. A meta-analytic integration. *Review of General Psychology*, *3*, S. 23 – 43 [471] .

CAMPFIELD, L. A. , SMITH, F. J. , ROSENBAUM, M. & HIRSCH, J. (1996) Human eating. Evidence for a physiological basis using a modified paradigm. *Neuroscience and Biobehavioral Reviews*, *20*, S. 133 – 137 [363] .

CAMPION, M. A. , PALMER, D. K. & CAMPION, J. E. (1998) Structuring employment interviews to improve reliability, validity, and users'reactions. *Current Directions in Psychological Science*, *7*, S. 77 – 82 [54] .

CAMRAS, L. A. , OSTER, H. , CAMPOS, J. , CAMPOS, R. , UJIIE, T. , MIYAKE, K. , WANG, L. & MENG, Z. (1998) Production of emotional facial expressions in European, American, Japanese, and Chinese infants. *Developmental Psychology*, *34*, S. 616 – 628 [440 f.] .

CANNON, W. B. (1927) The James-Lange theory of emotions. A critical examination and an alternative theory. *American Journal of Psychology*, *39*, S. 106 – 124 [417, 420 f] .

CANNON, W. B. (1932) The Wisdom of the body. London: K. Paul [358] .

CANTOR, N. & KIHLSTROM, J. F. (1987) *Personality and social intelligence.* Englewood Cliffs, N. Y: Prentice Hall [396].

CAPALDI, E. D. (1996) Conditioned food preferences. In: CAPALDI, E. D. (Ed.) *Why we eat what we eat. The psychology of eating.* Washington, DC: American Psychological Association, S. 53 – 80 [364].

CAPOZZA, D. & BROWN, R. (2000) *Social identity processes. Trends in theory and research.* London: Sage [477].

CARLSON, M., MARCUS-NEWHALL, A. & MILLER, N. (1990) Effects of situational aggression cues. A quantitative review. *Journal of Personality and Social Psychology*, *58*, S. 622 – 633 [383].

CARROLL, J. M. & RUSSELL, J. A. (1996) Do facial expressions signal specific emotions? Judging emotion from the face in context. *Journal of Personality and Social Psychology*, *70*, S. 205 – 218 [441].

CARSTENSEN, L. L., PASUPATHI, M., MAYR, U. & NESSELROADE, J. R. (2000) Emotional experience in everyday life across the adult life span. *Journal of Personality and Social Psychology*, *79*, S. 644 – 655 [144].

CATANIA, A. C. & LATIES, V. G. (1999) Pavlov and Skinner. Two lives in science (an introduction to B. F. Skinner's "Some responses to the stimulus Pavlov"). *Journal of the Experimental Analysis of Behavior*, *72*, S. 455 – 461 [231].

CATTELL, R. B. (1971) *Abilities. Their structure, growth, and action.* Boston: Houghton Mifflin [134].

CECI, S. J. (1996) *On intelligence. A bioecological treatise on intellectual development.* Cambridge, MA: Harvard University Press [343].

CHAMBERS, D. & REISBERG, D. (1985) Can mental images be ambiguous? *Journal of Experimental Psychology. Human Perception and Performance*, *11*, S. 317 – 328 [308].

CHANCE, P. (1999) Thorndike's puzzle boxes and the origins of the experimental analysis of behavior. *Journal of the Experimental Analysis of Behavior*, *72*, S. 433 – 440 [230].

CHARLES, S. T., REYNOLDS, C. A. & GATZ, M. (2001) Age-related differences and change in positive and negative affect over 23 years. *Journal of Personality and Social Psychology*, *80*, S. 136 – 151 [144].

CHARTRAND, T. L. & BARGH, J. A. (1999) The chameleon effect. The perception-behavior link and social interaction. *Journal of Personality and Social Psychology*, *76*, S. 893 – 910 [453].

CHASE, W. G. & SIMON, H. A. (1973) Perception in chess. *Cognitive*

Psychology, *4*, S. 55 – 81 [270] .

CHERRY, E. C. (1995) Some experiments on the recognition of speech with onr or two ears. *Journal of the Acoustical Society of America*, *25*, S. 975 – 979 [201] .

CHERRY, E. C. & TAYLOR, W. K. (1954) Some further experiments upon the recognition of speech with one and with two ears. *Journal of the Acoustical Society of America*, *26*, S. 554 – 559 [201] .

CHERULNIK, P. D. (1979) Sex differences in the expression of emotion in a structured social encounter. *Sex Roles*, *5*, S. 413 – 424 [446] .

CHI, M. T. H. (1978) Knowledge structures and memory development. In: SIEGLER, R. (Ed.) *Children's thinking. What develops*? Hillsdale, NJ: Erlbaum, S. 73 – 96 [99] .

CHI, M. T. H., FELTOVICH, P. J. & GLASER, R. (1981) Categorization and representation of physical problems by experts and novices. *Cognitive Sciences*, *5*, S. 121 – 152 [325] .

CHI, M. T. H., GLASER, R. & FARR, M. J. (1988) *The nature of expertise*. Hillsdale, NJ: Lawrence Erlbaum [326] .

CHI, M. T. H. & KOESKE, R. D. (1983) Network representation of a child's dinosaur knowledge. *Developmental Psychology*, 19, S. 29 – 39 [99] .

CHOI, I., NISBETT, R. E. & NORENZAYAN, A. (1999) Causal attribution across cultures: Variation and universality. *Psychological Bulletin*, *125*, S. 47 – 63 [472] .

CHOMSKY, N. (1980) Rules and representations. Oxford: Blackwell [85] .

CHOMSKY, N. (1991a) Linguistics and adjacent fields. A personal view. In: KASHER, A. (Ed.) *The Chomskyan turn*. Cambridge, MA: Basil Blackwell, S. 3 – 25 [85] .

CHOMSKY, N. (1991b) Linguistics and cognitive science, Problems and mysteries. In: KASHER, A. (Ed.) *The Chomskyan turn*. Cambridge, MA: Basil Blackwell, S. 26 – 53 [85] .

CHOTJEWITZ-HAEFNER, R. & CHOTJEWITZ, P. O. (1977) Midlife Crisis. Wer sie hat und wer sie braucht. *Psychologie heute*, *4*, S. 12 – 16 [143] .

CHWALISZ, K., DIENER, E. & CALLAGHER, D. (1988) Autonomic arousal feedback and emotional experience. Evidence from the spinal cord injured. *Journal of Personality and Social Psychology*, *54*, S. 820 – 828 [415] .

CIALDINI, R. B. & TROST, M. R. (1998) Social influence. Social norms, conformity and compliance. In: GILBERT, D. T., FISKE, S. T. & LINDZEY, G. (Eds.) *The handbook of social psychology.* Vol. 2 (4. Ed.). New York: McGraw-Hill, S. 151 – 192 [502].

CIALDINI, R. B., WOSINSKA, W., BARRETT, D. W., BUTNER, J. & GORNIK-DUROSE, M. (2001) The differential impact of two social influence principles on individualists and collectivists in Poland and the United States. In: WOSINSKA, W., CIALDINI, R. B., BARRETT, D. W. & REYKOWSKI, J. (Eds.) The practice of social influence in multiple cultures. Applied social research. Mahwah, NJ: Lawrence Erlbaum, S. 33 – 50 [504].

CLARK, M. S. & REIS, H. T. (1988) Interpersonal processes in close relationships. *Annual Review of Psychology*, *39*, S. 609 – 672 [488].

CLARK, R. D. (2001) Effects of majority defection and multiple minority sources on minority influence. *Group Dynamics*, *5*, S. 57 – 62 [507].

CLAUSEN, J. A. (1986) *The life cours. A sociological perspective.* Englewood Cliffs, NJ: Prentice Hall [143].

CLENDENEN, V. L., HERMAN, C. P. & POLIVY, J. (1994) Social facilitation of eating among friends and strangers. *Appetite*, *23*, S. 1 – 13 [364].

CLOPTON, N. A. & SORELL, G. T. (1997) Gender differences in moral reasoning. Stable or situational? *Psychology of Women Quarterly*, *17*, S. 85 – 101 [103].

COCKBURN, J. &. SMITH, P. T. (1991) The relative influence of intelligence and age on everyday memory. *Journal of Gerontology. Psychological Sciences*, *46*, S. P31 – P36 [134].

CLARK, R. D. (2001) Effects of majority defection and multiple minorly sources on minority influence. *Group Dynamics*, *5*, S. 57 – 62 [507].

COHEN, D., NISBETT, R. E., BOWDLE, B. F. & SCHWARZ, N. (1996) Insult, aggression, and the southern culture of honor. An "experimental ethnography". *Journal of Personality and Social Psychology*, *70*, S. 945 – 960 [379].

COHEN, G. (1993) Comprehensive assessment. Capturing strengths, not just weaknesses. *Generations*, 17, S. 47 – 50 [133].

COHEN, S. (1996) Psychological stress, immunity, and upper respiratory infections. *Current Directions in Psychological Science*, *5*, S. 86 – 90 [140, 148].

COHEN, S., FRANK, E., DOYLE, W. J., SKONER D. P.,

RABIN, B. S. & GWALTNEY, J. M., JR. (1998) Types of stressors that increase susceptibility to the common cold in healthy adults. *Health Psychology*, *17*, S. 214 – 223 [148].

COHEN, S., UNDERWOOD, L. G. & GOTTLIEB, B. H. (Eds.) (2000) *Social support measurement and intervention. A guide for health and social scientists*. New York, NY: Oxford University Press [429].

COLEMAN, J. C. (1995) Adolescence. In: BRYANT, P. E. & COLMAN, A. M. (Eds.) (1995) *Developmental psychology*. London: Longman, S. 54 – 69 [122].

COLEMAN, J. C., BUTCHER, J. N. & CARSON, R. C. (1984) *Abnormal psychology and modern life* (7. Ed.). Glenview, III: Scott, Foresman [48].

COLEMAN, P. D. & FLOOD, D. G. (1986) Dendritic proliferation in the aging brain as a compensatory repair mechanism. *Brain Research*, *70*, S. 227 – 237 [138].

COLLINS, A. M. & LOFTUS, E. F. (1975) A spreading-activation theory of semantic processing. *Psychological Review*, *82*, S. 407 – 428 [282 f.].

COLLINS, N. L. & MILLER, L. C. (1994) Self-disclosure and liking. A meta-analytic review. *Psychological Bulletin*, *116*, S. 457 – 475 [491].

COLLINS, W. A. (1997) Relationships and development during adolescence. Interpersonal adaptation to individual change. *Personal Relationships*, *4*, S. 1 – 14 [119].

COLLINS, W. A. & GUNNAR, M. R. (1990) Social and personality development. *Annual Review of Psychology*, *41*, S. 387 – 416 [78].

COMER, R. J. (1999) *Abnormal Psychology*. New York: Worth Publishers. Dt. (2001) *Klinische Psychologie* (2. Aufl.; Hrsg. von G. SARTORY). Heidelberg: Spektrum Akademischer Verlag [45].

CONRAD, R. (1964) Acoustic confusions in immediate memory. *British Journal of Psychology*, *55*, S. 75 – 84 [270 f.].

COOK, E. W., HODES, R. L. & LANG, P. J. (1986) Preparedness and phobia. Effects of stimulus content on human visceral conditioning. *Journal of Abnormal Psychology*, *95*, S. 195 – 207 [228].

COOK, H. B. K. (1992) Matrifocality and female aggression in Margariteno society. In: BJÖRKQVIST, K. & NIEMELÄ, P. (Eds.) Of mice and women. Aspects of female aggression. San Diego: Academic Press, S. 149 – 162 [380].

COON, D. J. (1982) Eponymy, obscurity, Twitmyer, and Pavlov. *Journal of the History of the Behavioral Sciences*, *18*, S. 255 –326 [215] .

COREN, S. PORAC, C. & WARD, L. M. (1999) *Sensation and perception* (5. Ed.) . Fort Worth: Harcourt Brace [163] .

CORKIN, S. (2002) What's new with the amnestic patient H. M. ? *Nature Reviews Neurosciences*, *3*, S. 153 – 160 [273] .

CORNELIUS, R. R. (1991) Gregorio Marañon's two-factor theory of emotion. *Personality and Social Psychology Bulletin*, *17*, S. 65 – 69 [421] .

CORSINI, R. (Ed.) (2001) *Handbook of innovative therapy* (2. Ed.) . New York: Wiley. Dt. (1987) *Handbuch der Psychotherapie*. Weinheim: Beltz [51] .

COSMIDES, L. , TOOBY, J. & BARKOW, J. H. (1992) Introduction. Evolutionary psychology and conceptual integration. In: BARKOW, J. H. , COSMIDES, L. & TOOBY, J. (Eds.) *The adapted mind. Evolutionary psychology and the role of culture*. New York: Oxford University Press, S. 3 – 15 [228] .

COURTNEY, S. M. , UNGERLEIDER, L. G. , KEIL, K. & HAXBY, J. V. (1996) Object and spatial visual working memory activate separate neural systems in human cortex. *Cerebral Cortex*, *6*. Special Issue: Cortical Imaging-Microscope of the Mind. S. 39 –49 [271] .

COWAN, W. M. (1979) The development of the brain. *Scientific American*, *241*, S. 88 – 133 [65 f. , 126] .

COWLEY, G. (1996) The biology of beauty. *Newsweek*, *June 3*, S. 61 – 69 [485] .

CRAIG, G. J. &. BAUCUM, D. (2001) *Human Development* (9. Ed.) . Upper Saddle River, NJ: Prentice Hall [150] .

CRAIK, F. I. M. &. JENNINGS, J. M. (1992) Human memory. In: CRAIK, F. I. M. & SALTHOUSE, T. A. (Eds.) *The handbook of aging and cognition*. Hillsdale, NJ: Erlbaum, S. 51 – 110 [136] .

CRAIK, F. I. M. & LOCKHART, R. S. (1972) Levels of processing. A framework for memory research. *Journal of Verbal Learning and Verbal Behavior*, *11*, S. 671 –684 [275] .

CRAIK, F. I. M. & TULVING, E. (1975) Depth of processing and the retention of words in episodic memory. *Journal of Experimental Psychology: General*, *104*, S. 268 –294 [275] .

CRANO, W. D. (2000) Milestones in the psychological analysis of social influence. *Group Dynamics*, *4*, S. 68 – 80 [507] .

CRICK, N. R. & ROSE, A. J. (2000) Toward a gender-balanced approach to the study of social-emotional development. A look at relational aggression. In: MILLER, P. H. & KOFSKY SCHOLNICK, E. (Eds.) *Toward a feminist developmental psychology.* Florence, KY: Routledge, S. 153 - 168 [380].

CRICK, N. R., WERNER, N. E., CASAS, J. F., O'BRIEN, K. M., NELSON, D. A. GROTPETER, J. K. & MARKON, K. (1999) Childhood aggression and gender. A new look at an old problem. In: BERNSTEIN, D. (Ed.) *Gender and motivation. Nebraska symposium on motivation.* Vol. 45. Lincoln, NE: University or Nebraska Press, S. 75 - 141 [380].

CRIST, R. E., LI, W. & GILBERT, C. D. (2001) Learning to see. Experience and attention in primary visual cortex. *Nature Neuroscience*, *4*, S. 519 - 525 [184].

CROCKER, J. &. LUHTANEN, R. (1990) Collective self-esteem and ingroup bias. *Journal of Personality and Social Psychology*, *58*, S. 60 - 67 [477].

CROSS, H. A., HALCOMB, C. G. & MATTER, W. W. (1967) Imprinting or exposure learning in rats given early auditory stimulation. *Psychonomic Science*, *7*, S. 233 - 234 [483].

CSIKSZENTMIHALYI, M. (1975) *Beyond boredom and anxiety-The experience of play in work and games.* San Francisco: Jossey Bass. Dt. (1985) Das flow-Erlebnis. Jenseits von Angst und Langeweile im Tun aufgehen. Stuttgart: Klett-Cotta [436].

CSIKSZENTMIHALYI, M. (1990) *Flow. The psychology of optimal experience.* New York: Harper & Row. Dt. (2003) Flow. *Das Geheimnis des Glücks* (11. Aufl.). Stuttgart: Klett-Cotta [436].

CSIKSZENTMIHALYI, M. (1999) If we are so rich, why aren't we happy? *American Psychologist*, *54*, S. 821 - 827 [427, 432, 436].

CUNNINGHAM, J. D., STARR, P. A. & KANOUSE, D. E. (1979) Self as actor, active observer, and passive observer. Implications for causal attributions. *Journal of Personality and Social Psychology*, *37*, S. 1146 - 1152 [22].

CUNNINGHAM, M. R. (1986) Measuring the physical in physical attractiveness. Quasi-experiments on the sociobiology of female facial beauty. *Journal of Personality and Social Psychology*, *50*, S. 925 - 935 [485].

CUNNINGHAM, M. R., BARBEE, A. P. & PIKE, C. L. (1990) what do women want? Facialmetric assessment of multiple motives in the perception of male facial physical attractiveness. *Journal of Personality and Social Psychology*, *59*, S. 61 - 72 [485].

CUNTZ, U. (2002) Das homöostatische Prinzip und der "freie Wille" des Menschen-biologische und psychologische Grundlagen der Adipositasbehandlung. *Verhaltenstherapie*, *12*, S. 268 – 277 [367].

CURRAN, J. P. & LIPPOLD. S. (1975) The effects of physical attraction and attitude similarity on attraction in dating dyads. *Journal of Personality*, *43*, S. 528 – 539 [488].

CUTTING, J. E., PROFFITT, D. R. & KOZLOWESKI, L. T. (1978) A biomechanical invariant for gait perception. *Journal of Experimental Psychology. Human Perception and Performance*, *4*, S. 357 – 372 [188].

D

DAHLE, K. P. (2003) Hat der sogenannte "Lügendetektor" nach veränderter Rechtslage in Deutschland eine Zukunft? Versuch einer psychologischen Standortbestimmung. *Psychologische Rundschau*, *54*, S. 103 – 111 [412].

DAMASIO, A. R., GRABOWSKI, T. J., BECHARA, A., DAMASIO, H., PONTO, L. L. B., PARVIZI, J. & HICHWA, R. D. (2000) Subcortical and cortiocal brain activity during the feeling of self-generated emotions. *Nature Neuroscience*, *3*, S. 1049 – 1056 [414].

DAMON, W. & HART, D. (1988) *Self-understanding in childhood and adolescence*. Cambridge: Cambridge University Press [103].

DANNER, D. D. (2004) Persönliche Mitteilung vom 13. Juni 2004 [437].

DANNER, D. D., SNOWDON, D. A. & FRIESEN, W. V. (2001) Positive emotions in early life and longevity. Findings from the nun study. *Jounnal of Personality and Social Psychology*, *80*, S. 804 – 813 [437].

DARLEY, J. M. & BATSON, C. D. (1973) From Jerusalem to Jericho. A study of situational and dispositional variables in helping behavior. *Journal of Personality and Social Psychology*, *27*, S. 100 – 108 [20].

DARLEY, J. M., CLUCKSBERG, S. & KINCHLA, R. A. (1991) *Psychology* (5. Ed.). Englewood Cliffs, NJ: Prentice Hall [21, 327].

DARLEY, J. M. & LATANé, B. (1968) Bystander intervention in emergencies. Diffusion of responsibility. *Journal of Personality and Social Psychology*, *8*, S. 377 – 383 [16, 19, 355].

DAVIDSON, R. J. (1994) Asymmetric brain function, affective style, and psychopathology. The role of early experience and plasticity. *Development and Psychopathology*, *6*, S. 741 – 758 [410].

DAVIDSON, R. J. (1998) Affective style and affective disorders. Perspectives from affective neuroscience. *Cognition and Emotion*, *12*, S. 307 – 330 [410].

DAVIDSON, R. J., JACKSON, D. C. & KALIN, N. H. (2000) Emotion, plasticity, context, and regulation. Perspectives from affective neuroscience. *Psychological Bulletin*, *126*, S. 890 – 909 [416].

DAVIES, M., STANKOV, L. & ROBERTS, R. D. (1993) Emotional intelligence. In search of an elusive construct. *Journal of Personality and Social Psychology*, *75*, S. 989 – 1015 [455].

DEAN, K. E. & MALAMUTH, N. M. (1997) Characteristics of men who aggress sexually and of men who imagine aggressing. Risk and moderating variables. *Journal of Personality and Social Psychology*, *72*, S. 449 – 455 [388].

DEARY, I. J. & STOUGH, C. (1996) Intelligence and inspection time. Achievements, prospects, and problems. *American Psychologist*, *51*, S. 599 – 608 [345].

DEARY, I. J., SIMONOTTO, E., MARSHALL, A., MARSHALL, I., GODDARD, N. & WARDLAW, J. M. (2001) The functional anatomy of inspection time. A pilot fMRI study. *Intelligence*, *29*, S. 497 – 510 [345].

DECASPER, A. J. & FIFER, W. P. (1980) Of human bonding. Newborns prefer their mothers' voice. *Science*, *208* (4448), S. 1174 – 1176 [82].

DECASPER, A. J. & SPENCE, M. J. (1987) Prenatal maternal speech influences newborns' perception of speech sounds. In: THOMAS, A. & CHESS, S. (Eds.) *Annual Progress in Child Psychiatry and Child Development.* Philadelphia, PA: Brunner/Mazel, S. 5 – 25 [82].

DECASTRO, J. M. (2002) Age-related changes in the social, psychological, and temporal influences on food intake in free-living, healthy, adult humans. *Journals of Gerontology. Series A. Biological Sciences and Medical Sciences*, *57*A, S. M368 – M377 [364].

DECI, E. L., KOESTNER, R. & RYAN, R. M. (1999) A meta-analytic review of experiments examining the effects of extrinsic rewards on intrinsic motivation. *Psychological Bulletin*, *125*, S. 627 – 668 [361].

DEGEN, L., MATZINGER, D., DREWE, J. & BEGLINGER, C. (2001) The effect of cholecystokinin in controlling appetite and food intake in humans. *Peptides*, *22*, S. 1265 – 1269 [363].

DE LA CASA, L. G. & LUBOW, R. E. (2000) Super-latent inhibition with delayed conditioned taste aversion testing. *Animal Learning and Behavior*, *28*, S. 389 – 399 [224].

DE LISI, R. & STAUDT, J. (1980) Individual differences in college students' performance of formal operational tasks. *Journal of Applied Developmental Psychology*, *1*, S. 201 –208 [113] .

DELPRATO, D. J. & MIDGLEY, B. D. (1992) Some fundamentals of B. F. Skinner's behaviorism. *American Psychologist*, *47*, S. 1507 – 1520 [231] .

DEMPSTER, F. N. (1988) The spacing effect. A case study in the failure to apply the results of psychological research. *American Psychologist*, *43*, S. 627 –634 [299] .

DENEVE, K. M. & COOPER, H. (1998) The happy personality. A meta-analysis of 137 personality traits and subjective well-being. *Psychological Bulletin*, *124*, S. 197 –229 [427 f.] .

DEREGOWSKI, J. B. (1973) Illusion and culture. In: GREGORY, R. L. & GOMBRICH, E. H. (Eds.) *Illusion in nature and art.* London: Duckworth, S. 161 –191 [196] .

DEREGOWSKI, J. B. (1980) *Illusions, patterns and pictures. A cross-cultural perspective.* London: Academic Press [197] .

DERLEGA, V. J., METTS, S., PETRONIO, S. & MARGULIS, S. T. (1993) *Self-disclosure.* Newbury Park: Sage [490] .

DERSHOWITZ, A. M. (1986) *Reversal of fortune. Inside the von Bülow case.* New York: Random House [289] .

DESPELDER, L. &. STRICKLAND, A. (2004) *The last dance. Encountering death and dying* (7. Ed.) . Mountain View, CA: Mayfield [154] .

DEUTSCH, M. & GERARD, H. B. (1955) A study of normative and informational social influences upon individual judgment. *Journal of Abnormal and Social Psychology*, *51*, S. 629 –636 [501] .

DEUTSCHE GESELLSCHAFT FüR ERNÄHRUNG (1996) *Ernährungsbericht 1996.* Frankfurt/M. : Henrich [368] .

DEWSBURY, D. A. (1997) In celebration of the centennial of Ivan P. Pavlov's (1897 – 1902) . The Work of the Digestive Glands. *American Psychologist*, *52*, S. 933 –935 [216] .

DIENER, C. I. & DWECK, C. S. (1980) An analysis of learned helplessness. II. The processing of success. *Journal of Personality and Social Psychology*, *39*, S. 940 –952 [395] .

DIENER, E. (2000) Subjective well-being. The science of happiness and a proposal for a national index. *American Psychologist*, *55*, S. 34 – 43 [425, 429, 432] .

DIENER, E. & BISWAS-DIENER, R. (2002) Will money increase subjective well-being? *Social Indicators Research*, *57*, S. 119 – 169 [430 ff.].

DIENER, E., EMMONS, R. A., LARSEN, R. J. & GRIFFIN, S. (1984) The satisfaction with life scale. *Journal of Personality Assessment*, *49*, S. 71 – 75 [426].

DIENER, E., EMMONS, R. A., LARSEN, R. J. & GRIFFIN, S. (1985) The satisfaction with life scale. *Journal of Personality Assessment*, *49*, S. 71 – 7 5 [431].

DIENER, E., GOHM, C. L., SUH, E. & OISHI, S. (2000) Similarity of the relations between marital status and subjective well-being across cultures. *Journal of Cross Cultural Psychology*, *31*, S. 419 – 436 [428].

DIENER, E., HORWITZ, J. & EMMONS, R. A. (1985) Happiness of the very wealthy. *Social Indicators Research*, *16*, S. 263 – 274 [431].

DIENER, E. & OISHI, S. (2000) Money and happiness. Income and subjective well-being across nations. In: DIENER, E. & SUH, E. M. (Eds.) *Culture and subjective well-being.* Cambridge, MA: The MIT Press. S. 185 – 218 [431].

DIENER, E., SANDVIK, E., SEIDLITZ, L. & DIENER, M. (1993) The relationship between income and subjective well-being. Relative or absolute? *Social Indicators Research*, *28*, S. 195 – 223 [431].

DIENER, E., SUH, E. M., LUCAS, R. E. & SMITH, H. L. (1999) Subjective well-being. Three decades of progress. *Psychological Bulletin*, *125*, S. 276 – 302 [427 f.].

DIMBERG, U. (1990) Facial electromyography and emotional reactions. *Psychophysiology*, *27*, S. 481 – 494 [450].

DIMBERG, U., THUNBERG, M. & ELMEHED, K. (2000) Unconscious facial reactions to emotional facial expressions. *Psychological Science*, *11*, S. 86 – 89 [208].

DION, K., BERSCHEID, E. & WALSTER, E. (1972) What is beautiful is good. *Journal of Personality and Social Psychology*, *24*, S. 285 – 290 [486].

DION, K. L. & DION, K. K. (1988) Romantic love. Individual and cultural perspectives. In: STERNBERG, R. J. & BARNES, M. L. (Eds.) *The psychology of love.* New Haven: Yale University Press, S. 264 – 289 [495].

DION, K. K. & DION, K. L. (1996) Cultural perspectives on romantic love. *Personal Relationships*, *3*, S. 5 – 17 [495].

DIPIETRO, J. A. (2001) Fetal neurobehavioral assessment. In: SING-

ER, L. T. & ZESKIND, P. S. (Eds.) *Biobehavioral assessment of the infant.* New York, NY: Guilford, S. 43 – 80 [73].

DITTRICH, W. H., TROSCIANKO, T., LEA, S. & MORGAN, D. (1996) Perception of emotion from dynamic point-light displays represented in dance. *Perception*, *25*, S. 727 – 738 [451].

DOLLARD, J. R., DOOB, L. W., MILLER, N. E. MOWRER, O. H. & SEARS, R. R. (1939) Frustration and aggression. New Haven: Yale University Press. Dt. (1994) Frustration und Aggression. Weinheim: Beltz PVU [381].

DOLLARD, J. & MILLER, N. E. (1950) *Personality and psychotherapy. An analysis in terms of learning, thinking, and culture.* New York: McGraw-Hill [253].

DÖRNER, D. (2003) *Die Logik des Misslingens. Strategisches Denken in komplexen Situationen.* (Erw. Neuausg.). Reinbek bei Hamburg: Rowohlt [55].

DOMHOFF, G. W. (2001) A new neurocognitive theory of dreams. *Dreaming*, *11*, S. 13 – 33 [333].

DONNERSTEIN, E. (1984) Pornography. Its effect on violence against women. In: MALAMUTH, N. M. & DONNERSTEIN, E. (Eds.) *Pornography and sexual aggression.* Orlando, FL: Academic Press, S. 53 – 81 [387].

DONNERSTEIN, E. & LINZ, D. (1995) The Mass Media. A Role in injury Causation and Prevention. *Adolescent Medicine*, *6*, S. 271 – 284 [387].

DONNERSTEIN, E. & MALAMUTH, N. (1997) Pornography. Its consequences on the observer. In: SCHLESINGER, L. B. & REVITCH, E. (Eds.) *Sexual dynanmics of anti-social behavior* (2. Ed.). Springfield, Ill.: Thomas, S. 30 – 49 [387].

DONNERSTEIN, E., SLABY, R. G. & ERON, L. D. (1995) The mass media and youth aggression. In: ERON, L., GENTRY, J. & SCHLEGEL, P. (Eds.) *Reason to hope. A psychosocial perspective on violence and youth.* Washington, DC: American Psychological Association, S. 219 – 250 [256].

DONOVAN, W. L., LEAVITT, L. A. & WALSH, R. O. (1997) Cognitive set and coping strategy affect mothers' sensitivity to infant cries. A signal detection approach. *Child Development*, *68*, S. 760 – 772 [168].

DORFMAN, P. (1989) Industrial and organizational psychology. In: GREGORY, W. L. & BURROUGHS, W. J. (Eds.) *Introduction to applied psychology.* Glenview, Ill: Scott, Foresman, S. 75 – 126 [54].

DORSEY, G. (1987) The love doctor. *Hartford Courant/Northeast, February 8*, S. 12 – 21, 33 – 35 [335].

DOVIDIO, J. F. & GAERTNER, S. L. (1999) Reducing prejudice. Combating intergroup biases. *Current Directions in Psychological Science*, *8*, S. 101 – 105 [476].

DOVIDIO, J. F. & GAERTNER, S. L. (2000) Aversive racism and selection decisions. 1989 and 1999. *Psychological Science*, *11*, S. 315 – 319 [481].

DOWD, M. (1984) Twenty years after the murder of Kitty Genovese, the question remains: Why? *The New York Times*, *March 12*, B1, B4 [21].

DRAGANSKI, B., GASER, C., BUSCH, V., SCHUIERER, G., BOGDAHN, U. & MAY, A. (2004) Neuroplasticity. Changes in grey matter induced by training. *Nature*, *427* (6972), S. 311 [138].

DRENTH, P. J. (1989) Personalselektion und-plazierung. In: GREIF, S., HOLLING, H. & NICHOLSON, N. (Hrsg.) *Arbeits-und Organisationspsychologie. Internationales Handbuch in Schlüssel-begriffen.* Weinheim: Beltz, S. 371 – 379 [54].

DRISKELL, J. E., WILLIS, R. P. & COPPER, C. (1992) Effect of overlearning on retention. *Journal of Applied Psychology*, *77*, S. 615 – 622 [299].

DUCLOS, S. E. & LAIRD, J. D. (2001) The deliberate control of emotional experience through control of expressions. *Cognition and Emotion*, *15*, S. 27 – 56 [419].

DUNCAN, J., SEITZ, R. J., KOLODNY, J., BOR, D., HERZOG, H., AHMED, A., NEWELL, F. N. & EMSLIE, H. (2000) A neural basis for general intelligence. *Science*, *289* (5478), S. 457 – 460 [345].

DUNCKER, K. (1935) *Zur Psychologie des produktiven Denkens.* Berlin: Springer [332].

DWECK, C. S. (1986) Motivational processes affecting learning. *American Psychologist*, *41*, S. 1040 – 1048 [393].

DWECK, C. S. (2000) *Self-theories. Their role in motivation personality and development.* Philadelphia, PA: Psychology Press [394, 395].

DWECK, C. S. & LEGGETT, E. L. (2000) A social-cognitive approach to motivation and personality. In: HIGGINS, E. T. & KRUGLANSKI, A. W. (Eds.) *Motivational science. Social and personality perspectives. Key reading in social psychology.* Philadelphia, PA: Psychology Press, S. 394 – 415 [394].

E

EAGLY, A. H., ASHMORE, R. D., MAKHIJANI, M. G. & LONGO, L. C. (1991) What is beautiful is good, but... A meta-analytic review of research on the physical attractiveness stereotype. *Psychological Bulletin*, *110*, S. 109 – 128 [486].

EAGLY, A. H. & STEFFEN, V. J. (1986) Gender and aggressive behavior. A meta-analytic review of the social psychological literature. *Psychological Bulletin*, *100*, S. 309 – 330 [380].

EBBINGHAUS, H. (1885) *über das Gedächtnis. Untersuchungen zur experimentellen Psychologie.* Leipzig: Duncker & Humblot. Neuaufl. (1992) Darmstadt: Wissenschaftliche Buch-gesellschaft [267 f., 290, 292].

EDELSTEIN, W. & NOAM, G. (1982) Regulatory structures of the self and "postformal" stages in adulthood. *Human-Development*, *25*, S. 407 – 422 [114].

EDWARDS, A. E. & ACKER, L. E. (1972) A demonstration of the long-term retention of a conditional GSR. *Psychosomatic Science*, *26*, S. 27 – 28 [222].

EIBL – EIBESFELDT, I. (1973) The expressive behavior of the deaf-and-blind-born. In: VON CRANACH, M. & VINE, I. (Eds.) *Social communication and movement.* New York: Academic Press, S. 163 – 194 [440].

EICH, E. & MACAULAY, D. (2000) Are real moods required to reveal mood-congruent and mood-dependent memory? *Psychological Science*, *11*, S. 244 – 248 [294].

EIMAS, P. D. (1985) The perception of speech in early infancy. *Scientific American*, *252*, S. 46 – 52 [83].

EINSTEIN, A. (1945) A testimonial from Professor Einstein (App. II). In: HADAMARD, J. (Ed.) *An essay on the psychology of invention in the mathematical field.* Princeton, NJ: Princeton University Press, S. 142 – 143 [112].

EISDORFER, C., NOWLIN, J. & WILKIE, F. (1970) Improvement of learning in the aged by modification of autonomic nervous system activity. *Science*, *170* (3964), S. 1327 – 1329 [137].

EKMAN, P. (1973) Gross-cultural studies of facial expression. In: EKMAN, P. (Ed.) *Darwin and facial expression. A century of research in review.* New York: Academic Press, S. 169 – 222 [407].

EKMAN, P. (1980) *The face of man. Expressions of universal emotions in a New Guinea village.* New York: Garland Press [449 f.].

EKMAN, P. (1984) Expression and the nature of emotion. In: SCHERER, K. R. & EKMAN, P. (Eds.) *Approaches to emotion.* Hillsdale, NJ: Erlbaum, S. 319 – 343 [407].

EKMAN, P. (1993) Facial expression and emotion. *American Psychologist*, *48*, S. 384 – 392 [407].

EKMAN, P. (2001) *Telling lies. Clues to deceit in the marketplace, politics, and marriage* (rev. Ed.). New York: Norton. Dt. (1989) *Weshalb Lügen kurze Beine haben. über Täuschungen und deren Aufdeckung im privaten und Öffentlichen Leben.* Berlin: de Gruyter [447].

EKMAN, P. & DAVIDSON, R. J. (1993) Voluntary smiling changes regional brain activity. *Psychological Science*, *4*, S. 342 – 345 [420, 450].

EKMAN, P. & FRIESEN, W. V. (1974) Detecting deception from the body or face. *Journal of Personality and Social Psychology*, *29*, S. 288 – 298 [448].

EKMAN, P., FRIESEN, W. V. & ELLSWORTH, P. (1972) *Emotion in the human face. Guidelines for research and an integration of findings.* Oxford: Pergamon Press [446].

EKMAN, P., FRIESEN, W. V. & O'SULLIVAN, M. (1988) Smiles when lying. *Journal of Personality and Social Psychology*, *54*, S. 414 – 420 [449].

EKMAN, P., FRIESEN, W. V., O'SULLIVAN, M., CHAN, A., DIACOYANNI-TARLTZIS, I., HEIDER, K. et al. (1987) Universals and cultural differences in the judgments of facial expressions of emotion. *Journal of Personality and Social Psychology*, *53*, S. 712 – 717 [443].

EKMAN, P. & HEIDER, K. G. (1988) The universality of a contempt expression. A replication. *Motivation and Emotion*, *12*, S. 303 – 308 [407].

EKMAN, P., LEVENSON, R. W. & FRIESEN, W. V. (1983) Autonomic nervous system activity distinguishes among emotions. *Science*, *221* (*4616*), S. 1208 – 1210 [419].

ELFENBEIN, H. A. & AMBADY, N. (2002) On the universality and cultural specificity of emotion recognition. A meta-analysis. *Psychological Bulletin*, *128*, S. 203 – 235 [441].

ELICKER, J., ENGLUND, M. & SROUFE, L. A. (1992) Predicting peer competence and peer relationships in childhood from early parent-child relationships. In: PARKE, R. D. & LADD, G. W. (Eds.) *Family-peer relationships. Modes of linkage.* Hillsdale, NJ: Erlbaum [79].

ELKIND, D. (1967) Egocentrism in adolescence. *Child Development*, *38*, S. 1025 –1034 [114] .

ELKIND, D. (1978) Understanding the young adolescent. *Adolesence*, *13*, S. 127 –134 [115] .

ELKIND, D. (1981) *The hurried child. Growing up too fast too soon.* Reading, MA: Addison-Wesley. Dt. (1995) *Das gehetzte Kind. Werden unsere Kleinen zu schnell groß?* (3. Aufl.) Bergisch Gladbach: Lübbe [107] .

ELKIND, D. (1995) *Ties that stress.* Cambridge, MA: Harvard University Press [107] .

ELLIOT, A. J. & MCGREGOR, H. A. (2001) A 2 * 2 achievement goal framework. *Journal of Personality and Social Psychology*, *80*, S. 501 – 519 [393] .

ELLIOTT, E. S. & DWECK, C. S. (1988) Goals. An approach to motivation and achievement. *Journal of Personality and Social psychology*, *54*, S. 5 – 12 [393] .

ELLIS, H. C. & HUNT, R. R. (1993) *Fundamentals of cognitive psychology.* Madison, WI: Brown & Benchmark [276] .

ELLIS, L. & COONTZ, P. D. (1990) Androgens, brain functioning, and criminality. The neurohormonal foundations of antisociality. In: ELLIS, L. & HOFFMAN, H. (Eds.) *Crime in biological, social, and moral contexts.* New York: Praeger, S. 36 –49 [380] .

EMERSON, M. O., KIMBRO, R. T. & YANCEY, G. (2002) Contact theory extended. The effects of prior racial contact on current social ties. *Social Science Quarterly*, *83*, S. 745 –761 [480] .

ENDERS, G. (1998) Röteln und Ringelröteln. In: FRIESE K. &, KACHEL, W. (Hrsg.) *Infektions-erkrankungen der Schwangeren und des Neugeborenen* (2. Aufl.) . Berlin: Springer, S. 69 –89 [69] .

ERB, H. P. & BOHNER, G. (2002) Sozialer Einfluss durch Mehrheiten und Minderheiten. In: FREY, D. & IRLE, M. (Hrsg.) *Theorien der Sozialpsychologie.* Band 2. Bern: Huber, S. 47 –61 [507] .

ERDELYI, M. H. (1985) *Psychoanalysis. Freud's cognitive psychology.* New York: Freeman [33] .

ERICSSON, K. A. & CHARNESS, N. (1994) Expert performance. Its structure and acquisition. *American Psychologist*, *49*, S. 725 –747 [325] .

ERICSSON, K. A., KRAMPE, R. T. & TESCH-ROEMER, C. (1993) The role of deliberate practice in the acquisition of expert performance. *Psychological Review*, *100*, S. 363 –406 [325] .

ERICSSON, K. A. & POLSON, P. G. (1988) A cognitive analysis of exceptional memory for restaurant orders. In: CHI, M. T. H. & GLASER, R. (Eds.) *The nature of expertise*. Hillsdale, NJ: Erlbaum, S. 23 – 70 [281].

ERIKSON, E. H. (1963) *Childhood and society* (2. Ed.). New York: Norton. Dt. (1965) *Kindheit und Gesellschaft* (2. Aufl.). Stuttgart: Klett-Cotta [121].

ERNST, H. (2002) Ein neuer Blick auf das eigene Leben. *Psychologie heute*, *29* (*6*), S. 20 – 26 [140].

ERON, L. D. (1982) Parent-child interaction, television violence, and aggression of children. *American Psychologist*, *37*, S. 197 – 211 [256].

ERON, L. D. (1987) The development of aggressive behavior from the perspective of a developing behaviorism. *American Psychologist*, *42*, S. 435 – 442 [256].

ERON, L. D. (1993) *The problem of media violence and children's behavior*. New York: Guggenheim Foundation [256].

ESPARZA, J., FOX, C., HARPER, I. T., BENNETT, P. H., SCHULZ, L. O., VALENCIA, M. E. & RAVUSSIN, E. (2000) Daily energy expenditure in Mexican and USA Pima indians. Low physical activity as a possible cause of obesity. *International Journal of Obesity and Related Metabolic Disorders*, *24*, S. 55 – 59 [370].

ESSES, V. M., HADDOCK, G. & ZANNA, M. P. (1993) Values, stereotypes, and emotions as determinants of intergroup attitudes. In: MACKIE, D. M. & HAMILTON, D. L. (Eds.) *Affect, cognition, and stereotyping. Interactive processes group perception*. San Diego, CA: Academic Press, S. 137 – 166 [478].

EULER, H. A. (2000) Evolutionstheoretische Ansätze. In: OTTO, J. H., EULER, H. A. & MANDL, H. (Hrsg.) *Emotionspsychologie. Ein Handbuch*. Weinheim: Beltz, S. 45 – 63 [440].

EVERARD, K. M. (1999) The relationship between reasons for activity and older adult well-being. *Journal of Applied Gerontology*, *18*, S. 325 – 340 [129].

EXTON, M. S., WESTERMANN, J. & SCHEDLOWSKI, M. (2000) Behaviorally conditioned immuno-suppression. Mechanisms and biological relevance. *Psychologische Beiträge*, *42*, S. 118 – 129 [227].

F

FAGOT, B. I. & LEINBACH, M. D. (1993) Gender-role development in young children. From discrimination to labeling. *Developmental Review*, *13*, S. 205 – 224 [92].

FAITH, M. S., MATZ, P. E. & JORGE, M. A. (2002) Obesity-depression associations in the population. *Journal of Psychosomatic Research*, *53*, S. 935 – 942 [368].

FANCHER, R. E. (1990) *Pioneers of psychology* (2. Ed.). New York: Norton [337].

FANTZ, R. (1963) Pattern vision of newborn infants. *Science*, *140* (3564), S. 296 – 297 [74].

FECHNER, G. T. (1860) *Elemente der Psychophysik.* Band 1. Leipzig: Breitkopf und Härtel [24, 28].

FEHR, E. & GAECHTER, S. (2002) Altruistic punishment in humans. *Nature*, *415* (*6868*), S. 137 – 140 [316 f.].

FEIN, S. & SPENCER, S. J. (1997) Prejudice as self-image maintenance. Affirming the self through derogating others. *Journal of Personality and Social Psychology*, *73*, S. 31 – 44 [478].

FEINGOLD, A. (1992) Good-looking people are not what we think. *Psychological Bulletin*, *111*, S. 304 – 341 [370, 467].

FEINGOLD, A. & MAZZELLA, R. (1998) Gender differences in body image are increasing. *Psychological Science*, *9*, S. 190 – 195 [370].

FELDMAN, R. S., COATS, E. J. & SPIELMAN, D. A. (1996) Television exposure and children's decoding of nonverbal behavior. *Journal of Applied Social Psychology*, *26*, S. 1718 – 1733 [441].

FEND, H. (1998) *Eltern und Freunde. Soziale Entwicklung im Jugendalter.* Göttingen: Huber [119 f.].

FERNALD, A. & SIMON, T. (1984) Expanded intonation contours in mothers' speech to newborns. *Developmental Psychology*, *20*, S. 104 – 113 [87].

FERNáNDEZ-DOLS, J. M. & RUIZ-BELDA, M. A. (1995) Are smiles a sign of happiness? Gold medal winners at the Olympic Games. *Journal of Personality and Social Psychology*, *69*, S. 1113 – 1119 [438].

FERRARI, J. R. & TICE, D. M. (2000) Procrastination as a self-handicap for men and women. A task-avoidance strategy in a laboratory setting. *Journal of Research in Personality*, *34*, S. 73 – 83 [394].

FERRING, D. & FILIPP, S. H. (1987) Die Rolle kausaler Zuschreibungen und Kontroll-wahrnehmungen in der Anpassung an chronische Erkrankungen. *Forschungsberichte aus dem Projekt "Psychologie der Krankheitsbewältigung"*,

12. Trier: Universtität Trier [474].

FIATARONE, M. A. & EVANS, W. J. (1993) The etiology and reversibility of muscle dysfunction in the aged (special issue). *Journal of Gerontology*, *48*, S. 77–83 [147].

FIATARONE, M. A., O'NEILL, E. F., RYAN, N. D., CLEMENTS, K. M., SOLARES, G. R., NELSON, M. E., ROBERTS, S. B., KEHAYIAS, J. J., LIPSITZ, L, A. & EVANS, W. J. (1994) Exercise training and nutritional supplementation for physical frailty in very elderly people. *New England Journal of Medicine*, *330* (25), S. 1769–1775 [147].

FIELD, T. (1996) Attachment and separation in young children. *Annual Review of Psychology*, *47*, S. 541–561 [77].

FIELD, T. (2001) Massage therapy facilitates weight gain in preterm infants. *Current Directions in Psychological Science*, *10*, S. 51–54 [71].

FISCHER, A. H., MANSTEAD, A. S. R. & MOSQUERA, P. M. R. (1999) The role of honour-related vs. individualistic values in conceptualising pride, shame, and anger. Spanish and Dutch cultural prototypes. *Cognition and Emotion*, *13*, S. 149–179 [67, 397].

FISHER, B. J. (1995) Successful aging, life satisfaction, and generativity in later life. *International Journal of Aging and Human Development*, Vol. 41 (3), S. 239–250 [127, 129].

FISHER, C. D. & ASHKANASY, N. M. (2000) The emerging role of emotions in work life. An introduction. *Journal of Organizational Behavior*, *21*, S. 123–129 [455].

FISKE, A. P. (1993) Social errors in four cultures. Evidence about universal forms of social relations. *Journal of Cross Cultural Psychology*, *24*, S. 463–494 [442, 467].

FISKE, S. T. (1993) Social cognition and social perception. *Annual Review of Psychology*, *44*, S. 155–194 [442].

FISKE, S. T. (1998) Stereotyping, prejudice, and discrimination. In: GILBERT, D. T., FISKE, S. T. & LINDZEY, G. (Eds.) *The handbook of social psychology*. Vol. 2 (4. Ed.). New York, NY: McGraw-Hill, S. 357–411 [462].

FISKE, S. T. & NEUBERG, S. L. (1990) A continuum of impression formation, from category based on individuating processes. Influence of information and motivation attention and interpretation. In: ZANNA, M. (Ed.) *Advances in experimental social psychology*. Vol. 23. San Diego: Academic Press, S. 1–74 [459, 480].

FISKE, S. T. & TAYLOR, S. E. (1991) *Social cognition* (2. Ed.). New York, NY: McGraw-Hill [442, 467].

FIVUSH, R. (2001) Owning experience. Developing subjective perspective in autobiographical narratives. In: MOORE, C. & LEMMOR, K. (Eds.) The self in time. Developmental perspectives. Mahwah, NJ: Erlbaum, S. 35 - 52 [280].

FLAAKE, K. (1996) Weibliche Adoleszenz, Körperlichkeit und Sexualität. *Zeitschrift für Sexualforschung*, *9*, S. 303 - 314 [109].

FLAVELL, J. H., BEACH, D. H. & CHINSKY, J. M. (1966) Spontaneous verbal rehearsal in a memory task as a function of age. *Child Development*, *37*, S. 283 - 299 [98].

FLAVELL, J. H., FRIEDRICHS, A. G. & HOYT, J. D. (1970) Developmental changes in memorization processes. *Cognitive Psychology*, *1*, S. 324 - 340 [99].

FLINT, M. (1982) Changing perspectives on menopause. In: VODA, A. M. DINNERSTEIN, M. & O'DONNELL, S. R. (Eds.) *Changing perspectives on menopause.* Austin: University of Texas Press, S. 363 - 375 [142].

FLOHR, H. (1987) Biological bases of social prejudices. In: REYNOLDS, V., FALGER, V. & VINE, I. (Eds.) *The sociobiology of ethnocentrism.* Athens, GA: University of Georgia, S. 190 - 207 [457].

FLYNN, J. R. (1984) The mean IQ of Americans. Massive gains 1932 to 1978. *Psychological Bulletin*, *95*, S. 29 - 51 [345].

FLYNN, J. R. (1998) IQ gains over time. Toward finding the causes. In: NEISSER, U. (Ed.) *The rising curve. Longterm gains in IQ and related measures.* Washington, DC: American Psychological Association, S. 25 - 66 [346 f.].

FLYNN, J. R. (1999) Searching for justice. The discovery of IQ gains over time. *American Psychologist*, *54*, S. 5 - 20 [346].

FÖRSTERLING, F. (1992) The Kelley model as an analysis of variance analogy. How far can it be taken? *Journal of Experimental Social Psychology*, *28*, S. 475 - 490 [470].

FORSYTH, D. R. (1987) *Social psychology.* Monterey, CA: Brooks/Cole [471].

FOSTER, C. A., WITCHER, B. S., CAMPBELL, W. K. & GREEN, J. D. (1998) Arousal and attraction. Evidence for automatic and controlled processes. *Journal of Personality and Social Psychology*, *74*, S. 86 - 101 [494].

FRANK, M. G., EKMAN, P. & FRIESEN, W. V. (1993) Behavioral

markers and recognizability of the smile of enjoyment. *Journal of Personality and Social Psychology*, *64*, S. 83 – 93 [451] .

FRANQUEMONT, C. (1979) Watching, watching, counting, counting. *Human Nature*, *2*, S. 82 – 84 [257] .

FRANZ, C. E. , MCCLELLAND, D. C. & WEINBERGER, J. (1991) Childhood antecedents of conventional cocial accomplishment in midlife adults. A 36 – year prospective study. *Journal of Personality and Social Psychology*, *60*, S. 586 – 595 [117, 118] .

FREDERICK, S. &. LOEWENSTEIN, G. (1999) Hedonic adaptation. In: KAHNEMAN, D. , DIENER, E. & SCHWARZ, N. (Eds.) *Well-being. The foundations of hedonic psychology.* New York: Russell Sage, S. 302 – 329 [435] .

FREDRICKSON, B. L. (2002) Positive emotions. In: SNYDER, C. R. & LOPEZ, S. J. (Eds.) *Handbook of positive psychology.* London: Oxford University Press, S. 120 – 134 [437] .

FREEDMAN, J. L. , SEARS, D. O. & CARLSMITH, J. M. (1978) *Social psychology* (3. ed.) . Englewood Cliffs, N. J. : Prentice-Hall [21] .

FREUD, S. (1990) *Die Traumdeutung.* Leipzig: Deuticke [332] .

FREUD, S. (1905) Bruchstück einer Hysterie-Analyse. In: FREUD, A. , BIBRING, E. , HOFFER, W. , KRIS, E. & ISAKOWER, O. (1981) *Sigmund Freud: Gesammelte Werke.* Band 5. Werke aus den Jahren 1904 – 1905. Frankfurt/M. : S. Fischer, S. 163 – 286 [448] .

FREUD, S. (1924) *Zeitgemäßes über Krieg und Tod. Zur Geschichte der psychoanalytischen Bewegung. Eine Teufelsneurose im 17. Jh.* Leipzig: Internationaler Psychoanalytischer Verlag [151] .

FREY, B. S. & BENZ, M. (I. V.) Ökonomie und Psychologie. Eine übersicht. In: FREY, D. & VON ROSENSTIEL, L. (Hrsg.) *Enzyklopädie der Wirtschaftspsychologie*, Göttingen: Hogrefe [315] .

FRIED, P. A. & WATKINSON, B. (1990) 36 – and 48 – month neurobehavioral follow-up of children prenatally exposed to marijuana, cigarettes, and alcohol. *Journal of Developmental and Behavioral Pediatrics*, *11*, S. 49 – 58 [68] .

FRIEZE, I. H. , OLSON, J. E. & RUSSELL, J. (1991) Attractiveness and income for men and women in management. *Journal of Applied Social Psychology*, *21*, S. 1039 – 1057 [487] .

FRODI, A. M. , LAMB, M. E. , HWANG, C. P. & FRODI, M. (1983) Father-mother infant interaction in traditional and nontraditional Swedish families. A longitudinal study. *Alternative Lifestyles*, *5*, S. 142 – 163 [77] .

FüLLGRABE, U. (2002) Gewalttätige Videospiele und Filme mit erotisierter Gewalt. Welche Auswirkungen haben sie auf die Gewaltförderung? *Kriminalistik*, *56*, S. 539 – 542 [256] .

FULTON, R. & OWEN, G. (1987 – 1988) Death and society in twentieth century America. Special Issue. Research in thanatology. A critical appraisal. *Journal of Death and Dying*, *18*, S. 379 – 395 [152] .

FURMAN, W. &. BUHRMESTER, D. (1992) Age and sex differences in perceptions of networks of personal relationships. *Child Development*, *63*, S. 103 – 115 [120] .

FURNESS, J. B. , KUNZE, W. A. A. & CLERC, N. (1999) Nutrient tasting and signaling mechanisms in the gut II. The intestine as a sensory organ. Neural, endocrine, and immune responses. *American Journal of Physiology*, *277*, S. G 922 – G928 [363] .

G

GAERTNER, S. L. , MANN, J. , MURRELL, A. & DOVIDIO, J. F. (2001) Reducing intergroup bias. The benefits of recategorization. In: HOGG, M. A. & ABRAMS, D. (Eds.) *Intergroup relations. Essential readings*. Philadelphia, PA: Psychology Press, S. 356 – 369 [481] .

GALANTER, E. (1962) Contemporary psychophysics. In: BROWN, R. R. , GALANTER, E. , HESS, H. & MANDLER, G. (Eds.) *New directions in psychology*. Vol. 1. New York: Holt, Rinehart & Winston, S. 87 – 156 [163] .

GALATI, D. , SCHERER, K. R. & RICCI-BITTI, P. E. (1997) Voluntary facial expression of emotion. Comparing congenitally blind with normally sighted encoders. *Journal of Personality and Social Psychology*, *73*, S. 1363 – 1379 [440] .

GALEN, B. R. & UNDERWOOD, M. K. (1997) A developmental investigation of social aggression among children. *Developmental Psychology*, *33*, S. 589 – 600 [380] .

GALINSKY, A. D. & MOSKOWITZ, G. B. (2000) Counterfactuals as behavioral primes. Priming the simulation heuristic and consideration of alternatives. *Journal of Experimental Social Psychology*, *36*, S. 384 – 409 [389] .

GALOTTI, K. M. (1989) Approaches to studying formal and everyday reasoning. *Psychological Bulletin*, *105*, S. 331 – 351 [351] .

GALTON, F. (1883) *Inquiries into human faculty and its development.*

London: Macmillan [338].

GARCIA, J., ERVIN, F. R. & KOELLING, R. A. (1966) Learning with prolonged delay of reinforcement. *Psychonomic Science*, *5*, S. 121 - 122 [223 f.].

GARCIA, J. & KOELLING, R. A. (1966) Relation of cue to consequence in avoidance learning, *Psychonomic Science*, *4*, S. 123 - 124 [223].

GARCIA, J., RUSINIAK, K. W. & BRETT, L. L. (1977) Conditioning food-illness aversions in wild animals. Caveat Canonici. In: DAVIS, H. & HURWITZ, H. M. B. (Eds.) *Operant-Pavlovian interactions.* Hillsdale, NJ: Lawrence Erlbaum, S. 273 - 311 [224 f.].

GARDNER, H. (1985) *The mind's new science. A history of the cognitive revolution.* New York: Basic [36 f., 347].

GARDNER, H. (1995) Reflecions on multiple intelligences. Myths and messages. *Phi Delta Kappan*, *November*, S. 200 - 209 [348].

GARDNER, H. (1999) *Intelligence reframed. Multiple intelligences for the 21. century.* New York: Basic Books [348].

GARDNER, H. & HATCH, T. (1989) Multiple intelligences go to school. *Educational implications of the theory of multiple intelligences. Educational Researcher*, *18*, S. 4 - 10 [347].

GAUGLER, B. B., ROSENTHAL, D. B., THORNTON, G. C. & BENTSON, C. (1987) Meta-analysis of assessment center validity. *Journal of Applied Psychology*, *72*, S. 493 - 511 [55].

GEBERT, D. (1989) Assessment Center. In: GREIF, S., HOLLING, H. & NICHOLSON, N. (Hrsg.) *Arbeits-und Organisationspsychologie. Internationales Handbuch in Schlüsselbegriffen.* München: PVU, S. 145 - 149 [53, 54].

GEGENFURTNER, K. R. & SHARPE, L. T. (2001) *Color vision. From genes to perception.* New York: Cambridge University Press [178].

GELB, S. A. (1986) Henry H. Goddard and the immigrants, 1910 - 1917. The studies and their social context. *Journal of the History of the Behavioral Sciences*, *22*, S. 324 - 332 [343].

GERARD, H. B. (1999) A social psychologist examines his past and looks to the future. In: RODRIGUES, A. & LEVINE, R. V. (Eds.) *Reflections on 100 years of experimental social psychology.* New York: Basic Books, S. 47 - 81 [502].

GESSER, G., WONG, P. T. & REKER, G. T. (1987 - 1988) Death attitudes across the life-span. The development and validation of the Death Attitude Profile (DAP). *Omega. Journal of Death and Dying*, *18*, S. 113 - 128

[154] .

GHAZIZADEH, U. R. (1987) *Werbewirkungen durch emotionale Konditionierung. Theorie, Anwendung und Messmethode.* Frankfurt/M. : Lang [219] .

GIAMBRA, L. M. & ARENBERG, D. (1993) Adult age differences in forgetting sentences. *Psychology and Aging*, *8*, S. 451 – 462 [136] .

GIBBONS, F. X. (1986) Social comparison and depression. Company's effect on misery. *Journal of Personality and Social Psychology*, *51*, S. 140 – 148 [433] .

GILBERT, D. T. (1989) Thinking lightly about others. Automatic components of the social inference process. In: ULEMAN, J. S. & BARGH. J. A. (Eds.) *Unintended thought.* New York: Guilford, S. 189 – 211 [471] .

GILBERT, D. T. (1998) Ordinary personology. In: GILBERT, D. T., FISKE, S. T. & LINDZEY, G. (Eds.) *The handbook of social psychology.* Vol. 2 (4. Ed.) . New York: NY: McGraw-Hill, S. 89 – 150 [471] .

GILBERT, D. T. & HIXON, J. G. (1991) The trouble of thinking. Activation and application of stereotypic beliefs. *Journal of Personality and Social Psychology*, *60*, S. 509 – 517 [459 f.] .

GILBERT, D. T., PINEL, E. C., WILSON, T. D., BLUMBERG, S. J. & WHEATLEY, T. P. (1998) Immune neglect. A source of durability bias in affective forecasting. *Journal of Personality and Social Psychology*, *75*, S. 617 – 638 [415 f., 428] .

GILBERT, D. T., PINEL, E. C., WILSON, T. D., BLUMBERG, S. J. & WHEATLEY, T. P. (2002) Durability bias in affective forecasting. In: GILOVICH, T., GRIFFIN, D. et al. (Eds.) *Heuristics and biases. The psychology of intuitive judgment.* New York, NY: Cambridge University Press, S. 292 – 312 [415] .

GILBERT, D. T. & WILSON, T. D. (2000) Miswanting. Some problems in the forecasting of future affective states. In: FORGAS, J. P. (Ed.) *Feeling and thinking. The role of affect in social cognition. Studies in emotion and social interaction.* New York, NY: Cambridge University Press, S. 178 – 197 [415 f.] .

GILLIGAN, C. (1982) *In a different voice. Psychological theory and women's development.* Cambridge, MA: Harvard University Press [102] .

GILLIGAN, C. & ATTANUCCI, J. (1994) Two moral orientations. Gender differences and similarities. In: PUKA, B. (Ed.) *Caring voices and women's moral frames. Gilligan's view. Moral development. A compendium.* Vol. 6. New York: Garland, S. 123 – 137 [102] .

GILOVICH, T., KRUGER, J. & MEDVEC, V. H. (2002) The spotlight effect revisited. Overestimating the manifest variability of our actions and appearance. *Journal of Experimental Social Psychology*, *38*, S. 93 – 99 [114].

GILOVICH, T., MEDVEC, V. H. & SAVITSKY, K. (2000) The spotlight effect in social judgment. An egocentric bias in estimates of the salience of one's own actions and appearance. *Journal of Personality and Social Psychology*, *78*, S. 211 – 222 [114].

GILOVICH, T., SAVITSKY, K. & MEDVEC, V. H. (1998) The illusion of transparency. Biased assessments of others'ability to read one's emotional states. *Journal of Personality and Social Psychology*, *75*, S. 322 – 346 [114, 450].

GIORDANI, B., BERENT, S., BOIVIN, M. J. & PENNEY, J. B. (1995) Longitudinal neuropsychological and genetic linkage analysis of persons at risk for Huntington's disease. *Archives of Neurology*, *52*, S. 59 – 64 [63].

GLASER, R., PEARSON, G. R., BONNEAU, R. H., ESTERLING, B. A. et al. (1993) Stress and the memory T-cell response to the Epstein-Barr virus in healthy medical students. *Health Psychology*, *12*, S. 435 – 442 [149].

GLASER, R., RICE, J., SPEICHER, C. E., SPOUT, J. C. & KIECOLT-GLASER, J. K. (1986) Stress depresses interferon production by leukocytes concomitant with a decrease in natural killer cell activity. *Behavioral Neuroscience*, *100*, S. 675 – 678 [149].

GLICKMAN, S. E. (1977) Comparative psychology. In: MUSSEN, P. H., ROSENZWEIG, M. R. et al. (Eds.) *Psychology. An introduction.* Lexington, MA: Heath, S. 629 – 702 [252].

GLUCK, M. A. & MYERS, C. E. (1997) Psychobiological models of hippocampal function in learning and memory. *Annual Review of Psychology*, *48*, S. 481 – 514 [274].

GODDARD, H. H. (1917) Mental tests and the immigrant. *The Journal of Delinquency*, *2*, S. 243 – 277 [343].

GODDEN, D. R. & BADDELEY, A. D. (1975) Context-dependent memory in two natural environments: On land and underwater. *British Journal of Psychology*, *66*, S. 325 – 331 [293].

GOEBEL, M. U., TREBST, A. E., STEINER, J., XIE, Y. F., EXTON, M. S., FREDE, S., CANBAY, A. E., MICHEL, M. C., HEEMANN, U. & SCHEDLOWSKI, M. (2002) Behavioral conditioning of immunosuppression is possible in humans. *FASEB Journal*, *16*, S. 1869 – 1873 [227].

GOLDING, J. M. (1996) Sexual assault history and limitations in physical functioning in two general population samples. *Research in Nursing and Health*, *19*, S. 33 – 44 [388] .

GOLDIN-MEADOW, S. (2000) Learning with and without a helping hand. In: LANDAU, B., SABINI, J., JONIDES, J. & NEWPORT, E. L. (Eds.) *Perception, cognition, and language. Essays in honor of Henry and Lila Gleitman.* Cambridge, MA: The MTI Press, S. 121 – 137 [85] .

GOLDSTEIN, E. B. (2001) *Sensation and perception* (6. Ed.) . Belmont, CA: Wadsworth. Dt. (2002) *Wahrnehmungspsychologie. Eine Einführung.* Heidelberg: Spektrum Akademischer Verlag (übersetzung der 4. Aufl.) [166, 182, 185] .

GOLDSTEIN, J. H., CAJKO, L., OOSTERBROEK, M., MICHIELSEN, M., VAN HOUTEN, O. & SALVERDA, F. (1997) Video games and the elderly. *Social Behavior and Personality*, *25*, S. 345 – 352 [139] .

GOLEMAN, D. (1995) *Emotional intelligence.* New York: Bantam Books. Dt. (2002) *Emotionale Intelligenz* (15. Aufl.) . München: Deutscher Taschenbuch-Verlag [454 ff.] .

GONZALES, M. H., DAVIS, J. M., LONEY, G. L., LUKENS, C. K. & JUNGHANS, C. M. (1983) Interactional approach to interpersonal attraction. *Journal of Personality and Social Psychology*, *44*, S. 1192 – 1197 [488] .

GOODENOUGH, F. L. (1932) Expression of the emotions in a blind-deaf child. *Journal of Abnormal and Social Psychology*, *27*, S. 328 – 333 [440] .

GOODNOW, J. J. (1986) Some lifelong everyday forms of intelligent behavior. Organizing and reorganizing. In: STERNBERG, R. J. & WAGNER, R. K. (Eds.) *Practical intelligence. Nature and origins of competence in everyday world.* Cambridge: Cambridge University Press [349] .

GOPNIK, A., MELTZOF, A. N. & KUHL, P. K. (1999) *The scientist in the crib. Minds, brains, and how children learn.* New York: Morrow. Dt. (2003) *Forschergeist in Windeln. Wie Ihr Kind die Welt begreift* (2. Aufl.) . München: Piper [73] .

GORDON-SALANT, S. (1986) Effects of aging on response criteria in speech-recognition tasks. *Journal of Speech and Hearing Research*, *29*, S. 155 – 162 [168] .

GOSDEN, C. NICOLAIDES, K. & WHITTING, V. (1994) *Is my baby all right? A guide for expectant parents.* Oxford: Oxford University Press [69] .

GOULD, S. J. (1997) *The mismeasure of man* (Rev. and exp. Ed.) . London: Penguin. Dt. (1999) *Der falsch vermessene Mensch* (3. Aufl.)

. Frankfurt/M. : Suhrkamp [338] .

GRADY, C. L. , MCINTOSH, A. R. , HORWITZ, B. , MAISOG, J. M. et al. (1995) Age-related reductions in human recognition memory due to impaired encoding. *Science*, *269 (5221)*, S. 218 – 221 [134] .

GRAU, I. (2003) Emotionale Nähe. In: GRAU, I. & BIERHOFF. H. W. (2003) *Sozialpsychologie der Partnerschaft.* Berlin: Springer, S. 285 – 314 [490] .

GRAU, I. & KUMPF, M. (1993) Liebe, Sexualität, Zufriedenheit. Zusammenhänge bei Frauen und Männern. *Zeitschrift für Sozialpsychologie*, *24*, S. 83 – 93 [496] .

GRAWE, K. (1992) Psychotherapieforschung zu Beginn der neunziger Jahre. *Psychologische Rundschau*, *43*, S. 132 – 162 [51] .

GRAY, P. (1999) *Psychology* (3. Ed) . New York, NY: Worth [43 f.] .

GRAYSON, B. (1993) Varieties of near-death experience. *Psychiatry*, *56*, S. 390 – 399 [157] .

GREEN, D. P. , GLASER, J. & RICH, A. (1998) From Iynching to gay bashing. The elusive connection between economic conditions and hate crime. *Journal of Personality and Social Psychology*, *75*, S. 82 – 92 [382] .

GREENBERG, J. , PORTEUS, J. , SIMON, L. , PYSZCZYNSKI, T. & SOLOMON, S. (1995) Evidence of a terror management function of cultural icons. The effects of mortality salience on the inappropriate use of cherished cultural symbols. *Personality and Social Psychology Bulletin*, *21*, S. 1221 – 1228 [153] .

GREENBERG, M. & CRNIC, K. (1988) Longitudinal predictors of developmental status and social interactions in premature and full-term infants at age two. *Child Development*, *59*, S. 554 – 570 [71] .

GREENFIELD, P. (1998) Geistesblitz per Mausklick? *Psychologie heute*, *25*, S. 33 – 35 [346] .

GREENWALD, A. G. , DRAINE, S. C. & ABRAMS, R. L. (1996) Three congnitive markers of unconscious semantic activation. *Science*, *273 (5282)*, S. 1699 – 1702 [207] .

GRIGORENKO, E. L. (2003) Intraindividual fluctuations in intellectual functioning. Selected links between nutrition and the mind. In: STERNBERG, R. J. , LAUTREY, J. & LUBART, T. I. (Eds.) *Models of intelligence. International perspectives*. Washington, DC: American Psychological Association, S. 91 – 115 [343] .

GRILO, C. M. & POGUE-GEILE, M. F. (1991) The nature of environmental influences on weight and obesity. A behavior genetic analysis. *Psychological Bulletin*, *110*, S. 520 – 537 [368].

GRIMM, H. (1995) Sprachentwicklung-allgemeintheoretisch und differentiell betrachtet. In: OERTER, R. & MONTADA, L. (Hrsg.) *Entwicklungspsychologie*. Weinheim: Belz PVU [84].

GROEBEL, J. (1988) Sozialisation durch Fernsehgewalt. Ergebnisse einer kulturvergleichenden Studie. *Publizistik*, *33*, S. 468 – 480 [256].

GROEBEL, J. & CLEICH, U. (1993) *Gewaltprofil des deutschen Fernsehprogramms. Eine Analyse des Angebots privater und öffentlich-rechtlicher Sender*. Opladen: Leske + Budrich [255 f.].

GROF, S. & HALIFAX, J. (1977) *The human encounter with death*. New York, NY: Dutton. Dt. (2000) *Die Begegnung mit dem Tod* (3. Aufl.). Stuttgart: Klett-Cotta [157].

GROSSMAN, R. P. & TILL, B. D. (1998) The persistence of classically conditioned brand attitudes. *Journal of Advertising*, *27*, S. 23 – 31 [219].

GROTH-MARNAT, G. & SUMMERS, R. (1998) Altered beliefs, attitudes, and behaviors following near-death experiences. *Journal of Humanistic Psychology*, *38*, S. 110 – 125 [157].

GRUDER, C. L. (1977) Choice of comparison persons in evaluating oneself. In: SULS, J. M. & MILLER, R. L. (Eds.) Social comparison processes. New York: Hemisphere, S. 21 – 42 [434].

GRUDNIK, J. L. & KRANZLER, J. H. (2001) Meta-analysis of the relationship between intelligence and inspection time. *Intelligence*, *29*, S. 523 – 535 [345].

GRUENDER, C. D. (1996) Constructivism and Learning. A philosophical appraisal. *Educational Technology*, *44*, S. 21 – 29 [38].

GUENTHER, R. K. (1988) Mood and memory. In: DAVIES, G. M. & THOMSON, D. M. (Eds.) *Memory in context. Context in memory*. Oxford: Wiley & Sons, S. 57 – 80 [294].

GUINARD, J. X. BRUN, P. (1998) Sensory-specific satiety. Comparison of taste and texture effects. *Appetite*, *31*, S. 141 – 157 [364].

GUSTAVSON, C. R., GARCIA, J. & HANKINS, W. G. (1974) Coyote predation control by aversive conditioning. *Science*, *184 (4136)*, S. 581 – 583 [224].

H

HABER, R. N. & STANDING, L. G. (1969) Direct measures of short-term visual storage. *Quarterly Journal of Experimental Psychology*, *21*, S. 43 – 54 [261].

HACKER, H. M. (1981) Blabbermouths and clams. Sex differences in self-disclosure in same-sex and cross-sex friendship dyads. *Psychology of Women Quarterly*, *5*, S. 385 – 401 [446].

HAGGERTY, R. J. (Ed.) (1994) *Stress, risk, and resilience in children and adolescents. Processes, mechanisms, and interventions.* Cambridge: Cambridge University Press [248].

HAHN, A. (1968) *Einstellungen zum Tod und ihre soziale Bedingtheit. Eine soziologische Untersuchung.* Stuttgart: Enke [154].

HAISCH, J. & ZEITHER, H. P. (Hrsg.) (1991) *Gesundheitspsychologie. Zur Sozialpsychologie der Prävention und Krankheitsbewältigung.* Heidelberg: Asanger [42].

HALE, S., MYERSON, J., RHEE, S. H., WEISS, C. S. & ABRAMS, R. A. (1996) Selective interference with the maintenance of location information in working memory. *Neuropsychology*, *10*, S. 228 – 240 [271].

HALL, C. S. (1966) *The meaning of dreams.* New York: McGraw-Hill [332, 452].

HALL, E. T. (1966) *The hiddendimension.* Garden City, N. Y.: Doubleday [452].

HALL, E. T. & HALL, M. R. (1990) *Understanding cultural differences.* Yarmouth, Me.: Intercultural Press [444].

HALL, J. F. (1989) *Learning and memory.* Boston: Allyn & Bacon [218].

HALLIDAY, G. (1993) Examination dreams. *Perceptual and Motor Skills*, *77*, S. 489 – 490 [333].

HALPERN, D. F. (1984) *Thought and knowledge. An introduction to critical thinking.* Hillsdale, NJ: Erlbaum [330].

HAMMERL, M. & GRABITZ, H. J. (1994) Unbewusstes Lernen: Ein bewusster Vorgang? Bemer-kungen zur Hoffmann-Markowitsch-Debatte. *Psychologische Rundschau*, *45*, S. 37 – 39 [245].

HANS, V. P. (1989) Psychology and law. In: GREGORY, W. L. & BURROUGHS, W. J. (Eds.) *Introduction to applied psychology.* Glenview. Ill:

Scott, Foresman, S. 322 - 367 [43] .

HANSEN LEMME, B. (2001) *Development in adulthood* (3. Ed.) . Boston: Allyn and Bacon [126, 143] .

HARLOW, H. F. (1953a) Mice, monkeys, men, and motives. *Psychological Review*, *60*, S. 23 - 32 [358] .

HARLOW, H. F. (1953b) Learning by Rhesus monkeys on the basis of manipulation-exploration motives. *Science*, *117*, S. 466 - 467 [358] .

HARLOW, H. F. (1959) Love in infant monkey. *Scientific American*, *207*, S. 136 - 144 [76] .

HARLOW, H. F. & HARLOW, M. K. (1962) Social deprivation in monkeys. Scientific American, 207, S. 136 - 144 [76] .

HARRé, R. & LAMB, R. (Eds.) (1983) *The encyclopedic dictionary of psychology.* Oxford: Blackwell [374] .

HARRER, M. E. (2001) Spiritualität und Gesundheit. Das bio-psycho-sozio-spirituelle Menschen-bild. *Psychopraxis*, *4*, S. 20 - 26 [140] .

HARRISON, A. A. (1977) Mere exposure. In: BERKOWITZ, L. (Ed.) *Advances in experimental social psychology.* Vol. 10. New York: Academic Press, S. 39 - 83 [483] .

HART, B. & RISLEY, T. R. (1999) *The social world of children learning to talk.* Baltimore, MD: Paul H. Brookes [87] .

HASSEBRAUCK, M. & FEHR, B. (2002) Dimensions of relationship quality. *Personal Relationships*, *9*, S. 253 - 270 [496] .

HATFIELD, E. (1988) Passionate and companionate love. In: STERNBERG, R. J. & BARNES, M. L. (Eds.) *The psychology of love.* New Haven, CT. : Yale University Press, S. 191 - 217 [493] .

HATFIELD, E. & SPRECHER, S. (1986) Measuring passionate love in intimate relationships. *Journal of Adolescence*, *9*, S. 383 - 410 [493] .

HE, S., CAVANAGH, P. & INTILIGATOR, J. (1996) Attentional resolution and the locus of social awareness. *Nature*, *282*, S. 334 - 337 [181] .

HECKHAUSEN, H. (1987) Wünschen-Wählen-Wollen. In: HECKHAUSEN, P. M., GOLLWITZER, P. M. & WEINERT, F. E. (Hrsg.) *Jenseits des Rubikons. Der Wille in den Humanwissenschaften.* Berlin: Springer, S. 3 - 9 [400] .

HEIDER, F. (1946) Attitudes and cognitive organization. *Journal of Psychology*, *21*, S. 107 - 112 [468] .

HEIDER, F. (1958) *The psychology of interpersonal relations.* New York: Wiley. Dt. (1977) *Psychologie der interpersonalen Beziehungen.* Stuttgart: Klett

[468] .

HEIMAN, M. (1987) Learning to learn. A behavioral approach to improving thinking. In: PERKINS, D. N. & LOCHHEAD, J. (Eds) *Thinking. The second international conference.* Hillsdale, NJ, England: Erlbaum, S. 431 – 452 [297] .

HEINE, M. K., OBER, B. A. & SHENAUT, G. K. (1999) Naturally occurring and experimentally induced tip-of-the-tongue experiences in three adult age groups. *Psychology and Aging*, *14*, S. 445 – 457 [281] .

HEINE, S. H., LEHMAN, D. R., MARKUS, H. R. & KITAYAMA, S. (1999) Is there a universal need for positive self-regard? *Psychological Review*, *106*, S. 766 – 794 [123] .

HEJMADI, A., DAVIDSON, R. J. & ROZIN, P. (2000) Exploring Hindu Indian emotion expressions. Evidence for accurate recognition by Americans and Indians. *Psychological Science*, *11*, S. 183 – 187 [441] .

HELLBRüCK, J. & FISCHER, M. (1999) *Umweltpsychologie.* Göttingen: Hogrefe [386] .

HELMHOLTZ, H. V. (1856) Handbuch der physiologischen Optik. Leipzig: Voss [176] .

HENDRICK, S. S. & HENDRICK, C. (1992) Romantic love. Newbury Park: Sage [490] .

HENLEY, N. M. (1977) *Body politics. Power, sex, and nonverbal communication.* Englewood Cliffs, NJ: Prentice-Hall. Dt. (1991) *Körperstrategien. Geschlecht, Macht und nonverbale Kommunikation.* Frankfurt/M.: Fischer [452] .

HENNIG, J. (1998) *Psychoneuroimmunologie.* Göttingen: Hogrefe [148] .

HERBERT, T. B. & COHEN, S. (1993) Stress and immunity in humans. A meta-analytic review. *Psychosomatic Medicine*, *55*, S. 364 – 379 [149] .

HERGENHAHN, B. R. & OLSON, M. H. (1993) *An introduction to theories of learning* (4. Ed.) . Upper Saddle River, NJ: Prentice-Hall [216] .

HERING, E. (1905) *Grundzüge der Lehre vom Lichtsinn.* Berlin: Springer [177] .

HERKNER, W. (2003) *Lehrbuch Sozialpsychologie* (2. Aufl.) . Bern: Huber [478] .

HERMAN, C. P. & MACK, D. (1975) Restrained and unrestrained eating. *Journal of Personality*, *43*, S. 647 – 660 [371] .

HERMANN, C. (2002) Biofeedback- "Cybertherapy" in times of cyberspace? *Psychomed*, *14*, S. 4 – 10 [233].

HERSHENSON, M. (Ed.) (1989) *The Moon Illusion.* Hillsdale, NJ: L. Earlbaum [194].

HERTZOG, C. & SCHAIE, K. W. (1988) Stability and change in adult intelligence. II. Simultaneous analysis of longitudinal means and covariance structures. *Psychology and Aging*, *3*, S. 122 – 130 [134].

HILGARD, E. R. (1987) *Psychology in America. A historical survey.* San Diego: Harcourt Brace Jovanovich [10].

HILGARD, E. R. & MARQUIS, D. G. (1940) *Conditioning and learning.* New York: Appleton-Century-Crofts [216].

HILTON, J. L. & VON HIPPEL, W. (1996) Stereotypes. *Annual Review of Psychology*, *47*, S. 237 – 271 [459].

HOBSON, J. A. (1988) *The dreaming brain.* New York: Basic books [333].

HOCHSCHILD, A. R. (2003) *The managed heart. Commercialization of human feeling.* Berkeley: University of California Press [446].

HOFFMAN, D. (1999) When the nuclear alarms went off, He guessed right. I*nternational Herald Tribune*, *February*, *11*, S. 2 [170 f.].

HOFFMAN, J. A. (1984) Psychological separation of late adolescents from their parents. *Journal of Counseling Psychology*, *3*, S. 170 – 178 [119].

HOFFRAGE, U., HERTWIG, R. & GIGERENZER, G. (2000) Hindsight bias. A by-product of knowledge updating? *Journal of Experimental Psychology. Learning*, *Memory and Cognition*, *26*, S. 566 – 581 [321].

HOGBEN, M. (1998) Factors moderating the effect of televised aggression on viewer behavior. *Communication Research*, *25*, S. 220 – 247 [255].

HOGUE, M. E., BEAUGRAND, J. P. & LAUGUE, P. C. (1996) Coherent use of information by hens observing their former dominant defeating or being defeated by a stranger. *Behavioural Processes*, *38*, S. 241 – 252 [252].

HOHMANN, G. W. (1966) Some effects of spinal cord lesions on experienced emotional feelings. *Psychophysiology*, *3*, S. 143 – 156 [417].

HOLLANDER, E. P. (1958) Conformity, status, and idiosyncrasy credit. *Psychological Review*, *65*, S. 117 – 127 [506].

HOLT, E. B. (1931) *Animal drive and the learning process. An essay toward radical empiricism.* Vol. 1. New York: Holt [357].

HONG, Y., MORRIS, M. W., CHIU, C. & BENET-MARTINEZ, V. (2000) Multicultural minds. A dynamic constructivist approach to culture and cognition. *American Psychologist*, *55*, S. 709 – 720 [473] .

HOPPE, R. B. (1988) In search of a phenomenon. *Contemporary Psychology*, *33*, S. 129 – 130 [167] .

HORLACHER, K. D. (2000) Kritische Lebensereignisse. In: AMELANG, M. (Hrsg.) *Determinanten individueller Unterschiede.* Enzyklopädie der Psychologie, Themenbereich C, Theorie und Forschung, Serie VIII, Differentielle Psychologie und Persönlichkeitsforschung, Band 4. Göttingen: Hogrefe, S. 455 – 486 [132] .

HORN, J. L. & CATTELL, R. B. (1967) Age differences in fluid and crystallized intelligence. *Acta psychologica*, *26*, S. 107 – 129 [134] .

HORWITZ, M. & RABBIE, J. M. (1989) Stereotypes of Groups, Group Members, and Individuals in Categories. A Differential Analysis. In: BAR-TAL, D. , GRAUMANN, C. F. , KRUGLANSKI, A. W. & STROEBE, W. (Hrsg.) *Stereotyping and Prejudice. Changing Conceptions.* New York: Springer, S. 105 – 132 [480] .

HOTHERSALL, D. (2004) *History of psychology* (4. Ed.) . Boston: McGraw-Hill [10, 216, 248 f.] .

HOUGH, L. M. & OSWALD, E. L. (2000) Personnel selection. *Annual Review of Psychology*, *31*, S. 631 – 664 [54] .

HOUSTON, J. P. (1985) *Motivation.* New York: Macmillan [370] .

HOWE, J. (1992) Die Phasentheorie des Sterbens von Kübler-Ross. In: HOWE, J. et al. (Hrsg.) *Lehrbuch der psychologischen und sozialen Alterswissenschaft.* Band 4. *Sterben*, *Tod*, *Trauer.* Asanger, Heidelberg, S. 54 – 68 [155] .

HOYOS, C. GRAF & FREY, D. (Hrsg.) (1999) *Arbeits-und Organisationspsychologie.* Weinheim: Psychologie Verlags Union [53] .

HUBEL, D. H. (1988) *Eye*, *brain*, *and vision.* New York: Scientific American. Dt. (1989) *Auge und Gehirn. Neurobiologie des Sehens.* Heidelberg: Spektrum der Wissenschaft [177] .

HUBEL, D. H. & WIESEL, T. N. (1962) Receptive fields, binocular interaction and functional architecture in the cat's visual cortex. *Journal of Physiology*, *160*, S. 106 – 154 [179] .

HUBEL, D. H. & WIESEL, T. N. (1963) Shape and arrangement of columns in cat's striate cortex. *Journal of Physiology*, *165*, S. 559 – 568 [179] .

HUBER, A. (2000) "Es gibt kein Psiradio des Gehirns!" *Psychologie heute*, *27*, S. 63 – 67 [167] .

HUDSON, W. (1960) Pictorial depth perception in subcultural groups in

Africa. *Journal of Social Psychology*, *52*, S. 183 – 208 [196] .

HUESMANN, L. R. , MOISE, J. F. & PODOLSKI, C. L. (1997) The effects of media violence on the development of antisocial behavior. In: STOFF, D. M. & BREILING, J. (Eds.) *Handbook of antisocial behavior.* New York: Wiley, S. 181 – 193 [256] .

HUGDAHL, K. (1995) Classical conditioning and implicit learning. The right hemisphere hypothesis. In: DAVIDSON, R. J. & HUGDAHL, K. (Eds.) *Brain asymmetry.* Cambridge, MA. : MIT Press, S. 235 – 267 [279] .

HULL, C. L. (1943) *Principles of behavior. An introduction to behavior theory.* New York: Appleton-Century-Crofts [358] .

HULL, C. L. (1952) *A behavior system. An introduction to behavior theory concerning the individual organism.* New Haven, CT: Yale University Press [358] .

HULTSCH, D. F. , HERTZOG, C. , SMALL, B. J. & DIXON, R. A. (1999) Use it or lose it. Engaged life-style as a buffer of cognitive decline in aging? *Psychology and Aging*, *14*, S. 245 – 263 [129] .

HUNT, E. (1999) What is a theory of thought? In: STERNBERG, R. J. (Ed.) *The nature of cognition.* Cambridge, MA: MIT Press, S. 3 – 4 9 [306] .

HUON, G. F. , MINGYI, Q. , OLIVER, K. & XIAO, G. (2002) A large-scale survey of eating disorder symptomatology among female adolescents in the people's Republic of China. *International Journal of Eating Disorders*, *32*, S. 192 – 205 [370] .

HUROVITZ, C. S. , DUNN, S. , DOMHOFF, G. W. & FISS, H. (1999) The dreams of blind men and women. A replication and extension of previous findings. *Dreaming*, *9*, S. 183 – 193 [333] .

HURRELMANN, K. (1990) Parents, peers, teachers, and other significant partners in adolescence. *International Journal of Adolescence and Youth*, *2*, S. 211 – 230 [119] .

HUSTON, T. & KORTE, C. (1976) The responsive bystander. Why he helps. In: LICKONA, T. (Ed.) Moral development and behavior. New York: Holt, Rinehart & Winston, S. 269 – 284 [22] .

HUTCHINS, E. (1980) *Culture and inference.* Cambridge, MA: Harvard University Press [114] .

HUXLEY, A. (1932) *Brave new world.* London: Chatto & Windus. Dt. (1987) Schöne neue Welt (4. Aufl.) . München: Piper [221] .

HYMAN, R. (1996) The evidence of psychic functioning. Claims vs. reality. *Skeptical Inquirer*, *20*, S. 24 – 26 [167] .

I

IACANO, W. G. & PATRICK, C. J. (1999) Polygraph ("lie detector") testing. The state of the art. In: HESS, A. K. & WEINER, I. B. (Eds.) *The handbook of forensic psychology* (2. Ed.). New York: Wiley, S. 440 - 473 [413].

INGLEFINGER, F. J. (1944) The late effects of total and subtotal gastrectomy. *New England Journal of Medicine*, *231*, S. 321 - 327 [363].

INGLEHART, R. (1990) *Culture shift in advanced industrial society.* Princeton, NJ: Princeton University Press [430].

INGLEHART, R. (1997) *Modernization and postmodernization. Cultural, economic and political change in 43 societies.* Princeton, NJ: Princeton University Press [429].

INHELDER, B. & PIAGET, J. (1955) *De la logique de l'enfant à la logique de l'adolescent.* Paris: Presse Universitaires de France. Dt. (1980) *Von der Logik des Kindes zur Logik des Heranwachsenden.* Olten: Walter [111].

INTONS-PETERSON, M. J. & REDDEL, M. (1984) What do people ask about a neonate? *Developmental Psychology*, *20*, S. 358 - 359 [92].

IRTEL, H. (1996) Methoden der Psychophysik. In: ERDFELDER, E., MAUSFELD, R., MEISERT, T. & RUDINGER, G. (Hrsg.) *Handbuch quantitativer Methoden.* Weinheim: PVU, S. 479 - 489 [168].

ISABELLA, R. A. & BELSKY, J. (1991) Interactional synchrony and the origins of infant-mother attachment. *Child Development*, *62*, S. 373 - 384 [78].

ISEN, A. M. & MEANS, B. (1983) The influence of positive affect on decision-making strategy. Social Cognition, *2*, S. 18 - 31 [425].

IVY, G., MACLEOD, C., PETIT, T. & MARKUS, E. (1992) A physical framework for perceptual and cognitive changes in aging. In: CRAIK, F. I. M. & SALTHOUSE, T. A. (Eds.) *The handbook of aging and cognition.* Hillsdale, NJ: Erlbaum, S. 273 - 314 [137].

IYENGAR, S. S. & LEPPER, M. R. (1999) Rethinking the value of choice. A cultural perspective on intrinsic motivation. *Journal of Personality and Social Psychology*, *76*, S. 349 - 366 [129].

IYENGAR, S. S. & LEPPER, M. R. (2000) When choice is demotivating. Can one desire too much of a good thing? *Journal of Personality and Social Psychology*, *79*, S. 995 - 1006 [129].

IZARD, C. E. (1971) *The face of emotion.* New York: Appleton-Century-Crofts [407].

IZARD, C. E. (1991) *The psychology of emotions.* New York: Plenum Press [407].

IZARD, C. E., FANTAUZZO, C. A., CASTLE, J. M., HAYNES, O. M., RAYIAS, M. F. & PUTMAN, P. H. (1995) The ontogeny and significance of infants' facial expressions in the first 9 months of life. *Developmental Psychology*, *31*, S. 997 – 1013 [440, 454].

IZARD, C. E., HUEBNER, R. R., RISSER, D. & DOUGHERTY, L. (1980) The young infant's ability to produce discrete emotion expressions. *Developmental Psychology*, *16*, S. 132 – 140 [440].

J

JACOB, T. (1974) Patterns of family conflict and dominance as a function of child age and social class. *Developmental Psychology*, *10*, S. 1 – 12 [120].

JACOBS, J. E. & GANZEL, A. K. (1993) Decision-making in adolescence. Are we asking the wrong questions? In: PINTRICH, P. R. & MAEHR, M. L. (Eds.) *Advances in motivation and achievement.* Vol. 8. *Motivation and adolescent development.* Greenwich, CT: JAI Press, S. 1 – 31 [115].

JACQUES, E. (1969) The mid-life crisis. In: OWEN, R. (Ed.) *Middle age.* London: BBC., S. 22 – 36 [143].

JAMES, W. (1884) What is an emotion? *Mind*, *9*, S. 188 – 205 [416].

JAMES, W. (1890) *Principles of psychology.* New York: Holt [416].

JAMES, W. (1902) *The varieties of relitgous experience.* New York: Modern Library [198].

JANKOWIAK, W. R. & FISCHER, E. F. (1992) A cross-cultural perspective on romantic love. *Ethnology*, *31*, S. 149 – 155 [493].

JELLISON, J. M. & GREEN, J. (1981) A self-presentation approach to the fundamental attribution error. The norm of internality. *Journal of Personality and Social Psychology*, *40*, S. 643 – 649 [471].

JEMMOTT, J. B., BORYSENKO, M., MCCLELLAND, D. C., CHAPMAN, R., MEYER, D. & BENSON, H. (1985) Academic stress, power motivation, and decreaes in salivary secretory Immunoglobulin. A secretion rate. *Lancet*, 1, S. 1400 – 1402 [149].

JI, L. J., PENG, K. & NISBETT, R. E. (2000) Culture, control, and perception of relationships in the environment. *Journal of Personality and Social Psychology*, *78*, S. 943 – 955 [472].

JOHANSSON, G. (1975) Visual motion perception. *Scientific American*, *232*, S. 76 – 88 [188].

JOHANSSON, G. (1994) Studies of visual perception of locomotion. In: JANSSON, G., BERGSTROEM, S. S. et al. (Eds.) *Perceiving events and objects. Resources for ecological psychology.* Hillsdale, NJ: Erlbaum, S. 223 – 238 [188].

JOHN, E. R., CHESLER, P., BARTLETT, F. & VICTOR, I. (1968) Observation learning in cats. *Science*, 159 (3822), S. 1489 – 1491 [252].

JOHNSON, D. M., PARROTT, G. L. & STRATTON, R. P. (1968) Production and judgment of solutions to five problems. *Journal of Educational Psychology*, *59* (Suppl. No 6, Pt. 2), S. 1 – 21 [330].

JOHNSON, E. J., & TVERSKY, A. (1983) Affect, generalization, and the perception of risk. *Journal of Personality and Social Psychology*, *45*, S. 20 – 31 [425].

JOHNSON, J. & NEWPORT, E. (1989) Critical period effects in second language learning. The influence of maturational state on the acquisition of English as a second language. *Cognitive Psychology*, *21*, S. 60 – 99 [86].

JOHNSON, M. H. (1997) *Developmental cognitive neuroscience. An introduction.* Oxford, U. K.: Blackwell [75].

JOHNSON, M. H., DZIURAWIEC, S., ELLIS, H. & MORTON, J. (1991) Newborns'preferential tracking of face-like stimuli and its subsequent decline. *Cognition*, *40*, S. 1 – 19 [75].

JOHNSON, M. K. (1996) Fact, fantasy, and public policy. In: HERRMANN, D. J. (Ed.) *Basic and applied memory research.* Band 1. *Theory in context.* Mahwah, NJ: Erlbaum, S. 83 – 103 [285 f.].

JOHNSON, M. K., NOLDS, S. F. & DE LEONARDIS D. M. (1996) Emotional focus and source monitoring. *Journal of Memory and Language*, *35*, S. 135 – 156 [286].

JOHNSON, R. D. & DOWNING, L. L. (1979) Deindividuation and valence of cues. Effects on prosocial and antisocial behavior. *Journal of Personality and Social Psychology*, *37*, S. 1532 – 1538 [389].

JOHNSTON, M. K., KELLEY, C. S. & SUSAN, H. (1966) An application of reinforcement principles to development of motor skills of a young child. *Child Development*, *37*, S. 379 – 387 [238].

JONES, E. E. & NISBETT, R. E. (1987) The actor and the observer. Divergent perceptions of the causes of behavior. In: JONES, E. E., KA-

NOUSE, D. E. , KELLEY, H. H. , NISBETT, R. E. , VALINS, S. & WEINER, B. (Eds.) *Attribution. Perceiving the causes of behavior.* Hillsdale, NJ: Lawrence Erlbaum, S. 79 – 94 [471 f.] .

JONES, H. E. & CONRAD, H. S. (1933) The growth and decline of intelligence. A study of a homogeneous group between the ages of ten and sixty. *Genetic Psychology Monographs*, *13*, S. 223 – 298 [133] .

JONES, M. C. (1924a) A laboratory study of fear. *Pedagogical Seminary*, *31*, S. 310 – 311 [222, 252] .

JONES, M. C. (1924b) Elimination of children's fears. *Journal of Experimental Psychology*, *7*, S. 381 – 390 [222, 252] .

JONES, S. S. , COLLINS, K. & HONG, H. (1991) An audience effect on smile production in 10 – month-old infants. *Psychological Science*, *2*, S. 45 – 49 [439] .

JOURARD, S. M. (1971) *Self-disclosure. An experimental analysis of the transparent self.* New York: Wiley [490] .

JOY, L. A. , KIMBALL, M. M. & ZABRACK, M. L. (1986) Television and aggressive behavior. In: WILLIAMS, T. M. (Ed.) *The impact of television. A natural experiment in* 3 *communities.* Orlando: Academic Press, S. 303 – 360 [255] .

JUNGNITSCH, G. (1999) *Klinische Psychologie.* Stuttgart: Kohlhammer [45] .

JUSSIM, L. (1989) Teacher expectations. Self-fulfilling prophecies, perceptual biases, and accuracy. *Journal of Personality and Social Psychology*, *57*, S. 469 – 480 [465] .

JUSSIM, L. , ECCLES, J. & MADON, S. (1996) Social perception, social stereotypes, and teacher expectations. Accuracy and the quest for the powerful self-fulfilling prophecy. In: ZANNA, M. P. (Ed.) *Advances in experimental social psychology.* Vol. 28. San Diego, CA: Academic Press, S. 281 – 388 [465] .

JUSTICE, B. (1991) Wann das Immun-System schwach wird. *Psychologie heute*, *18*, S. 50 – 55 [149] .

K

KAGAN, N. (1984) *The nature of the child.* New York: Basic Books [78] .

KAHNEMAN, D. (1999) Objective happiness. In: KAHNEMAN, D. , DIENER, E. & SCHWARZ, N. (Eds.) *Well-being. The foundation of hedonic psychology.* New York: Russell Sage, S. 3 – 25 [435].

KAHNEMAN, D. & MILLER, D. T. (1986) Norm theory. Comparing reality to its alternatives. *Psychological Review*, *93*, S. 136 – 153 [398].

KAHNEMAN, D. & TVERSKY, D. T. (Eds.) (1982) *Judgment under uncertainty. Heuristics and biases.* Cambridge, MA: Cambridge University Press [320].

KAHNEMAN, D. & TVERSKY, A. (1984) Choices, values, and frames. *American Psychologist*, *39*, S. 341 – 350 [320].

KALAT, J. W. (1995) *Biological psychology* (5. Ed.). Belmont, CA: Brooks/Cole [64].

KAMIN, L. J. (1969) Predictability, surprise, attention, and conditioning. In: CAMPBELL, B. A. & CHURCH, R. M. (Eds.) *Punishment and aversive Behavior.* New York: Appleton-Century-Crofts, S. 279 – 296 [245].

KAMIN, L. J. (1973) Heredity, intelligence, politics, and psychology. *Paper presented at the Meeting of the Eastern Psychological Association.* Washington, DC [343].

KAMIYA, J. (1968) Conscious control of brain waves. *Psychology Today*, *1*, S. 56 – 60 [233].

KANTOWITZ, B. H. & SORKIN, R. D. (1983) *Human factors. Unterstanding people system relationships.* New York: Wiley [55].

KANWISHER, N. (2000) Domain specificity in face perception. *Nature Neuroscience*, *3*, S. 759 – 763 [179].

KARASU, T. B. (1986) The specificity versus nonspecificity dilemma. Toward identifying therapeutic change agents. *American Journal of Psychiatry*, *143*, S. 687 – 695 [51].

KARNATH, H. O. & THIER, P. (Hrsg.) (2003) *Neuropsychologie.* Berlin: Springer [209].

KASSIN, S. M. & FONG, C. T. (1999) "I'm innocent!" Effects of training on judgments of truth and deception in the interrogation room. *Law and Human Behavior*, *23*, S. 499 – 516 [450].

KASTENBAUM, R. (1998) *Death, society, and human experience* (6. Ed.). Boston: Allyn and Bacon [155].

KASTNER, S., DE WEERED, P., DESIMONE, R. & UNGERLEIDER, L. (1998) Mechanisms of directed attention in the human extrastriate cortex. As revealed by functional MRI. *Science*, *282* (5386), S. 108 – 111 [206 f.].

KAUFMANN, L. & ROGK, I. (1989) The moon illusion thirty years later. In: HERSHENSON, M. (Ed.) *The moon illusion.* Hillsdale, NJ: Erlbaum, S. 193 – 234 [194].

KEATING, C. F. (2001) World without word. Messages from face and body. In: LONNER, W. J. & MALPASS, R. (Eds.) *Psychology and culture.* Boston: Allyn and Bacon, S. 175 – 182 [442].

KEEN, S. (1974) The heroics of everyday life. A theorist of death confronts his own end. *Psychology Today*, 7, S. 71 – 75, 78 – 80 [156].

KEENEY, T. J., CANNIZZO, S. R. & FLAVELL, J. H. (1967) Spontaneous and induced verbal rehearsal in a recall task. *Child Development*, *38*, S. 953 – 966 [98].

KELLER, H. (1917) *The story of my life. With her letters (1887 – 1901)*. New York: Doubleday. Dt. (1955) *Die Geschichte meines Lebens* (2. Aufl.). Bern: Scherz [158].

KELLER, J. (2002) Blatant stereotype threat and women's math performance. Self-handicapping as a strategic means to cope with obtrusive negative performance expectations. *Sex Roles*, 47, S. 193 – 198 [466].

KELLEY, H. H. (1967) Attribution theory in social psychology. In: LEVINE, D. (Ed.). *Nebraska symposium on motivation*, *15*, S. 192 – 238 [469 f.].

KELLY, G. A. (1958) The theory and technique of assessment. *Annual Review of Psychology*, *9*, S. 323 – 352 [46].

KELTNER, D. & ANDERSON, C. (2000) Saving face for Darwin. The functions and uses of embarrassment. *Current Directions in Psychological Science*, *9*, S. 187 – 192 [451].

KELTNER, D. & BUSWELL, B. N. (1997) Embarrassment. Its distinct form and appeasement functions. *Psychological Bulletin*, *122*, S. 250 – 270 [451].

KENRICK, D. T. & TROST, M. R. (1987) A biosocial theory of heterosexual relationships. In: KELLEY, K. (Ed.) *Females, males, and sexuality. Theories and research.* Albany, NY: State University of New York Press, S. 59 – 100 [495].

KEYS, A., BROZEK, J., HENSCHEL, A., MICKELSEN, O. & TAYLOR, H. (1945) *Experimental starvation in man.* Minneapolis: University of Minnesota [365 f.].

KEYS, A., BROZEK, J., HENSCHEL, A., MICKELSEN, O. & TAYLOR, H. I. (1950) *The biology of human starvation.* Minneapolis: University of Minnesota Press [365].

KIEBZAK, G. M. (1991) Age-related bone changes. *Experimental Gerontolology*, *26*, S. 171 – 187 [146].

KIECOLT-GLASER, J. K. & NEWTON, T. L. (2001) Marriage and health. His and hers. *Psychological Bulletin*, *127*, S. 472 – 503 [428].

KIEFER, M. (2002) Bewusstsein. In: MüSSELER, J. & PRINZ, W. (Hrsg.) *Allgemeine Psychologie.* Heidelberg: Spektrum Akademischer Verlag, S. 179 – 222 [197, 203].

KILHAM, W. & MANN, L. (1974) Level of destructive obedience as a function of transmitter and executant roles in the Milgram obedience paradigm. *Journal of Personality and Social Psychology*, *29*, S. 696 – 702 [390].

KIM, H. & MARKUS, H. R. (1999) Deviance or uniqueness, harmony or conformity? A cultural analysis. *Journal of Personality and social Psychology*, *77*, S. 785 – 800 [504].

KIMMEL, D. C. (1988) Ageism, psychology, and public policy. *American Psychologist*, *43*, S. 175 – 178 [126].

KINNIER, R. T., TRIBBENSEE, N. E., ROSE, C. A. & VAUGHAN, S. M. (2001) In the final analysis. More wisdom from people who have faced death. *Journal of Counseling and Development*, *79*, S. 171 – 177 [157].

KITAYAMA, S. & MARKUS, H. R. (1994) Introduction to cultural psychology and emotion research. In: KITAYAMA, S. & HAZEI, R. M. (Eds.) *Emotion and culture. Empirical studies of mutual influence.* Washington, DC: American Psychological Association, S. 1 – 19 [407].

KITAYAMA, S. & MARKUS, H. R. (1995) Culture and self. Implications for internationalizing psychology. In: GOLDBERGER, N. R. & VEROFF, J. B. (Eds.) *The culture and psychology reader.* New York, NY: New York University Press, S. 366 – 383 [123].

KLARE, M. T. (2001) *Resource wars. The new landscape of global conflict.* New York: Metropolitan Books [479].

KLAUER, K. C., MUSCH, J. & NAUMER, B. (2000) On belief bias in syllogistic reasoning. *Psychological Review*, *107*, S. 852 – 884 [314].

KLEIN, W. M. & KUNDA, Z. (1993) Maintaining selfserving social comparisons. Biased reconstruction of one's past behaviors. *Personality and Social Psychology Bulletin*, *19*, S. 732 – 739 [369].

KLEINGINNA, P. R. & KLEINGINNA, A. M. (1981) A categorized list of motivation definitions, with a suggestion for a consensual definition. *Motivation and Emotion*, *5*, S. 263 – 291 [353].

KLEINKE, C. L. (1986) Gaze and eye contact. A research re-

view. Psychological Bulletin, *100*, S. 78 – 100 [451] .

KLEINKE, C. L. , PETERSON, T. R. & RUTLEDGE, T. R. (1998) Effects of self-generated facial expressions on mood. *Journal of Personality and Social Psychology*, *74*, S. 272 – 279 [419] .

KLEINMUNTZ, B. & SZUCKO, J. J. (1984) Lie detection in ancient and modern times. A call for contemporary scientific study. *A merican Psychologist*, *39*, S. 766 – 776 [412] .

KLIEGEL, M. , MARTIN, M. , MCDANIEL, M. A. & EINSTEIN, G. O. (2002) Complex prospective memory and executive control of working memory. A process model. *Psychologische Beiträge*, *44*, S. 303 – 318 [295] .

KLIGMAN, A. M. , GROVE, A. L. & BALIN, A. K. (1985) Aging of human skin. In: FINCH, C. E. & SCHNEIDER, E. L. (Eds.) *Handbook of the biology of aging* (2. Ed.) . New York: Van Nostrand Reinhold [131] .

KLUGE, N. (1998) Sexualverhalten Jugendlicher heute. Ergebnisse einer repräsentativen Jugend-und Elternstudie über Verhalten und Einstellungen zur Sexualität. Weinheim: Juventa [130] .

KÖHLER, T. , TIEDE, G. & THOENS, M. (2002) Kurz-und längerfristiges Vergessen von Wortassoziationen-eine experimentelle Studie zur Freudschen Lehre von Widerstand und Verdrängung. *Zeitschrift für Klinische Psychologie*, *Psychiatrie und Psychotherapie*, *50*, S. 328 – 333 [295] .

KÖHLER, W. (1917) *Intelligenzprüfungen an Anthropoiden.* Abhandlungen der Preußischen Akademie der Wissenschaften. Berlin: Königliche Akademie der Wissenschaften [251, 305] .

KOENIG, H. G. & HARVEY, H. J. (2002) *The Link between religion and health. Psychoneuroimmunology and the faith Factor.* Oxford: Oxford University Press [140] .

KOESTLER, A. (1964) *The act of creation.* New York: Macmillan [328] .

KOHLBERG, L. (1985) *The psychology of moral development.* New York: Harper Collins [101] .

KOHLBERG, L. (1987) Moralische Entwicklung und demokratische Erziehung. In: LIND, G. & RASCHERT, J. (Hrsg.) *Moralische Urteilsfähigkeit. Eine Auseinandersetzung mit Lawrence Kohlberg.* Weinheim: Beltz, S. 25 – 43 [101] .

KOHLER, I. (1956) Der Brillenversuch in der Wahrnehmungspsychologie mit Bemerkungen zur Lehre von der Adaptation. *Zeitschrift für experimentelle und angewandte Psychologie*, *3*, S. 381 – 417 [173] .

KOPPENAAL, R. J. (1963) Time changes in the strength of A-B, A-C lists. Spontaneous recovery? *Journal of Verbal Learning and Verbal Behavior*, *2*, S. 310 – 319 [292] .

KORN, J. H. DAVIS, R. & DAVIS, S. F. (1991) Historians' and chairpersons' judgments of eminence among psychologists. *American Psychologist*, *46*, S. 789 – 792 [231] .

KORTE, C. & MILGRAM, S. (1970) Acquaintance networks between racial groups. Application of the small world method. *Journal of Personality and Social Psychology*, *15*, S. 101 – 108 [456] .

KOSSLYN, S. M. (1980) *Image and mind.* Cambridge, MA: Harvard University Press [306 f.] .

KOSSLYN, S. M. (2003) Persönliche Mitteilung (10. 11. 2003) [279] .

KOSSLYN, S. M. & THOMPSON, W. L. (2000) Shared mechanism in visual imagery and visual perception. Insights from cognitive neuroscience. In: GAZZANIGA, M. S. (Ed.) *The new cognitive neurosciences* (2. Ed.) . Cambridge, MA: MIT Press, S. 975 – 985 [307] .

KRAAK, B. & NORD-RüDIGER, D. (1989) *Fragebogen zu Lebenszielen und zur Lebenszufriedenheit.* Göttingen: Testzentrale [426] .

KRACKE, B. & SILBEREISEN, R. K. (1994) Körperliches Entwicklungstempo und psychosoziale Anpassung im Jugendalter. Ein überblick zur neueren Forschung. *Zeitschrift für Entwicklungspychologie und Pädagogische Psychologie*, *16*, S. 293 – 330 [106, 110] .

KRAFT, C. L. (1978) A psychophysiological contribution to air safety. Simulator studies of visual illusions in night visual approaches. In: PICK, H. L. , LEIBOWITZ, H. W. , SINGER, J. E. , STEINSCHNEIDER, A. & STEVENSON, H. W. (Eds.) *Psychology. From research to practice.* New York: Plenum Press, S. 363 – 385 [165] .

KRAHé, B. (1998) Sexuelle Gewalt. In: BIERHOFF, H. W. & WAGNER, U. (Hrsg.) *Aggressionen und Gewalt.* Stuttgart: Kohlhammer, S. 108 – 127 [388] .

KRAKAUER, J. (1998) Into thin air. A personal account of the Mount Everest disaster. New York: Anchor Books. Dt. (2001) *In eisige Höhen. Das Drama am Mount Everest.* München: Piper [321] .

KRAMER, M. (1994) The scientific study of dreaming. In: KRYGER, M. H. , ROTH, T. & DEMENT, W. C. (Eds.) *Principles and practice of sleep medicine* (2. Ed.) . Philadelphia: Saunders, S. 394 – 399 [332] .

KRAPPMANN, L. (1993) Die Entwicklung vielfältiger sozialer Beziehungen unter Kindern. In: AUHAGEN, A. E. & VON SALISCH, M. (Hrsg.)

Zwischenmenschliche Beziehungen. Göttingen: Hogrefe [103].

KRAUSE, D. E., MEYER ZU KNIENDORF, C. & GEBERT, D. (2001) Aktuelle Trends in der Assessment-Center-Anwendung. *Wirtschaftspsychologie*, *3*, S. 47 – 55 [54].

KRAUSE, N., JAY, G. & LIANG, J. (1991) Financial strain and psychological well-being among the American Japanese elderly. *Psychology and Aging*, *6*, S. 170 – 181 [129].

KRAUT, R. E. & JOHNSTON, R. E. (1979) Social and emotional messages of smiling. An ethological approach. *Journal of Personality and Social Psychology*, *37*, S. 1539 – 1553 [439].

KRAUT, R. E. & POE, D. B. (1980) Behavioral roots of person perception. The deception judgments of customs inspectors and laymen. *Journal of Personality and Social Psychology*, *39*, S. 784 – 798 [450].

KREUTZER, M. A., LEONARD, C. & FLAVELL, J. H. (1975) An interview study of children's knowledge about memory. *Monographs of the Society for Research in Child Development*, *40* (1, Serial No. 159) [99].

KRÖNER-HERWIG, B. (2002) Biofeedbacktherapie bei chronischen Schmerzen. *Psychomed*, *14*, S. 25 – 32 [233].

KROSNICK, J. A., BETZ, A. L., JUSSIM, L. J. & LYNN, A. R. (1992) Subliminal conditioning of attitudes. *Personality and Social Psychology Bulletin*, *18*, S. 152 – 162 [155].

KüBLER-ROSS, E. (1969) *On death and dying.* New York: Macmillan. Dt. (2001) *Interviews mit Sterbenden.* München: Droemer Knaur [155 f.].

KüBLER-ROSS, E. (1974) *Questions and answers on death and dying.* New York: Macmillan. Dt. (2003) *Was können wir noch tun? Antworten auf Fragen nach Sterben und Tod.* München: Droemer Knaur [155].

KUHL, J. (1983) *Motivation, Konflikt und Handlungskontrolle. Berlin: Springer* [401].

KUHL, J. (1985) Volitional mediators of cognition-behavior-consistency. Self-regulatory processes and action versus state orientation. In: KUHL, J. & BECKMANN, J, (Eds.) *Action control. From cognition to behavior.* Berlin: Springer, S. 101 – 128 [401].

KUHN, D., NASH, S. C. & BRUCKEN, I. (1978) Sex role concepts of two-and three-year-olds. *Child Development*, *49*, S. 445 – 451 [92].

KURDEK, L. A. & FINK, M. A. (1994) Family acceptance and family control as predictors of adjustment in young adolescents. Linear, curvilinear, on interactive effects? *Child Development*, *65*, S. 1137 – 1146 [118].

L

LAGERSPETZ, K. M. (1985) Are wars caused by human aggression? In: DENMARK, F. L. (Ed.) (1985) *Social ecological psychology and the psychology of women.* Amsterdam, New York: Elsevier, S. 189 – 201 [379].

LAKIN, J. L., JEFFERIS, V. E., CHENG, C. M. & CHARTRAND, T. L. (2003) The chameleon effect as social glue. Evidence for the evolutionary significance of nonconscious mimicry. *Journal of Nonverbal Behavior*, *27*, S. 145 – 162 [454].

LAMBORN, S. D., MOUNTS, N. S., STEINBERG, L. & DORNBUSCH, S. M. (1991) Patterns of competence and adjustment among adolescents from authoritative, authoritarian, indulgent, and neglectful families. *Child Development*, *62*, S. 1049 – 1065 [118].

LAMM, H. & WIESMANN, U. (1997) Subjective attributes of attraction. How people characterize their liking, their love, and their being in love. *Personal Relationships*, *4*, S. 271 – 284 [492].

LAMME, V. A. F. (1995) The neurophysiology of figureground segregation in primary visual cortex. *Journal of Neuroscience*, *15*, S. 1605 – 1615 [183].

LAMPINEN, J. M., NEUSCHATZ, J. S. & PAYNE, D. G. (1999) Source attributions and false memories. A test of the demand characteristics account. *Psychonomic Bulletin and Review*, *6*, S. 130 – 135 [286].

LANGE, C. (1887) *über Gemütsbewegungen. Eine psychophysiologische Studie.* Leipzig: Thomas [417 ff.].

LANGER, E. J. & RODIN, J. (1976) The effects of choice and enhanced personal responsibility for the aged. A field experiment in an institutional setting. *Journal of Personality and Social Psychology*, *34*, S. 191 – 198 [129].

LANGLOIS, J. H. & DOWNS, A. C. (1980) Mothers, fathers, and peers as socialization agents of sex-typed play behaviors in young children. *Child Development*, *51*, S. 1217 – 1247 [93].

LANGLOIS, J. H., KALAKANIS, L., RUBENSTEIN, A. J., LARSON, A., HALLAM, M. & SMOOT, M. (2000) Maxims or myths of beauty? A meta-analytic and theoretical review. *Psychological Bulletin*, *126*, S. 390 – 423 [485].

LANGLOIS, J. H., RITTER, J. M., ROGGMAN, L. A. & VAUGHN, L. S. (1991) Facial diversity and infant preferences for attractive faces. *Developmental Psychology*, *27*, S. 79 – 84 [485].

LANGLOIS, J. H. , ROGGMAN, L. A. & MUSSELMAN, L. (1994) What is average and what is not average about attractive faces? *Psychological Science*, *5*, S. 214 -220 [485] .

LANTZ, H. R. , KEYES, J. & SCHULTZ, M. (1975) The American family in the preindustrial period. From base lines in history to change. *American Sociological Review*, *40*, S. 21 -36 [495] .

LANTZ, H. R. , SCHULTZ, M. & O'HARA, M. (1977) The changing American family from their preindustrial to the industrial period. A final report. *American Sociological Review*, *42*, S. 406 -421 [495] .

LARSEN, R. J. & KASIMATIS, M. (1990) Individual differences in entrainment of mood to the weekly calendar. *Journal of Personality and Social Psyshology*, *58*, S. 164 -171 [406] .

LASHLEY, K. (1950) In search of the engram. *Society for Experimental Biology*, *Symposium*, *4*, S. 454 -482 [284] .

LATANé, B. , LIU, J. H, NOWAK, A. , M. BONEVENTO, M. & ZHENG, L. (1995) Distance matters. Physi-cal space and social impact. *Personality and Social Psychology Bulletin*, *21*, S. 795 -805 [482] .

LATANé, B. & NIDA, S. (1981) Ten years of research on group size and helping. *Psychological Bulletin*, *89*, S. 308 -324 [20] .

LAUCHT, M. , ESSER, G. & SCHMIDT, M. H. (1998) Risiko-und Schutzfaktoren der frühkindlichen Entwicklung. Empirische Befunde. *Zeitschrift für Kinder-und Jugendpsychiatrie und Psychotherapie*, *26*, S. 6 -20 [72] .

LAUCHT, M. , ESSER, G. , SCHMIDT, M. H. , IHLE, W. , LöFFLER, W. , STöHR, R. M. , WEINDRICH, D. & WEINEL, H. (1992) "Risikokinder" . Zur Bedeutung biologischer und psychosozialer Risiken für die kindliche Entwicklung in den beiden ersten Lebensjahren. *Praxis der Kinderpsychologie und Kinderpsychiatrie*, *41*, S. 274 -285 [72] .

LAZARUS, R. S. , AVERILL, J. R. & OPTON, E. M. JR. (1970) Towards a cognitive theory of emotion. In: ARNOLD, M. B. (Ed.) Feelings and emotions. New York: *Academic Press*, *27*, S. 207 -232 [407] .

LEAKEY, R. E. & LEWIN, R. (1992) *Origins reconsidered. In search of what makes us human.* New York: Doubleday. Dt. (2001) Der Ursprung des Menschen. Auf der Suche nach den Spuren des Humanen (2. Aufl.) . Frankfurt/M. : S. Fischer [316] .

LE BON, G. (1895) *Psychologie des foules.* Paris: Alcan. Dt. (1982) *Psychologie der Massen* (15. Aufl.) . Stuttgart: Kröner [508] .

LEBRA, T. S. (1984) *Japanese women. Constrain and fulfillment.* Honolulu: University of Hawaii Press (zitiert nach: TRIANDIS, H. C., 1995) [491].

LEDOUX, J. (2001) *The emotional brain. The mysterious underpinnings of emotional life.* New York: Simon & Schuster. Dt. (1998) Das Netz der Gefühle. Wie Emotionen entstehen. München: Deutscher Taschenbuch Verlag [423 f.].

LEHR, U. & ZERNER, J. M. (1979) Midlife Crisis. Psychomode oder Lebenswende? *Bild der Wissenschaft*, *1979*, *16*, S. 194 - 206 [144].

LEMYRE, L. & SMITH, P. M. (1985) Intergroup discrimination and self-esteem in the minimal group paradigm. *Journal of Personality and Social Psychology*, *49*, S. 660 - 670 [477].

LENNEBERG, E. (1967) *Biological foundations of language.* New York: Wiley [86].

LEPPÄNEN, J. M. & HIETANEN, J. K. (2001) Emotion recognition and social adjustment in school-aged girls and boys. *Scandinavian Journal of Psychology*, *42*, S. 429 - 435 [441].

LEPPER, M. R., GREENE, D. & NISBETT, R. E. (1973) Undermining children's intrinsic interest with extrinsic reward. A test of the "overjustification" hypothesis. *Journal of Personality and Social Psychology*, *28*, S. 129 - 137 [360 f.].

LERNER, M. J. (1965) Evaluation of performance as a function of performer's reward and attractiveness. *Journal of Personality and Social Psychology*, *1*, S. 355 - 360 [153].

LERNER, M. J. (1980) *The belief in a just world. A fundamental delusion.* New York: Plenum [473].

LERNER, M. J. & MILLER, D. T. (1978) Just world research and the attribution process. Looking back and ahead. *Psychological Bulletin*, *85*, S. 1030 - 1051 [153, 473].

LERNER, M. J., MILLER, D. T. & HOLMES, J. G. (1976) Deserving and the emergence of forms of justice. In: BERKOWITZ, L. & WALSTER, E. (Eds.) *Advances in experimental social psychology.* San Diego, CA: Academic Press, S. 134 - 160 [473].

LEVENSON, R. W. (1992) Autonomic nervous system differences among emotions. *Psychological Science*, *3*, S. 23 - 27 [414].

LEVENSON, R. W., EKMAN, P., HEIDER, K. & FRIESEN, W. V. (1992) Emotion and autonomic nervous system activity in the Minangkabau of West Sumatra. *Journal of Personality and Social Psychology*, *62*, S. 972 - 988

[414] .

LEVIN, D. T. (2000) Race as a visual feature. Using visual search and perceptual discrimination tasks to understand face categories and the cross-race recognition deficit. *Journal of Experimental Psychology*: *General*, *129*, S. 559 - 574 [288, 293] .

LEVIN, D. T. & SIMONS, D. J. (1997) Failure to detect changes to attended objects in motion pictures. *Psychonomic Bulletin and Review*, *4*, S. 501 - 506 [202 f.] .

LEVIN, I. P. & GAETH, G. J. (1988) How consumers are affected by the framing of attribute information before and after consuming the product. *Journal of Consumer Research*, *15*, S. 374 - 378 [319] .

LEVINE, A. S. , EBERHARDT, N. L. & JENSEN, M. D. (1999) Role of nonexercise activity thermogenesis in resistence to fat gains in humans. *Science*, *283*, S. 212 - 214 [363] .

LEVINE, J. M. (1980) Reaction to opinion deviance in small groups. In: PAULUS, P. B. (Ed.) *Psychology of group influence.* Hillsdale, NJ: Erlbaum, 27, S. 375 - 429 [506] .

LEVINE, R. A. & CAMPBELL, D. T. (1972) *Ethnocentrism. Theories of conflict, ethnic attitudes, and group behavior.* New York: Wiley [478] .

LEVIEN, R. , SATO, S. , HASHIMOTO, T. & VERMA, J. (1995) Love and marriage in eleven cultures. *Journal of Cross Cultural Psychology*, *26*, S. 554 - 571 [495] .

LEVINSON, D. (1978) *The seasons of a man's life.* New York: Knopf [144] .

LEVINSON, D. (1980) Toward a conception of the adult life course. In: SMELSER, N. J. & ERIKSON, E. H. (Eds.) *Themes of work and love in adulthood.* Cambridge, MA: Harvard University Press, S. 265 - 290 [144] .

LEVINSON, D. (1986) A conception of adult development. *American Psychologist*, *41*, S. 3 - 13 [144] .

LEVINSON, D. J. & LEVINSON, J. D. (1996) *The seasons of a woman's life.* New York: Knopf [144] .

LEVITSKY, D. A. (2002) Putting behavior back into feeding behavior. A tribute to George Collier. *Appetite*, *38*, S. 143 - 148 [367] .

LEVY, B. (1996) Improving memory in old age throuth implicit self-stereotyping. *Journal of Personality and Social Psychology*, *71*, S. 1092 - 1107 [466] .

LEVY, J. (1985) Right brain, left brain. Fact and fiction. *Psychology To-*

day, *19*, S. 38 – 44 [30] .

LEVY, J. , TREVARTHEN, G. & SPERRY, R. W. (1972) Reception of bilateral chimeric figures following hemispheric deconnexion. *Brain*, *95*, S. 61 – 78 [29] .

LEWIS, M. (1993) Self-conscious emotions. Embarrassment, pride, shame, and guilt. In: LEWIS, M. & HAVILAND, J. M. (Eds.) Handbook of emotions. New York, NY: Guilford Press, S. 563 – 573 [407] .

LEWIS, M. (1995) Self-conscious emotions. *American Scientist*, *83*, S. 68 – 78 [407] .

LEWIS, M. & BROOKS-GUNN, J. (1979) *Social cognition and the acquisition of self.* New York: Plenum, Press [91] .

LEY, R. (1990) *A whisper of espionage. Wolfgang Köhler and the apes of Tenerife.* Garden City Park, NY: Avery [251] .

LIDDELL, C. (1997) Every picture tells a story-Or does it? Young South African children interpreting pictures. *Journal of Cross Cultural Psychology*, *28*, S. 266 – 283 [195] .

LIGHTDALE, J. R. & PRENTICE, D. A. (1994) Rethinking sex differences in aggression. Aggressive behavior in the absence of social roles. *Personality and Social Psychology Bulletin*, *20*, S. 34 – 44 [389] .

LINDBERG, M. A. (1980) Is knowledge base development a necessity and sufficient condition for memory development? *Journal of Experimental Child Psychology*, *30*, S. 401 – 410 [99] .

LINDSAY, P. H. & NORMAN, D. A. (1977) *Human information processing* (2. Ed.) . New York: Academic Press [179, 277] .

LIPKUS, I. (1991) The construction and preliminary validation of a global belief in a just world scale and the exploratory analysis of the multidimensional belief in a just world scale. *Personality and Individual Differences*, *12*, S. 1171 – 1178 [474] .

LIPPMANN, W. (1992) *Public opinion.* New York: Harcourt, Brace [459] .

LOCK, M. M. (1995) *Encounters with Aging. Mythologies of Menopause in Japan and North America.* Los Angeles: University of California Press [142] .

LOCKE, E. A. & SCHWEIGER, D. M. (1979) Participation in decision-making. One more look. In: STAW, B. M. (Ed.) *Research in organizational behavior.* Vol. 1, Greenwich, CT: JAI Press, S. 265 – 339 [56] .

LOCKE, E. A. & LATHAM, G. P. (2002) Building a practically useful theory of goal setting and task motivation. A 35 – year odyssey. *American Psychol-*

ogist, *57*, S. 705 – 717 [56] .

LOCKE, J. (1690) *An essay concerning human understanding. In four books.* London: Basset. Dt. (1997) *Essay über den menschlichen Verstand.* Berlin: Akademie-Verlag [221] .

LOCKHART, R. S. & CRAIK, F. I. (1990) Levels of processing. A retrospective commentary on a framework for memory research. *Canadian Journal of Psychology*, *44*, S. 87 – 112 [275] .

LOEB, R. C., HORST, L. & HORTON, P. J. (1980) Family interaction patterns associated with self-esteem in preadolescent girls and boys. *Merrill-Palmer-Quarterly*, *26*, S. 203 – 217 [118] .

LOEBER, R. & HAY, D. (1997) Key issues in the development of aggression and violence from childhood to early adulthood. *Annual Review of Psychology*, *48*, S. 371 – 410 [380] .

LöSER, H. & BIERSTEDT, T. (1998) Schwangerschaft und Alkohol. Risiken der Kinder und mütterliche Konflikte. *Sucht*, *44*, S. 42 – 47 [67] .

LOEWENSTEIN, G. F., WEBER, E. U., HSEE, C. K. & WELCH, N. (2001) Risk as feelings. *Psychological Bulletin*, *127*, S. 267 – 286 [318] .

LOFTUS, E. F. (1991) The glitter of everyday memory... and the gold. *American Psychologist*, *46*, S. 16 – 18 [287] .

LOFTUS, E. F. (1993) The reality of repressed memories. American Psychologist, 48, S. 518 – 537 [285 f.] .

LOFTUS, E. F. & PALMER, J. C. (1974) Reconstruction of automobile destruction. An example of the interaction between language and memory. *Journal of Verbal Learning and Verbal Behavior*, *13*, S. 585 – 589 [288] .

LOFTUS, E. F. & PICKRELL, J. E. (1995) The formation of false memories. *Psychiatric Annals*, *25*, S. 720 – 725 [285] .

LONDON, M. & BRAY, D. W. (1980) Ethical issues in testing and evaluation for personnel decisions. *American Psychologist*, *35*, S. 890 – 901 [47] .

LORENZ, K. (1963) *Das sogenannte Böse. Zur Naturgeschichte der Aggression.* Wien: Borotha-Schoeler [377] .

LOVELACE, E. A. (1990) Basic concepts in cognition and aging. In: LOVELACE, E. A. (Ed.) *Aging and cognition. Mental processes, self-awareness, and interventions.* Amsterdam: Elsevier [136] .

LU, L. (1999) Personal or environmental causes of happiness. A longitudinal analysis. *Journal of Social Psychology*, *139*, S. 79 – 90 [429] .

LU, L., SHIH, J. B., LIN, Y. Y. & JU, L. S. (1997) Personal and environmental correlates of happiness. *Personality and Individual Differences*, *23*, S. 453 – 462 [429] .

LU, Z. L., WILLIAMSON, S. J. & KAUFMAN, L. (1992) Behavioral lifetime of human auditory sensory memory predicted by physiological measures. *Science*, *258* (5088), S. 1668 – 1670 [265] .

LUCHINS, A. S. (1942) Mechanization in problem solving-the effect of Einstellung. *Psychological Monographs*, *54*, No. 248 [334] .

LUCIANO, M., WRIGHT, M. J., SMITH, G. A., GEFFEN, G. M., GEFFEN, L. B. & MARTIN, N. G. (2001) Genetic covariance among measures of information processing speed, working memory, and IQ. *Behavior Genetics*, *31*, S. 581 – 592 [64] .

LUDWIG, P. H. (1991) *Sich selbst erfüllende Prophezeiungen im Alltagsleben*. Stuttgart: Verlag für Angewandte Psychologie [459] .

LURIA, A. R. (1968) *The mind of a mnemonist*. New York: Basic Books [303] .

LYKKEN, D. T. (1999) *Happiness. What studies on twins show us about nature, nurture, and the happiness setpoint*. New York: Golden Books [435] .

LYKKEN, D. T. & TELLEGEN, A. (1996) Happiness is a stochastic phenomenon. *Psychological Science*, *7*, S. 186 – 189 [428] .

LYNN, J. (1991) Dying well. *Generations*, *15*, S. 69 – 72 [151 f.] .

LYUBOMIRSKY, S. (2001) Why are some people happier than others? The role of cognitive and motivational processes in well-being. *American Psychologist*, *56*, S. 239 – 249 [427, 433] .

LYUBOMIRSKY, S. & ROSS, L. (1999) Changes in attractiveness of elected, rejected, and precluded alternatives. A comparison of happy and unhappy individuals. *Journal of Personality and Social Psychology*, *76*, S. 988 – 1007 [427] .

LYUBOMIRSKY, S., TUCKER, K. L. & KASRI, F. (2001) Responses to hedonically conflicting social comparisons. Comparing happy and unhappy people. *European Journal of Social Psychology*, *31*, S. 511 – 535 [433] .

M

MACCOBY, E. E. (1980) *Social development, psychological growth, and parent-child relations*. New York: Harcourt Brace Jovanovich [118] .

MACCOBY, E. E. & MARTIN, J. A. (1983) Socialization in the context of the family. Parent-child interaction. In: MUSSEN, P. H. (Ed.) *Handbook of child psychology* (4. Ed.) . Vol. IV: HETHERINGTON, E. M. (Vol. Ed.)

Socialization, persornality, and social development. New York: Wiley, S. 1 - 101 [117] .

MACK, A. (2002) Is the visual world a grand illusion? *Journal of Consciousness Studies*, *9*, S. 102 - 110 [200] .

MACK, A. & ROCK, I. (1998) *Inattentional blindness.* Cambridge, MA: MIT Press. [200] .

MACKAY, D. G. (1973) Aspects of the theory of comprehension, memory and attention. *Quarterly Journal of Experimental Psychology*, *25*, S. 22 - 40 [206] .

MACKENZIE, J. N. (1896) The production of so-called "rose gold" by means of an artificial rose. *American Journal of Medical Science*, *91*, S. 45 - 47 (zitiert nach MEIER et al. , 2002) [224] .

MACRAE, C. N, & BODENHAUSEN, G. V. (2000) Social cognition. Thinking categorically about others. *Annual Review of Psychology*, *51*, S. 93 - 102 [467] .

MAGUIRE, W. , WEISSTEIN, N. & KLYMENKO, V. (1990) From visual structure to perceptual function. In: LEIBOVIC, K. N. (Ed.) *Science of vision.* New York: Springer, S. 254 - 310 [179] .

MAIER, S. F. & JACKSON, R. L. (1979) Learned helplessness. All of us were right (and wrong) Inescapable shock has multiple effects. In: BOWER, G. H. (Ed.) *The psychology of learning and motivation.* Vol. 13. New York: Academic Press [247] .

MALAMUTH, N. M. (1986) Predictors of naturalistic sexual aggression. *Journal of Personality and Social Psychology*, *50*, S. 953 - 962 [388] .

MALAMUTH, N. M. (1998) The confluence model as an organizing framework for rescarch on sexually aggressive men. Risk moderators, imagined aggression, and pornography consumption. In: GEEN R, G. & DONNERSTEIN, E. (Eds.) *Human aggression. Theories research, and implications for social policy.* San Diego, CA: Academic Press, S. 229 - 245 [387 f.] .

MALAMUTH, N. M. & THORNHILI, N. W. (1994) Hostile masculininty, sexual aggression, and gender-biased domineeringness in conversations. *Aggressive Behavior*, *20*, S. 185 - 193 [388] .

MALINA, R. M. (1979) Secular changes in size and maturity. Causes and effects. In: ROCHE, A. F. (Ed.) Secular trends in human growth, maturation, and development. *Monographs of the Society for Research in Child Development*, *44*, No. 173, S. 3 - 27 [130] .

MALMQUIST, C. (1986) Children who witness parental murder. Posttraumatic aspects. *Journal of the American Academy of Child Psychiatry*, *25*, S. 320 – 325 [295].

MANDLER, G. (1962) Emotion. In: NEWCOMB, T. M. (Ed.) *New directions in psychology I*. New York: Holt, Rinehart & Winston, S. 267 – 343 [422].

MANSFIELD, N. J. & CRIFFIN, M. J. (2000) Difference thresholds for automobile seat vibration. *Applied Ergonomics*, *31*, S. 255 – 261 [162].

MANTELL, D. M. (1971) The potential for violence in Germany. *Journal of Social Issues*, *27*, S. 110 – 112 [390].

MAQUET, P. & RUBY, P. (2004) Psychology. Insight and the sleep committee. *Nature*, *427* (*6972*), S. 304 – 305 [333].

MARAЙON, G. (1924) Contribution a l'étude de l'action émotivé de l'adrénaline. *Revue Française d'Endocrinologie*, *2*, S. 301 – 325 [421].

MARCIA, J. (1980) Identity in adolescence. In: ADELSON, J. (Ed.) *Handbook of adolescent psychology*. New York: Wiley, S. 159 – 187 [123].

MARCUS, G. F., VIJAYAN, S., BANDI, R. & VISHTON, P. M. (1999) Rule-learning by seven-month-old infants. *Science*, *283* (*5398*), S. 77 – 80 [86].

MAREK, G. R. (1975) *Toscanini*. New York: Atheneum [261].

MARIAN, V. & NEISSER, U. (2000) Language-dependent recall of autobiographical memories. *Journal of Experimental Psychology: General*, *129*, S. 361 – 368 [294].

MARKEFKA, M. (1999) Jugend und Jugendforschung in der Bundesrepublik. In: MARKEFKA, M. & NAVEHERZ, R. (Hrsg.) *Handbuch der Familien-und Jugendforschung*. Band 2. Jugend-forschung. Neuwied: Luchterhand, S. 19 – 40 [108].

MARKHAM, R. & WANG, L. (1996) Recognition of emotion by Chinese and Australian children. *Journal of Cross Cultural Psychology*, *27*, S. 616 – 643 [443].

MARKUS, H. R. & KITAYAMA, S. (1991) Culture and self. Implications for cognition, emotion, and motivation. *Psychological Review*, *98*, S. 224 – 253 [123, 443].

MARROW, A. J. (1967) *Management by participation. Creating a climate for personal and organizational development*. New York: Harper & Row [56].

MARTEAU, T. M. (1989) Framing of information. Its influence upon decisions of doctors and patients. *British Journal of Social Psychology*, *28*, S. 89 – 94 [319].

MARTIN, R. A. (2001) Humor, laughter, and physical health. Methodological issues and research findings. *Psychological Bulletin*, *127*, S. 504 – 519 [150].

MARTORELL, R. (1998) Nutrition and the worldwide rise in IQ scores. In: NEISSER, U. (Ed.) *The rising curve. Long-term gains in IQ and related measures.* Washington, DC: American Psychological Association, S. 183 – 206 [346].

MASLING, J. M., BORNSTEIN, R. F., POYNTON, F. G., REED, S. et al. (1991) Perception without awareness and electrodermal responding. A strong test of subliminal psychodynamic activation effects. *Journal of Mind and Behavior*, *12*, S. 33 – 47 [208].

MASLOW, A. (1954) *Motivation and Personality.* New York: Harper & Row. Dt. (2002) *Motivation und Persönlichkeit* (9. Aufl.). Reinbek bei Hamburg: Rowohlt [41].

MASLOW, A. (1962) *Toward a psychology of being.* Princeton: Van Nostrand Comp. Dt. (1997) *Psychologie des Seins. Ein Entwurf.* Frankfurt/M.: Fischer [41].

MASLOW, A. (1971) *The farther reaches of human nature.* New York: Viking [40 f.].

MATHEWS, K. E. & CANON, L. K. (1975) Environmental noise level as a determinant of helping behavior. *Journal of Personality and Social Psychology*, *32*, S. 571 – 577 [21].

MATLIN, M. W. (1999) *Psychology* (3. Ed.). Orlando, FL: Harcourt Brace [283].

MATLIN, M. W. & FOLEY, H. J. (1996) *Sensation and perception* (4. Ed.). Needham heights, MA: Allyn & Bacon [161].

MATSUMOTO, D., KUDOH, T., SCHERER, K. & WALLBOTT, H. (1998) Antecedents of and reactions to emotions in the United States and Japan. *Journal of Cross Cultural Psychology*, *19*, S. 267 – 286 [443].

MATSUMOTO, D. & JUANG, L. (2004) *Culture and psychology* (3. Ed.). Belmont, CA: Wadsworth/ Thomson [451].

MAURER, D. & SALAPATEK, P. (1976) Developmental changes in the scanning of faces by young infants. *Child Development*, *47*, S. 523 – 527 [75].

MAYNARD-SMITH, J. (1974) The theory of games and the evolution of animal conflict. *Journal of Theoretical Biology*, *47*, S. 209 – 221 [379].

MAYO, E. (1933) *The human problems of an industrial civilization.* New York: MacMillan [52].

MAZUR, T. (1999) Precocious and delayed puberty. Psychology and clinical management. In: EINHOLZER, U., HAVERKAMP, F. & VOSS, L. (Eds.) *Growth, Stature, and psychological well-being*. Seattle: Hogrefe & Huber Publisher, S. 169 – 175 [109 f.].

MCARDLE, J. J., FERRER-CAJA, E., HAMAGAMI, F. & WOODCOCK, R. W. (2002) Comparative longitudinal structural analyses of the growth and decline of multiple intellectual abilities over the life span. *Developmental Psychology*, *38*, S. 115 – 142 [135].

MCCLELLAND, J. L. & RUMELHART, D. E. (1985) Distributed memory and the representation of general and specific information. *Journal of Experimental Psychology: General*, *114*, S. 159 – 188 [283].

MCCRAE, R. R. & COSTA, P. T. (2003) *Personality in adulthood. A five-factor theory perspective* (2. Ed.). New York: Guilford Press [144].

MCKEAN, K. (1985) Decisions, decisions. Two eminent psychologists disclose the mental pitfalls in which rationle people find themselves when they try to arrive at logical decisions. *Discover* (*June*), S. 22 – 31 [317 f., 322].

MCKELVEY, W. & KERR, N. H. (1988) Differences in conformity among friends and strangers. *Psychological Reports*, *62*, S. 759 – 762 [500].

MCKENNA, K. Y. A. & BARGH, J. A. (1998) Coming out in the age of the Internet. Identity " demarginalization " through virtual group participation. *Journal of Personality and Social Psychology*, *75*, S. 681 – 694 [256, 503].

MCKENNA, M. W. & OSSOFF, E. P. (1998) Age differences in children's comprehension of a popular television program. *Child Study Journal*, *28*, S. 53 – 68 [256].

MCNATT, D. B. (2000) Ancient Pygmalion joins contemporary managenment. A meta-analysis of the result. *Journal of Applied Psychology*, *85*, S. 314 – 322 [465].

MCSWEENEY, F. K. & SWINDELL, S. (1999) Generalprocess theories of motivation revisited. Therde of habituation. *Psychological Bulletin*, *125*, S. 437 – 457 [358].

MEDINA, J. J. (1996) *The clock of ages. Why we age-how we age-winding back the Clock.* Cambridge: Cambridge University Press [153].

MEEUS, W. H. J. & RAAIJMAKERS, Q. A. W. (1995) Obedience in modern society. The Utrecht studies. *Journal of Social Issues*, *51*, S. 155 – 175 [390 f.].

MEIER, B. A., GOEBEL, M. U., GIERSE, C., EXTON, M. S. & SCHEDLOWSKI, M. (2002) Klassische Konditionierung von Immunfunktionen. Mechanismen und klinische Relevanz. *Zeitschrift für Medizinische Psychologie*, *11*, S. 83 –93 [224] .

MEILMAN, P. W. (1979) Cross-sectional age changes in ego identity status during adolescence. *Developmental Psychology*, *15*, S. 230 –231 [124] .

MELESHKO, K. G. & ALDEN, L. E. (1993) Anxiety and self-disclosure. Toward a motivational model. *Journal of Personality and Social Psychology*, *64*, S. 1000 –1009 [491] .

MELLON, M. W. & MCGRATH, M. L. (2000) Empirically supported treatments in pediatric psychology. Nocturnal enuresis. *Journal of Pediatric Psychology*, *25*, S. 193 –214 [218] .

MELTZOFF, A. N. & MOORE, M. K. (1989) Imitation in newborn infants. Exploring the range of gestures imitated and the underlying mechanisms. *Developmental Psychology*, *25*, S. 954 –962 [453] .

MERZ, F. (1979) *Geschlechterunterschiede und ihre Entwicklung. Ergebnisse und Theorien der Psychologie.* Göttingen: Hogrefe [92] .

MESQUITA, B. (2001) Emotions in collectivist and individualist contexts. *Journal of Personality and Social Psychology*, *80*, S. 68 –74 [443] .

MESSNER, R. (1984) *Der gläserne Horizont. Durch Tibet zum Mount Everest.* München: Droemer/Knaur [399 ff.] .

METALSKY, G. I. , JOINER, T. E. , HARDIN, T. S. & ABRAMSON L. Y. (1993) Depressive reactions to failure in a naturalistic setting. A test of the hopelessness and self-esteem theories of depression. *Journal of Abnormal Psychology*, *102*, S. 101 –109 [248] .

MEUSEL, H. (1999) *Sport für Ältere. Bewegung, Sportarten, Training.* Stuttgart: Schattauer [145] .

MEYER, M. (1933) That whale among the fishes. The theory of emotions. *Psychological Review*, *40*, S. 292 –300 [404] .

MEYER, W. U. (2000) *Gelernte Hilflosigkeit. Grundlagen und Anwendungen in Schule und Unterricht.* Bern: Huber [247] .

MICHELS, R. (1990) Psychoanalysis. The second century. *Harvard, Mental Health Letter*, *7*, S. 5 –7 [51] .

MICHENER, H. A. , DELAMATER, J. D. & MYERS, D. J. (2004) *Social psychology.* Belmont, CA: Wadsworth [482] .

MICHOTTE, A. (1954) La perception de la causalité (2. éd.) . Louvain: Publications Universitaires. Dt. (1982) *Die phänomenale Kausalität.* Bern: Huber [468 f.] .

MICUS, C. (2002) *Friedfertige Frauen und wütende Männer? Theorien und Ergebnisse zum Umgang der Geschlechter mit Aggression.* Weinheim: Juventa [380 f.].

MIELE, F. (1995) Interview with Robert Sternberg on the bell curve. *Skeptic*, *3*, S. 72 – 80 [335].

MIELKE, R. (2000) Soziale Kategorisierung und Selbstkonzept. In: GREVE, W. (Hrsg.) *Psychologie des Selbst.* Weinheim: PVU, S. 167 – 185 [477].

MIETZEL, G. (2003) *Pädagogische Psychologie des Lernens und Lehrens* (7. Aufl.). Göttingen: Hogrefe [38].

MILGRAM, S. (1966) Einige Bedingungen von Autoritätsgehorsam und seiner Verweigerung. *Zeitschrift für Experimentelle und Angewandte Psychologie*, *13*, S. 433 – 463 [390].

MILGRAM, S. (1967) The small-world problem. *Psychology Today*, *1*, S. 60 – 67 [456].

MILGRAM, S. (1974) *Obedience to authority.* New York: Harper. Dt. (1997) *Das Milgram-Experiment. Zur Gehorsamsbereitschaft gegenüber Autorität.* Reinbek bei Hamburg: Rowohlt [390 ff.].

MILLAR, S. & AL-ATTAR, Z. (2002) The Mueller-Lyer illusion in touch and vision. Implications for multisensory processes. *Perception and Psychophysics*, *64*, S. 353 – 365 [192].

MILLER, D. T. & PRENTICE, D. A. (1999) Some consequences of a belief in group essence. The category divide hypothesis. In: PRENTICE, D. A. & MILLER, D. T. (Eds.) *Cultural divides. Understanding and overcoming group conflict.* New York, NY: Russell Sage Foundation, S. 213 – 238 [460].

MILLER, G. A. (1956a) The magical number seven, plus or minus two. Some limits on our capacity for processing information. *Psychological Review*, *63*, S. 81 – 97 [268].

MILLER, G. A. (1956b) Human memory and the storage of information. *IRE Transactions on formation Theory*, Vol. IT – 2, S. 129 – 137 [269].

MILLER, G. A. & BUCKHOUT, R. (1973) Psychology. *The science of mental life* (2. Ed.). New York: Harper & Row. Nachdruck (1991): New York: Penguin Books [418].

MILLER, J. (1983) *States of mind.* New York: Pantheon Books [27].

MILLER, R. A. (1995) Aging and the immune response. In: SCHNEIDER, E. L. & ROWE, J. W. (Eds.) *Handbook of the biology of aging* (4. Ed.). New York: Academic Press, S. 355 – 392 [148].

MILLON, T. (1969) *Modern psychopathology.* Philadelphia: W. B. Saunders [41].

MILNER, B. (1966) Ammesia following operation on the temporal lobes. In: WHITTY, C. W. M. & ZANGWILL, O. L. (Eds.) *Amnesia.* London: Butterworths, S. 109 – 133 [274].

MILNER, B., CORKIN, S. & TEUBER, H. L. (1968) Further analysis of the hippocampal amnesic syndrome. 14 – year follow-up study of H. M. *Neuropsychologia*, *6*, S. 215 – 234 [273 f.].

MILTON, J. & WISEMAN, R. (1999) Does psi exist? Lack of replication of an anomalous process of information transfer. *Psychological Bulletin*, *125*, S. 387 – 391 [167].

MISCHEL, W., CANTOR, N. & FELDMAN, S. (1996) Principles of self-regulation. The nature of willpower and self-control. In: HIGGINS, E. T. & KRUGLANSKI, A. W. (Eds.) *Social Psychology. Handbook of basic principles.* New York, NY: Guilford Press, S. 329 – 360 [382].

MISCHKE, M. (1996) *Der Umgang mit dem Tod. Vom Wandel in der abendländischen Geschichte.* Berlin: Reimer [151 f.].

MITA, T. H., DERMER, M. & KNIGHT, J. (1977) Reversed facial images and the mere-exposure hypothesis. *Journal of Personality and Social Psychology*, *35*, S. 597 – 601 [484].

MITCHELL, K. J. & JOHNSON, M. K. (2000) Source monitoring. Attributing mental experiences. In: TULVING, E. & CRAIK, F. I. M. (Eds.) *The Oxford handbook of memory.* London: Oxford University Press. S. 179 – 195 [285 f.].

MONEY, J. & EHRHARDT, A. A. (1972) *Man and woman, boy and girl. Gender identity from conception to maturity.* Baltimore: Johns Hopkins University Press [94].

MONSON, T. C. & SNYDER, M. (1977) Actors, observers, and the attribution process. *Journal of Experimental Social Psychology*, *13*, S. 89 – 111 [472].

MONTADA, L. (1987) Die Bewältigung von "Schicksalsschlägen" -erlebte Ungerechtigkeit und wahrgenommene Verantwortlichkeit. *Berichte aus der Arbeitsgruppe "Verantwortung, Gerechtigkeit, Moral"*. 40, Trier: Universität Trier [474].

MONTAGU, A. (1976) *The nature of human aggression.* New York: Oxford University Press [377 f., 379].

MOODY, R. A. (1975) *Life after death. The investigation of a phenome-*

non-survival of bodily death. Covington, Georgia: Mockingbird. Dt. (2002) Leben nach dem Tod. Die Erforschung einer unerklärten Erfahrung. Reinbek bei Hamburg: Rowohlt [156].

MOOK, D. G. (1987) *Motivation. The organization of action.* New York: Norton [424].

MOORE, D. (1984) Parent-adolescent separation. Intrafamilial perceptions and difficulty separating from parents. *Personality and Social Pshchology Bulletin*, *10*, S. 611 – 619 [119].

MOORE, D. (1987) Parent-adolescent separation. The construction of adulthood by late adolescents. *Developmental Psychology*, *23*, S. 298 – 307 [119].

MOORE, J. (1995) Some historical and conceptual relations among logical positivism, behaviorism, and cognitive psychology. In: TODD, J. T. &. MORRIS, E. K. (Eds.) *Modern perspectives on B. F. Skinner and contemporary behaviorism.* Westport, CT: Greenwood Press, S. 51 – 74 [12].

MORAN, T. H. & SAKAI, R. R. (2003) Food and fluid intake. In: GALLAGHER, M. & NELSON, R. J. (Eds.) *Handbook of psychology. Biological psychology.* Vol. 3. New York, NY: Wiley, S. 299 – 319 [363].

MORAY, N. (1959) Attention in dichotic listening. Affective cues and the influence of instructions. *Quarterly Journal of Experimental Psychology*, *11*, S. 56 – 60 [206].

MORLANG, S. & SIEBER, M. (2000) Das ungeborene trinkt mit. Entwicklung und Evaluation eines Projektes zur Verhinderung des Fetalen Alkoholsyndroms. *Abhängigkeiten*, *6*, S. 64 – 73 [67].

MORRIS, M. W. & PENG, K. (1994) Culture and cause. American and Chinese attributions for social and physical events. *Journal of Personality and Social Psychology*, *67*, S. 949 – 971 [412].

MORRIS, M. W., PODOLNY, J. M. & ARIEL, S. (2001) Culture, norms and obligations. Cross-national differences in patterns of interpersonal norms and felt obligations toward coworkers. In: WOSINSKA, W., CIALDINI, R. B., BARNETT, D. W. & REYKOWSKI, J. (Eds.) *The practice of social influence in multiple cultures.* Mahwah, NJ: Lawrence Erlbaum, S. 97 – 123 [498].

MOSCOVICI, S. (1985) Social influence and conformity. In: LINDZEY, G. & ARONSON, E. (Eds.) *Handbook of social psychology* (3. Ed.). Reading, MA: Addison-Wesley, S. 347 – 412 [506].

MOSCOVICI, S. , LAGE, E. & NAFFRECHOUX, M. (1969) Influence of a consistent minority on the responses of a majority in a color perception task. *Sociometry*, *32*, S. 365 - 380 [305] .

MOSCOVICI, S. & NEMETH, C. (1974) Social influence II. Minority influence. In: NEMETH, C. (Ed.) *Social psychology. Classic and contemporary integrations.* Chicago: Rand McNally, S. 217 - 249 [505] .

MOSCOVICI, S. & PERSONNAZ, B. (1980) Studies in social influence. V. Minority influence and conversion behavior in a perceptual task. *Journal of Experimental Social Psychology*, *16*, S. 270 - 282 [507] .

MOWRER, O. H. (1960) *Learning theory and behavior.* New York: Wiley [407] .

MROCZEK, D. K. & KOLARZ, C. M. (1998) The effect of age on positive and negative affect. A developmental perspective on happiness. *Journal of Personality and Social Psychology*, *75*, S. 1333 - 1349 [144 f.] .

MüSSELER, J. (2002) Visuelle Wahrnehmung. In: MüSSELER, J. & PRINZ, W. (Hrsg.) *Allgemeine Psychologie.* Heidelberg: Spektrum Akademischer Verlag, S. 15 - 65 [186] .

MUNDY, G. R. (1994) Boning up on genes. *Nature*, *367*, S. 216 - 217 [147] .

MUNSCH, S. & MARGRAF, J. (2003) Prinzipien der Verhaltenstherapie der Adipositas. In: PETERMANN, F. & PUDEL, V. (Hrsg.) *übergewicht und Adipositas.* Göttingen: Hogrefe, S. 223 - 238 [372] .

MURCHISON, C. (Ed.) (1961) *A History of psychology in autobiography.* New York: Russell & Russell [229] .

MYERS, D. G. (2000a) The funds, friends, and faith of happy people. *American Psychologist*, *55*, S. 56 - 57 [429 f.] .

MYERS, D. G. (2000b) *The American paradox. Spiritual hunger in an age of plenty.* New Haven, CT: Yale University Press [436 f.] .

MYERS, D. G. (2002) *Social psychology* (7. Ed.) . New York, N. Y. : McGraw - Hill [501 f.] .

MYERS, M. G. : REEVES, R. A. , OH, P. I. & JOYNER, C. D. (1996) Overtreatment of hypertension in the community? *American Journal of Hypertension*, *9*, S. 419 - 425 [219] .

N

NAKAO, M. , NOMURA, S. & SHIMOSAWA, T. (2000) Blood pressure biofeedback treatment of white-coat hypertension. *Journal of Psychosomatic*

Research, *48*, S. 161 – 169 [233].

NEBES, R. D. (1974) Hemispheric specialization in commissurotomized man. *Psychological Bulletin*, *81*, S. 1 – 14 [30].

NEHER, A. (1991) Maslow's theory of motivation. A critique. *Journal of Humanistic Psychology*, *31*, S. 89 – 112 [41].

NEILL, A. S. (1960) *Summerhill. A radical approach to child rearing.* New York: Hart Publishing. Dt. (1966) *Erziehung in Summerhill. Das revolutionäre Beispiel einer freien Schule* (2. Aufl.). München: Szczesny [117].

NEIMEYER, R. A. & CHAPMAN, K. M. (1980 – 1981) Self-ideal discrepancy and fear of death. The test of an existential hypothesis. *Omerga*, *11*, S. 233 – 240 [154].

NEISSER, U. (1967) *Cognitive psychology.* New York: Appleton-Century-Crofts [284].

NEISSER, U. (1979) The control of information pickup in selective looking. In: PICK, A. D. (Ed.) *Perception and its development. A tribute to Eleonor J. Gibson.* Hillsdale, NJ: Lawrence Erlbaum, S. 201 – 219 [202].

NEISSER, U. (1997) Rising scores on intelligence tests. *American Scientist*, *85*, S. 440 – 447 [346].

NELSON, K. B. (1995) Cerebral palsy. In: SACHS, B. F., BEARD, R., PAPIERNIK, E. & RUSSELL, C. (Eds.) *Reproductive health care for women and babies.* New York: Oxford University Press, S. 400 – 419 [71].

NELSON, R. G., MEYER, T. W., MYERS, B. D. & BENNETT, P. H. (1997) Clinical and pathological course of renal disease in non-insulin-dependent diabetes mellitus. The Pima Indian experience. *Seminars in Nephrology*, *17*, S. 24 – 31 [370].

NEMETH, C. J. (1986) Differential contributions of majority and minority influence. *Psychological Review*, *93*, S. 23 – 32 [508].

NEMETH, C., SWEDLUND, M. & KANKI, B. (1974) Patterning of the minority's responses and their influence on the majority. *European Journal of Social Psychology*, *4*, S. 53 – 64 [507].

NEMETZ, K. (1992a) Wie lernt der Konsument? Eine Inventur neuesten Wissens. *Planung und Analyse*, *19*, S. 9 – 16 [219].

NEMETZ, K. (1992b) Wie lernt der Konsument? III. Unbewusstes Lernen durch Konditionieren. *Marketing Journal*, *25*, S. 338 – 339 [219].

NEUGARTEN, B. L. (1977) Personality and aging. In: BIRREN, J. E. & SCHAIE, K. W. (Eds.) *Handbook of the psychology of aging.* New

York: Van Nostrand Reinhold, S. 626 – 649 [145].

NEUGARTEN, B. L. (1979) Time, age and the life cycle. *American Journal of psychiatry*, *136*, S. 887 – 894 [132, 141].

NEUGARTEN, B. L. (1980) Acting one's age. New rules for the old. *Psychology Today*, *13*, S. 66 – 80 [131].

NEUMANN, W., TRöGNER, P. & PFAND-NEUMANN, J. (2000) Modellernen. In: NEUMANN, W., PFAND-NEUMANN, P. & SEELBACH, H. (Hrsg.) *Integrative psychologische Schmerztherapie.* Lengerich: Pabst, S. 137 – 147 [257].

NEWELL, A. & SIMON, H. (1972) *Human problem solving.* Englewood Cliffs, NJ: Prentice Hall [326].

NICKERSON, R. S. & ADAMS, M. J. (1979) Long-term memory for a common object. *Cognitive Psychology*, *11*, S. 287 – 307 [200].

NISBETT, R. E. & ROSS, L. (1980) *Human inference, strategies and shortcomings of social judgment.* Englewood Cliffs, NJ: Prentice Hall [321].

NOICE, H. & NOICE, T. (1999) Long-term retention of theatrical roles. *Memory*, *7*, S. 357 – 382 [294].

NOICE, H. & NOICE, T. (2001) Learning dialogue with and without movement. *Memory and Cognition*, *29*, S. 820 – 827 [294].

NOICE, T. & NOICE, H. (2002) Very long-term recall and recognition of well-learned material. *Applied Cognitive Psychology*, *16*, S. 259 – 272 [291].

NORENZAYAN, A. & NISBETT, R. E. (2000) Culture and causal cognition. *Current Directions in Psychological Science*, *9*, S. 132 – 135 [472].

NORMAN, D. A. (1968) Toward a theory of memory and attention. *Psychological Review*, *75*, S. 522 – 536 [205].

NORMAN, D. A. (1990) The mind exists. *Los Angeles Times*, *26*, August [246].

NORMAN, D. A. (2002) *The design of everyday things.* London: Basic Books. Dt. (Ältere Aufl.: 1989) *Dinge des Alltags. Gutes Design und Psychologie für Gebrauchsgegenstände.* Frankfurt/M.: Campus-Verlag [55].

NORTON, K. I., OLDS, T. S., OLIVE, S. & DANK, S. (1996) Ken and Barbie at life size. *Sex Roles*, *34*, S. 287 – 294 [307].

NUNNER-WINKLER, G. (1995) Zur Einführung. Die These von den zwei Moralen. In: NUNNER-WINKLER, G. (Hrsg.) Weibliche Moral. München: dtv [103].

O

OATLEY, K. (1993) Those to whom evil is done. In: WYER, R. S. JR. & SRULL, T. K. (Eds.) *Perspectives on anger and emotion. Advances in social cognition.* Vol. 6. Hillsdale, NJ: Lawrence Erlbaum, S. 159 - 165 [379].

OCHSMANN, R. (1993) *Angst vor Tod und Sterben. Beiträge zur Thanato-Psychologie.* Göttingen: Hogrefe [153].

O'CRAVEN, K. M. & KANWISHER, N. (2000) Mental imagery of faces and places activates corresponding stimulus-specific brain regions. *Journal of Cognitive Neuroscience*, *12*, S. 1013 - 1023 [308].

ODEN, G. C. (1987) Concept, knowledge, and thought. *Annual Review of Psychology*, *38*, S. 203 - 227 [311].

OGDEN, J. & CORKIN, S. (1991) Memories of H. M. In: ABRAHAM, W. C. & CORBALLIS, M. (Eds.) *Memory mechanisms. A tribute to G. V. Goddard.* Hillsdale, NJ, England: Lawrence Erlbaum Associates, Inc., S. 195 - 215 [273 f.].

ÖHMAN, A., FLYKT, A. & ESTEVES, F. (2001) Emotion drives attention. Detecting the snake in the grass. *Journal of Experimental Psychology: General*, *130*, S. 466 - 478 [228, 424].

ÖHMAN, A., LUNDQVIST, D. & ESTEVES, F. (2001) The face in the crowd revisited. A threat advantage with schematic stimuli. *Journal of Personality and Social Psychology*, *80*, S. 381 - 396 [228].

ÖHMAN, A. & MINEKA, S. (2001) Fears, phobias, and preparedness. Toward an evolved module of fear and fear learning. *Psychological Review*, *108*, S. 483 - 522 [228].

ÖHMAN, A. & SOARES, J. J. F. (1994) "Unconscious anxiety". Phobic responses to masked stimuli. *Journal of Abnormal Psychology*, *103*, S. 231 - 240 [228].

ÖSTERMAN, K., BJOERKQVIST, K., LAGERSPETZ, K. M. J., KAUKIAINEN, A., LANDAU, S. F., FRACZEK, A. & CAPRARA, G. V. (1998) Cross-cultural evidence of female indirect aggression. *Aggressive Behavior*, *24*, S. 1 - 8 [381].

OGILVIE, R. D., WILKINSON, R. T. & ALLISON, S. (1989) The detection of sleep onset. *Sleep*, *12*, S. 458 - 474 [213].

OLZAK, S. & NAGEL, J. (1986) *Competitive ethnic relations.* Orlando: Academic Press [479].

ORTONY, A. & TURNER, T. J. (1990) What's basic about basic emotions? *Psychological Review*, *97*, S. 315 – 331 [407].

ORWELL, G. (1960) *1984.* New York: The New American Library. Dt. (2000) *1984.* Frankfurt/M: Ullstein [16].

OSBORNE, J. W. (2001) Testing stereotype threat. Does anxiety explain race and sex differences in achievement? *Contemporary Educational Psychology*, *26*, S. 291 – 310 [466].

OSER, F. & ALTHOF, W. (1997) *Moralische Selbstbestimmung. Modelle der Entwicklung und Erziehung im Wertbereich.* Stuttgart: Klett-Cotta [103].

OSKAMP, S. P. & SCHULTZ, W. (1998) *Applied social psychology* (2. Ed.). Upper Saddle River, NJ: Prentice Hall [56].

OSTROM, T. M. & SEDIKIDES, C. (1992) Out-group homogeneity effects in natural and minimal groups. *Psychological-Bulletin*, *112*, S. 536 – 552 [461].

OTT, R. (1998) Subliminale akustische Beeinflussung. Fakten und Fiktionen. *Hypnose und Kognition*, *15*, S. 57 – 78 [207].

OTTO, J. H., DöRING-SEIPEL, E., GREBE, M. & LANTERMANN, E. D. (2001) Entwicklung eines Fragebogens zur Erfassung der wahrgenommenen emotionalen Intelligenz. *Diagnostica*, *47*, S. 178 – 187 [455].

OWEN, P. R. & LAUREL-SELLER, E. (2000) Weight and shape ideals. Thin is dangerously in. *Journal of Applied Social Psychology*, *30*, S. 979 – 990 [370].

P

PáEZ, D., MARTINEZ-TABOADA, C., ARROSPIDE, J. J., INSUA, P. & AYESTARAN, S. (1998) Constructing social identity. The role of status, collective values, collective self-esteem, perception and social behaviour. In: WORCHEL, S., MORALES, J. E., PáEZ, D. & DESCHEMPS, J. C. (Eds.) *Social identity. International perspectives.* London: Sage, S. 211 – 229 [460].

PAIVIO, A. (1979) *Imagery and verbal processes.* Hillsdale, NJ: Erlbaum [297].

PAIVIO, A. (1986) *Mental representations. A dual coding approach.* New York: Oxford University Press [297 f.].

PANTEL, J., SCHROEDER, J., SCHMITT, R., SCHAD, L. R, KNOPP, M. V., GEISSLER, M., UHDE, H., BUEML, S., FRIEDLINGER, M., KLEMENZ, M., ESSIG, M. & SAUER, H. (1996)

Quantitative Magnetresonanz-tomographie und Schweregrad der Defizite bei der Demenz vom Alzheimer-Typ. *Der Nervenarzt*, *67*, S. 46 – 52 [274] .

PAPALIA, D. E. , STERNS, H. L. , FELDMAN, R. D. & CAMP, C. J. (2002) *Adult development and aging* (2. Ed.) . Boston: McGraw-Hill [137] .

PAPANICOLAOU, A. C. (1989) *Emotion. A reconsideration of the somatic theory*. New York: Gordon and Breach [417] .

PARK, B. (1986) A method for studying the development of impressions of real people. *Journal of Personality and Social Psychology*, *51*, S. 907 – 917 [459] .

PARLOFF, M. B. (1976) Shopping for the right therapy. *Saturady Review*, *February*, *21*, S. 14 – 20 [51] .

PASCALIS, O. , DEN SCHONEN, S. , MORTON, J. , DERNELLE, C. & FABRE-GRENET, M. (1995) Mothers' face recognition by neonates. A replication and an extension. *Infant Behavior and Development*, *18*, S. 79 – 86 [75] .

PAVOT, W. & DIENER, E. (1993) Review of the Satisfaction. With Life Scale. *Psychological Assessment*, *5*, S. 164 – 172 [426] .

PAWLOW, I. P. (1953 – 1955) *Sämtliche Werke*. Berlin: Akademie-Verlag [216 ff.] .

PAYNE, D. G. , NEUSCHATZ, J. S. , LAMPINEN, J. M. & LYNN, S. J. (1997) Compelling memory illusions. The qualitative characteristics of false memories. *Current Directions in Psychological Science*, *6*, S. 56 – 60 [285] .

PAYNE, D. G. & WENGER, M. J. (1992) Improving memory through practice. In: HERRMANN, D. J. , WEINGARTNER, H. , SEARLEMAN, A. & MCEVOY, C. (1992) *Memory improvement. Implications for memory theory*. New York: Springer, S. 187 – 209 [299] .

PECHTOLD, K. & JANKOWSKI, P. (2000) *Handeln lernen. Neuropsychologische Therapie bei dysexekutivem Syndrom*. München: Urban und Fischer [271 f.] .

PENFIELD, W. (1957) Brain's record of past, a continuous movie film. *Science News Letter*, *April*, *27*, S. 265 [277] .

PEPLAU, L. A. (1983) Roles and gender. In: KELLEY, H. H. (Ed.) *Close relationships*. New York: Freeman, S. 220 – 264 [446] .

PERRES, M. (1998) Wissenschaftstheoretische Grundlagen der klinisch-psychologischen Intervention. In: BAUMANN, U. & PERREZ, M. (Hrsg.) *Lehrbuch Klinische Psychologie-Psychotherapie*. Bern: Huber, S. 46 – 79 [44] .

PERSINGER, M. A. (1999) Near-death experiences and ecstasy. A product of the organization of the human brain? In: DELLA SALLA, S. (Ed.)

Mind myths. Exploring popular assumptions about the mind and brain. New York: Wiley, S. 85 – 99 [156].

PERSINGER, M. A. & RICHARDS, P. M. (1995) Vestibular experiences during brief periods of partial sensory deprivation are enhanced when daily geomagnetic activity exceds 15 – 20nT. *Neuroscience Lettters*, *194*, S. 169 – 172 [156].

PETERMANN, F. & HÄRING, J. (2003a) Verhaltenstherapeuthische Methoden in der Adipositastherapie. In: PETERMANN, F. & PUDEL, V. (Hrsg.) *übergewicht und Adipositas.* Göttingen: Hogrefe, S. 239 – 262 [372].

PETERMANN F. & HÄRING, J. (2003b) Elternschulung bei adipösen Kindern und Jugendlichen. In: PETERMANN, F. & PUDEL, V. (Hrsg.) *Übergewicht und Adipositas.* Göttingen: Hogrefe, S. 263 – 279 [373].

PETERSEN, A. C. (1987) The nature of biological-psychological interactions. The sample case of early adolescence. In: LERNER, R. M. & FOCH, T. T. (Eds.) *Biological-psychological interacions in early adolescence.* Hillsdale, NJ: Erlbaum, S. 35 – 61 [110].

PETERSON, L. R. & PETERSON, M. J. (1959) Short-term retention of individual verbal items. *Journal of Experimental Psychology*, *58*, S. 193 – 198 [267, 270].

PFUNGST, O. (1907) *Das Pferd des Herrn von Osten (Der kluge Hans)*. Leipzig: Hirzel. Nachgedr. (1977) *Der kluge Hans. Ein Beitrag zur nicht-verbalen Kommunikation.* Frankfurt/M.: Fachbuchhandlung für Psychologie [242].

PHILLIPS, M., BROOKS-GUNN J., DUNCAN, G. J., KLEBANOV, P. & CRANE, J. (1998) Family background, parenting practices, and the Black-White test score gap. In: JENCKS, C. &; PHILLIPS, M. (Eds.) *The Black-White test score gap.* Washington, DC: Brookings Institution, S. 103 – 145 [343].

PIAGET, J. (1932) *Le jugement moral chez l'enfant.* Paris: Alcan, Dt. (1973) *Das moralische Urteil beim Kinde.* Frankfurt/M.: Suhrkamp [100].

PIAGET, J. (1973) *Das Erwachen der Intelligenz beim Kinde.* Zürich: Rascher [87].

PILIAVIN, I. M., RODIN J. & PILIAVIN, J. A. (1969) Good Samaritanism. An underground phenomenon? *Journal of Personality and Social Psychology*, *13*, S. 289 – 299 [22].

PINEL, J. P. J. (1993) *Biopsychology* (2. Ed.). Boston: Allyn and Bacon [63].

PINEL, J. P. J., ASSANAND S, & LEHMAN, D. R. (2000) Hunger, eating, and ill health. *American Psychologist*, *55*, S. 1105 – 1116 [369].

PINKER, S. (1994) The language instinct. New York: Harper [85, 86].

PINQUART, M. & SRUGIES, D. (1999) Konflikte zwischen Heranwachsenden und ihren Eltern. In: SILBEREISEN, R. K. & ZINNECKER, J. (Hrsg.) *Entwicklung im sozialen Wandel.* Weinheim: Beltz PVU, S. 393 – 412. [119].

PITTMAN, T. S. & HELLER J, F. (1987) Social motivation. *Annual Review of Psychology*, *38*, S. 461 – 489 [361].

PLANTE, T. G. (Ed.) (2001) *Faith and Health. Psychological Perspectives.* New York: Guilford [140].

PLOMIN, R. (1999) Behavioral genetics. In: BENNETT, M. (Ed.) *Developmental psychology. Achievements and prospects.* Philadelphia, PA: Psychology Press, S. 231 – 252 [64].

PLOTKIN, W. B. (1979) The alpha experience revisited. Back in the transformation of psychological state. *Psychological Bulletin*, *86*, S. 1132 – 1148 [233].

PLOUS, S. (1993) *The psychology of judgment and decision making.* New York, NY: McGraw-Hill [322].

PLUTCHIK, R. (1980) *Emotion. A psychoevolutionary synthesis.* New York: Harper & Row [407 f.].

POPE, H. G. JR., HUDSON J. I., BODKIN, J. A. & OLIVA, P. (1998) Questionable validity of "dissociative amnesia" in trauma victims. Evidence from prospective studies. *British Journal of Psychiatry*, *172*, S. 210 – 215 [295].

POSADA, G., JACOBS A., RICHMOND, M. K., CARBONELL, O. A., ALZATE, G., BUSTAMANTE, M. R. & QUICENO, J. (2002) Maternal caregiving and infant security in two cultures. *Developmental Psychology*, *38*, S. 67 – 78 [78].

POSNER, M. I. & PETERSEN, S. E. (1990) The attention system of the human brain. *Annual Review of Neuroscience*, *13*, S. 25 – 42 [200].

POSTMAN, L. (1975) Verbal learning and memory. *Annual Review of Psychology*, *26*, S. 291 – 335 [275].

POSTMAN, N. (1982) *The disappearance of childhood.* New York: Delacorte Press. Dt. (1983) *Das Verschwinden der Kindheit.* Frankfurt/M.: Fischer [106].

POSTMES, T. & SPEARS, R. (1998) Deindividuation and antionormative behavior. A meta-analysis. *Psychological-Bulletin*, *123*, S. 238 – 259 [389].

PRATKANIS, A. R. (1992) The cargo-cult science of subliminal persuasion. *Skeptical Inquirer*, *16*, S. 260 – 272 [207].

PRATTO, F. & BARGH, J. A. (1991) Stereotyping based on apparently individuating information. Trait and global components of sex stereotypes under attention overload. *Journal of Experimental Social Psychology*, *27*, S. 26 – 47 [459].

PREMACK, D. (1959) Toward empirical behavior laws. I. Positive reinforcement. *Psychological Review*, *66*, S. 219 – 233 [236].

PREMACK, D. (1965) Reinforcement theory. In: LEVINE, D. (Ed.) *Nebraska Symposium on motivation.* Lincoln: University of Nebraska Press, S. 123 – 188 [236].

PRESSLEY, M., JOHNSON C. J.; SYMONS, S., MCGOLDRICK, J. A. & KURITA, J. (1989a) Strategies that improve children's memory and comprehension of text. *Elementary School Journal*, *90*, S. 3 – 32 [297].

PRESSLEY, M., GOODCHILD F., FLEET, J., ZAJCHOWSKI, R. & EVANS, E. D. (1989b) The challenges of classroom strategy instruction. *Elementary School Journal*, *89*, S. 301 – 342 [297].

PRICE, R. H., GLICKSTEIN, M., HORTON, D. L. & BAILEY, R. H. (1982) *Principles of psychology.* New York: Holt, Rinehart and Winston [26].

PROVINE, P. R. (2000) *Laughter. A scientific investigation.* London: Faber and Faber [439].

PUDEL, V. & WESTENHÖFER, J. (2003) *Ernährungspsychologie. Eine Einführung* (3. Aufl.). Göttingen: Hogrefe [367, 370 ff., 374].

PYSZCZYNSKI, T., GREENBERG J. & SOLOMON, S. (1998) A terror management perspective on the psychology of control. Controlling the uncontrollable. In: KOFTA, M., WEARY, G. et al. (Eds.) *Personal control in action. Cognitive and motivational mechanisms.* New York: Plenum Press, S. 85 – 108 [154].

PYSZCZYNSKI, T., GREENBERG, J. & SOLOMON, S. (2000) Proximal and distal defense. A new perspective on unconscious motivation. *Current directions in Psychological Science*, *9*, S. 156 – 160 [153 f.].

Q

QUINN, D. M. & SPENCER, S. J. (2001) The interference of stereotype threat with women's genera-tion of mathematical problem-solving strategies. *Journal of Social Issues*, *57*, S. 55 – 71 [466.].

R

RADECKI, T. (1989) On picking good television and film entertainment. *NCTV News*, *10*, S. 5 [256].

RAMEY, C. T., CAMPBELL, F. A. & RAMEY, S. L. (1999) Early intervention. Successful pathways to improving intellectual development. *Developmental Neuropsychology*, *16*, S. 385 – 392 [343].

RAMEY, S. L. (1999) Head Start and preschool education. Toward continued improvement. *American Psychologist*, *54*, S. 344 – 346 [343].

RAND, A. (1992) Ein "Mords"-Programm. *Psychologie heute*, *19*, S. 9 – 10 [255].

RANDI, J. (1982) *The truth about Uni Geller.* Buffalo, NY: Prometheus Books [168].

RANDI, J. (1987) *The faith healers.* Buffalo: Prometheus [168].

RATHSMANN-SPONSEL, I. & SPONSEL, R. (2002) *Midlife crisis-Gibt es diese Krise in der Lebensmitte des Mannes? Eine Literaturrecherche aus Sicht der Allgemeinen und Integrativen Psychotherapie* (GIPT). Internet publikation für Allgemeine und Integrative Psychotherapie IP-GIPT. Erlangen: http://www.sgipt.org/gipt/entw/midlc0.htm# [144].

RAUDENBUSH, S. W. (1984) Magnitude of teacher expectancy effects on pupil IQ as a function of the credibility of expectancy induction. A synthesis of findings from 18 experiments. *Journal of Educational Psychology*, *76*, S. 85 – 97 [465].

RAVUSSIN, E., LILLIOJA, S., KNOWLER, W. C., CHRISTIN, L., FREYMOND, D., ABBOTT, W. G., BOYCE, V., HOWARD, B. V. & BOGARDUS, C. (1988) Reduced rate of energy expenditure as a risk factor for body-weight gain. *New England Journal of Medicine*, *318*, S. 467 – 72 [370].

RAYNOR, H. A. & EPSTEIN, L. H. (2001) Dietary variety, energy regulation, and obesity. *Psychological Bulletin*, *127*, S. 325 – 341 [364 ff.].

RECHTIEN, W. (1997) *Sozialpsychologie. Ein einführendes Lehrbuch.* München: Profil [374 f.].

REEVES, L. M., & WEISBERG, R. W. (1993) On the concrete nature of human thinking. Content and context in analogical transfer. *Educational Psychology*, *13*, S. 245 – 258 [329].

REEVES, L. M., & WEISBERG, R. W. (1994) The role of content and abstract information in analogical transfer. *Psychological Bulletin*, *115*, S. 381 – 400 [329].

REISBERG, D. & CHAMBERS, D. (1991) Neither pictures nor propositions. What can we learn from a mental image? *Canadian Journal of Psychology*, *45*, S. 336 – 352 [308].

REISENZEIN, R. (1983) The Schachter theory of emotion. Two decades later. *Psychological Bulletin*, *94*, S. 239 – 264 [422].

REISNER, A. D. (1996) Repressed memories. True and false. *Psychological Record*, *46*, S. 563 – 579 [294].

REMSCHMIDT, H. (1992) *Adoleszenz. Entwicklung und Entwicklungskrisen im Jugendalter.* München: Reinhardt [108].

RENDELL, P. G. & THOMSON, D. M. (1999) Aging and prospective memory. Differences between naturalistic and laboratory tasks. *Journals of Gerontology. Series B. Psychological Sciences and Social Sciences*, *54B*, S. 256 – 269 [295].

RENSINK, R. A., O'REGAN, J. K. & CLARK, J. J. (1997) To see or not to see. The need for attention to perceive changes in scenes. *Psychological Science*, *8*, S. 368 – 373 [203].

RESCORLA, R. A. (1968) Probability of shock in the presence and absence of cs in fear conditioning. *Journal of Comparative and Physiological Psychology*, *66*, S. 1 – 5 [245].

RESCORLA, R. A. (1988) Pavlovian conditioning. It's not what you think it is. *American Psychologist*, *43*, S. 151 – 160 [245].

RESCORLA, R. A. (2001) Retraining of extinguished Pavlovian stimuli. *Journal of Experimental Psychology.* Animal Behavior Processes, 27, S. 115 – 124 [220].

RESCORLA, R. A., DURLACH, P. J. & GRAU, J. W. (1985) Contextual learning in Pavlovian conditioning. In: BALSAM, P. D. & TOMIE, A. (Eds.) *Context and learning.* Hillsdale, NJ: Erlbaum, S. 23 – 56 [246].

RETHORST, S., GOGOLL, A. & WEHRMANN, R. (1995) Emotionen und Zielorientierungen in Leistungssituationen beim Skifahren. In: NITSCH, J. R. & ALLMER, H. (Hrsg.) *Emotionen im Sport. Zwischen Körperkult und Gewalt.* Köln: bps-Verlag, S. 149 – 153. [394].

RHEINBERG, F. (1980) *Leistungsbewertung und Leistungsmotivation.* Göttingen: Hogrefe [393].

RHEINBERG, F. (2001) Bezugsnorm-Orientierung. In: ROST, D. H. (Hrsg.) *Handwörterbuch. Pädagogische Psychologie* (2. Aufl.). Weinheim: Berltz, S. 55 – 62 [393].

RHEINBERG, F. (2002) *Motivation* (4. Aufl.). Stuttgart: Kohlhammer [394, 400].

RHINE, J. B. (1934) *Extra-sensory perception.* Boston, MA: Boston society for psychic research [166].

RHODEWALT, F., SALTZMAN, A. T. & WITTMER, J. (1984) Self-handicapping among competitive athletes. The role of practice in self-esteem protection. *Basic and Applied Social Psychology*, *5*, S. 197 – 209 [394].

RICE, B. (1982) The Hawthorne-effect. Persistence of a flawed theory. *Psychology Today*, *16*, S. 71 – 74. Dt. (1985) Die Geschichte des Hawthorne-Effekts. Legenden sterben langsam. In: Psychologie heute Redaktion (Hrsg.) *Geschafft. über Arbeit, keine Arbeit und Freizeit.* Weinheim: Beltz, S. 73 – 78 [52].

RICE, B. (1984) Imagination to go. *Psychology Today*, *18*, S. 48 – 52 [329].

RICHARDS, M.; BOXER, A., PETERSEN, A. & ALBRECHT, R. (1990) Relation of weight to body image in pubertal girls and boys from two communities. *Developmental Psychology*, *26*, S. 313 – 321 [110].

RICHELLE, M. N. (1995) B. F. Skinner. A reappraisal. Howe: Erlbaum [35].

RIDLEY, M. (2000) Genome. London: Fourth Estate. Dt. (2001) *Alphabet des Lebens. Die Geschichte des menschlichen Genoms* (2. Aufl.). München: Claassen [63].

RIGGS, J. M. (1992) Self-handicapping and achievement. In: BOGGIANO, A. K. & PITTMAN, T. S. (Eds.) *Achievement and motivation. A social-developmental perspective.* New York, NY: Cambridge University Press, S. 244 – 267 [394].

ROBINS, R. W., GOSLING, S. D. & CRAIK, K. H. (1999) An empirical analysis of trends in psychology. *American Psychologist*, *54*, S. 117 – 128 [37].

ROBINSON, T. N.; WILDE, M. L., NAVRACRUZ, L. C., HAYDEL, K. F. & VARADY, A. (2001) Effects of reducing children's television and video game use on aggressive behavior. A randomized controlled trial. *Archives of Pe-*

diatrics and Adolescent Medicine, *155*, S. 17 – 23 [255] .

ROCK, I. (1978) *An introduction to perception.* New York: Macmillan [193] .

ROCK, I. & GUTMAN, D. (1981) The effect of inattention on form perception. *Journal of Experimental Psychology. Human Perception & Performance*, *7*, S. 275 – 285 [201] .

ROEDIGER, H. L. & MCDERMOTT, K. B. (1995) Creating false memories. Remembering words not presented in lists. *Journal of Experimental Psychology. Learning, Memory, and Cognition*, *21*, S. 803 – 814 [285] .

ROEDIGER, H. L., WHEELER, M. A. & RAJARAM, S. (1993) Remembering, knowing, and reconstructing the past. In: MEDIN, D. L. (Ed.) *The psychology of learning and motivation.* Advances in research and theory. San Diego: Academic Press, S. 97 – 134 [284, 289] .

ROESE, N. J. (1997) Counterfactual thinking. *Psychological Bulletin*, *121*, S. 133 – 148 [398] .

ROETHLISBERGER, F. J. & DICKSON, W. J. (1939) *Management and the worker. An account of a research program conducted by the Western Electric Company.* Cambridge, MA: Harvard University Press [52] .

ROGOFF, B. & LAVE, J. (1984) *Everyday cognition.* Cambridge, MA: Harvard University Press [114] .

ROLLS, E. T. & DECO, G. (2002) *Computational neuroscience of vision.* London: Oxford University Press [175] .

ROSCH, E. H. (1973) Natural categories. *Cognitive Psychology*, *4*, S. 328 – 350 [311] .

ROSCH, E. H., MERVIS, C. B., GRAY, W. B., JOHNSON, D. M. & BOYES-BRAEM, P. (1976) Basic objects in natural categories. *Cognitive Psychology*, *8*, S. 382 – 439 [311] .

ROSEMAN, I. J., WIEST, C. & SWARTZ, T. S. (1994) Phenomenology, behaviors, and goals different-tiate discrete emotions. *Journal of Personality and Social Psychology*, *67*, S. 206 – 221 [407] .

ROSENAUM, M. E. (1986) The repulsion hypothesis. On the nondevelopment of relationships. *Journal of Personality and Social Psychology*, *51*, S. 1156 – 1166 [488] .

ROSENTHAL, R. (1991) Do we get what we expect? In: CROOKS, R. L. & STEIN, J.: *Psychology, science, behavior, and life* (22. Ed.) . Fort Worth, TX: Holt, Rinehart and Winston, S. 660 – 661 [463] .

ROSENTHAL, R. & FODE, K. L. (1963) The effect of experimenter bias on the performance of the albino rat. *Behavioral Science*, *8*, S. 183 – 189 [463] .

ROSENTHAL, R. & JACOBSON, L. (1968) *Pygmalion in the classroom.* New York: Holt, Rinehart & Winston. Dt. (1971) *Pygmalion im Unterricht.* Weinheim: Beltz [464] .

ROSS, C. E. & MIROWSKY, J. (1984) Men who cry. *Social Psychology Quarterly*, *47*, S. 138 – 146 [446] .

ROSS, H. & PLUG, C. (2002) *The mystery of the moon illusion.* Oxford: Oxford University Press [194] .

ROSS, L. D. (1977) The intuitive psychologist and his shortcomings. Distortions in the attribution process. In: BERKOWITZ, L. (Ed.) *Advances in experimental social psychology.* Vol. 10. New York: Academic Press, S. 173 – 220 [471] .

ROSS, L. D. (2001) Getting down to fundamentals. Lay dispositionism and the attributions of psychologists. *Psychological Inquiry*, *12*, S. 37 – 40 [471] .

ROSS, M. & BUEHLER, R. (1994) Creative remembering. In: NEISSER, U. & FIVUSH, R. (Eds.) *The remembering self. Construction and accuracy in the self-narrative.* New York, NY: Cambridge University Press, S. 205 – 235 [285] .

ROSS, M. & FLETCHER, G. J. O. (1985) Attribution and social perception. In: LINDZEY, G. & ARONSON, E. (Eds.) *Handbook of social psychology.* Vol. 2. Reading, MA: Addison-Wesley, S. 73 – 122 [469] .

ROSSLER, M., ZARSKI, R., BOHL, J. & OHM, T. G. (2002) Stage-dependent and sector-specific neuronal loss in hippocampus during Alzheimer's disease. *Acta Neuropathologica*, *103*, S. 363 – 369 [274] .

ROTENBERG, K. J. & MANN, L. (1986) The development of the norm of the reciprocity of self-disclosure and its function in children's attraction to peers. *Child Development*, *57*, S. 1349 – 1357 [490] .

ROTHGERBER, H. (1997) External intergroup threat as an antecedent to perceptions in in-group and out-group homogeneity. *Journal of Personality and Social Psychology*, *73*, S. 1206 – 1212 [288] .

ROWE, J. W. & KAHN, R. L. (1998) *Successful aging.* New York: Pantheon [139] .

ROZIN, P. (1999) Food is fundamental, fun, frightening, and far-reaching. *Social Research*, *66*, S. 9 – 30 [364] .

ROZIN, P., MILLMAN, L. & NEMEROFF, C. (1986) Operation of the laws of sympathetic magic in disgust and other domains. *Journal of Personality and Social Psychology*, *50*, S. 703 – 712 [364] .

RUBIN, J. Z., PRUITT, D. G. & KIM, S. H. (1994) *Social conflict. Escalation*, *stalemate*, *and settlement* (2. Ed.) . New York: McCraw-Hill [384]

RUBIN, M. & HEWSTONE, M. (1998) Social identity theory's self-esteem hypothesis. A review and some suggestions for clarification. *Personality Social Psychology Review*, *2*, S. 40 – 62 [477] .

RUBIN, Z. (1988) Preface. In: STERNBERG, R. J. & BARNES, M. L. (Eds.) *The psychology of love.* New Haven, CT: Yale University Press, S. VII-XII [492] .

RUBLE, D. N. & MARTIN, C. (1998) Gender development. In: DAMON, W. (Series Ed.) & EISENBERG, N. (Vol. Ed.) *Handbook of child psychology.* Vol. 3. Social, emotional, and personality development (5. Ed.) . New York: Wiley, S. 933 – 1016 [92, 94] .

RUIZ-BELDA, M. A., FERNáNDEZ-DOLS, J. M., CARRERA, P. & BARCHARD, K. (2003) Spontaneous facial expressions or happy bowlers and soccer fans. *Cognition and Emotion*, 17, S. 315 – 326 [439] .

RUNSEON, S. & FRYKHOLM, G. (1986) Kinematic specification of gender expression. In: MCCABE, V. & BALZANO, G. J. (Eds.) *Event cognition. An ecological perspective.* Hillsdale, NJ: Erlbaum, S. 259 – 273 [188] .

RUSSELL, B. (1930) *The conquest of happiness.* London: Allen and Unwin [434] .

RUSSELL, J. A. (1980) A circumplex model of affect. *Journal of Personality and Social Psychology*, *39*, S. 1161 – 1178 [409] .

RUSSELL, J. A. (1991) Culture and the categorization of emotions. *Psychological Bulletin*, *110*, S. 426 – 450 [406] .

RUTKOWSKI, G. K., GRUDER, C. L. & ROMER, D. (1983) Group cohesiveness, social norms, and bystander intervention. *Journal of Personality and Social Psychology*, *44*, S. 545 – 552 [22] .

RUTTER, M. (1987) Continutities and discontinuities from infancy. In: OSOFSKY, J. D. (Ed.) *Handbook of infant development* (2. Ed.) . New York: Wiley [62] .

RYBASH, J. M., HOYER, W. & ROODIN, P. (1986) *Adult cognition and aging.* New York: Pergamon Press [114] .

S

SAARILUOMA, P. (1985) Chess players' intake of task-relevant *cues. Memory and Cognition*, *13*, S. 385 – 391 [270] .

SABINI, J. , SIEPMANN, M. & STEIN, J. (2001) The really fundamental attribution error in social psychological research. *Psychological Inquiry*, *12*, S. 1 – 15 [471] .

SACKS, O. (1985) *The man who mistook his wife for a hat.* New York: Summit. Dt. (2002) *Der Mann*, *der seine Frau mit einem Hut verwechselte.* (20. Aufl.) . Reinbek bei Hamburg: Rowohlt [209] .

SACZYNSKI, J. S. , WILLIS, S. L. & SCHAIE, K. W. (2002) Strategy use in reasoning training with older adults. *Aging*, *Neuropsychology*, *and Cognition*, *9*, S. 48 – 60 [133] .

SALOVEY, P. (1990) Interview. *American Scientist*, *January-February*, S. 25 – 29 [425] .

SALOVEY, P. & MAYER, J. D. (1989 – 1990) Emotional intelligence. *Imagination*, *Cognition and Personality*, *9*, S. 185 – 211 [454] .

SALOVEY, P. & MAYER, J. D. (1997) *Emotional development and emotional intelligence. Educational implications.* New York: Basic Books [454] .

SALOVEY, P. & PIZARRO, D. A. (2003) The value of emotional intelligence. In: STERNBERG, R. J. , LAUTREY, J. & LUBART, T. I. (Eds.) *Models of intelligence. International perspectives.* Washington, DC: American Psychological Association, S. 263 – 278 [455] .

SALOVEY, P. , ROTHMAN, A. J. , DETWEILER, J. B. & STEWARD, W. T. (2000) Emotional states and physical health. *American Psychologist*, *55*, S. 110 – 121 [151] .

SALTHOUSE, T. A. (1984) Effects of age and skill in typing. *Journal of Experimental Psychology*: *General*, *113*, S. 345 – 371 [129] .

SALTHOUSE, T. A. (1991) Cognitive facets of aging well. *Generations*, *15*, S. 35 – 38 [128] .

SAMEROFF, A. J. & CHANDLER M. J. (1975) Reproductive risk and the continuum of caretaking casualty. In: HOROWITZ, F. D. , HETHERINGTON, M. , SCARR, SALAPATEK, S. & SIEGEL, G. (Eds.) *Review of child developmental research.* Vol. 4. Chicago: University of Chicago Press [71] .

SAMUELSON, F. J. B. (1980) Watson's little Albert, Cyrial Burt's twins, and the need for a critical science. *American Psychologist*, *35*, S. 619 – 625 [221] .

SANDE, G. N. , GOETHALS, G. R. & RADLOFF, C. E. (1988) Perceiving one's own traits and others, The multifaceted self. *Journal of Personality and Social Psychology*, *54*, S. 13 – 20 [472] .

SANFORD, E. C. (1917) A letter to Dr. Titchener. In: *Studies in Psychology. Contributed by colleagues and former students of Edward Bradford Titchener.* Worcester, MA: Wilson, S. 8 – 10. Auch abgedr. in: NEISSER, U. (Ed.) (1982) Professor Sanford's morning prayer. In: *Memory observed. Remembering in natural contexts.* San Francisco: Freeman, S. 176 – 177 [297] .

SCARR, S. (1988) How genotypes and environmencets combine. Development and individual differences. In: BOLGER, N., CASPI, A., DOWNEY, G. & MOOREHOUSE, M. (Eds.) *Persons in context. Developmental processes. Human development in cultural and historical contexts.* New York, NY: Cambridge University press, S. 217 – 244 [65] .

SCARR, S. & MCCARTNEY, K. (1983) How people make their own environments. A theory of genotype-environment effects. *Child Development*, *54*, S. 424 – 435 [65] .

SCHACHTER, S. (1951) Deviation, rejection, and communication. *Journal of Abnormal and Social Psychology*, *46*, S. 190 – 207 [504] .

SCHACHTER, S. & SINGER, J. (1962) Cognitive, social, and physiological determinants of emotional state. *Psychological Review*, *69*, S. 379 – 399 [421 f.] .

SCHACTER, D. L. (1996) *Searching for memory. The brain, the mind, and the past.* New York: Basic Books [285] .

SCHACTER, D. L. (1999) The seven sins of memory. Insights from psychology and cognitive neuroscience. *American Psychologist*, *54*, S. 182 – 203 [203, 292] .

SCHACTER, D. L. (2001) *The seven sins of memory. How the mind forgets and remembers.* Boston: Houghton Mifflin [285, 292] .

SCHACTER, D. L., NORMAN, K. A. & KOUTSTAAL, W. (1998) The cognitive neuroscience of constructive memory. *Annual Review of Psychology*, *49*, S. 289 – 318 [287] .

SCHAFE, G. E. & BERNSTEIN, I. L. (1996) Taste aversion learning. In: CAPALDI, E. D. (Ed.) *Why we eat what we eat. The psychology of eating.* Washington, DC: American Psychological Association, S. 31 – 51 [261] .

SCHAFE, G. E., SOLLARS, S. I. & BERNSTEIN, I. L. (1995) The CS-US interval and taste aversion learning. A brief look. *Behavioral Neuroscience*, *109*, S. 799 – 802 [224] .

SCHAIE, K. W. (1974) Translations in gerontology-from lab to life. *American Psychologist*, *29*, S. 802 – 807 [133].

SCHAIE, K. W. (1993) The Seattle Longitudinal Study. A thirty-five-year inquiry of adult intellectual development. *Zeitschrift für Gerontologie*, *26*, S. 129 – 137 [135].

SCHAIE, K. W. (1995) *Intellectual development in adulthood.* New York: Cambridge University Press [133].

SCHEDLOWSKI, M. & TEWES, U. (Hrsg.) (1996) *Psychoneuroimmunologie.* Heidelberg: Spektrum Akademischer Verlag [148].

SCHERER, K. R., MATSUMOTO, D., WALLBOTT, H. G. & KUDOH, T. (1988) Emotional experience in cultural context. A comparison between Europe, Japan, and the United States. In: SCHERER, K. R. (Ed.) *Facets of emotion. Recent research.* Hillsdale, NJ: Lawrence Erlbaum, S. 5 – 30 [443].

SCHERER, K. R. & WALLBOTT, H. G. (1994) Evidence for universality and cultural variation of differential emotion response patterning. *Journal of Personality and Social Psychology*, *66*, S. 310 – 328 [414].

SCHIEFELE, U. (2001) The role of interest in motivation and learning. In: COLLIS, J. M. & MESSICK, S. (Eds.) *Intelligence and personality. Bridging the gap in theory and measurement.* Mahwah, NJ: Erlbaum, S. 163 – 193 [360].

SCHIEFELE, U. & KöLLER, O. (2001) Intrinsische und extrinsische Motivation. In: ROST, D. H. (Hrsg.) *Handwörterbuch. Pädagogische Psychologie* (2. Aufl.). Weinheim: PVU, S. 304 – 310 [360].

SCHILLING, R. F. & WEAVER, G. E. (1983) Effect of extraneous verbal information on memory for telephone numbers. *Journal of Applied Psychology*, *68*, S. 559 – 564 [267].

SCHLEIFER, S. J. (1983) Suppression of lymphocyte stimulation following bereavement. *Journal of the American Medical Association*, *250*, S. 374 – 377 [149].

SCHMADER, T. (2002) Gender identification moderates stereotype threat effects on women's math performance. *Journal of Experimental Social Psychology*, *38*, S. 194 – 201 [466].

SCHMIDT, E. L. & HUNTER, J. E. (1998) The validity and utility of selection methods in personnel psychology. *Psychological Bulletin*, *124*, S. 262 – 274 [54].

SCHMIDT, L. R. (2001) *Klinische Psychologie. Entwicklungen-Reformen-*

Perspektiven. Tübingen: dgvt-Verlag [45].

SCHMIDT-ATZERT, L. (2003) Das Mögliche machen. *Zeitschrift für Personalpsychologie*, *2*, S. 24 –26 [455].

SCHMIEDEL, V. (1996) *Cholesterin, naturgemäß behandeln. Mythos und Wirklichkeit einer Stoffwechselstörung.* Heidelberg: Haug [146].

SCHMITT, M., MAES, J. & SEILER, U. (1999) Soziale Identität als Gradmesser der menschlichen Annäherung im wiedervereinigten Deutschland. In: BERTH, H. & BRÄHLER, E. (Hrsg.) *Deutsch-deutsche Vergleiche. Psychologische Untersuchungen* 10 *Jahre nach dem Mauerfall.* Berlin: Verlag für Wissenschaft und Forschung, S. 160 –174 [477].

SCHMITZ-SCHERZER, R. (2001) Sterben und Sterbebegleitung. Zum Wissensstand der Thanatologie. *Psychoscope*, *22*, S. 6 –10 [151 f.].

SCHNEIDER, K. & SCHMALT, H. D. (2000) *Motivation* (3. Aufl.). Stuttgart: Kohlhammer [399].

SCHNEIDER, W. & BJORKLUND, D. F. (1998) Memory. In: DAMON, W. (Series Ed.), KUHN, D. & SIEGLER, R. S. (Vol. Eds.) *Handbook of child psychology.* Vol. 2. *Cognition, perception, and language* (5. Ed.). New York, Wiley, S. 467 –521 [98, 99].

SCHNEIDER, W., KORKEL, J. & WEINERT, F. E. (1989) Domain-specific knowledge and memory performance. A comparison of high-and low-aptitude children. *Journal of Educational Psychology*, *81*, S. 306 –312 [99].

SCHNEIDER, W. & PRESSLEY, M. (1997) *Memory development between 2 and 20* (2. Ed.). Mahwah, NJ: Erlbaum [99].

SCHNEIDER-ROSEN, K., BRAUNWALD, K. G., CARLSON, V. & CICCETTI, D. (1985) Current perspectives in attachment theory. Illustration from the study of maltreated infants. In: BRETHERTON, I. & WATERS, E. (Eds.) *Growing points of attachment theory and research. Monographs of the Society for Research in Child Development*, *50*, *Serial No. 209*, S. 641 – 210 [75].

SCHONBERG, H. C. (1992) *Horowitz. His life and music.* New York: Simon & Schuster [128].

SCHOR, J. B. (1998) *The overspent American. Upscaling, downshifting, and the new consumer.* New York, NY: Basic Books [434].

SCHORR, A. (1991) *Psychologen im Beruf.* Bonn: Deutscher Psychologen Verlag [44].

SCHORR, A. (1995a) Psychologen Ost und West-Zwei Gesichter einer Profession? Ergebnisse einer empirischen Studie. Teil 1. *Report Psychologie*, *20*,

S. 18 – 28 [44] .

SCHORR, A. (1995b) Psychologen Ost und West-Zwei Gesichter einer Profession? Teil 2. *Report Psychologie*, S. 28 – 37 [44] .

SCHRÖTER-KUNHARDT, M. (1993) Das Jenseits in uns. *Psychologie heute*, *20*, S. 64 – 69 [157] .

SCHUCH, B. (1990) Zum gegenwärtigen Stand der social-support-Forschung. *Gruppendynamik*, *21*, S. 221 – 234 [429] .

SCHüSSLER, G. & SCHUBERT, C. (2001) Der Einfluss psychosozialer Faktoren auf das Immunsystem (Psychoneuroimmunologie) und ihre Bedeutung für die Entstehung und Progression von Krebserkrankungen. *Zeitschrift für Psychosomatische Medizin und Psychotherapie*, *47*, S. 6 – 41 [148] .

SCHULER, H. (2002) Emotionale Intelligenz-Ein irreführender und unnötiger Begriff. *Zeitschrift für Personalpsychologie*, *1*, S. 138 – 140 [348, 455] .

SCHULTHEISS, O. C. & BRUNSTEIN, J. C. (2000) Choice of difficult tasks as a strategy of compensa-ting for identity-relevant failure. *Journal of Research in Personality*, *34*, S. 269 – 277 [394] .

SCHULTZ, D. P. & SCHULTZ, S. E. (1990) *Psychology and industry today. An introduction to industrial and organizational psychology* (5. Ed.) . New York: Macmillan [55] .

SCHULZ, R. & DECKER, S. (1985) Long-term adjustment to physical disability. The role of social support, perceived control, and self-blame. *Journal of Personality and Social Psychology*, *48*, S. 1162 – 1172 [415] .

SCHULZ, R. & SALTHOUSE, T. (1999) *Adult development and aging. Myths and emerging realities* (3. Ed.) . Upper Saddle River, NJ: Prentice Hall [154] .

SCHULZ, T. (1991) Angewandte Kognitionspsychologie am Beispiel der Psychologie des Augenzeugen-oder: Was kann man von einem unaufmerksamen Beobachter erfahren? *Sprache und Kognition*, *10*, S. 97 – 108 [287, 289] .

SCHUNK, D. H. (2000) *Learning theories. An educational perspective* (3. Ed.) . Upper Saddle River, NJ: Merrill [312] .

SCHWARTZ, B. (2000) Self-determination. The tyranny of freedom. *American Psychologist*, *55*, S. 79 – 88 [129] .

SCHWARTZ, B. L. (2002) *Tip-of-the-tongue states. Phenomenology, mechanism, and lexical retrieval.* Mahwah, NJ: Erlbaum [281] .

SCHWARTZ, M. W., WOODS, S. C., PORTE, D., SEELEY, R. J. & BASKIN, D. G. (2000) Central nervous system ·control of food intake. *Nature*, *404*, S. 661 – 671 [363] .

SCHWARZER, R. (Hrsg.) (1997) *Gesundheitspsychologie* (2. Aufl.) . Göttingen: Hogrefe [42] .

SEARS, R. R. , HOVLAND, I. & MILLER, N. E. (1940) Minor studies of aggression. I. Measurement of aggressive behavior. *Journal of Psychology*, *9*, S. 275 – 294 [381] .

SEGAL, M. W. (1974) Alphabet and attraction. An unobtrusive measure of the effect of propinquity in a field setting. *Journal of Personality and Social Psychology*, *30*, S. 654 – 657 [484] .

SEGALL, M. H. , CAMPBELL, D. T. & HERSKOVITS, M. J. (1966) *The influence of culture on visual perception.* Indianapolis: Bobbs-Merrill [195] .

SEGERSTROM, S. C. , TAYLOR, S. E. , KEMENY, M. E. , REED, G. M & VISSCHER, B. R. (1996) Causal attributions predict rate of immune decline in HIV-seropositive gay men. *Health Psychology*, *15*, S. 485 – 493 [395] .

SEIFFGE-KRENKE, I. & SHULMAN, S. (1993) Stress, coping, and relationships in adolescence. In: JACKSON, S. & REDRIGUEZ-TOME, H. (Eds.) *Adolescence and its social worlds.* Hove: Erlbaum, S. 169 – 196 [119] .

SELG, H. (1988) Pornographie und Gewalt. Vorschläge zur Sprachregelung. *BPS-Report*, *4*, S. 1 – 3 [387] .

SELG, H. (1993) Fördern Medien die Gewaltbereitschaft? Was die Wirkungsforschung über die Folgen des Konsums von Gewaltdarstellungen sagt. In: WEHLING, H. G. : *Aggression und Gewalt.* Stuttgart: Kohlhammer, S. 74 – 84 [256] .

SELG, H. & BAUER, M. (1986) *Pornographie. Psychologische Beiträge zur Wirkungsforschung.* Bern: Huber [387] .

SELIGMAN, M. E. P. (1975) *Helplessness. On depression, development, and death.* San Francisco: Freeman. (New Ed.) (1992) with a new introduction by the author. San Francisco: W. H. Freeman. Dt. (2000) *Erlernte Hilflosigkeit* (2. Aufl.) . Weinheim: Beltz [247] .

SELIGMAN, M. E. P. (1990) *Learned optimism.* New York: Knopf. Dt. (2001) *Pessimisten küßt man nicht. Optimismus kann man lernen.* München: Droemer Knaur [248] .

SELIGMAN, M. E. P. & HAGER, J. L. (1972) Biological boundaries of learning. The sauce-Bearnaise syndrome. *Psychology Today*, *6*, S. 59 – 61, 84

-87 [223 f.].

SELIGMAN, M. E. P. & MAIER, S. F. (1967) Failure to escape traumatic shock. *Journal of Experimental Psychology*, *74*, S. 1-9 [246].

SELKOE, D. J. (1992) Aging brain-Aging mind. *Spektrum der Wissenschaft*, *11*, S. 124-132 [138].

SHAFFER, D. R., PEGALIS, L. J. & BAZZINI, D. G. (1996) When boy meets girl (revisited) Gender, gender-role orientation, and prospect of future interaction as determinants of self-disclosure among same-and opposite-sex acquaintances. *Personality and Social Psychology Bulletin*, *22*, S. 495-506 [491].

SHANAB, M. E. & YAHYA, K. A. (1978) A cross-cultural study of obedience. *Bulletin of the Psychonomic Society*, *11*, S. 267-269 [390].

SHEILS, D. (1978) A cross-cultural study of beliefs in out-of-the-body experiences, waking and sleeping. *Journal of the Society for Psychical Research*, *49*, S. 697-741 [166].

SHELLSTUDIE (1985) ——见 Jugendwerk der Deutschen Shell, 1985 [120].

SHEPARD, R. N. (1967) Recognition memory for words, sentences, and pictures. *Journal of Verbal Learning and Verbal Behavior*, *6*, S. 156-163 [261].

SHEPHARD-LOOK, D. (1982) Sex differentiation and the development of sex roles. In: WOLMAN, B. (Ed.) *Handbook of developmental psychology.* Englewood Cliffs, N. J.: Prentice Hall, S. 403-433 [92].

SHERIF, M. (1935) A study of some social factors in perception. *Archives of Psychology Columbia University*, *27*, S. 1-60 [498 f., 505].

SHERIF, M. (1936) *The psychology of social norms.* New York: Harper & Row [498 f.].

SHERIF, M. (1966) *In common Predicament. Social psychology of intergroup conflict and cooperation.* Boston: Houghton Mifflin [475].

SHERIF, M., HARVEY, O. J., WHITE, B. J., HOOD, W. R. & SHERIF C. W. (1961) *Intergroup cooperation and competition. The Robbers Cave experiment.* Norman, OK: University Book Exchange [474 f., 480 f.].

SHERMAN, E. (1993) Mental health and successful adaptation in later life. *Generations. Journal of the American Society on Aging*, *17*, S. 43-36 [133].

SHIH, M., PITTINSKY, T. L. & AMBADY, N. (1999) Stereotype susceptibility. Identity salience and shifts in quantitative performance. *Psychological*

Science, *10*, S. 80 – 83 [465] .

SHIMP, T. A. ; HYATT, E. M. & SNYDER, D. J. (1991) A critical appraisal of demand artifacts in consumer research. *Journal of Consumer Research*, *18*, S. 273 – 283. Dt. (1991) Anzeigen-werbung. Erfolg durch Konditionieren. Vierteljahreshefte für Media-und Werbewirkung, 4, S. 6 – 7 [219] .

SHIRLEY, M. M. (1933) *First two years. A study of twenty-five babies.* Minneapolis: University of Minnesota Press [59] .

SHNEIDMAN, E. S. (1973) *Deaths of man.* New York: Quadrangle [156] .

SHNEIDMAN, E. S. (1980) *Voices of death.* New York: Harper & Row [156] .

SHOSTAK, M. (1981) *Nisa. The life and words of a! Kung woman.* Cambridge, MA: Harvard University Press. Dt. (1990) *Nisa erzählt. Das Leben einer Nomadenfrau in Afrika.* Reinbek bei Hamburg: Rowohlt [493] .

SIEFF, E. M. , DAWES, R. M. & LOEWENSTEIN, G. (1999) Anticipated versus actual reaction to HIV test results. *American Journal of Psychology*, 112, S. 297 – 311 [416] .

SIEGEL, S. (1984) Pavlovian conditioning and heroin overdose. Reports by overdose victims. *Bulletin of the Psychonomic Society*, *22*, S. 428 – 430 [223] .

SIEGEL, S. (2001) Pavlovian conditioning and drug overdose. When tolerance fails. *Addiction Research and Theory*, *9*, S. 503 – 513 [223] .

SIEGLER, R. S. & ROBINSON, M. (1982) The development of numerical understandings. In: REESE, H. W. & LIPSITT, L. P. (Eds.) *Advances in child development and behavior.* Vol. 16. New York: Academic Press, S. 241 – 312 [90] .

SIGMAN, M. & WHALEY, S. E. (1998) The role of nutrition in the development of intelligence. In: NEISSER, U. (Ed.) *The rising curve. Long-term gains in IQ and related measures.* Washington, DC: American Psychological Association. S. 155 – 182 [346] .

SILBEREISEN, R. K. , KRACKE, B. & NOWAK, M. (1992) Körperliches Entwicklungstempo und jugendtypische übergänge. In: JUGENDWERK DER DEUTSCHEN SHELL (Hrsg.) *Jugend' 1992.* Opladen: Leske und Budrich, S. 171 – 196 [110] .

SIMMONS, R. G. , CARLTON-FORD, S. L. & BLYTH, D. A. (1987) Predicting how a child will cope with the transition to junior high school. In: LERNER, R. M. & FOCH, T. T. (Eds.) *Biological-psychological interactions in early adolescence*, Hillsdale, NJ: Erlbaum, S. 325 – 375 [110].

SIMON, C. W. & EMMONS, W. H. (1955) Learning during sleep? *Psychological Bulletin*, *52*, S. 328 – 342 [213].

SIMON, H. A. (1957) *Administrative behavior. A study of decision-making processes in administrative organization* (2. Ed.). New York: Macmillan [315].

SIMONS, D. J. & CHABRIS, C. F. (1999) Gorillas in our midst. Sustained inattentional blindness for dynamic events. *Perception*, *28*, S. 1059 – 1074 [200, 202].

SIMONS, D. J. & Levin, D. T. (1998) Failure to detect changes to people during a real-world interaction. *Psychonomic Bulletin and Review*, *5*, S. 644 – 649 [202].

SIMONTON, D. K. (1989) The swan-song phenomenon. Last-works effects for 172 classical composers. *Psychology and Aging*, *4*, S. 42 – 47 [128].

SIMONTON, D. K. (1991) Creative productivity through the adult years. *Generations. Journal of the American Society on Aging*, *15*, S. 13 – 16 [128].

SIMPSON, J. A., CAMPBELL, B. & BERSCHEID, E. (1986) The association between romantic love and marriage. *Personality and Social Psychology Bulletin*, *12*, S. 363 – 372 [495].

SIMS, E. A. H. (1974) Studies in human hyperphagia. In: BRAY, G. A. & WATERS, E. (Eds.) *Treatment and management of obesity*. Hagerstown, MD: Harper & Row [367].

SINGELIS, T. M., TRIANDIS, H. C., BHAWUK, D. & GELFAND, M. J. (1995) Horizontal and vertical dimensions of individualism and collectivism. A theoretical and measurement refinement. *Cross Cultural Research. The Journal of Comparative Social Science*, *29*, S. 240 – 275 [122].

SINNOTT, J. D. (1994) The relationship of postformal thought, adult learning, and lifespan development. In: SINNOTT, J. D. (Ed.) *Interdisciplinary handbook of adult lifespan learning*. Westport, CT: Greenwood Press, S. 105 – 119 [135].

SKINNER, B. F. (1998) *The behavior of organisms. An experimental analysis*. New York: Appleton-Century-Grofts [234].

SKINNER, B. F. (1953) *Science and human behavior*. New York: Macmillan [229, 232].

SKINNER, B. F. (1957) *Verbal behavior*. New York: Appleton-Century-Crofts [84].

SKINNER, B. F. (1976) *Particulars of my life*. New York: Knopf [231].

SKINNER, B. F. (1979) The shaping of a behaviorist. New York: Knopf [231, 241].

SKINNER, B. F. (1983) *A matter of consequences.* New York: Knopf. [232].

SKINNER, B. F. (1990) Skinner's Keynote Address. Lifetime scientific contribution remarks. *Presentation at the Annual Convention of the American Psychological Association.* Boston. (Audio-und Videocassette der American Psychological Association Continuing Education Section) [246].

SLOVIC, P. (2000) *The perception of risk.* London: Earthscan [318].

SLOVIC, P., FISHHOFF, B. & LICHTENSTEIN, S. (1982) Response mode, framing, and information-processing effects in risk assessment. In: HOGARTH, R. M. (Ed.) *New directions for methodology of social and behavioral science. Question framing and response consistency.* San Francisco: Jossey-Bass, S. 21 – 36 [321].

SMETANA, J. (1995) Parenting styles and conceptions of personal authority during adolescence. *Child Development*, *66*, S. 299 – 316 [120].

SMITH, S. L. & DONNERSTEIN, E. (1998) Harmful effects of exposure to media violence. Learning of aggression, emotional desensitization, and fear. In: GEEN, R. G. & DONNERSTEIN, E. (Eds.) *Human aggression. Theories, research, and implications for social policy*, San Diego, CA: Academic Press, S. 167 – 202 [255].

SMITH, S. M., MCINTOSH, W. D. & BAZZINI, D. G. (1999) Are the beautiful good in Hollywood? An investigation of the beauty-and-goodness stereotype on film. *Basic and Applied Social Psychology*, *21*, S. 69 – 80 [487].

SMITH, S. M. & VELA, E. (2001) Environmental context-dependent memory. A review and meta-analysis. *Psychonomic Bulletin and Review*, *8*, S. 203 – 220 [293].

SMOLENSKY, P. (1995) On the proper treatment of connectionism. In: MACDONALD, C. & MACDONALD, G. (Eds.) *Connectionism. Debates on psychological explanation.* Vol. 2. Malden, MA: Blackwell [283].

SNOW, C. P. (1961) Either-or. *The Progressive* (*February*), S. 24 – 25 [508].

SNYDER, M., TANKE, E. D. & BERSCHEID, E. (1977) Social perception and interpersonal behavior. On the self-fulfilling nature of social stereotypes. *Journal of Personality and Social Psychology*, *35*, S. 656 – 666 [462].

SOARES, J. J. & ÖHMAN, A. (1993) Preattentive processing, preparedness and phobias. Effects of instruction on conditioned electrodermal responses to masked and non-masked fear-relevant stimuli. *Behaviour Research and Therapy*, *31*, S. 87 – 95 [228] .

SOLL, J. B. (1996) Determinants of overconfidence and miscalibration. The roles of randon error and ecological structure. *Organizational Behavior and Human Decision Processes*, *65*, S. 117 – 137 [322] .

SOLMS, M. (2000) Dreaming and REM sleep are controlled by different brain mechanisms. *Behavioral and Brain Sciences*, *23*, S. 843 – 850, 904 – 1018, 1083 – 1121 [333] .

SOLOMON, R. L. (1980) The opponent-process theory of acquired motivation. The costs of pleasure and the benefits of pain. *American Psychologist*, *35*, S. 691 – 712 [424 f.] .

SOMMER, R. (1969) *Personal space. The behavioral basis of design.* Englewood Cliffs, NJ: Prentice – Hall [452] .

SORCE, J. F. , EMDE, R. N. , CAMPOS, J. J. & KLINNERT, M. D. (1985) Maternal emotional signaling. Its effect on the visual cliff behavior of 1-year-olds. *Developmental Pychology*, *21*, S. 195 – 200 [422] .

SPEARMAN, C. (1904a) The proof and measurement of association between two things. *American Journal of Psychology*, *15*, S. 72 – 101 [344] .

SPEARMAN, C. (1904b) "General intelligence", objectively determined and measured. *American Journal of Psychology*, *15*, S. 201 – 293 [344] .

SPENCE, A. P. (1995) *Biology of human aging* (2. Ed.) . Englewood Cliffs, NJ: Prentice Hall [148] .

SPERLING, G. (1960) The information available in brief visual presentation. *Psychological Monographs*, *74* (11, Whole No. 498) [264] .

SPERRY, R. W. (1964) The great cerebral commissure. *Scientific American*, *210*, S. 42 – 52 [28] .

SPERRY, R. (1982) Some effects of disconnecting the cerebral hemispheres. *Science*, *217* (*4566*), S. 1223 – 1226 [28] .

SPIRDUSO, W. W. (1995) *Physical dimensions of aging.* Champaign, Il. : Human Kinetics [147 f.] .

SPORER, S. L. , KÖHNKEN, G. & MALPASS, R. S. (1996) Introduction. 200 years of mistaken identification. In: SPORER, S. L. , MALPASS, R. S. & KÖHNKEN, G. (Eds.) *Psychological issues in eyewitness identification.* Mahwah: Erlbaum, S. 1 – 6 [287] .

SPORER, S. L. , PENROD, S. , READ, D. & CUTLER, R. (1995) Choosing, confidence, and accuracy. A meta-analysis of the confidence-accuracy relation in eyewitness identification studies. *Psychological Bulletin*, *118*, S. 315 – 327 [289] .

SQUIRE, L. R. , OJEMANN, J. G. , MIEZIN, F. M. , PETERSEN, S. E. , VIDEEN, T. O. & RAICHLE, M. E. (1992) Activation of hippocampus in normal humans; A functional anatomical study of memory. *Proceedings of the National Academy of Sciences*, *89*, S. 1837 – 1848 [284] .

STACK, S. & ESHLEMAN, J. R. (1998) Marital status and happiness. A 17-nation study. *Journal of Marriage and the Family*, *60*, S. 527 – 536 [428] .

STAGNER, R. (1988) *A history of psychological theory.* New York: Macmillan [217] .

STAHLBERG, D. , ELLER, F. , ROMAHN, A. & FREY, D. (1993) Der Knew-it-all-along-Effekt in Urteilssituationen von hoher und geringer Selbstwertrelevanz. *Zeitschrift für Sozialpsychologie*, *24*, S. 94 – 102 [321] .

STAMATIADIS-SMIDT, H. & ZUR HAUSEN, H. (1998) *Thema Krebs. Fragen und Antworten* (2. Aufl.) . Heidelberg: Springer [140] .

STANGOR, C. & LANGE J. E. (1994) Mental representations of social groups. Advances in understanding stereotypes and stereotyping. In: ZANNA, M. P. (Ed.) *Advances in experimental social psychology.* Vol. 26. San Diego, CA: Academic Press, S. 357 – 416 [460] .

STARKEY, P, SPELKE, E. S. & GELMAN, R. (1983) Detection of intermodal numerical correspondences by human infants. *Science*, *222 (4620)*, S. 179 – 181 [81] .

STASSER, G. , KERR, N. L. & BRAY, R. M. (1982) The social psychology of jury deliberation. Structure, process, and product. In: KERR, N. & BRAY, R. (Eds.) *The psychology of the courtroom.* New York: Academic Press, S. 221 – 256 [505] .

STAUFENBIEL, T. & RÖSLER, F. (1999) Personalauswahl. In: HOYOS, C. GRAF & FREY, D. (Hrsg.) *Abeits-und Organisationspsychologie.* Weinheim: Beltz PVU, S. 488 – 509 [54] .

STEBLAY, N. M. (1992) A meta-analytic review of the weapon focus effect. *Law and Human Behavior*, *16*, S. 413 – 424 [200] .

STEELE, C. M. (1997) A threat in the air. How stereotypes shape intellectual identity and performance. *American Psychologist*, *52*, S. 613 – 629 [463] .

STEELE, C. M. ARONSON, J. (1995) Stereotype threat and the intellectual test performance of African Americans. *Journal of Personality and Social Psychology*, *69*, S. 797 – 811 [465] .

STEINBERG, L. (1999) *Adolescence* (5. Ed.) . Boston: McGraw-Hill

[118].

STEINHAUSEN, H. C. (1995) Schwangerschaft und Entwicklungsgefährdung. Ergebnisse der Verhaltensteratologie. *Kindheit und Entwicklung*, *4*, S. 78–81 [68].

STEINHAUSEN, H. C. (2000) Pränatale Entwicklungsgefährdungen. Ergebnisse der Verhaltens-teratologie. In: PETERMANN, F., NIEBANK, K. & SCHEITHAUER, H. (Hrsg.) *Risiken in der frühkindlichen Entwicklung. Entwicklungspsychopathologie der ersten Lebensjahre.* Göttingen: Hogrefe, Seiten, 101–111 [68].

STENDER, K. (1994) Die Renaissance der Rituale. *Psychologie heute*, *32*, S. 32–37 [115].

STEPPER, S. (1992) *Der Einfluss der Körperhaltung auf die Emotion "Stolz". Experimentelle Untersuchungen zur "Körper-Feedback"-Hypothese.* Dissertation, Universität Mannheim, Fakultät für Sozialwissenschaften, Mannheim [420].

STERN, D. (1977) *The first relationship. Mother and infant.* Cambridge, Mass: Harvard University Press. Dt. (1979) *Mutter und Kind. Die erste Beziehung.* Stuttgart: Klett-Cotta [78].

STERNBACH, H. (1998) Age-associated testosterone decline in men. Clinical issues for psychiatry. *American Journal of Psychiatry*, *155*, S. 1310–1318 [142].

STERNBERG, R. J. (1979) The nature of mental abilities. *American Psychologist*, *34*, S. 214–230 [350].

STERNBERG, R. J. (1981) Testing and cognitive psychology. *American Psychologist*, *36*, S. 1181–1189 [351].

STERNBERG, R. J. (1984) A contextual view of the nature of intelligence. In: FRY, P. S. (Ed.) *Changing conceptions of intelligence and intellectual functioning. Current theory and research.* Amsterdam: Elsevier, S. 7–34 [349].

STERNBERG, R. J. (1986) A triangular theory of love. *Psychological Review*, *93*, S. 119–135 [496, 497].

STERNBERG, R. J. (1988) A three-facet model of creativity. In: STERNBERG, R. J. (Ed.) *The nature of creativity. Contemporary psychological perspectives.* New York, NY: Cambridge University Press. S. 125–147 [348].

STERNBERG, R. J. (1991a) Death, taxes, and bad intelligence tests. *Intelligence*, *15*, S. 257–269 [335].

STERNBERG, R. J. (1991b) What should intelligence tests measure? In: CROOKS, R. L. & STEIN, J. (Eds.) *Psychology*, *science*, *behavior*, *and* life. Fort Worth, TX: Holt, Rinehart and Winston, S. 488 – 489 [350] .

STERNBERG, R. J. (1996) *Successful intelligence.* New York: Simon & Schuster [349] .

STERNBERG, R. J. (2000) The concept of intelligence. In: STERNBERG, R. J. (Ed.) *Handbook of intelligence.* Cambridge: Cambridge University Press, S. 3 – 16 [336] .

STERNBRG, R. J. & DETTERMAN, D. K. (Eds.) (1986) *What is intelligence? Comtemporary viewpoints on its nature and definition.* Norwood, NJ: Ablex [336] .

STERNBERG, R. J. & GRAJEK, S. (1984) The nature of love. *Journal of Personality and Social Psychology*, *47*, S. 312 – 329 [492, 497] .

STERNBERG, R. J. & WAGNER, R. K. (Eds.) (1986) *Practical intelligence. Nature and origins of competence in everday world.* Cambridge: Cambridge University Press [335] .

STERNBERG, R. J. & WILLIAMS, W. (1997) Does the Graduate Record Examination predict meaningful success in the graduate training of psychologists? A case study. *American Psychologist*, *52*, S. 630 – 641 [349] .

STEVENS-LONG, J. (1990) Adult development. Theories past and future. In: NEMIROFF, R. & COLARUSSO, C. (Eds.) *New dimensions in adult development.* New York: *Basic Books*, S. 125-169 [113] .

STEWART, A. J. (Ed.) (1997) *Separating together. How divorce transforms families.* New York: Guilford Press [248] .

STIPEK, D. (2002) *Motivation to learn. Integrating theory and practice* (4. Ed.) . Boston: Allyn & Bacon [392] .

STOCKHORST, U., STEINGRüBER, H. J. & SCHERBAUM, W. A. (2000) Classically conditioned responses following repeated insulin and glucose administration in humans. *Behavioural Brain Research*, *110*, S. 143 – 159 [228] .

STOPPART, M. (1999) *HRT. Hormone replacement therapy.* New York: DK Publishing [147] .

STORCH, M. (1994) *Das Eltern-Kind-Verhältnis im Jugendalter. Eine empirische Längsschnittstudie.* Weinheim: Juventa-Verlag [119] .

STORRER, A. (2001) Getippte Gespräche oder dialogische Texte? Zur kommunikations-theoretischen Einordnung der Chat-Kommunikation. In: LEHR, A., KAMMERER, M. et al. (Hrsg.) *Sprache im Alltag. Beiträge zu neuen Perspektiven in der Linguistik. Herbert Ernst Wiegand zum 65. Geburtstag gewidmet.* Berlin: de Gruyter, S. 439 – 465 [438] .

STRACK, F., MARTIN, L. L. & STEPPER, S. (1988) Inhibiting and facilitating conditions of the human smile. A nonobtrusive test of the facial feedback hypothesis. *Journal of Personality and Social Psychology*, *54*, S. 768 – 777 [419] .

STRAHAN, E. J. , SPENCER, S. J. & ZANNA, M. P. (2002) Subliminal priming and persuasion. Striking while the iron is hot. *Journal of Experimental Social Psychology*, *38*, S. 556 – 568 [207] .

STRATTON, G. M. (1897) Vision without reversion of the retinal image. *Psychological Review*, *4*, S. 463 – 481 [173] .

STRAUSS, A. , FAGERHAUGH, S. , SUCZEK, B. & WIENER, C. (1980) Gefühlsarbeit. Ein Beitrag zur Arbeits-und Berufssoziologie. *Kölner Zeitschrift für Soziologie und Sozialpsychologie*, *32*, S. 629 – 651 [447] .

STROEBE, W. (2002) übergewicht als Schicksal? Die kognitive Steuerung des Essverhaltens. *Psychologische Rundschau*, *53*, S. 14 – 22 [373] .

STROEBE, W. & STROEBE, M. S. (1998) *Lehrbuch der Gesundheitspsychologie. Ein sozialpsychologischer Ansatz.* Eschborn: Klotz [42] .

STUNKARD, A. J. (1975) Presidential address-1974. From explanation to action in *psychosomatic medicine.* The case of obesity. Psychosomatic medicine, 37, S. 195 – 236 [373] .

STUNKARD, A. J. , SÖRENSEN, T. I. A. , HANIS, C. , TEASDALE, T. W. , CHAKRABORTY, R. , SCHULL, W. J. & SCHULSINGER, F. (1986) An adoption study of human obesity. *New England Journal of Medicine*, *314*, S. 193 – 198 [367] .

SUESS, G. J. , GROSSMANN, K. E. & SROUFE, L. A. (1992) Effects of infant attachment to mother and father on quality of adaptation in preschool. From dyadic to individual organisation of self. *International Journal of Behavioral-Development*, *15*, S. 43 – 65 [78] .

SUH, E. , DIENER, E. & FUJITA, F. (1996) Events and subjective well-being. Ohly recent events matter. *Journal of Personality and Social Psychology*, *70*, S. 1091 – 1102 [428] .

SUH, E. , DIENER, E. , OISHI, S. & TRIANDIS, H. C. (1998) The shifting basis of life satisfaction judgments across cultures. Emotions versus norms. *Journal of Personality and Social Psychology*, *74*, S. 482-493 [432] .

SULLIVAN, H. S. (1953) *The interpersonal theory of psychiatry.* New York: Norton [103] .

SULLIVAN, K. & SULLIVAN, A. (1980) Adolescent-parent separation. *Developmental Psychology*, *16*, S. 93 – 99 [119] .

SULLOWAY, F. J. (1979) *Freud, biologist of the mind. Beyond the psychoanalytic legend.* New York: Basic Books. Dt. (1982) *Freud, Biologe der Seele. Jenseits der psychoanalytischen Legende.* Köln-Lövenich: Hohenheim [33].

SUSSMAN, N. M. & ROSENFELD, H. M. (1982) Influence of culture, language, and sex on conversational distance. *Journal of Personality and Social Psychology*, *42*, S. 66 – 74 [452].

SWANN, W. B., WENZLAFF, R. M., KRULL, D. S. & PELHAM, B. W. (1992) Allure of negative feedback. Self-verification strivings among depressed persons. *Journal of Abnormal Psychology*, *101*, S. 293 – 306 [489].

SYMONDS, M. (1975) Victims of violence. Psychological effects and aftereffects. *American Journal of Psychoanalysis*, *35*, S. 19 – 26 [474].

SYMONS, C. S. & JOHNSON, B. T. (1997) The self-reference effect in memory. A meta-analysis. *Psychological Bulletin*, *121*, S. 371 – 394 [298].

T

TAJFEL, H. (1981) *Human groups and social categories.* Cambridge: Cambridge University Press. Dt. (1982) *Gruppenkonflikt und Vorurteil. Entstehung und Funktion sozialer Stereotypen.* Bern: Huber [476 f.].

TAJFEL, H., BILLIG, M. G., BUNDY, R. P. & FLAMENT, C. (1971) Social categorization and intergroup behaviour. *European Journal of Social Psychology*, *1*, S. 149 – 178 [476].

TAJFEL, H. & TURNER, J. C. (1986) The social identity theory of intergroup behavior. In: WORCHEL. S. & AUSTIN, W. G. (Eds.) *Psychology of intergroup relations.* (2. Ed.). Chicago: Nelson-Hall, S. 7 – 24 [477].

TAKADA, K. (1993) Aging workers in Japan. From reverence to redundance. *Aging International*, *20*, S. 17 – 20 [126].

TANG, S. H. & HALL, V. C. (1995) The overjustification effect. A meta-analysis. *Applied Cognitive Psychology*, *9*, S. 365 – 404 [361].

TANNER, J. M. (1978) *Education and physical growth* (2. Ed.). London: Hodder and Stroughton [109].

TANNER, J. M. (1990) *Foetus into man. Physical growth from conception to maturity* (rev. Ed.). Cambridge, MA: Harvard University Press [109, 110].

TAPPERT, T. G. (Ed.) (1967) *Luther's works.* Vol. 54. *Table talk.* Philadelphia: Fortress press [49].

TARCHANOFF, J. R. (1885) über die willkürliche Acceleleration der

Herzschläge beim Menschen. *Archiv für Physiologie*, *35*, S. 109 – 135 [233] .

TASSINARY, L. G. & CACIOPPO, J. T. (1992) Unobservable facial actions and emotion. *Psychological Science*, *3*, S. 28 – 33 [450] .

TAUSCH, R. & TAUSCH, A. M. (1998) *Erziehungspsychologie. Begegnung von Person zu Person.* (11. Aufl.) . Göttingen: Hogrefe [116] .

TAVRIS, C. (1989) *Anger. The misunderstood emotion.* New York: Simon & Schuster Dt. (1992) *Wut, das mißverstandene Gefühl.* Hamburg: Hoffmann und Campe [444] .

TAYLOR, F. W. (1911) *The principles of scientific management.* New York: Harper. Dt. (1977) *Die Grundsätze wissenschaftlicher Betriebsführung.* Weinheim: Beltz [52] .

TAYLOR, S. E. (2003) *Health psychology* (5. Ed.) . Boston: McGraw-Hill [373] .

TAYLOR, S. E., KEMMENY, M. E., REED, G. M., BOWER, J. E., GRUENEWALD, T. L. (2000) Psycho-logical resources, positive illusions, and health. *American Psychologist*, *55*, S. 99 – 109 [151] .

TEACHMAN, B. A., GAPINSKI, K. D., BROWNELL, K. D., RAWLINS, M. & JEYARAM, S. (2003) Demonstrations of implicit anti-fat bias. The impact of providing causal information and evoking empathy. *Health Psychology*, *22*, S. 68 – 78 [368] .

TEPPER, B. J. (1998) 6 – n-propylthiouracil. A genetic marker for taste, with implication for food preference and dietary habits. *American Journal of Human Genetics*, *63*, S. 1271 – 1276 [364] .

TERMAN, L. M. (1916) *The measurement of intelligence.* Boston: Houghton Mifflin [343] .

THALER, R. H. (1985) Mental accounting and consumer choice. *Marketing Science*, *4*, S. 199 – 214 [320] .

THIERY, A. (1896) über geometrische Täuschungen. *Philosophische Studien*, *12*, S. 67 – 126 [192] .

THOMAS, A. & CHESS, S. (1977) *Temperament and development.* New York: Brunner/Mazel [78] .

THOMAS, A. & CHESS, S. (1984) Genesis and evolution of behavioral disorders. From infancy to early adult life. *American Journal of Psychiatry*, *141*, S. 1 – 9 [78] .

THOMAS, W. I. (1937) *Primitive behavior. An introduction to the social sciences.* New York: McGraw-Hill [310] .

THOMPSON, R. F. (1994) Behaviorism and neuroscience. *Psychological Review*, *101*, S. 259 – 265 [284].

THOMPSON, R. F. (2000) *The brain. A neuroscience primer* (3. Ed.). New York: Freeman [284].

THOMPSON, S. K. (1975) Gender, labels and early sex role development. *Child Development*, *46*, S. 339 – 347 [92].

THORNDIKE, E. L. (1898) Animal intelligence. An experimental study of the associative processes in animals. *Psychological Monographs*, *2*, S. 1 – 109 [230, 252].

THORNDIKE, E. L. (1905) *The elements of psychology.* New York: Seiler [230].

THORNDIKE, E. L. et al. (1921) Intelligence and its measurement. A symposium. *Journal of Educational Psychology*, *12*, S. 123 – 147, 195 – 216, 271 – 275 [336].

THORNE, B. (1986) Girls and boys together... but mostly apart. Gender arrangements in elementary schools. In: HARTUP, W. W. & RUBIN, Z. (Eds.) *Relationships and development.* Hillsdale, NJ: Erlbaum, S. 167 – 184 [104].

THORSON, J. A. & POWELL, F. C. (1990) Meanings of death and intrinsic religiosity. *Journal of Clinical Psychology*, *46*, S. 379 – 391 [154].

THURSTONE, L. L. (1938) Primary mental abillties. *Psychometric Monographs*, No. 1, S. IX + 121 [344].

TINBERGEN, N. (1951) *The study of instinct.* Oxford: Clarendon Press. Dt. (1979) *Instinktlehre. Vergleichende Erforschung angeborenen Verhaltens* (6. Aufl.). Berlin: Parey [356].

TITZE, M. (2001) *Die heilende Kraft des Lachens. Mit Therapeutischem Humor frühe Beschämungen heilen* (4. Aufl.). München: Kösel [150].

TITZE, M. & ESCHENRÖDER, C. (1998) *Therapeutischer Humor. Grundlagen und Anwendungen.* Frankfurt/M: Fischer [150].

TOBIN-RICHARDS, M. H., BOXER, A. M. & PETERSEN, A. C. (1983) The psychological significance of pubertal change. Sex differences in perceptions of self during early adolescence. In: BROOKS-GUNN, J. & PETERSEN, A. C. (Eds.) *Girls at puberty. Biolocial and psychological perspectives.* New York: Plenum, S. 127 – 154 [110].

TOLMAN, E. C. (1932) *Purposive behavior in animals and men.* New York: Appleton-Century-Crofts [248, 359].

TOLMAN, E. C. & HONZIK, C. H. (1930) "Insight" in rats. *University of California Publications in Psychology*, *4*, S. 215 – 232 [249, 251] .

TOMASELLI, J. (1999) *Langfristige Auswirkungen einer intrauterinen Minderversorgung auf die intellektuelle, neurologische und soziale Entwicklung*. Salzburg: Dissertation Universität Salzburg [71] .

TOMBAUGH, C. W. & MOORE, P. (1980) *Out of the darkness. The planet Pluto*. Harrisburg, Pa: Stackpole [187] .

TOOBY, J. & COSMIDES, L. (2000) Evolutionary psychology and the emotions. In: LEWIS, M. & HAVILAND-JONES, J. M. (Eds.) *Handbook of emotions* (2. Ed.) . New York, NY: Guilford Press, S. 91 – 115 [405] .

TRANEL, D. & DAMASIO, A. R. (1985) Knowledge without awareness. An autonomic index of facial recognition by prosopagnosics. *Science*, *228* (4706), S. 1453 – 1454 [210] .

TRAPPEY, C. (1996) A meta-analysis of consumer choice and subliminal advertising. *Psychology and Marketing*, *13*, S. 517 – 530 [207] .

TRAUTNER, H. M. (1993) Entwicklung der Geschlechtstypisierung. In: MARKEFKA, M. & NAUCK, B. (Hrsg.) *Handbuch der Kindheitsforschung*. Neuwied: Luchterband, S. 289 – 301 [93] .

TRIANDIS, H. C. (1972) *The analysis of subjective culture*. New York: Wiley [504] .

TRIANDIS, H. C. (1989) The self and social behavior in differing cultural contexts. *Psychological Review*, *96*, S. 506 – 520 [491] .

TRIANDIS, H. C. (1994) *Culture and social behavior*. New York: McGraw-Hill [443, 445 f.] .

TRIANDIS, H. C. (1995) Individualism and collectivism. Boulder: Westview Press [491] .

TRÖSTER, H. & BRAMBRING, M. (1992) Early socialemotional development in blind infants. *Child. Care, Health and Development*, *18*, S. 207 – 227 [441] .

TRONICK, E. Z. (1989) Emotions and emotionl communication in infants. *American Psychologist*, *44*, S. 112 – 119 [462] .

TROPE, Y. (1989) The multiple roles of context in dispositional judgment. In: BASSILI, J. N. (Ed.) *On-line cognition in person-perception*. Hillsdale, NJ: Erlbaum, S. 123 – 140 [470] .

TUDDENHAM, R. D. (1962) The nature and measurement of intelligence. In: POSTMAN, L. (Ed.) *Psychology in the making. History of selected research problems*. New York: Knopf, S. 469 – 525 [340] .

TUDDENHAM, R. D. & MACBRIDE, P. D. (1959) The yielding experiment from the subject's point of view. *Journal of Personality*, *27*, S. 259 –271 [499] .

TULVING, E. (1972) Episodic and semantic memory. In: TULVING, E. & DONALDSON, W. (Eds.) *Organization of memory*, New York: Academic Press, S. 381 –403 [279] .

TULVING, E. (1974) Cue-dependent forgetting. *American Scientist*, *62*, S. 74 –82 [293] .

TULVING, E. (1985) How many memory systems are there? *American Psychologist*, *40*, S. 385 –398 [280] .

TULVING, E. (1986) What kind of a hypothesis is the distinction between episodic and semantic memory? *Journal of Experimental Psychology. Learning*, *Memory*, *and Cognition*, *12*, S. 307 –311 [279] .

TULVING, E. & THOMSON, D. M. (1973) Encoding specificity and retrieval processes in episodic memory. *Psychological Review*, *80*, S. 359 – 380 [293] .

TURNBULL, C. (1962) *The forest people.* New York: Simon & Schuster. Dt. (1966) *Molimo. Drei Jahre bei den Pygm? en.* Darmstadt: Deutsche Buch-Gemeinschaft [195] .

TURNER, J. C. (1987) *Rediscovering the social group.* A self-categorization theory. Oxford: Basil Blackwell [477] .

TURNER, M. E. & PRATKANIS, A. R. (1993) Effects of preferential and meritorious selection on performance. An examination of intuitive and self-handicapping perspectives. *Personality and Social Psychology Bulletin*, *19*, S. 47 –58 [394] .

TVERSKY, A. & KAHNEMAN, D. (1974) Judgment under uncertainty. Heuristics and biases. *Science*, *185* (4157), S. 1124 –1131 [319] .

TVERSKY, A. & KAHNEMAN, D. (1982) Judgment under uncertainty. Heuristics and biases. In: KAHNEMAN, D., SLOVIC, P. & TVERSKY A. (Eds.) *Judgment under uncertainty. Heuristics and biases.* New York: Cambridge University Press, S. 3 –20 [317 f.] .

TWAIN, M. (1897) What Paul Pourget thinks of us. In: *How to tell a story and other essays.* New York: Harper. Zitat aus dem Nachdr. der Ausg. von 1996. New York: Oxford University Press, S. 179 –209 [149] .

U

UCHINO, B. N., CACIOPPO, J. T. & KIECOLT-GLASER, J. K. (1996) The relationship between social support and physiological processes. A review with emphasis on underlying mechanisms and implications for health. *Psychological Bulletin*, *119*, S. 488 – 531 [429] .

ULICH, E. (2001) *Arbeitspsychologie* (5. Aufl.) . Zürich: vdf [52 f.] .

ULRICH, R. E. , & STACHNIK, T. J. & STAINTON, N. R. (1963) Student acceptance of generalized personality interpretations. *Psychological Reports*, *13*, S. 831 – 834 [13] .

V

VAILLANT, G. E. (2002) *Aging well. Surprising guideposts to a happier life from the landmark Harvard study of adult development.* Boston: Little, Brown [127] .

VAN BOVEN, L. , KAMADA, A. & GILOVICH, T. (1999) The perceiver as perceived. Everyday intuitions about the correspondence bias. *Journal of Personality and Social Psychhology*, *77*, S. 1188 – 1199 [471] .

VAN DüLMEN, R. (1999) *Kultur und Alltag in der Frühen Neuzeit.* Band 1. *Das Haus und seine Menschen. 16. – 18. Jahrhundert* (3. Aufl.) . München: Beck [151] .

VAN GENNEP, A. (1986) Les rites de passage. étude systématique des rites de la porte et du seuil, de l'hospitalité, de l'adoption. Paris: Nourry. Dt. (1986) übergangsriten. Frankfurt/M. : Campus [121] .

VIGIL-COLET, A. & CODORNIU-RAGA, M. J. (2002) How inspection time and paper and pencil measures of processing speed are related to intelligence. *Personality and Individual Differences*, *33*, S. 1149 – 1161 [345] .

VINGERHOETS, A. J. J. M. , CORNELIUS, R. R. , VAN HECK, G. L. & BECHT, M. C. (2000) Adult crying. A model and review of the literature. *Review of General Psychology*, *4*, S. 354 – 377 [446] .

VOGELS, W. W. A. , DEKKER, M. R. , BROUWER, W. H. & DE JONG, R. (2002) Age-related changes in event-related prospective memory performance. A comparison of four prospective memory tasks. *Brain and Cognition*, *49*, S. 341-362 [295] .

VOHS, K. D. & HEATHERTON, T. F. (2000) Self – regulatory failure. A resource-depletion approach. *Psychological Science*, *11*, S. 249 – 254 [373] .

VOLKERT, D. (2002) *Ernährung älterer Menschen in Deutschland.* Berlin: K? ster [140] .

VON HIPPEL, W. , SEKAQUAPTEWA, D. & VARGAS, P. (1995)

On the role of encoding processes in stereotype maintenance. In: ZANNA, M. P. (Ed.) *Advances in experimental social psychology*. Vol. 27. San Diego, CA: Academic Press, S. 177 – 254 [459].

VON HOLLANDER, W. (1958) *Der Mensch über Vierzig. Lebensformen im reiferen Lebensalter*. Frankfurt/M.: Ullstein [143].

VON SENDEN, M. (1960) *Space and sight. The perception of space and shape in the congenitally blind before and after operation*. New York: Free Press [180].

VOSS, J. F. & POST, T. A. (1988) On the solving of illstructured problems. In: CHI, M. T. H. & GLASER, R. (Eds.) *The nature of expertise*. Hillsdale, NJ: Lawrence Erlbaum, S. 261 – 285 [323].

VROOM, V. H. & JAGO, A. G. (1988) *The new leadership. Managing participation in organizations*. Englewood Cliffs, NJ: Prentice Hall [56].

VURPILLOT, E. (1968) The development of scanning strategies and their relation to visual differentiation. *Journal of Experimental Child Psychology*, *6*, S. 632 – 650 [90].

W

WADDEN, T. A. & STUNKARD, A. J. (1985) Social and psychological consequences of obesity. *Annuals of Internal Medicine*, *103*, S. 1062 - 1067 [371].

WADDEN, T. A., VOGT, R. A., ANDERSEN, R. E., BARTLETT, S. J., FOSTER, G. D., KUEHNEL, R. H., WILK, J., WEINSTOCK, R., BUCKENMEYER, P., BERKOWITZ, R. I. & STEEN, S. N. (1997) Exercise in the treatment of obesity. Effects of four interventions on body composition, resting energy expenditure, appetite, and mood. *Journal of Consulting and Clinical Psychology*, *65*, S. 269 - 277 [373].

WADE, C. & TAVRIS, C. (1993) *Psychology* (3. Ed.). Upper Saddle River: Prentice Hall [12].

WALBERG, H. J. (1987) Studies show curricula efficience can be attained. *NASSP Bulletin*, *71*, S. 15 - 21 [240].

WALD, G. (1968) Molecular basis of visual excitation. *Science*, *162* (3850), S. 230 - 239 [176].

WALDEN, T. A. & OGAN, T. A. (1988) The development of social referencing. *Child Development*, 59, S. 1230 - 1240 [442].

WALLERSTEIN, R. S. (1989) The Psychotherapy Research Project of the Menninger Foundation. An overview. *Journal of Consulting and Clinical Psychology*, *57*, S. 195 - 205 [51].

WALSH, J. (1928) *Laughter and Health.* New York, NY: Appleton [149].

WALTER-BUSCH, E. (1989) *Das Auge der Firma. Mayos Hawthorne-Experimente und die Harvard Business School, 1900 - 1960.* Stuttgart: Enke [52].

WANG, Q. (2001) Culture effects on adults' earliest childhood recollection and self-description. Implications for the relation between memory and the self. *Journal of Personality and Social Psychology*, *81*, S. 220 - 233 [290].

WARDLE, J., GUTHRIE, C., SANDERSON, S., BIRCH, L. & PLOMIN, R. (2001) Food and activity preferences in children of lean and obese parents. *International Journal of Obesity and Related Metabolic Disorders*, *25*, S. 971 - 977 [368].

WATERMAN, A. S. & ARCHER, S. L. (1990) A life-span perspective on identity formation. Developments in form, function, and process. In: BALTES, P. B., FEATTERMAN, D. L. & LERNER, R. M. (Eds.) *Lifespan de-*

velopment and behavior. Vol. 10. Hillsdale, NJ: Erlbaum, S. 29 – 57 [125].

WATERS, E., WIPPMAN, J. & SROUFE, L. A. (1979) Attachment, positive affect, and competence in the peer group. Two studies in construct validation. *Child Development*, *50*, S. 821 – 829 [78].

WATSON, D., WIESE, D., VAIDYA, J. & TELLEGEN, A. (1999) The two general activation systems of affect. Structural findings, evolutionary considerations, and psychobiological evidence. *Journal of Personality and Social Psychology*, *76*, S. 820 – 838 [406].

WATSON, D. L. & THARP, R. G. (2001) *Self-Directed Behavior. Self-Modification for Personal Adjustment* (8. Ed.). Pacific Grove, CA: Wadsworth-Brooks/Cole. Dt. (1985) *Einübung in Selbstkontrolle. Grundlagen und Methoden der Verhaltensänderung* (4. Aufl.). München: Pfeiffer [259].

WATSON, J. B. (1913) Psychology as the behaviourist views it. *Psychological Review*, *20*, S. 158 – 177 [11, 306].

WATSON, J. B. (1919) *Psychology from the standpoint of a behaviorist.* Philadelphia: Lippincott [11].

WATSON, J. B. (1925) *Behaviorism.* New York: Norton. Dt. (1968) *Behaviorismus.* Köln: Kiepenhauer und Witsch [12, 36].

WATSON, J. B. & RAYNER, R. (1920) Conditioned emotional reactions. *Journal of Experimental Psychology*, 3, S. 1 – 14 [221].

WEBER, H. (2000) Bewältigung von kritischen Lebensereignissen. In: MÖLLER, J., STRAUSS, B. & JüRGENSEN, S. (Hrsg.) *Psychologie und Zukunft. Prognosen, Prophezeiungen, Pläne.* Göttingen: Hogrefe, S. 219 – 239 [132].

WEGNER, D. M. (1992) You can't always think what you want. Problems in the suppression of unwanted thoughts. *Advances in the suppression of unwanted thoughts. Advances in Experimental Social Psychology*, *25*, S. 193 – 225 [199].

WEINER, B. (1982) The emotional consequences of causal attributions. In: CLARK, M. S. & FISKE, S. T. (Eds.) *Affect and cognition. The* 17. *Annual Carnegie Symposium on Cognition.* Hillsdale, NJ: Erlbaum, S. 185 – 209 [409].

WEINER, B. (1986) *An attributional theory of motivation and emotion.* New York: Springer [258, 398].

WEINER, B. (1990) History of motivational research in education. *Journal of Educational Psychology*, *82*, S. 616 – 622 [392].

WEINER, B. (1993) On sin versus sickness. A theory of perceived responsibility and social motivation. *American Psychologist*, *48*, S. 957 – 965. Dt. (1994) Sünde versus Krankheit. Die Entstehung einer Theorie wahrgenommener Verantwortlichkeit. In: FÖRSTERLING. F. & STIENSMEIER-PELSTER, J. (Hrsg.) *Attributionstheorie.* Göttingen: Hogrefe, S. 1 – 25 [22].

WEINER, B., RUSSELL, D. & LERMAN, D. (1978) Affective consequences of causal ascriptions. In: HARVEY, J. H., ICKES, W. J. & KIDD, R. F. (Eds.) *New directions in attribution research.* Vol. 2. Hillsdale, NJ: Erlbaum, S. 59 – 88 [397 f.].

WEINER, B., RUSSELL, D. & LERMAN, D. (1979) The cognition-emotion process in achievement-related contexts. *Journal of Personality and Social Psychology*, *37*, S. 1211 – 1220 [398].

WEINRAUB, M., BROOKS, J. & LEWIS, M. (1977) The social network. A reconsideration of the concept of attachment. *Human Development*, *20*, S. 31 – 47 [77].

WEKSLER, M. E. (1981) The senescence of the immune system. *Hospital Practice*, *16*, S. 53 – 64 [148].

WELLS, G.. L. (1993) What do we know about eyewitness identification? *American Psychologist*, *48*, S. 553 – 571 [287].

WELLS, G. L. & BRADFIELD, A. L. (1998) "Good, you identified the suspect". Feedback to eyewitnesses distorts their reports of the witnessing experience. *Journal of Applied Psychology*, *83*, S. 360 – 376 [289].

WERNER, E. E., BIERMAN, J. & FRENCH, F. (1971) *The children of Kauai.* Honolulu: University of Hawaii [72].

WERNER, E. E. & SMITH, R. S. (1977) *Kauai's children come of age.* Honolulu: University of Hawaii [72].

WERNER, E. E. & SMITH, R. S. (2001) *Journeys from childhood to midlife. Risk, resilience and recovery.* Ithaca: Cornell Univ. Press [72].

WERTHEIMER, M. (1912) Experimentelle Studien über das Sehen von Bewegung. *Zeitschrift für Psychologie*, *61*, S. 161 – 165 [186].

WEST, R. L. (1996) An application of prefrontal cortex function theory to cognitive aging. *Psychological Bulletin*, *120*, S. 272 – 292 [134].

WESTENHÖFER, J. (1996) Anorexia-Bulimia-Binge Eating disorder. Aktuelle *Ernährungsmedizin*, *21*, S. 235 – 242 [370].

WETHINGTON, E. (2000) Expecting stress. Americans and the "midlife crisis". *Motivation and Emotion*, *24*, S. 85 – 103 [143].

WHEEDEN, A., SCAFIDI, F. A., FIELD, T. & IRONSON, G. (1993) Massage effects on cocaine-exposed preterm neonates. *Journal of Devel-*

opmental and Behavioral Pediatrics, *14*, S. 318 – 322 [71] .

WHEELER, L. & KIM, Y. (1997) What is beautiful is culturally good. The physical attractiveness stereotype has different contert in collectivistic cultures. *Personality and Social Psychology Bulletin*, *23*, S. 795 – 800 [487] .

WHEELER, L. & MIYAKE, K. (1992) Social comparison in everyday life. *Journal of Personality and Social Psychology*, *62*, S. 760 – 773 [433] .

WHEELER, S. C. & PETTY, R. E. (2001) The effects of stereotype activation on behavior. A review of possible mechanisms. *Psychological Bulletin*, *127*, S. 797 – 826 [466] .

WHITBOURNE, S. K. (2001) *Adult development and aging. Biophysical perspectives.* New York: Wiley [147] .

WHITE, G. L. & KIGHT, T. D. (1984) Misattribution of arousal and attraction. Effects of salience of explanations for arousal. *Journal of Experimental Social Psychology*, *20*, S. 55 – 64 [494] .

WHITENECK, G. G. , CARTER, R. E. , CHARLIFUE, S. W. et al. (1985) *Collaborative Study of High Quadriplegia.* Denver, CO: National Institute of Handicapped Research, 28 [415] .

WHORF, B. J. (1956) *Language*, *thought*, *and reality. Selected writings of Benjamin Lee Whorf* (Ed. by CARROLL, J. B.), Cambridge, MA: Technology Press Inst. Of Technology [309] .

WICKENS, C. D. (1989) Attention and skilled performance. In: HOLDING, D. (Ed.) *Human skills.* New York: Wiley, S. 71 – 105 [205] .

WICKENS, C. D. , STOKES, A. , BARNETT, B. & HYMAN, F. (1992) The effects of stress on pilot judgment in a MIDIS simulator. In: SVENSON, O. & MAULE, J. (Eds.) *Time pressure and stress in human judgment and decision making.* New York: Plenum, S. 271 – 292 [205] .

WIENER, E. L. (1977) Controlled flight into terrain accidents. *Human Factors*, *19*, S. 171 – 180 [199] .

WIGGS, C. L. , WEISBERG, J. & MARTIN, A. (1999) Neural correlates of semantic and episodic memory retrieval. *Neuropsychologia*, *37*, S. 103 – 118 [280] .

WILDER, D. A. (1977) Perception of groups, size of opposition, and social influence. *Journal of Experimental Social Psychology*, *13*, S. 253 – 268 [500] .

WILLIAMS, J. E. & BEST, D. L. (1990) *Measuring sex stereotypes. A multination study.* Vol. 6. Thousand Oaks, CA: Sage [459] .

WILLIAMS, R. L. (1974) Scientific racism and IQ. The silent mugging of the black community. *Psychology Today*, *7*, S. 32 – 41 [343].

WILLIAMS, R. W. & HERRUP, K. (1988) The control of neuron number. *Annual Review of Neuroscience*, *11*, S. 423 – 433 [137].

WILLIAMS, T. M. (1986) *The impact of television. A natural experiment in 3 communities*. Orlando: Academic Press [254].

WILLIAMS, W. M. (1998) Are we raising smarter children today? School-and home-related influences on IQ. In: NEISSER, U. (Ed.) *The rising curve. Long-term gains in IQ and related measures*. Washington, DC: American Psychological Association. S. 125 – 154 [346].

WILSON, E. O. (1975) *Sociobiology. The new synthesis*. Cambridge, MA: Belknap Press [378].

WILSON, T. D., WHEATLEY, T., MEYERS, J. M., GILBERT, D. T. & AXSOM, D. (2000) Focalism. A source of durability bias in affective forecasting. *Journal of Personality and Social Psychology*, *78*, S. 821 – 836 [414].

WINDHOLZ, G. (1997) Ivan P. Pavlov. An overvies of his life and psychological work. *American Psychologist*, *52*, S. 941 – 946 [215].

WIRTH, A. (2003) Adipositas-assoziierte Krankheiten. In: PETERMANN, F. & PUDEL, V. (Hrsg.) *übergewicht und Adipositas*. Göttingen: Hogrefe, S. 105 – 126 [368].

WISEMAN, R. (1995) The megalab truth test. Nature, 373, S. 381 [412].

WISNIEWSKI, H. M. & TERRY, R. D. (1976) Neuropathology of the aging brain. In: TERRY, R. D. & GERSHOD, S. (Eds.) *Neurobiology of aging*. New York: Raven, S. 65 – 78 [137].

WOHLSCHLÄGER, A. & WOHLSCHLÄGER, A. (1998) Mental and manual rotation. *Journal of Experimental Psychology. Human Perception and Performance*, *24*, S. 397 – 412 [308].

WOLFE, J. B. (1936) Effectiveness of token rewards for chimpanzees. *Comparative Psychology Monographs*, 12 (whole No. 60) [234].

WOLKE, D. (1998) Psychological development of prematurely born children. *Archives of Disease in Childhood*, *78*, S. 567 – 570 [71].

WOLLRING, U. (2002) *Gymnastik im Herz-und Alterssport. Motivation durch Variation*. (2. Aufl.). Aachen: Meyer & Meyer [146].

WON-DOORNINK, M. J. (1979) On getting to know you. The association between the stage of a relationship and reciprocity of self-disclosure. *Journal of Experimantal Social Psychology*, *15*, S. 229 – 241 [491].

WOODRUFF-PAK, D. S. (1993) Neural plasticity and aging. In: CERELLA, J., RYBASH, J., HOYER, W. & COMMONS, M. L. (Eds.) *Adult information processing. Limits on loss.* San Diego, CA: Academic Press, S. 13 – 36 [139].

WOODS, S. C., SCHWARTZ, M. W., BASKIN, D. G. & SEELEY, R. J. (2000) Food intake and the regulation of body weight. *Annual Review of Psychology*, *51*, S. 255 – 277 [358, 363 f.].

WOODS, S. C. & SEELEY, R. J. (2002) Hunger and energy homeostasis. In: PASHLER, H. & GALLISTEL, R. (Eds.) *Steven's handbook of experimental psychology* (3. Ed.), Vol. 3. *Learning, motivation, and emotion.* New York, NY: Wiley & Sons, S. 633 – 668 [363].

WOOTEN, P. (1993) Laughter as therapy for patient and caregiver. In: HODGKIN, J. E. (Ed.) (1993) *Pulmonary rehabilitation. Guidelines to success* (2. Ed.). Philadelphia, Pa.: Lippincott, S. 422 – 434 [149].

WORCHEL, S. (1986) The role of cooperation in reducing intergroup conflict. In: WORCHEL, S. & AUSTIN, W. G. (Eds.) *Psychology of intergroup relations* (2. Ed.). Chicago: Nelson, S. 288 – 304 [481].

WYNN, K. (1992) Addition and subtraction by human infants. *Nature*, *358 (6389)*, S. 749 – 750 [81].

WYNN, K. (1996) Infants' individuation and enumeration of actions. *Psychological Science*, *7*, S. 164 – 169 [82].

Y

YANG, S. Y. & STERNBERG, R. J. (1997) Conceptions of intelligence in ancient Chinese philosophy. *Journal of Theoretical and Philosophical Psychology*, *17*, S. 101 – 119 [336].

YAU, J. & SMETANA, J. (1996) Adolescent-parent conflict among Chinese adolescents in Hong Kong. *Child Development*, *67*, S. 1262 – 1275 [120].

YERKES, R. M. (Ed.) (1921) Psychological examining in the United States Army. *Memoirs of the National Academy of Sciences*, *15* [342].

YOUNG, M. E. (1995) On the origin of personal causal theories. *Psychonomic Bulletin and Review*, *2*, S. 83 – 104 [244].

YOUNGBLADE, L. M. & DUNN, J. (1995) Individual differences in young children's pretend play with mother and sibling. Links to relationships and understanding other people's feelings and beliefs. *Child Development*, *66*, S. 1472 – 1492 [95].

Z

ZACKS, R. T. , HASHER, L. & LI, K. Z. H. (2000) Human memory. In: CRAIK, F. I. M. & SALTHOUSE, T. A. (Eds.) *Handbook of aging and cognition* (2. Ed.) . New Jersey: Erlbaum, S. 293 – 357 [136] .

ZAJONG, R. (1970) Brainwash. Familiarity breeds comfort. *Psychology Today*, 3, S. 32 – 35, 60 – 64 [482] .

ZAJONG, R. B. (1968) Attitudinal effects of mere exposure. *Journal of Personality and Social Psychology*, *9* (2, PT. 2), S. 1 – 27 [482] .

ZAPF, D. , ISIC, A. , FISCHBACH, A. & DORMANN, C. (2003) Emotionsarbeit in Dienstleistungsberufen. Das Konzept und seine Implikationen für die Personal-und Organisationsentwicklung. In: HAMBORG, K. C. & HOLLING, H. (Hrsg.) *Innovative Personal-und Organisationsentwicklung.* Göttingen: Hogrefe, S. 266 – 288 [447] .

ZAPF, D. , VOGT, G. , SEIFERT, C. , MERTINI, H. & ISIC, A. (1999) Emotion work as a source of stress. The concept and development of an instrument. *European Journal of Work and Organizational Psychology*, *8*, S. 371 – 400 [447] .

ZECHMEISTER, E. B. & NYBERG, S. E. (1982) *Human memory. Introduction to research and theory.* Pacific Grove, CA: Brooks/Cole [299] .

ZEDECK, S. & CASCIO, W. F. (1984) Psychological issues in personnel decisions. *Annual Review of Psychology*, *35*, S. 461 – 518 [54] .

ZEIER, H. (1997) *Biofeedback. Physiologische Grundlagen-Anwendungen in der Psychotherapie* (2. Aufl.) . Bern: Huber [233] .

ZELICOFF, A. P. (2001) Polygraphs and the national labs. Dangerous ruse undermines national security. *Skeptical Inquirer*, *Juli-August*, S. 21 – 23 [413] .

ZIHL, J. (1998) Gesichtsausfälle, zerebrale Amblyopie, zerebrale Blindheit und Anton Syndrom. In: HUBER, A. & KöMPF, D. (Hrsg.) Klinische Neurophtalmologie. Stuttgart: Thieme [187] .

ZIHL, J. , VON CRAMON, D. & MAI, N. (1983) Selective disturbance of movement vision after bilateral brain damage. *Brain*, *106*, S. 313 – 340 [187 f.] .

ZIHL, J. , VON CRAMON, D. , MAI, N. & SCHMIED, C. (1991) Disturbance of movement vision after bilateral posterior brain damage. Further evidence and follow up observations. *Brain*, *114*, S. 2235 – 2252 [187] .

ZILLMANN, D. (1994) Cognition excitation interdependencies in the escalation of anger and angry aggression. In: POTEGAL, M. & KNUTSON, J. F. (Eds.) *The dynamics of aggression. Biological and social processes in dyads and groups.* Hillsdale, NJ: Erlbaum, S. 45 – 71 [383].

ZILLMANN, D. (1996) Sequential dependencies in emotional experience and behavior. In: KAVANAUGH, R. D., ZIMMERBERG, B. & FINE, S. (Eds.) *Emotion. Interdisciplinary perspectives.* Hillsdale, NJ: Erlbaum, S. 243 – 272 [383, 423, 494].

ZILLMANN, D., KATCHER, A. H. & MILAVSKY, B. (1972) Excitation transfer from physical exercise to subsequent aggressive behavior. *Journal of Experimental Social Psychology*, *8*, S. 247 – 259 [423].

ZIMBARDO, P. G. (1969) The human choice. Individuation reason and order versus deindividuation. impulse and chaos. In: ARNOLD, W. J. & LEVINE, D. (Eds.) *Nebraska Symposium on Motivation.* Vol. 17. Lincoln, NE: University of Nebraska Press, S. 237 – 307 [388].

ZIMBARDO, P. G. & GERRIG, R. J. (1996) *Psychology and life* (14. Ed.). New York: HarperCollins. Dt. (1999) *Psychologie* (7. Aufl.). Berlin: Springer [166].

ZIMMER, D. E. (1986) *Tiefenschwindel. Die endlose und beendbare Psychoanalyse.* Reinbek bei Hamburg: Rowohlt [33].

ZOLA, S. M. & SQUIRE, L. R. (2000) The medial temporal lobe and the hippocampus. In: TULVING, E. & CRAIK, F. I. M. (Eds.) *The Oxford handbook of memory.* London: Oxford University Press, S. 485 – 500 [272].

ZUCKERMAN, M. & GERBASI, K. C. (1977) Belief in a just world and trust. *Journal of Research in Personality*, *11*, S. 306 – 317 [474].

译后记

当今世界，芸芸众生，在学习、工作和生活中人人都可能遇到各种各样的问题和矛盾，面临各种各样的诱惑与不幸，往往陷于彷徨无助，心理压力重重。很多人希望能够更加了解自己和他人，以便释疑解惑，自我调节，达到理想状态。为了寻求帮助，您可能把目光投向家人、朋友，甚至专业咨询人员和书籍。本书就是这样一本书，它不仅介绍心理学的基础知识，更重要的是，作者从人自身出现的各种心理现象出发，尝试帮助广大读者作出科学的解释，并解决各种心理问题。

本书的作者格尔德·米策尔博士（Dr. Gerd Mietzel）是德国杜伊斯堡—埃森大学职业和继续教育学院教育心理学和发展心理学教授。他的著作《心理学入门》（Wege in die Psychologie）自从1979年初版以来，大受欢迎，一版再版。本书即根据其2005年重新修订的德文第12版译成。

心理学是一门关于人的科学。本书的宗旨就在于，让广大读者通过阅读，拓展对自己和他人的认识。为了达到这一目的，与一般的普通心理学教材不同，作者尽量避免诘屈聱牙的专业术语，从问题入手，以明白晓畅的语言、生动的实例，配以插图，并经常“启动（读者的）自我体验”，以致不仅适用于专业工作者，而且适用于不具备该专业基本知识的读者，不管哪一类读者，通过阅读本书，都能对自的学习、工作和生活有所裨益。

当然，作为专业心理学家撰写的书籍，本书的学术价值也非常值得一提。作者苦心孤诣，旁征博引，数度修订。本书资料翔实，不仅信息全面而新颖，而且既涵盖了心理学一百多年的历史；不仅总结和吸收了心理学研究的历史成果，而且吸收了近年来的最新研究成果，从书后所附的参考文献即可见一斑。本书堪称基础心理学的杰作之一。

全书除前言外分为十章。第一章：心理学的总之、观点和应用；第二章：人的发展心理学：基础和开端；第三章：青春期和成年时期的发育；第四章：感觉心理学；第五章：学习的基本过程；第六章：记忆心理学；第七章：问题的解决及其前提；第八章：动机心理学；第九章：情感心理学；第十章：社会过程心理学。

应中央编译出版社之约，我们承担了本书的翻译，前言及前五章由张凤凤翻译，后五章由金建翻译。中央编译局蒋仁祥译审统一校订了全部译文，并统一编辑体例；陈聪、张娜和王艳娟完成了参考文献的录入和整理，在此一并致以诚挚的感谢。

由于本书对人本身的关注，译者在翻译本书时，每每油然而生共鸣，这也是译者能够翻译完成这部四十多万字的著作的动力所在。不过，译者受专业知识所限，尤其对心理学知之甚少。初涉心理学方面的翻译，实在“战战兢兢，如临深渊，如履薄冰”。译文虽几经斟酌，但难免还有错漏疏忽之处，敬请方家指正。

本书最后附有原作的参考书目，原作引文在本书中所在的页码为原书页码。为了方便读者使用，本书原书页码印在相应的页边。

译者

2010 年 5 月于北京

图书在版编目(CIP)数据

心理学入门/(德) 米策尔著;张凤凤,金建译.
—北京:中央编译出版社,2011.11
ISBN 978-7-5117-1032-1

Ⅰ.①心…
Ⅱ.①米… ②张… ③金…
Ⅲ.①心理学
Ⅳ.①B84

中国版本图书馆 CIP 数据核字(2011)第 200652 号

Wege in die Psychologie by Gerd Mietzel
Originally Published by Klett-Cotta
2005 J. G. Cotta'sche Buchhandlung Nachfolger GmbH, Stuttgart

心理学入门

出版人	和　龑
责任编辑	王丽芳
责任印制	尹　珺
出版发行	中央编译出版社
地　　址	北京西城区车公庄大街乙5号鸿儒大厦B座(100044)
电　　话	(010)52612345(总编室)　(010)52612349(编辑室) (010)66161011(团购部)　(010)52612332(网络销售) (010)66130345(发行部)　(010)66509618(读者服务部)
网　　址	www.cctphome.com
经　　销	全国新华书店
印　　刷	北京瑞哲印刷厂
开　　本	787毫米×1092毫米　1/16
字　　数	700千字
印　　张	44.5
版　　次	2011年11月第1版第1次印刷
定　　价	88.00元

本社常年法律顾问:北京大成律师事务所首席顾问律师　鲁哈达

凡有印装质量问题,本社负责调换,电话:(010)66509618